远东国际军事法庭庭审记录·中国部分
——附录：远东国际军事法庭判决书

Transcripts of the Proceedings
of the International Military Tribunal
for the Far East:
——Judgment

主编　程兆奇
张效林 节译
向隆万　徐小冰等 补译
向隆万　徐小冰　孙艺 校

上海交通大学出版社
SHANGHAI JIAO TONG UNIVERSITY PRESS

国家图书馆出版社
National Library of China Publishing House

内容提要

本书是东京审判对被起诉的日本甲级战犯的最终裁决,由韦伯庭长于1948年11月4日至11月12日当庭宣读,在庭审记录中占1443页。全文分三篇,A篇阐述法庭的设立和审理、依据的法,并列举了日本战前签署、事后撕毁的国际条约;B篇揭示日本军国主义的产生和膨胀过程,详述日本对中国、苏联和太平洋地区的侵略,以及日军的种种暴行;C篇是对起诉书中罪状的认定,以及对25名被告的判决。最后附有全书人名索引。

图书在版编目(CIP)数据

远东国际军事法庭庭审记录.中国部分/东京审判研究中心编译. —上海:上海交通大学出版社,2016
ISBN 978-7-313-14847-6

Ⅰ.①远… Ⅱ.①东… Ⅲ.①远东国际军事法庭—史料 Ⅳ.①D995

中国版本图书馆CIP数据核字(2016)第080135号

远东国际军事法庭庭审记录·中国部分
——附录:远东国际军事法庭判决书

主　　编:程兆奇	节 译 者:张效林
补译校者:向隆万　徐小冰　等	
出版发行:上海交通大学出版社	地　　址:上海市番禺路951号
邮政编码:200030	电　　话:021-64071208
出 版 人:韩建民	
印　　制:上海景条印刷有限公司	经　　销:全国新华书店
开　　本:787 mm×960 mm　1/16	印　　张:43.25
字　　数:556千字	
版　　次:2016年5月第1版	印　　次:2016年5月第1次印刷
书　　号:ISBN 978-7-313-14847-6/D	
定　　价:(共十二册)1200.00元	

版权所有　侵权必究
告读者:如发现本书有印装质量问题请与印刷厂质量科联系
联系电话:021-59815625 * 8028

前 言

1948年11月4日至12日,远东国际军事法庭庭长韦伯宣读了长达1 446页的《远东国际军事法庭判决书》(以下简称《判决书》),为历时两年六个月的东京审判画上历史的句号,也是对之前48 412页庭审记录(由于原庭审记录有重页,实际上是50 001页)的总结。

《判决书》并不是简单罗列25名日本A级战犯的罪行和对他们的量刑,而是花了很大篇幅阐述日本军国主义的兴起、发展、膨胀的过程,今日读之仍深受震动!

根据《判决书》,可以把日本军国主义者的作为和发展梳理如下:

一曰"**造神**"。为了给极端军国主义分子造势和壮胆,并为扩张领土寻找理论依据,1920年前后以A级战犯大川周明为代表的"理论家",大肆鼓吹"八纮一宇"和"皇道"的原则。"八纮一宇"一词出自中国古书,被极端军国主义分子曲解为"要把全世界置于天皇一人统治之下"。

二曰"**滋事**"。1930年前后,日本军国主义激进分子还以中下层军官为主。他们阴谋发起事端,造成既成事实,以逼军部高层和政府就范。1928年6月谋杀张作霖的皇姑屯事件就是关东军的一部分激进分子所为。当时田中内阁还想处罚施行谋杀案的陆军将校,但遭陆军部反对而未果。自此军国主义者气焰大增,1931年从万宝山事件、中村事件到九一八事变,"滋事"不断升级。

三曰"**逼官**"。为了扫清障碍,陆军部对基于政党选举的内阁采取"顺我者昌,逆我者亡"的方针。1932年1月17日A级战犯桥本欣五郎著文鼓吹"为了建立全新的日本,我们认为首先迫切要做的是让现有的政党当替罪羊,摧毁他们"。从1928年到1945年这17年中日本内阁竟换了17届之多。政党出身的首相仅有7名,其中田中义一、若槻礼次郎被迫辞职,滨口雄幸和犬养毅竟遭军人激进派的暗杀。从1937年到1945年的9名首相中有6名是军人。1941年10月甲级战犯、法西斯头子东条英机任首相时,居然身兼陆军大臣、内务大臣、文部大臣、商工大臣、军需大臣等职,集大权于一身。

四曰"**愚民**"。为了欺骗和绑架民意,军国主义者对日本国民特别是青少年实行疯狂的愚民政策。1933年6月,时任陆军大臣的A级战犯荒木贞夫发表演说,鼓吹"日本是天长地久的,命定要进行扩张";"全世界在国联领导下正妨碍日本实现其神圣使命,必须准备全国总动员"。日本所有学制中都强迫实行军事训练。九一八事变之后,为进一步鼓动日本青年的好战精神,日本学校完全处于陆军部所派军事教官的支配之下。抓教育的同时,日本军国主义在控制舆论上也是不遗余力。1936年5月20日陆军部成立情报局,"其任务是指导控制面向公众的一切种类的通讯,并利用所有的言论机关来促进政府通过的政策"。

五曰"**掠夺**"。《判决书》历数了日本各届政府发展与军事密切相关的工业发展计划及其实施。日本是个资源贫乏的岛国,军国主义者为掠夺中国和其他亚太国家的资源不遗余力。他们毫不隐讳地表明其目的是为发动对苏联和英美的战事。

六曰"**毁约**"。第一次世界大战前后,日本政府签署了许多国际条约。《判决书》第三章《日本的义务和权利》就以这些条约开始,包括保护中国领土和行政独立的《华盛顿九国公约》,禁止生产、运输和使用鸦片即类似毒品的《国际鸦片公约》,通过外交手段解决国与国争端的《巴黎非战公约》,战争状态下有关人道行为的《日内瓦红十字公约》、《日内瓦战俘公约》等。特别是九一八事变后国联《李顿调查团报告》对日本的侵略扩张予以谴责,使军国主义者十分恼怒。1933年日本退出国联;1934年12月日本废除《华盛顿条约》;以后几乎退出所有约束日本侵略和施暴的国际条约。

七曰"**结盟**"。日本主动和纳粹德国、法西斯意大利建立三国同盟。1936年和1937年日本枢密院先后批准了"德日防共协定"和"德意日防共协定";1940年则缔结三国同盟。三国同盟缔结后不久,日本即以武力侵入东南亚及南洋。时任外务大臣的A级战犯松冈洋右明确指出:同盟主要以美国为目标。

远东国际军事法庭控告28名日本甲级战犯从1928年1月1日至1945年9月2日期间的三项罪行,即普通战争罪、违反人道罪和破坏和平罪。《判决书》对战犯罪行的揭示中有两个词出现频率很高,即"阴谋(conspiracy)"和"暴行(atrocity)",充分反映出日本军国主义者的特质。

从早期激进分子滋事到后期国与国的宣战,无不与"阴谋"相关。以九一八事变为例,《判决书》第四章和第五章两处详尽叙述甲级战犯板垣征四郎、土肥原贤二、桥本欣五郎伙同石原莞尔等人阴谋策划并实施的全过程。再以日本向美国宣战为例,《判决书》第七章指出,日本政府一面和美国进行谈判,一面扩军备战,并确定开战日期;最后利用东西半球的时差以及译电延迟,日本大使到达美国国务院时,日军已在45分钟前突袭珍珠港。《判决书》总体行文平实,以事实为主,这里也不得不用"寡廉鲜耻(unprincipled)"来形容日本行为之卑劣!

《判决书》第八章整章都是揭露日军"违反战争法规的暴行",共171页之多。仅列举一些小标题即可见其手段之残酷,人性之灭绝:"杀害被俘的飞行员"、"屠杀"、"死亡行军"、"拷问及其他非人道待遇"、"活体解剖和吃人肉"、"对运输俘虏船的攻击"、"对于俘虏及被拘平民的非法役使、饥饿和虐待"、"侮辱俘虏"等。其中有9页对南京暴行做了专门阐述,在大量人证物证基础上明确指出:"据后来估计,在日军占领后最初六个星期内,南京及其附近被屠杀的平民和俘虏,总数达20万人以上。"

中国法官梅汝璈和秘书杨寿林、顾问倪征燠等法学家参与了《判决书》的撰写，居功至伟。《判决书》主要篇幅是上部，即日本战争犯罪事实。梅汝璈于1948年8月20日致外交部电报中指出："上部事实部分，确极详尽，不啻一部翔实之二十年来远东关系史或日本对外侵略史。就历史学术言，将为一不朽之贡献，有重大之价值。"1948年11月11日远东国际军事法庭对A级战犯宣判前夕，梅汝璈致外交部电报中再次对《判决书》作出高度评价："判决书长计1200页，约60余万言。对战前日军阀专政与备战以及逐渐遂行侵略之经过，均有翔实之叙述与明快之论断。日军在各地之暴行则另列专章（南京暴行为该章中最特出之一节，占首要地位）。在叙述日本对外侵略事实经过之400多页中，'对华侵略'部分为璈所亲自交稿提出，约250页，占篇幅半数以上。对于十七年来交综复杂之中日关系，论列甚详。是非曲直所在，将可大白于天下后世，私衷引为快慰。"

总之，《判决书》的每一页既是历史教科书，又是现实的警世钟。1953年张效林先生节译成中文，由20世纪50年代出版社出版。当时距远东国际军事法庭宣判仅五年，功不可没。

2013年秋，上海交通大学和中国国家图书馆联合编纂出版《远东国际军事法庭庭审记录》（英文）80册，完整再现法庭成立、立证准备、检方立证、辩方立证、法庭判决的全过程，为学界和公众提供了关于东京审判最基本的一手文献，对于未来解决中日关系、近现代史遗留问题具有重大历史意义和现实意义。

为了让中国读者更方便阅读研究，上海交通大学东京审判研究中心决定分期分批将庭审记录译成中文，首批业已问世。从第78册的后半册到第80册，就记录着韦伯庭长宣读的全部内容。尽管已有前述张效林先生的节译本（以下简称张译本），我们还是决定重译《判决书》，并列入第一批中译计划。理由如次：

首先，张译本是根据日本每日新闻社1949年日文译稿《极东国际军事裁判所判决》节译的。我们发现，日文庭审记录和英文庭审记录有一些差别和忽略。例如韦伯庭长宣读判决之后，专门声明：印度、法国、荷兰、菲律宾成员向法庭提出和大部分成员不一致的观点并备案，日文稿就未列入这一段。虽然作为节译本，不必全译，但有些章节和段落似不应忽略。如第五章"日本对华侵略"与中国关系最为密切，总共 350 页。不知何故，张译本对其中 143 页全部或部分未译，占 40% 之多。这次我们以英文原稿为基础，参照日文译稿，一方面把张译本省略的内容（约占全书 20%）补译；另一方面对张译本认真审校。再者，本书把庭长宣读《判决书》的日期和法庭执行官的言辞都予以录入，再现历史原貌。

可能因时间仓促，张译本留下不少疏误。比如第四章小标题中两次将卢沟桥事变错译为九一八事变；又如第十章曾将"东乡"错译为"东条"等。这次都予以改正。另外，60 年来，文风和政治语境有很大变化。张译本将英文序号 a、b、c、d 等译为甲、乙、丙、丁或子、丑、寅、卯，今天的读者反而费解；又如张本的"缩军"、"委任统治"等词汇，应以当前通用的"裁军"、"托管"等代替；英文原稿中对同盟国首脑和日本军政要员的姓名前多有职务或军阶相伴，如总统、皇帝、委员长、首相、大臣、将军、大佐等，张译本常有忽略，作为历史文献，我们一律照译；对"满洲国"及内蒙、华北和汪精卫等傀儡政权，我们也按照原文直译；对张译本中译义失误及措辞欠妥之处则予以修正。此外，第六章不再分节，和英日文庭审记录一致。张译本最后一页附有"各被告罪状表"，简明醒目，我们予以保留。

由于《远东国际军事法庭庭审记录》的英文版已出版，为节省篇幅，本书不收入英文原文，而是在每章的脚注附上对应《远东国际军事法庭庭审记录》的第 78 册、第 79 册和第 80 册相应的英文页码，以便读者查阅。本书与张译本还有一个重大差别是在正文后附有关于人名、地名和事件名的中英日文索引，为读者查阅和研究提供了便利。

补校和重译工作启动时，正值 2013 年盛夏。许多专家和师生冒着罕见酷暑，热情参与这项有重大意义的工作，其中有上海交通大学施旻、叶艳、胡莉明，上海理工大学张俊峰，华东师范大学朱敏琦，上海市欧美同学会蒋智聪，上海实验中学周景文。在此期间，上海交大硕士研究生李露露、杜鹏飞、王啸啸以及本科生张思佳、杨旦玥、姜晓颖、陈心怡、丁磊、刘敏怡、马境辛、顾思义等同学也承担了初校和部分补译。上海交通大学凯原法学院徐小冰教授对全文作了细致审校。索引工作则由中心客座研究员石鼎、陈丽娜等同志完成。中心主任程兆奇教授对全书编纂提出指导性意见，并阅校了全部文稿。本书编辑出版还得到教育部社科重大项目资助和上海交大出版社的大力支持，郁金豹、姜津津、崔霞、金迪等编辑人员付出了辛勤劳动，在此一并致谢。由于时间匆促，加之水平有限，疏误在所难免，敬请专家和广大读者指正。

向隆万
上海交通大学东京审判研究中心名誉主任
2014 年 7 月

目　录

A　篇

第一章　法庭的设立和审理 / 002
第二章　法 / 012
第三章　日本的义务和权利 / 021

B　篇

第四章　日本军部主导和战争准备·导引 / 047
第五章　日本对华侵略 / 255
　　第一节　侵略和占领满洲 / 255
　　第二节　统一和开发满洲 / 309
　　第三节　进一步侵入中国的计划 / 322
　　第四节　从卢沟桥事变（1937年7月7日）到近卫声明（1938年1月16日）/ 339
　　第五节　华北临时政府 / 357
　　第六节　大东亚共荣圈 / 376
　　第七节　日本对满洲及中国其他地区的经济支配 / 383
第六章　日本对苏联的侵略 / 391
第七章　太平洋战争 / 424
第八章　违反战争法规的犯罪（暴行）/ 505

C　篇

第九章　起诉书中罪状的认定 / 581
第十章　判决 / 587
索引 / 625

1948年11月4日，星期四

日本东京都旧陆军省大楼内远东国际军事法庭

依照庭审规则，9:30 庭审人员到场。

出庭者：

法官席，所有成员就座。

检察官席，同上。

辩护席，同上。

（由远东国际军事法庭语言部负责英日两种语言翻译）

法庭执行官：远东国际军事法庭现在开庭。

庭长：除平沼、白鸟和梅津因病缺席并由律师代表外，所有被告均出席。巢鸭监狱军医对不能出席的被告出具因病证明，并记录在案。

法庭书记官：美利坚合众国、中华民国、大不列颠及北爱尔兰联合王国、苏维埃社会主义共和国联盟、澳大利亚联邦、加拿大、法兰西共和国、荷兰王国、新西兰、印度及菲律宾联邦，对荒木贞夫、土肥原贤二、桥本欣五郎、畑俊六、平沼骐一郎、广田弘毅、星野直树、板垣征四郎、贺屋兴宣、木户幸一、木村兵太郎、小矶国昭、松井石根、松冈洋右、南次郎、武藤章、永野修身、冈敬纯、大川周明、大岛浩、佐藤贤了、重光葵、岛田繁太郎、白鸟敏夫、铃木贞一、东乡茂德、东条英机、梅津美治郎宣告远东国际军事法庭的判决。

庭长：现在我宣读远东国际军事法庭的判决。若干形式标题将略去。

A 篇

第一章　法庭的设立和审理[1]

本法庭之设立,是依据1943年12月1日的开罗宣言,1945年7月26日的波茨坦公告,1945年9月2日的投降书以及1945年12月26日的莫斯科会议,并将其付诸实施。开罗宣言由美利坚合众国总统,中华民国国民政府主席和大不列颠首相宣布其内容如下:

三国军事代表团,关于今后对日作战行动,已获得一致意见。我三大盟国决心以不松弛之压力,从海陆空各方面,加诸残暴之敌人。此项压力已在增长之中。

我三大盟国此次进行战争,目的在于制止及惩罚日本之侵略。三国决不为自身图利,亦无拓展领土之意。三国之宗旨在于剥夺日本自1914年第一次世界大战开始以后在太平洋上所夺得或占领之一切岛屿。日本窃取的中国领土,例如满洲、台湾、澎湖列岛等,必须归还中华民国。日本亦将被逐出于其以武力或贪欲所攫取之所有土地。我三大盟国轸念朝鲜人民所受之奴隶待遇,决定在适当期间,使朝鲜自由独立。

我三大盟国,抱定上述之各项目标并与其他对日作战之盟国家目标一致,将坚持进行为获得日本无条件投降所必要之重大的长期作战。波茨坦公告(附件A-1)系由美利坚合众国总统,中华民国国民政府主

---

[1] 本章可参阅《远东国际军事法庭庭审记录》第78册48415—48435页。

席和大不列颠国首相所宣布,后获苏维埃社会主义共和国联盟的附议。其中与本案有关的主要条款如下:

对日本应予以一机会,以结束此次战争。欺骗及错误领导日本人民使其妄欲征服世界者之威权及势力,必须永久剔除。盖吾人坚持非将滥不负责之黩武主义驱出世界,则和平安全及正义之新秩序势不可能。

开罗宣言之条件必将实施,而日本之主权必将限于本州、北海道、九州、四国及吾人所决定其他小岛之内。

吾人无意奴役日本民族或消灭其国家,但对于战犯,包括虐待吾人俘虏者在内,将处以严厉之法律裁判。

投降书(附件 A-2)曾由日本天皇及日本政府的代表以及盟国九国的代表签署。其中除其他事项外,包含着以下的宣布、担承和命令:

我们兹宣布日本帝国大本营及驻扎各地的一切日本武装部队,以及在日本控制下的一切武装部队,向盟国无条件投降。

我们兹担承日本天皇、日本政府及其继承者忠实实行波茨坦公告的各项条款,此外,并须发布盟国最高统帅或盟国其他特别代表在实施上项公告时所需之一切命令和采取为其所需之一切措施。

日本天皇及日本政府统治国家的权力,隶属于盟国最高统帅。最高统帅将采取其认为适当的措施,实施投降条款。我们兹命令一切官厅,陆军及海军官员,遵守并施行盟国最高统帅为实施投降所认为适当的、由其本人或由其授权所发布的一切布告、命令和指示。

在莫斯科会议(附件 A-3)中,美利坚合众国、大不列颠、苏维埃社会主义共和国联盟政府曾就下列事项达成协议,并获中国的同意。即:"最高统帅将颁发所有关于实施投降条款、占领及管制日本之命令及其他补充指令。"

依据上项权力,1946 年 1 月 19 日,盟国最高统帅麦克阿瑟将军发表特别通告设置本法庭,以便"审理犯有破坏和平罪及包括破坏和平罪行在内的个人,团体成员以及兼有此双重资格而被起诉者"(附件 A-4)。法庭的组织、管辖权和任务,均按同日由最高统帅批准的法庭宪章之规定。在开庭之前,对法庭宪章曾略加修正(修正后的宪章副本,见附件 A-5)。

1946 年 2 月 15 日,最高统帅发布命令,任命由同盟国各自提名的九位法官。在此项命令中也曾指明:规定在法庭宪章中的法庭责任、权力和任务……

根据对法庭宪章的一项修正,将法庭成员数的上限由九国扩充为十一国,遂增加印度和菲律宾联邦。因最初任命的美、法两国法官已辞职,于是又任命了现在的美、法两国法官继任,同时任命了印度和菲律宾的法官。

依据法庭宪章第 9 条(c 项)的规定,在开庭前所有被告可按本人意愿,指定辩护律师为其代表。因此,各被告都有美国籍和日本籍的辩护律师为其代表。

起诉书是在 1946 年 4 月 29 日向法庭提出的。这一起诉书,曾依照本法庭所采用的程序规则,预先交给被告。起诉书(附件 A-6)很长,列举五十五项罪状,控告 28 名被告从 1928 年 1 月 1 日至 1945 年 9 月 2 日期间的破坏和平罪,违反战争法规及惯例罪,违反人道罪。

这些罪状概括如下:

第 1 项罪状控告全体被告,在 1928 年 1 月 1 日至 1945 年 9 月 2 日期间,作为领导者、组织者、教唆者或同谋者,为使日本取得对东亚、太平洋、印度洋以及其接壤各国或邻近岛屿上之军事、政治、经济的控制地位,单独或与其他国家合作,阴谋对任何一个或多个反对此目的的国家从事侵略战争。

第 2 项罪状控告全体被告,在同一时期阴谋实施日本对华侵略活动,以取得对中国辽宁、吉林、黑龙江、热河等省份(满洲)的完全控制。

第 3 项罪状控告全体被告,在同一期间阴谋进行日本对华侵略战争,以图完全主导中国。

第 4 项罪状控告全体被告,在同一期间阴谋由日本单独或与其他国家一起,发动对美国、联合王国、法国、荷兰、中国、葡萄牙、泰国、菲律宾和苏联的侵略战争,以图日本取得对东亚、太平洋、印度洋及其接壤国家和邻近岛屿的完全控制。

第 5 项罪状控告全体被告,参与德国、意大利的共同计划或阴谋,以取得对全世界的完全控制。三国拟在各自势力范围内拥有特殊霸权,日本的势力范围则包括东亚、太平洋和印度洋。为此目的,凡属反对此事的国家,三国彼此互助以进行侵略战争。

第 6 项至第 17 项罪状控告除白鸟外的全体被告,计划和准备对起诉各国从事侵略战争。

第 18 项至第 26 项罪状控告全体被告,对起诉各国发动侵略战争。

第 27 项至第 36 项罪状控告全体被告,对起诉各国实行侵略战争。

第 37 项罪状控告个别被告,违反 1907 年 10 月 18 日颁发的海牙第三公约,阴谋发起非法战争行为,谋杀美国、菲律宾、联合王国、荷兰、泰国的军人和平民。

第 38 项罪状控告同上被告,违反 1908 年 11 月 30 日的美日协定,1921 年 10 月 13 日的英法美日条约,1928 年 8 月 27 日的巴黎条约,1940 年 6 月 12 日的泰日友好条约,阴谋谋杀军人和平民。

第 39 项至第 43 项罪状控告同上被告,于 1941 年 12 月 7 日和 8 日在珍珠港(第 39 项罪状),新高打(第 40 项罪状),香港(第 41 项罪状),在上海的英舰海燕号(第 42 项罪状)以及在达佛的杀戮暴行。

第 44 项罪状控告全体被告阴谋大规模谋杀在日本权力下的俘虏和平民。

第 45 项至第 50 项罪状:控告个别被告在南京(第 45 项罪状),广州(第 46 项罪状),汉口(第 47 项罪状),长沙(第 48 项罪状),衡阳(第 49 项罪状),桂林与柳州(第 50 项罪状),非法谋杀已解除武装的军人和平民。

第51项罪状控告个别被告于1939年在哈尔金河地区,非法谋杀蒙古及苏联的军事人员。

第52项罪状控告个别被告于1938年7月和8月间,在哈桑湖区非法谋杀苏联军事人员。

第53项至第54项罪状控告除大川和白鸟外的全体被告,他们阴谋命令,授权和准许各战地日军司令官、陆军省官员、各地集中营和劳务班职员,对起诉国的军队、战俘和被拘留的平民,频繁且惯常地实施违反战争法规和惯例的行为,从未使日本政府采取适当步骤以确保遵守及防止违反战争法规与惯例。

第54项罪状控告同上被告漠视与其官职相应的法律职责,未采取适当方法以确保遵守及防止违反战争法规和惯例。

起诉书附录共有五件:

附录A概述起诉书中所根据的主要事项和事件。

附录B是条约条款的一览表。

附录C列举日本所违反的保证。

附录D包含所违反的战争法规及惯例。

附录E是与被告个人责任有关的事实的部分陈述。

以上这些附录包括在附件A-6中。

在审讯期间被告死去者两名,即松冈与永野,此外,被告大川被宣告不适于受审和丧失为自己辩护的能力。于是,从起诉书中删除了松冈和永野,法庭中止了依起诉书对大川的继续审讯。

5月3日和4日,在全体被告出席的公审庭上,宣读了起诉书。法庭为了让被告作辩护,休庭至6日晨。翌日,当时在法庭受审的全体被告都声辩"无罪"。

于是,法庭决定自6月3日起由检方提出证据。

在这期间,辩方曾对法庭审理和决定起诉书中起诉事实的管辖权问题提出异议。1946年5月17日,经过辩论,法庭决定对上项异议"依以后所述理由"而不予受理。这些理由见判决书本篇第二章论及本案的法律中。

检方陈述从1946年6月3日起到1947年1月24日完毕。

辩方则自1947年2月24日起到1948年1月12日止提出证据。在此期间,为了让辩护律师调整工作,以便提出关于全体被告的共同证据,从1947年6月19日起到8月4日止,特许休庭。

法庭既准许检方提出反驳证据,也准许辩方提出回答证据,受理证据到1948年2月10日截止。受理的证据总计共有4 335件,419名证人出庭作证,779名证人用供述书和宣誓陈述书作证,审判记录长达48 412页。

检方的最终总结和辩方的最终辩论,从1948年2月11日开始,到同年4月16日结束。

由于法庭宪章第12条要求对"争辩事项迅速审讯"和采取"严格的方法,以防止足以发生任何不合理的延宕审判的行为",所以对于审判所花费的时间,有稍加解释与说明的必要。

为了避免采用边说边译的常规翻译方法,以引起不必要的延宕,对于提出前可预作准备的证据与陈述等,安装了灵巧的"公众发言系统"。利用这种设备,有可能同时翻译成英语或日语,必要时还可同时与汉语、俄语和法语互译。如无此项便利,恐怕审判要耗费更多时日。但是对于反诘或临时提出的异议及其他临时发言,只能在进行过程中用常规方法翻译。

法庭宪章第13条a项规定:"本法庭应不受技术性采证规则之限制。本法庭将……采用认为有价值的任何证据……"为了对所提出来的大量书面证据和口头证言应用这项规则,必然要花费许多时间。加之,对于起诉书中的事实,直接涉及对从1928年到1945年这17年间日本历史的调查,甚至还要涉及日本更早历史的大致研究,否则就不能够理解和评价日本及其领导人随后的行动。

起诉所涵盖的时期，正是日本在内政和外交上激烈活动的时期之一。在国内方面，在适用明治维新时代所颁布的宪法过程中，军方和文官之间，成了重大斗争的主题。军方最终获得优势，他们不仅主导和平与战争问题，而且主导外交和内政的行动。在政府内部文官与军方的斗争中，议会早就无关紧要。文人与军部间的斗争，在文人方面，由职业文官来争战，但这些文官，几乎都只占着内阁中文职大臣和天皇左右的辅弼地位。军人和文官间的斗争，涉及很长的时间。许多事件都标志了这一斗争的消长。对于任何一个事件，检方与辩方间很少能意见一致。每一事件的事实和意义，都成为争论的起因，并成为提出大量证据的题目，加之，在国内方面，起诉书所涉及的期间，是日本转换为现代工业国的完成期。于是，增大对其他国家的领土要求，就作为迅速增加的日本人口的出路，并使日本工厂取得原料来源和货物市场。在对外方面，在此期间也可看到日本为满足上述需求的努力。与此相关的各种事件之发生和意义，甚至对看上去毫无争辩余地的事，辩方也常常加以争论。

25 名被告在这些事件中所起的作用应当加以调查，而每一步都经历斗争。

开庭过程中，对于牵涉甚广的时间和地点，不管重要或不重要都会一一进行争论，致使审判不能达到宪章中所要求的"迅速"。加之，在法庭上所说的话，有逐句从英语翻译成日语，或从日语翻译成英语的必要。这至少使审理的时间增加了一倍。日语和英语间的翻译，不能像西方此国语言译成彼国语言时那样迅速和确切。从英语到日语，或者从日语到英语的逐字翻译，很多是不可能的。大部分仅仅只能意译。而在两国语言专家间，关于正确的意译，也常常意见不同。结果，在法庭翻译人员间，常常发生不知怎样恰当翻译的困难。于是，为了解决翻译上的争执问题，法庭不得不设立语言裁定部。除了这些延宕以外，辩护律师和证人也有言词冗长和不切题的倾向。一开始就要抑制这倾向是非常困难的。因为在许多情况下,过于详尽和互不相关的质问和答辩是用日语说的,等法庭听了英语翻译可以提出异议的时候,弊病已经发生,时间业已浪费。为了避免浪费时间,终于有了实施特殊规则之必要。

为达到此目的所制定的主要规则,是令证人事前书面备案,而反诘只限于主要讯问中证据范围内的事项。

由法庭所定的规则,无论是这些规则或其他任何规则,都没有严格执行。法庭为了公正对待被告,公正对待所有重要事实和资料之最高需要,常常准许从宽处理。

已提出的证据中,特别是由辩方所提出的证据中,大部分都没有受理,主要因为这些证据很少或完全没有证据价值,或者因为这些证据没有帮助,不是完全无关就是关系很少,或者与已采用的证据相似,而无重复之必要。

关于证据有无采用必要的争论,的确花费了很多时间。但是,如果法庭接受准备提出的所有证据,审判恐怕要大大地延长。假定没有这些限制,那么准备提出的证据,比实际上所提出的会更无关系和更不重要,而审判就要更加延长。

许多证言是直接的口供,或者至少是由证人具结的口供,在证言受理后,由检察官或辩护律师加以宣读。证人常常接受询问,并由代表不同利益的检察官或辩护律师作询问,然后再询问。

如果对证人不要求询问时,证人就多半不出庭,而仅宣读他的经宣誓的证书。

法庭对提出的大部分证据甚感失望。关于事件的说明不足置信,除非证人勇敢面对困难,而过去又确实发生过这样的事件。就法庭的经验而言,辩方大部分证人,并无敢于面对困难的打算。他们冗长模棱两可的言辞和遁词,只会引起不信任。辩方的最终意见,大部分是基于这种假定,法庭会把为辩护而提出的证据当作可信而接受。就辩方而言,也许只能如此,因为不能预料谁是法庭可以信任的证人,谁会被拒绝。这些意见大多失败。因为它基于的证人证言缺乏公正,法庭由于不可信赖而不予接受。

除去这些证人的证言以外,还把所提出来的许多文件,当作证据采用。

这些文件的性质是各色各样的,并且来源不一,其中有来自德国外交部的。日本陆海军、外务省、内阁及其他政府政策制定机关的重要正式记录原本,多已不存,这对法庭是不利的。有时提出了所谓副本,因为它也许有若干价值,所以就接受下来了。正式记录的丧失,是由于对日空袭中的烧毁和投降后陆海军的故意销毁。当轰炸开始或行将开始的时候,像外务省、内阁官房和其他的重要官厅,对于如此重要的文件,竟没有移往安全的地方,那是不可思议的事情。如果证明这些文件并未被毁,而是被扣着不向法庭提出,那就是对国际正义的极大损伤。

我们除了把所获得的证据与我们所受理的其他证据,对照结合起来看以外别无办法。虽然正式文件的丧失,对我们探求事实时是不利的,但我们从其他出处获得了大量有关的情报。在非正式的或至少是半正式性质的此类证据中,有被告木户的日记,和西园寺-原田回忆录。

卷帙浩繁的木户日记,包括从 1930 年到 1945 年这一期间,他任职内务大臣秘书官长,内务大臣,以及后来任职内大臣,以天皇机要顾问的地位,与重要人物交涉时的记录。根据这种情形,我们认为这日记是重要的文件。

另一重要文件,或系列重要文件,就是西园寺-原田回忆录。它成为辩方激烈攻击的目标不足为奇。因为在这文件中,包含着使辩方大感狼狈的词句。我们认为这种攻击没有充分的根据,我们对于这些文件的重视程度超过辩方的期望。西园寺公爵以最后的元老的特殊地位,通过他的秘书原田,自能充分了解真相。由于负有从政府及陆海军最高机构取得情报的特殊任务,原田长期为元老服务。从这一点看,就显出了他的可靠与谨慎。如果像辩方所说的,他是既不可靠又不负责的人,由于西园寺公爵本人常与供给原田情报的重要人物直接接触,当然很快就会发现他的不可靠,大概也不可能继续使用他。关于提交法庭的西园寺-原田回忆录的真实性,法庭相信此文件是由原田口述,并经西园寺校订的回忆录原本。在此文件中凡与本案有关者,法庭认为它所记载的事实都是有用而可靠的当时证据。

第二章　法[1]

(a) 法庭的管辖权

我们认为，宪章中的法对法庭是决定性的和必须遵守的。本法庭是最高统帅根据盟国所赋与他的权力而设立的特别法庭。它的管辖权来自法庭宪章。在这一审判中，除宪章所规定者外，法官并无任何其他的管辖权。最高统帅在任命法庭成员的命令中说："本法庭成员的责任，权利和任务，规定在宪章中，因此……"据此本法庭的成员完全没有审判被告的权限。正是根据上项文件构成本法庭和任命成员，并赋与其审判被告的权限。因此，在任何情况下，都有义务和责任将宪章所规定的法应用于审判。

以上解释，并非支持以下见解，即盟国或任何战胜国在国际法框架下有权在审判和惩罚战犯时制定或公布与公认的国际法及其规则或原则相矛盾的法律，或赋与本国法庭与公认的国际法及其规则或原则相矛盾的权限。实际上，交战国为审判和惩罚战犯而行使设立法庭的权利并赋与该法庭以权限时，它的行动只能以国际法为限。

对于本法庭审理起诉书中的起诉事实及判决时的管辖权，辩方曾提出异议，其主要理由如下：

（1）盟国并未具有由最高统帅指定将"破坏和平罪"（第五条 a 项）包括在法庭宪章内而付之审判的权利。

（2）侵略战争本身并不是非法的，废弃以战争为国家政策工具的

---

[1] 本章可参阅《远东国际军事法庭庭审记录》第 78 册 48435—48453 页。

1928年非战公约,并没有扩大到战争犯罪的意义,也没有把战争当做犯罪。

(3) 战争是国家的行为,因此在国际法上个人并无责任。

(4) 法庭宪章的规定,是"事后"法,所以是非法的。

(5) 规定必须履行波茨坦宣言的投降书中,设有下列条件,即只有在宣言当时(1945年7月26日)国际法上所公认的普通战争犯罪,才可以被控为犯罪。

(6) 交战中的谋杀行为,除了构成违反战争法规及惯例以外,战争中的普通事故,不能算作杀人。

(7) 有数名被告是俘虏,根据1929年日内瓦公约的规定,当由军事法庭而不是本法庭审判。

因为宪章的法对本法庭是决定性和必须遵守的,本法庭正式拒绝辩方所提出以上七项争议中的前四项。但由于与此有关的法律问题异常重要,本法庭将把关于这些问题的见解记录下来。

1946年5月本法庭驳回了辩方的异议,以及肯定法庭宪章的合法性和以其为基础的法庭管辖权,当时曾宣称这一决定的理由将在以后给出。其后,在纽伦堡开庭的国际军事法庭,于1946年10月1日宣布判决。在纽伦堡法庭的判决书中,曾发表如下的见解:

"宪章并非战胜国方面权力之武断的行使,而是宪章颁布制定时现行国际法的表现。"

"问题在于这个条约(1928年8月27日在巴黎缔结的非战公约)具有什么样的法律效力。这个条约的签署国或参加国,无条件地斥责将来以战争作为政策的工具,并明白地废弃了战争。这个条约签署以后,任何国家凭借战争作为国家政策的工具,就是违反这个条约。

依据本法庭的见解,庄严废弃以战争作为国家政策的工具,其中必然包括承认战争在国际法上是非法的原则,凡是从事计划和实施这类不可避免产生可怕结果的战争者,都应该被视为从事于犯罪行为。"

"在某种情形下保护国家代表者的国际法原则,是不能适用于那些在国际法上被视为非法行为的犯罪者的。实施这些行为的人,不能以公职为庇护,企图避免经适当审判的惩处。"

"'法无规定者无罪'的原则,并不是对主权加以限制,而是一般的正义原则。认为对于蔑视条约和不经警告就进攻邻国者的惩罚有失公道,显然是错误的。因为在这种情况下,进攻者必然知道他的行为是错误的,对他加以惩罚并没有什么不公道,如果放任并对其非法行为不加惩罚,那才是真正的不公道。"

"法庭宪章明确规定……'被告依照本国政府或上级命令所做的事实,并不能使被告免除责任。但在刑罚的减轻上,得加以考虑。'这种规定,和任何国家的法律都是一致的。……虽然在程度上有种种不同,可是就大多数国家的刑事法看,真正的标准,不是规则的存在,而是事实上有没有作道德选择之可能。"

对于纽伦堡法庭的上述见解和这种见解的推论,本法庭完全同意。这些见解,对上述辩方所强调的头四项理由,作了完全的答复。有鉴于本法庭与纽伦堡法庭的宪章在所有重要方面完全相同,本法庭宁愿对纽伦堡法庭的意见中与本案有关者表示无条件的支持,而不愿用若干不同的字句来重新另写,以免对两个法庭所述的意见,可能作互相抵触的解释而留下引起争论的余地。

辩方的第五项理由,是对法庭管辖权的抗辩,他们依据投降书和波茨坦宣言认为,只有波茨坦宣言当时国际法上所公认的战争犯罪才应受审。即只限于法庭宪章5(b)条款所说的普通战争犯罪。

早在波茨坦宣言以前,侵略战争在国际法上就是犯罪,所以辩方想对宪章作限制性的解释完全没有根据。

有一个奇特的论点,认为日本政府同意接受投降书的条款时,并不理解有战争责任的日本人将被起诉。这种论点是毫无事实根据的。根据本法庭认为满意的实证,在投降书签署以前,日本政府已考虑了这个问题,当时主张接受投降条款的阁员,已经预料到确凿负有战争责任的人,将被付之审判。早在1945年8月10日,即在投降书签署的三星期前,天皇对被告木户说:"念及战争责任者的惩罚……实有所难忍者。……但认为今日乃不能不忍人所难忍之际。"

辩方的第六项主张,是关于杀人行为的起诉事实者,这在后面将加以论述。

辩方的第七项主张,是为了因投降而享有战俘资格的四名被告,即板垣、木村、武藤和佐藤。为他们所作的辩护是,他们原为日本军队的人员,又是俘虏,根据有关俘虏的1929年日内瓦公约的条款,特别是依据该公约第60条和第63条,俘虏只能受军法审判,而不应受未依此条约所构成的法庭之审判。这一点在美国最高法院的山下案中曾作决定。已故最高法院院长史东代表法院多数宣布判决时说:"我们认为这是明明白白的,从上列各规定的上下文看来,第3节及第63条,只适用于在被俘期间犯罪时施之于俘虏的审判程序。在第五款中毫未显示这部分规定,可以处理第3章的第1节和第2节所述以外的犯罪。"这一结论和这一结论所引伸的推论,本法庭谨表同意。

因此,对于本法庭管辖权的争辩,完全不能成立。

(b) 对俘虏的战争犯罪责任

战俘和被拘留平民系处于拘押他们的政府权力之下。但这在过去并非一直如此。只在最近两世纪间才公认了这种地位。这一习惯法在1907年海牙第四公约中被明文规定,并在1929年日内瓦战俘公约中又有所规定。因此,战俘和被拘留平民(以下我们把他们都称为"俘虏")的保护责任,就归于拘留俘虏的政府了。这种责任,并非只限于扶养的义务,还包含着防止虐待。特别是对俘虏施行为习惯法所不容的非人道行为,对俘虏负有责任的政府应当防止。……政府必须借助具体的人来履行对俘虏的这类义务。的确,在此意义上,政府责任实际上落在那些领导控制政府机构的人身上。无论对于这里或前面所述的问题,我们心目所指就是日本内阁阁员。因为对俘虏的责任，并非抽象政治上毫无意义的义务。这一特定的责任，首先必须由构成政府的人们来履行。由于现代政府有许多职责和任务，必然产生职责分工与委托的复杂制度。就战时政府对俘虏所负责任而言，即使这些政府官员已委托他人承担对俘虏的义务，他们对俘虏仍负有主要责任。

日本对俘虏应负责任的人包括：

（1）政府阁员。

（2）拘有俘虏的陆海军部队指挥官。

（3）与俘虏福利有关机关的职员。

（4）不论是文官或陆海军军官，直接或亲自管理俘虏的职员。

给俘虏以正当的待遇，防止对他们的虐待，是上述所有应负责任者的义务。为此目的，还必须建立连续有效工作的适当系统。如发生下述情况，这些人就应负怠忽职守和虐待俘虏的责任：

（1）他们没有建立这样的系统。

（2）虽然建立了这样的系统，但不能连续从事有效的工作。这些人都负有检查系统工作状况的义务，如果疏于检查，就须对之负责。仅仅设立了适当的系统，但之后对它的实际工作不闻不问，不能算尽责。例如，军队司令或陆军大臣必须努力使其在这方面所发的命令与他对最重要事项所发的其他命令一样，得到确实遵行。如果已设立适当的系统并且该系统持续有效地工作，那么当发生普通战争犯罪情形时，他们可以不负责任。但下列情形，不在此限：

（1）他们虽明知发生了这类犯罪，但未在其权限内采取措施防止未来再发生此类犯罪，或者

（2）他们因过错而未能了解发生了这类犯罪。在这类人所属机构要求并允许其采取行动防止此类罪行的情况下，他知情或本该知情，但因懈怠疏忽而未采取行动，他也难辞其咎。另一方面，即使该责任人宣称直接负责管理俘虏的人对他有过承诺，但考虑到负责管理俘虏的人

的职务、有关犯罪报告的频次或者其他情况,他应当对这种承诺是否属实进行调查而未做调查,也要承担责任。在判断是否知情时,要考虑罪行是否恶名昭著,数量是否巨大,以及从时间和地点来看涉及面是否广泛等因素。

作为政府主要机关之一的内阁,其阁员对保护俘虏负有连带责任。阁员明知发生了上述情节的犯罪行为,却未曾或未能采取措施以防止将来再发生这类犯罪行为,又决定继续担任阁员时,当然不能免除责任。即使他所主管的部与保护俘虏并无直接关系,也不能免责。阁员是可以辞职的。他既然知道对俘虏发生虐待,又无力防止将来再发生虐待行为,却决定继续留任阁员,那么,他就继续负担着内阁关于保护俘虏的连带责任,并且自愿承担将来任何虐待俘虏行为的责任。

陆海军指挥官能够用命令给予俘虏以正当待遇和防止对他们的虐待,陆海军大臣也可以这样做。如果对所辖俘虏发生了犯罪行为,不管他们已知或是应知,他们对这类犯罪都要负责。例如,属其指挥的部队中发生了普通战争犯罪罪行时,无论他已知或应知,只要未采取充分措施以防止将来再发生这类犯罪行为,该指挥官对将来所发生的这类犯罪就需要负责。至于各部职员明知有虐待俘虏发生,又并未辞职时,可不因此而要求他们负责。但是,如果其职务与保护俘虏组织的工作有关系,而明知或应知有犯罪行为,却未根据其职权采取任何有效行动以防止将来再发生同样犯罪,那么他们对于将来所发生的这类犯罪须负责任。

(c)起诉书

在"破坏和平罪"的标题下,宪章列举出五项犯罪行为。这些罪行即指计划、准备、发动及执行侵略战争或违反国际公法、条约、协定或保证之战争。除此四项外,为达到上述目的而参与共同计划或阴谋的罪行也包括在内。起诉书根据宪章控告以上各项罪行并根据宪章中的其他规定而控告其他各种罪行。执行侵略战争或非法战争的阴谋罪发生于2人或2人以上同意执行这类犯罪之时。其后,为推行此项阴谋继续从事这类战争的计划和准备。在此阶段上的参加者,可以分为最初的同谋者或以后的参加者。如果后者赞成阴谋的目的,并为其实现进行计划和准备,那么他们就是同谋者。据此,鉴于全体被告均以阴谋罪被起诉,我们认为对于或将判为犯阴谋罪的被告,不必再判以计划和准备侵略战争罪。换句话说,虽然我们对起诉事实的合理性并无疑问,但是对于或将判为犯阴谋罪的被告,不必再按第6项至第17项罪状考虑定罪。

在发动及执行侵略战争罪方面,也有类似情形。发动侵略战争,有时可以具有其他含义,但在本案起诉书中,只有开始敌对行为的意思。在这种意义上,实际执行侵略战争也包含在内。这种战争由某罪犯着手或发动以后,凡参加执行这种战争者就是犯罪。但并不因此而成为必须对发动侵略战争与执行侵略战争两罪均应加以定罪的理由。因此,对于第18项到第26项罪状,我们不拟考虑。

第37项及第38项罪状是控告共谋杀人罪。宪章第5条的(b)项和(c)项处理普通战争犯罪和违反人道罪。在第5条(c)项中,有下面一句话:"凡参与上述犯罪行为的共同计划与阴谋,或实施上述犯罪行为的领导者、组织者、教唆者及同谋犯,对于执行该计划者所为之一切行为,均须负责。"在纽伦堡法庭宪章中也有同样的规定,但单独自成一项,不像本法庭宪章那样,把它并入在(c)项之中。从这项规定的上下文关系看,显然只与(a)项即破坏和平罪有关。其所以如此,因为只有在这部分内把"共同计划或阴谋"称为犯罪。本法庭宪章中既未将普通战争犯罪和违反人道罪的共同计划或阴谋称为犯罪,那么这一规定自不能适用于这类犯罪行为。检方对这种见解虽未作争论,但声称这类罪状根据宪章5(a)项是可以得到支持的,从而主张执行侵略战争是违法的并且还包含着谋杀的非法谋杀行为。由此进一步主张,实行非法战争的阴谋也就是实行谋杀的阴谋。但本法庭所能审判的罪行只限于宪章所述罪行。在第5条(a)项中所指的共同计划或阴谋罪,是自成一款的犯罪。除阴谋罪以外，特别由 5(a)项所列举的罪，就是侵略战争的"计划、准备、发动及执行"。并未指定通过执行侵略战争或用其他方法杀人的阴谋罪。因此，对于包含在第 37 条和第 38 条罪状中的谋杀阴谋的起诉事实，我们认定没有处理它的管辖权，并拒绝受理。

在起诉书中，对 25 名被告共控告 55 项罪状。大多数罪状是控告全体被告的，其他罪状所控告者也在 10 人或 10 人以上。仅破坏和平罪，应加考虑的独立指控就不少于 756 件。

这种情形来自检方采取了只要可以提出罪证就加以控告的普遍做法，尽管某些指控重复或可以替代。

以上关于指控内容的考虑表明，可以在无损法庭义务并不对被告造成不公的情况下减少对破坏和平罪的指控罪状数目，并作出相应判决。

第 44 项和第 53 项罪状控告阴谋违反战争法规罪。由于上述理由，除破坏和平罪外，关于犯其他罪行的阴谋，法庭宪章都没有给予管辖权。其中并没有指定普通战争阴谋罪。这种见解既为检方所接受，那么自然不可能要求在这类罪状下定罪。因此对这类罪状未加考虑。

以上关于第 37 项、38 项、44 项和 53 项的见解，也许有人以为其与 1946 年 5 月 17 日本法庭拒绝讨论管辖权动议的裁决互相矛盾。对此只要提出一句话就够了，即当审理该项动议时其中并没有提出这项问题来。很久以后，即在纽伦堡判决宣布以后，这问题才由代表某被告的辩护律师所提出。对此问题本法庭完全同意纽伦堡法庭的见解。同时本法庭关于这类罪状的有利于被告的处理也获得了检方的承认。

从第 39 项至第 52 项（除已经讨论过的第 44 项罪状外）罪状，均包含谋杀的指控。在所有这些罪状中主要的是控告在某地某日因实行非法战争所发生的谋杀行为。某些罪状的日期就是在某地开始敌对行为的日期。其他罪状中的日期，是指进行非法战争期间攻击该地的日期。对任何情况的谋杀行为都认为是由于实行非法战争所引起的。其所以非法是因为在实行谋杀行为前并没有经过宣战手续(第39项至第43项,第51项和第52项罪状);或者是谋杀行为发生于违反某一条约条款的战争中(第45项至第50项罪状)。但不管在什么情形下,只要认为这个战争是合法的,那么,杀人的起诉事实和实行非法战争的起诉事实,就都不能成立。反之,在任何特定情形下,只要这个战争被认为是非法的,那么随之而发生的谋杀行为,不仅是在罪状中所指出的日期和地点,而且是全部战区和整个战争期间的谋杀行为,就都是非法的。我们认为根据杀人罪状来处理这部分犯罪是没有好处的。因为在控告施行这类侵略战争的罪状中,已将实行这类非法战争的一切罪都包括在内了。

以上的看法与上列罪状,即从第39项至第52项(第44项除外)罪状是有关联的。从第45项至第50项罪状,陈述比较模糊。它们指控在不同地方按非法命令,驱使和准许日本军队攻击该地并谋杀居民,并违法谋杀平民和已解除武装的军人。这些罪状的叙述语言表达不清晰,非法谋杀是指攻击的非法性,还是指随后对战争法规的破坏,还是两者都有。如果意指前者,那么与最前面的罪状相同。如果指违反战争法规,那么就与第54项和第55项的指控重复。仅凭这些理由,我们发现,没有必要在这种情况下对指控谋杀的有效性发表意见,所以也没有必要确定从第39项至第43项和从第45项至第52项的罪状。

第三章 日本的义务和权利[1]

总　　结

　　判决书的 A 篇第三章没有宣读。它包含以下陈述，即 1930 年以前日本在中国获取的权利，以及与起诉书相关的迄今日本对列强承诺的契约。主要契约列举如下，每项都有文件为证。

　　1. 保护中国领土和行政独立的契约

　　1901 年美国宣言。

　　1908 年外交照会。

　　1922 年九国公约。

　　1920 年国联契约。

　　2. 维护世界各国在全中国平等和公正贸易的原则即"门户开放政策"的契约

　　1900 年到 1901 年美国宣言。

　　1908 年外交照会。

　　1922 年九国公约。

　　3. 禁止生产、运输和使用鸦片即类似毒品的契约

　　1912 年鸦片公约。

　　1925 年国联。

　　1931 年鸦片公约。

---

〔1〕 本章可参阅《远东国际军事法庭庭审记录》第 78 册 48454—48512（a）页。

4. 尊重太平洋地区各国领土利益的契约

1921 年四国条约。

1926 年荷兰和葡萄牙的照会。

1920 年国联契约。

5. 保持中立国领土不受侵犯的契约

1907 年海牙第五公约。

6. 通过外交手段、斡旋、仲裁来解决国与国争端的契约

1908 年外交照会。

1921 年四国条约。

1922 年九国公约。

1907 年海牙公约。

1928 年巴黎条约。

7. 谋划和平解决国际争端的契约

1899 年海牙公约。

1907 年海牙公约。

1928 年巴黎条约。

8. 敌对行动开始前给予预警的契约

1907 年海牙第三公约。

9. 战争状态下有关人道行为的契约

1907 年海牙第四公约。

1929 年日内瓦红十字公约。

1929 年日内瓦战俘公约。

这些条约规定的义务大多较为笼统，且未涉及任何一个政治或地理单位。另一方面，日本通过本章所提到的文件获取了权利，这些权利大部分是有关中国的。在对中国的战争初期，日本在中国的依据将在判决书有关中国部分的最前面详加叙述。

（A 篇第三章的其他内容在庭审记录中记录如下）

1928 年 1 月 1 日以前的事件

在起诉书所述期间以前,即在 1928 年 1 月 1 日以前,业已发生过某些事件,使日本获得了某些权利,也承担了某些义务。为了理解和判断被告采取各种行动起见,有必要先了解这些事情。

1894—1895 年中日战争

1894—1895 年的中日战争,以"马关条约"而告终,中国因此把辽东半岛的整个主权割让给日本。但是由于俄、德、法三国对日本施以外交压力,迫使日本归还了辽东半岛。1896 年,俄国与中国缔结协定,允许俄国延长西伯利亚大铁道纵贯满洲,并将铁路沿线地带的某些行政权让与俄国,其经营期限为 80 年。1898 年俄国与中国又签订另一协定,扩大了这项权利,因此,俄国获得了将中东铁路从哈尔滨连接到旅顺的权利,并获得了为期 25 年的辽东半岛南部租界权和在租借地的关税征收权。

第一次海牙和平会议

世界各主要国家在 1899 年齐集海牙召开第一次和平会议。这一会议产生了三个条约和一项宣言。

第一次和平会议的贡献,与其说是对当时既存的国际法体系增添了新的规则,不如说是把已确定的并被公认的习惯法规则与惯例以更明确的形式重新加以叙述。而这种看法,也可以同样适用于 1907 年的第二次海牙和平会议,1906 年 7 月 6 日和 1929 年 7 月 27 日在日内瓦所通过的公约。

海牙第一公约即和平解决国际争端公约(附件 B-1)于 1899 年 7 月 29 日签署,并经日本和提出起诉书各国以及其他 24 国所批准,后来,又有 17 国曾经参加。所以共有 44 个主要国家加入了这个公约。那么,这一公约,除以后于 1907 年 10 月 18 日在海牙所通过的第一公约修改部分外,从 1904 年 2 月 10 日日俄战争开始以前起,至起诉书中所述的全部期间,日本均须受该公约的约束。

由于批准了1899年7月29日在海牙订立的第一公约,所以,日本曾同意作最大努力以保证国际争端之和平解决,在诉诸武力前,尽力在环境许可范围内请友邦一国或数国从事斡旋或调停。

1899—1901年的义和团事件

1899—1901年间的中国义和团事件,以1901年9月7日最后议定书在北京签署而宣告解决(附件B-2)。议定书签署国包括日本和提出起诉书各国,以及德国、奥匈、比利时和意大利。在该议定书中,中国同意划定北京使馆区为各国使馆专用,并允许各国为保护使馆设置卫兵。中国还承认各国为维持北京至海滨间的自由交通,有在协定中指定地点驻兵的权利。

由于这个协定的签署,日本和其他签署国都同意除协定中指定驻兵地点的驻军外,在同年9月22日以前,把全部军队从直隶省撤出。

日俄战争

随着1902年1月30日英日同盟条约的缔结,1903年7月日本就开始和俄国交涉关于维持在中国所谓的"门户开放"政策问题。这些交涉并未如日本政府期望而顺利进行。于是,日本不顾曾于1899年7月29日在海牙签字的和平解决国际纠纷的各项规定,于1904年2月进攻俄国。在满洲的激烈战斗中,日本损失了10万军队的生命和20亿美元。这场战争,以1905年9月5日朴茨茅斯条约的签署而告终。

朴茨茅斯条约

1905年9月5日签署的朴茨茅斯条约,结束了日俄战争,在起诉书中所关联的全部期间,日本均须受该条约的约束(附件B-3)。由于批准了这个条约,日俄两国同意在俄国与朝鲜的边境上,不得采取任何足以威胁俄国或朝鲜领土安全的军事措施。但俄国承认日本在朝鲜有优先利益。俄国又以中国的承认为条件,将旅顺大连及辽东半岛的租借权,与关联租借权及其组成部分的一切权利、特权及利益,租借权效力所及地带的一切公共建筑和财产,均让与日本。这一转让的实施是根据如下的明确约定,即日俄两国约定,除租借权效力所及地带外,应自满洲撤兵,并将满洲全部交还中国单独治理,此外日本应充分尊重在租借地中俄国臣民的财产权。同时,俄国以中国的承认为条件,将长春旅顺间的铁路及一切支线和所附属的一切权利、特权及财产转让与日本。这一转让是根据如下的约定,即日俄两国对于所属铁路都只能专为商业目的而使用,决不能为战略目的而使用。日俄两国同意,关于此一转让须获得中国的同意,并同意不阻扰中国采用其他国家通常方式开发满洲工商业。俄国将北纬50°以南的南库页岛及其邻近岛屿割让给日本。这一割让是根据如下约定,即日俄两国在库页岛及其附近岛屿上都不得建筑要塞或此类军事工程,并须维持宗谷海峡和鞑靼海峡的自由航行。在朴茨茅斯条约附属议定书中,俄日两国保留了双方在满洲铁路沿线设警备兵,但每15公里不得超过15名的权利。

北京条约

根据1905年的北京条约,中国同意将俄国在满洲的权利与财产让与日本,但不同意设置铁路警备队。依据日本和中国在1905年12月22日订立的附属协定,即该条约附属书所说,日本鉴于中国政府所表示的"恳切希望",当俄国同意撤兵或当满洲治安恢复时,日本同意尽速撤退其铁路警备队。

南满铁路株式会社

日本在1906年8月设立了南满铁路株式会社。公司的股东只限于日本政府或日本国民。设立该公司是为了代替管理长春旅顺铁路的原中东铁道公司。此公司不仅有权管理从俄国取得的铁路及其附属事业,并且有权管理日本在满洲新设的铁路或企业,实际上新设的铁路或企业都归它管理。此外,将租借地和铁路附属地带属于政府的某些行政权也交给了它。总之,它的设立,是为了管理在满洲的日本政府的权益,成为日本政府的机关。该公司违反朴茨茅斯条约的规定,在章程中竟规定租借地日军司令官关于军事事项有对公司发布命令和指令的权限,如军事上有必要时,有对公司业务发布命令的权限。

在中国的门户开放政策

在华的所谓"门户开放"政策,首先是美国在1899—1901年间义和团事件时宣布的,其中说:"美国政府的政策,在于期望中国之永久安全与和平,维持中国领土及行政上之完整,保护诸友邦条约上国际法上之一切权利,且捍卫世界在中华帝国全部领土上平等公平贸易的原则。"

包括日本在内以及有关各国,都同意了上述宣言的政策。这个政策就成为所谓在华门户开放政策的基础。这样产生出来的"门户开放"政策,在以后二十多年中成为非正式约束各国的基础,到1922年在华盛顿缔结九国公约时,终于具体化为条约的形式。

1908年日美外交照会

1908年11月30日当日本政府与美国政府交换关于在中国和太平洋地区的门户开放政策的外交照会时,日本承认了在这些地区中的门户开放政策(附件B-4)。在起诉书关联的全部期间,日美两国均受该照会规定的正式约束。由于交换该照会,两国同意了下列各点:

(1)两国政府所采取政策,均无侵略色彩,而系致力于太平洋上自由与和平的商业发展,并以维持太平洋区域的现状及在中国工商业机会均等原则为目的。

(2)两国政府相互尊重在上述区域内的他方属地。

(3)两国政府具有决心,运用一切和平手段维持中国之独立与完整及在华工商业机会均等之原则,借以保持列强在中华帝国的共同利益。

(4)万一发生足以威胁现状的事件时,两国政府应将其所拟采取的措施通知对方。

朝鲜的合并

日本在1910年并吞朝鲜,从而间接扩大了日本在中国的权利。于是在东北的朝鲜移民成了日本帝国的臣民。在东北的朝鲜人人数,1928年1月1日约达80万人。

中日两国主张的对立

未出所料,在经营南满铁路和享有辽东半岛的租借权方面,日本在华所行使的治外法权,不断引起中日之间的摩擦。日方主张,经 1898 年条约加以增补后的 1896 年条约,其中凡中国让与俄国的一切权利与特权都已被日本所继承。其中权利之一是在铁路附属地带内的绝对独占管理;在那一地带内日本具有管理警察、征税、教育、公共福利等等广泛行政权。中国方面不承认对该条约作这样的解释。日本又主张在铁路附属地带有设置警备队的权利,而中国则否认这种权利。日本铁路警备队所引起的纠纷,还不仅止于铁路附属地带内警备队的驻扎与活动问题。这些警备队是日本的正规军,他们经常到铁路附属地带以外进行演习。这些行为,使中国政府和人民特别憎恨,认为这在法律上是非法的,并且因此而成为引起不幸事件的根源。此外,日本又主张在满洲有设置领事馆警察权,并在哈尔滨、齐齐哈尔、满洲里等都市日本领事馆管辖区域和很多朝鲜人聚居的所谓间岛地区,都设置警察,附属于当地日本领事馆和领事分馆。日本硬说这种权利是治外法权的当然结果。

二十一条要求,1915 年中日条约

1915 年,日本向中国提出了臭名昭著的"二十一条要求",致使 1915 年的中日条约中规定日本人可以在南满自由居住往来和经营任何种类的工商业。这是一项重要而不寻常的权利。除日本外,在条约涉及港口以外的中国领土上,其他国家的人民都没有享有这种权利。并且,该条约中的"南满"一语,后来又被日本解释为包括满洲的大部分。该条约又规定了日本臣民在南满建筑工商业和农业所需用的房屋,可以商租所需土地。在缔结该条约时,两国政府在所交换的公文中对"商租"一语曾给出定义。据中国方面的解释,这定义的意思是长期租赁不得超过 30 年,并附带有条件延长的权利,但是日本方面解释,它的意思是长期租赁不得超过 30 年,并附带无条件延长的权利。

此外，该条约规定日本占有关东租借地（辽东半岛）的期限延长到99年，日本占有"南满铁路"和"安奉铁路"的期限均延长到99年。

中国方面不断主张该条约不具有"基本效力"。在1919年巴黎和会上，中国要求废除该条约，因为它是"在以战争相威胁的日本最后通牒强迫下"所缔结的。在1921—1922年的华盛顿会议上，中国代表提出了"关于该条约的公平合理及其基本效力"的问题。在1923年3月关东州最初25年租借期限将要满期的时候，中国再向日本提出废除该条约的通告，其中说："1915年的条约和通牒，在中国经常为舆论所指责。"因为中国主张，1915年条约缺乏"基本有效性"，所以关于满洲的各项规定，除某种情况下权宜实行者外，其他都拒绝予以履行。因此日本方面表示非常不满，他们声称中国侵犯了日本在条约上的权利。

1917—1920年协约国对俄干涉

第一次世界大战，给予日本在亚洲大陆增强地位的又一机会。1917年俄国爆发了革命。1918年日本参加协约国的协议，根据该项协议各国应派遣7 000人以内的军队到西伯利亚去保护帝俄军队将来可能需用的军需品，帮助俄国人组织其本身的防卫，并援助在西伯利亚的捷克斯洛伐克军队的撤退。

1925年俄日北京条约

1925年1月20日，规定俄日联系基本原则的条约在北京签署。俄日关系终于获得了暂时安定。在起诉书关联的整个期间，日本均须受该条约的约束（附件B-5）。由于缔结了这个条约，双方郑重申明：

（1）维持相互间的和平与友好关系，充分尊重在本国管辖权内自由决定本国生活方式之当然权利，制止任何政府任职人员，以及一切获财政资助之团体，在另一方领土内进行任何危害秩序与安全的公开或秘密的活动；

（2）双方均不允许在管辖的领土中(a)出现自称是代表另一方政府的组织与集团，或(b)任何正为此类团体或集团从事政治活动的他国

人民,居留于其管辖之领土内;

（3）两缔约国之人民享有进入他方领土内旅行、居住之完全自由,不仅享有人身与财产的完全保护权,并享有在这些领土内从事通商、航海、产业及其他和平业务的权利与自由。

1919 年和约

第一次世界大战随 1919 年 6 月 28 日以同盟国及协约国为一方,以德国为另一方在凡尔赛签署和约而告终（附件 B-6）。1920 年 1 月 10 日德国提交批准书后,条约生效。同盟国及协约国由主要的同盟国及协约国和其他 22 国组成,包括中国、葡萄牙和泰国。所谓主要的同盟国及协约国,指的是美国、英国、法国、意大利和日本。除美国、苏联和荷兰以外,此条约由日本以及提出起诉书各国以国家名义批准。

在凡尔赛条约中除其他事项外,还包含以下的条款：

（1）国联盟约——这是条约的第一部,由第 1 条到第 26 条组成。

（2）德国对主要的同盟国及协约国,放弃其海外殖民地的一切权利和权限,这是第 119 条。

（3）关于所放弃的原德国属地的托管规定,这是第 22 条。

（4）禁止使用窒息性毒气及其他瓦斯的宣言,这是第 171 条。

（5）批准 1912 年 1 月 23 日在海牙签署的鸦片条约,以及规定由国联对于买卖鸦片及其他危险药品的协定施行作全面监督,这是第 295 条和第 23 条。

在起诉书关联的全部期间,日本均须受凡尔赛条约各项规定的约束。但因日本政府在 1933 年 3 月 27 日曾依据条约第 1 条的规定通告了退出国联的意向,于是日本根据该条约所可免除的义务就不在此限。但这一退出要到 1935 年 3 月 27 日以后始能生效。并且这对于凡尔赛条约其余部分的规定,也不发生影响。

国联盟约

由于日本批准了凡尔赛条约,自然就批准了国联盟约,并成为会员之一。其他28国也因批准了盟约而同样成为会员。除美国、苏联和荷兰外，提出起诉书各国全都包含在内。虽然荷兰和其他12国，没有在和约上签署，可是从最初起就加入国联，而苏联后来也成为国联会员。在不同期间加入盟约的会员有63国。

根据该盟约的条款，在日本所同意的各种事项中，包含下列各点：

（1）为维持和平起见，日本必须将军备减至维护国家安全的最低限额，为裁减军备日本应互相交换坦诚而完备的军备情报。

（2）日本应尊重并保持所有国联会员领土之完整，以及现有政治上之独立。

（3）倘与国联其他会员发生争议时，日本应将此事提交国联理事会或仲裁裁判，在仲裁裁判官裁决或理事会报告调查结果三个月内，决不诉诸战争。

（4）如日本违反该盟约而从事战争，将视为日本对国联所有其他会员有战争行为。

（5）国联会员所订的一切国际协定，未送国联秘书厅登记以前，不生效力。

由于战争的结果，脱离各战败国主权的殖民地和领土，在当时尚不能自立者，日本对此曾同意以下各点：

（1）以当地居民之福利及发展作为神圣职责。

（2）将这些殖民地和领土，置于代国联实施托管之责的先进国监护权下。

（3）在托管地禁止建筑要塞或设立陆海军根据地。以及

（4）对国联其他会员之通商贸易，确保机会均等。

太平洋诸岛的托管

德国对凡尔赛条约中所称主要同盟国及协约国，即美国、英国、法国、意大利及日本，放弃其海外殖民地的一切权利和权限。虽然美国没有批准这个条约，可是关于美国在原系德国属地上的一切权利，即以1921年8月25日签署的美德条约加以确定。上述四国，即英国、法国、

意大利和日本，在1920年12月17日根据国联盟约的条款并依据若干补充规定，同意将太平洋中赤道以北原属德国所领有诸岛的托管权交给日本。在这些规定中包含下列各点：

（1）日本在托管诸岛内，禁止贩卖奴隶，并且不准强迫劳动，以及

（2）在这些岛上，禁止建筑陆海军根据地和防御工事。

日本接受了此项委任，占有了上述岛屿并开始了托管统治。因此，在起诉书关联的全部期间，日本须受国联和1920年12月17日协定中所规定的托管条款的约束，并实际受其约束。

1922年日美托管条约

美利坚合众国虽未同意日本对原属德国诸岛的托管，因与这些岛屿有利害关系，于是日美于1922年在华盛顿开始交涉此项问题。1922年2月11日条约成立，并经两国签署（附件B-7）。1922年7月13日交换了批准书。因此，在起诉书所关联到的全部期间，日美两国均须受这个条约的约束。此条约在列举主要同盟国及协约国公认的托管条款后，还列出其他要点如下：

（1）美国虽非国联成员，但须享有前述托管协定中第三条、第四条及第五条规定的利益。

（2）应尊重在这些岛屿中美国人的财产权。

（3）日美间现有诸条约均适用于这些岛屿。并且

（4）日本向国联理事会提出托管年度报告时须以副本送交美国。

交换该条约批准书当日，日本政府递交美国政府的照会内曾向美国作如下保证，日本对于在这些岛屿上及领水内停泊的美国国民及船舶，将予以通常的礼遇。

华盛顿会议

1921年冬和1922年春的华盛顿会议缔结了许多条约和协定。这次会议本质上是一个裁减军备会议。其目的在于促进世界和平，不仅依靠停止海军军备的竞争，还要通过解决各种威胁和平，特别是威胁远

东和平的其他种种困难问题。而这些问题都是互相关联的问题。

1921年四国协约

美、英、法、日关于太平洋中岛屿殖民地及岛屿自治领问题所缔结的四国协约，是华盛顿会议所缔结的条约之一（附件B-8）。该协约于1921年12月13日签署并经日本和其他签署国所批准。因此，在起诉书关联的全部期间，日本须受其约束。在该协约中，日本所同意的事项包含下列各款：

（1）日本尊重其他缔约国在太平洋中的岛屿殖民地和岛屿自治领的权利。以及

（2）如涉及上述权利的太平洋问题引起纠纷，而未能借外交方式获得解决且可能影响缔约国间现有融洽状态时，日本应邀请其他缔约国共同举行会议，将整个问题提付讨论及调整。该协约签署当天，缔约国曾发表共同声明，根据它们的意向与了解，此协约适用于太平洋上的托管诸岛（附件B-8-a）。华盛顿会议的四国协约缔结国，在1922年2月6日又订立了补充协定（附件B-8-b），规定如下：

"上述协约（四国协约）中所使用的'岛屿殖民地和岛屿自治领'一语，应用于日本的时候，仅包含库页岛南部、台湾及澎湖列岛以及在日本托管下的诸岛屿"。

对荷兰和葡萄牙的四国保证

1921年12月13日缔结四国协约后，为避免发生任何与该约精神相反的意见，该协约的签署国包括日本在内，都向荷兰政府（附件B-8-c）和葡萄牙政府（B-8-d）送交外交照会，保证尊重太平洋地区荷兰和葡萄牙的岛屿殖民地的权利。

华盛顿裁减海军军备条约

华盛顿会议签署的有关条约中，限制海军军备条约也是其中之一（附件B-9）。这个条约于1922年2月6日由美国、英国、法国、意大利和日本签署，后来，又经以上各国所批准。日本虽在1934年12月29日

通告废弃这个条约,但要到 1936 年 12 月 31 日才不受此约的约束。在此以前,与起诉书关联的全部期间,日本均须受此条约的约束。此条约的《前言》中指出"期望对维护和平有所贡献和减轻军备竞赛的负担",所以缔约国缔结了这个条约。但为了促成这个条约的签订,曾对若干附属事项取得协议,并将这类协议载入条约之中。美利坚合众国、联合王国及日本承认自签约时起,维持其要塞及海军根据地之现状,特别指下列领土或属地:

(1)美国在太平洋上现有或将来取得的岛屿殖民地。但不包括(a)美国沿岸、附近海岸、阿拉斯加,巴拿马运河地带沿海附近岛屿除阿留申群岛外,以及(b)夏威夷群岛。

(2)香港及联合王国在太平洋上东经 110 度以东现有或将来取得的岛屿属地,但不包括(a)加拿大海岸附近岛屿,(b)澳大利亚联邦及其领地,以及(c)新西兰。

(3)日本在太平洋的下列岛屿殖民地,即:千岛群岛、小笠原群岛、奄美大岛、琉球群岛、台湾及澎湖群岛以及日本将来可能取得的太平洋上的岛屿殖民地。在该条约中明白地记载着,维持现状的意思是,在上列领土和属地,不得再建筑新要塞或海军根据地,不得因修缮或维持海军军力而设法增加现有海军设备,并不得在上列领土和属地增加海军防御。

各缔约国同意仅保有在条约中所列举的主力舰。美国放弃在战舰建造上的领先地位,而且美英同意将条约中所列举的若干战舰加以废弃。其中对各缔约国主力舰排水总吨数的最高限额也有所规定,各国都同意不超过这种限额。对于航空母舰,也作了同样的限制。装备在主力舰上的大炮口径,不得超过 16 英寸,装备在航空母舰上的大炮口径,不得超过 8 英寸,以后各缔约国所建造的任何军舰,除主力舰以外,不得装备口径在 8 英寸以上的大炮。

九国公约

华盛顿会议上还签订了另一个不能忽视的公约,它将影响对实现这次会议缔结的各组协定的共识与均衡。为了采取一项政策以促进远东稳定,维护中国的权利与利益,并基于机会均等的原则,增进中国与各国的交往,出席华盛顿会议的九国,在这次会议上除其他条约外还签订了一个公约。此公约于1922年2月6日签署,后经下列诸国批准,即:美利坚合众国、联合王国、比利时、中国、法国、意大利、日本、荷兰、葡萄牙(附件B-10),在起诉书关联到的全部期间,日本均须受此公约的约束。

通过缔结此公约,日本和其他缔约国达成下列共识:

(1)尊重中国之主权与独立,以及领土与行政的完整。

(2)给予中国完全无疑的机遇,以发展并维持一个有力而稳定的政府。

(3)各国施加影响,以期切实确立和维护各国在中国全境之工商业机会均等的原则。

(4)不得利用中国的状况乘机攫取损害友邦公民权利的特权,并不得奖励有害友邦安全的行动。

(5)不得与任何一国或数国,订立侵犯或妨害以上所述原则的条约、协定、协议或谅解。

(6)不得谋取或支持其本国人谋取特殊安排,以获取在中国任何指定区域内工商经济发展的优先权。这类垄断或优先权,旨在剥夺他国公民在华从事正当工商业的权利,或与中国政府或任何地方官共同从事任何公共企业的权利,从而破坏机会均等原则之实行。

(7)不得支持本国人在中国指定区域内设立排他性的势力范围之间的任何协定。

(8)尊重中国之中立;并且

(9)缔约国之任何一国,一旦认为某种情形发生后将涉及本公约规定的适用,应完全坦诚通知各缔约国。

因此,为实行在华所谓"门户开放"政策,各国签订了正式的公约。日本不仅同意、签署和批准了这个公约,出席华盛顿会议的日本全权代表还声明,日本极其赞同公约中所规定的各项原则。他说:"无人否认中国管理自己的神圣权利。无人阻碍中国去实现其伟大国运。"

1912 年鸦片公约

日本所加入的另一重要条约,不但与本案有关,而且特别适用于日中关系。这就是 1912 年 1 月 23 日在海牙国际鸦片会议签署的鸦片公约及最后议定书(附件 B-11)。这个公约除苏联外由日本及提出起诉书各国或其代表签署及批准。在起诉书关联的全部期间,日本须受该公约的约束。46 国签署和批准了这个公约,此后还有 6 国加入该公约。为逐渐禁绝滥用鸦片、吗啡、可卡因以及由这些物质制成或提取之药物能发生或可能发生同样毒害的药品,各国缔结了这个公约。日本及其他各缔约国均同意下列各点:

(1) 日本应采取措施以逐渐切实禁止此类毒品之制造、贩卖及吸食。

(2) 对禁止输入此类毒品的国家,日本应禁止对其输出,对限制输入此类毒品的国家,日本应限制并控制对其输出。

(3) 日本应采取措施禁止此类毒品偷运至中国或在华的日本租借地、居留地和租界。

(4) 日本应采取措施,与中国政府同时禁止在中国的日本租借地、居留地和租界内贩卖和滥用这些毒品。

(5) 日本应协助执行中国政府公布的取缔贩卖此类毒品的法令,并使其适用于居住在中国的日本人。

国联第二次鸦片会议

国联第二次鸦片会议,由于签署了 1925 年 2 月 19 日公约(附件 B-12)的签署,补充加强了 1912 年的鸦片公约。这一公约表现了缔约各国为禁绝非法贩卖及滥用鸦片、可卡因、吗啡及其他毒品所作的全面努力。该公约除美国、菲律宾、中国外，得到日本以及提出起诉书各国或其代表签署和批准。并有其他46国明确加入。同盟国及协约国在凡尔赛条约第295条规定，凡批准此公约的国家就认为是批准了1912年1月23日的鸦片公约。凡尔赛条约第一部分的国联盟约第23条规定，国联今后委托联盟普遍监督禁止贩卖鸦片和其他毒品等各种条约的实施。第二次鸦片会议，就是依据此类规定而召开的。在1925年2月19日的鸦片公约中规定了禁绝滥用鸦片及其他毒品之国联中央常务委员会的组织与机构。日本及其他签署国均同意了许多事项，包含下列各点：

（1）日本应制定法令，保证切实取缔鸦片的生产、分配和输出。对于专供医药及科学之用且为公约中所指定的鸦片及其他毒品的制造、输入、贩卖、分配及使用，应予限制。并且

（2）日本应每年将上年度尽可能准确的统计书送交国联中央常务委员会，内容包含鸦片公约中所指定之毒品的生产、制造、原料、消费、没收、输入、输出及政府消费等项。

日本枢密院于1938年11月2日决定停止与国联中央常务委员会继续合作。原因在于国联斥责日本对中国的侵略战争，并授权各会员国为阻止日本的行动依据规约对日本实施制裁。这项决定的照会于同日送交国联秘书长。

1931年鸦片公约

以限制制造及控制分配麻醉药品而闻名的第三公约，于1931年7月13日在日内瓦签署（附件B-13）。这个条约由日本起诉书各国及其他59国或其代表签署、批准或加入。这个公约补充前述1912年和1925年的鸦片公约，并使其更加有效。日本和其他缔约国均同意了下列各点：

（1）日本应按年编制报告送交国联中央常务委员会，估计公约中包

含的各项药品,依照公约规定在医药及科学上所需数量及必要的输出数量。

(2)日本每年在各地制造的毒品,不得超过上述报告中所载明的数量;并且

(3)除非遵照公约的规定,不得将任何毒品输入到任何缔约国,或从缔约国输出。

交战法规

关于国家进入交战状态和在交战状态中国家行动的法规,在起诉书涉及期间前20年,以及在1928年和1929年,早已被反复确定。1907年第二次海牙和平会议产生了十三个公约和一个宣言。这些都是在1907年10月18日签署的。斥责侵略战争为非法的凯洛格-白里安条约(巴黎条约),是1928年8月27日在巴黎签署的。然后,1929年7月27日,在日内瓦签订了两个重要公约,即善待战俘公约和改善战地伤病者待遇公约。这些共识不仅使缔约国负有从条约所产生的直接义务,并且也更明确了习惯法的轮廓。1907年10月18日在海牙签订的某些公约,由于插入所谓"总加入条款",使其直接义务大大减低。所谓"总加入条款",是指仅当所有交战国均为该公约缔约国时,条约才具有约束力。此项条款之严格的法律效力在于,在战争之初或战争中途任一无关重要的非缔约国一旦加入为交战国,就使条约的直接义务失去约束力。把上列公约的规定当作具有约束力来遵守的义务也许因"总加入条款"或其他原因而被完全去除,但是上列公约仍不失为习惯法的良好证明,本法庭在任何给定条件下决定如何应用习惯法时,就拿它与其他一切可能获得的证据同时加以考虑。

第一海牙公约

1907年海牙会议决定的第一公约就是和平解决国际争端的公约(附件B-14)。这一公约曾经日本及提出起诉书各国或其代表签署及批准,但英国、澳大利亚、加拿大、印度和新西兰不在其内。其他21国

也签署和批准了这个公约,后来,又有 5 国加入。至于没有批准此公约的起诉国,在其与日本之间的关系范围内,由于 1899 年 7 月 29 日曾在海牙签署和平解决国际争端公约,仍然须受此条约的约束。因为日本及上述各国或其代表,都签署和批准了以后的条约。这些公约在任何地方都没有包含"总加入条款"的提法,所以,在起诉书关联的全部期间,作为直接义务,日本须受这些公约的约束。在日本及其他缔约国所同意的各种事项中,包含下列各点:

(1)为了尽量避免在国际关系上诉诸武力,日本应竭尽全力以保证国际争端的和平解决;并且

(2)如发生重大分歧与争端,诉诸武力前日本应请友邦一国或数国出面斡旋或调停。

凯洛格-白里安公约

1928 年 8 月 27 日在巴黎签署的凯洛格-白里安公约即巴黎条约,谴责侵略战争并重申了 1907 年 10 月 18 日第一海牙公约中所明确提出的关于和平解决国际争端的法律依据(附件 B-15)。除苏联、中国和荷兰外,此公约得到日本及提出起诉书各国或其代表签署和批准。日本于 1929 年 7 月 24 日批准该公约,中国于 1929 年 5 月 8 日加入。荷兰和苏联则分别于 1929 年 7 月 12 日和 1928 年 9 月 27 日加入。

所以,日本及提出起诉书各国均在 1929 年 7 月 24 日以前明确加入了此公约;此外,有 8 个其他国家签署及批准了它。在不同的时期内,另外还有 45 个国家也加入了这个公约。在起诉书关联的全部期间,日本须受这个公约的约束。

包括日本在内各缔约国一致宣称,谴责用战争解决国际争端,在相互关系中摒弃以战争作为国家政策的工具。

各缔约国一致同意,各国间如果发生争端,不论是何性质,是何起因,必须用和平方法来解决。

在批准此公约前,缔约国中的某些国家,曾声明保留行使自卫战争

的权利，并包含自行判断在什么情况下有必要采取这类行动的权利。任何法律，无论是国际法或国内法，凡禁止诉诸武力者就必须对自卫权有所限制。对于即将受攻击的国家，在自卫权中应包含首先自行判断诉诸武力是否正当的权利。即使对凯洛格-白里安公约作最宽泛的解释，自卫权并没有给诉诸武力的国家以最后决定其行动是否正当的权利。除此以外的其他解释都会使此公约变为无效。本法庭不相信当各国缔结非战公约时仅仅是故作姿态而已。

第三海牙公约

各国在1907年海牙会议中缔结的第三公约，是关于战争开始的公约（附件B-16）。这个公约，除中国外，曾经日本及提出起诉书各国或其代表签署和批准。但中国在1910年加入。包括葡萄牙和泰国在内共计有25国签署和批准了这个公约，后来又有6国加入。此公约中没有包含"总加入条款"，因此在两个或两个以上缔约国之间发生战争时就应生效。在起诉书关联的全部期间，日本均须受此公约的约束。由于批准了这个公约，日本同意如下事项：

日本和其他缔约国间的敌对行为，除非事前有明白警告，不得径行开战。此项警告指附具理由的宣战书或附有宣战条件的最后通牒。

第五海牙公约

1907年的第五海牙公约，是关于陆战时中立国及其人民权利义务的公约（附件B-17）。除英国、澳大利亚、加拿大、新西兰、印度及中国外，此公约曾经日本及提出起诉书各国或其代表签署和批准。不过，中国在1910年加入了这个公约。包括泰国和葡萄牙在内共有25国签署和批准了这个公约，后来又有3国加入。英国和其他16个国家，虽曾签署此公约但并未批准。

此公约是包含"总加入条款"的海牙公约之一。虽然由于1941年12月8日英国的参战，使日本关于公约的直接义务不适用于这次战争，但它仍然不失为习惯法的良好证明，在任何给定情况下应用习惯法时，就可以援用这公约的规定,并与可能获得的一切证据同时加以考虑。

日本在这公约所同意的各种事项中包含有:

(1) 中立国的领土不可侵犯。

(2) 禁止交战国的军队、军火或军需品的输送队通过中立国;并且

(3) 中立国不能为交战国的一方或他方输出或运输兵器、军火或其他一般可供军队或舰队使用的物品。

第四海牙公约

1907年的第四海牙公约,是关于陆战法规及惯例的公约(附件B-18)。关于陆战法规及惯例的规则,则作该公约的附件(附件B-19)。此公约曾由日本及除中国外提出起诉书各国或其代表签署和批准。包括泰国和葡萄牙在内的其他19个国家,也签署和批准了这个公约。后来,又有其他两国加入。

这个公约是包含有"总加入条款"的海牙公约之一,我们对这种条款所述及的意见,在这里也同样适用。

正像该公约的前言中所说,缔约国签订该公约及其附属法规,纯出于减轻战祸以符合人类福利和文明要求的愿望。军事情况许可时可作为交战者行动的一般准则。理解到当时企图拟定足以应付实际上所发生之一切情形的法规,尚不可能。所以各国宣称,缔约国无意在不能预料的情况下,因无明文规定,而任由军事指挥官独断专行。在更完备的法典问世前,凡法规未述及的情况发生时,一般居民和战斗员均仍然处于国际公法原则的保护之下,亦即在文明国间的惯例、人道法则及人类良心的要求所产生的国际公法原则的保护之下。

由于这个公约,日本同意下列事项:

(1) 俘虏系在敌国政府的权力之下,而不在俘获者个人或部队的权力之下,俘虏必须享受人道的待遇,俘虏所携带的物品,除武器、马匹及军事公文外,仍然为个人所有。

(2) 凡属于交战国军队的人员,不论是战斗员或非战斗员,被俘时

都受俘虏的待遇。

（3）除军官以外，可以利用俘虏的劳动力，但工作不能过度，也不应与作战行动有任何关系，对俘虏所做的一切工作须付工资。

（4）在交战国间没有特别协定的时候，关于食品、宿舍和被服，俘虏所受的待遇应与俘获他们的军队相同。

（5）在某国权力下的俘虏，须服从该国军队所施行的法规，以及享受其利益的权利。

（6）在战争开始的时候，就应设立俘虏情报处，俘虏情报处的任务是答复任何关于俘虏的询问，并且要为每一俘虏设立个人记录，逐日加以记载。在这个记录中，应注明一切必要的重要事项和其他一切有用的消息。

（7）对于俘虏救济团体，为了使其人道工作得以顺利进行，须提供一切便利，并准许其代表进出战俘营，实行救济及其他工作。

（8）禁止：(a) 使用毒药和有毒的武器；(b) 用欺骗的方法杀伤属于敌国或敌军的人；(c) 杀伤放下武器或失去防御手段并已自发投降的敌人；(d) 宣布无营房居住；(e) 滥用白旗、敌方国旗或军用标志及制服，或日内瓦公约的特别符号；(f) 非有军事上的迫切需要，毁坏或夺取敌人的财产。

（9）当围攻与轰炸的时候，对于宗教、艺术、科学与慈善所用的建筑物、古迹、医院及伤病者收容所，应尽一切方法加以保全。

（10）攻占都市或其他地方之后禁止抢掠；并且

（11）战争中对于家族荣誉与权利，个人生命与私有财产，以及宗教信仰和仪式，应加以尊重。

日内瓦战俘公约

有关俘虏待遇的公约是 1927 年 7 月 27 日在日内瓦签署的（附件 B-20）。在此公约签署的国家达 47 个，此外有 34 国曾批准或加入该公约。该公约曾由除中国和苏联外提出起诉书各国或其代表签署及批准。

日本曾派全权代表参加这个会议,并在该公约上签署。但在1941年12月7日以前,日本还没有正式批准此公约。1942年初,美国、英国及其他各国曾通知日本,他们决定遵守此公约,并要求日本对此公约表态并给予保证。于是日本由其外务大臣即被告东乡,对有关各国宣称和保证:日本不受此公约的正式约束;但是对于美国、英国、加拿大、澳大利亚和新西兰的俘虏,将"加以必要的变更"而应用此公约。根据这一保证,除因特殊情况而不能如该条款条文照办者外,日本应有履行此公约的义务。即使在上述特殊情况下,日本仍应给出保证,尽可能按条文遵守适用的义务。本判决后面对这一保证的效果将作更详细的考虑。

这个公约是各缔约国于1907年10月18日签署雅典陆战法规与惯例公约时所预期之"更完备的陆战法规的法典"。它应视为附属于上述海牙公约规则之第二章。此公约没有"总加入条款",却包含着下列规定:即使交战国之一并非本公约缔约国,本公约的规定仍对签署该公约的交战国具有约束力。

此公约的规定中包含下列事项:

(1)俘虏是在敌对国家的控制之下,而不能认为是在俘获者个人或部队的控制之下;俘虏应得到人道待遇和保证,特别是不受虐待、侮辱和当众侮辱;俘虏的人格和名誉有被尊重的权利;妇女应得到适合于女性的待遇;并且一切俘虏应由俘获国负担给养。

(2)俘虏应尽速移送到战线以外的战俘营;但如果步行移送,每天旅程不得超过20公里,除非为获得水和食物,需要更长的旅程。

(3)可以拘禁俘虏,但除治安或卫生必须的情况外,不得将他们禁闭或下狱;对于在不卫生的地区或气候中的俘虏,应移送到较为适宜的地方;采取一切卫生措施以保证战俘营的清洁卫生;为了保证俘虏的一般健康状态,每月至少作一次医学检查;禁止以克扣食物为集体惩罚办法；食品质量应与兵营部队所用者相同；应向俘虏提供设备和充分饮水，使他们可以自行烹调补助食品；应向俘虏供给被服、内衣和鞋袜，对从事劳动者应提供工作服；各战俘营应设有医务室，使俘虏能接受所需的各种治疗。

（4）虽然俘虏应对俘获国的任何军官敬礼，本人也是军官时就只对于俘获国的高级或同级军官敬礼。

（5）交战国可以使用健壮俘虏从事劳动，但军官除外。俘虏中无军衔的官员只能做管理工作；任何俘虏不得承受体力难以胜任的劳动；俘虏每天的劳动时间不得过度，并且每一俘虏每周应有连续 24 小时的休息时间；不能用俘虏从事有害健康或危险的工作，并且劳动派出所的待遇必须与战俘营相同，尤其是关于卫生、食物、医药治疗等方面；对参加劳动的俘虏，必须付给工资；俘虏的劳动不应与作战行动有任何直接关系，特别是不应与制造和搬运各种军械或子弹以及运送军火给作战部队工作有任何直接的关系。

（6）俘虏可以收受食物和其他供给衣物的邮包；为使俘虏救济团体的人道工作得以顺利进行，俘获国应提供一切便利。

（7）俘虏对其拘禁状态有提出要求或请愿的权利；俘虏在任何地方都有向俘获国军事主管直接指定自己代表者的权利；上述代表者转移时，必须给他后继者交代有关事务的必要时间。

（8）俘虏应该遵守俘获国的现行法律、章程和军队命令。对于同样的行为，不得处以与俘获国军队的军人有不同的刑罚。所有体罚与不见光日的禁闭以及任何残酷处罚，一概禁止；也不得因为个人行为或怠忽而作集体处罚。

（9）逃跑的俘虏再被捕时，只应受纪律处罚；协助他逃跑的伙伴也只能接受纪律处罚。

（10）对俘虏开始审判程序的时候，至少在开始审判以前，俘获国应通知保护国的代表，在判罪以前，必须给俘虏以辩护的机会；关于被控行为,不得强迫俘虏自认有罪;保护国的代表有权会审;俘虏的判罪应照俘获国本国军人办法,由同样的法庭,经同样的程序办理;所宣告的判决,应立即通知保护国;在宣判死刑时,必须在上项通知3个月后才能执行。

(11) 对于重病或重伤的俘虏,当他们恢复到可以移送的状态时,无论军阶高低或人数多寡,交战国负有送还其本国的义务。

(12) 在拘禁中死亡的俘虏,交战国应注意郑重埋葬,在其坟墓标明的所有信息都加以尊重和维护。

(13) 战争开始时,各交战国应设立俘虏情报局,情报局对每个俘虏须准备和保存一份个人记录以记录重要信息,并尽早提供给关系国。

日本还对各交战国作出如下保证:此公约应用于被拘平民,在互惠条件下,供给衣物、食品时还可考虑俘虏和被拘者国家的民族风俗。

日内瓦红十字会公约

关于改善战地伤病者状况的日内瓦红十字会公约,也是在1929年7月27日签署的(附件 B-21)。这一公约曾由日本及提出起诉书各国以及其他32国或其代表签署和批准。在起诉书关联的全部期间,日本及其国民均须接受此公约直接义务之约束。这个公约,包含着在任何情况下缔约国都必须尊重的规定。战时即使交战国之一未参加此公约,其规定对参加该公约的交战国仍然有效。

由于签署和批准了此公约,日本和其他缔约国同意:

(1) 凡军队所属的军人及其他正式随军服务的人员伤病时,在任何情形下,都应加以尊重和保护;收容他们并置于控制下的交战国,对他们应不分国籍给以人道待遇和看护。

(2) 在每次战役后,占领战场的一方,应搜寻伤者、死者,并防止抢掠和虐待;伤病者一旦落入敌人控制下,即成为俘虏,并适用关于俘虏的国际法全部准则。

(3) 专门从事收容、输送、治疗伤病者以及专门从事管理的救护机关、建筑物的人员和随军教士,应受尊重和保护;当他们一旦陷入敌手时,不得以俘虏待遇,不可加以拘禁,并且应尽速把这些人员连同他们所携带的武器和器械送还其所属军队。

（4）流动救护队和固定救护所,应予以尊重和保护;如果一旦陷入敌手时,他们用于治疗伤病者所必要的建筑物、运输工具和其他设备,不得加以没收。

（5）只有据此公约有权受到尊重和保护的人员、机关和建筑物,才可以显示日内瓦公约中的特定标志;并且

（6）交战国军队的司令官,有义务依据此公约的一般准则,对上述各条的实施细目和规定中所遗漏的事项加以补充。

第十海牙公约

在海牙会议期间达成协议并于1907年10月18日签署的第十公约,是将1906年7月6日日内瓦公约的原则应用于海战的公约(附件B-22)。此公约曾由日本及除英国、澳大利亚、加拿大、印度及新西兰外提出起诉书各国或其代表签署和批准。此公约为27个国家签署批准,后来又有其他5国加入。未批准此公约的起诉国,和参加此公约的日本,都曾签署1899年7月29日公约。由于1899年公约中包含了1907年公约的大部分规定,这些国家彼此间均须受其约束。

这个公约也是包含"总加入条款"的海牙公约之一。因此,当非缔约国加入交战国行列时,条约的直接义务对日本就不能适用。我们此前对该条款陈述过的意见,这里同样适用。

此公约包含下列事项:

（1）每次交战以后,交战国双方应设法搜寻溺者、伤者、病者及死者,以便保护和使其免于抢劫和虐待。凡陷于敌方控制之下者,即为俘虏,俘获国应将俘虏的详细名单立即送交其本国,并应治疗伤者、病者和埋葬死者。

（2）应尊重救护船只,不得加以俘获。但这些船只不得用于军事目

的,并应显示出日内瓦公约的标志和旗帜,以便识别。而特定救护标志不得用于此公约保护之外的船只。

日本是国际社会的一员

在 1930 年前的长时间内,日本主张在世界文明社会中占有一席之地,那么它就自愿承担以上义务:促进和平,视侵略战争为非法和减轻战争惨状。因此被告的行为,必须与这些义务对照起来加以观察和判断。

B 篇

第四章　日本军部主导和战争准备·导引[1]

序　言

涉及起诉书主要关联的日本历史时期，首先必须研究同期日本国内政治史。自1928年以来，日军不断侵略各邻邦领土。本法庭对于这些侵略历史以及榨取这些占领区资源的问题是必须加以处理的。但本法庭最重要的任务是在这种非法攻击范围内来判定其中的个人责任。这一责任不能仅从日本国外活动的研究来下判断。实际上，对于"为什么会发生这些事情"和"谁应对这些事情的发生负责"这类问题，经常是只有明白当时日本国内政治历史时才能得到解答。

此外，如果我们首先从研究日本国外活动着手，那么会发现不可能彻底理解这些活动。因为这些活动的时期及其发展方式与范围的抉择，常常显出不只是由于国外的情势，而且是由于国内环境的支配。由于这些理由，我们现在首先要加以研究的，是主导并阐述日本海外行动的日本国内政治的发展。

在此时期的显著特征，是军部及其支持者在日本政府内部逐渐上升到主导地位，此时，政府其他机关，无论是国民选举的代表，还是内阁的文职大臣，或是枢密院中天皇的文职顾问，对于军部的野心都不能够

---

[1] 本章可参阅《远东国际军事法庭庭审记录》第78册48512(a)—49674页，第79册48675—49007页。

作任何有效的制止。无论关于日本的纯军事问题，还是内政外交问题，军部及其支持者的优越权势，并非一朝获得，也曾发生妨碍其实现的事件，但最终还是达到其目的。在军部占优越地位而达到顶点的政治斗争中，其领导人物变化无常的命运，对许多国外发生的事件提供了解释。日本的军事冒险和备战是随着日本国内政治斗争中变化无常的命运而起落浮沉的。

皇道和八纮一宇的"原则"

相传日本帝国建立于公元前660年。据日本历史学家说，相传当时曾由第一代神武天皇颁发一道"诏敕"。在这个文件中，出现了两句古典成语，后来日积月累给它加上了许多神化的思想和解释。第一原则是所谓"八纮一宇"，意思是把全世界各地结合起来置于一人统治之下，或者是把全世界合并成为一个家族。这就是所谓帝国建国的理想。但就文字上的传统意义说，并未超过人道的普世原则。行为的第二原则就是所谓"皇道"原则。就文字上说，是"皇道一体"这句古代成语的简化。实现"八纮一宇"的途径就是经由天皇作仁慈的统治。于是"天皇之道"——"皇道"或"王道"——就是道德概念和行为准则。"八纮一宇"是道德目标，而对天皇的忠诚则是达到目标的道路。

这两项观念在明治维新后又与皇室结合起来了。明治天皇在1871年发布的敕语中就宣示了这些观念。当时这些观念代表了重整国家的核心及对于日本国民爱国主义的号召。

大川鼓吹这些"原则"

在1930年之前的10年间，凡主张扩张领土的日本人，均以这两项观念为理由而主张扩张领土。此后许多年间，在"八纮一宇"和"皇道"的名义下，不断提倡采用军事侵略方法，于是，这两个观念显然成了用武力支配世界的象征。

原属被告之一并在审讯中发狂的大川博士曾在1924年出版一本书。他宣称日本是大地最初成立的国家，所以统治万国国民是日本的天命。他主张日本占领西伯利亚和南洋群岛。1925 年前后，他预言东方和西方间将发生战争，而在这个战争中日本是东方斗士。1926 年他主张日本为了完成这个崇高使命，必须发挥强烈的国家主义精神。他组织了一个国家主义团体，鼓吹解放有色人种和主张世界的道德统一。他常常应参谋本部的邀请，向他们演讲这些主张。

田中内阁时期陆军抬头

1927 年 4 月，当田中就任总理大臣后，对外扩张主义者获得了初步胜利。新内阁决定对称为满洲的那部分中国领土，实行和平侵入政策。田中主张通过与中国分裂派头目交涉来建立日本在满洲的特权，但是关东军内部一些人却不能忍耐这种政策。所谓关东军就是根据朴茨茅斯条约，为保护包含南满铁路在内的日本利益而驻守满洲的日本部队。1928 年 6 月，部分关东军成员谋杀了田中的谈判对手——满洲中国军队的总司令张作霖将军。田中本想处罚对谋杀案负有责任的陆军将校，但参谋本部在陆军大臣的支持下成功地进行了反抗。陆军蔑视政府，同时中国的反抗也大为增长。日本内阁因为军方支持者的离心离德而大为削弱。

1929 年 4 月，大川掀起了一个群众运动，企图把满洲问题从政府手中抢出来。参谋本部受大川成功的鼓舞，不久就和他合作。有煽动力的宣传家被派往日本各地。面对这种反对和满洲的继续混乱，田中内阁于 1929 年 7 月 1 日辞职。

滨口内阁时期对外扩张宣传

当滨口继田中任总理大臣的时候，币原男爵重任外务大臣。在田中内阁以前的数任内阁中，币原最早提倡所谓国际友好，是自由主义政策的代表人物。因此他重新出任就成了对陆军武力扩张计划的一种威胁。大川在参谋本部人员的支持下，竟进行挑战并继续从事他的宣传运动。他主张满洲必须脱离中国而由日本统治。因为这样一来，就可以结束白种人对亚洲的统治，而代之以基于"皇道"原理创造的国家，那么日本将掌握亚洲各民族的领导权并将白种人驱逐出亚洲。因此，1930年皇道意味着日本统治亚洲及与西方战争的可能性。

陆军当局立即响应大川，并由陆军将校开始作大规模的宣传，传播下列主张：满洲是日本的生命线，日本必须进入满洲，发展它的经济和产业，并防范苏联。1930年6月，当时关东军参谋之一的板垣大佐，赞成用武力在满洲建立一个新国家。他重复大川所说的话：这样的发展符合"皇道"，并且会导致亚洲各民族的"解放"。

桥本和1931年"三月事件"

整个1930年，滨口内阁采取了紧缩政策，这种政策使军阀益增反感。陆海军的预算被削减，常备军的数额被缩小。在强烈的反对下，批准了海军裁减军备条约。于是，在少壮海军将校和各国家主义团体中，很多人愤慨不满。1930年11月，滨口总理大臣遭暗杀身负重伤，但内阁仍在币原男爵自由主义派的领导下继续维持着。

于是，自由主义就成为陆军愤恨的主要对象。1931年3月，大川和桥本策划了一个打倒自由主义的阴谋，这就是所谓"三月事件"。其目的是引起叛乱并借叛乱宣布戒严以便成立军部内阁。这个计划曾得到参谋本部的支持。军务局长小矶中将是阴谋的教唆人。但因宇垣拒绝出任预定的新总理大臣，这一阴谋终于失败。

1930年1月桥本从土耳其回到日本，他满怀欧洲独裁制度方法的知识并狂热沉醉于欧洲的独裁制度。1930年9月，他和他的同僚们即参谋本部高级将校们组织了一个团体，策划国家改革，必要时将凭借武力完成。这个活动的结果就是流产的1931年"三月事件"。

桥本的工作与大川的活动是相辅相成的。在他的笔下，"皇道"就是军部独裁之道。他承认他曾对大川说引起军部愤慨的议会必须打倒。大川也曾告诉宇垣，必须排除现有政党而用军政来显扬皇威。这就是所谓"昭和维新"的工作，而"昭和"则是现在的天皇年号。

根据日本宪法，陆海军大臣与总理大臣居于同等地位，可以直接接近天皇。参谋总长和军令部部长都直接对天皇负责;"皇道"即军道的主张是有历史根据的。

1931年"三月事件"虽然失败了,但为以后的发展打开了先例。由于陆军煽惑引发了对裁减军备和自由主义主张者的极大公愤。这类不满分子中的一人,竟暗杀了自由派总理大臣滨口。某些人认为裁减陆海军计划就是内阁对军事问题的非法干涉。这些军国主义者成功地把自己的立场转向对天皇忠诚的爱国热情。

我们休庭15分钟。

(10:45休庭)

(11:00重新开庭)

法庭执行官: 远东国际军事法庭现在继续开庭。

庭长:

若槻内阁和沈阳事变

1931年4月14日,若槻继滨口任总理大臣,在他的内阁下,内阁和陆军采取了相反的政策。留任外务大臣的币原,竭力进行和平解决满洲问题的交涉,但陆军却积极制造纠纷。终于,在1931年9月18日进攻沈阳。这就是后来有名的沈阳事变的开始,并且最终建立了"满洲国"政府。这些事在后面将详加阐述。

在前5个月中,由于内阁的裁减军备和节约预算的政策,反抗渐增。桥本和他所率领的一群陆军将校,依然提倡用武力占领满洲。这一集团就是著名的"樱会",其目的是从事国家重组。标榜国粹主义和反苏政策的黑龙会也在这时开始召集群众大会,大川则继续从事争取群众支持的运动。他说,陆军已完全不受统制,内阁完全唯陆军之意是从,只是时间问题。松冈洋右当时是南满洲铁道株式会社的一名职员,他和大川一样曾著书支持这种众所周知的论调,即满洲无论在战略上或经济上都是日本的生命线。

大川与桥本以及由桥本所率领的樱会共同煽动了沈阳事变。参谋本部听从土肥原大佐的推荐，批准了这个计划。土肥原和板垣大佐，都是关东军参谋部的部员，他们在这个攻击的计划和实施上，都起了重要作用。

南陆军中将是田中内阁时的参谋次长，在若槻内阁时任陆军大臣。他与他的前任宇垣相反，站在陆军方面反对他自己参加的自由主义内阁。1931年8月4日，他向部下的高级军官们说，满洲、蒙古和日本之间有密切关系，斥责主张裁减军备政策的人物，鼓励他们认真从事训练，以便能完全为天皇的伟大事业服务。

陆军中将小矶任军务局长时，虽曾暗中参与1931年"三月事件"的计划，但这时候却做了陆军省次官。陆军大臣南次郎虽然站在陆军方面赞成占领满洲的陆军计划，但对于内阁和天皇的意见仍稍有顾忌。若槻内阁对于陆海军预算继续采取削减方针。1931年9月4日，关于军事预算，陆军大臣南和大藏大臣井上实质上取得了一致意见。因为南同意了这项措施，于是立即遭遇了小矶的激烈责难，终于使南和井上间达成的协议归于无效。

1931年9月14日，东京方面得知了陆军对满洲和蒙古的计划。当天，天皇警告南必须制止这些计划。于是南就在东京陆军首脑部及其他人物出席的会议上传达了这项吩咐并决定放弃这项计划。南又写了一封信给关东军司令，命令他放弃这个阴谋。这封信直到沈阳事变发生后才被送达。派往沈阳递送这封重要书信的使者是建川少将。正如我们在论及沈阳事变时所了解一样，在事变爆发以前，建川似乎有意延迟送达这封书信。

1931年9月19日，即沈阳事变第二天，由南向内阁报告了这件事，他竟称为是正当的自卫行为。

若槻内阁期间陆军权力的巩固

若槻立即发出训令，不得再把事态扩大，并对陆军不能完全实行政府政策表示忧虑。5天以后，即1931年9月24日，内阁正式决议，否认日本在满洲有任何领土野心。

陆军对于劝诱天皇支持内阁对满洲的政策,曾表示愤慨;并且南违反了他对总理大臣的保证,几乎每天报告陆军的进展。1931年9月22日,他提出派遣朝鲜驻军到满洲的计划,但总理大臣不赞成采取这种行动。1931年9月30日,南又要求派遣增援部队,首相再度加以拒绝。通过内阁决议一周以后,参谋总长警告若槻,关东军也许被迫还要开进到长江流域,关东军恐不能容忍外部对其特权的干涉。

1931年10月,桥本和他的"樱会"共同策划了一个新的阴谋。他坦白承认了在沈阳事变中所起的作用。沈阳事变的目的,不仅是基于"皇道"再建立一个新国家,并且是为了解决日本政治形势下的问题。

十月阴谋就是为达到后一目的的计划。即计划用军部政变来破坏政党政治,从而树立同情陆军政策的内阁。

阴谋暴露了,并且由于南的命令而放弃了这个计划。但是在1931年10月和11月中,在满洲继续实行与内阁方针背道而驰的军事行动。并且散布着这样的谣传,如果内阁继续拒绝合作,关东军会宣布独立。面对着这样的威胁,自由主义者中的温和分子阻力就被攻破了。

1931年12月9日,陆军大臣向枢密院报告了满洲形势。这时对陆军行动的反对就只限于它对日本与西方各国可能发生的有害影响了。南也认为日方的正式保证与陆军行动背道而驰是不幸的事情,但是,他发出了一个尖锐的警告,关于陆军的军纪问题决不容许局外人进行干涉。

3天以后,1931年12月12日,若槻承认其内阁无控制陆军的能力而宣布辞职。他说,关于沈阳事变,尽管内阁有加以阻止的决定,它仍然在继续扩大。他决定放弃组织一个可以控制陆军的联合内阁的希望,并勉强放弃币原的政策。因为外务大臣不肯让步,若槻只得提出内阁辞呈。

陆军达到了在满洲进行征服战争的目的,这就显出了它比日本内阁更有权势。

犬养内阁期间对满洲的掠夺

控制陆军的企图，现在轮到曾为反对党的政友会。当犬养奉命组阁的时候，天皇曾指示他，不希望日本政治完全由陆军支配。政友会中一派极端亲军部，由新内阁的书记官长森领导。犬养立即采取了限制关东军活动及逐渐从满洲撤兵，并与蒋介石委员长进行谈判的政策。

阿部大将曾被提名为新内阁陆军大臣，但许多陆军青年军官，对阿部既不了解，又以感情不被同情为理由，反对这一任命。由于他们的坚持，犬养于是任命荒木中将为陆军大臣，并相信他可以控制陆军。

关东军司令官本庄中将，早就计划着在满洲建立一个受日本统治的新国家，曾为此派板垣大佐为密使赴东京活动并获得了陆军大臣的支持。

犬养与蒋介石委员长开始的秘密会谈，终于被森和军阀们获悉。于是森把陆军的愤慨情形告诉犬养的儿子并加以警告。尽管会谈很有希望，但总理大臣仍不得不中止了它。1931年12月下旬，即内阁就任两周以后，召开了御前会议；会后立即由荒木、陆军省和参谋本部，计划了在满洲的新攻势。犬养发出从满洲撤退的请求敕命遭到了拒绝。板垣大佐又暗示关东军的计划是一面使傀儡统治者上台，一面掌握着这个新国家的行政。新总理大臣控制陆军的计划，数周内即告失败。

按照陆军所计划的，在满洲开始了新攻势。另一方面，在东京，由军事参议官南次郎向天皇进言，说满洲是日本的生命线，必须在那里建立一个新国家。1932年2月18日，宣布"满洲国"独立，1932年3月9日，公布第一部组织法，3天以后，这个新国家要求国际承认。一个月后，1932年4月11日，犬养内阁终于承认了这一既成事实并讨论日本对"满洲国"的指导计划。

突袭政党政府和暗杀犬养

1932年春季，桥本和大川分别进行排除日本民主政治的国家重组或改革的准备。1932年1月17日,桥本在报上发表文章,主张改革日本议会制度,认为民主政治与天皇建立的原理不能相容。他说,必须把现有的政党当作赎罪的羔羊,为了建设振奋人心的新日本,必须消灭它们。

大川组成了一个以神武会为名的新团体。相传神武天皇是日本帝国的创始者,又是"皇道"和"八纮一宇"传说的提倡者。这个新团体的目的,是弘扬天皇精神,发展国家主义,鼓舞日本人做东亚的领导者;粉碎现有政党,实现按国家主义组织政府的目的;制订控制日本产业开发的计划,以鼓励国力向海外发展。

虽然犬养内阁在满洲问题上让了步,但是内阁中的自由主义分子,对于大川和桥本所主张的国内改革,仍然进行着反抗。犬养主张裁减陆军预算,反对日本承认"满洲国"。森多次通过犬养的儿子警告犬养,他对军部的反对将危及他的生命。军国主义者与仍然相信内阁统治的人们之间的分裂,无论是对于内阁,或对于陆军本身,都有影响。赞成军部派由陆军大臣荒木领导,被称为"皇道派"——即"皇道""原理"的支持者。

1932年5月,犬养发表演说,赞扬民主主义,斥责法西斯主义。一周以后,他在官邸中被暗杀。暗杀由两名海军军官实行的,桥本是这个阴谋的参加者。

近卫公爵、原田男爵和其他人议论了由此引起的事态。内大臣秘书木户、陆军次官小矶中将、军务局的铃木中佐出席了会议。他们一致同意,犬养的暗杀,直接起因于他拥护政党政治。铃木认为,如果仍由政党人物任首相来组织新内阁,恐将发生同样的事件,因此,他主张组织联合内阁。

斋藤内阁期间的战争准备

1932年5月26日斋藤内阁成立,斋藤企图调和内阁与陆军间的矛盾。他想由内阁控制军部,全面掌控经济,包括裁减陆军预算在内。另一方面内阁承认了对"满洲国"的陆军政策,决定将满洲置于日本支配之下而促进其经济上、产业上的开发。荒木大将依然是陆军大臣,1932年2月任陆军次官的小矶中将也依然留任。

新内阁关于"满洲国"的政策,使日本无法避免与西方各国关系恶化。但是,陆军仍然置内阁中的反对于不顾,依旧准备着对苏战争和对华的进一步侵略。

早在1931年12月,已计划将中国的热河省包括在新国家之内。1932年8月声明热河是"满洲国"的一部分。同月小矶因为出任关东军参谋长而辞去了在东京的职务。

一个月前,即1932年7月,日本驻莫斯科陆军武官报告说,因为对苏战争不可避免,必须头等关注对此战争的准备。他认为国联的掣肘、中国的抵抗和美国的态度,对于日本在亚洲大业的完成,是更进一步的障碍。他相信对中国和对苏联的战争是无可逃避的结果,对美国的战争也有可能性,日本对此必须有所准备。

日本对"满洲国"的承认延迟了六个月;但1932年9月由枢密院作出决定,认为此项措施所引起的国际反响是不足惧的,由于枢密院的承认,关东军所建立的傀儡政权和日本之间缔结了协定。并且认为,为保证扩张日本在大陆上的利益,这是一个恰当的措施。在这个协定的规定下,这个新国家赋予日本一切权利以保证供给关东军所需的一切设施。日本对"满洲国"的责任则是承担其防卫和维持治安。中央和地方政府的要职都保留给日本人,一切任命必须得到关东军司令官的批准。

按照这个协定,小矶以关东军参谋长的地位,制订了一个日本和"满洲国"经济"共存共荣"的计划。两国应组成一个经济集团,在最适当的土地上,进行产业开发,由日本陆军控制思想运动,并且目前不准许政党的存在。必要时应断然使用武力。斋藤内阁刚上任,陆军大臣荒木就发表声明,为了建设"满洲国",国联决议和日本以前所作的声明,对日本已不再具有约束力。在1931年,国联曾委派李顿委员会调查日本干涉满洲的情况。国联收到李顿委员会的报告后,对日本在满洲行动和在华各地正在制造的新事件,发表强烈谴责。鉴于对日本计划的反对,斋藤内阁于1933年3月17日决定发出日本退出国联的通告,10天以后采取了这项措施。与此同时所采取的措施是拒绝外国人进入太平洋的日本托管地。于是,日本公然违反条约义务和逃避外国监视,从事太平洋战争的准备。

这时候,在大陆上的军事准备,是直接针对苏联的。1933年4月,军务局的铃木中佐宣称,苏联是绝对的敌人,因为苏联企图破坏日本的国体。

战争舆论准备,荒木泄露陆军计划

政治评论家认为在这时期中所发生的事件是日本所谓"新秩序"的基础。桥本承认他对征服满洲和退出国联的问题尽了一定力量。据他自己说,在一定程度上,可以说是他自1930年1月从欧洲回国时所筹谋的计划之结果。

大川说:日本满洲议定书确定了两国"共存共荣"的法律基础。他说,在日本国民灵魂中曾勃然涌起忧国之心。于是,扫荡民主主义和共产主义、国家主义的倾向在日本达到了空前的高潮。

大川也赞成日本退出国联,照他看来国联是代表盎格鲁·撒克逊优越性的旧秩序的。他说,日本一举克服了对英美的依存,这是在外交方面发挥新精神的胜利。

1933年6月,陆军大臣荒木发表了一篇最重要的演说。在形式上这篇演说是对日本国民的爱国心作感情的倾诉并促使日本国民在非常时期来支持陆军。但是,其中明白显示了要用武力征服东亚的既定意图,而荒木把它和"八纮一宇"的传统目标同一化起来了。

荒木为了煽动战争情绪,大大利用了大川及桥本所广为宣传的政治哲学。他说,日本是天长地久的,并且命定了要进行扩张。日本民族的真正精神是从混沌中寻找新秩序以实现理想世界和东亚乐土。

荒木说，这里包含着新秩序和旧秩序的区别，因为全世界在国联领导下，正妨碍日本实现其神圣的使命。因此，对于日本来说这是非常时期。从最近所发生的事件看来，必须准备全国总动员。

基于对国际情势的这种解释，荒木要求国民的支持。他告诉听众"满洲国"的建立是重新唤醒日本国民精神的上天启示。如果保持着沈阳事变所引起的热情，就可以实现"新秩序"。民族精神的复兴，可以解决苦恼着日本的国际困难。战争是否发生，最终将依赖于国民的精神力量。

荒木说：国民应该走的道路就是"天皇之道"，而日本的军队就是天皇的军队。因此，凡是反对宣扬"皇道"使命者，陆军就要和它作战。

荒木还阐述了"国防"这一名词，这名词后来成为日本战争准备的基本原则。他说，"国防"不仅限于防卫日本本身，并且还包含着防卫"国家之道"，也就是维护"皇道"。因此，他明确表示："国防"的意义就是用武力征服其他国家。在同时期中，荒木在他所写的文章中显示了陆军对蒙古的计划，并重新肯定日本决心粉碎任何反对"皇道"的国家。

斋藤内阁期间的战争准备和天羽声明

随后数月中，荒木的政策得到民众支持和内阁认定。1933年9月左右，由于军事首脑部的努力，造成了对裁军条约的强烈反感。因此，普遍要求将当时的海军比率作有利于日本的修改，任何内阁，如果反对这种普遍要求，就要遭遇公众的反对。于是发表了日本有退出华盛顿海军裁军条约意向的通告。

与此同时在对"满洲国"政策上斋藤内阁把荒木的"国防"原则，当作最优先考虑的问题。1933年12月确定了这项政策。两国在经济上应统一合作，在军费上应共同分担。"满洲国"的外交政策应以日本的外交政策为典范。两国的"国防力量"要增强到足以克服日本不久可能遭遇的国际危机的程度，关于九国公约中门户开放的规定，只在与"国防"要求没有抵触的范围内才加以遵守。

1933年12月,关东军进行了日本一旦对苏战争的作战准备和其他准备。在这两年间已将外务大臣币原的"友好"政策完全抛弃了。

1934年4月,以"天羽声明"的方式表示了对东亚的新政策。由外务省发言人向报界发表的这一非正式声明,引起了国际上的震惊,因而立即由斋藤内阁加以否认。但这和1933年中内阁的各项决定是完全一致的,并且这与10个月前陆军大臣荒木所说的政策也大致相同,只不过是使用较为缓和的言辞来加以描述而已。

声明中说,由于日本在中国的特殊地位,它的意见可能与各国的意见不能事事一致。由于这种意见上的分歧,致使日本必须退出国联。尽管日本希望与各国保持友好关系,但在维持东亚的和平与秩序上将按照日本本身的责任行动。这是日本所不能逃避的责任之一,除中国本身外,其他国家是不能分担这个责任的。因此,中国为抵抗日本而求外援的任何企图,都为日本所反对。

斋藤内阁和冈田内阁期间的广田外交政策

1933年9月14日,在国际局势紧张与日俱增的气氛中,广田就任了日本外务大臣。当内阁和陆军正计划和准备着"新秩序"的时候,他企图缓和西方各国的疑虑并故意掩饰缩小日本国策的侵略性质。1934年2月,他向美国保证说:他确信日美之间并没有根本不能和平解决的问题。

1934年4月25日天羽声明发表一周以后,广田想减低它的重大意义。他通知美国国务卿赫尔说,这项声明并未经他批准,且已造成错误的印象。他绝对保证日本无意破坏九国公约的规定,在中国觅取特殊权益。不仅如此,他的政府已决定对九国公约中"门户开放"规定的重视,有甚于日本在"满洲国"的备战要求。

1934年4—5月间,又由驻华盛顿的日本大使给予同样保证,日本大使还承认日本政府对维持中国的和平与治安具有特殊的关心。但当回答赫尔的直接质问时,他却否认这句话意味着在东方的最高霸权或含有尽速取得通商优越权的意向。

到了1934年7月,任何保证也不能隐瞒在"满洲国"实行石油独占的这一事实。于是赫尔向日本抗议排斥美国的公司违反条约义务。1934年8月,冈田继斋藤为总理大臣后,外务大臣广田通知赫尔说,"满洲国"是独立国,所以日本对这问题没有任何责任。尽管"满洲国"是在关东军的控制之下,尽管石油独占是由于斋藤内阁"国防"政策所产生的直接结果,但美国以后继续发出的通告,均未使日本承认它的责任。

广田的表白和日本行动间的不一致,到1934年12月时就更加显然了。就在那月设立了"对满事务局",作为日本政府统一调整对"满洲国"政策的机关。

1935年在大陆的陆军扩张和政府的经济准备

当广田否认日本具有侵略意向的时候,陆军却在加速它的战争准备。1935年陆军开始了在亚洲大陆的军事扩张的准备,同时,1934年7月8日上台的冈田内阁,对于陆军在"满洲国"的经济计划也给以支持。

当1934年12月设立对满事务局时,南大将被任命为关东军司令官兼驻"满洲国"大使,板垣少将则是他的副参谋长。

由于板垣的协助,南制订了孵育建立内蒙"自治政府"和华北五省"自治政府"的计划。这给予中国政府以重大的打击,同时在"满洲国"与中国、苏联间设立缓冲国。

1935年5月在梅津中将指挥下的华北驻屯军,制造口实,对当地中国军队发出了事实上的最后通牒,同时南出动了关东军,为梅津的要求作后盾。某些日本部队曾开进华北非武装区,于是中国方面在1935年6月屈服了,将他们的军队和行政机关撤离了天津地区。如木户在东京所承认的,这种对华步骤是根据板垣等人的计划,正像他们在"满洲国"所做的一样,不是外交官而是军部领导了对华措施。

同一期间,关东军在张北制造了一个事件,由土肥原少将和预定的傀儡统治者实施这一阴谋,其目的在组成新的"自治政府"。外务省虽没有参与这些事件，但广田关于它们的进行情形却从北京大使馆接到了充分的情报。广田在1935年10月2日得知陆军企图建立一个所谓"自治政府"以便将华北包括在日"满"经济集团内并借此增强国防。广田还得知陆军的内蒙计划在进行中，毫无疑问这计划是由土肥原推行的。

据辩方的证人河边说，张北事件在1935年6月27日因"土肥原·秦德纯协定"的签订而获解决。当时陆军控制了包括内蒙一半地区和华北五省相当部分的"地方政权"。

其间，1935年7月3日，在广田列席下，枢密院召集了一个会议，以便审议与"满洲国"进一步在经济上密切联系的问题。枢密院的审查委员会报告说：在"满洲国"军事外交方面的政策虽进行得很顺利，但关于调整统一经济方面种种实施政策的组织却尚未计划出来。所以，该委员会建议缔结一个设立经济共同委员会的协定，其中规定所应设立的机构。由于广田保证在经济共同委员会中日本经常可以保持优势的投票权，于是枢密院同意了这项措施并在1935年7月15日签订了这项新协定。

广田外交政策和陆军计划协调一致

冈田内阁垮台前最后三个月中，陆军的政策和广田的外交政策完全趋于一致。1935年12月，南大将派军协助内蒙地方政府取得该地区内中国所保有的残余地区。1935年8月1日，多田中将继梅津为华北驻屯军司令官，并制订了一个将华北铁路置于他的统治下的计划，因为这样一来，他就可以利用铁路来实现他的军事目的。

也就在8月，关东军将其宣传计划送达陆军省，在华北采取军事行动时即应配合实行。其中说，一旦进入中国本部时，就应发动使全世界相信日本立场的合法性的宣传。同时还企图利用反国民党和反共产党的煽动，使华北居民脱离中国政府。"防共"的口号，是由土肥原、板垣等人在1935年开始所谓"自治运动"时所选定的。

1936年1月21日，广田将陆军制订的处理华北计划纲要通知驻华的日本大使。并将在华北五省逐步建立自治政府的意向训示该大使。外务省决定对新政治组织加以支持和指导，并借此扩大加强其本身的机能。但应避免采取凡可能使世界认为日本有意在华北树立与"满洲国"相同的独立政府之措施，并已指示各军事机关，在实行计划时应与外务省和海军保持密切联系。为处理有关"自治政府"各种问题的临时机构应属于华北驻屯军司令官的管辖。

由于外务省和陆军间的这一妥协，完成了第一期的军事准备，进行了对"满洲国"资源的开发工作。陆军常备兵力从1930年初的25万人增至1936年初的40万人。第二期的军事计划则是为进行战争而作全国总动员。

冈田内阁期间陆军权力增大

从1934年7月8日到1936年3月8日间任日本首相的冈田启介作证说，在他和前任斋藤的任期中，陆军的权力与日俱增。据冈田说，这两个内阁都招怨于陆军，他们被看成是陆军以武力扩张日本在亚洲势力的反对势力。

陆军内部"过激派"的势力和横暴，由1935年7月强迫教育总监辞职一事中明白表现出来。陆军省军务局长永田中将因抗议这项处置，竟在办公室中被一校级军官所暗杀。冈田以总理大臣的地位，对此事件非常遗憾，他竟然无权对这项犯罪进行调查。陆军随便地自行调查了一番，竟不许首相或内阁干预其事。

由于这一事件的结果和害怕军部产生更麻烦的问题，陆军大臣林大将辞职，并由全体将官所同意拥护的川岛大将继任。内阁阁员们都觉得川岛是冒着相当的危险来接受这项任命的。

1936年二·二六事件和冈田内阁的垮台

后来所发生的事件证明了上述危惧并非没有根据，因为陆军对冈田内阁的愤懑，在1936年2月26日一群青年军官企图暗杀冈田本人而达到顶点。22名军官和1 400余名士兵叛变,占据了政府主要官厅,使东京处在恐怖状态中达三天半之久。在此时期,总理大臣被围在官邸内,政务由内务大臣代行。大藏大臣高桥和内大臣斋藤都被恐怖分子暗杀了。10天以后,冈田因不能控制军部而提出了内阁的辞呈。

冈田政策及其垮台体现陆军要求的过激性

在冈田任职期间,采取了许多措施将日本国民置于备战状态。作为外务大臣的广田,和曾任伦敦海军会议日本代表的永野,对1934年12月日本宣布废除限制海军军备的华盛顿条约,以及1935年12月日本退出伦敦海军会议,都起了主要的作用。同一时期,又在托管诸岛建立了航空基地和贮藏设备,并采取阻止外国旅行者进入各岛的周密警戒措施。

1935年,在内务省直辖下实施了严格的新闻检查制度,于是报纸沦为仅传播政府核准的宣传工具。警察对于一切公共舆论发表机关都采取了广泛的检查和取缔的办法。1935年8月,陆军省发表了一项规则,根据该规则,陆军省可调查各学校与大学的军事训练情况,协助各学校改进军训工作并有资格评定毕业生将来的军事价值。

尽管美国不断抗议,日方仍在满洲巩固了它的石油独占地位并供给机器,以便开发"满洲国"的资源。

至少从1935年10月左右起,陆军就在日本外交政策方面采取了积极而独立的立场。同月,被告大岛作为当时的柏林大使馆武官,开始了日德条约的谈判,并曾对里宾特洛甫表示日本参谋本部希望两国间缔结一个一般性条约。

尽管有这一切的发展,尽管关东军在满洲与华北的目的似乎在实现,但激进分子并未满足。陆军认为冈田内阁是为了抑制军国主义者而由海军组成的内阁。陆军认为他们在华北的政策没有得到合理的支持。于是陆军内部的激进分子靠暗杀和叛乱来扫清他们的道路。首先清除陆军省内比较稳健的势力,然后再清洗内阁。内阁对于军国主义者的压迫,虽然没有作实质上的抵抗,但仍然代表着不太过激的政策。1936年2月27日,东京陆军叛乱的第二天,在中国厦门的日本领事馆发表看法,认为这次叛乱的目的是以军部内阁代替分裂的内阁。他们说青年军官集团想一举而占领中国全部领土,并准备马上对苏战争,而使日本成为亚洲唯一的强国。

这正是陆军的企图。1936年3月9日,广田内阁在上述形势下上台。正像白鸟在1935年11月对某友人所说的一样,无论是外交官或政党,如果不能压抑军国主义者,那就不如去支持他们的政策,并为其实现而努力。

广田及其内阁

1936年3月9日新内阁成立之时,冈田内阁的阁员,除广田本身是唯一特殊例外以外,其余的人都更换了。他自1933年9月14日出任斋藤内阁的外务大臣后,30个月一直没有离开那个职位。随着日本继续侵入大陆,他必须处理权益受影响各国的日益增多的抗议,尤其是美国的抗议。尽管日本毫未改变其在大陆篡夺主权及在各处违反九国公约中"门户开放"规定的情形,但广田却努力保持着西方各国一定程度的信任。现在,在陆军占优势的时代,当其他阁员弃职而去的时候,广田却做了日本的总理大臣。1935年12月退出伦敦海军会议的日本首席代表永野做了他的海军大臣。1935年8月1日以前指挥华北派遣军的梅津中将做了陆军次官。岛田海军中将继续留任军令部次长。有田接替广田做了外务大臣,1926年10月起做枢密院副议长的平沼男爵成为枢密院议长。

在这个内阁之下,陆军建立"东亚新秩序"的计划成了日本政府的既定政策。

规定陆海军大臣由现役将官中选任的敕令

新内阁成立两个月以后,采取了一项措施,更巩固了陆军今后对政府的权势。1936年5月18日新政府公布一项敕令,恢复了海陆军大臣必须以现役中将或中将级以上者充任的旧条例。不久以后的种种事件证明了,这使军事当局掌握了一个可以使内阁上台或垮台的武器,而不必再用促成冈田内阁垮台的威吓手段。

1936年8月11日确定的日本基本国策

1936年8月11日,总理大臣广田、外务大臣有田、陆军大臣寺内、海军大臣永野及大藏大臣马场在五相会议上确定了日本的基本国策,在这个决议中,极其清楚地规定了日本对各国的关系以及完成国内备战的指导原则。我们首先要审视决议本身的内容,然后再看采用它的经过。

已决定的原则

国策的基本原则是从国内国外两方面来巩固日本,使日本帝国"在名义上和实际上都成为东亚的安定势力,确保东亚和平,并对世界人类的安宁福祉有所贡献"。但在下一句话中就把所图谋的发展性质完全暴露出来了。之所以确定国策,就是为了使"外交国防相辅相成,巩固帝国在东亚大陆中的地位,并向南方海洋扩张发展"。

这个决定的第二部分是检讨由于这一政策所引起的事态和为了对付这些事态所应采取的步骤。

首先要认识到,这个政策与在东方具有权益的各国间必然引起纠纷。因之日本必须"清除列强的霸道政策"并遵循日本的"共存共荣"政策。这个政策,在一年以后的"重要产业五年计划"中作出了更具体的定义。计划中说,凡属国防上所必需的产业应"按适地适业主义",尽可能向大陆发展,同时日本"应选出最必要的资源,巧妙争取开发华北经济的优先权,务必努力确保其天然资源"。但这种政策公然违反了1922年九国公约的规定。

1936年8月所决定的第二项原则暗含在第一项原则之内。即"为了保证我帝国的安泰并拥护其发展,以期在名义和事实上确保东亚安定,应根据此项需要来充实国防军备"。这类话也在1937年的陆军计划中作出了具体定义。

第三项原则是阐明前两项原则在实际执行中的相互关系。"日本为了期望'满洲国'的健全发展和日"满"国防的巩固,应朝清除北方苏联威胁的方向迈进。"但为实现此目的,日本"必须经常留意与列强间的友好关系"。

用意与此相同的第四项原则是最后一项原则。"为促进日本在南洋尤其是外南洋方面获得社会上经济上的发展,应采取渐进的和平手段,尽量避免刺激他国,以图在发展日本势力并完成'满洲国'中达到充实加强国力之目的。"

1936 年决策所需之备战措施

1936 年国策决定的最后部分,是关于军部和外交机关均衡的规定,以及要求完成国防军备。军事力量必须达到足以"对抗俄国在远东所能使用的兵力"的标准,并应特别注意充实在满洲和朝鲜的兵力,以便日本可能"在开战之初给俄国以迎头痛击"。海军军备应加强到足以对付美国,保持西太平洋制海权的程度。

日本外交政策的目的在于"圆满实行基本国策",所以军事当局有协助外交机关的活动使其充分和顺利进行的义务。

最后,国内政策是按照基本国策来决定的。所以必须采取指导统一国内舆论的措施,以便提高国民的觉悟而渡过非常时期。必须采取安定国民生活,增强国民体力和"国民思想健全化"的措施,日本必须刷新外交,完成它的海外情报宣传机构。必须在空运和海运方面有飞跃的发展。必须设立行政和经济机构,以便振兴促进为实行国策所必需的贸易与产业,以及促成建立一个重要资源和原料的自给自足计划。

1936 年国策决定所示目标的意义

1936 年 8 月 11 日五相会议通过"基本国策"的内容,表示日本不仅决心要掌握东亚的支配权,并且还要向南方扩充它的势力。如果可能的话就和平完成南进,但须借用武力威胁以保证外交上的胜利。日本认识到它的大陆计划,多半会与苏联起冲突,同时与在东方具有权益的各国也不可避免发生纠纷。这些国家必须包括1922年"九国公约"的所有缔约国,而最值得注意的是英国和美国。显然,日本决定以它的"共存共荣"主义来代替"现存的列强霸道政策",这违反了日本作为九国公约缔约国的义务,意味着日本统治者决心掠夺满洲和中国其他地区的经济和产业。

日本坦白承认,这个国策只有依靠广泛战争动员计划为后盾,才能获得成功。日本方面一致认为海军的扩充必须达到如下目标:兵力足以保持西太平洋制海权以能对抗美国海军;陆军的扩充目标则是强大到足以一举歼灭苏联东部国境所能展开最强兵力。为了实现这些目标,必须建立发展产业和自给自足的综合计划,还必须全面指导和统治日本国民生活,为在国家非常时期中完成他们的任务做好充分准备。

国策决定的起源

这个基本国策的决定,已证明是日本整个备战体系的基础。但整体上说,它并非发源于广田内阁,而是来自陆海军省。1936年6月30日陆军大臣寺内和海军大臣永野开会时同意过一项草案,该草案的全部要点都与1936年8月11日五相会议最后通过的基本国策相一致。在语气强弱上固然有些不同,可是陆海军大臣更为露骨的措辞却更明白地表现了政策制订者的意向。在最后的草案中,关于保持在亚洲的地位和开发南洋叙述得很含糊,而在两军部大臣的草案中,却明白声称必须实行一贯的海外扩张政策来实现"皇道"的精神。

同日即1936年6月30日,寺内和永野对五相会议中的同僚广田、有田和马场,提出了他们的计划。大藏大臣马场同意必须从亚洲逐出列强的"霸道"政策,但认为应当特别表明日本本身并不实行军国主义的专制。外务大臣有田强调在当时的国际形势下,必须维持英美方面的好感,但并不反对草案中其余的意见,因为这与他关于外交政策的想法是一致的。广田首相则认为他在提案中找不出丝毫缺点。于是决定交陆海军起草具体方案,并立即散会。

1936年8月7日五大臣再行集会,通过了计划的最终定稿。4天以后即1936年8月11日,这些决定由5个有关大臣在复述和归纳这些内容的正式文件上分别签署。

防共协定

这里应先指出,在1936年6月和8月的五相会议前数月,广田政府已采用了另一陆军重大计划。驻柏林大使馆陆军武官大岛,得到参谋本部的同意,在1935年10月已开始日意同盟的非正式会谈。1936年春,广田就任总理大臣后,武者小路大使回到柏林,于是就由他自己担任谈判。里宾特洛甫和武者小路经过长时期会谈后,1936年10月23日两人草签防共协定。1936年11月25日由日本枢密院批准了这一协定。

广田内阁在经济和产业方面的战争准备

重新确定基本国策前后,广田内阁所采取的措施完全与基本国策的原则相吻合。日本巩固满洲和华北的支配力大有进展。当关东军对满洲实施统治时,日本政府当局也正企图把满洲建立为名义上独立的卫星国家,由日本操纵其国策并能自由开发其天然资源。1936年签署的日"满"协定显示出日本已实际达到了这项目的。

两天以后,美国国务卿赫尔通知日本外务省的某代表,指出已造成了下列印象,日本首先在亚洲,然后在它认为适合的地区企图取得绝对性的经济支配,其结局就意味着政治上和军事上的支配。

1936年8月11日,在决定日本基本国策的会议上,同时通过了"第二次东北处理纲要"。其主要目的是设立一个"防共"和亲日"满"的地区,在那地区中取得日本备战所需的资源,并改善交通设施以备对苏作战。

当陆军设法在大陆获得新资源和扩充产业的新途径的时候,日本国内则采取发展新备战经济的步骤。1936年2月大藏大臣高桥在陆军叛乱事件中被暗杀，以及广田接着组阁，都标志着日本政府在财政政策上的转折点。日本为了政治之需，正着手采取一系列的财政措施来加强经济方面的国家统制。这种新政策是为适应产业扩充的全面计划而建立的。从这时期起，为适应庞大的岁出预算而不断增加政府的国债发行额，几乎毫不考虑健全财政的原则。1937年1月，外汇交易必须经政府核准，使用国外财产的支出实际上仅限于购买战争产业所需的物资。

1936年5月29日，"为充实国防和本国工业"，特别制定了以建立汽车生产工业为明确目的的法律。此前，汽车工业不仅事实上并不存在，而且在经济上也是不合算的企业。虽然如此，但现在它却凭借国家补助资金和大量免税奖励在政府的严格统制下发展起来。

日本的商船队在政府的补助下也迅速地发展起来。广田任期中开始了第三期的"废弃和建造"计划。与上年度的计划合计共新造船舶达10万总吨数。于是在1936年底，就新船舶在总吨位中的比例而言，日本在世界各国中已具有了最现代的商船队。

我们休庭直至13:30。

（12:00 休庭）

（13:30 重新开庭）

按照进程庭审人员到场。

法庭执行官： 远东国际军事法庭现在继续开庭。

庭长：（继续）

战时舆论控制计划

1936年5月20日，陆军省起草了关于战争开始前及战争初期的情报与宣传活动计划，这是总动员计划中的一部分。在这计划中规定了如果战争迫近时，为有效公开宣传政府的方针，应设立情报局。并对其活动范围和实施办法作出详细规定。其任务是指导和控制面对大众的所有通讯，并利用所有的舆论机构来促进政府所通过的政策。

海军的各种准备

广田任总理大臣时,海军在促进备战的国家总动员方面,积极性并不亚于陆军。陆海军两大臣,共同准备了他们的基本国策方案,并在五相会议上采取了共同支持的行动。在五相会议上倡议重新申述国策的,正是海军大臣永野大将。而且据他的言论,1936年8月11日最后所通过的具体计划,看来是海军省起草的。

由于华盛顿条约在1936年12月31日期满,1936年就是日本海军解除海军军备限制一切义务之年。关于日本初期的对外扩张计划,日本海军很少直接关怀。现在才第一次充当了主角,即欲保持在西太平洋的制海权以对抗美国舰队。于是自1930年以来,日本决定扩充海军军备的政策日益受到极大支持。

因此,这里回顾日本为备战而废弃国际协定对海军军备限制的措施是适当的。

海军裁军条约下日本的权利与义务

美国、英国、日本、法国、意大利是1922年华盛顿签署的限制海军军备条约的缔约国。在这个条约的第四条和第七条中,分别规定了各缔约国所能保有的主力舰和航空母舰的总吨数,这些限制基于各国在防御上的需要。关于以上两种军舰,限定日本最高保有量为美英的60%。同时对以上两种军舰及其他舰艇所装置的大炮口径,也有限制,即主力舰为16英寸,航空母舰为8英寸。该条约到1936年12月31日期满。当缔约国之一在通告废约意向后两年内条约的约束仍然有效时,一旦发生这类通告,一年之内全体缔约国应召开会议。

美国、英国和日本以及印度和英联邦自治领,都是1930年4月22日在伦敦签署的海军军备条约的缔约国。这个条约,不是废弃华盛顿条约,而是对原条约的规定作进一步的缩减和限制,规定了关于航空母舰及潜水艇的最大排水量以及其所搭载的大炮的限制。除主力舰和航空母舰外,对各缔约国可保有的水上舰船的总吨数,也用详细的表格加以规定。日本所能保有的限额,是美英所可保有的70%左右。第三项重要规定是各缔约国必须将每一军舰动工和竣工的有关情报通知其他各缔约国,此外,协定中还包括废弃某些主力舰的规定,这种规定显然是于日本有利的。关于航空母舰,规定了与华盛顿条约同样期间内具有效力。但关于其他各点,则规定了到1936年12月31日即行满期。缔约国则在1935年再行开会。

为了估计伦敦条约给日本的利益,必须重视1930年海军大臣财部的见解。财部说,据他看来,日本海军绝对必须保有假想敌国所具海军力的70%,所以日本在华盛顿会议中企图在主力舰保有量上维持这个比例。最后放弃了这项目标,日本同意了60%的比例。但日本却达到了其他两个主要目标,即巡洋舰的70%可搭载8英寸炮和保持日本潜水艇的现有规模。第三项主要目标,即总吨数达到70%的比例,在伦敦会议中经尽量努力后也终于成功。

在伦敦条约的规定下,搭载8英寸舰炮的巡洋舰的日本保有量,在比例上的确比美国减低70%至60%,但在威力稍弱的舰船方面增加了日本的比例以为补偿。财部说,总之,这个条约是重视与美国的友好关系并为了避免日本陷于与美国作军备竞争苦境的可能。总理大臣滨口也表示了同样的心境,承认这个条约的某些部分并不能令人完全满意,但指出,不管怎样,日本在1936年以后仍然可以自由建造舰船。

虽然总理大臣滨口、海军大臣财部及滨口内阁都支持这个条约,但在批准以前还是遭到了相当多人的反对。从1930年8月18日到9月26日期间,枢密院审查委员会开了十三次会议,每次都对此问题进行激烈辩论。内阁和枢密院,公开表现出意见的对立,内阁和海军军令部——当时的海军军令部次长是永野——之间,也表现了意见的冲突。当被责为蔑视海军首脑部的进言时,滨口从容答道,曾经考虑过军部的意见,但有关缔结条约的事项则必须由内阁决定。随着讨论的进展，两派间的鸿沟越发明显，一派主张信任国际间的友好关系，一派主张必须具有充足的军备，即当美国或其他国家干涉中日间的问题时，日本为对抗这些国家在发生冲突的地方具有优势力量。另一派的意见，由一个顾问官的谈话可以充分代表，他说：日本的军事制度是日本的特色，美国想把日本的势力逐出中国和蒙古，所以有准备兵力的必要。有两个顾问官说：日本在世界上占有重要地位全凭日本兵力所赐。

1930 年 10 月 1 日，由枢密院批准了伦敦海军条约。当时滨口和财部表示了上述意见，并曾引起大众的极大关心、臆测和不安。平沼以枢密院副议长的身份出席了历次会议。

反对海军条约日益增长的时期

1930 年反对批准伦敦条约的少数派，随着时间的进展变成了多数派。所以在斋藤和冈田两"海军"内阁时代，反对条约限制的力量终能得势。

斋藤任总理大臣之时，1933 年 9 月 15 日格鲁大使向华盛顿报告，对伦敦条约限制的不满正在日益增加。格鲁说：自从批准伦敦条约以来，特别是在过去 12 个月间，日本海军首脑部主张日本在 1935 年会议中必须要求对等或至少是吨数比例的大量增加。他们对于和伦敦条约有关的任何事情，都产生愤激和轻蔑的感情。滨口和犬养的被暗杀，其他政治家的受威胁，其部分原因就是由于他们支持伦敦条约。财部和其他海军高级将校的退役，也是因为他们支持了这个条约。

格鲁强调说：现在日本的舆论，激烈反对任何形式的军备限制，在条约限制内兴造军舰的美国新政策，只能刺激已经引起的亢奋情绪。日本海军首脑部，陷于进退两难的境地，是走进与资源不相称的造舰竞争，还是悍然违抗他们自己所酿成的舆论？

在这种时期，斋藤内阁任职了 18 个月。在这个内阁及其前任内阁中充当陆军大臣的荒木，对这个问题曾作慎重的处理，承认华盛顿条约和伦敦条约节省了国家费用并阻止了重整军备的竞争和新兵器的发展。但是，他明白地说，日本认为这些条约的规定业已落后于时代，在下次会议中大概要提出修改比例的要求。

在格鲁写报告的头一天，广田出任日本外务大臣和军事参议官。恰好在一年多以后，1934年9月17日，广田通知格鲁说，日本已确定在1934年12月31日以前发出废弃华盛顿条约意向的通告。这个时期内曾发表天羽声明，斋藤内阁也为冈田内阁所代替。

1934年共同最高限额政策

1930年的伦敦条约规定各缔约国在1935年开会订制新约。1933年7月或8月间，斋藤内阁时代的海军军令部次长高桥海军中将坦白说："我们打算以贯彻平等要求的决心出席会议。如果不接受我们的要求，我们就撤退回国。"

1934年10月，当日本代表与英美代表在伦敦召开预备会议的时候，他们接受的立场是：他们相信保证平等安全的唯一道路，是设立一个共同最高限额，在限额内，各国可以自由造舰，但任一国家不得超过这个限额。他们希望协定中所定的共同最高限额是愈低愈好。他们希望，特别是航空母舰、主力舰和8英寸舰炮巡洋舰或者是全部废除，或者是把保有量缩减到最低限额。他们认为这些舰型在其固有性质上是攻击性的。另一方面，他们认为潜水艇耐波性比较小，续航力又较其他舰型低，所以在本质上是防御的武器。他们认为，如果伦敦条约中禁止使用潜水艇攻击商船的规定能普遍施行，那么潜水艇的攻击性质就被消除了。

这个提案的设计是比照美国的海军力量来增强日本的海军力量。美国在1933年实施了新海军政策，虽然在华盛顿条约和伦敦条约的规定限制下兴建舰船，但就此限制来看，仍然是相当低的。如果依照比较低的共同最高限额来实行一般的缩减，那么已超出规定限额的主要海军国，许多舰船如不废弃就只有沉没。因此，日本提案的实际效果，是使一部分美国舰队和它的新造舰计划的成果全部损失,而日本方面却丝毫不用付出与之相当的损失。

再者,如前所述,根据伦敦条约的规定,为了补偿日本在 8 英寸舰炮巡洋比例上的若干牺牲,满足了日本增加总吨数比例的要求。华盛顿条约的规定仍然有效地把日本主力舰和航空母舰的相对保有量,限定在较低的水准。所以,日本想劝别人废除的三种舰型,正是日本在比例上最劣势的舰型。

最后,日本自 1930 年以来关于潜水艇作用的见解显然已有改变。激烈反对批准条约的一位枢密顾问官在当时说:因为美国最怕潜水艇,只要日本保有潜水艇,美国就绝不足畏。海军大臣财部曾特别指出,保有潜水艇的现有规模是日本政府的成功。这是日本海军政策的三大原则之一。

1934 年 10 月的伦敦会谈中,日本政府发表了一个指导舆论的正式声明。其中说,从日本在国联中的经验看来,公正的主张并不一定经常能获得国际会议的承认。日本海军力量的维持,是东亚和平的基础,而海军的消长左右着日本将来的国运。所以日本国民,必须警惕外国的宣传。纵使日本的主张未被接受,协定终未达成,也不一定意味着开始造舰竞争;万一引起这种竞争,当局确信,依靠独立自主的方法可以维持日本的地位。

预备会谈在 1934 年 12 月 19 日结束,没有达成任何协议。同一天,日本枢密院一致通过废除华盛顿条约的政府决定。1934 年 12 月 29 日,日本将其意向通知美国。日本为了想避免单独行动的麻烦,此前曾企图说动英国采取共同行动,可是没有成功。

1935 年退出伦敦会议

1935 年 12 月 7 日,依据华盛顿条约和伦敦条约而召集的海军会议在伦敦举行,由签署华盛顿条约的五国派代表出席。美国代表提议,按现存比例对各种类型的舰船,总量裁减 2%,并且准备讨论质的限制,特别是关于大炮口径的限制。日本首席代表永野在回答中反复重申,日本舆论已经不赞成华盛顿条约,并且再度确认,日本依然主张共同最高限额原则。美国代表指出,整体对等,意味着日本在太平洋的压倒优势;而现存条约规定了各缔约国的平等安全。所以,如果日本顽固坚持它的要求,只会引起造舰的竞争。日本代表在回答这些反对意见时不想触及问题的实质,只是说据日方看来,当美国海军力量占优势的时候,就对日本的存在本身构成威胁。

尽管在美国建议的新协定达成前,华盛顿条约应继续生效,尽管英国企图达成一个限制"质"的协定,但日本顽固坚持必须首先决定对等问题的主张。于是,1936年1月15日在大会中讨论了共同最高限额的原则,因为没有其他代表发言支持此提案,日本代表正式退出会议。

这样一来,在1934年和1935年,当冈田做总理大臣、广田做外务大臣的时候,海军重整军备的障碍已被廓清了。1936年8月,五相会议决定建立足以确保西太平洋制海权以对抗美国舰队的强大海军。这一行动印证了美国的忧虑,即废除了现存条约的制度,只会引起海军造舰的竞争。

广田内阁期间海军扩张

1936年12月,即华盛顿条约期满的那个月,海军军务局长在一个不公开发表的演说中报告了日本海军的军备和资财在逐日加速进展。海军中将丰田警告他的听众,这个新的造舰计划需要支出庞大资金。他说虽然不能报告详细项目,但为此项目不能吝惜预算。过早让他国获悉日本海军造舰计划,将对日本不利。

由广田内阁所制订的新计划,第二年就获得成效。1937年度日本海军造舰增长总数超过了1931年至1945年间的任何一年。

但是,为了保持西太平洋的制海权,海军不仅需要军舰,也需要基地。因此,散布在西太平洋中央全部区域属日本托管的南洋诸岛(马里亚纳群岛、马绍尔群岛和加罗林群岛），自1937年1月20日起都属海军管辖。

托管岛屿的历史

凡尔赛条约规定，日本从国联接受了对散布在广大海域的这三个群岛的托管，并以总部设在巴劳的南洋厅来管理其行政。依据国联规约，受托国有阻止建设要塞和陆海军基地的义务。并且由于1922年2月11日在华盛顿签署的关于太平洋岛屿属地的条约，日本对美国负有同样的义务。

日本托管岛屿的航线由日本邮船株式会社经营，自1933年以后，这个公司采取不搭载外国旅客到这些岛屿的方针。当斋藤"海军"内阁执政的时候，1933年3月28日该公司通知其檀香山分公司应拒绝外国人定船位，对于固执的申请者，须经日本有关当局许可才准上船。

1936年前托管岛屿的要塞化

从形迹上看，托管岛屿地区建设海军设施的工事是1932年或1933年开始的，修建这些工事与拒绝外国人的新方针发生在同一时期。至少是1935年，马里亚纳群岛的塞班岛上已在建筑飞机跑道和海军航空基地。塞班岛是马里亚纳群岛中最大的岛，位于美国的关岛北方约200英里。

1935年下半年，对外国人旅行南洋各岛采取了更严格的限制办法。1935年10月14日，上述日本邮船公司再次通知其檀香山分公司应尽一切努力不接受往此区域内航线的旅客。如有任何特殊情况，均应将欲乘船旅客的详尽报告向南洋厅提出，南洋厅必须与外务省和海军省协商后，始作决定。就实际经验看，大多数申请遭到拒绝。

1935年10月和11月，又反复发出这些指示，并规定关于南洋航线的一切问题都由日本职员处理，通讯一律只准用日语。应以设备不良或开船期未定为理由拒绝预定船位。特殊情形的批准，属于海军大臣和外务大臣广田的管辖。

广田内阁时代托管岛屿的保密情况

在广田内阁成立3个月后，即1936年6月，美国国务卿通知格鲁，极其怀疑托管岛屿在扩张港口和建筑工事；并指出已允许日本船出入非通商口岸的阿拉斯加各港口。因此训令美国大使格鲁要求准许美国驱逐舰访问日本托管岛屿。格鲁把它当做自己倡议的要求向广田本人提出。总理大臣表示愿善意处理，但他对于这问题什么都不懂。嗣后又告诉格鲁说，决定权属于拓务大臣和海军大臣的管辖范围。这项要求终未获准，虽然日美两国在1922年曾同意，当船舶暂泊在双方托管岛屿港口时，应相互给予通常礼仪。

1936年7月28日，上述日本邮船公司，又通知其檀香山分公司，不得接受南洋航线的旅客。1937年4月8日和1939年3月13日的通讯中进一步指出，这种限制以后也不会放宽。

综合这些事实来看，可知日本在1936年8月11日国策决定前后，早已违反受托国的义务，在南洋地区进行了战争准备。外务省和海军省始终故意转移对这些发展的注意，而广田以外务大臣与总理大臣的地位，竭尽所能地参与。

以海军将校为托管岛屿的行政官

1937年1月20日仍在广田内阁时期，枢密院同意按海军内部的名次顺序任命海军现役军官为南洋厅行政官的办法。出席会议者中有广田本人和海军大臣永野，平沼是该会议长。在这次秘密会议中，对于日本关心托管岛屿的真实性质曾加以说明。其所以采取上述办法，是由于南洋各岛在日本国防上占有重要的地位，同时有鉴于国际间的情势和该岛屿的航线、港湾、道路、航空及通信设施的重要，故应对日本海军的便利和军事需要予以特别的注意。

在广田内阁下各被告的地位

前面已经说过，从1936年3月9日到1937年2月1日，在广田任总理大臣时期是一个积极计划和准备战争的时期。这些计划和准备是陆海军两省创议的，但在长期实施过程中，其他的主要政府各省也有参与。

当时担任最重要职务的人是1936年3月23日任陆军次官的梅津中将。直到1938年5月30日止，历经广田、林、近卫各内阁，他始终任该项职务。在广田时代，他更兼任了许多附属官职，这可以帮助了解当时陆军管辖的范围。他是对满事务局、内阁调查局和内阁情报部的成员。他还被指定为调查有关汽车工业事项委员会的委员，又是教学刷新委员会的委员。在日本议会中他负责说明陆军省所管辖的事项。

1936年8月1日任陆军少将的木村是整备局统治课长。1936年5月20日，他这个局已经制定了战时或非常时期统治舆论的动员计划。1936年6月19日以前武藤中佐是军务局课员。1936年8月1日以前铃木大佐配属在军务局中。

1936年4月28日任陆军中将的板垣，从1934年12月10日起做了关东军副参谋长。从1936年3月23日到1937年3月1日止，他是关东军参谋长，又是日"满"经济共同委员会的委员。因此，在广田任职期间，他与日本在满洲和华北各省的军事和经济上的准备有密切的关系。从1934年7月1日以来任"满洲国"财政部司长的星野直树，在1936年6月9日成为该部次长。

岛田海军中将，从1935年12月2日到1937年12月1日为止是军令部次长。在这时期，海军参与了1936年8月的国策决定，获得了委托岛屿的支配权，树立了扩张海军的新政策。冈大佐在1936年12月1日以前是军令部的部员，又是海军省的视察。

广田在职期间，贺屋在议会中担任着大藏省所辖的事务，又是对满事务局的参与。1937年2月2日，当林内阁接替广田时，贺屋成为大藏省次官。

桥本和大日本青年党

在决定了日本基本国策后数日,1936年8月桥本大佐被编入预备役。他立即着手设立新团体的工作,在1936年下半年,他以演说和小册子来说明这个团体的目的。

桥本以"皇道"和"八纮一宇"两个传统的教言,作为他的理论基础。他说:统一世界的第一步,在于日本国民本身直接地统一在天皇之下。为了达成革新,就需要青年的鲜血和热情,而大日本青年党的目的,就在于满足这个需要。青年是新日本的骨干,大和民族精神上物质上的全部力量应统一于"皇道"的精神,亦即效忠天皇的精神。

前面已经说过,此处所论述期间的陆军历史就是反抗内阁权力的历史。政治家和内阁的政策一旦与陆军的政策相矛盾时,就被胁迫、暗杀和叛乱所消解。到了1936年广田做总理大臣时,陆军对于当权的内阁已经建立了确定的优势。桥本使这种过程更推进一步,准备着有朝一日,只剩下一个党,一个陆军的党;而陆军的统治者再也不必受民主政府体制的牵制。集权主义的直接目标是以"皇道"的观念为象征,而统治世界作为最后目标,是以"八纮一宇"的观念为象征。

现在或可回顾,为指导日本国民在精神上准备接受战争和军事统治所采取的种种步骤。

学校和大学中军事训练的历史

早在1886年,日本小学、中等学校和师范学校就开始了军事训练和授课,而自1896年中日战争以后,就由正规的陆军将校实行训练。在1914—1918年战争以后的数年间,似乎很少注意这个问题。但1922年以后,陆军省又派遣军官去监督训练的情形。

1925年以后,陆军省曾和文部省合作以确保男学生受到确实的训练。1925年4月23日决定在学校配备现役陆军军官。依照陆军省和文部省的协定,所有教员养成所和各种省公立学校都配备陆军军官,如果私立学校提出申请也加以配备。他们虽服从学校当局的监督和命令,但是他们本身仍属陆军省,陆军省有检查学校训练实际情况的权利。一年后的 1926 年 9 月,陆军省设立了查阅官制度,报告关于训练的实施状况。

1926 年 4 月,文部省以收容 17 至 21 岁未受正式学校教育的青年为目的,创设了一个新教育机构。其课程为四年,包含一般的和有职业价值的学科,但总教学时间的一半特别划归军事训练。在青年学校创办当月,陆军制定了检查这些学校实施军训的规则。

到 1927 年,在所有学校中都强迫进行军事训练,而自 1925 年起到 1930 年止,军训时间不断增加。

从 1925 年起,在大学中,军事学科成为必修科,但在初期这种必修制并没有严格执行。实际上的军事训练依然是选修制。但因凡经过军事学科和术科训练的大学生,以后在三年的强制兵役期间可以减去两年,于是这就成为保证不缺席的强烈诱因了。

在沈阳事变发生前不久,学校就以满洲是日本的生命线,安定的经济秩序的建设有赖于统治满洲来教导学生。满洲战事发生以后,对军事训练课程尚存的反对,就消失到由军事教育所鼓吹的极端国家主义新精神中了。1931 年以后,军事教官名义上隶属学校当局,实际上它的独立性与支配地位却在与日俱增。

满洲军事行动结束后,军事学科的时间稍有减少。但 1936 年广田内阁上台后,又获得了新进展。训练包括了操练、体育和演习。学校中所使用的课本,讲的是日本军事史,企图在学生中培养对于兵役的热情。

审查和宣传的历史

出版自由在日本一直受到限制。依据当时的法规,实施审查是警保局的工作,该局隶属于内务省。不论以任何形式发表言论,都要由警察依法实施审查。对于发表与政府政策相矛盾的意见的审查特别注意。一切演说和公开发表的原稿,事先都必须经警察核准。凡警察认为不合意的原稿都被禁止发行。不服从警察命令的任何个人或团体，就依 1925 年治安维持法的规定，加以处罚。为了监视极右的破坏分子和极左的革命分子，自 1928 年起还设立了一个治安警察机关。在 1931 年以后，这些"特高警察"，对凡是反对现政府政策和公开发表意见的人，都加以监视。在满洲战争发生前曾特别加强实施审查，同时由报纸来进行政府授意的宣传。从 1930 年起，作家、演讲家、社评记者们一致合作从事支持满洲战争的舆论指导。在 1930 年年底，对反对这个政策的一切人，都采取镇压的措施。1931 年以后，陆军施行了它们自己的非正式检查。任何作家或出版者，只要陆军对他们的作品认为不满意时，就要受陆军代表的直接访问，并告知他们已引起了陆军的不满。这类胁迫与警告，也由各种国家主义团体发出，而这些团体的活动是与满洲的战争相关联的。

在满洲战争以后，政府和陆军发动了一个有组织的运动，欲使日本在大陆的地位合法化，并压制国内的批评。凡有关军事问题的稿件在未经内务省警保局核准前不能付印。1935 年以后，报纸完全在内务省的管治之下了。由于陆军的怂恿，以及预期战争爆发，1936 年由广田内阁设立了情报局。情报局的任务是代各省协调情报的统治和宣传的散布。情报局是实施 1936 年 8 月 11 日国策决定的政府工具，即指导并统一舆论以加强克服"日本非常事态"的国民决心。

1936 年的桥本政策

桥本在设立大日本青年党的同时，在他所有的著述和演说中，充满了支持战争的日本舆论。他用的言辞比五相会议更露骨，倡导向南方扩张，特别是向荷属东印度进发。他认为英国海军是对自己计划的主要障碍，并警告日本必须有大决心。他颂扬日本民族的优秀素质，说日本民族的使命是终止白种人的暴政和压迫。

随后，1936 年桥本发表了具体表现他关于新团体目的的宣言。文件中说：为了征服妨碍实现"皇道"且主义不同的其他国家，日本的军备必须加强到这一目标所绝对需要的程度。又说,重整军备的核心是必须实现无敌的空军。

1937年1月的政治危机

在这时期,广田政府所决定的对外经济和军事扩张计划,遭遇到赞成和反对的各种不同反响,这在军国主义者及其遗留的反对者之间引起了斗争。广田内阁一方面受到了政友会的反对,他们对内阁的官僚主义倾向和对军部的不当迎合进行批评。另一方面,又遭到军阀的反对,他们现在不容许发表与他们不同的任何意见。

1937年1月20日政友会的党大会发表了批判广田内阁外交和行政政策的宣言。他们表示,希望加强议会制度,对政府的所有施政都作慎重的检查。特别是攻击军部,认为军部具有本位主义和优越感。他们宣称:军部想干涉各方面的政府机能,如果容许这种弊害日增起来,就会阻止民意的宣达,使立宪政治徒具虚名,而引起寡头专制。

陆军当局立即响应了这个挑战,陆军声明措辞中的狂妄程度不下于桥本。"皇道"和"八纮一宇"这两个原则就是陆军当局回答的基础。

声明书中责难政党不反省自己的行为,把攻击军事当局作为他们唯一的任务。又说:既然政党的政策把日本国民限制在日本岛上,就不能使日本国民满足。这就意味着使日本不能成为东亚的安定力量,也就是"庶政一新"计划的终止。声明中建议恢复所谓立宪政治的形态,这种形态可以废止现有状态的议会,明征国体,振兴产业,充实国防,安定国民生活,并能逐步解决各种重要问题。

总之,陆军认为在广田内阁中陆军所已获得的一切,当时都处在危险之中。

广田内阁垮台和宇垣组阁失败

两天以后,1937年1月22日,陆军大臣寺内表示,部分阁员的意见与陆军的意见根本不同,因此向广田内阁提出辞职。他相信自就任以来,他所尽力从事的整肃军纪,充实国防,一新庶政,在当时情况下绝对不可能实行。

陆军大臣的辞职谈话,显然暗示着没有任何将官会受任广田内阁的陆军大臣,所以,立即断绝了寻找继任人的念头。1937年1月24日,天皇授命宇垣大将组织新内阁,但他终于被迫辞谢。辞谢之前,宇垣一直试图找到一位陆军大臣,至少为此费去了四天之久,但最终归于失败。

依照多年的惯例,新陆军大臣的人选是由辞职的陆军大臣和参谋总长、教育总监所组成的三长官会议来决定的。1937年1月25日,宇垣向已辞职的陆军大臣寺内大将请求推荐继任者。寺内说:陆军不敢阻止宇垣组阁,但这事有关陆军的维持与统治,请求宇垣重新考虑他本身的立场。第二天,教育总监杉山大将拜访宇垣,在谈了陆军内部的情形以后,又试行劝阻宇垣组阁的企图。当天午后,三长官开会,提出了三名将官的名字,但这些将官都辞谢陆军大臣的任命。因此,三长官确定其他有资格的将官也不会接受这个职位,于是由寺内把这意思通知宇垣。这些都由陆军次官梅津中将通知了退伍军人会。据他解释,因为宇垣大将得不到陆军的信任,他认为任何人做宇垣内阁的大臣都不能承担统治陆军的重任。

两天以后,宇垣依然没有放弃他的希望。1937年1月27日,梅津发表谈话,批评组阁的僵局,希望宇垣平和地辞谢天皇的委任。宇垣别无选择,实际上也是这样做的。于是天皇授命林大将组阁。广田内阁是1937年2月1日辞职的,翌日,林就上台了。

1937年1月20日政友会对于军人在日本政治各方面控制日增的抗议,几乎是日本政党为阻止这种有害趋势所作最后一次严肃的尝试,但毫无用处,反而给军部一个好机会。以事实证明,如果没有军部的志愿合作,原来的内阁既不能继续存在,新内阁也不能建立。并且还证明,军部现在已感到自己足够强大,可以拒绝与日本政府合作,只有符合他们意愿的内阁,才予以合作。

林内阁和第一次近卫内阁组成

博得这次角力胜利之后,陆军稳步进行其产业计划。在林做总理大臣的四个月中,确实值得注意的事情,就是陆军在 1936 年所制订的计划已逐步获得成果。广田本人辞职了,但在宇垣危机期间,支持陆军立场的梅津中将却留任陆军次官。广田内阁中在议会担任大藏省所辖事务的贺屋,现在做了大藏省次官。岛田海军中将,依然做军令部次长。

自由主义派的一部分残余分子,无疑还占据着重要职位。之所以这样说,是因为 1937 年 3 月 17 日,桥本又开始了对政治家的攻击。他说:在日本议会中,有支持维持现状并批评军部干涉政治的自由主义者。他指责这是在国民中散布反军部思想和妨碍政治革新的巧妙策略。他说,从国防的观点,干预政治是军部的义务。

早在 1935 年 7 月总理大臣林已失去了在陆军中的人望。因此他只得辞去陆军大臣之职。因危机而上台的林内阁,经过四个月后就去职了,于是由近卫公爵继任总理大臣。但当时陆军计划的进展,既没有停止,也毫无改变,梅津和岛田依然留任原职。广田再次就任外务大臣。这是他任总理大臣前,在斋藤和冈田两内阁中所曾担任的职务。贺屋任大藏大臣,因此他在经济产业计划和金融统治的繁重职务方面已达到最高的地位。平沼男爵在林和近卫两内阁中仍继续做枢密院议长。

林内阁期间华北新经济政策

林内阁上台三周后,即 1937 年 2 月 20 日,就批准了对华北的新基本政策。这是对 1936 年 8 月 11 日五相会议决定的重申和补充。按新基本政策,日方的主要目标是将华北建立为反苏的缓冲地;并保持作为物资,特别是军需产业物资的供应地。

1937 年 4 月 16 日在林内阁的任内,曾重申日本对华北的政策。这一新计划,不过是把原计划加以强调而已。计划宣称,拟鼓励中日双方私人投资来实现经济上的渗入。根据这一计划,就可确实地利用铁和煤这类的重要矿物资源。就可迅速完成交通设备、电力来源及其他工业设施的建设。但应严加注意的是不要引起外国列强不必要的疑虑。

广田内阁和林内阁时代陆军在满洲经济产业开发上的作用

1937年1月，关东军制订了一个开发"满洲国"经济和工业的五年计划。自沈阳事变发生后，关东军逐步掌握了"满洲国"的公共事业和金融机关的统治权。从1931年到1936年的五年期间，勘察原料，设立新工厂和改良交通的事业，与纯粹的军事设施是同时并进的。1935年设立了日"满"经济共同委员会。同年11月，由于日元集团的确立，达成了两国通货的结合。1936年6月10日，签订了一个新条约，将"满洲国"本地居民的一切权利给予日本国民。并为保护他们而制定了特别的法律，他们不必服从"满洲国"的司法管辖权，并免除了某些课税。

日本移民额迅速增加，当时达到了39万人。其中大多数，在必要时都可以当作士兵使用。为给予新来者优良土地，以名义上的收买价格剥夺了本地居民的土地。1936年依照日本内阁的政策，为了向有优先权的产业提供充裕资金，创设了满洲兴业银行。

所有这些发展，日本军事当局都是通过关东军来实施管制的。根据1936年6月10日条约的规定，一切对日本人有影响的法令，都必须得到关东军司令官的批准，而关东军司令官通过他的部下，完全支配着"满洲国"的内政。

从1936年3月23日到1937年3月1日，板垣中将是关东军参谋长。由于据有这一地位，他同时又是经济共同委员会的委员。他公开发表的政策是在满洲实现日本所需要的政治经济条件，统筹两国的军事计划和准备，并同时促进"满洲国"本身的繁荣。他以关东军司令官植田大将的名义，对"满洲国"内政行使了最高权力。

"满洲国"总务厅长这个位置也是由日本人担任的。他在决定内政政策上处于关键地位。一切官吏的任命，都要通过他的指示，唯一的条件是尚须经过参谋长板垣的批准。星野在当时做了六个月的财政部次长以后,在1936年12月16日任国务院总务厅长。他被看作日本的经济专家,其任务是促进"满洲国"的经济开发。为完成此任务,他与关东军司令官保持着经常的联系。

"满洲国"的五年计划

1936年和1937年陆军计划的直接目的,是巩固和发展沈阳事变的成果。这个五年计划,是企图以具体的互相配合的计划来代替盲目的开发。星野会同"满洲国"财政部和其他部门的代表制订了这个计划。板垣也参加了这项工作,但最后决定权在关东军司令官植田大将。1937年2月17日"满洲国"政府发表公报,宣布随着这个新计划的实施,"满洲国"进入了划时代的建设工作时期。

由于"满洲国"的计划与军部关于日本本身的计划很相似,也可以认为这是关于开发双方产业的经济的整体计划。

1937年5月29日的重要产业五年计划

1937年5月29日在林内阁任内,为达到1936年8月11日基本国策决定中所规定的目标,曾采取第一项重要步骤。该日军部发表了以《重要产业五年计划纲要》为题的文件,这个计划的内容是大致要在1941年前有步骤地促进重要产业,并在该年使日"满"和华北可以构成一个重要资源上自给自足的集团。这样一来,就可以巩固日本在东亚的指导地位。

在这五年期间,选定了十三种产业作为优先产业——兵器、飞机、汽车、工作机械、钢铁、液体燃料、煤、通用机械、铝、镁、电力和铁路车辆。这些产业的选定是根据它们在战时的重要性。在这个广泛计划的组成中,关于兵器和飞机,陆军又制订了个别的计划。对于现存的资本主义生产组织虽未作重大的改变,但欲凭借统治金融与物价,管制次要产业所使用的劳力,管制外汇使用以保证这个计划的进行。在五年计划期满时应对计划实施情况加以检讨。

开发大陆资源的决定

在重要产业五年计划中明白指出,被选定为扩充对象的产业,须分设在日本本土和"满洲国",其目的是把两国视为一体。而且,日本更要巧妙地(原词翻译如此)在华北占据主动位置,并致力于开发其自然资源。

在"满洲国"五年计划中,已指出应如何使用当地资源;应巩固生产兵器、飞机、汽车和铁路车辆的军需工业;应开发基本重要产业,其中包括铁、煤、液体燃料和电力在内;并应努力增产为军需品所需的农作物;并应设置为这个产业开发计划所需的铁路和港湾设施。

这一计划的整个目的是为了开发战时可能需要的满洲资源,奠定开发"满洲国"的坚固基础,使这种开发既供给日本缺乏的物资,又使"满洲国"能自给自足。

关于战争产业和战略原料生产的详细计划

1937年6月4日,近卫接替林做总理大臣时,陆军的计划继续进行而未中断。

1937年6月10日,陆军制订了关于实施重要产业五年计划的试行政策大纲。这个大纲企图在1941年确实达到巩固重要资源自给自足的目标。在所指定的十三种工业中虽然对每种都分别考虑,但有些基本原则是这些个别计划的共同原则。同时采取严格办法,将各种工业置于政府的管制和经常监督之下。为有助于政府管制的执行,设立了特殊法人和核准制度。利用免税、补助,以及对营业损失进行补偿来保证生产。

三个星期以后,即1937年6月23日,陆军省制定了以"军需物资生产五年计划概要"为题的第三个计划。最初两个计划是处理战争产业一般扩充问题,与此相反,第三个计划是在这一大规模扩充计划中关于陆军本身的任务问题。其目的为使军事的扩张和支配能与作战力所需各产业的自给自足的实现互相配合起来。某些产业,例如兵器工业之类,就放在这个计划中的头等地位。其他与陆军目前需要不太相关的产业,例如电力供应之类,则以归入重要产业计划较为适当。此外,例如汽车、飞机和机械工业之类,都均衡地归入于个别计划中。但在这一计划的各个部门间,彼此都有着不可分离的关系。

1936 年决定和 1937 年计划的关系

在 1937 年 5 月和 6 月间陆军所制订的这三个计划中,已将 1936 年 8 月 11 日五相会议决定的基本国策各原则具体化了。其基本目标是建立在亚洲大陆上的巩固地位和通过军事力量来统治东亚。

1937 年 5 月 29 日发表的以获得经济上的自给自足为目标来设计的重要产业计划,其目的是"保证领导东亚实力的飞跃发展"。1937 年 6 月 10 日,陆军所发表的更详细的计划,也是为了同样的目的。自给自足应在 1941 年实现,以便为日本国运的"划时代发展做准备",而日本的国运是应"排除任何困难都要达到的"。处理战争物资的第三个计划又把这些目标反复详述了一番。

在 1941 年,不仅"迅速而划时代地扩充了军需制造工业",并有将"统一归由军政处理"的日本经济活动"作合理发展"的必要。对于从平时体制迅速转换为战时体制,尤须特别予以注意。

在制订和发表这些陆军省的计划时,梅津中将是陆军省次官。梅津任此职是在 1936 年 3 月 23 日,即广田任总理大臣两星期后,也就是在重要的五相会议的三个月之前。当陆军拒绝支持宇垣继广田为首相时,梅津起了重要的作用。直到 1938 年 5 月 30 日为止,他在林和近卫内阁都继续留任陆军次官。

表现陆军攻苏意图的计划

1937 年的陆军计划,不完全是,或不主要是以征服中国为目标。据辩护方面的证人冈田说,这些计划是为对抗苏联的五年计划而制定的,为了使日本的国力较苏联更为优越。他说,日本处于必须采取足以对抗苏联国力和武力之飞跃发展的措施的立场。

但是据冈田说,这计划并不是防御性的。无论是关于重要产业的计划,还是战争物资生产的计划,都以充实"国防力量"为目标,它们都必须与日本军备的完成相适应。自从1933年6月,陆军大臣荒木给"国防"二字下定义后,"国防"就意味着用武力侵略亚洲大陆。在1937年各计划本身中,也明确显示出陆军的意图是为了达到上述结果。

毫无疑问,陆军认为苏联是日本亚洲政策不可避免的敌人。驻莫斯科的陆军武官,在1932年7月就如此说过;而参谋本部的铃木中佐,在1933年4月,又曾加以重申。关东军一贯继续着这类战争的准备。并且曾在国境战斗中,对苏军一试自己的力量。"反共产主义"是日本侵入华北和内蒙的口号。在1936年8月11日的基本国策决定中,五相会议决定了扩军必须达到足以对抗苏联东部边境所能动员的全部兵力的程度。1936年10月的防共协定,就是向这类冲突迈进。

有新的证据表明,在制定以上三个陆军计划的最后一个计划前,陆军企图在1937年6月9日对苏开战。1937年3月1日,继板垣任关东军参谋长的东条中将认为这项目标以延缓为佳,于是对参谋本部申述了这项意见。在考虑了当时的中国形势和对苏作战准备以后,东条确信,如果为日本军力所容许,就必须首先对日本视为关东军腹背威胁的中国政府军队予以一击。一个月以后,当卢沟桥事变爆发时,陆军显然是认为日本的军力已充分可以采取上述行动了。

陆军计划也以西方各国为目标

但陆军的1937年计划,不仅以苏联为目标。日本早就认为侵略东亚时,会招致西方各国的敌视。日本所关心的问题也不以亚洲大陆为限。在1924年和1925年,大川就主张占领印度各岛,预言东方和西方的战争,而且说日本将成为这个战争中的胜利者。1929年7月,他期望由驱逐白种人而"解放"亚洲各民族。大川说,1933年3月日本退出国联是从盎格鲁·撒克逊的优越感中获得了解放。在1933年6月,荒木说:全世界在国联领导下,反对日本国民去完成它的使命。他谈到了大势所趋的非常时期,从此以后,这就成为评论家和讨论者的主题了。

到了 1933 年 9 月，日本舆论对于通过国际协定的任何形式的军备限制，都激烈反对。同年 12 月，斋藤内阁决定，不能容许日本在九国公约中承担的义务，因为它们成为日本实现大陆目标的障碍。在 1934 年和 1935 年，外务大臣广田制造了这样的先例，一方面逐步侵害西方各国在"满洲国"的既得权益；另一方面用种种使人安心的言辞来缓和西方各国的愤懑。

以下是 1936 年 8 月 11 日五相会议所通过的方针：日本在大陆排除西方列强的军事统治，用渐进的和平手段向南方发展，同时努力保持与列强的友好关系。

然而，温和回答的政策充其量只能延缓与西方各国关系公开破裂。五相会议决定了海军军备必须加强到足以保持西太平洋制海权而与美国抗衡的程度。在同一期间，桥本公开主张向南方，尤其是向荷属东印度方面进行扩张。他认为英国海军是这个计划的主要障碍，要求以建立无敌空军为中心来扩充军备。

这个目标，在 1937 年 6 月 23 日的战争物资计划中为陆军所接受。这项计划决定大量增加陆海军的飞机数量，并规定以 1942 年为达到所需战力的第一年。

一星期以后，即 1937 年 7 月 1 日，桥本发表了另一篇论文，他警告日本国民：各国都在拼命扩充空军。他再度力陈无敌空军之需要，不仅可能用于对抗苏联，并且可能成为日本军备的支柱。

1937 年 5 月和 6 月的陆军各项计划与 1936 年的国策决定颇为类似。这个计划的主旨是必须排除万难达到海外发展的目标。虽然不打算在时机尚未成熟时刺激西方各国而引起战争，但也明确承认这些国家是上述困难之一。万一这些困难只能靠战争解决，所以必须做好准备。陆军在其五年计划中，对此作出了适时的规定。

在此期间，海军既不受条约的限制，也不受参加陆军计划的妨碍，一心从事于太平洋战争的准备。

1937年海军及在托管岛屿的准备

1937年,日本的海军力量和造舰数字等在各方面都显示出急剧增加。当时有三艘重巡洋舰和一艘航空母舰开始服役——这是1932年后建造的首批巡洋舰和1933年后建造的首艘航空母舰。这一年,海军兵力增加了25%以上,并开始建造空前巨大的和具有空前火力的新主力舰。数年以来变动较少的重巡洋舰总排水量也增加了25 000吨。驱逐舰的威力也大为增加。此外,增加最显著的是伦敦海军会议中为日本代表称为特强攻击性武器种类的舰型。

在这整个期间,岛田中将是海军军令部次长。他在伦敦海军会议开会前数日,即1935年12月2日,于冈田内阁就职。到1937年11月30日止,经过广田、林、近卫各届内阁,在三个海军大臣之下,他都继续担任此职。在此时期,日本退出了裁减海军军备的国际协定,计划创建一个足以匹敌美国太平洋舰队的海军,并开始实施一个快速的大规模造舰计划。

在这时期中,日本的南洋托管岛屿交由海军管辖,并秘密违反条约义务,开始将这些岛屿要塞化并设置为海军基地。在马里亚纳群岛的塞班岛上,海军航空基地的建设,早在1935年就开始了。1937年运去并储藏了10英寸口径大炮,在海军监督下,开始建筑地下燃料库的工事。在1937年或更早以前,这些工事已经扩展到加罗林群岛,因为那年已在巴劳群岛的柏利留岛建筑飞机跑道;而在1 000英里以东的特鲁克环礁各岛上,正在构筑军事设施。

拒绝同意海军舰炮口径的国际限制

1936年1月15日日本退出伦敦海军会议后,西方各国仍然希望能减轻因海军军备再竞争所引起的弊害。

美、英、法、意在1936年3月25日缔结了新条约,更换或修改即将期满的两个条约中的某些规定。根据新条约的规定,主力舰舰炮口径的限制,由16英寸减少为14英寸。但附以一项条件,即须在1937年

4月1日前，与非缔约国对这点达成一般性协议时才能生效。虽然日本有能力使这项规定生效，但这项要求经英国提出后仍然遭到了林内阁外务大臣的明确拒绝。

1937年6月4日，在第一次近卫内阁成立当天，美国曾表示希望实施这项限制的恳切愿望并直接请求日本接受其必要的约束。还说明了当时在建的美国主力舰是安装14英寸还是16英寸炮，将视日本的答复决定。两星期后，在1937年6月18日，外务大臣广田向格鲁大使传达了日本的拒绝，重申日本坚持日本代表在伦敦所表明的见解。

这样一来，关于日本陆军在制订大规模军事准备计划的数月中，曾着手进行战争准备的意图，又获得了新的证明。这些准备主要是以西方各国为目标的。

佐藤谈陆军1937年度计划的目的

在前面所考虑过的证据显然已证明了1937年日本战争准备和日本陆军计划的目的。1942年3月11日，当时的陆军省军务局长佐藤少将在陆军纪念日的纪念演说，就是明显的确证。这一显著的确证由对此演说极其详尽的新闻报道所提供。虽然辩方说，这只是一种战时宣传，但对报道的正确性并无异议。

佐藤说："1936年陆军所制订的国防计划，是因为陆军强烈感觉到有必要大大扩充军备和生产力，以巩固和发展沈阳事变的成果。欧洲列强扩充军备与重整武装将于1941年或1942年完成，所以我们预料那时国际危机将会到来，无论如何1942年以前一定要大大扩充军备和生产力。故决定以1937年至1942年的六年军备计划，以1937年至1941年的五年生产力扩充计划，来实行大扩充。"

这个演说还会数次提及，因为佐藤在演说中曾重加检讨对陆军的最后目的之一贯想法以及怎样才能获得成功。但是，首先必须研究一下为下述目的所设立的新机构，即为调整和指导在预定时期中扩充经济与产业的日本政府的政策和计划。

1937 年计划对日本产业计划的影响

陆军在其 1937 年的五年计划中，将一切考虑从属于完成"国防力"的目标。战争产业必须获得迅速的扩充。这种扩充，在计划与指导上最应注意的是如何使平时体制顺利转变为战时体制。为了这些目的，就有必要将产业管制统一于军部监督之下，但陆军也认识到了，这种体制如不获产业界人士的合作是不能产生效果的。

因此，在其 1937 年 6 月 23 日的军需物资计划中，陆军的目标是将建立能适应政府和陆军管制的新产业结构与维持对企业家和雇佣人双方均有利的条件相结合。不延长劳动时间而用新机械和新技术来代替落后的生产方法。对于企业家在资本或经营上可能遭到的损失，予以适当的注意。既然采取了这类预防策略，那么只要加强管制，就不难达到军部方面扩充战争产业与迅速将平时体制转换为战时体制的目的。

为加强产业管制所计划的具体办法，都是以组成更大的产业单位为主旨。即指导产业的合并与企业的联合，并逐渐设立对其实行一般性管制的特别机关。将相互依存的生产者群体组成有机的生产集团。从军事的角度将小生产者组织成为联盟，使其全部的生产能力能为战时的各项目的服务。

1937 年度的计划，并不是要将过去的产业政策整个加以改变，因为很早以前就迈出第一步了。早在 1929 年就设置了商工省产业合理化特别委员会。第二年，又设立了一个局，专管采取简化生产过程和杜绝浪费现象的一般措施。1931 年所通过的重要产业管制法，就是走向计划与管制经济的第一步。它的效果是加强了大工业者的力量，迫使中小经营者为自保不得不团结起来。对于中小经营者结成行业协会或联盟的倾向，曾在 1931 年，后来又在 1932 年，利用法律加以鼓励。

1936 年，采取了更彻底的措施。重要产业管制法的修正，促使大资本的产业组成了同业联盟。通过使生产者和制造者间所订的协定合法化，鼓励组成垄断组织。与此同时，借着对行业协会增加贷款，小生产者之间也开始了类似的发展。

尽管如此,1937年计划仍是一个里程碑。这是第一次从事综合和长期规模的计划,也是第一次把计划的目的直接结合并从属于军事的要求。

内阁企划厅

在林任总理大臣的时候,即在制订陆军五年计划之前不久的1937年5月14日,设立了内阁企划厅,以代替过去审议国策事项的内阁调查局。企划厅与其前身相同,是内阁本身下属的一个局,它的首要任务是促进有关国策事项的决定。它的职员有150人,包含技术专家在内。内阁的高级职员,被任命为该厅的成员。根据设立企划厅的敕令,企划厅属总理大臣管辖并对重要国策及其运用陈述意见和作适当的建议,它的日常功能是向总理大臣进言,以便调整各省之间的关系,避免发生摩擦冲突。

敕令中所列举的企划厅的其他任务,表明其在经济和产业扩张期的主要作用。企划厅应审查各省大臣向内阁所提出的种种政策,并对之提出适当的意见。

对于政府各省所提出的计划,从互相调整配合的角度来判定它们的相对重要性。企划厅关于这类事项的决定并不公布,而以建议的形式向总理大臣提出。关于预算案,企划厅也可以提出意见。

1940年7月,被告星野做了企划厅总裁,他对企划厅的工作情形曾加以说明。企划厅与政府其他各省合作,在各省提交的下年度所要求的概算基础上制订计划。企划厅的主要任务是计划日本本土的经济,但因此就必然要了解在日本支配下大陆各地,尤其是"满洲国"的产业开发情况。因此,利用与在"满洲国"负责的日本官吏间的协议,企划厅的计划方案包含了"满洲国"的计划。总之企划厅的任务,是尽可能使各省完全可以满足其需要。

1937年6月10日,在第一次近卫内阁就任两三日后,外务大臣广田兼任了企划厅的总裁。

我们现在休庭 15 分钟。

（14：45 休庭）

（15：00 重新开庭）

法庭执行官：远东国际军事法庭继续开庭。

庭长：

中日战争对五年计划的影响

在林内阁执政期间，陆军五年计划还没有完成的时候，已采取重要步骤来实行产业扩张的新政策。1937 年 3 月，开始了增加国内精炼钢生产的五年计划。

1937 年 4 月，实施了第四期的日本船舶拆卸和建造补充计划。自 1932 年以来，靠着补助金制度，日本建造了约 48 艘快速货船。因此，日本的船龄在五年以内的船舶吨数，在世界上的比例是最高的。对于吨数和速度达到指定最低限额标准的客船货船的建造，在新计划中规定给予补助金。而补助金的比例，有时候竟达建造费的一半。

1937 年 5 月 1 日，陆军对满洲的各项计划都经过立法手续而法制化了。同日，"满洲国"制定了一项法律，国家对于任何被视为在备战上至关重要的产业，均有权加以完全管制。

但有关日本本身的计划，却没有发展到这种地步。1937 年 7 月 7 日，卢沟桥事变爆发时曾暂行延缓了关于五年计划的探讨。之后数月间，日本政府的注意力就集中于对华战争所直接必要的各种事项上了。

勾勒出重要产业计划的陆军最初计划，曾提请近卫内阁批准。至于陆军为实行此计划所订的详细计划大纲，则在 1937 年 7 月 13 日，即战争爆发后的第六天，交给了企划厅总裁广田。关于军需品、飞机及其他战争物资生产的三个计划，是在战争开始前两周才制订出来的。

这个第三计划因不适合陆军的需要，曾暂被放弃。重要产业计划则加以调整以保障生产出最大的军需品供应量。在国家非常时期的刺激下，从 1937 年 7 月至 1938 年 12 月间，产业扩张的逐步发展比预定计划迅速。

但是，在这时期中，企划厅最初虽不能不首先处理当前的问题，可是绝没有忘记为战争而作大规模计划的原来目的。1938年初恢复了动员计划，但仅作为年度措施当年施行。1938年2月通过了国家总动员法，这使日本政府对于备战问题，在未将议案提请议会通过前，就可以采取广泛的措施。1938年6月，政府方面曾对日本财政上的困难是否会影响五年计划的成功表示忧虑。

1939年1月，企划厅制订了一个新的综合计划。这计划根据过去18个月中所得的战争经验，为未来数年设定了新的目标。这个由平沼内阁所批准的计划，根本就是陆军省1937年计划中所提出的最初计划。

卢沟桥事变是陆军煽动的

陆军一直密谋将华北归于日本统治，卢沟桥事变便是高潮。在1935年5月木户日记中写道：关东军内的部分人决心由军部主导处理华北问题，正像对"满洲国"的情形一样。同年12月，关东军将所拟的预备在进入中国本部时的宣传计划送交陆军省。翌月，冈田内阁的外务大臣广田决定了外交与军事合作的方针。在这一阶段所爆发的对华战争，正像导致占领满洲的沈阳事变一样，是在陆军本身的倡议下，计划、煽动和实行的。

在战争爆发前一月中，关于战争或和平的问题，东条中将曾直接向陆军参谋本部进言。他以关东军参谋长的地位，相信进攻中国政府军队的时机业已成熟，并且相信在对苏开战前，必须先采取这项军事行动。至于日本的兵力是否容许采取这项步骤，则是参谋本部所应决定的更大的战略问题。

这项决定是重大决定。因为陆军省当时所制订的长期的经济与军事计划中，完全没有考虑到立即卷入对华纷争问题。这一复杂情势的全部因素，在15个月前就任陆军次官的梅津中将是一定知道的。从容许将最初的战斗扩大为全面进攻的做法看,表明参谋本部曾决定对华作战。

1937年7月7日晚,卢沟桥的日本驻屯军举行了一个特殊的演习,并称有一名日兵失踪,要求进宛平城进行搜索。当日方的抗议还在谈判中的时候,战斗已经开始。1937年7月8日午后,日方发出最后通牒,要求该城投降。在以后的战斗中,日军有大量伤亡,1937年7月10日,根据日本司令官的提案,协议停战。

这样一来,可以认为这件事已告终结。但日方的意向并非如此。在第一次冲突发生后24小时内,关东军的大部队开始向冲突地方集中;增援部队到达华北后,提出了中国军队撤退的新要求。1937年7月13日,参谋本部决定,如果中国军队调至华北,将采取断然措施以应付这种事态。因为中国拒绝日方的新要求,翌日又在卢沟桥开始了战斗。

第一次近卫内阁采用陆军的对华战争方针

进攻的时间和地点虽然是由陆军选择的,但对华战争是日本国策的必然结果。1936年2月,当林任内阁总理大臣时,已决定把华北建立为一个反苏的缓冲地区,并将其包括在日"满"经济集团内。所以,在卢沟桥事件后数月中,政府和陆军协力合作,以期达到1936年8月11日五相会议通过的所谓"巩固在大陆的地位"及"成为东亚安定势力"的目的。

当接获第一次战报的时候,内阁虽决定了寻求就地解决的办法,但并未取消向该地区继续增兵的命令。两天以后的1936年7月11日,以广田和贺屋为阁员的内阁,曾对发生事态再度进行研讨。后来发表正式声明:虽然日本政府渴望维持华北的"和平"与"秩序",但仍决定派兵赴该地并为此采取一切的必要措施。日本国内动员固然中止,但准许关东军继续进击。同时还采取了派新外交官和领事至华北的措施。这些人,都归外务大臣广田管辖。战事再起后,中国虽重新提议对纷争进行谈判并有美国愿出面斡旋,但都被拒绝。直接交涉固然在继续进行中，但自 1937 年 7 月 17 日以后，日本国内即不断进行陆军动员的准备，并且得到政府的明确承认。

在 1937 年 7 月 26 日，日本的新的"最后通牒"导致在北京的战斗。第二天，总理大臣近卫在议会声明：他的内阁决心建立亚洲"新秩序"。他像占领满洲前政府发言人一样断言，日本对中国没有领土的野心。他与提倡"大东亚共荣圈"的人所说相同，声称日本所求只是"合作"与"互助"——以便中国对东亚的文化与繁荣有所贡献。并且，他更意味深长地说，对华问题仅作局部解决是不够的。他断言，日本必须进一步获得中日关系的根本解决方案。

因此，显然是内阁与参谋本部已达成共识：日本已决心征服中国。

备战与征服中国之间的关系

特别值得注意的是这项决定不仅将基本国策向前推进一步，并且还补充了 1936 年决定中没有的东西。以广田为首的五相会议，决定了日本应排除万难向亚洲大陆扩张。但他们也认识到，在扩张过程中必然会与西方各国为敌，而对苏战争也几乎是难以避免的。他们承认为使日本能应付因其扩张主义的计划所引起的后果，非实行数年的国家规模的战争动员不可。但是在这个准备计划的哪一个阶段最适合对中国领土进行新的大规模进攻，却并未决定。

东条以为征服中国不过是即将到来的同苏联较量所附带的小事而已。而从以后所发生的事件看来，日本内阁同样低估了中国的抵抗力量。在 1937 年 9 月，外务大臣广田仍在口口声声说给中国政府军队快速的惩罚性打击。此外，整个华北均包括在战备经济和发展产业的计划之中。因此，它是实现国家总动员本身所需要的。

近卫内阁所作决定中的要点是上面所列举的利益比过早促成国际敌对行为的危险更为重要。从在华战事中所发生的情况来看，可以显出日本把征服中国看作更大战斗准备计划中的附带工作。

中国战争与"皇道"及"八纮一宇"原则的关系

这是后来日本许多著名政论家采用的观点,他们认为日本在亚洲大陆取得的进展和之前谋划的"新秩序"和"皇道"及"八纮一宇"的"原则"联系在一起。

1940 年 12 月白鸟在新出版的书中写道:"八纮一宇"这个古代成语已被采纳为全国口号,代表这场运动,其终极目标是在东亚建立一个"新秩序"。在满洲和中国的冲突代表着"皇道"精神,与民主精神相抗衡。他补充道:可以认为德国和西方列强之间的战争在本质上源于同样的冲突。

松冈洋右在 1941 年时任外务大臣,对日本的发展表达了相似的观点。他和近卫及其他政客一样,否认日本渴望获取新的领土或剥削其他国家。他说沈阳事变弘扬了国家精神,在某种程度上,它是由于美国和欧洲列强对日本和平发展的打压而引起的。

他告诉读者,日本外交必须在向全世界宣传"八纮一宇"的伟大精神上起重要作用。在执行国家政策上,日本需要记住她是神造之国,必须秉承神的旨意。这是发动卢沟桥事变的理由,而非物质上的匮乏。

桥本在 1940 年 12 月出版了一本新书,他的言辞更为直白。他说卢沟桥事变可以被称为为了建立"世界新秩序"的首战;该秩序的建立容不得对大英帝国和美国做任何妥协。他将对华战争描述为"国家政体的宏大展现"。

在 1940 年 12 月,他还再次重申在 1936 年 8 月说过的观点,即全国的兵力都应团结在"皇道"精神之下,"皇道"精神将使"八纮一宇"或者称霸世界的目标成为可能。他说,欧洲战争的危机将转化为千载难逢的机会,使日本引领"世界新秩序"。

卢沟桥事变后广田的外交政策

在 1937 年下半年,对华战争的规模逐渐扩大,战斗也日益激烈。于是日本发表了许多关于外交政策的声明,这些声明都是根据关东军的计划,侵入中国时,为使全世界相信日本行动的合法性而应立即开展的宣传。

外务次官堀内,在1937年9月1日的广播演说中说:日本没有获得中国领土的意图,只希望实现能使两国间真正合作的条件。

四天以后,即1937年9月5日,外务大臣广田在议会中谈外交政策时,又阐述了同样的意思。他说:日本政府的基本国策是为了日本、中国和满洲的"共存共荣"而安定三国间的关系。因为中国无视日本的真意而动员大军,所以日本不得不采取军事行动以相对抗。为了"自卫",为了"正义",日本决心对中国予以决定性的打击,使中国反省其错误,并使中国军队丧失其斗志。

但是,一个月后,即1937年10月6日,国联决议指出,引发此次冲突的事件与日本对华军事行动完全不成比例,既不能根据现存条约,也不能根据自卫权使其合法化。

在这期间,广田仍继续执行国策决定中所规定的原则。这些所谓的原则,就是日本一方面试图与西方各国维持友好关系;另一方面又不容许对它的侵略亚洲大陆计划有任何的妨碍。1937年7月29日,即在近卫阐明他的内阁的对华政策两天后,广田对预算委员会说,关于中国的纠纷,他不希望第三国加以干涉。他向这个委员会保证,如果第三国有这类建议,政府将毫不犹豫地拒绝。

1937年8月10日,格鲁大使向广田传达了美国新的斡旋建议。这时广田才对1937年7月16日赫尔国务卿的最初声明加以答复。他在1937年8月13日传达给赫尔的复文中说:日本内阁关于赫尔所说的维持世界和平的原则虽表赞同,但相信这些原则,在远东只有对此地区的特殊情形予以考虑后才能获得成功。

对于参加调查中国情势的国联咨询委员会的工作邀请,广田在1937年9月25日,也用同样的话作答。广田说:日本内阁相信,只有由中日两国本身才能对其悬案作公正和实际的解决。

1937年10月6日国际联盟大会的决议,显示了日本在华行动所引起的国际愤懑的程度。那时的决议案是:国联会员国不采取任何足以削弱中国地位的行动,并各自考虑可能采取相应措施以加强对中国的积极援助。

并且还同意根据1922年九国公约的规定,为讨论在中国所发生的严重情况而召开该条约缔约国会议。美国对于这些判定和决议曾表示完全同意。

布鲁塞尔会议以及日方备战方式对条约义务的违反

1937年10月,以广田、贺屋、木户为阁员的内阁,拒绝参加在布鲁塞尔所举行的九国会议的邀请。内阁在传达这个决定时,曾主张日本在中国的行动是防御性的,并对国联大会非友好的判定和决议,表示极大的遗憾。依照这个内阁的见解,关于纠纷的解决,只有其他国家认识了中国有与日本合作的必要,并因充分理解了这种必要时,其他国家才能对远东的安定作有效的贡献。

关于日本的在华行动,无论日本怎样辩解,它既然拒绝对事态作坦率的讨论,就是违反了作为九国公约缔约国的义务。但这和日本过去的声明是完全一致的。因为长期以来,日本一般备战计划中的某些方式就违反和否认了条约的义务。

1933年日本退出国联,正是由于这类不幸的判断所促成的——那时是为了沈阳事变。当日本将退出国联的意向通知国际联盟时,曾责备国联未能把握远东的现实情况,从而损害了东亚的安定;日本发言人说,日本再不能与这种组织合作,因为这种组织内的大多数会员国"把不能适用的公式看得比保持和平的现实工作更重要"。

同年,斋藤内阁的海军大臣被邀请说明日本对于限制海军军备条约的态度。他在说明中强调日本对现有比例的不满,并且说:如果国际形势发生了变化,"为什么某一国家应永久满足于其所签订过的条约,这是毫无道理的。正是为了人类的福利,我们才签订了伦敦海军条约,但这并不是无条件的签署。就华盛顿条约来说,这是 12 年前签订的。据我们看来,由于国际形势与那时完全不同,早已不适合保障日本帝国的安全了"。

当 1934 年在伦敦举行海军裁军会议预备会谈的时候,冈田内阁曾发表了一个指导国内舆论的声明。其中说:"公正的主张在国际会议中并不一定常常会被承认,这在因满洲问题而退出国联的过程中日本已经历过了。"又说:纵然协定不能达成,日本也无所畏惧。翌年,即 1935 年,由于拒绝日方的"正当主张",使日本放弃用国际条约限制军备的方式。1937 年,即条约期满的头年,日本海军的战争准备计划就明确成形了。

1934 年 12 月中,约翰·西门爵士向裁军预备会议的日本代表松平指出,作为九国公约缔约国的英国,对中国具有权利和义务,询问日本今后对于中国的独立采取什么政策。可是这问题没有得到满意或明确的答复。不过在 1936 年的国策决定和 1937 年的陆军五年计划中阐明了日本的立场。日本要在大陆上获得巩固的地位,并要"巧妙地"开发华北的资源。而对华战争就是这一政策的结果。

卢沟桥事变后在"满洲国"的产业计划

在 1937 年的下半年,日本的国策和计划的许多方面,都表现在有关"满洲国"的措施中。曾采取措施以促进"满洲国"资源的开发和重工业的建设。这些措施,都是根据陆军五年计划的内容,还包括创建更大的企业单位以便适合政府进行统治。

这项政策进一步违反了西方各国在九国公约规定中的权利。日本虽然完全支配了"满洲国"的产业发展,但仍然伪装成两个完全独立的国家,并相互保持着某种程度的敬意。借着这种策略,日本对于西方各国所谓不履行条约责任的抗议,才能加以拒绝。

1937 年 8 月 3 日,两国政府缔结了设立两国合办股份公司的协定,目的是促进日本人移民"满洲国"和开发满洲本土。

1937年10月22日，即在外务大臣解除企划厅兼职前三天，内阁曾开会考虑对"满洲国"新产业的措施。参加的阁员中，有大藏大臣贺屋和文部大臣木户。内阁对以下各点表示一致同意：由于国内外的形势，日本特别要求重工业迅速发展；为了在"满洲国"能获得这种结果，就需要有产业统治的新措施，因而决定由两国政府协力促进新的国策公司以建设和发展"满洲国"的重工业。对于使用代用品作原料，应特别予以注意。由"满洲国"支付所需资本的半数，其余则由个人投资。这种新企业的经营，应该委托给最适合的日本国民，日本国内不能把这种新企业的产品当作外国货看待。

1937年7月1日，在"满洲国"历任财政部次长和国务院总务厅长的星野，出任国务院总务长官。作为"满洲国"的总务长官，一切产业都在他的统治之下，作为日"满"经济共同委员会的"满洲国"方面的委员，他的一票使日本操纵一切决议。星野运用这种大权，使日本人管理一切产业，而将满洲人民排除于企业之外。

1937年12月1日，根据上月所缔结的协定，日本放弃了在"满洲国"的治外法权。这项措施在1936年6月10日的日"满"条约中已有所准备，其目的是想利用这种办法以便主张将在满洲的一切外国公司置于日本所支配的"满洲国"政府管辖之下。美国立即就此行为向日本提出抗议，认为该行为侵犯了根据九国公约中"门户开放"规定所取得的权利。

卢沟桥事变后战争产业的扩大

1937年10月25日企划厅进行改组，广田被解除了总裁的职务，以便他能有时间专心处理外交问题。但是在沈阳事变前后，已经采取种种措施以促进日本国内各种战争产业的扩张，使日本经济符合战时的需要。促成这些措施的施行并决定其相对优先程度的无疑是对华战争，但是这些措施却具有陆军计划的长期性。

保证石油的供给是至关重要的需要，因为日本本身只能供给平时一般需要量的十分之一。通过稳步增加石油和石油制品的储藏量,已可以在偶发事件如在中国进行短期战争时大量提供用油。但陆军在1937年计划中已决定在政府补助下发展人造石油工业以求自给自足。于是设立了新的国策公司,以促进石油的生产。

1937年8月,即在华战事再起后的第二个月,通过了实行这些长期计划的法案。决定用煤作原料来增进人造石油的生产。为发展这些产业及对其供给资金,于是设立了在政府指导管制下的新的国策诸公司,并规定了特许、免税、政府补助金的制度。

日本国内铁的供给量也很贫弱,所以钢铁业不够充实。从1933年起该产业就置于政府的管制之下,在1937年前的10年中,国内生产额已增加3倍。在1937年3月林内阁任内,制订了以增加生产额为目标的新计划。1937年8月12日,通过了实行陆军钢铁业计划的新法案,企图在5年内将国内生产额增加2倍。为了鼓励生产钢铁和其他战略物资,支付了巨额的补助金。对于制造为日益扩大的造船业所需的零件的企业家,更给予特别的鼓励。

陆军在1937年6月10日的详细计划中,更规定了政府应努力使一切铁道、港湾、道路的设备更臻完备。1937年10月1日,通过了设立一家资本雄厚的新国策公司法案,以便发展和管制日本国内的全部运输设施。

但是,即使在中日战争的这个阶段中,长期产业准备中所采取的措施也只限于对作战最为重要的特定产业和设施。在日本国内也正如在"满洲国"一样,实行了陆军的计划,将重工业组成更大的单位以便政府更易于实行管制。1937年8月通过的重要产业统治法中,鼓励各产业结成新联合即所谓卡特尔,并给这种卡特尔广泛的自治权。

管制经济的确立

陆军在它的1937年6月10日的详细计划中,已经对这些举措加以规划,并且预见到这些举措必须与计划和管制经济一起实现,后者要求采取影响更深远的贸易和金融措施。计划详细规定了为达到这一目的所必需的各种措施。并且归结成下面几句话:"本计划的成功或失败,毫无疑问完全系于帝国政府一贯不变的国策指导。政府为增强国力起见,对于各种产业,应予以一切支持,特别是政府的财政援助方法尤为重要。"战争产业需要政府补助的估计额,在 1937 年的余下数月中为 5 700 万日元,在 1941 年则达 3.38 亿日元。于是,关于经济上产业上的战争准备的责任,大部分就落在大藏大臣贺屋的头上。

1937 年 8 月是制定产业法案最多的一月,通过特别法案刺激黄金生产以作为获得外汇的手段;政府还取得了管制国内全部黄金储备分配的权力。

在同一月中,采取了输入许可制的最初措施。第二个月,为了平衡贸易差额,通过了更广泛的措施。1937 年 9 月通过的这项法案虽然是临时性的法律,但从未被废止。依据这一法律,政府对进口品及其选择、分配和利用拥有完全的管制权。企划厅在行使这些权力时,是通过在政府支配下的各重要产业的进出口协会来实行的。

这种限制性的立法,并非全新的东西,因为日本的出口一向就不够偿付其进口,日本在经济生活和工业国的地位上,是依存于进口的国家。由于日本工业化计划的逐步推进,以及沈阳事变后外国事实上已停止对日信用贷款,于是逐渐采取了统制贸易与金融的措施。关于管制外汇的各种法律,是在 1932 年和 1933 年通过的。1933 年 3 月通过的外汇管制法,把管制和疏导一切外汇交易之权都归给内阁了。

但是,这些权力直到 1937 年 1 月才完全行使。从那时起,凡每月超过 3 万日元以上的外汇交易,都必须得到政府的核准。到了 1937 年 12 月,因为情况极端恶化,免除核准的金额降低为 100 日元。

根据 1937 年 9 月 10 日的临时资金调整法,对日本金融的整个权限,都集中于日本银行,并且必须服从大藏大臣贺屋的自由裁量。

卢沟桥事变后陆军的对苏准备

虽然 1937 年实施的严格金融管制部分地是由于当年为鼓励战争产业的发展支出了巨额的补助金所导致的，但这与陆海军预算对国库的要求比较起来却为数有限。通常两省的预算是由一般账号和特别账号构成的。但 1937 年设立了第三账号以满足中日战争的直接开支。这种"战争开支账号"，最初虽然是为了应付在华紧急事态所产生的临时措施，但之后一直未能取消。仅就陆军的总开支而言，1936 年为 5 亿多日元。而 1937 年增加到了 27.5 亿日元左右。

有这样庞大的经费，才使日本的军事力量有大量增加的可能。国际联盟顾问委员会在 1937 年 10 月 6 日的报告书中，就认为日本不仅并未停止它的激烈行动，反而日益增加兵力，并不断使用威力愈大的武器。陆军常备军力，由 1937 年 1 月 1 日的 45 万人增加为 1938 年 1 月 1 日的 95 万人。

在华北根据陆军中将东条的意见发动敌对行为的陆军，仍然认为这类敌对行为是即将来临的对苏战斗的序幕。当在华激战之时，关东军参谋长东条制订了进攻苏联的其他计划。这些计划在 1937 年 12 月送达陆军次官梅津中将。翌月，东条向梅津建议制定增强关东军兵力的办法，并获批准。1938 年 1 月 24 日，当时的关东军司令官植田大将曾向陆军大臣杉山进宫说：华北应对"即将到来的对苏战争"的准备作出贡献。

中日战争使日本通过陆军全国总动员计划

比 1937 年的纯军事准备更重要的是，陆军为战争而动员日本国民全部力量的庞大计划实现的程度。陆军虽然承担了在华再启战端的新任务，但并未充分认识其重要性。因此，它妨碍了陆军为日本国民所制订的长期计划顺利进行。但在另一方面，在战争的最初六个月中，政府和国民接受了陆军的主要计划，这在平时是绝难轻易实现的。

于是，"满洲国"和日本都采取了保障计划与严加管制的战备经济的基本措施。海军也不断扩充军备，以便在包罗一切目标的陆军计划中起积极作用。

1937年8月陆军攻击上海时，内阁命令由30艘左右军舰所组成的舰队至当地去援助陆军。之后在同月中，为了阻止补给物资落入中国军队之手，海军宣布封锁中国海岸。

为了将中国领土并入"共荣圈"内，1937年12月，日本采取了新措施。这个月日本在北平设立了一个新的临时"中国政府"，这是它曾公布的目标之一，目的是开发其统治地区的产业。并在日军统治下设立了一个以支持新政权为目的的宣传机构。关东军期望这个占领区，对关东军的对苏战争准备能有所贡献。

佐藤关于卢沟桥事变后国家战争准备的演说

佐藤少将在1942年3月任陆军军务局课长时，有机会对上述事态的发展进行广泛调查。前面提到的演说是其他证据证实的结论，更由他本人予以确证。

佐藤指出，促使中日战争再起的卢沟桥事变，发生在扩张生产力五年计划的第一年。他说："我们最担心的是这个事变是否会搞垮扩充军备计划和产业五年计划。所以当时我们认为决不可让卢沟桥事变结局成为对日本的消耗战。因此，预算中大体40%用于中日战争，60%用于扩充军备，就钢铁及其他重要物资而言，分配给陆军中的两成用于中日战争，80%用于扩充军备。结果，航空、机械化部队等获得了大扩充，整个陆军的作战力量较中日战争前增加了3倍以上。我相信海军在中日战争中消耗极少，一直在扩充着它的作战力量。当然，军需工业的生产力，大致增加了七八倍左右。"

对此问题佐藤谈话具有某种程度的权威性。因为从1937年6月24日到1938年的7月29日，他最初是企划厅的调查官，后来是企划厅的事务官。在此期间，他又是"中国事变"总动员业务委员会的特别委员和陆军省军务局的课员。1938年12月，他被解除了中央部会的职务。而在1941年3月,他又任日本议会中陆军省所管事务的政府委员、兴亚院联络委员会干事、对满事务局事务官之类的要职。在发表上述演说时,也就是在他仍任这些职务的期间。

内阁参议,大本营和军费开支账目

在上述时期中,日本曾采取措施来增加陆军对内阁的影响及实施陆军的长期计划。1937年10月15日,设立了临时性质的内阁参议,以便使社会名流对于卢沟桥事变所引发的事件向内阁进言。这12名参议享受国务大臣的待遇,并代表着战时国家动员的三个主要方面。于是实业家与军人和政治家就一同参加了内阁的讨论,并一同向内阁提出意见。松冈和荒木大将在设立参议制度那天被任命为内阁参议。

当日本深陷对华战争时,近卫内阁的阁员开始讨论设置帝国大本营问题。这一机构只在战时或有重大事变时才需设立,所以当时对既未宣战又不承认它是战争的对华战争是否设立大本营一事,多少有些争论。1937年11月3日,陆军大臣杉山和文部大臣木户曾讨论如何收拾当时局势的问题。1937年11月19日,内阁曾对这问题进行审议,而广田、贺屋、木户都是该内阁的阁员。第二天就设立了帝国大本营。

大本营是由陆军省、海军省、参谋本部及军令部共同组成的机关。陆军省在参谋本部,海军省在军令部各自会商,但每周有一二次在皇宫开联合会议。联合会议负责作战和战略的问题。关于行政上的政策问题,则属内阁在参议的协助下决定的事项;至于作战指导,则由帝国大本营负责。

必须保守机密,即便内阁也不能参与。帝国大本营只对天皇负责,它的部员以大本营一员的资格,不直属陆海军大臣管辖,而直属参谋总长或军令部部长管辖。

在此后数年所发生的各种事件中,几乎找不出大本营起重要作用的证据。大本营是个联络合作很差的机构,总之,其组成部分的陆海军两省各自为政。但是由于设立了大本营,军部不经现任内阁的承认甚至不让内阁知道就有权去决定重要的军事事项。

更加重要的是通过设立战争开支账户,陆军获得了对日本财政的权力。从该账户支出,只需得到陆军大臣、海军大臣或大藏大臣的许可。这类支出在之后数年中,不仅须获得贺屋及其继任者的许可,还须获得陆军大臣板垣、畑、东条及海军大臣岛田的许可。

卢沟桥事变后管制宣传和实施审查

如五相会议在1936年8月11日国策决定中所承认的一样,这些计划最后有赖于国民对实现日本"天命"所具的决心。当时他们就决定了,国内政策必须有助于对外扩张的国策,所以须采取措施以"指导统一国内舆论和巩固国民克服非常时局的决心"。在做这项决定以前,陆军在1936年5月20日制订了动员计划。其中,详细规划了开战时指导和管制舆论所应采取的措施。内阁各省应在日本国内各地设立各自的情报宣传机关。就在这一年,为统一配合政府各部门的宣传工作设立了情报部。

卢沟桥事变爆发两个月后,1937年9月,情报部机构改组为直属内阁的机关。1937年9月25日,陆军次官梅津中将被任命为新内阁情报部的一员。而新内阁情报部的任务是实施陆军动员计划中的情报宣传。

战争爆发更为直接的结果是加强了当时实行的审查制度。过去监视一切批评日本政府政策者的特别高等警察,现在不准许任何人发表反对中日战争的言论。压抑这类批评是内务省的主要工作之一,由属于内务省的正规警察来负责执行这种政策。凡对内阁政策发表公开的和带批评语气的评论家,都被拘押传讯。凡反对这种政策者,都被逮捕入狱。

对于日本一般学校及大学的言论控制就是一个最好的例证。要求教授和教员全心全意协同宣传普及内阁的政策。对于表示赞成和平理想的思想或反对备战政策者,就进行严厉的镇压。

木户在1937年10月22日就任文部大臣后，立即努力实施这类管制。对于国策带有批评态度的教员，不是被免职，就是被强迫辞职。他们还往往被逮捕，并根据治安维持法以反对日本帝国政体的嫌疑被起诉。

这类镇压手段之所以易于施行，显出了日本的军人、政治家、政治评论家把日本国民舆论导向战争所获成功的程度。这类教员被免职或被迫辞职，当时在国内竟未发生问题，之所以如此，是因为一般民众只把他们视为个别的自由主义支持者。

卢沟桥事变后利用教育制造战争舆论

早在卢沟桥事变以前，陆军就已通过军事教官管理各学校的军事教育和训练。中日战争爆发后，这些教官的支配权已达到可以绝对支配学校本身事务的程度。文部省充分了解教育必须服务于政府的目的，所以在1937年5月，通过所谓《国体的本义》一书散布给教员、学生及一般国民。

同年，为研究和考察日本的学校制度，设立了教育审议会。这个审议会可不受内阁变动的影响来继续进行研究，并考虑如何发挥日本国民性的问题，它虽然不是特别为促进学校的军事教育和训练而设立的，但在中日战争爆发后，这却成了它的任务。

从1940年起，教育审议会关于学校课程和教学法的广泛改革建议，也被付诸实行。事实上，1937年审议会就采纳了以服务国家为本的基本目标。

1937年10月22日任命木户为文部大臣，立即开始执行日本学校制度的改革。1937年后，教育就以促成国民的好战精神为目标。在学校的课程中，不但在纯军事训练的课程时间内，就是在普通课程中，也向学生灌输"皇道"精神和极端国家主义；教导学生们：日本是强国，所以日本必须向世界显示特殊性。无论是在大学或一般学校，通过军事训练和学校教学两方面来鼓吹灌输军国主义，以求将日本至上的思想贯彻到全体国民中。把战争说成光荣而富有成效,为日本前途之必需。

木户挽救了 1937 年 11 月的内阁危机

1937 年下半年,外务大臣广田向日德两国国民说,中日战争是对共产主义的斗争,并努力想使德国支持日本征服中国,但未获成功。虽然 1937 年 11 月 6 日,枢密院批准了允许意大利以第三方合作者参加防共协定的新条约,但并未消除德国对日本在华活动的不满。德国在中国有着重要的权益,并且认为国民党是其反苏政策的未来同盟者。所以德国以中日双方都未宣战为理由,不顾敌对行为的存在而不肯严守中立法规。

在 1937 年 11 月,近卫内阁为长期侵华战争所引起的各种问题所苦恼。不仅由于物力和人力的巨大消耗,并且因为战争规模日益扩大,已毫无速胜的希望。国家经济的竭泽而渔引起了严重的财政困难。当时在布鲁塞尔举行的九国公约会议提醒世人日本在世界上无一友国。1937 年 11 月 3 日陆军大臣杉山和文部大臣木户曾就关于挽救时局的方法交换意见。

日本陆军和德国人一样,一心考虑即将到来的对苏战争。由于中日战争困难过于巨大,参谋本部想借德国干涉来结束这场战争,于是训令驻德大使馆武官大岛少将利用他的影响来达到这一目的。

1937 年 11 月 15 日,总理大臣近卫告诉木户他考虑内阁总辞职,木户立即看出了其结果所可能造成的影响。他认为这将对财政界及其他方面造成不良的影响,并会引起外汇的跌落,转而对中日战争局势造成恶劣影响。木户认为内阁辞职的结果,可能使国内政治形势不安,并使中日战争转为守势。无论如何会使他认为"日益严重"的非友好态度国家更不友好。所以要尽一切力量避免这类事件的发生。

1937 年 11 月 16 日,木户向近卫力陈这些意见,要求近卫继续留任,当时近卫表示允诺。四天以后,由于大本营的设立,内阁对进行中日战争表达了新的决心。

广田加强了内阁征服中国的决心

1937年11月,如果内阁希望结束中日战争,是有机会的。日本的地位很糟糕,连参谋本部也放弃了速胜的希望。在德国表示不满的压力下,通过德国人的斡旋,广田在1937年11月5日对中国提出和平建议,这是三次和平建议中的第一次。如此开始的交涉,从1937年12月起一直延续到1938年1月,但广田暧昧和不断变化的要求,完全不能成为具体协议的基础。交涉进行期间,日本对中国继续着猛烈的攻势。

到了1938年1月,内阁加强了反对任何妥协和平的态度。1938年1月11日召开为处理"中国事变"的御前会议,决定如果国民党硬不屈从日本的要求,就必须击溃它或使其并入所谓新中央政权内。

对于日本三次和平建议的最后建议,中国方面在其词意缓和的答复中,要求更明确地说明日方提案。日本方面的提案,由于广田的指使,是用极不明确的形式提出的,他当时害怕中国也许会得到英美的支持,所以对中国的答复很愤慨。1938年1月14日,他对德国调解人说:中国是战败者,必须给予迅速的答复。他强调说,日本不允许把这问题当做国际讨论或调解的对象。德国人向他们的政府报告说,据他们的意见,日本的行动显然是不坦白的。

同日,即1938年1月14日,在近卫、广田、木户都曾出席的内阁会议上,决定了再不以国民党为交涉对手,而只以未来要成立的新中国政权为对手。这并不是什么空想,因为在1938年1月1日,日本已在南京举行了隆重的仪式建立了一个新地方政权。在1938年1月16日发表的正式声明中,日本内阁重申尊重中国主权与领土完整,但它所指的就是当时日本建立的中国政府。在同一声明中,还表示尊重各国在华的权益。

在1938年1月22日,近卫和广田都在议会中重申这项保证,同时又肯定说日本政府仍坚持1936年国策决定中所述的原则。当时首相近卫曾说:"这是不待言的,以日'满'华的巩固提携为枢轴确立东亚永久和平，以期对世界和平有所贡献，是帝国不移的国策。"他又说：结束纠纷的前途还很遥远，作为东亚安定势力的日本的使命就愈益增大。

五天以后，日本更显露出榨取和军事统治的真心。1938年1月27日，内阁决定以日本支持的南京新政权作为华中临时政府的核心。它是"一个极端亲日的政权"，它将逐渐脱离对英美的依赖，而其海空军则包括在日本的国防计划中。它必须与当时的华北傀儡政府"圆满合作"。

1938年1月26日，德国驻东京大使已确信日本会征服中国，劝告他的本国政府承认这一既成事实。柏林的东乡大使更对德国提供了饵食，让德国参加日本建设中的中国经济事业。自此以后，德国就取消了对中国的支持，不再反对日本的对华企图。1938年2月20日，希特勒总理采取了迟延已久的措施，即德国承认了"满洲国"，并表示他本人希望日本在中国获得胜利。

这两个月，尽管总理大臣意气消沉，但木户和广田不顾一切困难使日本重新确立"东亚大陆的巩固地位"，得到了成功。

陆军继续计划和准备迎接期待中的对苏战争

在1938年最初的数月间，当内阁树立了完成征服中国的新决心时，陆军仍继续进行对苏战争的准备。1937年12月，关东军参谋长东条中将向陆军次官梅津提出在内蒙设立气象台，以备对苏进行战争。1938年1月12日，东条向梅津中将力陈急速完成这项工事的必要。他认为这项工事在中国事变和反苏战争的战略上都至关重要。同时他又向梅津建议延长在"满洲国"部队的服役期限并要求对这问题做出决定。于是，在1938年1月29日，梅津通知东条说业已采取了这类措施。1938年2月11日，东条将1938—1939年关东军建筑防苏工事的计划送达给梅津。

但陆军所在意的不仅限于纯军事的计划和准备，主张发动对华战争的关东军首领们认为，对于对华战争以及对于日本国内国外政策的各方面,都应与即将到来的对苏战争联系起来加以考虑。

当东条和梅津在决定详细的军事计划时,当时的关东军司令官檀田大将关注更广泛的战略问题。1938年1月24日他向陆军大臣杉山提出了关于开发华北的意见,其目的是使华北居民对"行将到来的对苏战争准备的贡献"更大更多。

同一期间,为开发"满洲国"及在华北占领下各省的经济产业所采取的措施,与关东军的计划有着密切关系。到1937年12月20日,"满洲国"一切重要工业的发展,都受着第一家大"国策"公司南满铁道会社的支配。这家公司在松冈主持下,不仅协助日本国内政策的施行,并且协助对苏战争的军事行动以及其他各种准备,在关东军的备战方面则起了重大的作用。

但是南满铁道会社却无力担负由于华北战略发展所增加的财政开支。于是,1937年12月20日,"满洲国"敕令设立一个新的控股公司。根据日本政府和"满洲国"政府的协定所设立的这一新的"满洲工业开发会社",集中管理"满洲国"内的各种产业。以星野为首的"满洲国"总务厅协助起草了该法案,该法案支配着这个公司,并将该公司置于政府监督之下。这个新公司于1938年初设立。

1938年2月以后,即在德国承认"满洲国"以后,陆军就制订了促进德满密切关系的计划,于是,两"国"间建立了外交关系,签订了友好条约。1938年5月15日,东条对参谋本部表示,关东军希望"满洲国"应尽早参加"防共协定"。1938年5月24日,梅津答复说日本内阁对此无异议,但希望维持"满洲国"独立的伪装,并认为"满洲国"最好能迈出第一步,表现出是自己的意愿,并要求日本协助。

日本巩固在华势力和发展战争工业

在这期间,在日本所征服的中国区域内,日本"新秩序"正在建立。1937年12月南京陷落后,设立了日本支配下的各种地方政府。1938年3月28日,依照"满洲国"模式设立了华中新政府。名义上独立的"中华民国维新政府"，根据其组织大纲，应开发其管辖地区的资源和促进其产业的发展，并应采取防共措施和努力维持对外的友好关系。和华北一样，建立了一个新的宣传机构来支持这个傀儡政府换届。

官方的《东京新闻》发文宣布开启日本对华关系的新阶段，因为这标志着向"八纮一宇"目标的迈进，所以有其重大的意义。该文宣称"世界一家"的理想一直是日本对内对外政策的基础，并对当时日本对华政策进行了说明。

该文完全紧跟近卫和广田在议会所做政策声明的调子。日本的首要目标是给中国以"惩罚性打击"，希望中国放弃抗日的态度。1938年1月，日本内阁声明，决心不再以国民党为对手，而援助华北和华中傀儡政府的发展。在这篇文章中又说：日本目前行动的最终目的，是除去威胁东亚和平与安全的一切纠纷根源。这样一来，在东亚各国之间才能享受其"共存共荣的理想"。

用这种办法，日本获得了生产战争物资和扩张战争产业的新地区。1938年4月8日，一个日本出资开发长江流域铁矿床的新公司成立。

1938年4月30日日本在中国又创立了两个新国策公司，其目的是和满洲国的这类公司一样。"华北开发株式会社"和"华中振兴株式会社"的设立，就是为了促进在华占领区重工业的发展。两公司都由日本政府出一半资本，并任命梅津陆军次官为两公司筹备委员会的委员。近卫认为这两个公司的工作对于日本在大陆的军事行动和政治活动来说，都至关重要。

我们现在休庭，明天9:30继续。

（16:00休庭）

1948年11月5日,星期五
日本东京都旧陆军省大楼内远东国际军事法庭

(9:30 重新开庭)

依照休庭规则,9:30 庭审人员到场。

出庭者:

法官席,所有成员就座。

检察官席,同前。

辩护席,同前。

(由远东国际军事法庭语言部负责英日两种语言翻译)

法庭执行官:远东国际军事法庭现在继续开庭。

庭长:除贺屋、白鸟和梅津因病缺席并由律师代表外,所有被告均出席。巢鸭监狱军医对不能出席的被告出具因病证明,并将记录在案。

1938年的广田外交政策源于1936年8月五相会议的决定

在中国的这些发展,反映着广田外相的政策,即坚持1936年8月11日基本国策决定的目标。当陆军着魔于行将到来的对苏战争的形势下,并把德国当作同盟国的时候,广田却有着更宽广更慎重的见解。他的目标是,在实现大陆扩张的同时,日本还要对于因大陆扩张之结果所可能引起的纠纷完成准备工作。

1938年5月29日,广田离开了外务省,但在离职前不久,他确定了关于德意参加华北经济开发的原则。最主要的不变目的,是建设日本所谓的"东亚新秩序"。所以,无论是在对轴心各国,或对西方各国的关系上,不应取决于对它们所作的宣言或保证,只应取决于当时的利害得失。

驻柏林的东乡大使接到训令,要他向德国请求援助。东乡曾向德国提议,作为德国承认日本在东亚特殊地位的回报,日本愿努力使德国获得不次于其他国家所占的地位。如有可能,德国的事业可较其他国家有优先权。原则上,德日在中国市场占有同等的地位。——但在某些方面,日本作为维持对华通货具有实际责任的国家,可能占有特殊的地位。纵然如此,在设立输出输入管制制度时,德国的利益当然较任何第三国的利益优先。

可是广田并无意尊重西方各国在条约上的权利,更无意实行他自己所给予的保证。广田深谋远虑地警告他的部属说,如果给予德意优先权,有使英美将来完全不能参加对中国投资之虞,因此对德意,不仅不能给予和日本同等的地位,即令是较次于日本的地位,也不应承认。因此,所规定的关于德国参加的方式,事实上只限于对日本本身最有利的事项——即只限于参加经营特定的企业、供给资金和供给信用贷款购买机器等。

卢沟桥事变后日本和西方各国关系的恶化

纵然采取这种两面政策,但外务大臣广田并未能达到与西方各国维持亲善关系这一次要目的。在1937年下半年,日本的政治家不断否认日本对中国有任何领土野心。内阁也再三保证要保护外国人及外国财产,并维持外国的条约上的权利。但是这些宣言与日本在大陆上的行动性质相差太远,所以日本与西方各国间的裂痕明显扩大。

虽然如此,日本仍然努力缓和西方各国的疑惑与愤懑,并力图隐瞒和减小日本与轴心国合作的意义。1937年12月的《东京官报》宣称,防共协定并不以任何特定国家为对象。内阁对防共协定受到的曲解和不当批评,曾表示不满。

在这期间,日本陆军部队在中国的行动,只是扩大了日本与西方的裂痕。尽管不断有抗议,尽管一再提出新的保证,但对在华的英美市民和财产的攻击仍然在继续不断进行。因为陆军根本不尊重与西方各国的友好关系,所以在1937年12月,竟对英美海军无理加以攻击。长江中的一艘美国炮舰遭炮轰后沉没。英国炮舰和商船也曾遭到攻击。这些挑衅行为由当地的军事司令官,特别是桥本大佐执行,他们得到明确的命令对南京附近的一切舰船不问国籍一律加以攻击。

近卫和广田,在1938年1月22日的议会施政方针演说中,都再度强调日本希望增进与西方各国的友好关系。广田并重申了对于西方各国在华权益给以最大限度尊重的明确保证。但在1938年上半年当中,尽管东京的美国大使不断向广田提出抗议,日本陆军部队却经常无理侵犯美国在华权益。

这种敌对行为的表现使日本付出重大代价,1938年6月11日,美国对日本实行道义禁运,禁止对日输出飞机及其他武器。

广田比军部指导者们更狡黠。他认识到在日本备战时期西方各国援助的价值,因而努力用虚伪的保证和虚伪的友好声明,去获得它们的援助。但同时,日本却在进行着太平洋战争的准备。因此,广田在促进日本战争准备的这些方面,起了显著的作用。

1938年海军以及在托管岛屿的备战

在外务省和海军省保密的掩饰之下,在1938年中,日本借着对南洋托管岛屿的要塞化及其海空军基地的建设,继续进行着太平洋战争的准备。在1937年以前,这些准备几乎只限于马里亚纳和西加罗林群岛,但在1938年,在海军监督之下,工事作业却向东横越太平洋而延及特鲁克环礁。1938年,一项工事建筑在马绍尔群岛开始。该工事建筑位于太平洋中部,为对西方各国作战时最前沿的基地。从这时起,日本相当紧急地推进了马绍尔群岛的机场建设和工事施工,当时秘密进行的违反合约义务的工事,遍及于散在的托管诸岛。这类工事的目的,不外是为了向某些或全部西方国家,实行太平洋战争的准备而已。

鉴于日本退出了裁减海军的国际协定,美国在1936年开始了大规模的造舰计划。在1938年时,尽管日本继续自1937年起开始的庞大的造舰计划,但其造舰速率很快被美国超过。自1939年后,美国的造舰量已经大大超过了日本。

这种海军军备的竞赛,并不是美国所愿采取的。美国代表在1935年的伦敦海军会议上就曾经警告日方说,不能成立协议的结果就会如此。美、英、法、意在1936年签订的新条约曾对日本的加入予以开放,但是日本在1937年予以拒绝,表示除非承认日本在太平洋的海军优势以外,任何条约,它都不能同意。1938年2月,近卫内阁拒绝了美国欲防止海军军备竞赛的最后邀请。

广田拒绝交换海军情报

日本未参加的1936年条约的内容之一,是修改了华盛顿条约的规定,即修改了华盛顿条约所规定主力舰巡洋舰最大排水量和备炮口径的限制。但为对抗非缔约国的无限制造舰起见,在这项新规定中附有活用权利的保留条件。1937年11月4日,日本安装了主力舰"大和"号的龙骨,该舰有64 000吨,并设计装置18英寸口径的大炮。

1938年2月持续有流言说日本在建造超过1936年条约限制的军舰,引起了美国的忧虑。因此,美国提醒日本,如果日本不能提出遵守该条约限制的充分证据,美国就要依据条约,行使其逐步升级的权利。但是,日本如果选择超过1936年与其他海军国所定的限制,美国将根据所收到的关于日本造舰量的情报,准备与日本讨论两国之间的新限制。

这个提议,无论是在从事谈判或给予情报方面,都完全被拒绝了。1938年2月12日,外务大臣广田代表政府答复如下:日本没有意图持有可威胁他国的军备。尽管日本政府不能提供美国所要求的情报,但美国没有理由下结论认为日本有超过1936年条约造舰计划的企图。就在发出了这个通告后两星期内,日本又安装了第二艘64 000吨主力舰的龙骨。

广田政策在基本国策纲要中已有所解释

在这次与美国的交涉中,明白地显露了外务大臣广田的政策。1936年8月11日的基本国策纲要曾规定日本必须"也对英美有所准备";它的海军军备应扩充到足以对抗美国海军而掌握西太平洋制海权的程度。广田以总理大臣的身份参与了这一决定,且始终忠实于此。正如对于日本的在华目的一样,关于日本的造舰计划,为了达到自己的目的,他也毫不踌躇地实行欺骗。他的政策的基本原则,就是在友好的外交关系的外表下,完成日本的战争准备。

关于广田外交政策的各项主要特征,已见于由陆海军起草的基本国策决定之中。其中曾说:与巩固日本在"满洲国"的地位同时,还必须充实日本的国力。日本的目标是在大陆上排除"列强的霸道政策",根据"共存共荣主义"建立日本自己的秩序。不过,日本"为圆满顺利地实行其基本国策","要经常留意与列强的友好关系"。

总之,广田对于"在外交国防相辅为用下,确保帝国在东亚大陆的地位以及向南洋扩张发展"的根本目标是坚定的。当总理大臣近卫对完成征服中国的决心发生动摇时,广田曾重振内阁去追求这个不变的目标。

日本对占领区的经济支配与开发

1938年1月是陆军长期经济产业计划重新恢复的一个月。因为在一个月中,内阁承认了企划院所制订的1938年度扩充产业和管制经济的新计划。

内阁企划厅在1937年10月改组后(此后即改称为企划院)就与陆军保持着密切的关系。1937年11月26日,陆军次官梅津中将被任命为企划院的参与,当时的军务局课员佐藤中佐被任为事务官。企划院的1938年度计划涉及扩充战争产业和重要物资的供给。

当近卫内阁在1938年1月重新决定一方面完成征服中国,同时又须继续准备其他战争时,就给大藏大臣贺屋增加了新的负担。陆军所需要的人力物力，耗费了日本产业的产品和生产这些物品的人力。扩充战争和战争产业方面所需的支出不断地迅速加大。其结果是使日本在获得必要输入品的外汇支出上遭到极大的困难。

如果巩固和开发了"满洲国"或中国占领区的天然资源，那么，在某种程度上当可减轻对外输入的依赖性。此外扩充合成工业（例如人造石油、人造橡皮等）也能解决部分问题。但为了这些计划就必须增加支出，且在其扩充时期中仍必须继续依赖于输入。1938年1月18日所通过的企划院计划大幅削减了该年度的输入比例，不仅需要削减一般的国内消费，就是为备战所必需的物资也不得不加以削减。因此，对于经济和财政的统制，就需要有新的方策。

日本内阁所采取的解决办法，是计划以牺牲日本所开发的占领区的人民，来减轻日本国民的财政负担。这并不是什么新鲜办法。日本一向就是通过台湾银行和朝鲜银行，凭借占有经营该地的大部分公司，凭借着政治控制，长期支配了台湾与朝鲜的经济。同样的方法，又曾用之于"满洲国"。为了取得开发产业的资金，1936年12月设立的满洲兴业银行被授权发行超过其已缴资本15倍的公司股票。由于给予日本所支配的银行以这种便宜，所以对于"满洲国"战争产业的贷款，就容易办到了。

现在，近卫内阁也计划这样来开发中国。1938年2月，以与满洲银行同样的模式，设立了中国联合准备银行。这个新银行的总裁和副总裁，都由日本政府任命，董事会也主要是日本人。这个银行的活动范围是华北，在该地区内，它所发行的货币是唯一的法定货币。中国联合准备银行的目的是为了稳定货币体系和管制金融市场。通过扩大优先贷款和操纵国外汇兑的方法，大大促进了华北经济和产业的开发；所以，这个银行是一个实施日本政府在该地区产业计划的机关。

这类产业计划早已在实行之中，而日本所促进的新战争产业本身在巩固日本对华北的经济支配方面是重要的。在"满洲国"，产业支配是借着特别法规所设立的"国策会社"办法来达到的。现在日本用同样的办法，在1938年上半年，又逐渐取得了对中国占领区的产业支配。

中国联合储备银行，在1938年3月开始营业。同月，将1935年11月以来日"满"两国的"日元集团"，扩大至华北。通过这种办法，打开了日本投资和开发中国产业的途径。

为了维持日本通货的价值，停止了在占领区使用日本银行钞券的惯例。虽然在华北有了中国联合储备银行发行的新货币，但是在华中与华南仍只准以无价值的军用票作为法定货币。日本就这样，一面搜刮大陆的资源，一面牺牲占领区居民来支持其战时经济。到了1938年9月，使用有金银铸币支撑的日本银行钞券的惯例在日本统治下的大陆所有地区都停止了。

此举同样巩固了大藏大臣贺屋对日本经济的支配。自1937年9月以来，贺屋通过日本银行，实行了对日本财政上的完全支配。日本银行的资金再不会不受控制地浪费在亚洲大陆的日本冒险事业上。在这样的保护下，这些资金得以用来支持1938年头四个月中所采取的新办法，即在政府的补助和统制下，扩充日本本身的战争产业。

产业上的准备——人造石油和人造橡胶

近卫内阁不顾其财政上的困难，决心不惜任何代价保持日本战争物资的自给自足。企划院1938年度的临时计划，就包含有物资动员计划。在同一年的头四个月中所采取的措施也是为了促进和扩充日本国内的战争产业。这类新措施，每一个都具有加强政府对产业扩充的统制之效。而且与这些措施相对应的东西均见于1937年的陆军五年计划之中。在任何情况下，政府所承受的加重的财政负担，都是为了保障陆军所指定的在备战上不可缺少的各种产业扩张。

第一步措施是1937年下半年开始的，以保护和发展人造石油工业为目的。陆军在其五年计划中决定对该产业实施彻底的补助金政策，以便减轻日本对石油输入的依赖程度。日本会设立一个特殊公司来保证该产业所需的机械制造，同时从德国输入了工业设备。主要的重点，则放在柴油和航空汽油的生产上。"满洲国"的煤资源会被用来扩充人造石油产业。此外日本对发现代用燃料，且在国内试掘潜藏的新资源予以奖励。新公司的设立，就是为了保证资金的充分供给，以及促进这一不经济的新兴产业之发展。

在中日战争爆发后，这些计划立刻被付之实行。在1938年1月根据法律创设了拥有巨资的新公司，来统制人造石油的生产并便于政府的财政援助。它恰好就是陆军所计划的那类公司。

1938年3月，在以促进开发一切矿藏为目的的法律下，政府统制了勘探业，用补助金加以奖励，甚至进而由政府本身负责发展勘探业。

同月根据企划院的进言，政府实行配给制度以便限制民间的石油使用量。后来为奖励生产代用燃料，设立了一家新的国策公司。因为将重点放在油与石油的储备量上，所以政府通过这个新公司，对于生产和使用效力更低的代用燃料的实验，也给予补助金。

虽然1938年石油的输入量较1937年为少，虽然还有在中国战争上的需要，但1938年日本的石油的储备量却不断增加。

其他产业方面的战争准备

1938年3月和4月是制订产业关系法令的月份。通过这些法令，陆军的计划得以实现。依靠国家的支持和服从内阁统制的新产业阶层，成为日本政治组织的特征。因为各种产业最后总是置于某一内阁成员的统制之下，所以内阁对战争国家动员的指导责任增大了。

电力工业是首先蒙受影响的事业之一。因为其他战争产业的发展要依赖于电力工业的扩充，所以电力工业在日本的战争准备上极为重要。因之陆军在其1937年计划中特别挑选了电力工业，而在其"满洲国"工业计划中，也给电力工业以特殊的优先地位。陆军计划设立一个新国策公司，该公司在政府监督下来统治日本的电力生产，并以必要的方式来促进其发展以满足军事需求。1938年3月的电力统制法将这一计划付诸实行。

在此之前电力的生产与供给是由许多企业来经营的，但根据这一新法令，所有的主要公司之发电设施的管理都必须移归这一新的国策公司。这家新公司在政府的直接管理下，并享有免税、补助金、政府保证等一切例外的特权。

1938年3月又通过了指导和奖励生产飞机的法令，陆军认为飞机是最重要的战争物资。根据新法令，一部分生产飞机的工厂被置于政府的直接支配下，而其他一切工厂也必须取得国家的特许。并采取通常的措施来缓和航空工业在金融上的困难来保证其迅速发展。

但是航空工业的发展依赖于铝供给的增加，因为日本飞机及其部件的70%以上是铝制的。所以1937年五年计划的重点，放在发展轻金属工业上。通过供给便宜的电力和扩大其产品之公共需要的范围，鼓励这类工业发展，并使这类新工业在战时能立即转而生产飞机及其零件。

在1932年以前，日本完全没有铝工业，但到了1936年，它的生产额已达到了相当大的数量，1937年更增加了1倍。1938年4月28日，新的轻金属制造事业法以贡献于"充实国防"的公开目的通过。它规定了纳税、免除输入税、补助金、政府保证等一类当时熟知的制度。凡从事这类产业者，都必须经政府核准，并由政府统制其生产技术和产品的选定。之所以如此，就是考虑到在战时的转换生产目标。

在1938年3月，还通过一项极为重要的法令，这就是前面已经说过的有关石油产业的法令。同月所制定的重要矿物增产法，几乎把一切矿业经营都置于政府的直接统制之下。在征用的威胁下要求生产，并对由于不经济的事业之发展所产生的损失给予补助金。这法令影响及铁、钢、煤、石油、轻金属产业，使许多水准以下的生产者从事这类事业，并且大大增加了政府的支出。在经济危机时期，日本竟采取了这类政策，充分证明内阁为完成日本的战争准备有不惜牺牲一切的决心。

陆军准备国家总动员法

大量制定新法令，当然不可能与政治事件无关。1938年2月，加强了征服中国和完成其他战争准备决心的近卫内阁，重新又遭遇了立法机关的反对。议会中的某一派曾强迫要求内阁辞职。另一派则以电力法案为矛头反对内阁产业立法计划。这一派受着企业家本身的支持，他们相信日本不会陷于长期战争，担心内阁为扩充不经济的产业所订的各种政策最终会使他们遭受损失，议会中的第三派则责难政府在实行陆军计划时缺乏热心。

在这种状态下，整个战时动员计划就陷于危殆了。因为一方面在消耗着大量的物资，他方对其立即补充又全无希望。恰巧在这时候，为了早日发动对苏战争，陆军决定了该项计划，并拟完成其军事上的准备。陆军首脑部深知战争会是长期的，决心纵然在对华作战期间，也必须进一步积蓄战争物资的储藏量。

在广田内阁就任后近两年的期间，陆军计划和促进了战时国家动员的各个方面，在这期间担任陆军次官职位的梅津中将，当时，与扩充编组战争产业的陆军计划的实施进程，关系尤为紧密。于是除其一般的大量兼职外，并在1937年11月26日，兼任了企划院的参与。而该院的事务官佐藤中佐，同时又是陆军省军务局的课员。

当时陆军所制定的计划正反映了前两年间的一切计划与成就，在梅津就任陆军次官后不久，在1936年5月20日，陆军省整备局就制订了统制战时情报宣传的计划。1938年初，陆军省整备局更制订新方案，把实行战时国家动员各方面所必要的权力，都一齐给予了内阁。陆军的这个方案，以"国家总动员法"草案的形式颁发，使议会失去支配内阁的任何权力。根据这项法律，内阁可以借天皇敕令立法。在制定以后，内阁在任何时期都可将这些新法律中的规定付诸实施。

总动员法不仅在陆军的军事准备实现上有其必要，并且对企业家也是必要的。它保证了给企业家的合作以充分的鼓励，并且最后将补偿企业家所蒙受的损失。而这类考虑都是佐藤所熟知的。

1938年2月政治危机和制定动员法

当时议会中所发生的事态,与1937年1月林铣十郎继广田任总理大臣时所发生的事态是十分相似的。在这两种场合,内阁都是依从陆军的计划,实施大规模的扩充与统制产业措施。在这两种场合,为实现此项目的所必要的法律都在议会中遭遇了强硬的反对。在这两种场合,支持陆军的人都认为所拟实行的变革还不够彻底,而集中对政党与现存议会制度加以攻击。

对政党的不满并不是什么新事物。这是倡导军部必须占据最高地位的人们,当其计划被反对时,所表明的立场。早在1931年3月,当议会激起军部不满时,桥本就发表了必须粉碎议会的决心。在1932年1月,他主张立即解散政党,并且说"为了建设明朗的新日本",政党制度是一种必须打倒的、危险的、反国民的机制。在1936年12月,政友会非难广田内阁首次产业动员措施时,军部方面也表明了与此相同的意见。而当时,在1938年2月,近卫内阁是与议会对立的,因为在反对近卫内阁这一点上议会中是一致的,这与1937年1月广田内阁垮台时处于同样的危险状况。

内阁在这种进退维谷的状态下采取了陆军的方案。1938年2月24日,总理大臣近卫向议会提出了制定国家总动员的法案,并指定佐藤发表支持这法案的演说。佐藤本人对于在这种困难而微妙的立场上的情形曾加以说明。该法案能否被通过,系于企业家的好意,如果没有企业家的援助,则国家总动员计划是绝对难以实现的。佐藤热切希望能担负拥护这法案的任务,因为在与会者中,只有他一人能说明这法案的意义。他自信在当时所作的演说中,他的说明是最有力量的。其结果是打消了议会的反对,使该法案成了法律。

近卫把陆军的方案当作自己的东西加以采用,使非难他未努力实行陆军计划的一派人,停止了批评。这样一来,内阁的地位就得以巩固,并且产业计划的通过得到了保证。陆军获得了企业家的支援,从而解除了对战时总动员进展的新威胁。

这样,陆军为取得日本政治的全部霸权后再进一步。因为军部经常认为议会是实现其目标时暗藏着的障碍,而现在议会被束缚住了。由于通过了这项法律,立法机关剥夺了自己在有关战争和备战问题上对内阁方案的支配权。从此以后,内阁可以不顾议会,行使新法律所赋与它的广泛的立法权和行政权。

国家总动员法与基本国策纲要间的关系

根据1938年5月5日敕令而生效的国家总动员法,是模仿了其他各国战时紧急法的形式。虽然它在表面上只是为了便于进行对华战争,但实际上却被充分利用,使内阁为促进经济与产业发展所采取的措施获得了法律上的承认。

这类法律可以扩充适用于任何种类的制品、原料和企业。事实上是给予内阁以征用物资、统制产业、统制公司的无限权力。根据它的规定,政府可以征用土地和建筑物,可以批准支付补助金和补偿金,可以实施稳定措施,可以禁止公布新闻,可以指导有关日本国民的职业训练和教育。总之,政府可以管理与征用国家的人力。在制定这法律时,在近卫内阁中包含有外务大臣广田,大藏大臣贺屋,文部大臣兼厚生大臣木户。

总动员法中的规定,明白表现了日本战争准备的多面性和全面性。这不仅仅关系到军事上或经济上准备的问题,而且是为了发挥最大限度的战争能力,可以命令、统制国民生活的每一方面。日本的全部国力向着这个唯一的目标去集中与增强。而国家总动员法则提供了实现此目的的工具。

当时所采取的这项措施与1936年8月11日所决定的国策颇为相像。当时曾决定应依据基本国策来树立日本的国内政策。按照五相会议所使用的话来说,就是"在对内对外两方面加强日本国家的基础"。

为此，就要采取保护国民生活、增强国民体力、指导国民思想的措施。而借对外侵略与扩张领土而增强的"克服非常时局"的国民意志，就会加速发展。

陆军对总动员法目的的解释

1938年5月19日，即在实施国家总动员法两周后，陆军在日本报纸上发表了关于其目的的说明。其中曾说道，虽然全部内容尚不能公布，但为了使大众理解动员法与国防的关系，所以将该法的精神与本质概括地加以解释。其中说：日本国土狭小并缺乏天然资源。日本不仅在中国遭遇了蒋介石的顽强抵抗，并且在北方还面临着充分动员的虎视眈眈的苏联陆军。此外，日本还受着美英强大海军的包围。因此日本在国防计划上就具有极大的困难。其所以如此，由于日本的国防现在不仅限于本国沿岸，而是在"满洲国"、华北及华中的边境。

日本国民受到警告称，为保持他们的国土，必须长期保持坚定的决心与非凡的努力。对一切人力物力资源，非作最大限度的动员不可。军事上的成功，主要依赖于对"综合国力"之有组织有效力的动员。国家总动员法就是为了达到上述目的所设计的。

说明中的其余部分，是使日本国民了解到，为实现"综合国力"所需要的是些什么东西。第一项要素是精神的力量，因为国民本身就是战争力量的泉源。动员教育机构与宣传机关宣传统一运动，竭尽一切努力加强国民的斗志，那么国民就可以忍耐任何的艰难困苦。

动员人力以适应劳动力的需要，使他们去补充应征入伍青年在工厂中的职务。这种战时经济的转变，就需要有职业训练与劳力管理的政府计划。

除去人力以外，关于物力动员计划的发展已有正确的预测。而对其初期的进展情形则已见前述。如果时间上有余裕就从海外大量输入陆海军所需的器材。国内的军需器材则以牺牲和平产业为代价扩大其生产。于是所有进出口贸易和一切生产企业都被统一于政府的管理之下。

并且政府还对一切金融贷款加以统制，又对一切运输设备加以统一与扩充；而为了增进效率，更鼓励科学研究。为了鼓舞日本的士气和统一日本的舆论，同时并为了制造使各国同情日本的舆论，关于国内外的情报搜集和宣传传播，也由政府负责。

为了应付总动员的各种需要，政府准备了一套长期的、具有弹性的计划，以此保障能充分供给陆海军军需品。私营企业必须服从既定计划。统制为方便起见并不交给议会来讨论，而是以敕令付诸实施。为实施动员法，而设置了国家总动员议会等半官方的机关。此等机关及某些自治团体，都帮助政府制定与实施内阁政策。

陆军成功地将日本投入战争国家总动员

在最后的期间，陆军使自己成了日本命运的主宰者。在陆军的煽动下，国民参加了扩充军事力量的侵略计划。

外务大臣广田，在过去他担任总理大臣时首次把陆军的各项计划树立为国策，现在他于1938年5月底退出了内阁。当时，长期为广田的工作做补充的梅津中将，也辞了职。1936年3月23日梅津任陆军次官时，正是广田做总理大臣的时候，且在重要的五相会议决定基本国策之前，在林和近卫做总理大臣的期间，梅津仍然在做陆军次官。

广田和梅津，是近卫内阁和他以前各内阁间最重要的联系，因为他们两个在陆军计划不断发展和完成的重要期间，始终占据着关键的地位。于是陆军的详细计划一个一个被通过，并最终压倒了日本国内的一切反对声音。

日本的陆海军不断扩充。日本的与日俱增的军事力量仍然被用之于征服中国。1938年5月19日，在华中的日本军队侵占了徐州，消除了日本统制区内一个中国抵抗的孤岛。徐州之战虽然不是决定性的战役，但日本长期未能达到的希望，即粉碎中国一切抵抗的希望，却因此而受到了刺激。

这一时期"满洲国"的关东军与参谋本部合作,正进行着对苏联作战的准备。在日本国内则正建造着新的舰队。在托管诸岛正从事海军基地的建造,准备着太平洋战争。

日本为达到经济上产业上自给自足的目标曾进行极大的努力。因为只有依靠自给自足,日本才能受得住陆军所计划的战争负担。在日本国内、"满洲国"、华北和华中等占领地区,都在进行开发重要原料和建设新的战争产业。为战争而动员日本全国力量所必要的法律权,已掌握在内阁的手中。通过组织和宣传,使日本国民把国家的命运与陆军所提倡的侵略看做一件事了。

1938 年 5 月"满洲国"的长期产业计划

为完成陆军的五年计划,日本必须尽量利用它所占领的大陆地区的天然资源和潜在的产业力量。在华北和华中,虽已建设起来了这样的开发基础,但日本还不能希望获得实际上的利益。

"满洲国"的状况却与此不同。因为自 1937 年 2 月起,"满洲国"政府已开始了扩充产业的第二个五年计划。这个计划是日本陆军 1937 年度经济产业计划中不可缺少的部分,星野曾参加这个计划的制订与实行。

即使在卢沟桥事件以后,在中日战争再度爆发以后,日本也不惜以任何努力去维持这一计划的目标。1937 年 11 月,近卫内阁曾经决定,为日本的目标而发展"满洲国"的重工业是绝对必要的。于是,为实施内阁的决定,新国策公司"满洲重工业株式会社"成立了。

到了 1938 年 5 月,在日本支配下的"满洲国"政府,更制成了更广泛的扩充战争产业的计划。当时就决定了利用"满洲重工业株式会社"去完成这一新计划。"满洲国"总务长官星野的意见,对于制定这一根据 1937 年 11 月近卫内阁决定而产生的计划,具有决定性的力量。

这个新计划的最大重点,是使日本与"满洲国"间更加紧密的联系起来,根据已得的经验,把 1937 年的最初计划作彻底的修改,以便使

"满洲国"在日本的备战中可以负担更大的部分。其所以需要修改,是基于国际局势的变化。

新计划的整个目的,在于增加生产日本所不足的,或日本陆军在战争上所需的极端重要的以及特别指定的产品。钢铁生产大为增加,以便满足日本与日俱增的特别需要。又为了保证日本的煤炭供应,扩大了矿业方面的活动。电力设备增加了,为促进进一步的工业发展,又提高了工作机械的产量。附属于飞机和军需品生产的新化学工业建立起来了。新的飞机工厂,在广大分散的地域中建设起来。"满洲国"以年产5 000架飞机和3万辆汽车为生产目标。因为日本的对外购买力,一部分要依靠黄金,所以对增产黄金也作了系统性的努力。

修改后的计划,估计起来差不多需要支出50亿日元。这大致为1937年度预算额的2倍稍少一点。换句话说,只要以必要额的一半以下,就可以供日本一年之用。

"满洲国"政府为监督这个计划的实行,设立了经济计划委员会。这一新机构在"满洲国"的作用,与日本企划院所起的作用完全相同。在它的主管下,对"满洲国"的资源进行了新的完整的调查。并且为培养熟练工人而设立了实业学校,又为适应修正计划,需要重新作经济上和行政上的改组,因此还制订了改组计划。

1938年5月经济危机威胁陆军长期计划

为实行陆军计划所采取的措施,使日本经济上的负担逐渐加重。尽管有军事上的胜利与进展,但中日战争依然在不断消耗日本的物力和人力的资源。此外,陆军要依靠中国作为原料的重要供给地和作为可能从事发展战争产业的地区。

陆军在说明总动员法目的的时候,曾再度警告日本国民,不要因为中日战争的继续,忘记了国策的根本目标。华北华中与"满洲国"和日本构成为一个整体,之所以必须维持它的整体性,不仅是为了对付当地的抵抗,并且是为了对付苏联和西方列强。陆军计划的主要目标,现在与过去任何时候一样,需要积蓄兵器及其战争力量,达到足以保证战胜这般强大对手中的每一个对手。但陆军在当时十分担心,中日战争是否会引起陆军长期计划的破灭。

自从在卢沟桥重燃战火,日本不断面临经济崩溃的危机。为了避免这一威胁,对于产业上、商业上、财政上的统制,采取了广泛的措施。扩张"满洲国"产业的修正计划,再次表现出日本对它统制下的大陆地区的剥削压榨。为了减轻因扩大战争产业对日本经济所产生的过重负担,这些地区居民的负担不断加重。

不仅如此,在1938年5月和6月中,日本显然遭遇了严重的经济上和财政上的恐慌。陆军虽然获得了对日本政府和国民的统制,但又面临了对完成其野心之新的威胁。采用动员计划是早已有保证的。现在的问题在于日本国民能否耐得住因陆军政策所引起的苦难。

在这种状况下,1938年5月5日,内阁使用了国家总动员法所赋与的权限。在解释这个法律的目的时,陆军重新声明其决心说,在完成战争目的的国家总动员的道路上,纵然有任何的困难,也断然要向这个目的迈进。

1938年5月内阁改组

10天以后,为应付已发生的情况,内阁实行改组。广田脱离了外务省,领导和统制日本经济使之从属于陆军动员计划要求的大藏大臣贺屋也去职了。

因为陆军计划有破产之虞,于是增加了两名军人来加强内阁。其中,板垣中将接替杉山做了陆军大臣。自沈阳事变以来,板垣与陆军以武力对外侵略扩张的计划,关系颇深。从1936年3月23日至1937年3月1日止,他任关东军参谋长之职,之后,他又以师团长身份参加了侵略战争。

新任文部大臣荒木大将,在陆军计划发展的初期是军部的领导者。他自己承认,在沈阳事变爆发前两月,即1931年7月,他是以促进国家主义精神为目标的秘密团体"国体社"的重要会员。在同年12月,犬养毅内阁登台时,由于陆军青年将校的要求,他被任命为陆军大臣。在犬养的后任斋藤任下,他依然留任原职。

1932年和1933年期间,荒木以陆军大臣的地位,曾主张采取使日本能完成战争准备的非常政策。他自己承认他是强力的军国主义者的重要代表者。在1933年6月的广播演说中,他是发表陆军长期计划全貌并要求日本国民协助完成这个计划的第一人。

1933年荒木的行动引起了斋藤内阁的内部摩擦。这是因为别人知道他所代表的政策正使日本在世界各国中被孤立起来。1933年12月,大藏大臣高桥认为日本对外关系的恶化,其责任在于陆海军的军国主义者。1934年1月,荒木脱离了内阁。但是,他依然领导着要求征服满洲和支持进一步用武力对外侵略的派系。自1934年1月23日起,荒木担任了军事参议官的职位。1937年10月15日,成立内阁参议制度后,他又是参议之一。

在木户指导下日本的教育制度达到了为战争而国家总动员的目的,在这个内阁中,木户留任为厚生大臣。他认识到要完成陆军的计划,无论如何必须结束中日战争。他对于徐州胜利的重要性,并未作过高的评价。但是,他相信中日间已在和谈,并认为日本当时应计划向汉口进军的新一轮军事攻势。

近卫内阁为实现战争总动员而采取的新步骤

1938年6月11日,经济上和财政上的危机益为显著。由于日本在中日战争中不断违反条约上的义务,美国在这一天对于输往日本的飞机、武器、引擎零件、飞机用炸弹、鱼雷等,实行了道义禁运。以板垣、荒木、木户为新阁僚而实行改组后的内阁,在1938年6月23日,召开内阁会议,决定应该采取措施来维持全国备战的目标。这一决定显示了陆军在关于总动员法的说明中做出的预测是正确的。在内阁的决定中,特别强调其他一切考虑都应从属于实现基本国策目的的考虑。对于为战争而国家总动员所绝对必要的各种施策，应立即付诸实行。

内阁检查了国家经济后，发现 1938 年日本的输出减少了 1/3。因为这一理由和其他理由，日本的贸易差额极为可虑。若是情况更加恶化，在紧急时期，武器和其他物资的调配，因缺乏必需的外汇，将陷于极端的困难。依照当时的情势看来，连达到已定的 1938 年度物资动员计划的目标，也是困难的。五年计划的成功，已陷入了危机。

根据内阁的意见，情势极为严重，已经不是头痛医头脚痛医脚所能解决。用这样的办法解决问题，会严重妨碍为扩大日本现状所需的生产力和应付紧急军事需求所付出的努力。

在已决定的激进措施中，包含了进一步减少非军事用品的供给。即使在扩充战争产业方面也厉行节约。依照这种政策，采取各种措施以维持外汇率的稳定、保持军需品的供给、促进出口和保证国民生活。

国家总动员法所赋予的广泛权力因而被用于达到上述的目的。实行了公定物价和物资配给。并奖励储蓄、限制战时利润和废物回收。为保存国外资金，日本对排斥其对外贸易者进行报复。为鼓励出口，将管理对外贸易的行政机构统一化。并增强军需品的生产。

通过供需的调节，特采取严格措施以节省重要物资。通过将成品的输出及其原料的输入联系起来，政府确保应行输出的物资不得由国内市场吸收。对于维持国民生活所需的最小限度的输入，允许采取输出及以货易货方法。唯一例外的，是允许为充实军需和保证军需品生产的必要输入。

关系各省曾接到训令，要它们为实行内阁所决定的政策各自采取独立的措施，并将完成国家总动员当作紧急任务来处理。

板垣、荒木与战时国家总动员

这两个新阁员迅速支持国家总动员计划。1938 年 6 月 26 日，即内阁会议后第三天，陆军大臣板垣在招待新闻记者时，表明了内阁对于日本所面临的经济困难的认知,并且表明了他自己的决心,即这些困难并不会妨碍对中国的征服。他说:蒋介石委员长并未期待战争第一线的胜利,他想寄希望于长期在国家资源方面的重大负担使日本归于失败。

板垣表示,他相信在长时期中,日本可以忍受行将到来的战斗,他力劝听众必须为战争而作长期准备。他希望日本国民可以理解内阁为保存国家资源所制订的计划,努力协助政府当局。

在评论国际情势时,板垣说:"第三国为了保护它们的在华权益而诉之于种种策动,这也是当然的。日本唯有毫不恐惧、不犹疑地实行自己的政策。"

1938年7月7日,即在卢沟桥事件一周年纪念日,文部大臣荒木曾发表演说。其中,他表示了与板垣相同的意见。这篇演说的大意,与1933年6月他做陆军大臣时所发表的演说,差不多是相同的。因为在两篇演说中,荒木都是期待着从现在的困难局面中,去实现陆军征服世界的最后目标。

在这次的演说中,他说:"我们必须为长期战争所必要的国家实力做好准备。坚定国民思想,明确我们的国体最为优越,必须使'八纮一宇'的精神广泛显扬于世界。"

"当然必须同时在物质上和精神上实现国家总动员的目的,这将促进国家不断发展,日益辉煌。日本不仅要成为东亚的日本,并在实际上要成为世界的日本,引领新时代的曙光,因之其国民就必须养成足以完成日本使命的高尚气度和饱满活力。"

板垣和荒木的语调中,尽管有着充满自信的强硬话语,但在他们两人的话语深处,却显然流露了对于中日战争前途的深刻不安。在这个问题还没有解决以前,陆军的长期计划是靠不住的。

1938年5月内阁改组时陆军参谋部的变动

1938年5月实行内阁改组时,陆军参谋部也有变动。东条中将从战地勤务调回东京,代替梅津做陆军次官。东条自 1939 年 3 月 1 日起作为关东军参谋长,与对苏战争的陆军计划和准备具有密切关系。向参谋本部进言,在进攻苏联前应予中国一击的就是东条。在中国战火重燃后,对苏作战准备依然吸引他的注意,关于这一工作的实行,他与梅津保有密切联系。

从北平向南方前进中的日军师团长土肥原中将,在 1938 年 6 月 18 日,也由中国调回隶属参谋本部。土肥原和板垣一样,对于沈阳事变的计划和实行以及此后陆军计划的发展上,也占着显著的地位。他把关于中国形势的一手资料带到了东京。

陆军次官东条,在 1938 年 6 月中,兼任了许多其他的职务。这些职务,都是与国家总动员方面有关的。甚至他的前任梅津也没有占据如此多而杂的职位。东条做了企划院参与、对满事务局参与和内阁情报部委员,并且被任命为根据总动员法所新设的国家总动员审议会的委员,又是陆军航空本部长和航空事业调查委员会委员。他还参加了汽车、造船、电力、制铁各种事业的委员会,且系科学审议会的委员。因为他也是海军审议会的委员,所以他也是海军顾问团的一员。

佐藤中佐始终是联系军事准备与战争总动员其他方面的第二条战线。自 1937 年 11 月 26 日起,他是企划院事务官兼陆军省军务局课员。

1938 年 7 月华中新攻势

当内阁设法维持战争资材的供给时,参谋本部就在从事于木户所赞同的上述计划。1938 年 6 月,参谋本部起草了在华中大规模新攻势的作战计划。约有 40 万久经作战的部队,在畑大将指挥之下,参加了进攻,目标是汉口。如果这一作战获得成功,就可以消除分离南北现存傀儡政权的鸿沟。

改组后的内阁,决心尽最大努力去结束中国的抗战,不使它继续影响战争动员计划。荒木大将在 1938 年 7 月 7 日的演说中说:"我们的方针是彻底击灭抗日的中国,一直到它放下武器不能再起为止。"

这一攻势是在1938年7月开始的,在7、8月间,在日军进攻的浪潮中,占领了更多的中国都市与村庄,获得了微小的胜利。但是,没有任何迹象表明中国会投降。

继续准备对苏战争:陆军开始日德军事同盟谈判

开始对华新攻势的同时,陆军仍继续着预期中的对苏战争的准备。1938年6月19日,新任陆军次官东条接到了关于这类军事准备的正式报告,在他过去担任关东军参谋长时曾与此关系密切。内蒙古的日本陆军对毗连苏联边境的战略地带进行了调查。关东军参谋长在报告中说:对蒙古的天然资源正在调查中,对于已经得到的资料正在研究中。

当内阁冒着经济上的困难,努力去完成备战的国家总动员的时候,军阀心目中的第一项计划,依然是进攻苏联。陆军大臣板垣和文部大臣荒木,都力陈做好长期作战准备的必要。荒木大将在1938年7月11日曾说:"日本必须有充分的决心和中苏战斗到底,哪怕战争超过十年也不动摇。"

在心目中有这种决心的陆军,自然要进一步为达到它的军事征服目的而跨出重要的新的一步。因为备战的国家总动员计划已被承认而且在进行之中,所以陆军的注意力,就倾向于为加强日本军事力量来与德国进行更加紧密同盟关系的交涉。驻柏林的日本陆军武官大岛奉参谋本部的命令,与德国政府开始关于缔结日德军事同盟的交涉。因为这样的军事合作有助于完成陆军对苏作战的准备。

从这时候起,日德关系不仅成为日本备战的一个方面,并且在决定日本本身的动向中,也成为重要的因素之一。这事实具有重大的意义。自1933年以来,在希特勒统治下勃兴起来的新德国,和日本一样也从事于侵略战争的准备和领土扩张。这两个国家专心于实现各自的计划,虽然彼此都未多为对方考虑,但双方对苏联都抱有野心。这种野心表现在1936年11月在柏林签订的"反共协定"上。

日德军事同盟,在陆军计划中早就占据着重要地位。因为感觉进攻苏联的时期迫近了,所以对于这一同盟就愈感觉有其必要。为了解军阀这一计划的起源与发展,首先必须大致观察一下陆军对苏战争计划之进程。

陆军进攻苏联的意图源于征服满洲

由于日本的一贯反苏而产生了日德合作的防共协定,这种一贯的反苏正是陆军野心的本质。大川在1924年最初提倡扩张领土计划时,就主张占领西伯利亚。1931年广田任驻莫斯科大使时也有同样的意见。当时广田曾经发表意见说,不管日本有无进攻苏联的意思,任何时候,都必须对苏采取强硬政策,在任何时候都要做好作战准备。根据他的意见,这种准备的主要目的,与其说是为了防御共产主义,不如说以之作为占领西伯利亚东部的手段。

至于把苏联看做敌人,这已经是次要的理由了。1930年陆军发言人为了使国民赞成征服满洲的陆军计划,曾强调日本必须保卫满洲以对抗苏联。当1932年4月成立"满洲国"这一傀儡国家时,就把苏联和西方各国都看成了敌人。当时是关东军参谋部一员的板垣中佐,就被任命为一个新委员会的委员,这个委员会的目的,就是为了促进"与盎格鲁·撒克逊世界及共产国际进行斗争的盟友日本"的利益。

大约在此后第三个月,驻莫斯科的日本武官向政府报告说,苏日战争将来绝不可免。但约在六个月之前,关于苏联外交人民委员会缔结苏日互不侵犯条约的提议,他却力主采取不置可否的态度。于是经过五个月以后,日本在1932年12月13日,拒绝了这个提议,理由是因为两国间意见不同,这类协定的交涉不合时宜。两个月以后,参谋本部的铃木中佐说,因为苏联是以破坏日本国体为目的的绝对敌人,必须排斥一切这样的提议。因此,日本军阀认为在列强当中,特别是苏联,会妨碍它达到做东亚盟主的目的。

关于对苏战争的军事计划和准备的稳步进行,已经屡次在叙述中提到了。到了1933年12月,朝鲜的日本陆军,已经为"考虑对苏作战"而进行准备。荒木大将那时甚至已经计划到以蒙古作为进攻苏联的基地了。冈田内阁掌握政权后,1934年3月天皇批准了参谋本部提出的对苏战争计划。

1935年11月,当时的驻瑞典公使白鸟向有田报告说,进攻的时机业已成熟了。他认为日本应当用武力或是以使用武力相威胁,立即迫使苏联退出亚洲。

1936年3月23日,当广田内阁上台后,关东军参谋长板垣采取了将外蒙古包含在日本"新秩序"圈内的措施。在日本基本国策决定以后,即1936年8月11日以后,日本以苏联为目标的准备,提高到了足以"对抗苏联在远东所能使用的最高兵力"的程度。

前面已经说过,对华战争的再起,实际上不过是包含在陆军进攻苏联的侵略计划中的一部分而已。无论于这场在卢沟桥开始的战争以前和以后,日本都保持并加快了对苏战争的军事准备。关东军与参谋本部密切合作,已实行了为尽早开始迅速袭击的部队配置。

白鸟在1935年11月曾经说过:如果10年以后再进攻,苏联也许强大到不可侵犯的地步,如果立即进攻,就有成功的机会。他又说,在当时世界上没有任何国家能够成为日本真正的威胁。必须以合理的价格,要求库页岛和西伯利亚沿海各州的割让。必须使苏联成为"无力的资本主义共和国",必须使苏联的天然资源受到严格的限制。

1938年8月:陆军攻苏计划延期

为这种紧张感情所驱使,陆军对于日本在华愈陷愈深和日本经济的不安状态,深感焦虑。军部首脑们,坚持他们的对苏战争的准备,并向纳粹德国求援。当1938年7月板垣和东条就任陆军省内的职务以后,急欲对苏联尽早发动进攻的陆军立即得到了机会。

1938年7月初,日本增强了在哈桑湖地区苏联国境的警备队。7月中旬,日本为了获取对该地区部分领土要求的承认,派重光赴莫斯科。争议的土地,是一个具有战略价值的高地。

重光在这次的整个交涉中,采取了高压的态度。1938年7月20

日,以日本对"满洲国"的义务为借口,正式要求苏联部队撤退。

第二天陆军大臣板垣和参谋总长同时谒见天皇,企图请天皇批准为强制实现日本的要求,而发动进攻哈桑湖。并且对天皇作了虚假的报告,说是陆军的方针已得到外务省和海军省的支持。1938年7月22日,把这个计划公开于五相会议并曾获得承认。

于是1938年7月29日,哈桑湖的日军开始攻击苏联的国境警备队。打响的战斗一直继续到1938年8月11日,但当时参与这次作战的日军被击溃了,之后在日本开始和平谈判时,纷争地区仍然保持在苏联手中。

关于哈桑湖的作战,在本判决的后部分中还有详细的叙述,但是关于进攻的经过,现在所说的情形是很重要的。这个计划是根据陆军的发动倡议所推动和实施的。陆军大臣板垣在长时期中相信对苏联战争不可避免。他的次官东条,监督了这类战争的详细计划的制订和准备。发动进攻的时候,军部正在与德国交涉以苏联为主要目标的新军事同盟。消灭苏联在远东的势力,是陆军计划中的产品之一。

日本因为在哈桑湖的失败,迅速修改了陆军的计划。1938年8月25日,佐藤大佐以陆军省发言人的地位,在警察部长的集会中曾说明陆军的政策。他在谈论陆军的决心与国家的困难中,曾对筹划中的对苏战争,阐明了新的态度。他对集会中的人警告道:这类战争也许不知什么时候就会发生,所以必须继续从事军事上的准备。但他强调说:如果在当时立刻发动这类战争,对于日本是不利的。他又说:"但是如果不得已要与苏联一战,日本必须选择一个恰当的时机,而这必须在扩充了军备、扩充了生产力以后——这应当在1942年以后。"

陆军及其支持者的急躁情绪被加以压抑。陆军的领导者重新决定要遵从基本国策决定中已定的原则行事。这一基本国策,是首先要在中国建立日本的所谓"新秩序"和完成战争的准备。

但苏联仍被视为主要的敌人之一。因为苏联是日本要达到征服东亚目的的障碍。佐藤明白说,日本并未放弃对苏作战的终极目标。他认为这个目标是完成国家总动员的首要理由。他重申陆军加强与德、意的"防共协定"的信念。但他在演说中表示,由于哈桑湖的失败,陆军决心在承受比这更大的负担前,将国力大大充实一番。

我们休庭 15 分钟。

(10:45 休庭)

(11:00 重新开庭)

法庭执行官: 远东国际军事法庭继续开庭。

庭长:

为实现对苏计划,陆军寻求与德国同盟

1935 年,希特勒掌握了德国的政权。日本陆军当时正专心从事对苏战争的准备,所以立即对这个新政权产生兴趣。在冈田内阁时期,1934 年 3 月,大岛大佐被任命为驻柏林的武官。

参谋总长以训令命令大岛注意调查纳粹政权的稳定性,德国陆军的将来,德苏关系的状况,特别是两国陆军间的关系。于是大岛还搜集报告了有关苏联的情报。他试图发现如果苏联卷入战争时,德国将采取怎样的态度。

1934 年 5 月大岛接受了新的任务,1935 年春他从里宾特洛甫那儿得知德国有与日本缔结同盟的意思。他把这项情报传达给参谋本部。专为调查这项情报被派往德国的若松中佐,在 1935 年 12 月到达柏林。

在这时,至少已经有一部分陆军头目相信,对苏作战时可以得到德国的支持。白鸟在 1935 年 11 月 4 日给有田的信中说:"像德国和波兰,在对苏关系上,与我们的立场是一致的,用不着我们去特别加以了解。一旦爆发战争,他们一定会站在我们一边。唯一成问题的是英国。"

若松和大岛在柏林与德国商谈时,曾告诉德方,参谋本部赞成两国间结成一般性同盟。因为谈判达到了这样的阶段,这个提案从陆军移到内阁。同时,曾在 5 年以前主张占领苏联领土的广田,成为总理大臣。而过去接到白鸟私函的有田,做了外务大臣。

1936年春，即在最后决定基本国策数月前，广田内阁接受了陆军的提案。新抵柏林的武者大使证实，德国的确热切希望与日本合作。经过长期谈判后，签订了防共协定和秘密军事协定。这两个协定，都在1936年11月25日得到了日本枢密院的批准。

缔结防共协定后的日德关系

防共协定并不是由德国提议，日本参谋本部表示赞成的一般性军事同盟。虽然在8月间的五相会议中已经明确决定了日本的反苏政策，但防共协定是防止苏联进入远东的纯粹防御措施。这就是外务大臣有田向枢密顾问官说明时所采取的观点，他又慎重声明，缔结防共协定并不是同意德国的内政政策。当时日本的舆论还没有达到能接受对德国同盟的程度，这一事实牵制了内阁缔结条约的权能。

但实际上，这个协定促进了日本的对苏侵略政策。广田从德国方面得到了如下的保证，秘密协定的精神在决定德国对苏态度上具有决定性的作用。万一有必要时，这个协定就必然要成为两国关系进一步发展的基础。

此外，关于这个条约在性质上是防御的虚伪说法，已由广田自己把它揭露出来了。因为他对枢密顾问官肯定地说，苏联在对日的一切交涉中，都采取着合理的行动。有田自己也相信，纵然在日本的战争准备还不充分的时候，苏联也不会先行引起事端。有田还希望借这个协定加强日本在对华交涉中的地位。

实际上，缔结防共协定的目的是想在反苏和对华方面能得到德国的支持，一方面不违反日本舆论，一方面将日方的承诺尽量止于最低的限度。

这类想法，支配了日德关系以后的发展。在卢沟桥战斗开始以后，日本虽想把这一行动解释为是根据防共协定实行对共产主义的斗争，但未获成功。

在华对德经济合作的广田政策失败

1937年10月27日，东乡赴柏林代替武者为大使。几天以后，1937年11月6日，日本枢密院批准了日本与德意的新条约。根据该条约，三缔约国交换了防共协定中所包含的协议。出席这次枢密院会议的有枢密院议长平沼、外务大臣广田和大藏大臣贺屋。

东乡的任务是使德国相信,日本一定能够征服中国,如果德国支持日本,那么在日本所缔造的新中国境内,将保证德国获得优惠待遇。1938年1月,德国勉强接受了这项意见。

但是广田认识到要开发中国的经济,日本就必须依赖英美的援助。他打算给予德国的只是有名无实的特权。但他所希望德国方面的报偿却是在华所需的物资与技术援助。因此,广田对于东乡所能承诺给德国的限度,规定极严。

在日本经济危机极深的1938年5月、6月和7月间,东乡大使一方面遭遇德方日益增加的不满,一方面努力进行着这项困难的任务。1938年7、8月间,德国政府竟抛开东乡大使而与陆军武官大岛进行谈判,从这一事实可以看出东乡失败的程度。

在1938年5、6月间,德外长里宾特洛甫与东乡曾不断协商关于德国在经济上参加重建中国的问题。作为德国承认与援助的代价,里宾特洛甫要求对德国的在华贸易,特别给予从宽的待遇。东乡在广田所许可的狭小范围内,郑重而又颇有用心地答复说:在条约的形式上,日本不能够给德国以比其他第三国更优惠的待遇。但因德国外长表示不满,于是东乡解释说,虽然不能明白地以条约的形式加以承认,但实际上日本有给以更优惠待遇的准备。

最后,里宾特洛甫消除了幻想。因为1938年7月24日德国外交部接到了驻华代表关于中国沦陷区情形的详细报告。其中揭露了在华的日本当局对于德国的权益,实行了系统的差别待遇。因为给日本商店优先权,所以原来的德国商店受到了重大损害。

接到了这个情报,更增强了德国的不满。1938年7月27日里宾特洛甫告诉东乡说:来自中国的情报证明他以前的决定是正确的。因此,可以认为日本所谓"特别优惠待遇"这一暧昧形式的诺言是不足信的。德国政府认为日本对于在华的外国贸易——包含德国贸易在内——开始了无情的压迫。关于在华的经济合作,两国间的意见依然有很大的距离。一直到1938年9月8日陆军武官大岛少将继东乡为驻柏林的大使时,情况仍然毫无变化。

陆军保持了日本的对德关系

当中日战争在卢沟桥再起时,最初曾遇到德国的严重非难。纵然有这样的疏远,但是陆军——经常以即将到来的对苏斗争为念的陆军——仍然向德国请求援助。1937年下半年中,由于日本在中国的战争中愈陷愈深,参谋本部也担心起来,于是请求德国出面调停,以便与中国当局交涉解决办法。

当时德国外交部长对德日关系感到不满,竟与日本陆军武官,而不是日本大使进行交涉。1938年1月里宾特洛甫告诉大岛,他相信日本与德国应更密切的合作。大岛把这个情报传达给参谋本部,参谋本部以新同盟的主要目标是苏联为条件,原则上同意了。

同月,德国由于利害关系同意日本对华侵略,并于次月承认了"满洲国"。陆军借此机会,一方面加强"满洲国"与德国的紧密合作;另一方面加强"满洲国"与日本的关系。于是"满洲国"同德国建立外交关系,并签订了友好条约。

当时,东条中将表示关东军希望"满洲国"参加防共协定,梅津答复参谋本部愿接受此项建议。这些事项进行之时,驻"满"日军正在为"迫切对苏俄作战"而部署部队。

陆军提议与轴心国缔结军事同盟

1938年7月初,板垣和东条分任陆军大臣和陆军次官后不久,陆军再次采取措施促进和德国的军事同盟。大岛以通常形式向德国外长里宾特洛甫提议说:在日本陆军看来,日本与德、意缔结全面防御同盟的时机已经成熟。

日本陆军寻求一项协定,即便不全面,起码也要以苏联为主要目标。里宾特洛甫强调了建立强大同盟的必要性,但拒绝考虑专门针对攻击苏联的单一协定。大岛根据德方意见，亲自草成了条约的条文纲要，以双边协定的形式，规定一旦缔约国遭遇非挑衅引起的意外的攻击，即提供军事援助。协定还规定双方进行磋商及经济政治上相互支持的规则。

大岛与里宾特洛甫确定了协定草案的文本后，派专使将草案送至参谋本部。因为协定草案附有里宾特洛甫关于国际情势意见的备忘录，所以东京方面把它当做德方提案来处理。军事首脑们表示对大岛的工作概予承认，并将协定草案交给外务大臣宇垣。于是宇垣立即召开五相会议来讨论德方的新提案。

1938年8月9日，总理大臣近卫将该提案报告给全体阁员。协定中明确约定日本提供军事援助，这一点海军特别表示反对。木户也认为这是重大问题。但经过讨论，参谋总长通知大岛说，内阁和陆军都赞成所提议的同盟。日本愿意缔结协定，承诺遭非挑衅引起的侵略时予以军事援助。但日方希望该协定的首要目标是对付苏联，其次才以其他各国为对象。

由于谈判是在高度机密的条件下进行的，所以在送达近卫手中以前，东乡大使竟一无所知。驻东京德国大使奥托直到8个月后也才得知此事。尽管提议草案，至少在其内容方面，包含大岛最初向德方提议的条款，近卫却接受了提案，认为是里宾特洛甫的提案。

尽管在任期最后5个月里，近卫内阁并未对缔结同盟采取任何新措施，但却加强了与轴心国的关系。中日战争形势表现出日本南进的初兆；日本与欧美各国的关系持续恶化。

陆军重下决心征服中国——1938年8月

哈桑湖战役后，陆军政策有所修改，1938年8月佐藤发表了两篇演说予以披露。在演说前一个月佐藤晋级大佐，任内阁情报部部员。同月佐藤卸任企划院事务官的兼职，保留军务局局员的本职，并出任陆军省新闻部长。

1938年8月25日和29日的内务省警察部长会议上，佐藤说明了陆军的中日战争政策。这些演说是佐藤以陆军省发言人的身份向政府负责官员发表的，自系当时陆军政策的权威说明。

佐藤的演说涉及范围甚广，但主旨是说明陆军决心粉碎中国政府的军事抵抗，同时完成全国备战总动员。虽然内阁还没有确定处理中日战争的方针，但陆军却牺牲了长期怀有的立即进攻苏联的计划，愈益决心实现基本国策的主要目标。

佐藤考虑了当时进攻汉口后的可能结果，表示陆军本身对占领汉口后能否终止中国的抵抗也并无信心。但陆军决心无论如何要在汉口陷落之际在中国建立亲日的新中央政府。

佐藤说，在"新中国"日本要竭尽全力从事领导者的任务，但与"满洲国"情形不同，日本人不拟充当政府的官吏。华北和内蒙古两个地区则具有与"满洲国"同样地位。其所以要保持内蒙古主要是因为它具有准备对苏战争的价值。华北地区则可以推动经济与工业发展的地区。开发华北资源可以满足"国防"的需要；同时华中也会成为扩展日本经济实力的基地。

为了证明陆军对华态度的正当性，佐藤引用了近卫和广田提出的一切论点。他企图将陆军征服中国和完成国家总动员的热望灌注给听众。他说，日本必须克服困难，而不是乞求和平。陆军决定，必须克服内阁中的优柔寡断，而且不允许外国调解在华纷争。

佐藤确信，当时所报道的蒋介石的特使所提出的和平提案，内阁是不会理会的。他说，他本人坚信在中国树立"新政权"的条件不能动摇。

企图成立亲日的中国中央政府

继广田任外务大臣的宇垣大将认为，必须立即采取措施将业已成立的南北两亲日政权结合起来。

1938年8月派遣刚就任参谋本部的土肥原中将去中国，调查如何做法才能结束战争。因为土肥原坚持与蒋介石委员长毫无妥协余地的意见，于是土肥原开始寻找愿与日本人合作的其他首领。1938年9月，日本遂进行树立能依照日本条件媾和的"新中央政府"的工作。

中国国民政府面对这种新情势，于1938年9月11日再度向国联申诉。国联邀请日本参加为调查纠纷立即设立的委员会。

1938年9月22日，宇垣外相通知国联日本内阁拒绝参加该委员会。他说，日本政府确信这类办法不能够"对目前的纠纷提供公平合适的解决"。当天，在日本人的支持下，在北京设立了一个促进创立新中央政府的华人委员会。

军部反对对华妥协

对华战争有必要快速解决，当时所有人都同意。内阁和陆军都决心把中国转变成维持岌岌可危的日本经济和帮助备战国家总动员的地区。

但佐藤指出，对于妥协能否达到这个主要目标，内阁意见不一。外务大臣宇垣和其他某些阁员倾向于主张陆军放弃军事占领的目标，重启直接和平谈判。

这种意见分歧不仅限于内阁内部。到了1938年9月，日本国内有种强烈的对华和平的愿望，即便这意味着与蒋介石重启谈判。即使在陆军参谋本部，这种意见也占优势。

但正如佐藤所述，陆军内部有一个很有影响力的派别持相反意见，他们坚决反对任何用妥协办法解决中日战争的企图。陆军次官东条就是这种见解的代表，而陆军大臣板垣又同意这种见解。板垣和东条是陆军政策的决策者，佐藤大佐是其代言人。1938年8月的演说，佐藤大肆攻击不赞同不妥协意见的人，并说不妥协是陆军全体的意见。

佐藤说：内阁对华战争的方针有许多可疑之处。就连具有最高地位的人们自己，也不十分明确必须采取什么办法。佐藤对比了内阁的优柔寡断和军部领袖的决断力，责备支持宇垣的人是妨碍陆军政策的执行。

陆军的计划遭遇反对时，军部照例提出立即改组政府机构和废除政党的要求。因此佐藤说，为了能在中国实行陆军的政策，政府本身必须"革新"。他也暗示采取新办法来处理"政党问题"。于是酝酿了推动政府"一党制"的运动，称其可以果断处理日本国内国外的困难。

1938年9月内阁危机导致外务大臣宇垣辞职

总理大臣近卫因为德国提议缔结全面军事同盟而信心倍增，于是主张不与中国妥协。1938年9月7日，近卫与厚生大臣木户等商讨占领汉口后的可能形势。木户本身是日本侵华的坚定支持者，却发表意见说：如果中国不投降，那就有必要与蒋介石重启谈判。近卫回答，如果必须采取这样的措施，他就辞职，因为这样责任重大，他担负不起。他痛陈外务大臣宇垣对他的责难，并表示他相信宇垣周围的派系企图迫使他的内阁辞职。

木户与1937年11月政治危机时所做的一样，立即站在近卫和军部一边。他说如果依照宇垣的方针来处理政治局势，日本国内可能出现混乱，导致日本败于中国之手。因此，他鼓励近卫鼓起勇气继续任职。木户此时的话表明，他已知道宇垣的政策深受民众支持。

赢得了木户支持后，近卫披露他已暗中获悉陆军建立独裁制的计划。近卫说：他觉得根据政党合并的建议，他可能成为已决定的"一党制"的首领，以便执行国策时避免日本国内的进一步反对。近卫对此并未发表任何意见，只是继续留任以观风色。

以板垣、木户和近卫为后盾的军部势力对宇垣派来说异常强大。当月即1938年9月，宇垣退出内阁，近卫本人兼任了外务大臣。于是，日本政府再次决定，向着国策决定的目标稳步前进。

陆军政策的变化：1937年7月—1938年9月

在此颇有必要回顾和分析一下卢沟桥事件以来陆军政策的变化。中日战争的再起，是参谋本部按照东条的意见发动的。它是陆军对苏战争计划的第一步。1937年第四季度，参谋本部日益担心在华战争的逐渐扩大是否会破坏陆军计划的主要目标。军部首脑变得极为忧虑，再次自作主张径自请求德国出面调停纷争。

于是在1937年11月和12月，通过德国代理机构提交了中国和平建议。因为外务大臣广田坚决不容许对华妥协，该建议失败了。总理大臣近卫获得木户和广田支持后继续留任，并发誓近卫内阁今后不再与蒋介石谈判。这是1938年1月11日御前会议上决定的。

即便此时，参谋次长与参谋本部实际首领多田中将，仍极力赞成设法立即解决在华战争。1938年1月15日，为了考虑对华所应采取的新措施，竟一连开了11个小时的联络会议。因为参谋本部极力反对内阁的对华政策，所以多田试图推翻御前会议的决定。陆军为了避免对苏战争准备受到更多妨碍，准备不惜任何牺牲而尽快结束战事。近卫和木户坚决反对陆军的意见，于是通过了广田的政策。

1937年11月以来威胁日本的财政危机，到了1938年5月更加严重。但中国的抵抗并未减弱。其间尽管陆军通过了"总动员法"，但长期战争准备计划与立即进攻苏联计划均遭遇重大危机。对这一演变负最大责任的外务大臣广田辞职，大藏大臣贺屋也未能转变经济危机而辞职。而军部首脑的板垣和荒木双双入阁。精通日本对苏战争准备的东条继梅津之后出任陆军次官。

此时宇垣大将也继广田之后出任外务大臣。宇垣多年以来都持有与军部显然不同的见解。他丝毫不为军部所信任，因此当他1937年1月试图组阁时遭军部首脑们阻挠。但就一个问题，宇垣与军部首脑们意见一致。谁都知道宇垣一向主张尽快结束中日战争，纵然因此必须与中国国民政府谈判。

新陆军次官东条虽然支持及早攻苏的陆军计划，可是反对因妥协而牺牲陆军的在华目的。总理大臣近卫和厚生大臣木户虽然都希望尽早结束在华战争，但坚决支持首先粉碎中国抵抗的意见。

1938年7、8月间，日军攻击哈桑湖苏军失败，因此延缓了强制实行立即对苏开战的计划。

由于这一延缓,立即结束中日战争变得不再那么紧急了。虽然大部分参谋本部部员仍旧赞成对华谈判以获取和平,但陆军大臣板垣却赞成东条的不容许与中国国民政府妥协的意见。总理大臣近卫也始终坚持这一意见,并获得了木户的支持。

陆军因有望与德、意缔结更为紧密的军事同盟而信心倍增,见解与外务大臣宇垣更加针锋相对。宇垣退出内阁后,军部政策就再次无人反对了。

由于暂时延缓攻苏,陆军得以确保1936年国策决定的主要目标。在华战争只有建立了亲日的新中央政府后才能结束,因为只有它才能按照日本的条件来媾和。而这种"新中国",能对日本全国总动员计划做出巨大贡献。与此同时,日本一方面与德国谈判军事同盟;另一方面加速完成国内的战争准备。

陆军在动员舆论中的作用

1938年5月19日,陆军在说明国家总动员法的目的时说:唯有国民才是国家战争力量的源泉,所以动员的首要条件是"精神力量"。为了这一目的,须动员教育机构和宣传机关组成统一战线。在一周后的内阁改组中,军人兼军部首脑荒木大将出任文部大臣。

占领满洲后的数年中,陆军为引导舆论支持战争,曾采取非常实质性的审查和宣传措施,这主要是因为荒木。他自1931年12月起任陆军大臣,经历犬养内阁和斋藤内阁,直到1934年1月离职。在此期间,陆军建立了稳固的舆论控制。报纸只准发表军部接受的见解,任何反对陆军政策的言论都遭受威胁和报复。对陆军及其支持者提出任何批评的政治家也受到威胁。政治领袖甚至内阁阁员也常遭警察跟踪。警察虽然是对内务大臣负责的,但在此事上却服从陆军大臣荒木的指挥。

接下来几年里,陆军保持着与警察的紧密联系。1935年以后,媒体完全由警察支配。1936年广田内阁上台时,警察不容许任何人批评政府的政策。卢沟桥事件后,反对对华战争的意见都遭到压制。1938年8月陆军计划修订后,陆军省发言人佐藤立即在内务省警察部长会议上说明了陆军的新政策,这表明陆军与警察之间的紧密联系。

荒木和军部对于教育部门的影响同样巨大。荒木在出任陆军大臣以前,就想在大学中推行已在中小学施行的军事训练和教学。1932年和1933年,他作为陆军大臣鼓励扩大此类训练。陆军省所派军事教官加强了对学校当局的控制,并教导学生支持陆军的扩张目标。

1932年至1933年间军部的施压与军部对国内外政策问题上的不断干涉,引起了斋藤内阁内部的倾轧。1934年1月,荒木退出陆军省。此后,学校军事训练和教学不再像过去那样受重视了,直到1936年3月广田内阁掌政。

1937年7月7日中日战事再起之后,加强了一切形式控制舆论。学校中的军事教官脱离学校当局获得完全独立。5个月后,即1937年11月做出决定:一切教育的根本目的是推动为日本帝国服务的精神。同月,木户就任文部大臣。于是教育制度的任务开始转变为培养日本国民的好战精神。警察与文部省当局通力合作,确保大学教授积极协助培养学生的好战精神。

陆军在说明总动员法目的时,曾强调加强这一工作的必要;1938年5月26日荒木奉命任文部大臣时被授权负责这一任务。

荒木对日本教育制度的影响

荒木在就任文部大臣一个月后,即1938年6月29日,对学校和地方当局发出新训令。文部省这项新训令,反映了1938年5月19日陆军表达的希望:为强化日本国民的好战精神,应尽一切努力来动员教育机构参加统一战线。

在文部省训令中说:"学生是国家活动的源泉和国民的骨干。他们必须明白国家对他们的付托是既重且大。"训令接着说,因此教育的首要目的就是培养和发展国民的精神。"应努力阐明忠君爱国的大义,培养献身奉公的精神。"必须使学生彻底理解日本的"国体"及"国民文化"的"特性"。

因此纯军事性训练倍受重视。这不仅是为了培养学生"作为皇国国民所应有的"军事能力，还是为了灌输爱国精神和对当局的绝对忠诚。

荒木继续了木户所开始的工作。从1938年5月26日起，到1939年8月29日平沼内阁辞职止，始终由荒木任文部大臣之职。在这时期中，日本的学校制度完全处于陆军省所派军事教官的支配之下。军事训练和教学成了日本大学的必修学科。无论是普通学校还是大学，一切教育都是为培养日本国民的好战精神这一基本目的服务。

经济与产业战时动员的一般进展

1938年9月，内阁重下决心来实现陆军长期经济产业计划的目标。当时日本产业组织化计划已有相当的进展。这些成就大部分是依靠国策公司的办法获得的，而国策公司是为了政府的特殊目的，以特别的法律组织起来的。这些公司由政府直接经营与管理，在各自的企业范围内具有非常广泛的权力。这些公司的资本约有一半由政府提供，政府还给这些公司以补贴金和免税待遇。1937年6月4日至1938年5月26日期间任大藏大臣而监督新产业阶层的贺屋，1938年7月1日被任命为大藏省的顾问。

佐藤在8月的演说中警告各警察部长必须继续实行这种措施。他说："当我们考虑到行将到来的对苏战争时，就感到我们现在的军需生产力是十分不够的。"因此，陆军坚持必须永久性地将自由的产业经营转变为统制的产业经营，且必须依靠实施国家总动员法来完成它。佐藤指出，特别是应该利用上项措施去应付有关日本依赖输入和外汇不稳定的问题。

尽管对占领领土的开发和为恢复日本经济与调整贸易差额而采取了积极的措施，但日本对战争支持产业的补贴金支出却日益剧增。内阁遭遇重大财政困难时所采取的新措施很好地反映了它向战时国家总动员迈进的决心。1938年9月16日,为了开发日本以及日本占领的大陆地区的金矿资源,内阁以资本金5 000万日元成立了一家新的国策公司。

同时采取了新的措施来保护依赖输入供给的战争物资。1938年11月21日制定了关于搜集利用废铁及钢铁的规则。一家由政府控制的垄断配给和贩卖废铁的管理公司也成立了。

然而,1938年下半年,日本支出则集中在将中国发展成为经济与工业资产的投资及在华作战费用方面。仅陆军省的预算一项,就从1937年度的27.5亿日元增加为1938年度的42.5亿日元。1938年度的军事预算竟占国家预算总额的四分之三。如此庞大的支出,其目的在完成战争全国总动员,压倒中国的抵抗,开发天然资源和战争产业潜力。这就是佐藤大佐在最近的演说中披露的陆军政策。

在中国沦陷区扩大日本"新秩序"

1938年7月29日,东乡大使在向德国提出最后经济援助请求时,对里宾特洛甫承认日本打算将其统治扩大到全中国。8月,佐藤在演说中再度强调这项目的,并将其作为1938年最后四个月日本政策的基本内容。在华中和华南,陆军都获得了胜利,因此日方控制了大部分中国领土。华北和华中的政治统治与经济支配得以加强和扩张。虽然中国的抗战并未终止,但日本在相当程度上获得了1936年国策决定所要求的"在东亚的稳固地位"。

1938年9月外务大臣宇垣辞职以后,陆军征服中国的目标就受到了板垣、荒木和木户所属的近卫内阁的无条件支持。自1938年7月20日起,松井大将成为内阁参议。在中日战争初期,即1937年10月30日至1938年3月5日期间,松井指挥了日本的华中派遣军。内阁改组后所发动的军事攻势,从1938年7月一直持续到1938年9月和10月。

1938年10月20日,日军占领华南主要城市广州。5天后,即1938

年10月25日，华中的日军达到了目的，占领了汉口。于是日军又充分利用这一胜利向华中腹地推进。

华南过去是日本势力最弱的地区，于是开始辅助进行对占领区的重建与开发。企划院声明：为巩固该地区日本军事胜利的成果，必须立即采取行动。在华北和华中，已经建立受日本支配的政治与行政体制。陆军对这些地区的计划，是要求重建、开发经济与扩充战争产业。

1938年11月3日，总理大臣近卫发表广播说：日本对华政策的新阶段业已来临。他谈到"经济合作"可以通过开发中国的天然资源来实现。近卫说，这是实现建立日本在东亚"理想新秩序"这一目的的根本步骤。重建方略与作战行动和政治工作同等重要，同样紧急。通过这些方略，就可以打倒国民政府和巩固亲日的"新中国"。

兴亚院

1938年12月16日，为巩固日本对中国政治与行政的支配，一个常设机关诞生，因为就在当天，内阁中设立了一个专门处理一切有关中国事务的新院——兴亚院。兴亚院有专任职员150名，但该数目可由总理大臣继续增加。根据职务，总理大臣出任总裁，同时陆军、海军、大藏、外务各大臣则任副总裁。总裁官房由总务长官和四个部长领导。

这个新院将指导中国占领区政治、经济和文化发展，且是统一日本政府各机关一切有关对华行政事务。

兴亚院具有双重意义：

第一，该机构提供了一种方法，将中国占领区的事务置于对于实施战时国家总动员负有最大责任的五大臣的直接权力之下。1936年决定基本国策的就是五相会议。1938年8月，外务大臣宇垣也首先将德国军事同盟的提案交给该院。正是这个"内阁中的内阁"现在控制着在华的开发工作；这不仅是日本"新秩序"不可缺少的一部分，而且对日本进一步武力扩张准备大有帮助。

第二，该机构是常设事务机关，专门关注中国局势的发展，调整管理日本对华事务的处置,并且保证一切有关中国的重要事项都在日本内阁的注意之中。

兴亚院设立之日,当时隶属于陆军中央兵器军需库的铃木少将成为该院四部长之一。

推动中国经济与产业开发的措施

正如佐藤所指出,日本在华的军事胜利,仅仅是完成政治经济目标的踏脚石。近卫内阁1938年获胜后,就专心从事实现陆军1937年计划所预定的对华经济与产业的开发工作。新计划采用"满洲国"和日本国内的系统化模式。

总理大臣近卫1938年11月3日的广播演说中描述了获得这一成果的办法。开发华北和华中经济的主要机关就是1938年4月30日创设的两大国策公司。近卫说,"华北开发株式会社"和"华中振兴株式会社"是为实施日本国策而设,并说这两个持股公司是资助直接从事复兴和工业开发特定行业的子公司。"华中振兴株式会社"将承担战争破坏地区的重建工作,而"华北开发株式会社"将立刻对日本备战需要作出贡献。之所以如此,因为华北所受的战争损失不太大,并且这个地区有丰富的铁、煤及其他天然资源,开发出来就可以充分利用。

在中国所实施的政治与经济措施,与军事措施一样都是陆军计划的产物。东条中将征服中国并利用其资源的决心,对于当时的情况有很大关系。在陆军大臣板垣优柔寡断之时,东条表现强硬,终使板垣同意了东条的意见。

东条自1938年5月30日任陆军次官以来,兼任了许多职务,因此与战争动员各主要部门关系密切。此外,他还是这两个统制华北华中经济的国策公司组织委员会的委员。1938年12月10日,当陆军对华计划趋于实现之时,东条辞去陆军次官这一主要职务而出任陆军航空总监。

陆军利用与德联盟来控制日本外交政策

在1938年8月9日阁议中讨论德方的全面军事同盟提议后，内阁自然将问题委之于军部之手。大岛得到参谋本部的通知说，内阁和陆军都赞成里宾特洛甫的提案。但希望这个新同盟主要是以苏联为目标。

内阁默许这一提议表明了陆军对日本外交政策的影响程度。日德两国的关系经大岛少将之手，由陆军发展起来并得以维持。

1934年5月大岛首次出任驻柏林陆军武官。当时他接到训令，负责研判纳粹政权的稳定性和德国陆军的潜在价值，以及万一苏联卷入战争德国可能采取的态度。大岛成了外交部长里宾特洛甫的心腹之交，陆军利用这种交情来维持对德关系。陆军还利用这种关系间接地左右日本外交政策。

1936年11月在柏林所缔结的"防共协定"，就是经参谋本部批准由里宾特洛甫与大岛进行谈判的结果。1937年11月参谋本部想利用同样的方法去变更近卫内阁的对华政策。外务大臣广田勉强接受了对于德国出任"调停"解决中日战争的建议，因为中日战争疏远了日本与反共盟国之间的关系。这一调停提议表面上是由德国提议的，而实际上是大岛按照日本参谋本部的指示策划的。最后，1938年8月9日提交给近卫内阁的建立全面军事同盟的德国提议，其实是德国当局与参谋本部部员之间秘密谈判的结果。

这一建议案的最终形成，始作俑者其实是大岛本人。1938年初，大岛接到了与这类问题直接相关的参谋本部的通知说，根据他们的意见现在正是缔结日德全面军事同盟的好时机。尽管通知者明确表示他们并不是代表参谋本部的全体意见，可是大岛通知德方时则说，日本陆军希望缔结这一同盟。其实是先由大岛本人起草了内容大纲，与里宾特洛甫决定了提案的文本，然后由参谋本部把它当作德方提出的建议表示赞同后，再提交外务大臣宇垣。里宾特洛甫与大岛谈判的当月，东乡大使正代表日本政府谈判德国经济参与中国沦陷区的条件,但东乡对大岛的谈判竟一无所知。

外交代表的更迭表明内阁希望加强同德意的关系

外务大臣宇垣辞职后,日本于1938年9、10月更换了外交代表。这些更迭表明,内阁虽尚不愿给予积极的承诺,但与陆军同样渴望加强对德同盟。

既然暂时不考虑立即对苏作战,就需要对苏采取较为缓和的姿态。由于1938年8月在哈桑湖的败北,日本放弃了重光大使曾露骨提出的割让毗连"满洲国"边境的苏联领土的要求。1938年9月22日,重光卸任驻莫斯科大使,改任驻伦敦大使。东乡则继重光之后出任驻莫斯科大使。所以如此,是按照东乡在驻德大使任内的经验,认为他适合于执行不大强硬的政策。1937年,东乡曾努力说服德国相信日本信守承诺的诚意,而实际上日本根本无意信守承诺。

因为东乡失去了德国的信任,所以调他到莫斯科有双重目的。1938年10月8日,他的陆军武官大岛继任驻德大使。

大岛的活动,大大篡夺了东乡的外交职务,也严重损害了东乡的权威。1937年,当东乡保证日本有完成征服中国大业的决心时,里宾特洛甫却自大岛处得知日本陆军希望举行谈判以解决中日战争。1938年,当东乡根据广田政策提出在中国占领区给德国以优惠地位时,而大岛的劝告则激起了德国缔结三轴心国军事同盟的希望。1938年8月,东乡有名无实的诺言完全暴露,而就在当月,大岛的工作却赢得了近卫内阁全体的认可。

因此,大岛出任大使意义重大。这表明内阁批准了着眼于对苏战争而缔结军事同盟的谈判。这是由一个完全受军部信任的军人来担任一向由职业外交官占据的职位。这是陆军在日本外交政策方面的重大胜利,也是陆军备战政策的一大进步。

提拔大岛是向德国保证,日本现在诚恳希望与德意联合。而大岛本人由于地位与名誉的提升，可与里宾特洛甫自由合作以缔结三国军事同盟。

在意大利也进行了这项工作。1938年9月22日，即大岛任驻德大使前两周，一向希望对苏战争的白鸟被任命为驻意大使。白鸟自己认为缔结三轴心国军事同盟是他的主要任务。

白鸟的任命也是陆军政策在外交问题上取得胜利的另一重要例证。他与军部来往已久。他自1930年10月31日至1933年6月2日担任外务省的情报局长。其间，他是陆军征服和扩张计划的强烈支持者。1932年5月总理大臣犬养被刺前一两周，内阁和官吏分裂成两派。一派支持总理大臣的自由主义政策，另一派则属于"皇道"派，即陆军大臣荒木所领导的军部派。白鸟当时是与陆军合作叫嚣要求退出国联的外务省官吏中最著名的分子。他认为加入国际联盟与征服满洲后的日本地位势不两立。

4个月后，白鸟又在斋藤内阁任期中表达了军部派的意见。他认为日本的困难是由于缺乏强力的政府。因此，他主张任命陆军大臣荒木为总理大臣，并说荒木作为"强大的军国主义者的代表"，能在今后五六年中推进毫不动摇的政策。

白鸟认为他留在东京对于维护自己赞同的见解非常重要，因此不愿接受国外的任命。虽然如此，1933年6月2日，他被任命为驻北欧各国的公使，可是他在国外任职期间却支持陆军的日本应尽早进攻苏联的意见。

1937年4月28日，在卢沟桥事件爆发前3个月，白鸟被召回东京负责外务省的临时任务。

1938年初，他游历华北华中，发现自己对外交政策的意见与板垣中将的主张完全一致。

1938年6月，板垣任陆军大臣前两周内，要求近卫任命白鸟为外务次官。在大川向外务大臣宇垣提交的请求书中，这项要求立即得到了外务省少壮派官吏的拥护。近卫认为这个建议切合政治局势,但由于宇垣和外务省高级官吏的反对,这一任命未能实现。

1938年8月,内阁接受了与德意军事同盟的建议,同时陆军修改了它的对苏战争计划。1938年9月宇垣辞职,这表明陆军及其支持者在内政和外交政策方面都获得了胜利。当月,大岛任驻柏林大使,而白鸟则担任驻罗马大使。

陆军继续与轴心国进行军事同盟谈判

陆军得到了内阁的帮助,以进一步努力巩固对德友好关系。1938年10月2日,陆军大臣板垣致电希特勒,表示陆军对德国在捷克斯洛伐克的苏台德问题上的成功深感佩服。他祝贺德国国运日隆,并希望"建立在防共统一战线上的日德两国军队的友谊"日益增强。

在柏林,大岛大使则在为实现德日陆军紧密合作的目的而努力。1938年9月或10月,他派遣间谍越过苏联国境,并与德军首领谈判交换有关苏军的情报。

同时,罗马与柏林都在考虑三国同盟的计划。德国方面已与墨索里尼的外交部长齐亚诺讨论过这项计划。墨索里尼虽然还未准备好缔结同盟,但表示基本同意这项计划。

该同盟提议的文本是由大岛、里宾特洛甫、齐亚诺直接商谈草成的。有效期为10年。并追加了"不得单独媾和"的新条文。此外,还制订了一份协议草案,规定援助义务产生时应立即协商。

1938年12月,大岛经日本政府允许访问罗马。结果却发现墨索里尼还不准备考虑立即缔结同盟。

现在休庭,直至13:30。

(12:00休庭)

(13:30重新开庭)

法庭执行官:远东国际军事法庭继续开庭。

庭长:我继续宣读法庭判决。

日德文化协定及近卫内阁的对德政策

1936年11月缔结防共协定时,日本和德国还缔结了一个秘密军事协议。德国当时声明:秘密协议的精神是决定德国对苏态度的唯一决定性的东西,是必要时进一步发展日德关系的基础。目前陆军从事的工作,就是实现这一发展。

1938年9月宇垣辞职后,总理大臣近卫亲兼外务大臣。10月有田继近卫外务大臣之职。因为有田是广田内阁的外务大臣,所以没有谁比有田更清楚陆军的各项计划。有田以外务大臣的身份,出席了一系列重要的决定基本国策的五相会议。在此期间,有田作为外务大臣,指挥了缔结日德防共协定和秘密军事协定的各种谈判。当1936年11月这项协定提请枢密院批准时,有田担任内阁发言人。

1938年11月22日,由枢密院批准了日德文化合作协定。平沼当时担任枢密院会议议长,板垣和荒木作为陆军大臣和文部大臣出席会议。这次有田再次担任发言人,说明这一措施旨在加强日德两国的关系。

这个协定规定了两国的文化关系应以各自的国民精神为基础,所以获得枢密院审查委员会批准。该委员会的报告中说,这个协定可以加强友好关系,"增进友好关系",并且有助于实现日本外交的总体目的。

与批准"防共协定"时一样,有几个枢密院顾问官对内阁亲德政策的真正意义忧虑重重。虽然有田保证这个新协定不包含任何政治意味,但其中一位顾问官仍不满意,他说:"最近我国追随德国潮流的倾向是无可否认的。"他又说,"鉴于这一事实,我再度希望批准这个条约之前,应采取某些方法来防止我国国民的任何可能错误。"

两年前支配着内阁对德政策的想法依然如故。这次枢密院会议记录显示,日本舆论还没有考虑与德意缔结紧密同盟。有田故意低估文化协定的意义,是因为内阁尚未准备好承认打算缔结这类同盟。此外,木户等人担忧德方拟议中的同盟形式会成为一个麻烦的约束。由于这两点限制,近卫内阁竭尽全力借三轴心国的军事同盟以提前加强日本国内的战争准备。

1938年日本与西方各国关系全面恶化

尽管与德意军事同盟的提案在日本的坚持下主要以苏联为目标,但新提案不可避免给日本对西方各国关系带来不利影响。1938年8月,当总理大臣近卫最初接到全面军事同盟的德方建议案时,他也获悉德方关于国际局势的见解。外交部长里宾特洛甫认为对苏联战争无可避免,匈牙利和捷克有可能成为同盟国,罗马尼亚大概会保守中立。他认为要使法国脱离英国是不可能的,从而暗示这些国家是潜在敌对国,而且说美国会给这些国家提供经济援助,但大概不会提供军事援助。日方后来得知,德方为使同盟提议案能为日方接受,在提出以前里宾特洛甫与希特勒本人曾进行了长期商讨。

因此,内阁和陆军都很清楚,德国期望的同盟在一定程度上是以西方各国为目标的。内阁对德方建议的默认,也就意味着他们同意谈判缔结一个不仅针对苏联而且针对一切其他国家的条约。

就1938年8月,陆军重新检讨了立即进攻苏联的计划,并集中力量建立在华日本"新秩序"。截至1938年12月,1936年国策决定中所包含的对外扩张主要目的大体实现。于是公开声明所谓的"大东亚共荣圈"形成了,并根据国策决定,日本在这一区域的地位要求日本在该区域内"排除列强的军事霸道政策"。1938年8月25日佐藤说:"英苏两国在支持中国,为中国提供间接和直接援助,严重妨碍了我们的军事活动范围。"

1938年下半年,日本与西方各国原本的紧张关系明显恶化。陆军实施的长期计划已发展至此,结果日本所有友好关系和尊重条约之类口头声明已无人听信了。虽然日本的领导者还没有作战的决心,但已准备进行更大胆的发言与行动。日本的动员已部分完成,而现在又得到了德国提供援助的诺言。对华侵略似乎正在稳步进展,而日本新帝国的形成已不可否认。

这些进展必须详加研讨,但这决不表明日本会在政策上有任何改变。日本一方面正完成战争准备,一方面依然要"努力维持与列国的友好关系",并且要"排除万难以实现"国策决定的目的。日本对西方各国的新态度,体现在佐藤8月对警察部长会议的演说中。他说:"对于英国,我们承认其一定程度的权利,但必须使他们与蒋介石断绝一切关系。"

1937年7月至1938年9月,日本对西方各国在华权益的损害

1937年7月7日卢沟桥事变爆发,中日战火重燃。从此以后,日本损害西方各国在华权益的事件日益增多。日本频繁袭击英美国民及其财产,这些事件自然成为反复外交抗议的主题。

这不仅损害了日本与西方各国的关系,还系统地违反了维持在华"门户开放"和通商上"机会均等"的条约义务。关于这些行为的最显明的证据源自德国。1938年7月24日,德国驻华代表报告德国政府说:日本军事当局正在努力使中国与内蒙古成为经济附庸。他们说,日本企图让这些地方的经济专门为日本服务,并且消除一切外国权益。

在应付外国的抗议时,日本当局总是表示要尊重条约义务,并对已发生的事件表示遗憾,还解释说这是战争中迫不得已的事情,但到了1938年6月,当板垣和荒木出任近卫内阁阁员与木户同事时,便逐渐显出一种独断专行的新姿态。

1938年7月底,驻东京英国大使提出英国所受损害的概要。当时外务大臣宇垣表示了他对解决这类问题的善意,同时他告诉英国大使,如果英国能对日本更友好并停止支持蒋介石,那么问题将更易解决。

因为日本没有对中国宣战,所以没有正当理由抱怨其他各国对于中国国民政府军队的援助。此外,由于英国及其他各国是国际联盟的会员国，有支持1937年10月6日国际联盟所通过决议的义务。决议中曾规定：鉴于日本在中国的行动是侵略性的行动，所以一切会员国都应避免采取可能减弱中国抵抗力量的行动，并且各国应考虑可能采取何种办法给中国以积极的援助。

宇垣声明的真实意义，是暗示日本决心行使压力使西方各国默认其征服中国。次月，日本明确表明这项政策。

1938年8月，日本要求英法两国取缔其天津租界内中国人的爱国活动。关于这类活动，根据国际法日本没有提出要求的依据，而且取缔也不符合国联决议的主旨。尽管如此，英法当局认为如果不依从日本的要求，有可能不得不退出其在华租界或租借地。

1938年9月宇垣辞职后，独断专行的新姿态表现得更加明显。有田就任外务大臣后，即1938年第四季度，日本公开承认有破坏条约义务的意思。因此，对于这一时期频繁交换的外交文件有特别必要加以详细研讨。

1938年10月至12月，继续损害西方各国在华权益和"大东亚"主义的出现

1938年10月3日，驻东京美国大使格鲁提出了美国所受损害的概要。格鲁说，日本从未遵守坚持在华"门户开放"原则和保护美国利益的诺言。他强调说，只要规定通商贸易的规则、课税及禁止贸易的最后决定权掌握在日本手中，那么就不可能有什么"门户开放"。

3天以后，格鲁用详细的照会提出了这一抗议的根据。照会指出，日本公司在"满洲国"享有的特殊优惠地位和对物资交流的限制使外国贸易商负担了日本竞争者所没有的负担，这类措施也适用于其他中国地区，且现已获得佐证。在"满洲国"，以军事上的必要为借口，不准美国国民管理自己的财产，虽然日本商船仍在扬子江下游航行，但却拒绝美国船舶的通航，并且青岛港也掌握在日本的手中。

最初这类抗议只由外务省的发言人作温和的答复。发言人说：这类情形是战争紧急状态下所不可避免的事,其他国家必须谅解日本的处境。但后来逐渐地抛出所谓"东亚新秩序"理论。1938年11月3日总理大臣近卫发表声明说:日本将与任何第三国合作,如果它了解日本的真意并采取适合新情势的政策的话。

1938年11月18日,有田对这些抗议作了一般性的答复,又指出这是由于战局紧张的需要,并称因为日本现在正在努力建立"东亚新秩序",所以"事变"以前的体系诸原则已不再适用。美国的代表告诉有田,这种答复是完全拒绝美国的要求。外务大臣答道:"门户开放"原则仅只适用于中国是极不合逻辑的。格鲁大使再度强调美国遵守条约上的义务和"门户开放"的原则。因此,就引出了有田的更明确的回答。有田说:日本虽愿与第三国合作,但现在要日本承认无条件的"门户开放"原则很困难。为促进中日进一步亲密关系所必要的措施,也许需要取消这类原则的施行。但仍然会给其他各国的经济活动留出相当余地。他对于(开放)长江问题,不能给予任何诺言。

在交换意见两天后,格鲁大使对1938年11月上旬日本领事馆和军事当局接收广东的海关提出了抗议,因为这再次违反"门户开放"的原则。这次有田彻底阐明了日本的立场。他说:为了防止远东的国际纠纷而将各种条约原封不动地加以应用,"反而不能取得和平与一般的繁荣"。他说,日本虽同意"门户开放"的原则,必须承认日本、中国和满洲之间的"特殊优惠的关系",这与大不列颠联合王国范围内的情形相同。允许独占企业的存在是为了防御上的关键需要,但一般来说不会对第三国采取特殊的差别待遇。

格鲁说,美国政府不能接受条约义务的片面改变;1938年12月30日,更向有田做出进一步回答,坚持任何"现状"的变更都必须经过各国之间的会议。自此以后,会谈在相当长一段时间内陷于停顿。

决定攻占海南岛并压迫法属印度支那

1938年第四季度,日本政策出现了新的发展,即估计与西方各国的困难会加强。在卢沟桥事变中日战争再启 10 天后,即 1937 年 7 月 17 日,法国签约通过越南供给中国国民党军队武器弹药。因为日本从来没有向中国宣战,所以这个契约丝毫不能构成对中立法规的损害。尽管如此,日本却不断向法国当局提出抗议,出于这种压力,法国承诺,在现存契约期满后,即停止军需品的供应。

在有田就任外务大臣后,1938 年 10 月 26 日,日本提出抗议说,法国仍然经过越南向国民党的军队供应武器。法国当局否认滇越铁路曾用于此,并拒绝采取日本方面所要求的措施。

尽管如此,日方坚持说,(法方)仍在使用滇越铁路向中国运输军需物资。1938 年 12 月 9 日,有田批准通知海军军令部,在作战情况需要的范围内,外务省对于轰炸中国境内的滇越铁路并无异议。日方事前就知道这种轰炸将在军事和政治上引起巨大的影响,但认为法国、英国、美国不会"过分"吃惊。

上项政策的决议在两周前的五相会议中获一致通过。1938 年 11 月 25 日,包括陆军大臣板垣在内的五相会议,又决定在必要时可以攻占海南岛。这个属于中国的岛屿正对着越南北部海岸,是控制越南北部的要地。

日本与国联断绝关系及其意义

与此同时,日本完全断绝与国际联盟的关系。1938 年 9 月 22 日,外务大臣宇垣传达说:日本拒绝参加为调查中国事态所设立的国联委员会。接到此答复一周后,国联通过决议,各国应对日本采取制裁手段,并给中国一切可能的援助。

在国联的决议发表以后,1938 年 11 月 2 日,日本立即召集枢密院会议。出席会议的有枢密院议长平沼、总理大臣近卫、文部大臣荒木、厚生大臣木户及陆军大臣板垣。

枢密院的审查委员会报告说:自从退出国际联盟以后,日本继续自愿参加了国联的各种附属机构及其活动。但国联拥护中国的立场,现在又决议对日采取制裁手段。虽然还未采取任何具体行动,但在决议有效期内日本与国联处于完全对立的地位。所以日本必须与国联断绝一切关系,但应根据国联盟约和托管条款继续统治南洋诸岛。日本将照例,以统治国的地位提出行政方面的年度报告。枢密院接受了审查委员会的报告,全体一致通过与国联断绝关系的决议。

这项决议与日本最初承认有独霸东亚的意图重合。陆军依靠军事力量进行扩张的计划,本质上否定国际团体的权利。因此,随着计划的进展,这一事实必然日益明显。

1933年国际联盟斥责了对满洲的侵占,日本随即退出国联。自此以后,日本的领导者始终避免作出与实行陆军计划相矛盾的任何国际诺言。现在因为陆军计划已经部分实现,日本领袖就采取了退出国际团体的最后手段。

尽管如此,有关中国的九国公约和有关南洋诸岛的国联盟约中的规定,仍然是对日本具有约束力的两个重要承诺。日本的发言人曾公开表示遵守这类义务,因为日本国策决定的一个原则是,一方面准备战争;另一方面"努力维持与各国的友好关系"。那几个月在中国所发生的事件,使外务大臣有田不得不承认日本已无意严格遵守有关远东各条约的内容。在这一新政策的声明中,虽然把原因诿之于远东情势的变化,但这些变化则是日本侵略的结果。

日本受任为托管国的权力,是由国际联盟盟约而来的,但盟约禁止在南洋地区建筑军事防御工事。但是军事防御工事早在三年前就已开始了,并且当时日本正在全部托管岛屿上加速进行这种工作。这是在高度秘密中进行的,当时日本能继续欺骗人,正是因为日本领导者采取了这种欺骗手段。日本枢密院曾再度确认,日本打算按照国际联盟盟约的规定来统治这些岛屿。

准备南进,荒木与日本的最终目标

1938年11月3日,近卫内阁发表了关于"大东亚"未来政策的正式声明。这个声明，发表于决定与国际联盟断绝一切关系的次日。对于日本"新秩序"的出现，采用了大川和其他政治评论家所常用的模糊而又夸张的措辞进行描述。

正如基本国策制定者认识到的，这类发展必然引起对西方各国的敌意。日本已经在动员其全部资源，以等待只有通过对他国诉诸战争才能实现进一步扩张的时刻的到来。于是，日本在秘密建设新海军并为太平洋战争准备海军基地。

这项准备不仅是日本在建立亚洲大陆新帝国时反对外国干涉中所采取的措施，即不仅是防御的警戒措施。其所以如此，因为日本对于中国和苏联以外的国家的领土，还具有野心。基本国策决定中所规定的第二项目标，即"外交与国防相辅为用向南方海洋发展"。

当时日本正在进行南进的准备。1938 年 5 月至 12 月，日本政府当局正在准备对印尼进行宣传工作。日本计划发行马来语的报纸，打算公然为日本"南进"做准备。

关于日本这些政策的最后目的，曾反映在文部大臣荒木当时所发表的演说中。荒木在内阁发表关于"大东亚"的将来的宣言 4 天以后，即 1938 年 11 月 7 日的"唤起国民精神"诏书第十五周年纪念日，发表了一篇广播演说。荒木回顾了日本侵华的成就，他说这是实现诏书的一个阶段。但是他警告听众说：根本问题不在于"中日事变"，"中日事变"不过是"新世界和平"的前兆而已。他说他相信日本在行将到来的新世界中处于起重大作用的地位，因此，日本必须准备应付任何紧急事态。他接着说："无论蒋介石和世界怎么样说，作为负有这个新世界黎明重任的光荣的日本臣民，日本必须储备充分的力量，保持我们自己的本性，消灭罪恶根源，从容不迫，步步为营，朝着建设新世界的目标前进。"

日本当前目标：建设东亚新秩序和对苏备战

为了达到这些最后的目的，日本必须巩固它在中国已取得的地位，并加强为实现战时国家总动员的努力。1938 年 11 月和 12 月的声明中,强调了这些当前的任务。近卫内阁在其1938年11月3日的声明中,宣称中国国民政府已经变成了一个地方政权。声明中继续说:只要国民政府坚持着"容共"抗日的政策,日本在彻底把它毁灭以前决不放下武器。其所以如此,因为日本企图与"满洲国"及新的中国政权携手建设所谓"新秩序"。1938年11月29日,外务大臣有田在评论日本对中国的政策时,又重复了这些目的与意图。

这些声明清晰表明,日本内阁仍然把苏联看成实现日本野心的直接障碍。现在看来,对西方各国的战争最终虽可能发生,但苏联是最近的敌人,其力量与日俱增,对企图称霸东亚的日本来说是一个持续威胁。

在兴亚院设立6天后,即1938年12月22日,总理大臣近卫发表了正式声明,使内阁政策更加明确。他再度宣称他的内阁将坚决"对国民政府实行彻底的武力扫荡",并"向建设东亚新秩序迈进"。近卫接着说:在东亚决不允许有共产国际势力的存在,必须根据防共协定的精神与"新中国政权"及"满洲国"缔结新的协定。他说日本要求在"新中国政权"、"满洲国"、内蒙古有驻兵的权利,以便作为反对共产主义的手段。并希望中国把开发天然资源尤其是华北和内蒙古的天然资源的便利给予日本。

1939年1月4日第一次近卫内阁辞职与平沼内阁的成立

近卫的演说并没有表现出任何优柔寡断。然而两天后,即1938年12月24日,总理大臣近卫再次提出内阁辞职。自1937年6月4日近卫任职以来,不断发生政治危机,因此,近卫曾数次威胁着要辞职。这种威胁每次都只有起刺激军部的作用,且每次都是军部说服他继续留任。每次陆军计划发展的反对者都以失败告终。当近卫担任内阁总理大臣期间,陆军计划获得胜利。日本已在亚洲大陆推行所谓的"新秩序",并且已经在全力以赴地实行全国备战总动员。

因为近卫本身是陆军征服与备战计划的一贯支持者,所以在实行一般计划时很少遭到反对,但是为实现陆军的目的所采取的详细措施,则无论在内阁内部还是内阁以外都不断遭受到批评。1938年8月,近卫曾希望推他为一党政治制度的政府首领。在这样的政府中,军部具有至高无上的唯一发言权。但这个希望并未实现。

怀疑当时政策的某些方面是否贤明的人似乎一定会再度发出不满的声音。像以前一样,近卫又受到劝说继续留任总理大臣。枢密院议长平沼忠告说:从中国的现状来看,他必须继续留任。厚生大臣木户和陆军大臣板垣为了商议"计划的进展",曾会见总理大臣。新任的兴亚院政务部长铃木少将表示,他相信近卫必须继续做下去。但这次他们的恳求没有生效。1939年1月4日,近卫提出了内阁辞呈。

因此而发生的变化只不过是换一位领导者而已。那些为完成基本国策决定的目标而与近卫协同合作的重要政治首脑们,毫无例外一律继续留任。近卫出任枢密院议长,原枢密院议长平沼出任新总理大臣。

陆军大臣板垣、外务大臣有田和文部大臣荒木都继续留任。木户任新内阁内务大臣,铃木留任最近担任的内阁情报部委员和兴亚院部长的职位。

自1936年3月13日以后,自广田内阁最初着手从事于陆军计划的发展以来,总理大臣平沼始终担任了枢密院议长。1936年11月25日,平沼出席天皇御前全体一致通过防共协定的枢密院会议。1937年11月6日平沼担任枢密院会议议长,接受意大利加入防共协定。1937年11月20日,平沼再次作为议长召集枢密院会议通过决议:鉴于日本托管诸岛在帝国国防方面的重要地位,应置于海军的管理之下。

1938年1月,平沼批准外务大臣广田所制订的长期外交政策,支持广田的中日战争必须战至最后的意见。1938年11月29日,在平沼任总理大臣一个多月前,外务大臣有田向枢密顾问官们详细说明了他的对华政策。这个政策在所有的重要问题上都包含了广田的计划和基本国策所决定的原则。

1938年11月2日,枢密院会议全体一致通过日本与国际联盟断绝残余关系时,平沼担任议长。1938年11月22日平沼出席了天皇御前召开的通过了关于日德文化合作协定的枢密院会议。

在侵占满洲以前,平沼已在军部首领中脱颖而出。在广田内阁掌握政权前的10年里,他就占据着枢密院副议长的职位。1931年7月他已经成为宣誓去培养并高度弘扬日本民族精神的秘密组织"国本社"的总裁。在这个团体的理事中,有陆军军务局长小矶中将。这个小矶中将在此3个月前曾是要推翻自由主义的若槻内阁的陆军阴谋的策划者。

1931年7月正是陆军计划进展的重要时期。主张陆军领导者和支持若槻内阁的派别显然已分裂。两个月后发生了沈阳事变。1931年12月,荒木任陆军大臣,成为实现军部在日本的优越权和对满洲的军事支配运动的积极领导者。

1931年7月,自由主义者认为把荒木置于天皇左右很危险。荒木也是以平沼为首的国本社的理事。在日本的征服和侵略初期,平沼被军部中最有势力的分子视为领袖,这显示了平沼作为军部首脑的重要性。自由主义者和陆军内部都视荒木为平沼的追随者。

太平洋战争基本起因是征服中国

1939年1月5日平沼任总理大臣时,日本所实行的征服和扩张领土计划已难以中止。基本国策决定要求达到自给自足的目标并为战争而动员日本全部国力。由于日本侵华战争引起了他国的不满和忧惧,日本完成备战工作比过去更为紧急,而这反过来需要一个完全无须依赖外国物资资源的战争经济。因为绝对需要自给自足,这就需要实行陆军计划的第二阶段,即"南进"。在国策决定中规定要以"外交与国防相辅为用"为原则实行这一措施。

关于引起1941年12月7日日本与西方各国作战的各种事件之日益增加的推动力,尚待继续考察。然日本卷入第二次世界大战的起源和诱因,则可以从日本在中国沦陷区建立所谓"新秩序"时的一系列事件中去寻找。

1938年11月29日,即正式声明建立所谓"大东亚共荣圈"的那个月,外务大臣有田曾对枢密院说明日本的对华政策。他说:在国民党没有停止抵抗和没有与"新中国中央政府"合流以前,与国民党没有和平可言。任何调停的建议都不接受。当时机到来之时,应根据总理大臣近卫所宣言的三原则与所谓"新的中国政府"寻求解决办法。

所谓"睦邻友好"、"共同防共"和"经济提携"这类原则,都来自近卫为使日本在华行动合法化所发表的各项声明。结果,它们成了1941年美日外交会谈中基本争论点。虽然该谈判因太平洋战争的爆发而告终,但在谈判期间,关于以上的三原则从未给过令人满意的说明。可是1938年11月,有田曾在一定程度上明白地解释过每一项原则。

如果以有田的说明为基础,可以发现自侵占满洲前开始到与西方各国打仗为止这一时期内引导日本政策一贯发展的痕迹。

日本对华政策含义:"睦邻友好"原则

"睦邻友好"的第一项原则,是日本、"满洲国"和"新的中国"互相承认,重点是积极合作与消除三国间矛盾的各种起因。简而言之,这个原则就是人所熟知的"东亚新秩序"。这句话中,蕴含的基本前提是日本在东亚的优越地位、在东亚的特权和责任。这个原则,自1934年4月17日"天羽声明"发表以来,就成为日本一切重要政策声明的基础。太平洋战争开始之日,日本政府主张:美国没有承认"这一事态的现实"是两国敌对行为的根本原因。

有田说:依照这一原则,日本拒绝外国调停中日战争和日本不受国际义务的约束,都是理所当然的。在日本与国际联盟断绝残余关系的三周前,就已表明了这种长期政策。

有田当时劝告枢密院说:鉴于英、美、法"妨碍帝国对华政策的态度",日本必须努力排除"借九国公约及其他集团的机构来处理中国问题"的想法。他说：一方面要加强轴心国之间的关系和迅速处理中日战争；另一方面要使上述各国"都在事实上谅解日本的对华政策，支持帝国的态度或至少是采取旁观的态度"。

日本对华政策含义："共同防共"原则

近卫原则的第二项是所谓"共同防共"原则。有田说，这包含着日本、"满洲国"和日本所建立的"新的中国"之间的合作。必须缔结一个军事同盟并采取"共同防御"的措施。由于"共同防卫"的需要，日本必须保留对所有的交通通讯设施的军事权和监督权，并且日军必须在华北及蒙古驻军。其他日军可以撤退；但为了维持治安，应在华南的特定地区驻军，并由中国出军费。

此时初次提出的这项要求，实质上就正如有田所说，后来就成了1941年日美会谈中意见不能一致的三个根本原因之一。

有田说这是"共同防共"原则必然引起的明显结果。他说，日本会采取"一切可能的措施，避免苏联积极参加这次事变"。这种考虑再次强调加强轴心国之间关系的必要性。

1941年日美会谈中意见不能一致的第二个主要原因，就是"三国协定"，这个协定虽然是1940年9月27日才缔结的，但该条约的大体原则，却在近卫内阁时已得到内阁的全体通过。

1941年的谈判中，日本拒绝说明作为三国协定缔约国的义务性质和范围。但是日本的领导者主张说：与德、意的同盟是防御性的同盟。尽管如此，但是外务大臣有田1938年11月29日所作的外交政策演说中说，三轴心国缔结更紧密的同盟，是对美、英、法所应采取的"外交上的大策"之一。由于这类措施，这些国家不得不默认日本在亚洲大陆建立所谓的"新秩序"。

日本对华政策含义："经济提携"原则

"经济提携"是近卫原则的第三项。有田解释说，其含义是日本、"满洲国"和"新的中国"为互补天然资源之不足而彼此互惠。特别强调获得日"满"所缺乏的埋藏于华北的资源,尤其是矿物资源;中国对此目的应给予一切便利。日本应协助中国的产业化计划,协助中国建立经济财政政策和采用统一的海关关税制度。业已付之实行的这种方针,已明确体现于 1937 年 5 月 29 日所发表的陆军重要产业扩充计划中。其中说:日本"应选出所认为最必要的资源,在华北开发中采取主动,并努力确保这些资源"。

有田当时在说明实施"经济提携"中日本对第三国的政策时,与 6 个月前广田的话大体相同。他说,由于军事上的需要,对于"门户开放"政策的实行,将加以若干的限制。现在的指导原则就是由日本实质上支配华北和蒙古的天然资源,并凭借对中国币制和海关关税制度的支配来建立"日华满集团"。他又说:"西方列强在华权益只有与以上两项目的不相抵触时,我们才能不加以排除与限制。"此外,对于不影响日本在东亚优越地位的"无害的个别悬案",日本也拟加以解决。有田说:日本的外交政策影响各国态度的因素,不是依靠不必要的摩擦,而是依靠已经概述的"外交大策"。此外,日本还欢迎像德、意那样对日友好的国家。保证在华权益就是影响西方各国态度的第二种手段。这种手段充分发展,成为 1941 年妨碍日美协议三大障碍中的最后障碍。

1937 年至 1938 年日本继续进行经济产业方面的战争准备

1936 年 8 月 11 日的基本国策决定的首要要求,是要达到两个互相关系的目的:

第一,已占领"满洲国"的日本,应将其支配扩大至亚洲大陆。

第二,日本应利用中国的资源来补充日本的资源,借以增强日本的军事力量,扩充战争产业,消除依赖外国资源的供给,从事战争的准备。

1938 年下半年,在中国所取得的军事上的成就实质上达到了扩大在华领土的目的。通过打开开发经济和发展产业的新范围,减轻日本直接的军事负担,使得日本得以重新集中力量去实现战时国家总动员。

1936 年,陆军打算于 1941 年完成动员。为了这一目的,陆军制订了今后五年间扩充军备与战争产业的详密计划。

1937年2月,通过并实施了"满洲国"的五年计划。1937年5、6月,陆军制订了同样的计划来扩充军备和发展日本国内的战争产业。为了备战而完全动员日本的资源,曾经计划将日本的整个经济和产业都放在政府的管制之下。1937年5月创设的内阁企划厅,就是为了负责监督其实施。

与1937年7月7日卢沟桥再度爆发中日战争同时,延缓了采用陆军所制订的日本长期动员计划。在企划厅的监督下,生产进行了个别扩充以满足在华日军的迫切需要。但是陆军坚定了绝不牺牲动员计划各项目的的决心。在陆军管制下的重要物资中,分配于进行中日战争的仅有五分之一。

1937年和1938年,尽管在华军事行动的规模和激烈程度日益增加,陆军却坚定不移地追求长期计划的各项目标。1938年1月,企划院制订了该年度的督定计划,使五年计划复活。1938年2月,陆军的国家总动员法获得通过。总动员法赋予内阁以特权,可以动用日本国民的一切资源和能源用于完成备战。

1938年5月的严重财政危机威胁了日本国内动员计划的完成,于是对"满洲国"的五年计划进行了修改,提高其生产目标。同时,启动了总动员法所赋予的权力。陆军在说明总动员法的法律目的时,再次表明不惜任何牺牲去进行动员计划的决心。

尽管如此,1938年7月,为了巩固日本在华地位的需要,再次延缓执行该计划的各项目标。为了确保新军事进攻胜利所绝对必需的军需品及其他物资,不太迫切的各项战争产业扩充措施延缓实行。1938年10月,当日本对华北华中大部分地区加强了支配力量之时,近卫内阁再次慎重考虑了经济的自给自足计划和扩充战争产业问题。在中国占领区中,已建立了与"满洲国"所实施的一样的经济开发和产业发展计划。

1938年11月和12月,近卫、有田和荒木发表的演说,反映出内阁要竭尽全力完成国家总动员的决心。

这为复活陆军的战争产业扩充五年计划铺平了道路。这些计划从未放弃过。尽管中日战争给日本经济带来了沉重负担,可是陆军1937年度计划规定的生产目标超额实现了。1939年1月,即平沼内阁接替近卫内阁那个月,企划院制订了一个新计划,将陆军的1937年度计划中的各种目标具体化并使其适合时宜。

1939年1月平沼内阁通过战争产业扩充计划

1939年1月,平沼内阁通过了企划院制订的生产力扩充计划。这个内阁包括有田、板垣、荒木,还有木户。陆军1937年度的经济产业计划的目的和原则第一次获得内阁的明确批准。

这个新计划是专门为确保扩充日本国力而设计的。该计划借制订一个日本和"满洲国"及中国其他地区一体化的产业扩充方案,要求继续开发日本附属地。正如1937年度计划似的,这个计划的目的,是使日本在非常时期可以尽量避免对第三国的依赖,在日本统治区内达到天然资源方面的自给自足。

陆军的1937年度计划的重点,是1941年前实现物资自给自足和扩充军备的目标,使日本为未来命运的"飞跃性发展"做好准备。

在陆军1937年5月29日所制订的计划中,筛选出战争所特别必需的某些产业,由政府给予补贴并加以管制,进行迅速扩充。

1939年度计划也是针对在统一计划下必须急速扩充的重要产业,提高了原先长期计划中所规定的生产目标。

维持战时交通线所不可或缺的造船业,因获得多达建造费一半的补贴而得到极大扩充;新计划要求1941年总吨数还要增加50%以上。对于飞机生产所绝对必需的新生轻金属工业,特别指出要进行迅速和非经济的扩充。主要依赖美国进口的机械工具工业需要增产两倍以上。

"满洲国"的五年计划原来就以开发该地煤资源为重中之重,但新计划要求大规模增产,这种增产只有付给限界点以下的生产商巨额的补贴才可能实现。为了增产钢铁，日本已经实行了限界点以下的生产。尽管如此，1939年1月的企划院计划中，在国内生产的总增产目标上，钢铁生产要增加50%以上，铁矿石要增加100%以上。已经实行非经济的生产的年产量达1.57万辆的汽车工业，要求到1941年年产量提高至8万辆。

石油和油类生产也予以特别重视，因为这类物资日本几乎完全依赖输入。人造石油工业已经建立，但花费巨大。尽管如此，但在新计划中规定增加飞机用汽油生产到600%以上，增加人造重油生产到900%以上，增加汽车用人造汽油生产到290%以上。

平沼内阁时期经济和产业备战动员

1939年1月平沼内阁通过的"生产力扩充计划"，实际是实施1938年5月19日陆军说明国家总动员法时所要求的措施。当时陆军宣称，为使陆海军一直拥有充足的军需品，政府必须整顿充实长期计划以应国家总动员的各种需要。

产业与军事准备互相关联，而军事上的成功主要依靠国家全部力量系统有效的动员。

因此，将以牺牲其他产业为代价来增加日本军需品的生产，并且规定一切重要产业归政府统一指导。国家总动员审议会运用动员法来协助政府制订和执行这种计划。

1939年的生产扩充计划的实施办法反映了陆军计划。其中写到，从环境上看来，有迅速和强力实行扩充未来生产力的必要。因此，为了振兴和管制重要产业，对于产业已采取的措施应加以有效利用；对于所选定迅速扩充的产业，应想出新的措施来适应需要，供给政府以熟练的及不熟练的工人、资金、原料。为了这些目的，内阁在必要时应利用国家总动员法所赋予的权力或制订新的法令。因此，这个新计划是为准备将来的战争而动员日本国民的一种非常重要的措施。

平沼内阁1939年前8个月中实施了它通过的措施。1939年3月

25日,日本为保证当时所进行的战争产业扩充计划的隐秘性进行一项努力。日本通过了一项法律,目的在于"防止泄露关于供给军用的人力物力的情报"。3天以后,即1939年3月28日,文部大臣荒木担任国家总动员审议会总裁。

1939年4月通过了一项新法案,规定为造船业提供更多补贴和免税以补偿其损失。还采取了新措施来加强政府对这种工业的管制,并使造船标准化。关于电力的生产与供给,完全听从政府的管制和指示。加强对钢铁业的管制,并将其产品供给有特别优先权的各种工业。煤的任何大批贩卖,都要经过政府的批准。付给生产石油制品及其他人造工业的补贴金,也增加了。

1939年6月,官方《东京新闻》报告说:"满洲国"五年计划在钢铁、煤炭及其他战争产业的增产方面取得出色的成就。同月为了开发朝鲜的菱镁土矿创设了新国策公司。

在加大战争产业生产的同时,陆军兵力增强了。1939年3月8日修改了兵役法,延长了陆海军预备人员的补充服役期限。并且给予陆海军以进一步支配战争产业的权力,正如1937年6月23日陆军的军备扩充计划中的要求。1939年7月发布敕令,授权陆海军大臣可以根据其创议,征用那些被选定军需生产绝对必需的各类产业。通过这些措施和其他一些措施,陆军动员人力物力的备战计划得以实施。

平沼内阁对华政策及占领海南岛和南沙群岛

经济和产业备战计划首先需要加强日本对华的支配权。1938年11月和12月,外务大臣有田与其他第一次近卫内阁阁僚们的演说的最大重点,是日本决心在征服中国以后,想要促进日本所支配的"大东亚圈"的发展。为使1939年1月平沼内阁通过的战争产业扩充计划得以实现,就需要日本、"满洲国"和中国的其他地区完全一体化。

为了执行这项计划,还在第一次近卫内阁任期中,就使日本和西方各国的关系显著恶化,不断蔑视九国公约的规定,并采取了压迫法属印度支那的手段。

1939年1月5日平沼内阁上台后，依然继续了这类政策。1939年1月21日，新总理大臣在议会中说明了内阁的方针。平沼说：内阁决心始终向实现在华的预期目的迈进。并说，日本、"满洲国"和中国的其他地区必须迅速结合起来，以"新秩序"来代替旧秩序。必须毁灭始终坚持抗日的中国。平沼说：新内阁为切实达到这一目的而采取了种种必要的措施。

因此，新内阁继续执行了加深日本和西方各国间的鸿沟的政策。1939年上半年，在继续进行在华战争的同时，产生了更多针对美国国民生命及财产的侵害事件。

日本在中国沦陷区违反作为九国公约签署国的义务，继续对西方各国权益实行差别待遇。

1939年2月10日，日本海军部队突袭并占领了中国的海南岛。这一突然行动，是1938年11月25日的五相会议所通过的。这一行动立即引起了法国、英国和美国的抗议。这一行动构成对法属印度支那的威胁。日本方面不断责备法属印度支那援助蒋介石委员长的军队。尽管如此，日军在完成海南岛的占领六周以后，又继续南进。

1939年3月31日，日本外务省宣布已兼并了在南海的一群小珊瑚礁的南沙群岛。南沙群岛在海南岛以南700英里，与日本在华的行动范围相距甚远。距法属印度支那的西贡约在400英里以内。

第一次近卫内阁期间对无条件轴心同盟要求增强

自1934年派大岛为驻柏林的陆军武官以来，陆军就认为无论如何必须与德国合作。当时的陆军政策是必须尽早进攻苏联，即在苏联由于几次五年计划而迅速增强的军事力量尚未过分强大前尽早进攻。迫切希望与德国同盟反苏，显然是为了这一进攻目的。

1938年5月和6月实行了第一次近卫内阁改组后，陆军取得了对内阁政策的支配权。当时内阁政策的目标是完成对中国的征服，在苏联还未过分强大前尽早进攻，迅速完成全国备战总动员。这些是基本国策决定中的最主要目标。1938年8月，日本在哈桑湖战败后，陆军大臣板垣和其他陆军首领决定，必须延缓预定中的对苏战争。于是，有一段时期陆军集中力量征服中国，同时经济和产业备战计划的成败就系于这个征服的成败。

1938年最后数月，在削弱中国的抵抗和开发中国经济方面都获得了相当的成功。但这种成功，是以日本与西方各国的关系显著恶化为代价的。

内阁和陆军已经不再掩饰和辩解其侵害西方各国在华权益的坚定决心。日本彻底断绝了与国际联盟间的残余关系，还发表了建设所谓"大东亚圈"的声明。

日本不断激起西方各国反对，军部以空前的强硬态度主张与德意建立全面军事同盟。

1938年7月，当时的驻德陆军武官大岛提出了德日新同盟的建议案。外交部长里宾特洛甫立即声明：德国希望的是全面军事同盟而不希望以苏联为唯一主要目标的同盟。里宾特洛甫在声明中附以叙述他的外交政策见解的节略，并表示德国认为有可能与英法发生战争。大岛接受了里宾特洛甫关于拟议中的同盟的范围的见解，并亲自起草拟议中的同盟的内容纲要，立即将纲要递送给参谋本部。1938年8月底，大岛接到通知说，陆海军都对建议中的条款表示大体同意。但是陆海军希望，对根据建议中的条约给日本的义务限制加以变更。要使这个条约看成防共协定的延长，主要以苏联为目标。并警告大岛：要注意避免以西方各国为主要敌方的印象，不使日本负担立即给予无条件军事援助的义务。这是为了要防止日本自动卷入欧洲战争。

但是大岛向德方说明时，却按照他自己的解释，把这个训令说成是日本有意缔结全面军事同盟。他所接到的训令是应将建议中的条约视为"防共同盟"的延长并主要应以苏联为目标，但他不顾这一训令，而使德方了解为日本军部的领导者完全同意了德方所提的提案。提议的军事同盟草案，是由意大利外交部长齐亚诺、里宾特洛甫和大岛所同意决定的，把任何第三国都同样当做目标。大岛出任驻柏林大使后不久，即1938年10月底，将这个草案送达日本外务省。而外务省在不久前才由有田管辖。内阁并没有做出明确的诺言，对提案虽表示大体同意，但说明日本希望这个新条约主要要以苏联为目标。

近卫内阁未为缔结这一条约而采取进一步的积极措施。

1938年9月和10月，分别任命白鸟和大岛为驻罗马和驻柏林大使。二人都赞成与德、意缔结全面军事同盟条约。

外务大臣有田一方面希望加强与德意的军事联系；另一方面也希望在表面上与西方各国维持友好关系。外务省通知大岛，要使建议中的条约有利于解决中日战争，能够加强日本的反苏地位，从而将日军可以用于其他地方并提高日本的国际地位。但有田并没有表示接受德方建议的意思。他通知大岛说：日方将提出建议。

1938年11月25日，有田对枢密院说：日本的政策是采取一切可能措施阻止苏联干涉日本的在华行动。日本正是主要出于这一原因，希望加强与德意的关系。

1938年11月29日有田明确说明了近卫内阁的政策。日本要巩固在中国本土和蒙古的地位。在日本所支配的地区，日本已采取一切必要措施来创造军事准备状态以对苏战争。但并不倾向尽早发动对苏战争。因此，有田坚持了基本国策决定中所说的立场，即苏联是日本在亚洲大陆计划中的最主要敌人，最终可能难免一战。

但是有田也被迫对西方各国采取更强硬的立场。他说：既然英、美、法干涉日本的对华政策，日本就要避免利用国际组织来解决在华纷争。关于条约上的义务，只遵守与日本在华政策不相冲突的义务。要使西方各国默认日本的在华政策并自动加以支持，至少对日本实行在华政策袖手旁观。

出于这个原因,加上对苏备战,日本希望加强与轴心各国的关系。一方面,这意味着苏联将面临两面作战的可能;另一方面,这也是避免西方各国在华干涉的危险的重大外交措施。但有田并不希望如德国所想,让日本卷入与英法战争的同盟。这类战争也可能使日本卷入与美国的太平洋战争。在平沼内阁的整个任期中,海军极力支持有田,因为海军还没有完成太平洋战争的准备。

因此,有田制定了内阁所希望的进一步密切与轴心国关系的政策,该政策是加强防共协定而不是符合自己目标的全面军事同盟。从1938年11月到1939年3月,他努力加强该协定的内容并促使其他国家参加这种条款的协定。

同西方各国关系进一步恶化成为加强轴心国关系的又一理由

1939年前4个月,日本和西方各国之间的鸿沟愈来愈大了。外务大臣有田本人同意轰炸滇越铁路。日军占领海南岛和南沙群岛,并正在准备占领印尼和新几内亚。对这些地区所产石油及其他原料的需求正与日俱增。对于西方各国在华的条约权利的损害也日益增大。更糟的是陆军在华故意采取了让日本与西方各国的紧张关系进一步恶化的行动。由于所有这些理由,平沼内阁阁员急切希望与德意缔结某种军事同盟。到了1939年4月,有田放弃了只限于加强防共协定的计划。但内阁仍希望这个同盟能预防与西方各国的战争,而非促成这种战争。

现在休庭15分钟。

(14:45休庭)

(15:00重新开庭)

法庭执行官:远东国际军事法庭继续开庭。

庭长:我继续宣读法庭判决。

内阁分歧的发展

在平沼内阁中所争执的问题是为了保持当时全体阁员所希望缔结的同盟,日本必须承担多大程度的约束。

1938年11月和12月，大岛仍继续努力，以便缔结一个以西方各国及苏联为同等目标的全面军事同盟。白鸟也同样为缔结这类同盟而努力。日本则采取了加强防共协定的有田政策。

1938年12月有田通知大岛，外务省依然希望拟议中的同盟以苏联为主要目标。一个以外务省代表伊藤为首的代表团奉命赴意大利和德国，其明确目标是，确保日本不担负在德国与西方各国发生战争时必须参战的义务。因为这种政策与大岛过去给德方的诺言相反，所以遭到大岛和白鸟反对。1939年2月7日，在伊藤代表团访问罗马以后，白鸟警告意方说，日本可能会依据有田政策的路线提出新建议案，意大利应予以拒绝。

1939年1月5日平沼内阁上台后不久，留任陆军大臣的板垣显然支持了白鸟和大岛的要求，即缔结德国所希望的全面军事同盟。

1939年2月7日，外务大臣有田向天皇报告，参谋本部曾警告大岛在对德谈判中不得超越职权。但就在当天，陆军表示不愿听从天皇所谓条约应仅以苏联为目标的意见。这与1938年8月发给大岛的训令中的陆军态度是相反的。当时所说的是陆海军都把拟议中的条约看做防共协定的延长，希望它是以苏联为目标的。2月7日陆军却宣布赞成全面军事同盟。

白鸟和大岛都拒绝正式传达1939年2月抵柏林的伊藤代表团的提案，并将代表团的训令秘密传知齐亚诺和里宾特洛甫两外长，并威胁说如果日本不接受德方的提案，他们就辞职。

外务大臣有田当时对白鸟和大岛的活动后果甚为忧虑。1939年2月13日他愤慨地抱怨，大岛大使直接向陆军报告关于拟议中的同盟，甚至对外务省不通知。有田说：如果他对陆军必须采取的强硬立场失败的话，那么日本的外交政策大概会完全失败。

1939年2月22日，在总理大臣平沼和陆军大臣板垣均出席的枢密院会议上，外务大臣有田明确表示自己坚持加强与轴心国家的关系必须坚持以苏联为主要目标的政策。有田说：不仅要通过增加参加国的数量来增强防共协定的量，并且还要靠变更轴心三国协议的内容来增强它的质。

有田的声明说明了第一次近卫内阁和平沼内阁对于德方 1938 年 8 月所提议的全面军事同盟至此未采取任何积极步骤的原因。德国所希望的是以苏联和西方各国共同为目标的全面军事同盟。当时日本的基本政策是建立以苏联为主要目标，纵非唯一目标的同盟，为此目的并不需要新的同盟。就有田的目的而言，只要加强防共协定的条款就够了。

于是，当时平沼内阁内部出现分歧。外务大臣有田维持了第一次近卫内阁的政策。虽然欢迎以苏联为目标的轴心国间的条约，但反对在德国与西方各国间发生战争时日本必须参战的义务；另一方面，陆军大臣板垣对于日本必须缔结德方所建议的全面军事同盟的见解首先表示赞同。很显然，现在军部中有一派人主张不顾一切，首先要与德国缔结全面军事同盟，而大岛和白鸟正是在陆军大臣板垣的理解和支持下为这一派活动的。

1939 年 3 月 10 日，有田表示愿意接受忠实于陆军甚于对外务大臣的大岛和白鸟两大使的辞呈。有田相信总理大臣平沼在这一点会支持他；但结果并非如此。

1939 年 3 月 17 日，尽管板垣和米内对于拟议中的与德意缔结全面军事同盟问题意见完全相反，但在议会上，两人发表了关于日本政策问题的共同声明。共同声明说：陆海军两大臣意见一致，认为亚洲新时代的日本政策必然会引起与第三国之间的摩擦。他们对于苏联和法国对中日战争的态度表示不满，并说，如不将这些国家的势力驱逐出中国，就不可能解决纷争。

正在这个时候，即 1939 年 4 月，在西方各国与日本关系日益恶化的情况下，有田也放弃了不应缔结延长防共协定之外的其他协定的建议。

1939 年 4 月，日本对德意提出了包含对军部所倡导的意见有所让步的新对案。其中部分吸取了德方的草案，但特别规定，为避免引起西方各国的过度怀疑,必须给予有限制的解释。

大岛和白鸟再次拒绝正式传达这一提案,并再次通知德意方面,如果两国与英法发生战争,日本会参战。

日方上述的附有限制的提案遭到了德国和意大利的拒绝。

1939年4月军部反对内阁企图与德国取得折中协定

在此期间,平沼内阁的阁员为了决定政策连续举行了多次会议。大岛和白鸟所宣称的有关日本会参加德意对西方各国的战争的声明,更加强了外务大臣有田的反对。有田报告天皇,必须让两位大使撤回这种保证。天皇同意有田,斥责了陆军大臣板垣。板垣本人对于向天皇报告他的态度一事表示愤慨。

平沼陷入进退维谷的境地。一方面是陆军大臣板垣领导下的军部派的意见;另一方面是获得天皇近臣支持的外务大臣有田的意见。平沼本人倾向陆军的意见,并想予以支持。内务大臣木户则警告平沼,希望将天皇的意见与陆军的意见更密切地结合起来。整个内阁都希望加强日本与德国的关系,并愿意做出不太过分的让步。陆军表示并不希望日本卷入欧洲战争的漩涡,但这种说法显然毫无诚意,因为陆军想废除附属于防共协定的秘密协定。正是这个协定把日本提供军事援助的义务仅限于对苏战争。

大藏大臣石渡支持陆军大臣板垣,海军大臣米内支持外务大臣有田,因此五相会议继续陷于停滞不前的状态。

在这种情况下,1939年4月22日内阁决定坚持采取日方最近提案的立场。继续以大岛作为联络德方的渠道,如果谈判最终失败则内阁宣布辞职。

与此同时,德意对于发动欧洲战争达成一致意见。1939年4月16日,戈林和墨索里尼在罗马会面。他们当时决定两国应等待好机会去发动对英法的斗争。其间两国都把军备扩大到最高限度并维持战争动员体制。就在4月,里宾特洛甫警告大岛和白鸟,如果德日间的条约谈判久拖不决,德国可能不得不以某种方式去接近苏联。最后,平沼内阁关于与轴心国缔结全面军事同盟问题未能达成一致意见,而1939年8月德国与苏联缔结了互不侵犯条约。

内务大臣木户得知白鸟和大岛拒绝提交1939年4月的日方提案后,改变了态度。虽然木户以前建议平沼必须尽一切努力去缔结日德同盟,但到了1939年4月24日他认为必须召回这两个大使,因为他们继续支持全面军事同盟和不顾日本外务省的相反的训令。第二天,接到了大岛和白鸟要求召回的紧急请求。

当时情况危急。如果内阁加强日本和德意的关系不成功,那么或许不能达到日本的目的。反过来,如果内阁接受了德方的要求,日本就要参加德国与西方各国间可能发生的战争,而内阁阁员中,某些人并不希望如此。

在这种情况下,内阁决定尽最大努力与德意缔结一个可以接受的协定。鉴于大岛和白鸟不服从训令,1939年4月26日一致决定由平沼直接通过驻东京的德意两大使同希特勒与墨索里尼谈判。总理大臣平沼呼吁轴心国相互合作。外务大臣有田向两国大使说明了日本所面临的具体问题。

1939年5月4日"平沼声明"

1939年5月4日,有田将所谓"平沼声明"这份个人书信面交给驻东京的德国大使,这显然并非有田的本意。

在这个声明中,平沼盛赞希特勒在德国的业绩,并称他自己也同样在从事维持日本"东亚新秩序"的工作。平沼表示对使德日当前使命可能付诸实行的防共协定表示满意。他说:他现在正考虑缔结一个加强防共协定并使德意日的合作更为密切的协定。他接着说:"我可以肯定地说,为了加强我们的关系,德国方面如果遭一国或数国攻击时,纵然苏联未参加,日本有决心坚定不移地站在德意方面,并给两国以政治和经济援助,在日本力所能及的范围内甚至给予军事援助。"

接着平沼附加了限制性的条件，这表现了有田的政策。平沼说："根据上述协定，日本虽然打算考虑给德意军事援助，但是鉴于目前日本自身的情况，无论在目前或在最近的将来都不能给予两国任何有实际效果的军事援助。但如果情势变化，如有可能，日本自会欣然给予军事援助。"

平沼要求明确表示接受这项保留，又要求说明拟议中同盟的目的时必须谨慎。

平沼的声明对于德方和日本国内军部派虽然作了某些让步，但关键是规定在德与西方各国发生战争时日本不担负立即对德给予军事援助的义务。这个声明不仅德意方面，就连大岛和白鸟两大使也置之不理。

于是，内阁中的分歧陷于无法解决的境地。外务大臣有田和海军大臣米内激烈地反对缔结这类同盟，即要日本承诺在德国选择任何时机发动对西方各国的战争时，日本就有参战的义务。陆军大臣板垣和大藏大臣石渡则希望完全与轴心国结合。在内阁的其他阁员中，还有各种不同的意见。内务大臣木户虽然同情于陆军为缔结三国军事同盟而付出的全身心的努力，但承认这样的同盟可能使日本陷于危途。拓务大臣小矶虽然是陆军的扩张势力计划的忠实支持者，却相信把日德关系加强到一定的有限程度时，便可说服英国通过协商达成一个解决在华战争的满意方案。因此，他倾向于有田的意见。

有决定性发言权的是总理大臣平沼，他倾向于支持陆军的方针和原谅大岛及白鸟不服从训令的事件。1939年5月4日的平沼声明表明他的内阁热衷于缔结一个会给日本的战争准备提供补充和使其可能借武力实现侵略目标的同盟。

但是平沼所采取的方式也表明，对于拟议中的同盟的形式以及可能希望达到什么样的目的，各方面的意见长期存在着根本分歧。

僵局继续

1939年4月日本方面的提案及1939年5月4日的平沼声明中,内阁对于德国所要求的全面军事同盟作出新的让步。但军部派仍然支持日方绝对应该参加当时德国方面所要求的以西方各国为首要目标的同盟。

平沼声明在本质上与有田的政策和陆军大臣板垣及军部派的方针并无不同之处。内阁中的两派都承认由于统治中国和侵入东南亚各国的这一国策,大概会增强西方各国的反对。因为有田始终把苏联看做日本的"东亚新秩序"的主要敌人,所以希望缔结以苏联为主要目标的同盟。他相信与轴心国的这类同盟,也会使西方各国不敢阻挠日本去执行上述的国策。

不敢采取立即对苏作战预想的军部派,却相信陆军一切扩张目标能否实现,不仅依靠日本的战争动员,并且还要依靠其与轴心国目的的完全一致。西方各国妨碍日本达到南进的目标。这些国家对于陆军所从事的对华侵略战争毫不容情地加以反对。这些国家支配了决定战争动员成败的重要原料。根据军部派的见解,应凭借缔结日德意一般同盟的威胁牵制这些国家,使其不敢反对日本的对外侵略的国策。

里宾特洛甫已指出如果西方各国在来年败于德意时日本可能获得的利益。因此,陆军政策的基本特征就是要求完全无条件的军事同盟。由于德国政策的改变,并且已决定攻击西方各国,所以日本军部派满足于缔结一个以西方各国而非苏联为首要目标的同盟。

平沼支持缔结无条件轴心同盟的军部阴谋

1939年5月,在平沼声明发表以后,军部派又立即重新开始为缔结全面军事同盟而努力。德国驻东京的大使奥托报告说,平沼发表声明是为了消除罗马和柏林方面可能产生的疑虑,即日本是否准备竭尽全力以求圆满的妥协。至于陆军方面对于平沼的声明态度如何,奥托答应努力查明。

两天以后,即1939年5月6日,奥托得以汇报参谋本部部员的意见,他们直接按照陆军大臣板垣的方针行动。陆军方面觉得,平沼声明是在当时情况下所可能希望的最好提案。尽管如此,关于日本为对抗西方国家实施军事援助时曾附有"情势变化"一类不明确的条件,按照陆军的意向,这种措辞应该更为明确和强烈。

陆军次官告诉奥托说,日本比较孤立,若给予直接合作将处于不利地位,但这个条约会明确地将日本与轴心各国结合起来。但海军继续反对平沼声明所表明的方针,因此整个政府在是否赞成同盟的问题上陷入分裂。

里宾特洛甫说:虽然由于日方的迁延德意之间不得不订立了另一个单独协定,但这不会损害三国同盟的谈判。他又向大岛说明:新同盟的直接作用在于对付西方各国,因为德意与法英正在直接对抗,所以德意方面必须采取行动。

1939年5月6日,即平沼声明抵达德国的第二天,大岛又违抗了外务大臣有田的训令。里宾特洛甫当时为谈判德意同盟正拟赴意大利谈判时,询问大岛,当德国或意大利与第三国作战时,纵然日本不可能给予军事援助,是否可以认为日本也处于交战状态。大岛不顾平沼声明的措辞,竟报告有田说他做出了肯定回答。有田非常气愤,因为并没有授权大岛作这类的保证。更让有田苦恼的是,他意识到总理大臣平沼不仅没有采取中立的态度,反而倾向于支持陆军方面。

第二天,即1939年5月7日,为审议大岛的报告几乎连续不断地召开五相会议。不出所料,总理大臣平沼支持陆军大臣板垣,并赞成大岛对里宾特洛甫的答复。

同时,德国外交部一名官员于1939年5月6日提出一个新的非正式建议案。其中包含日本以前曾拒绝的要求,并且毫未触及平沼声明。外务大臣有田经调查后,发现了这个建议草案是日本陆军过去向德国外交部所提出的建议草案。有田拒绝对这种军事阴谋的结果负责,但总理大臣平沼始终支持军部派。

1939年5月9日,即在平沼支持大岛保证日本参加德国或意国的任何战争的会议的两天后,召开了五相会议来审议非正式的德国外交部的提案。已经知道这个提案是在日本军部派的鼓动下提出的。

海军大臣米内激烈地反对这个提案,他说这个提案不是正式的提案,而且对于平沼的声明未收到任何答复。平沼拒斥了这种异议,大岛在报告中保证,日本虽不积极但愿意参加德意参加的任何战争,这可以充分解释德国的态度。

桥本支持军部的目标

桥本是最初公开鼓吹这些目标的人。当内阁争执不下时,他为了联合大众支持陆军的政策,写了一系列的报纸文章。其中六篇发表于1939年5月1日至1939年7月20日期间。桥本在这些文章中披露了军部派方面的政策变化。虽然他认为苏联和西方各国都是日本对华政策的敌人,但他一贯认为英国为日本的最大敌人。

桥本说,在打倒英国和苏联这些援助中国的国家以前,对华战争不会结束。他认为英国是日本对华政策的主要反对者,他鼓动攻击英国,他说当英国被打倒的时候,苏联就会陷于孤立。

因此桥本主张,日本在南进反对西方各国的同时,必须对付苏联以防卫自己。他主张日本的命运系于南方,在南方正如在中国一样,妨碍日本扩张发展的是英国。他说根据当时的局势,日本征服英国并非难事,他不断劝告日本攻击英国。他主张占领香港,接收上海和天津的英租界。他表示他相信在英国舰队到达新加坡以前,日本空军就可能将其完全消灭掉。这一系列文章的最后一篇发表于1939年7月20日,其中桥本对于日本舆论终于转向反对英国甚感满意。

桥本根据他所说的理由,要求缔结三国同盟,这就是军部派所要求的同盟。桥本说,平沼和有田虽然希望加强与德意之间的关系,但他们害怕英国,所以对于缔结全面军事同盟迟疑不决。因此,他极力主张成立一个行动果决的强大战时内阁。

桥本认为只有与德意合作才能实现武力来扩大势力的各种计划。他说，因为这些国家的方针是消灭英国，所以轴心各国的利益是一致的。因此，他要求日本必须立即扩大并加强与德意的关系，并且把民主主义和共产主义都作为攻击目标。他说：如果我们加强合作就会很容易地打倒英法。在欧洲，德意会粉碎民主主义和共产主义，在亚洲至少将印度包括在内，日本要粉碎以这些原则为基础的国家。

平沼继续支持军部要求

由于日本未同意全面军事同盟的提案，德意极为不满。

1939年5月15日，里宾特洛甫电告驻东京的奥托大使，训令他通知陆军省的密友有必要从速决定，如有可能就通知陆军大臣板垣本人。于是奥托表示：德意方面所希望缔结的同盟，是使美国不参加英法作战的最好办法。他又指出：日本必须了解，日本在远东尤其是在中国的支配权，首先要依赖于轴心国对西方各国的优势。

里宾特洛甫告诉大岛说，尽管德意将缔结双边协定，但依然保留着日本参加的途径。他向大岛强调：希望在缔结德意协定同时，秘密制订一个一致同意的拟议中的三国同盟草案。

陆军大臣板垣决心按照大岛和德方所希望的方法立即缔结同盟。1939年5月20日，他经由大岛向里宾特洛甫承诺：最迟次日德方将接到日本内阁的积极的新决定。

1939年5月20日，在陆军大臣板垣、海军大臣米内和总理大臣平沼作了个别报告后，重新召开五相会议。外务大臣有田提议，让大岛收回对于日本肯定会参加轴心国任何战争的宣称。但平沼一直闪烁其词，拒绝让其收回。虽然有人反复要求总理大臣取消大岛大使的话，但他一直保持着对大岛关于日本立场的声明感到满意的态度。直到会议结束时，依然没有结果。意见分歧未能消除。板垣承诺的达成积极的新决定没能兑现。两天以后，即1939年5月22日，德意缔结了同盟。

1939年5月20日的会议之后，外务大臣有田明确指示大岛说，日本政府希望欧洲发生战争时，保留进入交战状态的权利。大岛拒绝传达这个信息，并且粗暴地电复有田。驻罗马的白鸟，采取了与大岛一样的方式。争论之点系于当时平沼声明的真意何在。陆军说它包含着参战的意思，外务大臣有田和海军认为不包含参战的意思。天皇支持有田，反对陆军的方针，但是1939年5月22日，总理大臣平沼又支持了陆军的解释，他说事情应照陆军希望的方式来处理。

板垣试图强迫缔结日德意同盟

当时陆军大臣板垣下定决心，冒着内阁垮台的危险为尽快解决此事而战斗。尽管驻柏林的日本大使大岛应该对外务省负责，可是板垣训令大岛，以后再不必向外务大臣有田递送报告。板垣想不顾内阁中的各派，而自行解决提议的军事同盟问题。大岛将这些经过，秘密告诉了里宾特洛甫。

1939年5月28日，里宾特洛甫将这项情报传知驻东京的大使奥托，训令他对于大岛的情报保守秘密，并要求大岛施加压力，以便尽快决定此事。里宾特洛甫训令奥托转知有关当局说，德意方面对于板垣未能遵守诺言，于1939年5月21日前给予确定的答复甚感狼狈。1939年6月5日，奥托对里宾特洛甫报告了来自外务省和陆军省当局的情报。他说：陆军的主张在一切问题上占上风，陆海军间已获得谅解。又说平沼和有田虽非出于本意，但已赞同了这项谅解，不久就会通过外交机关通知柏林和罗马。据供给奥托情报的人说，日本虽然同意参加对英法的战争，但希望保留在有利时机参加战争的权利。

奥托所预报的通知并没有实现，因为所谓陆军支持者业已意见一致是不真实的。不管海军已作了什么让步，但是对于陆军计划的根本问题仍然是反对的。所谓的意见一致，一部分是在平沼的主持下由陆军大臣板垣强迫达成的，一部分是靠板垣的反复陈说而达成的。

天皇依然支持外务大臣有田的方针。板垣试图采用与1938年7月为使天皇同意在哈桑湖使用武力时同样的办法，越过障碍。于是他向天皇作虚报说，外务大臣有田业已赞成陆军所希望的同盟。但是天皇已发现了他的诡计，1939年7月7日天皇责备板垣故意撒谎并对他严加斥责。

1939年6月和7月，德方完全没有得到日本方面的新通告。军部派所希望的同盟，只要天皇、海军、外务大臣加以反对就不能缔结成功。板垣认识到了这一点，因此他在1939年7月23日访枢密院议长近卫，询问天皇的心意有无改变的可能。近卫答复说，他认为要达到这目的十分困难。

但是板垣并没有放弃他的目的。1939年8月4日，他告诉内大臣木户说，如果内阁不同意缔结三国军事同盟，他就打算辞职。

陆军在华行动和诺门坎进攻苏联增加了内阁困难

同时，陆军在中国和"满洲国"境的行动，增加了内阁的困难。内阁中的两派都决意巩固日本在华的地位，对反对这一目的的任何国家加以抵抗。1939年7月6日，陆军大臣板垣和海军大臣米内再次表达了要终止中国抗战的坚定决心。陆海军两大臣说必须粉碎援助中国军队的第三国干涉，并鼓励日本国民不遗余力为建立日本的"东亚新秩序"而奋斗。

有关方面企图在中国整个占领区建立一个新的傀儡政府。陆军在实行这项政策时，在攻击西方各国的权益方面已抛弃了一切表面的口实。

陆军更依据1938年下半年所制订的计划，努力将外蒙古包括在日本的统治圈内。自1939年1月平沼内阁上台后，日军的分遣队已数次越过外蒙古国境，实施小规模的袭击。

比这些国境袭击更重大的事，就是1939年5月在诺门坎战斗。当军部派首脑为缔结日德意军事同盟而努力的时候，关东军再次攻击了驻扎在"满洲国"国境的苏军。关于这一战役，将在本判决书后文中作更充分的说明,它曾发展为相当大规模的作战,由于日军在交战中的败北,1939年9月战斗结束。

关于诺门坎战斗,究竟是由于参谋本部的命令或默认而发生的,还是像以前诸情形一样是由于关东军自身行动而发生的,本法庭还没有接到明确的证据。由于拟议中的对德意军事同盟问题而无暇他顾已陷于绝望分裂境地的内阁,好像认为这一作战是陆军方面的问题且不拟加以干涉。

但可以肯定的是,这一对苏冲突丝毫没有改变平沼内阁任何一派的见解。在整个战斗期间,陆军大臣板垣和军部派仍为缔结以英法为首要目标的对德同盟而努力,外务大臣有田、海军大臣米内以及他们的支持者,仍然抱着同样的决心为避免缔结约束日本立即参加对西方各国的战争的同盟而争执。

这类军事行动,增加内阁讨论时所产生的紧张氛围。1939年7月7日天皇叱责板垣时的整个情形,可以用内大臣的话来概括,他说:"陆军乱了,一切全完了。"他认为情势可悲,并叹息陆军将要使国家陷于毁灭。但是内阁中的阁员依然一致同意,在当时的情形下需要与德意之间缔结某种同盟。

有田和军部的政策对立使1939年6月和7月未能采取新的措施

然而,由于军部派和外务大臣有田的支持者们之间的意见分歧,1939年6月和7月整整两个月全然未采取任何新步骤。因此,从1939年6月至8月止,无论是对德谈判还是平沼内阁中悬而未决的纷争都全然没有新的进展。

1939年8月,板垣得知欧洲战争已迫在眉睫。板垣并且担心如果有田的策略获得成功,那么轴心国间的无条件的三国军事同盟就会全无可能。

有田害怕这类同盟所产生的结果,认为与英国缔结一个巩固日本在华地位之类的协定十分重要。为了达到这一目的,他向英国大使克莱琪提出了建议。板垣知道,有田利用日本可能缔结三国同盟的暗示,诱使英国在有田的替代性政策上予以合作。

1939年8月8日平沼内阁企图决定对德同盟的政策

为了与有田的努力相对抗,板垣再度努力获取内阁对于德方无条件军事同盟建议的同意。他认识到日本国内舆论有支持与经济上有诱惑力的英国相和解的危险。1939年8月4日,板垣和内务大臣木户就这一情势进行商讨。木户虽然不赞成大岛和白鸟毫无顾忌地将日本的利益从属于德意利益的做法,但是他始终赞成陆军的见解,并且企图劝说海军放弃反对意见。

板垣告诉木户,如果内阁不同意与德意缔结军事同盟,他就辞职。这必然引起内阁的垮台。木户对在当时的情况下改换内阁表示忧虑,并说服板垣,任何组织军部内阁的企图都将遭到抵抗。于是板垣同意再次努力以寻求打开陆海军之间的僵局的办法。

于是1939年8月8日,五相会议中再次讨论了这个问题,然后又召开内阁会议来商讨应采取何种措施。总理大臣平沼从完全默许陆军计划的立场上稍作退让。他指出:内阁长期来看一直致力于缔结轴心诸国间的同盟。平沼说,此前一天陆军大臣板垣认为只有陆军在为实现其预定计划而努力,但是平沼自己觉得并非如此。然后,总理大臣请其他阁员发言。

整个内阁的意见都认为由于情势的变化,有缔结攻守同盟的必要。虽然日本最初计划首先缔结一个防卫同盟,但如果办不到,就缔结攻守同盟。当时并未企图规定给攻守同盟附以什么样的限制,但是外务大臣有田认为内阁的共识与板垣所要求的无条件同盟还是有距离的。要么陆军大臣辞职,要么内阁达成更进一步的一致。

在这样一个普遍不安和幻灭的时刻,板垣坦白了自己所扮演的角色。他说:他既是陆军大臣又是阁员。作为阁员,他应赞成整个内阁所通过的计划;而作为陆军大臣,他须依照陆军内部一致意见独立行动。

1939年8月23日德苏互不侵犯条约促使平沼内阁崩溃

1939年8月8日的内阁会议并未产生陆军大臣板垣和军部派所希望的积极决定。内阁虽然认识到了攻守同盟的必要性,但拒绝比板垣1939年6月5日的诺言作更进一步的保证,板垣的诺言是当德国与西方各国发生任何战争时,日本保留选择良机参加战争的权利。实际上,内阁对于这个提案也未曾做出明确的决定。

于是,板垣决心再次采取强力手段。他向奥托说明这种情势,并说由于情势所迫,他决心以辞职作为最后的手段。几乎可以确定,这也会引起大岛和白鸟的辞职。他希望这些辞职能最终实现德方和日本陆军所期望的同盟,可是眼前公认的结果是这些计划会遭到巨大的挫折。

1939年8月10日,板垣要求奥托将当时的严重情势通知德意方面,并要求他们以让步来帮助。板垣提议德意接受1939年6月5日的建议,并附以一项保证,即具体说来,在日本选择参战时间的条件背后并无其他用意。那么,板垣才能够获得对于这一保证的明白承认。而这一协定可以不经过外务省的通告就能够加以实现。于是,大岛和白鸟根据板垣的训令采取行动,并向内阁提议应在1939年8月8日所作暂行决定的范围内作出协议来。

奥托把这一切情报都传达给德国,并劝告他的政府接受板垣的要求。奥托指出:因为陆军是德方所希望的同盟的最大拥护者,所以支持陆军在内政上的地位是德国最要紧的事情。此外,奥托觉得这类让步会使整个政府再次寻求对德同盟的决定,并可避免内阁的垮台。1939年8月18日,奥托报告说:板垣和有田间的争论依然很激烈。要求无条件军事同盟的青年军官的压力加强了板垣的地位,但五相会议没有超过1939年6月5日非正式传达给德方的建议范围。陆军正在独立地执行其同盟政策,并与有田对英谈判的结果毫无关系。

5天以后,即1939年8月23日,德苏签订互不侵犯条约。1939年9月1日,德军入侵波兰,由于这一行动,1939年9月3日,英法对德宣战。德国没有做出板垣所要求的让步，陆军大臣失去了使用强硬手段的机会。但情势岂止是陆军大臣的辞职就可以挽回。内阁的政策也已经完全失去了信任。内阁和国民都把德国当做反苏同盟国。内阁在成立之初就公开说要增进日本与各轴心国间的亲密关系。1939年8月28日，平沼内阁在召开会议承认其政策的失败之后，宣布全体辞职。内阁亲德政策的破产使与西方各国达成暂时协定成为可能，而这是板垣曾担心的政策。

1939年8月30日阿部内阁上台

天皇召见阿部大将令其组织新内阁并给予若干指示：以畑或梅津为新的陆军大臣。因维持治安至关重要，所以希望慎重选任内务大臣和司法大臣。新内阁的外交政策是与英美合作的政策。

要服从上述最后一项的指示，就必须转变自第一次近卫内阁和平沼内阁以来的外交政策，这正好解释天皇的其他指示的必要性。新陆军大臣须是一个为陆军所信任并能够控制陆军的人物，新政策能否成功首先系于内务大臣和司法大臣在国家外交政策的突然转变中控制日本大众间因此而发生的混乱的反应能力。

阿部颇感狼狈地将天皇的指示报告给当时的枢密院议长近卫，近卫告诉了前内务大臣木户。木户对近卫说，如果阿部依从天皇所选择的陆军大臣人选，就有与军部发生冲突的危险，近卫同意了木户的意见。因此，须由天皇将此项指示面告陆军本身或已辞职的陆军大臣，并且要依照惯例由陆军三长官选新的陆军大臣。木户认为关于天皇的其他指示，可以由阿部自己斟酌办理。木户并请近卫将这些意见转告阿部。

1939年8月30日成立的阿部内阁中，前任内阁的阁员无一留任。畑做了陆军大臣。白鸟根据他自己的请求被从罗马召回。1939年9月5日，关东军宣布诺门坎对苏国境战争的终止和失败。两天以后，天皇所选的另一陆军大臣候补人梅津，做了关东军司令官。外交事务最初由阿部自己处理，后任命海军大将野村负责。

在野村指导下的内阁外交政策，是企图改善日本与西方各国的关系。丝毫没有与德意修好的努力，也没有侵略东南亚的措施。在平沼任内阁总理大臣末期所发生的轰炸越南事件，由日本支付赔偿而告解决。

但是希望改善与西方各国间的关系，并不意味着放弃了日本支配中国的目标。这是日本国策的基本纲领。阿部内阁希望西方各国承认日本所制造出来的"东亚新秩序"。

1939年11月30日，外务大臣与法国大使间的会谈，就是这一政策的例证。野村对亨利大使说：对于法方恢复两国间友好关系的愿望，日本表示同感。对于法方首先做出的让步，他表示了感谢。但是野村指出，日本虽倾其全力来粉碎蒋介石政权，但法国却在继续援助中国抗战。野村说：此外，在太平洋的法国领土上，特别是在越南，对日本建立了经济的壁垒，如果法国真正希望与日本修好，就应该停止脚踏两头船的行为，断绝与蒋介石政权的关系，对日方解决"中国事变"的努力采取同情的态度。

野村对亨利说，大量军需品现在仍在经越南流入中国军队手中，这一法国殖民地成了亲华反日及中国军队的补给基地了。野村希望派遣有军事专家随同的外务省官员前往越北的河内，当场解释正在引起法国疑虑的有关日军在邻近越南的中国境内采取军事行动的理由。野村建议，如此一来，可以消除法国的疑虑，为达成协定铺平道路。

1939年12月12日，亨利大使提出了法方否认经由越南输送军需品的答复，对于日本再次提出这种抗议，表示遗憾。亨利说：既然在河内驻有日本的总领事，法国不能承认有派使节团到河内的正当理由。亨利表示法国极愿商讨两国间其他一切在意见上有分歧的悬案，并要求说明在中越边境的日方军事行动。

野村答复说：仍在继续输送军需品是无可争辩的事实。他承认因为中日间的战争没有公开宣战,法国没有停止供给中国军队的物资的法律义务。但他的内阁希望法国采取停止援助中国抗战军队倾向的运输。

阿部内阁的政策,也明显体现于该内阁成立后立即采取的对苏交涉。驻莫斯科日本大使东乡接到训令,提出解决诺门坎战争的建议。于是在几天之内就告解决了。东乡又接到训令,要他提出为解决国境纠纷设立一般委员会和提出对苏缔结通商条约的建议。如果苏联建议两国订立互不侵犯条约,东乡首先就应询问苏联是否有停止援助蒋介石委员长的打算。

军部继续进行与轴心国完全结合的活动

尽管内阁的新政策是想和西方各国缔结暂时的协定,可是军部派丝毫未改变要求与德意完全结合的政策。德苏条约给平沼内阁和日本舆论带来沉重的打击。连大岛也感觉吃惊和愤慨,竟然会订立这类协议。但是关于德国的意图大岛和白鸟曾接到过充分的警告。

大岛得到了希特勒和德国陆军的充分信任。在缔结中立条约(指德苏互不侵犯条约——译者)前一年,大岛从里宾特洛甫处不断接到了关于德国政策的充分通知。里宾特洛甫相信长期来看,无论是德国还是日本都必须获得与苏联之间的谅解。他当时说,即便缔结了三国同盟,他自己仍要为实现上述目标而努力的。里宾特洛甫在一年多以前,就把这种政策泄露给大岛。1939年6月16日,他明确警告大岛和白鸟,因为日本未同意德方的提案,德国将单独缔结德苏条约。白鸟认识到这只是德国的意图,大岛相信这种修好的努力不会成功,并且认为这种警告大概是为了敦促日德同盟的缔结。

1939年8月23日德苏缔结互不侵犯条约,白鸟和属于他的亲德派努力消除这一事件在日本所引起的反响。因为没有达到他的目的,所以他坚持要求调回日本,以便能为轴心国间的良好关系作更有效的努力。

日本认为德苏互不侵犯条约的缔结，违反了防共协定所附属的秘密协定，平沼内阁为此曾向德方提出抗议。但是大岛大使却受到应接受此抗议的德外交部当局的劝阻。并且劝告白鸟不应面交这一抗议。可是大岛却报告说，已经执行了内阁的训令。但一直到1939年9月18日德国侵犯波兰结束时，他仍然没有面交平沼内阁的抗议。大岛歉然表示，只要德国把这一文件当做非正式的参考和他个人的情报来接受下来，他就满意了。

同时在罗马的白鸟表明自己对于因为德苏互不侵犯条约的缔结在日本国内所引起的愤慨情绪并无同感。1939年9月4日白鸟与驻罗马的德国大使谈论关于防共协定所附属的秘密协定的效力问题。他说这个秘密协定的意图是日德两方都不得与苏联缔结互不侵犯条约。白鸟说：但从此以后情势完全变化了，但没有理由希望任何国家为了条约的缘故而使本国陷于崩溃。现在英国成了两国的主要敌人，绝对要打倒它。总之，白鸟认识到德苏互不侵犯条约的真正意义——是为了避免在东西两方国境上同时作战的德方策略。

1939年9月2日，白鸟接到召他回日本的正式通知。他特别希望有机会向里宾特洛甫倾诉他的亲德意见。当他明白自己不可能去柏林时，他就安排通过大岛来传达他的心意。

在东京，已辞职的陆军大臣板垣曾表明他依然坚持轴心结合的信念。1939年9月6日，在招待德国大使馆陆军武官和空军武官的招待会上，板垣和新陆军大臣畑发表了对德极为友好的演说。板垣向奥托大使指出，他为了加强日德联系曾尽了真诚的努力。他说：这一努力由于欧洲局势的发展而归于失败了。但是板垣强调说：他的继任者畑与他的意见完全相同。畑谈到了不参与欧洲战争的阿部内阁的宣言，但他向奥托保证说，作为一个军人，他充分理解德国所采取的行动。

军部阴谋联合德国对抗西方各国

为对抗西方各国而使日本与德国同盟的军部派的其他人员，则努力保持日德间亲密关系，而这些努力是由于德方的鼓励和互相酬答。广田内阁的陆军大臣，1936年8月的基本国策决定的最大责任者之一的寺内大将，在平沼内阁崩溃后不久就作为亲善使节到达柏林。陆军大臣板垣鼓吹说，寺内是奉命出席纳粹大会的。海军反对派遣这样的使节团，但板垣向天皇进言说必须派遣寺内去加强防共协定所产生的联系。

1939年9月2日，白鸟告诉德国驻罗马大使说：他相信过去受阻的轴心国的接近已有了彻底实现的良机。他说，日本方面希望与苏联妥协的舆论日益增强，也许有发展为缔结日苏互不侵犯条约的可能。日本既然没了苏联的威胁，就会使美国参加欧洲战争的可能性缩小到最低限度。

1939年9月4日，白鸟告诉德国大使说：据他看来要缔结日苏条约，唯一的办法就是通过德国的中介。于是白鸟敦促大岛，不必等候东京的训令而请求德国出任对苏的"斡旋"工作。他相信轴心国应团结起来对付英国，并且希望在波兰战争结束后，法英两国同意停战而可能避免世界大战。

两天以后，里宾特洛甫向大岛所说的意见与白鸟的话完全相同。里宾特洛甫告诉大岛说：日本的命运始终是与德国紧密相连的。如果德国失败，西方各国的联合力量就会更严重的妨碍日本的扩张，并会夺去日本在华的地位。如果日本维持并改善对德关系，最终日本的地位会因德国的胜利而巩固起来。

里宾特洛甫还说，他丝毫未放弃三轴心国密切合作的意思。三国与苏联获得谅解后，就可以因应世界情势，将其活动直接指向英国。这才是一切相关国家的真正利益之所在。里宾特洛甫将亲自为日苏谅解作最大的努力，同时相信东京方面也会采取同样的政策。因为德国的对英斗争会决定将来的世界政治，所以必须早日实现日苏间的谅解。

对于里宾特洛甫所说的这一切大岛表示完全赞同。他说，日本陆军毫无疑问会认为有对苏谅解的必要,并且确实有希望在最近的将来把这些意思加入在日本的外交政策中。而白鸟也会为实现这一结果而努力。

里宾特洛甫和希特勒一有机会就向大岛和寺内鼓吹这些见解。并训令奥托大使向日本参谋总长闲院极坦率地谈论同样的意见。奥托还暗示把大岛留在柏林做大使的重要性,因为大岛赢得了德国政府和陆军的完全信任。

但是大岛判断他在东京可以较在柏林更有效开展工作。1939年10月27日,里宾特洛甫通知奥托,大岛将按预定计划返回东京,为日德友好努力,并训令奥托为大岛提供通过德国大使馆与柏林特别通讯的渠道。

我们现在休庭,直至周一 9∶30。

(16∶00 休庭)

1948 年 11 月 8 日,星期一
日本东京都旧陆军省大楼内远东国际军事法庭

(9∶30 重新开庭)

出庭者:

法官席,所有成员就座,除了来自印度政府尊敬的 R. B. 帕尔外,全体就座。

检察官席,同上。

辩护席,同上。

(由远东国际军事法庭语言部负责英日两种语言翻译。)

法庭执行官:远东国际军事法庭继续开庭。

庭长:除白鸟和梅津因病缺席并由律师代表外,所有被告均出席。

巢鸭监狱军医对不能出席的被告出具因病证明，并将记录在案。

我继续宣读法庭判决。

大岛在德国鼓励下策划日本攻击西方国家的太平洋属地

里宾特洛甫为促进轴心的团结，企图鼓励日本南进。他极力向大岛和寺内鼓吹说，日本的最大利益在南方。如果通过德国的斡旋而日苏间获得谅解，日本就可以自由地向南方扩张其在东南亚的势力，并且这一扩张可以超过原定的计划。寺内同意这种说法，并且说：日本的最大利益是在可以忍受的妥协下结束中日战争，利用日本的陆海军在南方取得更大的经济上的成功。

大岛非但同意，而且十分热心。他说：日本已有向东南亚扩张的充分准备，包括占领香港。这是他早已电报建议过的事情。据大岛的意见，日本必须深入东亚。日本需要印尼的锡、橡胶和石油，需要印度的棉花，需要澳大利亚的羊毛。如果获得了所有这些必需品，日本就会变得非常强大。

他当时认为日本应与荷属东印度缔结互不侵犯条约，同时还要订立一个协定，根据这协定日本可以开发荷属东印度的原料。用这些办法使荷兰和英国疏远。

阿部内阁垮台的原因和米内内阁恢复亲德外交政策

阿部担任总理大臣期间，无论是陆军大臣畑还是军部派中的其他人物都没有表示过要公开采取他们的见解。正如白鸟所指出的，阿部内阁的成立，有希望出现某种转机。日本的政策目标，和从前一样依然是在中国制造所谓"新秩序"。德苏条约的缔结引起的公众的反感，由于内阁更迭的结果，已相当缓和。希望与苏联和解的气氛在日本日益增强，如果逐渐发展就可能导致互不侵犯条约的缔结。因为新内阁的登台，白鸟认为确实有机会继续过去日德关系。白鸟和大岛都为了要充分利用这一机会而回到东京。

阿部内阁的方针和他组织内阁的环境，本身就包含了垮台的原因。任何主张放弃在华建立日本"新秩序"的目标的内阁，都不可能有持续掌权的希望；但继续维持这一目标又不可能恢复与西方各国的友好关系。阿部内阁制定的外交政策正是促进这一目标。很快，人们认识到这种政策不可能付诸实行。

军部派的人物恢复强势的地位。1939年9月28日，土肥原做了军事参议官。1939年12月1日，荒木又出任了内阁参议。

外务大臣野村关于法属印度支那问题的谈判，并未促进与法国间的友好关系，也没让日本获得野村努力想得到的让步。1939年12月5日，美国就日军对美国在华财产的毁损重新提出抗议；十天以后，美国又把对日道义禁运物品的项目单加以扩充。并停止向日本供应必须仰赖进口的原料。

1940年1月12日，日本通知荷兰，表示有意向废除荷日仲裁裁判条约。该条约遂于1940年8月失效。3天后，阿部内阁辞职，于是放弃了促进与西方各国友好关系的政策。

第二天，米内任新总理大臣。他在平沼内阁做海军大臣时，曾支持有田避免使日本承诺参加德国与西方各国的战争的努力。在米内内阁中，畑留任陆军大臣。在平沼内阁任拓务大臣，曾对有田政策给予一般支持的小矶重任拓务大臣。在决定基本国策时任广田内阁的外务大臣，在第一次近卫内阁和平沼内阁均任此职务的有田，又出任外务大臣。由于欧战爆发，情况发生了变化，但有田的政策依然不变。有田本人曾在本法庭作证说，米内内阁的外交政策是维持与德国的友好关系，但这项目标须以日本的重要利益不受严重损害为限。

米内内阁坚持基本国策所决定的原则

在米内内阁的任期中，有田是让日本坚持基本国策决定原则的有影响力的人物。对于保持日本统治中国这一首要目的，历代内阁都始终忠实遵循。这是日本政策的基础。

1939年，平沼任总理大臣时，准备在除"满洲国"以外的全部在华占领区建立一个傀儡政府，并以汪精卫为首。1939年6月汪访问东京。

次月,陆军大臣板垣和海军大臣米内就中国问题向议会发表共同声明,表示凡对于实现日本在华野心的干涉,无论来自西方各国还是苏联,日本都有决心加以抵制。阿部内阁的领导人希望:最好是西方各国能默认日本在华所造成的地位,然后在此基础上与英、法、美恢复友好关系,可这只是空想。

平沼内阁辞职前,汪精卫就借日本在华陆军当局的援助,着手组织了"中央政治委员会",想由此发展为亲日的新中央政府。1939年9月12日,平沼内阁垮台12天后,平沼内阁中的陆军大臣板垣做了日本的中国派遣军总参谋长。阿部继任内阁后,继续进行日本在华军事行动。1939年11月30日,为达到日本的在华目的,外务大臣野村再次对法方施加压力,要求法方停止向中国运输物资。

1940年1月16日,当米内成为总理大臣、有田重回外务省时,建立汪精卫政府的计划前进了一大步。就在同月,为了合并中国占领区现有的傀儡政权,在青岛召开了一个会议。

国策决定的第二个主要目标,是要实现为备战而进行日本国民总动员。1938年11月,有田成为第一次近卫内阁的外务大臣后不久,就强调说这项目标和(日本)取得在亚洲大陆的优越地位是互相依赖的。1939年1月,当平沼做总理大臣、有田做外务大臣时,内阁通过了企划院的扩充经济产业的新计划。陆军的长期经济产业计划的目标,早在1937年上半年即卢沟桥再次爆发中日战争以前就决定了,但此时才得到了内阁的明确批准。根据已有的经验,要求提高生产水平以期1941年前完成日本军备的扩充。1937年是计划的第一年,但是1937年后的中日战争导致日本军事资源的枯竭,一时导致拖延扩充军备的威胁。

1936年8月的基本国策决定曾声称,巩固日本的在华势力和为战争进行国民总动员是日本政策的两大主要目标,同时又称,为了达到这些目的,日本要努力去维持与西方各国间的友好关系。有田和米内以平沼内阁阁员的地位,曾经力阻军部派将日本卷入欧战的企图。1939

年9月欧战爆发后,日本既没有担负任何新的义务,同时又减少了西方各国干涉其在华行动的可能。

因此,米内内阁对于维持阿部内阁不参与欧洲战争这一政策的意见是一致的。这一原则遂成为限制有田外务大臣以及维持对德友好关系的希望的主要因素。

尽管如此,但是以"国防外交相辅为用",日本努力发展在南太平洋海域的权益,在南方的权益也是基本国策决定中的目标。在米内内阁上台后,日本外交政策的最大发展,表现在有田在这方面也曾坚持了国策所定的原则。

由于中日战争的继续,以及充实军备的经济产业准备计划对日本经济需要的增大,使日本在重要原料方面对国外资源供给的依赖与日俱增。1932年12月,外务大臣野村试图缔结协定以扩大来自法属印度支那的供给,但是由于未能达成广泛谅解,以致毫无结果。1940年1月12日,在阿部内阁垮台前3天,日本曾通知荷兰准备废除荷日仲裁条约。

日本企图在荷印获得优惠的经济地位

1940年2月2日由驻海牙的日本公使向荷兰外交部长提出了新建议。在形式上这是规定日本与荷属东印度关系的互惠协定。日本保证对于荷兰公司职员进入日本不采取限制办法,荷兰保证对于荷属东印度使用外国人劳力的现行限制应予废除或改变。对于日本在荷属东印度的新企业和已有企业应给予便利。而日本在国内则应给予新的荷兰投资以机会,作为上项让步的代价,同时由日本出面"斡旋",以便"满洲国"政府和中华民国政府也给予荷兰同样的便利。

此外,荷兰方面应保证废除或改变影响日本物资输入荷属东印度的现行限制办法,为便利两国间的物资更容易交流,应采取必要的措施。日本方面也应采取必要措施,以便增加从荷属东印度的输入。关于荷属东印度所必需的重要物资,除因日本本身的经济困难外,日本应尽可能准其输往荷印而不加限制或禁止。

最后，两国新闻界应当在严格措施的控制下，禁止对他方作不友好的批评。

日本在一年多以前已拟订了取得这些荷兰重要领地的计划。在1938年下半年，当第一次近卫内阁在职时，日本政府的官员们，已在荷属东印度实施宣传工作为日本的"南进"作准备。

上项新建议在日本废除规定日荷关系的现行条约时，即应实施。这项建议虽自称是根据互惠原则的，但显然可以看出日本许给荷属东印度的利益是毫无价值的。与此相反，日本方面却可以无限制地取得荷属东印度所生产的重要军需原料。直到1940年5月10日，当荷兰遭受德国攻击时，该国对日方的这项提案仍在考虑如何适当作答。

米内内阁不参与欧战的政策，在日本引起了强烈的反对

在1940年上半年，米内内阁坚持了不参加欧战的政策。其所以如此，是为了可以将国家全部力量从事巩固日本在华地位以及完成日本备战措施的任务。该政策尽管在日本国内遭到相当多的反对，但仍得以维持。

1940年2月23日，从德国刚抵日本并负有特殊使命的史塔玛，向里宾特洛甫汇报，称日本内部问题非常严重。认为赞成与德国无条件同盟的大岛、白鸟、寺内及其他军部派人们的态度并无改变，且准备竭力加以支持。史塔玛说：内阁企图防止日本卷入欧战及维持与英美的友好关系，但"舆论"方面显然是亲德反英的。而在阿部执政时期中被大大削弱了的陆军势力，已在着力增强。阿部政府中那些亲德名声在外的外务省和陆军省官员先后被有计划地调任至海外职位；但是，现在采取的政策却与当时完全相反。陆军实力的进一步增强已在意料之中。

由于继续对华战争，扩大并延长了日本的经济困难和必需物资的不足。日本国会中部分议员，对于西方国家反对日本在华目的感到愤慨，公开主张废除九国公约及参加欧战。1940年3月，国会对有田的不参加欧战政策进行了抨击,并强迫外务大臣加强日本与轴心国的关系。有田在答复中强调了日本与其他轴心国间的现有友好关系,但由于必须解决中日战争,他主张日本不能参加欧洲战争。

1940年2月7日,在米内和有田均曾出席的国会预算委员会上,一名委员主张废除九国公约,并称该公约是英美为牵制日本的大陆政策所想出的策略。他说,九国公约是实现日本的"新秩序"的重大障碍,在汪政权建立后,它对于解决中日战争会引起极大困难。

1940年3月28日召开的该委员会另一会议上,一名委员谈到一项报道,为巩固反英法同盟,墨索里尼与希特勒进行了会晤。他认为,日本不应该拒绝参加这类同盟的邀请。外务大臣有田在作答时,再度说明他的信念:内阁的不参与欧洲政局的坚定方针,在当时的情势下是最贤明的政策。并称,日本应以日本本身为中心,并根据它的独立和公正的方针而行动,没有必要担心日本也许会陷于孤立,而且强调说,他是遵循着国策决定中所定的原则的。陆军大臣畑支持了有田。

由于外务大臣的答辩,一名委员立即提出一个重要问题:即完全改变日本外交政策是否适当?他描摹了如果欧战较预期为早而结束时所可能发生的情势。他说,英美无论何时是不会停止援助中国抗战军队的。他担心,如果日本维持现行政策,连现在带头支持日本在华立场的德意,可能也要反对日本。他指出:当阿部内阁成立时,还无法预见到欧洲战争的结果,但是他相信如今情势已有改变了。他强调这一事实,即内阁示好于英美的倾向,不但引起了日本国民的极大不满,同时还引起了德国的不满。因此,他力主内阁完全放弃不参与欧战的政策,并与其他轴心国缔结同盟。他认为"汪政权"的成立,对于改变这类政策,可能提供了一个适当的时机。

陆军支持不参与欧战的政策以完成为征服中国的战争而进行的国家总动员

陆军大臣畑在1940年3月28日预算委员会上的发言,显示出陆军在巩固它在日本本身的地位以前,支持不参加欧洲战争的决心。他说:日本正集中力量处理对华战争,因此,为应付国际情势的变化,必须巧妙地调和其政策和策略。处理对华战争是日本的不变方针。所谓不变的方针,就是日本对于始终要妨碍日本建设所谓东亚"新秩序"的第三国将倾全力加以打击。

此外,畑还阐明了,陆军认为不参加欧战的政策纯粹是权宜之计。他说:陆军认为米内和有田所经常提到的方针,是为日本保留完全的行动自由。

两天以后,1940年3月30日,正式成立了以汪精卫为首的、以全中国为对象的新傀儡政府。在1940年3月28日的预算委员会上,陆军大臣畑说,这一事件完全摧毁了蒋介石委员长的地位,陆军会尽力援助汪政权并继续与中国政府军队作战。并重申中日战争的目的是彻底消灭中国的抗战军队。因此,他又说:汪政权的建立不过是部署对华战争中的一个阶段而已。

畑在发言中声称,陆军希望通过开发中国资源来减轻日本经济困难所带来的压力,并提供日本所需的新原料资源。他对预算委员会说,陆军最大地利用了对于在中国占领区所获得的物资,并且希望将来能有更大的利用。重要物资的自给自足,将与陆军宣抚工作的实施相辅为用而获成功。

对国外原料资源的依赖使日本不敢公开否定九国公约

为力求实现战时必需原料自给自足的目标,日本陷入了进退两难的境地。虽然在以空前的规模在中国开发资源,但这是违反九国公约缔约国的日方义务的行为。日本由于要取得重要原料新资源,它必须避免与西方各国立即发生破裂。因为日本是从这些国家的领土中得到了这类物资的重要供给的。在1940年3月3日的官方文件中,日本曾经承认:极度依赖美国这一备战必需物资的供给地。并称:由于这一理由,日本不能对美采取断然对抗的态度。

自对华战争爆发以来，美国及其他西方国家经常谴责日本的对华侵略，并要求日本遵守九国公约。由于日本不断违反这一公约，才使美国在1938年6月11日对某些输日的军需物资实施道义的禁运。1938年最后数月间，当有田任外务大臣时，日本才终于承认，当条约义务与本身的重要利益相抵触时，日本不拟遵守条约义务。

1939年间，美国对日军在华的不当行为及违反条约义务再度抗议后，又采取了限制供日物资的新措施。1939年7月26日，美国又通告日本，表示有意废除自1911年以来规定两国间通商关系的通商航海条约。近已证明，这个条约不适于使日本尊重美国在华权益。美国如忠实遵守条约规定就不能采取可以制止日本侵略政策的经济措施。1939年12月15日，在道义禁运物品表上又增加了钼及铝。

1940年1月26日，根据过去所发的通告，美日通商航海条约失去了效力。1940年3月，美国考虑为禁止供给日本军需物资进行立法。

由于这些事件，使否认九国公约的问题，成为1940年2月和3月间国会预算委员会讨论中的重大问题了。在1940年2月7日的会议上，某委员呼吁对于美国所采取的限制措施加以注意，并力促有田废除九国公约，他指出在汪政权成立以后，九国公约已成为实现日本今后在华目的的巨大障碍。有田同意九国公约的基本原则已不能适用于远东的新情势。他说，废除这个公约，一方面固然有利于建立日本的"新秩序"，和改善日本的国内状态；但另一方面，废除该公约在国际上却有引起不良反响的可能。所以，这项问题有慎重考虑的必要。在"汪政权"成立后，曾商议过这个问题。

在1940年3月28日预算委员会会议上，有田重新申述废除九国公约可能产生好的结果，也可能产生坏的结果。他对于采取这类措施的意图并未否定，他强调必须慎重研究关于废除的时期和相应的手段。

陆军大臣畑指出，"汪政府"的成立不过是实现日本在华目的的一个阶段而已，并称，关于处理九国公约问题，陆军将遵从内阁的方针。

作为他个人的意见,畑说这纯粹是一个利害得失的问题。他认为中国的现状已完全超出了九国公约的范围,该公约不应该妨碍日本作战行动的进行。他又说,目前陆军已决定重新开放长江,但他说,这问题必须完全是自主决定的。

日本为停止依赖美国而制订产业自给自足的新计划

1940年3月3日制订了一项政策,其中承认日本对于美国的依赖,并决定采取措施,以使日本不必依赖美国,特别是在实行该文件中的所谓"圣战"时所必需的物资方面应不再仰赖美国。外务省的这份秘密文件显示了下列意图,即打算修正整个的经济产业扩充计划,以便达到军需重要物资的自给自足,并建立一个日本的独立经济体系而不必仰赖与美国的友好关系。这一新计划需要大规模改进机械工具制造,研究生产"特殊钢"所需的替代材料,以及寻找废铁、石油和其他军需物资的替代资源,还需迅速扩充为制造精炼钢和电气铜、提炼原油、生产人造石油等所需的各种设备。

为了产业上的需要,这种耗费重资而又不经济的政策,是依靠暂时挪用军费来支持的。重中之重应放在产业国有化方面,放在"满洲国"及中国其他地区的经济与日本统一合作方面。由于认为这一新计划是绝对必要的,所以将分配给对华战争和对苏战争军事准备上的资金,转用来实现这项计划的目标。由于这一理由,所以日本要努力实现对苏联关系的暂时调整。

上述措施的结果,使日本倾向于不能够对美国采取强硬态度,同时希望美国由于面对着战争的威胁,将默认日本的行动并取消原料供给的禁运。

米内内阁的南进计划和准备

由于种种考虑,使米内内阁避免公开否认九国公约,出于同样考虑,使日本将侵略南方的意图加以伪装,但南进计划却是1940年上半年所准备和制订的。

1940年3月17日,预算委员会开会审议该会计年度拓务省的庞大预算。一位委员在探寻这项支出的目的时,极力主张日本与其专门开发"满洲国"及中国其他地区,不如南进可以获得更大的利益。他指出:日本可以在南方发现原料的宝库,并举菲律宾的民答那阿岛和荷属东印度的西里伯斯岛为例。他主张占领这些地区,当然他也承认在当时还不可能采取这种步骤。尽管如此,他极力主张从根本上改变国策,并称日本必须以南北两方为目标,特别是要对南方尽最大的努力。

　　他认为,在当时的情势下,日本必须制定一个一方面是防御;另一方面是攻击的两面计划。他说,拓务大臣小矶在最近数次的内阁会议中,曾发表过相同的意见,委员会对此甚感欣慰。

　　小矶在答复时完全同意日本必须以南北两方为目标的意见,并对委员会说明这就是拓务省的方针。又说:当计划将来如何开发"满洲国"及中国其他地区时,迁移人口是主要工作,而经济开发是附属目标。但当计划日本如何向南方扩张时,经济开发是主要目标,殖民只是为达到那目标的一种手段而已。

　　在符合基本国策决定的原则和依据内阁希望避免与西方国家公开破裂的限度内,外务大臣有田同意日本推行南进政策。

　　在1940年4月15日举行的新闻记者招待会上,他发表了一项有关日本对荷属东印度政策的声明。当时还没有接到荷兰方面对1940年2月10日日方所递交的有关通商协定提案的答复。

　　有田在记者招待会上说,和对东亚其他国家一样,日本与南太平洋海域,特别是与荷属东印度具有密切的关系。这些国家间的经济联系是密切的,所以东亚的繁荣就系于这些国家间的互助合作与互相依赖。

　　有田在回答问题时说,如果欧洲战争影响了荷属东印度,那不仅会妨碍这类经济关系,并且还会引起威胁东亚和平与安定的局势。有田又说,由于这些原因,对于可能影响荷属东印度现状之欧战中的任何发展,日本都极为关心。第二天,即1940年4月16日,这项声明曾由日驻华盛顿大使馆加以发表。

德国欧战成功和西方国家的继续反对使亲德势力增大

1940年最初五个月米内内阁采取的措施丝毫未能解决中日纷争。在日本国内，穷困和不满日益扩大，致使1940年2月间也已明显的日本民众的亲德情绪逐渐增强。

1940年4月3日，日德文化协会于柏林成立，日本大使出席成立仪式。德国外交部次长魏斯札克在致贺辞时，曾提起以往数年中，日本与纳粹党各团体间关系的发展。他说，这个新协会对于加强德日间传统的亲密精神的联系是一个有效的机构，他相信两国政治上的团结友好将日益增进。

当德国在欧洲的胜利像潮水般上涨时，主张废除九国公约的人就愈益露骨。这种意见不仅见之于预算委员会，也在国会中公开主张。

1940年3月23日，奥托大使向里宾特洛甫提出报告说：日本的政治事件显示，日本与西方国家间的关系愈益恶化了。美英仍继续反对在中国成立"汪政权"。英国大使曾提出抗议，反对组织新的傀儡政府。关于违反在华"门户开放"政策，美国大使曾两度提出抗议。

国会中几个政党中的议员同时向外务大臣表示力主加强日本与德意的关系，即加强与这两个对于日方政策抱友好态度的国家的关系。在1940年3月28日的预算委员会上，某委员认为德国的胜利确凿无疑，并主张日本应参加欧洲战争。

有田关于荷属东印度的1940年4月15日的声明，立即得到了美国的答复。1940年4月17日，国务院发布新闻，其中说：对于荷属东印度现状的任何干涉，都会损害整个太平洋地区的和平与安定。

1940年5月9日，德国侵入荷兰。第二天，才从美国回东京不久的德国外交部特使史塔玛曾向里宾特洛甫报告日本情势。他说：最近德国的成功曾给日本以深刻的印象，并减低了英国在远东的重要性。陆军内部和日本国民间的反英情绪已显著增高。史塔玛说，从美国所采取的态度看来，他相信米内内阁想与美国和英国获取谅解的企图是不会成功的。

史塔玛说，米内内阁的经济政策是不适当的，该内阁的困难愈益增大了。他认为，由于这类政策所引起的动摇和不满，最终大概会成立一个于德国有利的新内阁，如果这种时机到来，他认为近卫可能出任新总理大臣。他又说，不管怎样，总之日本方面和美英方面之间的紧张关系必然要日益增加，至少是继续维持现状而没有松弛的可能。但他警告里宾特洛甫，无论如何在日方未解决中日战争和未采取国内救济的紧急措施之前，日本是不可能改变它的政策的。

重光劝告有田与西方国家相协调

尽管要求加强对德关系和日本参加欧洲战争的叫嚣日益增大，但是外务大臣有田维持了他的不参加欧战及避免日美关系完全破裂的政策。史塔玛在1940年5月10日的电报中曾报告说：米内内阁仍在努力觅取与美英更进一步的协议。有一个外务省的官员不断对有田主张这项政策，他就是日本驻伦敦大使重光。

1939年7月和8月间，在平沼内阁垮台之前，外务大臣有田曾经研究能否使英国默认日本在华的地位。在1939年最后数月中，当阿部内阁执政期间，这曾是日本外交政策的目标。在米内任总理大臣和有田任他的外务大臣以后，重光大使曾为维持这项目标而努力。他的主张是，必须树立一个不为西方国家所反对的中国政府，才能够达到日本国策的目的。

1940年3月13日，距"汪精卫政权"在中国成立约三周前，重光对有田报告，日本提出了解决中日纷争的条件，但是英国对此表示反对，他最近做出了一些努力以消除英方的反对态度。

他已告诉英国外交次长巴特勒，日本有意设立"汪精卫政权"作为中国的新中央政府。他用"近卫原则"以及有关日本政策的其他声明作为基础，将日本的对华意图作了最为有利的解释。他曾经说：建立中国的和平与秩序，并使新中国政府与各国合作，是日本的政策。他还说，新政权要驱除的只是那些曾经策划国内纷争的人。他希望在这样的基础上，能找出一个与中国国民政府妥协的机会。

重光曾努力使有田获得这种印象，即，如果采取了这项政策，就有机会缔结一个对日英双方均属有利的协定。重光说，巴特勒曾经谈过，虽然英国不能够立即改变它的只承认中国国民政府的政策，但他希望情势会像重光所预料的那样。英国政府为了表示愿意在不牺牲原则的条件下可以让步，所以采取措施，解决了天津英租界问题的对日纷争。

重光告诉有田说：英国对于苏联行动的疑惧，提供了与日本在更根本的意见上趋于一致的基础。巴特勒曾经同意，在中国问题上，以及在更为广泛的世界情势问题上，有理由必须更为加深两国的相互了解。

重光曾向巴特勒保证，关于欧洲战争，日本决心维持严守中立的立场，并曾表示，希望取消两国间的贸易壁垒。巴特勒回答说，英国准备尽一切努力，以便达到这一结果。

1940年5月13日，即在德国侵入荷兰和比利时的四天以后，重光又曾向有田提出报告。他说：希特勒显然决心为这次战争而不惜牺牲一切了，但他强调德国并没有击溃英法的这一事实。他强调，日本必须有应付一切意外的准备，因此，必须以实现东亚的安定局势为日本国策的指导原则。

重光曾试图提供给有田一个方案，即侵略政策应限制在1936年基本国策决定各原则的范围以内，而不应超出这范围以外。

他说：根据国际情势来看，确立日本在东亚的领导地位是极迫切的问题。不管欧洲战争的结果如何，若不首先解决中日纷争，那么日本将处于不利的地位。因此，他强调妥协办法的必要，并建议不惜任何牺牲，日本都必须与蒋介石委员长获致妥协，或者是直接进行，或者是通过汪政权进行。

重光向有田主张说：日本对整个南太平洋地区的政策都必须以对

荷印所已采取的政策为基础,他说,日本应声明它无意改变南太平洋的现状,无论是交战国或中立国均不得干涉这个地区,而南太平洋当地居民的利益应作为第一位加以考虑。

日本强调它对荷印的特别关注:1940年5月

外务大臣有田对荷印的政策包含着两方面,一方面他希望避免与西方国家公开决裂;另一方面他希望利用德国在欧洲的胜利,达到日本向南方发展的野心。1940年4月15日的有田声明,表现了日本对维持荷印现状的特别关注,于是荷兰立即重申了它过去所作的保证。1940年4月16日,即在发表该声明的第二天,荷兰外交部长通知驻海牙的日本公使,荷兰未曾请求并且将来也不致请求任何国家保护或干涉荷属东印度。两天以后,即1940年4月18日,由驻东京的荷兰公使证实了这项声明。

尽管如此,1940年5月11日,即在德国进攻荷兰两天以后,有田再次令苏联、美国、意大利及所有交战国注意到日本对于维持荷印现状的特别关注。同日,美国国务院声称,许多政府已表明了维持荷印现状的意向。依照国务院的意见,这样的声明不管怎样经常反复重申也不为过。英国通知日本,它没有干涉荷印的意思;法国也提出了同样的保证。1940年5月15日,驻东京的荷兰公使通知有田:荷兰政府相信无论是英国,还是法国和美国都不会进行干涉的。

尽管有了这类保证,在日本国内仍继续热烈地进行着争论。1940年5月16日,美国国务卿赫尔对日本大使表示了他的疑虑,他说,日本几乎每天或隔天就讨论一下形势的新发展,好像其他各国还未曾提出维持现状的保证似的。赫尔说,从已提出的保证看来,对于日本想象中的在荷印有着某种特殊利益的主张,是难以理解的。赫尔说:因为日本过去曾明白表示有意统治中国广大地区及拒绝与中国平等通商,可能对荷印也有同样的打算。日本大使对此加以否认,并称,只要英法军队不拟在该地登陆,日本对事态就已感满意了。

同一天，即 1940 年 4 月 16 日，荷印总督通告有田，愿意维持现在与日本的经济关系，对于日本所绝对必需的矿产石油、橡胶及其他输日原料均不拟加以限制。但是有田仍不感觉满意。1940 年 5 月 20 日，有田通知荷兰公使说，还有许多其他物资对于日本也是同样重要的。他要求对特定物资每年输日的约定数量作明确的保证，并要求以书面文件保证这些条件日后能够得到满足。

日本准备南进，德国发表不关心荷印的声明

1939 年平沼内阁执政的期间，外务大臣有田仍然把苏联视为日本最大的敌人。在平沼内阁崩溃以后——它的垮台是由于 1939 年 8 月 23 日德苏互不侵犯条约的缔结所引起的——大岛和白鸟就他们应努力使日苏和解一事，与里宾特洛甫取得了一致的意见。他们的计划是，一旦与苏联获得谅解，那么三个轴心国家就可以自由地专对西方国家进行他们的活动了。因此，这就为日本的南进清除了道路。所以大岛和白鸟回到东京，以便实现他们的目的。

在 1939 年最后 4 个月中，阿部内阁的稳健政策打开了与苏联恢复友好关系之门。诺门坎的纷争迅告结束，日本一般民众的反苏情绪也有了某种程度的缓和。日本驻莫斯科大使东乡接到训令，要他与苏联谈判，全面解决国境纠纷，并签订新通商条约。东乡被告之，日苏互不侵犯条约的谈判取决于苏联愿不愿意放弃对蒋介石委员长的援助。

1940 年 1 月 5 日以后，当有田又就任了新的米内内阁的外务大臣时，仍然担心苏联会妨碍日本的对华野心。1940 年 5 月 10 日，米内内阁仍努力想和英美取得更进一步的意见一致。日本和苏联彼此都不相信对方。于是德国大使馆在大岛、白鸟和其他军部派的援助下，依然为促进两国间的和解而努力。

不过，在军部派和舆论的压力之下，米内内阁的政策也逐渐显出了变化。西方国家继续反对日本的侵略行动，使日本增大了对原料新供给地的需要。1940年3月，原本用于对苏军事准备的资金和器材中的一部分，现决定转用于工业生产方面，以便达到日本不必依赖美国的目的。在小矶管辖下的拓务省已制订了日本入侵东南亚的计划。

德国在欧洲的胜利似乎正好送上一个实行这类计划的机会。1940年5月9日，当德国进攻荷兰的时候，外务大臣有田曾要求德方的支持，他暗示，如果德国表明它对于荷印的态度，那是日本所欢迎的。在外务大臣的记者招待会上和在日本报纸上都可注意到这样一个事实：虽然西方各国已表示了他们对于荷印问题的意见，但是还没有接到德国的任何表示。

因此，这就给予德国将日本的侵略目标引向西方各国的机会。奥托大使接到里宾特洛甫的训令，要他通知有田，德国侵入荷兰仅与进行欧洲战争有关。德国本身对于荷属东印度并不关心，但却充分理解日本对该地区情势发展的忧虑。里宾特洛甫说：西方各国的行动是引起这类忧虑的根源，但德国却始终对日本采取友好的政策。奥托将这项通知用口头传达给有田，阐明德国业已确切地表明了它对荷属东印度是不关心的。

1940年5月22日，奥托对有田讲述德国最近的军事胜利，并将里宾特洛甫的通告加以传达，有田曾对此表示谢意。日本外务省曾发表公报，宣称德国已表明它对荷属东印度并不关心。日本报纸将这项公告大肆宣传，将这事报道为德国完全承认了日本对该地区的政策，并把它当作将来德国给予支持的诺言。还将德国的态度和西方各国所采取的态度当作对照。

日本继续准备南进，对重光的进言置之不顾

1940年5月25日，即在德国发表了不关心荷属东印度的声明以后不久，重光大使再度向有田提出警告。他再度强调欧洲战争的结局如何尚属疑问，日本必须准备应付任何的意外之事。他说：尽管德国在低地国家荷兰和比利时方面的战线上获得了胜利，但是英国和法国仍有继续作战的坚定信心。并再度力陈日本必须保持严守中立的政策,必须用妥协的办法结束中日纷争。

重光指出,由于欧洲的形势,不管愿意与否,日本已成为东亚的安定势力。无论欧洲战争的结果如何,假若用妥协的办法与中国达成了和解,那么就加强了日本的地位。如果事情确实如此进展,那么日本无论何时在国际舞台上都有它的地位。否则,如果西方各国胜利以后,必将对"中国事务"再来进行干涉。

重光的进言,意味着放弃凭借德国在欧洲胜利的庇荫,去用武力南进的计划。他劝有田正式表明对华的妥协政策,同时要求欧洲交战国的军队自华撤退。重光说:日本也应考虑关于日本、"满洲国"和中国其他地区沿岸三百英里海面为中立地区的声明。重光认为如此可以防止欧洲战争波及太平洋,他力劝有田应不顾舆论和军部派的压力采取行动。无论如何,这并没有改变日本的政策。

在1940年5月底和6月初,英国和法国的军队受德国攻击的重压而被打退了。1940年6月9日,苏联和日本签署协议,划分了蒙古和"满洲国"的边界线。1940年6月10日,意大利对英法宣战。1940年6月17日,法国不得不请求停战。

1940年6月10日,有田对于美国将大部分舰队驻扎在夏威夷表示不满。格鲁大使对有田保证说:舰队在美国的一个常规基地集结,并不构成为对日本的威胁。但是有田坚称,舰队继续停泊该地意味着美国对于日本在荷印及南太平洋地区的意图有所怀疑。他曾再度向格鲁保证,日本完全没有取得新领土的意图。

在这期间,德国驻日本大使馆利用它对于日本新闻界及政界领袖的影响,煽动反美的情绪。奥托大使暗示近卫及其他日本政界著名人士,日美的冲突最后是不能避免的。大岛、白鸟及其他军部派人物曾协助德国进行这种煽动。

1940 年 6 月日本对法属印度支那重新提出要求

当法国日益濒临崩溃时,法属印度支那代替荷属东印度,成为下一个日本侵略的受害对象。1940 年 3 月,法国依然拒绝日方中止物资供给蒋介石委员长军队的要求。1940 年 6 月 4 日,日本曾再次向法国驻东京大使强硬抗议,但仍遭到拒绝。

日本对法属印度支那的政策,系由日本的下述决心所支配,即"不惜任何代价排除建立东亚新秩序的所有障碍"。凡中国抗战军队可能取得援助的任何道路,都要加以封锁。因此,决定了要将法属印度支那置于日本的支配之下。

1940 年 6 月 12 日,因为与法属印度支那东部边境毗连的泰国缔结了互不侵犯友好条约,使日本增强了它的地位。同日,驻在法属印度支那北部边境附近的日本华南派遣军声明,中国自海外购买的武器及军需品,其大部分仍旧是通过滇越铁路运往重庆的。在这声明中说,对于法属印度支那当局为援助中国所采取的这类行为不能熟视无睹。4 天以后,1940 年 6 月 16 日,日本要法国令法属印度支那殖民地当局中止这种日方所认为的敌对行为。1940 年 6 月 17 日,即法国向德国要求停战的那一天,法属印度支那总督终于对此项要求屈服了。他同意停止向中国供给一切武器、弹药及其他军需品,并同意日本派遣军事代表团至法属印度支那北部。

第二天,1940 年 6 月 18 日,总理大臣米内、外务大臣有田、陆军大臣畑及海军大臣吉田召开会议,决定提出进一步的要求。日本向法属印度支那当局要求压制一切亲华的活动,如拒绝此项要求即使用武力。关于有无必要立即使用武力,曾发生争论,但是陆军认为以武力作威胁可能就足够了,并劝告反对这种政策。

对于当时处在德国支配下的法国政府,日本曾向它要求进一步的保证,并获得了满足。在日本的指使之下,原本只禁止输往中国某些军需供应品,现禁运范围已扩大到了其他物资之上。法国当局允诺以禁止走私来实行这种封锁。

1940年6月22日,法国正式同意了日本派遣代表团。1940年6月29日,由日本陆军省、海军省、外务省的四十名代表所组成的这个代表团,在法属印度支那的河内上岸,并证实了封锁已按照约定办法执行。

米内内阁想在法属印度支那自由行动,对德提议合作以抗西方各国

此外,德国和意大利获悉,从政治和经济两方面考虑,日本严重关切法属印度支那的将来。只要德国讨价不太过分,米内内阁愿与德国协同行动对抗西方国家,这在当时已很显然了。1940年6月19日,即四相会议决定了日本对法属印度支那政策的第二天,来栖大使在与德国外交部某官员会谈时,曾概要提出这个问题。

来栖开始时先强调日本希望和德国的关系能更密切和更坚实。他说:连以前反对这种政策的人们,现在也明白了日本的未来不系于西方各国,而系于接近德国。来栖说:日本的前外务大臣佐藤尚武最近将访问德国,以表示日本愿与德国促进邦交之意。

来栖接着谈到日本的立场,并谈到日本关于两国应采取何种方式来合作的意见。他现在并不认为日本的原料缺乏如何严重,因为有鉴于德方的压力,已使西方各国不能对日本的输入作有效的抵制。他说:扩充重工业是目前日本最重要的任务。关于重工业的扩充,如能得到德方的合作,那么日本由于不必依赖美国,就可以获得行动的自由。鉴于美国所表现出来的非友好态度,日本的产业家当欣然愿以德国代替美国为供给的来源。

日本的对苏敌意和日本不能给予德国以实际的经济援助,妨碍了轴心国家间的紧密合作。来栖指出,这两者都是可以克服的。他说:在莫斯科的东乡大使和他本人都在热心从事改善日苏邦交的工作。他声称,在日本也日益开始认识到日本的将来系于南方,必须将北方的敌人化为友人。他承认,在军部的某些集团中,也有反对这样改变方向的人,但是他说,大岛大概可以使他们同意有此必要。

来栖还暗示,现在日本应该做好准备向德国输出来自日本本土和其他海外地区的原料。他指出,照西方各国的现状看来,日本已无严格遵守中立法的必要。他设想在欧洲战争结束后,剩下来的是由德意、苏联、美国、日本和中国所分别支配的四个势力范围。因此,认为德国集团与日本集团间的紧密关系,对两国彼此都有好处,他提议德国在其战后经济计划上,应给日本以充分有利的地位。

重光仍然反对米内内阁的政策

在得知米内内阁政策的最近发展后,重光大使在1940年6月19日,曾给有田发出了明确的警告。他说:如果已经决定了对法属印度支那或其他地方行使武力,那么日本首先必须慎重地考虑一下美国的态度。不仅是经济方面的各种问题,并且对于美英的海军力量以及法国的状况,都必须充分加以注意。重光认为,如果法国投降后,澳大利亚可能要干涉法国在太平洋的属地。他认为,在这种情形下,日本也许可能抓住采取积极行动的好机会。但他曾明白表示,他并不像内阁一样认为德国必胜。他敦促有田注意,法国即使完全崩溃,英国将继续作战且恐不易于被击败。

尽管西方各国已遭受挫折,但重光仍再度向有田力陈在以前所发电报中所主张的政策之基本原则。他认为,日本应利用欧洲的情势来加强它自己在东亚的地位。他说:日本应声明它正密切关注包含南太平洋各岛在内的东亚之安定。日本应该表明它防止扩大欧洲战争的决心以及它再不让东亚成为欧洲榨取场所的决心。由于轴心国方面在欧洲有胜利的可能,所以日本也应对于德国的侵入东南亚预作防备,以免日本有被迫与德国作战的危险。

从这封电报和以前的电报中,明白地表现了重光的方针。他相信,西方各国纵然在欧战中获胜时,也会大大削弱了它们在东亚的势力,从而会加强日本的地位。他指出:如果借妥协而与中国达成和解,那么在将来就可以断绝西方各国进行干涉的机会。而借着中立政策，日本就可以取得它在国际舞台上的地位。

加之，借着反抗西方在亚洲及东印度群岛的势力，日本会取得东方各民族的好意与支持，并将使与中国的和解更易于实现。因此，用和平的方法，就可以使日本获得它正准备用战争来达到的目的。

纵然是轴心国在欧洲获胜时，同样的想法也是可以适用的。如不必耗损国力而增强了在东亚各民族间的威信，那么日本对于抵抗德国统治东方的企图就已有了准备。

有田拒绝与美国合作的提案

但是，1940年6月18日，在米内、有田、畑、吉田均出席的会议上，制订了相关的日本政策，并探讨了在可以接受的条件下德国愿意合作时的一切问题。日本对荷属东印度的特别关心，曾在1940年6月19日泄露给德国和意大利。日方决定其对美英政策取决于德国答复之前透露给他们的信息。

在等候这类答复期间，美国为求得与日本的谅解并探试日本的诚意，又作了另一次尝试。曾训令格鲁大使向有田提出下列建议：日本和美国应互换照会声明维持欧洲交战国在太平洋属地是两国的共同愿望，除用和平办法外不得对现状有所变更。格鲁还曾提出建议，规定两国在发生任何问题时，无论双方中任何一方有协商愿望时，即应进行协商。

1940年6月24日，格鲁向有田极秘密地提出了这项提案。但阐明这决不表示美国在其他特定问题上所采取的立场有何让步。美国此提案的初衷是为了找到改善两国关系的办法。

因为有田对于德国的对日态度没有确实的把握，所以认为美国的提案是必须极端慎重处理的问题。他把这一提案视为九国公约体制的复活。虽然九国公约对于日本仍具有约束力，但日本曾竭力想规避和否认其中所包含的义务。有田不希望对于日本的行动自由，特别是关于荷属东印度的行动自由，加以新的限制。

因此，有田告诉格鲁说：鉴于日美之间存在着许多未解决的分歧，在这些分歧尚未先获解决前，接受新的提案恐怕有困难。他谈到了日本舆论的亲德倾向；并称，虽然他本人希望与美国重新修好，但这已使他受到激烈抨击。尽管如此，他答应对这项提案给以慎重考虑。

1940年6月28日，外务大臣有田对美国的提案给予答复。他对格鲁大使说，有鉴于当时的国际情势，他怀疑能否在美方所提示的基础上考虑正式互换照会。有田说：日本深切关心欧战对于欧洲交战国在太平洋属地所发生的影响。因此，在目前的过渡时期中，日本并没有考虑缔结任何性质协定的愿望。有田说，他本人正努力防止欧战波及远东，并称单独讨论与日美两国有关的问题可能尚非其时。

有田表明日本政策以对德合作对抗西方各国为基础

1940年6月29日，即在外务大臣有田拒绝美国提案的第二天，他发表了外交政策的演说。其中极力强调了米内内阁和德国合作行动的希望。

有田阐明了日德两国具有共同的理想，他说：日本建国以来的理想就是使万邦各得其所。有田说：日本的外交政策就是基于这种理想，并为此不惜赌国运而一战。世界上在同一地区内的国家因为种族、经济、文化上的密切联系而相互联结，他们因此而建立自己的"共存共荣圈"，此乃自然之步骤。

有田说：欧洲的纷争已显出战争的发生往往是由于不合理的现存秩序未被纠正所致。日本之所以着手建立所谓"东亚新秩序"，其理由就在于此。他说：由于误解日本目的而支持中国抗战军队的国家，遂使这一目的遭受阻碍，这是极为遗憾的事。日本已下定决心要消灭一切这类反对。

有田演说的其余部分，不过是声明日本对于东亚、东南亚及东印度群岛整个地区的宗主权。他说：东亚各国正在构成互相合作、有无相通、患难与共的单一集团。接着他说：当欧战开始时，日本即宣布了不参与欧战的方针，并声明日本希望欧洲的纷争不得波及东亚。

有田在结束这篇演说时劝告西方各国不要妨碍日本的计划。他说：日本相信西方各国是不会将战争扩大到太平洋的。他声明：日本在执行建立所谓"东亚新秩序"方针时，对于欧洲情势的发展及欧洲战争对东亚和南太平洋地区的影响，是密切注意的。他声称：对于将成为东亚安定势力作为使命和责任的日本来说，这些地区的命运是极为值得关注的问题。

亲德派准备打倒米内内阁并缔结轴心同盟

在 1940 年 5 月和 6 月的外交政策声明与通告中，日本曾阐明它虽希望对德合作，但并没有参加欧战的意思。自 1940 年 1 月米内内阁上台以后，要求参加反对西方国家战争的民众呼声日益高涨，并且德国大使馆官员还在大岛、白鸟及其他日本亲德派指导者的合作行动下，不断地加以鼓励和培养。

1939 年 8 月，当阿部内阁接替平沼内阁时，在日德的密切合作问题上，产生了重大的障碍。即由于日苏互不侵犯条约的缔结，引起了大众对德国的愤懑。陆军里面的某些党派和一般的日本民众，仍然把苏联视为日本最大的敌人。而阿部内阁却许诺力求与西方各国恢复友好关系。

1940 年 1 月，当米内内阁就职时，舆论又趋向于对德合作方面，并相应减轻了对苏的敌意。但是，在华的斗争仍未终止，并且在政界中，不参加欧战的原则，还是根深蒂固的。日本的亲德派，甚至德国大使本人，也承认日本在解决中日战争和国内政治分歧以前，是不能参与欧洲问题的。

因此，陆军曾与内阁合作。陆军大臣畑虽认同板垣的无条件对德合作的愿望，但他也未曾反对过阿部内阁或米内内阁的政策。日本参加欧战的障碍已渐渐扫清。由于受德国在欧洲胜利的刺激，以及南方巨大利益的引诱，诱使米内内阁的政策产生了机会主义的变化。"满洲国"的北部边境因对苏协定而告解决，南进的计划与准备也完成了。于是，日本企图侵略的受害国家中的第一选择变成了西方各国，而不再是苏联了。为与蒋介石委员长取得和解，陆军又重新开始了和他的谈判。

自1940年3月以后，众人皆预料到，时机成熟之日，即米内内阁下台之时。1940年5月，德国大使曾期待着亲德派的新内阁在近卫的领导下组织起来。从这时候起，奥托大使就与大岛、白鸟及其他有势力的日本人继续合作，力求实现日本参加欧战——即米内内阁坚决反对的措施。

1940年6月中旬，随着法国的崩溃，亲德派中的某些人觉得更换米内内阁的时机已迅速临近了。1940年6月18日，白鸟曾向一个政治团体发表演说，这个团体是以重新调整与加强日本政治体制及建立强硬外交政策为目的的。白鸟在集会上说，虽然以官吏的地位他不能主张打倒内阁，但有鉴于德国的成功，他觉得已经错过了一次机会。他认为，只要反对三国轴心同盟的人继续占着内阁职位，那么就没有与德国协力同心的希望。

德国因为业已给日本以在荷属东印度完全的行动自由，所以对于米内内阁提出的日本对法属印度支那的新建议，未曾置答。这种新权利的要求，予德国以讨价还价的机会。德国外交部的一个官员曾详述德国因尊重日本的对华政策在经济上所受的牺牲，并且指出：自欧战开始以来，日本坚持它的中立立场，甚至对于由美国遣返的德国船员以及经日本运往德国的物资，都不曾给予便利。

现在休庭15分钟。

（10：45休庭）

（11：00重新开庭）

法庭执行官：远东国际军事法庭现在继续开庭。

庭长：我继续宣读法庭判决。

亲德派官员直接与德国大使商谈

当米内内阁等待德国关于1940年6月19日发出的有关法属印度支那通牒的答复时，亲德派分子曾运用手段，清除了阻碍他们的计划的两大障碍。

自1939年10月26日以来担任军务局长及国家总动员审议会干事的陆军少将武藤，曾与德国大使馆武官之间有过接洽。他说：关于日本与蒋介石间进行已久的妥协谈判，遇有机会而德国愿充调停人，并用日本可以接受的办法使中日战争结束，则会为陆军所欢迎。武藤又明言，日本希望解决中日战争，所以对于法属印度支那极为关心。武藤在回答德国武官的询问时，曾称陆军认为对苏妥协是必要的。

经常作为外务省中有田继任人而被提到名字的白鸟，在1940年6月23日的新闻记者招待会上，曾主张日苏缔结互不侵犯条约。

由拓务大臣小矶所领导的拓务省与日本的南进计划是有着直接关系的。他曾直接和奥托大使谈话，并曾询问，如果日本在法属印度支那及荷属东印度等地区采取军事行动时，德国大概会采取什么态度。关于荷属东印度，奥托曾提及了对荷印不关心的德方声明，但是，关于法属印度支那，则表示德国可能会附有条件。他说：如果日本以下列保证为条件，即美国若参加欧战，如果日本承诺攻击菲律宾、夏威夷，将美国牵制在太平洋地区，那么德国或不致加以反对。

小矶说关于这一提案，还须好好考虑，于是，更进而谈到了对于轴心各国共同行动的其他障碍。当谈到了有可能缔结的日苏互不侵犯条约的问题时，小矶说：他认为苏联可能提出对蒙古及中国西北地区某些领土权利的要求。他说，这类问题是尚有交涉余地的。他承认，在法属印度支那及荷属东印度实现了日本获得殖民地的目的后，日本大概也只能逐渐脱离美国而经济独立。总之，他认为实现了日本在法属印度支那的目的及缔结了日苏条约之后，对于即将上台的近卫内阁是提供了一个与蒋介石达成妥协的富有希望的出发点。

为即将来临的近卫内阁和一党制所进行的政治准备

更迭内阁一事曾经过长期的彻底的准备。近卫第一次任总理大臣时政治危机频仍,而危机根源是内阁阁员间的意见分歧以及陆军政策和内阁政策之间的矛盾。9月发生外务大臣宇垣被迫辞职的政治危机时,曾产生了组织一国一党制的强烈要求,即用一国一党来代替原有的多党制,并由它来"断然地处理"日本的国内外问题。当时的总理大臣近卫,希望以他作为这类统一政权的首脑。那么陆军政策就成为内阁政策,也就不致产生反对与分歧了。

"一党制"在1938年虽未曾实现,但在1940年米内内阁执政时期中,"整顿加强国内政治制度"的运动进行得如火如荼,与此同时,更迭内阁及实行"强硬外交"的要求也愈见增强。陆军大臣畑对于陆军在政治上的任务的质问,曾避免作答,之后,在1940年3月19日,军务局长武藤却作了坦率的说明。他引用了一句他相当赞同的名言,即日本的指导原理"必须是在主义和信念上的彻底的国家主义或极权主义"。他又说,只有这样才能够发挥国家的全部力量。武藤说,如果政党在目前的危机中还只顾要求促进它们的本身利益,那么陆军是赞成解散政党的。

1940年5月10日,决定成立新的政党,并以近卫为总裁,木户为副总裁。木户曾保证,他自己希望以近卫为领导者,并且当近卫未曾离开政界之前,愿始终给以支持。

1940年5月26日,近卫和木户曾进行过商谈,筹划预期中的内阁更迭及建立新党问题。他们一致认为在更迭内阁时只选用少数大臣。接下来就可以宣布新政党的成立,并要求解散现有一切政党。要求已被遴选的阁员加入新党,其他阁员只从已入党者中选任。

关于国防、外交和财政方面,新内阁打算对陆海军的愿望予以特别的注意。为了这一目的,提议设立一个包含总理大臣、陆军大臣、海军大臣以及陆军参谋总长、海军军令部部长在内的最高国防会议。

亲德派准备更迭内阁及阴谋暗杀总理大臣米内等

1940年6月1日，木户被提名为内大臣的职任。由于木户有可能在新的近卫政党中担任非常重要的领导岗位，所以有人极力劝他拒绝该任命。但木户和近卫商量以后，接受了这个职务。近卫亦曾参与推荐木户担任内大臣一职。

内大臣这一职务虽与内阁更迭无关，但在国务问题上经常充当天皇顾问的角色，并且是天皇与内阁间的正式中间人。因此，内大臣的地位就具有很大的势力。

1940年6月24日，当米内内阁正在等候德国回答它的与轴心国合作的提案时，近卫辞去了枢密院议长的职务。奥托大使曾向德国报告说：这一辞职显示了近卫领导的以组织新内阁和新统一政党为目的的政治计划有了进展。

奥托曾向他的政府建言，近卫派的领袖们显然想与他联络，并请求授权给他，对于武藤和小矶所提出来的想法与近卫派进行商讨。那么，他就可以估计出德国通过与近卫派的合作可能会有怎样的结果。

在这种情形之下，对于米内内阁的任何刺激，都不符合德国的利益，1949年7月1日奥托在报告中说：1940年6月29日外务大臣有田的外交政策演说，企图凭借更积极的对外政策来顺应国内的政治发展。有田希望借此加强米内内阁的地位。

这篇演说使得反对米内内阁一事表面化了。有田所计划的是无条件地宣称内阁欲加强与德、意之间友好关系的决心，他曾说：内阁决无脱离轴心政策路线的想法。反对派追随陆军之后，对政策的这种突变提出了抗议，其理由是有田与轴心国共鸣的声明和内阁一贯采取的政策互相矛盾。曾希望米内内阁垮台的陆军，对于有田欲牺牲过去与德国亲密合作的反对派来维持米内内阁面子的企图，是又嫉又恨。由于陆军方面的坚持，有田演说的原稿曾作过相当大的修改。因此，他的计划受挫了。

在米内内阁上台前曾经削弱了的陆军势力,重又十分强大起来了。对于法属印度支那和香港,均已采取了武力威胁的态度。奥托曾说,国内政治的动向显示出典型预兆,业已施加压力,不久即将更换内阁。

第二天,发生了火上加油的事件。外务省情报部长将已经删改了的有田演说的原文,以及陆军反对业已获胜的真相过程暴露出来。因此,情报部长被宪兵逮捕并接受审问。

在这一事件暴露后,于是另一项阴谋又处于策划之中,企图危害那些反对军部派目标的总理大臣米内等的性命。1940年7月5日,阴谋者被逮捕,并于同日即由内大臣木户向天皇报告了这些情况。木户曾对天皇说,虽然阴谋者的行动是应该遭谴责的,但是对于他们的动机,内阁也需要加以考虑。于是,他接着就和近卫商量他们关于改变政治制度的计划,也讨论了当内阁更替时所应采取的措施。

德国以拒绝发表对日政策声明来暗中损害米内内阁

但是米内内阁仍继续努力,欲与德国缔结一个协定,以便维持内阁的寿命。派往德国的日本特使佐藤到达了柏林。1940年7月8日,佐藤和大使来栖向外交部长里宾特洛甫,说明了日本的立场。

佐藤强调德国和日本的共同利益,他说,两国是在各自的势力范围内,从事建立所谓"新秩序"。他指出,由于两国目前必须与苏联维持友好关系,两国在这个问题上也可能会合作。佐藤解释说:自从对华战争开始以来,在华建立所谓"新秩序"的任务是日本的最大任务。他说,这足以说明从表面上看来日本政策的极为复杂的变化,这些变化完全取决于中日战争的情势。日本现在正尽一切努力去解决这个战争,以便日本获得行动的自由。

佐藤提醒里宾特洛甫注意日本对于德国的贡献。他说,在过去3年间,日本曾在某种程度上吸引了英、法、美各国政府的注意,并因此使德国的工作易于进行。现在日本行动的常态化这一威胁已使美国的舰队不能离开太平洋。他又说,日本的政策是除南北美洲外,不容许美国对远东以及世界其他地区进行干涉。

佐藤说,但是日本不能过分挑衅美国,因为美国如果采取更严重的经济制裁,那么就会迫使日本必须向南方觅取新的物资。这样就会使德国和日本面临对美战争的危险,而这是两国所极力希望避免的事情。

于是,佐藤强调,德日间的合作,在经济方面和在其他方面一样,也有同样的需要。他向里宾特洛甫保证,日本愿在中国给德国以经济方面的机会,并称,日本的政策是它在中国是主人,而其他国家则是客人。他还说,就是由于这一政策,才使日本长年累月地与英国、法国和美国这类国家的势力进行斗争。如果有德国的经济援助,日本就会在反抗"九国公约"体制上获得成功,并会解决中日战争,而且也会消除对美国的依赖。佐藤的核心论点是德国借着加强日本在远东的地位可以加强它自己在欧洲的地位。因此,他请求德国就日本对法属印度支那以及荷属东印度的目的一事,表明其政策立场。

里宾特洛甫因为了解日本国内的政治动向,所以谨慎作答。他对于日本希望与德国合作的愿望表示欢迎,但给予下列印象,即德国现在已确信其在欧洲的胜利,对于来自日本的援助已不予重视。他声称,将来会产生合作的新机会,但是他以不熟知日本的政治目的为由,拒绝讲得更具体明确一些。他有所指涉地询问,日方所建议的合作是否只限于经济方面,关于德国对法属印度支那及其他太平洋地区的态度,则没有给予任何新的暗示。

日本支配东南亚及南太平洋的轴心同盟计划出笼

上述会谈的报告,增加了外务大臣有田的困难。在米内内阁垮台的前3天,即1940年7月13日,有田透露了他对于德方意图的深重疑虑。他曾询问佐藤,德方的目的是使日本参加欧战呢,还是德国自己希望支配远东的法、荷殖民地?

当佐藤代表米内内阁提出条件时,里宾特洛甫是以保留的态度接受的,1940年6月24日小矶和武藤已经从奥托那里得到证实,这些条件本身对于德方是可以接受的。之所以如此，是由于德方在对抗英国及英联邦各国问题上，已不感到日本有立即参加的必要。这就去除了缔结三国轴心同盟的最大障碍。德国所最期望的是一个使日本站在德、意方面，并与其他西方各国对抗的强有力的日本政府。德国相信，在远东的这类牵制策略可以保证使美国继续维持中立。

1940年7月12日，当外务大臣有田对德国的真意如何还在臆测中的时候，外务省的官员就向陆、海军的代表们提出了新方案的初稿，自现在起直至日本攻击西方各国，这个原则方案一直是支配着日本的政策的。所有的要点，都是四天以前佐藤向里宾特洛甫所提示的方案。

自从1931年9月沈阳事变爆发以来，日本活动的矛头就不断地指向实现征服与扩张领土的双重目标，这两种情况已经是昭然若揭。尽管在政策和行政机关方面常有重大的改变，但日本的一贯目标就是建立其对东亚与南洋地区的支配权。而现在则企图利用欧洲战争所造成的局势来达到这种目的。

一方是日本，他方是德、意，各方要在各自的势力范围内协同作战并密切配合。轴心国家应取得一致协议，日本在东亚及南太平洋地区应同样享有一如德、意在欧洲所非法获得的同样的行动自由。日本应颠覆英国在远东的势力与利益，并担当阻止美国参加对德战争的任务。凭借两国间的联合，各自可以获得更大的安全，以防范苏联妨碍两国的侵略计划。德国的经济援助，可以使日本减轻对美国的依赖，而日本则保证德国可以从东亚得到最迫切需要的原料。但现在，对于德国强求日本参加欧战的任何动态，均将遭到断然拒绝。

陆军反对米内内阁的理由

米内内阁既缺乏实现这计划所需的决断力，又缺乏专心致志于这一目标的热情；陆军要求实行"强硬外交政策"。这也就是近卫和木户所决定的要在新内阁中实行的政策。在米内内阁期间对于采取亲轴心政策的要求，始终采取抗拒态度。1939年平沼内阁执政时期中，米内和有田对于挫败军部缔结三国军事同盟的策划颇有关系。现在当陆军再度提出与德、意迅速缔结军事同盟时,有田表示踌躇,而米内则表示反对。白鸟说:在这些人当权时,日本和德意之间的协调是没有希望的。缔结三国军事同盟问题,是现内阁和要求内阁辞职者之间争执的焦点。

第二个根本的争执点,是关于设立新的全国政治团体"大政翼赞会"的问题。当陆军的计划受威胁或被反对而产生政治危机的时候,军部派就经常要求取消政党。1940年3月,陆军少将武藤就又提出了这项要求,他说:日本所需要的是极权主义的体制,借此才能发挥国家的全部力量。近卫和木户在1940年5月26日晤面时,已计划成立一个新党来代替所有现存的政治派别。他们也计划在新内阁的外交内政上,给陆军和海军以显著的地位。因为近卫的内阁是代表军部派的,所以对于军部派的政策无一反对。

这些就是计划由大政翼赞会去实现的目的。1938年5月在陆军的关于国家总动员法的说明中,曾重申翼赞会是为了完全实施基本国策的原则。凭借压制一切反对力量,翼赞会成了增强国家战争力量及支持陆军政策之类的组织与统治日本国民的团体。

总理大臣米内终于醒悟到,这意味着要按照军部派的希望而建立独裁制度。他知道这是要废除一切现有的政治派别,并使议会最后失去辩论的自由。因此,他的内阁反对设立大政翼赞会。

陆军次官阿南和军务局长武藤带头要求米内内阁辞职。他们警告内阁书记官石渡说,如果内阁拒绝辞职,那么大概就必须强行陆军大臣辞职了。针对这一威胁,当米内询问陆军大臣畑时,他闪烁其词地说:从长远来看,内阁还是辞职更好。

陆军使米内内阁垮台

参谋本部的军官肯定了这一事实:无论从军事上或政治上的立场说,米内内阁都没有应付当时世界情势的能力。在他们表明了这种看法以后,参谋总长闲院宫就把这些观点告诉畑,并且希望他将陆军的态度通知米内。畑在传达这些消息之前,事先与近卫商谈了这些情况。

1940年7月8日,由陆军次长阿南和侍从武官将这类情势发展通知了木户。阿南告诉木户说:米内内阁完全不适宜于与德、意进行交涉,并且内阁处理政务的方针也许已发生了不幸的耽延。因此,他说,更迭内阁是不可避免的,并且认为在4—5天内就会实现。他告诉木户,陆军正等待着米内内阁一旦面对陆军的观点时,究竟会采取怎样的行动。

阿南和木户的会晤,显示出陆军所采取的威压态度。陆军次长告诉木户,陆军一致拥护近卫做总理大臣的候选人,木户指出新外务大臣人选的困难,阿南保证陆军准备将这个问题完全留给近卫来决定。

木户按照他所得到的通知写成陆军意见备忘录交给了米内。1940年7月16日,总理大臣召见畑并告诉他,陆军的意见与内阁不同。他告诉陆军大臣,如果他不同意内阁的政策,那么就请他辞职。畑立即请求辞职,并答应在当天回复米内所要求推荐的陆相继任人。畑与陆军其他两"长官"商谈后,通知米内陆军不能推荐任何人。

这样一来,陆军使米内内阁非垮不可了。1940年7月16日,在陆军大臣辞职后第二天,总理大臣已无路可走,于是向天皇提出了内阁的辞呈。

第二天,即1940年7月17日,奥托大使向柏林报告说,从陆军强迫内阁辞职来看,料想会迅速转变为更积极的反英政策。为了准备在这样的政策决定一旦作出时,可以立即攻击香港,陆军已动员了攻城炮队。

并无任何证据表明陆军大臣畑曾积极参与使米内内阁倒台的阴谋。他曾支持米内内阁的政策。这个方案本身就是企图凭借武力扩大势力以便推进以国家为目的的侵略政策。他之所以能担任陆相,是由于亲德派的人们认识到欲实现他们的计划,首先必须解决日本的国内分歧。畑曾阐明,他认为用心深刻的、欲将侵略目的加以隐蔽的内阁的企图，仅仅是一种权宜之计。当机会到来时，为使米内内阁垮台，并使符合军部希望的新内阁上台时，他就只能听凭人家的利用。

木户在米内内阁垮台及选任近卫为总理大臣中所起的作用

木户自1940年6月1日被任命为内大臣以后，就与近卫保持着密切的联系，不断援助提倡以更换米内内阁为目的的人。1940年6月27日，他与大藏大臣樱内协商关于更换内阁时所应采取的手续，并交换了关于加强政治体制的意见。1940年7月5日，当发现了暗杀总理大臣及其他著名人物的阴谋时，在木户向天皇报告中支持了阴谋者的动机。此后他还暗中参加了陆军瓦解米内内阁及使近卫登台的阴谋。木户知道当天皇相信米内的辞职已属不可避免时，仍然信任米内并对必须更迭内阁表示遗憾。1940年7月16日晨，米内被迫必须立即辞职已很显然，木户向天皇报告了畑的辞职经过，并说明了选任新总理大臣的方法。

在日本政界长老中有些人被称为"元老"，依照惯例，关于新总理大臣的任命由其向天皇进言。当时元老中的幸存者只剩下西园寺公爵一人。在过去，西园寺的势力很大。所以宫廷中的人物主要是依靠他的进言及他关于政治情势的知识，有时鼓励他对军部派的行动加以掣肘。

西园寺的秘书和心腹原田男爵和米内，都是阴谋者的暗杀对象，而阴谋者的动机曾得到木户的支持。

1939年11月，木户根据近卫的要求，设计选择总理大臣的新方法。木户建议，以枢密院议长、内大臣以及一切曾任总理大臣者所组成的集团来代替元老。然后将这个"重臣"集团的意见传达给天皇。

1939年11月10日，木户曾与近卫商讨过这个计划。近卫希望尽早实行这个办法。近卫和木户显然都想以这一新制度作为排除西园寺在政治上的势力的手段，因为木户曾向近卫表示，他担心在西园寺未死以前，要实行这个计划恐怕有些困难。

1940年1月,以米内代阿部为总理大臣,未能实行这个计划。但是1940年7月,当米内内阁辞职时,西园寺因身体原因与政治事务绝缘。于是作为内大臣的木户的势力大大增强了。

天皇接受了木户对于这个制度的说明。在接到米内内阁的辞呈后,就令木户召集重臣举行会议。在这会议中被提名为总理大臣候补者的只有近卫一人。平沼在10天以前已表明他自己赞成近卫为候补者。木户极力主张任命近卫,他说:陆军显然是赞成的,他相信最近陆军的行动就是根据近卫担任首相的假定而实行的。于是,问题就这样解决了。派去传达这个决定给西园寺的使者报告说,因为公爵说他身体欠佳不熟悉政治局势,所以不愿担负向天皇进言的责任。

于是,木户就将重臣的建议向天皇报告。天皇希望在做最后决定前,再与西园寺商谈一下。但木户以西园寺身体欠佳为借口劝止了天皇。于是天皇召见近卫,授命他组织新内阁。

第二次近卫内阁成立和政策

近卫按照1940年5月26日与木户所计划的方案进行组阁。在接受天皇组阁的委任后,近卫告诉木户,他打算要让前任陆军大臣推选愿意实行陆海军互相合作的后继人。当选定了陆军、海军和外务大臣以后,近卫准备与他们充分地商讨关于陆海军的合作以及统帅部与内阁关系等问题。在四相会议对这些问题意见趋于一致前,他不拟开始选任其他大臣。近卫实施了这个计划。

海军大臣吉田留任新阁。陆军中将东条被选为陆军大臣。

米内内阁垮台后,即将离任的陆军大臣畑采取了前所未有的办法,秘密地向天皇推荐东条为他的继任人。东条自1938年5月31日至1938年12月10日曾任陆军次长,此后一直任陆军航空总监。1940年2月24日以后,他兼任了最高军事顾问。

木户承认选择外务大臣一直是个难题。主张日本与德国完全合作的极端派白鸟,被认为是合格人选,但近卫选了松冈。在松冈的任命还未发布前,新外务大臣就秘密地把这事告诉了德国大使并表示他希望与德国友好合作。

在此期间,德国关于日本的政治动向一直都了如指掌。1940年7月20日,奥托大使向本国报告说:松冈的任命一定会使日本的外交政策发生转变。

1940年7月19日,近卫、松冈、东条及吉田,举行了长时间的会议。在会议中决定了新内阁的政策原则,并获得了一致的意见。驻柏林的日本大使馆通知德国外交部说:占新内阁中主要地位的四位大臣,以非同寻常的程序决定了权威的外交政策计划,其中包含着与德、意友好邦交关系。

因为这些政策已经落地,于是近卫就开始了内阁中的其他阁员的选举。1940年7月22日公布了新内阁的成立。

过去主管开发"满洲国"经济和产业的星野,被任为国务大臣兼企划院总裁。这是一项重要的任命,因为新内阁是把加速国家总动员及更密切结合日、"满"和中国其他地区的经济作为重中之重。内阁还要加强金融方面的管辖,极大地增强军备,进一步快速地扩张战争产业。

陆军少将武藤留任为陆军省军务局长,畑被任命为军事参议官。被认为系亲德派首脑之一的大桥(忠一)被任命为外务次官。白鸟曾秘密地通知奥托说,是他自己拒绝了这项任命。现在预计他大概会被任命为外务大臣松冈的常任顾问。白鸟认为这个地位对于日本的外交政策,可以发挥广泛影响。1940年8月28日,白鸟被任命为外务省的外交顾问。

现在这个以东条、星野为阁员的新内阁,在1940年7月26日,即在内阁成立四天之后宣布了它的政策。这个新声明所宣布的基本原则,就是1936年8月11日的国策决定的诸原则。声明中说,世界现在正站在历史转变的关头,处在一个创造新的政治、经济、文化秩序的过程中。日本也正面临着其历史上前所未有的考验。

声明中说：如果日本要依照"八纮一宇"的理想而行动，那么就必须从根本上改变它的政治组织，完成国家的国防体制。实现建立所谓"大东亚新秩序"是日本的目的。为了这个目的，所以日本增强军备，动员国民的全部力量。日本首先要集中力量去解决中日战争的问题。

通过采取有弹性的政策，日本可以计划和准备利用世界局势的变化，来发展日本自身的国家财富。

第二次近卫内阁决心完成对日本的军事支配

已有迹象表明，当1940年5月26日近卫和木户计划组织新内阁时，就打算让这个内阁按照军部的希望而行动，压迫可能会反对其政策的一切政治派别，成为极权主义国家的政府。这样军部派的领导者，事实上就成了日本的不可动摇的统治者。

早在1930年9月，桥本曾倡导成立这类的军部内阁，后来，这就成了军部派所企图的最终目标。1936年8月11日的国策决定中曾规定，应采取步骤以便统一舆论并加强国民关于实行现行侵略政策的意愿。1938年2月，制订了国家总动员法，遂使这些目标可以实现了。陆军在说明该法的目的时曾指出，国民生活的所有方面，都应该是为了实现最高的战时效率。

在经济和产业方面，这些效果大部分均已实现了。舆论也已受到了严格的管制，并依照陆军及其支持者的意愿而行动。当第二次近卫内阁成立时，业已完成了由军部支配日本的最后步骤。

新内阁的存在，是靠了陆军的支持。为了使内阁的政策具有牢固的基础，近卫预先征得了新陆、海军大臣的同意。剩下的问题是实施必要的措置，以便保证军方政策与内阁政策的统一以及完成日本的国民组织以备未来的战争。1940年7月26日，以东条和星野为成员的这个新内阁，举行了会议批准既定政策，会上曾特别强调这些目的。

于是，决定依照基本国策中所决定的根本原则，来改组政府中的一切部门。教育制度继续为达此目标而发挥作用，为国家服务高于一切的思想将灌输给日本国民。

于是,内阁借着建立新的国家政治体制,努力寻求政治上的协调统一。为适应这一计划,因而变更了议会制度。并以为国家服务以及与国家和专制政府的合作为基础,进行了国家的改造。

这些目的是依靠陆军和内阁的合作而得以实现的。在所采用的新方法中,最重要的就是"联络会议"和大政翼赞会。

联络会议和军事管制方式的完成

联络会议的目的是为了保持军部与内阁的政策的一致性。联络会议的设置,是近卫和木户在1940年5月26日商议后预先决定下来的。当时,他们决定设置最高国防会议,以总理大臣、陆海军大臣、参谋总长、军令部总长为其成员。

这个新组织比近卫和木户最初设想的还要大些。除了已经预定的成员外,还包含了外务大臣和大藏大臣,参谋本部和军令部两次长,陆海军两军务局长。有时企划院总裁和内阁书记官长也出席会议。

1940年7月27日,即在新近卫内阁对其将来的政策原则取得一致意见后的第二天,召开了联络会议。在这个联络会议上,针对有关国内外政策的一切问题,作了和上述相同的决定。

这次新召开的会议首次使陆海军首脑直接参与制定内阁政策,因此,它本身就成为极重要政策制定的机关。这次会议把御前会议的审议机能归入己手,因而还进一步削弱了宫庭圈的势力。御前会议只在决定最重大的国务时才召集会议。从这时候起,御前会议除对联络会议已获得的决定作正式承认外,几乎没有任何其他作为。

这次新会议的决定代表了陆、海军和五位最重要阁员的综合权力。所以,要改变他们的决定是困难的。在整个1941年期间联络会议时常举行,日益夺去了内阁会议的机能。

联络会议也起了加强总理大臣地位的作用。在此以前的内阁是由于陆军的不满而垮台的。四相和五相会议的决定常常无效,是因为陆军大臣和其他陆军军人或陆军省职员商谈后撤销了他的同意。既然军部的首脑们亲自参加了重要的决定,那么既定的政策后来就不容易被推翻了。

陆军打算要利用近卫作为它的政策的工具,但是由于近卫以预先决定的政策为中心,借着组阁方法的慎重和联络会议的设置,于是他获得了专断的领袖似的统治地位。内阁和陆军合作,借着取缔日本国民的政治活动及去除政治上的反对党来完成军部对日本的统治。

1940年10月10日大政翼赞会正式设立,关于该会的情况在本判决书的下一章中将更详细地论及。这家协会是获得日本政府巨额资助的全国性团体。在它成立后,其他政治团体全被取消了。就是运用这样的办法让该协会完成了对议会制度的修正,并在日本国民心中灌输了为国家服务的观念。

陆军是想借着这个新团体来取消一切旧政党,而组成一个阿谀听从陆军领导人意旨的新"亲军"党。但是,近卫按照与木户商量的计划却把旧政党的党员吸收入这个新党之内。近卫宣称:军、官、民必须团结一致来建设一个具有强大国防力量的国家。

1940年8月,时任军务局长同时也是陆军最杰出的领导者之一的武藤,承认情况在变更。他指出:大政翼赞会并非国民自发的运动而是强加给他们的运动,但是他认为必须赋予这个新团体以强大的政治力量。他承认陆军和内阁应该合作来指导和扩大这个运动,并应借助它来推动陆军和内阁共同具有的野心勃勃的国家目标。

对德合作的初步方案及日本大东亚统治计划的范围

1940年7月16日,当近卫接受天皇组阁之命的时候,日本新外交政策的初步方案已经草成了。外务省终于决定了与德、意密切合作的政策。一年前,作为亲德派的白鸟就不断地主张这一政策。由于里宾特洛甫曾在日本本身的目的未表明以前,不愿显示德国的意图,鉴于此外务省于是起草一个日本无需参与欧战而能达到与德国合作之目的的建议案。

陆军、海军和外务省的代表在1940年7月12日以及1940年7月16日曾两度讨论了这个议案,在讨论中揭示了日本可能错过偶发事件的忧虑。预料德国大概会征服英国,并认为欧战也许在不久的将来就会结束。于是觉察到如果日本不作出迅速行动的准备,也许就会失去征服南方的机会。

日本担心一旦欧战结束,德国大概会阻止日本支配整个东亚和南洋地区的企图,也许德、意会与其他国家合作来妨碍日本的前进。但是另一方面,如外务大臣松冈后来所言,此时人们已经相信"日本具有可以左右世界局势的巨大力量"。

受德国在欧洲胜利的鼓舞,日本领导人口头所唱的已不止是建设所谓"东亚新秩序"了。"大东亚共荣圈"是现在常用的措辞。在英、法、荷失势的当时,日本已决定要获得英、法、荷、葡在东亚、东南亚和南太平洋等各领地的支配权。

1940年7月16日,陆军、海军、外务省的代表一致认为日本扩张的最终目标,必须包括一方是东印度和缅甸,他方是澳大利亚和新西兰之间的整个地区。目前,则以香港、法属印度支那、泰国、马来亚、荷印、菲律宾及新几内亚等地区为日本支配的目标。

为了达到这些目的,当务之急需要一个以日本与德、意合作为基础的明确的提案。日本虽不作参加欧战的保证,但可以说明的是,如果认为时机到来,有意另行对英作战。但日本保证在不实行宣战的情况下,将尽一切办法援助德国去征服英国。日本将采取措施去搞垮英国在远东的势力,鼓励印度和缅甸的独立运动。对于美国和苏联两国,日本将支持德国并与其合作对付它们。日本将使美国干预欧战的可能性缩至最小限度,因为日本的行动使美国在太平洋地区的利益经常感受威胁。这样一来,日本将获得保障,以对抗美国和苏联妨碍日本的计划。

日本承认德、意在欧洲和非洲的独占权利,但交换条件是要求承认日本在东亚和南洋的政治上的优越地位和经济上的自由权利。关于对华战争，日本也要求德国的合作及经济上、技术上的援助。日本则保证从中国和南洋，供给德国所需的原料。日本和德国在欧战结束后，关于两国所欲控制的两大势力范围间的贸易，决定采取互惠主义。

这个计划就成了第二次近卫内阁外交政策的基础。

第二次近卫内阁临时计划的采纳

日本虽然决定了要征服东南亚和东印度，但是关于所应采取的实际措施，其性质和时期仍极不明确。其所以未决定，部分原因是由于陆军、海军和外务省间的意见不一致，但其主要理由是由于尚未确定德国的真正目的。

最大的疑虑是尚不清楚德国本身对法属印度支那、荷属东印度及南洋其他地区具有何种企图。日本认为对于这个问题必须采取强硬的态度，并且认为必须在德国忙于应付欧洲无暇他顾的时期，迅速采取行动。另一方面，日本也曾决定以德国最容易接受的形式，提出日方独占的要求。日本想隐匿它征服的目的，声言此举只是意欲获得政治上的指导权和经济上的机会。

关于德国与苏联及美国的关系也存在着忧虑。当欧战结束时，这两个国家与德国及日本有望成为仅存的四个世界强国。一旦这种情况发生，日本固然希望与德国及意大利继续合作，但却担心德国改变政策，使日本得不到任何的支持。于是一致同意，为了促进日本本身目的的实现，并同时为了德国和意大利的目的而与美国进行谈判。并且认为虽然必须采取促进改善对苏关系的政策，但是这也仅限于适合德国及日本的计划。

最后，日本所准备提供的某种程度的合作，是否能为德国所接受，这一点尚不能确定。并且对于日本应否立即采取更为强硬的措施反抗英国，以及应否承诺在中日战争结束时进攻新加坡，也发生了争论，但内阁作出的决定是不给予明确的承诺。

这些事情都是些不明确的问题,因此解决这些问题就成了新内阁的任务。至于在日本外交政策的基本原则方面,这类疑虑是完全不存在的。尽管有各种困难,日本必须在东亚、东南亚、南太平洋整个地区中建立支配权,这在陆军、海军和外务省的代表者中都是意见一致的。为了实现这一目的,对于任何反对日本的国家,必要时日本都不惜和它一战。但是,作为权宜之计,需要日本首先与德国和意大利达成一致的意见。

1940年7月19日,近卫、松冈、东条、吉田在形成新内阁政策的会议上,他们采取了这个业已拟就的计划。他们决定为了迅速建立所谓"新秩序"要加强日本与德、意的关系。他们决定根据这个方案,和苏联缔结互不侵犯条约,使满洲和蒙古成为新协定的当事者。并决定将英、法、荷及葡萄牙的领地包括在日本"新秩序"的范围中。如果美国不妨碍这些计划,日本不必攻击美国,如果美国企图加以阻挠,日本则会毫不犹豫地要诉之于战争。

基于1936年8月国策决议的第二次近卫内阁

第二次近卫内阁上台后,虽然把有田外交改变为近卫和军部派的"强硬"外交,但是依然维持了有田外交的主要特点。虽然又用"八紘一宇"的理想来说明日本多年来的国家野心,但是新内阁决定这绝不应从属于德、意的野心。尽管日本与德、意合作的条件尚未达成,但是新内阁却重新强调关于1936年8月11日基本国策决议中所确定了的陆军计划的一贯目标。并称,正如1936年一样,1940年7月26日,日本政策的第一目标,依然是征服中国并在各个方面促进战时国家总动员。在执行这些既定目标期间,日本应采取有弹性的政策,以便利用国际局势的变化来进一步增进自己的利益。

因此,在1940年7月26日的内阁决议中,明确地声称:日本要建设所谓"大东亚新秩序",日本、"满洲国"及中国的其他地区不过是它的基础而已。1940年8月1日,由外务省将这个决定作为政府的声明发表了。当时,外务大臣松冈曾发表谈话,其中说,日本的使命是将"皇道"宣扬全世界。他说,日本外交政策的当前目标,是根据这种精神,将日本,满洲及中国其他地区结成一个"大东亚共荣圈"。为此目的,日本决心排除横陈在这条道路上有形无形的一切障碍。日本具有充分的勇气与决心,联合那些准备与日本合作的友邦,以实现这种理想以及上天所赋予的使命。

另一方面,在1940年7月27日的联络会议上,陆军和海军一方面表明接受内阁的政策,同时还决定"在不与第三国开战的范围内来解决南方问题。"日本一方面要试图规定与德、意合作的条件及实现调整对苏邦交,同时又对美国维持着坚定而稳健的态度。在联络会议中决定:"对于美国,虽然我们绝不会因实行帝国的必要政策所带来的无可避免的自然的关系恶化而退缩,但应当经常留意其动向。"在这项决议中还说:"我们必须准备好采取一切可能的措施避免增加摩擦。"

在这个问题上,内阁也要遵守基本国策中所决定的原则,声明日本一方面要竭力避免与其他国家不必要的交恶,同时必须"借外交和国防的联合力量,向南洋"扩张势力。

"在一定限度内解决南方问题"的政策

联络会议根据这项原则,详细决定了为实行日本南进政策所应立即采取的措施。法属印度支那北部已处于日本的支配之下。为了准备可能发生的对香港的攻击,日本军队已实行动员。日本已经向荷属东印度提出了保证供给原料的要求。在新内阁就职的那天,日本宣布为解决这一问题将派经济代表团赴荷属东印度。

联络会议决定继续执行这些政策。目前,日本打算借助外交手段来获得荷属东印度的重要资源。日本将进行下列交涉,征求德国的许可,同意日本占领法国在太平洋的属地,要求继续保持原属德国现由日本托管的诸岛。日本还将努力促使南洋其他国家对日本的支持。

但是对于法属印度支那、香港、马来亚及在华的西方国家的租界,日本却采取了更为强硬的措施,以便阻止其对蒋介石为最高统帅的军事力量的援助,并彻底铲除其对日本的敌对态度。对于法属印度支那,提出了使用飞机场及日本军队通行权的要求。日本还要求法属印度支那,供给日本军队粮食,并采取措施供给日本以该地所产的原料。

这些措施仍未能使陆军大臣东条感到满意。1940年7月31日,奥托大使曾向德国报告说:东条正在促使日本与英国的关系极端恶化。东条希望借此进一步摧毁日本亲英派的势力,并加速日本对英国远东属地采取行动的日期。

重光关于"大东亚"政策的意见

在1940年8月5日,当第二次近卫内阁的政策业已决定时,重光大使曾发电报给松冈,对于新外务大臣的就职及建立并实行"大东亚政策",表示祝贺之意。

米内内阁执政期间,重光曾极力劝说外务大臣有田阻止军部派的要求。他认为由于欧洲战争的缘故,西方各国在远东的势力正在不断地减小。他相信,日本为了取得它所热望的在远东的优越地位,最好的途径是维持严格的中立政策。但是,由于军部派掌握了政权,采取严格的中立政策早已经毫无可能。

重光采取了如下的说法来支持新内阁实现自己的目标。"为了建立我国在大东亚的地位,应直接实行牺牲小国而避免与其他国家相冲突的政策,不应一时树敌太多,而应采取各个击破的策略,必须考虑以最小限度的牺牲而获得最大的利益。"他列举法国和葡萄牙这类国家可以作为实施这类措施的对象,他说,如果采用这种方法可能会取得一定的进展,同时使英国和美国付出间接的代价。

但是重光明确表示,他依然相信西方各国最后可能战胜德国和意大利。对于近卫内阁根据德国必将征服英国的假定,从而形成内阁政策的基本原则,他表示反对。

新内阁决定了要加强日本的作战,以便粉碎蒋介石统帅的抗战力量，但是重光和从前一样，倡导采取所谓宽宏大量的态度来解决中日战争。

内阁还采用了企图攻击英国远东属地的南进政策。陆军和陆军大臣东条，热切希望加速开始敌对行为的时间。内阁决心实行南进，纵然发生日美战争也在所不惜。重光强调，关于与英美的关系，日本需要"缜密的考虑和谨慎行事"。

他又指出，英国在远东的势力在逐渐减小，并主张连美国在远东的地位也正在退却。他坚持下列意见：当日本实行它的东亚政策时，如果采取稳健的行动，可以期望英美对这项政策的阻碍不久自然就会除去。

第二次近卫内阁决定了要促进日本与德国、意大利的合作。陆军重新提出了轴心国家间缔结三国同盟的要求。重光强调，如果采取任何步骤，约束日本与德国采取共同政策，都会面临危险。他警告松冈声势浩大的运动正在进行之中，欲将日本卷入在太平洋与英、美之间的冲突中。他暗示这是德国的政策，而在英国某一部分人间，想借此类的战争来阻止日本在东亚的扩张。在1940年最后的数月中，重光作为驻伦敦的大使，敦促英国政府的成员，寻觅与日本恢复友好关系的新基础。

在这份1940年8月5日的电报中，重光主张与德国、意大利的政策相并行，日本应推行独立的政策。他为唤起人们的注意说，日本应以苏联与德国的关系为模范。他说：苏联坚定维持着留有与英国妥协余地的中立政策。重光说：与此同时，苏联正在与欧战无关的小国建立关系。重光认为，这种政策正是日本所应当采取的，目的就在于建立"在东亚政治上和经济上有实力的地位"。

松冈向德国提出日本与轴心国的合作条件

尽管日本和德、意的合作条件还未谈妥，但最后对东南亚及东印度用武力侵占的方针已确定的了。1940年8月初，军令部总长伏见报告天皇，海军希望避免在现在对马来亚及荷属东印度行使武力。伏见说：在下了作战的决心以后，至少还需要8个月的准备时间。因此，他认为战争是愈迟愈好。

外务大臣松冈为实现与德国、意大利的合作协定,已采取第一个步骤。1940年8月1日,他通知奥托大使说,他认为无论是日本政府还是国民都想加强日本与德国、意大利的关系。他自己也一向是支持这种政策的,但他表明内阁的决定要取决于德国所提出的合作条件。

在1940年7月的会议上,曾决定日本不拟参加欧洲战争。同时,松冈要求德国对于世界局势应采取高瞻远瞩的观点。松冈指出:纵然德国占领了英国,要想摧毁英联邦的其他国家恐怕也不是容易的事。奥托对这种看法表示同意。松冈说:德国大概会遭遇苏联以及由美国和幸免的英联邦其他成员国所组成的盎格鲁·撒克逊集团的反抗。那时候日本就会居于至关重要的地位。

松冈说,在粉碎中国的抵抗以前,日本决心继续对华战争。这是没有德国的援助也能够完成的。他接着说,日本也决心要实现它对南方的野心。根据松冈的意见,日本首先将集中力量对付泰国及其以北的国家,但是,日本的目标会随着世界局势的变化而变动。为了取得与德国的合作,松冈告诉奥托说:对于应建立日本支配势力的地区,日本既无"征服"的意思也没有"榨取"的意思。

松冈说出这番话,是希望知道德国对于日本政策的态度,和德国准备给予怎样的援助。他也希望知道关于德国对美、苏两国的政策以及德国对日本与者两国关系上有何所求。

与这个会谈同一天,来栖大使对德国外交部某官员提出了同样的建议。德方所得到的结论是:如果来栖和松冈正确地表明了日本对东亚及南洋的目的,那么以日方所建议的条件来合作是符合于德国的利益的。于是,1940年8月23日,由外交部长里宾特洛甫派史塔玛为德国特使赴日本。

其间,松冈彻底整肃了赞成与西方国家合作的所有外交官和外务省职员。白鸟在为根据"独裁主义调整国务"而设的委员会中,成了对外政治事务的代表者。这个新委员会,不断地要求与轴心国家合作的政策。

我们将休庭直至13:30。

(12:00休庭)

(13:30重新开庭)

法庭执行官：远东国际军事法庭现在开庭。

庭长：我继续宣读法庭判决。

关于三国军事同盟的详细计划,1940年9月4日的四相会议

1940年9月4日,总理大臣近卫、外务大臣松冈、陆军大臣东条及海军大臣召开会议,商讨日本和德国交涉的策略,认为现在是与德国开始商谈的良机。德国特使史塔玛正在赴东京的途中,(会议)明确表达了欲加强日本与德、意合作的愿望。

在这次四相会议中,并没有脱离原已决定的政策,但确定了日本在对德、意交涉的各方面的态度,并出台了极为详尽的细节。会议中决定了日与德、意要签订一个基本协定,当日、德、意为达到它们各自支配亚洲及欧洲的目的时,要动用一切手段,也包含战争手段在内,互相合作。三国同意当完成这些目的时,以互相援助的方式对英、美、苏采取共同的政策。

经过尽可能短时间的谈判,所订的协定以共同声明的形式公布。它将成为更详细的军事协定的基础,但军事协定条款不必公布。军事协定应规定各缔约国在军事上、经济上以及其他各方面互相援助的义务。

在四相会议中详细计划了日本所应采取的援助方式,并决定了谈判三国军事同盟时日本所应依据的原则。

第一,一致同意日本的势力范围应包括日本的太平洋托管诸岛,法属印支及其他法国的太平洋属地、泰国、马来亚、英属婆罗洲、荷属东印度、缅甸、澳大利亚、新西兰、印度及其他各国。在与德国交涉时，日本只谈到包含荷印在内的缅甸以东及新喀里多尼亚岛（New Caledonia）以北的地区。如果德国要求预留地，那么日本就要求德国承认其在东亚整个地区包括南洋在内的优越地位的这一目标，借此来表明日本的意图。日本主张它的最终目标是使法属印支和荷印独立，但首先希望获得在这些国家中政治上和经济上的优越地位。

第二，三国对于苏联及美国则采取共同政策。虽然三国的目的是与苏联建立友好关系，但是如果缔约国之一卷入对苏战争时，三国也同意采取一致行动。日本与德、意合作旨在从东、西、南三方牵制苏联，并努力使苏联加入三国的同盟。

缔约国也联合行动来牵制美国，但避免用战争办法。根据这一政策，菲律宾不包括在日本立即打算支配的国家中。但究竟包括与否则视美国的态度而定。为了达到日本的野心，将借着和德、意在政治上、经济上的合作，对美国施以压力。

第三，各缔约国所给予的经济援助的性质，是属于个别协定的问题。因为日本将从它所支配的地区来供给德国对英作战所需原料，所以德国将在有利于日本对华战争上与日本合作，供给日本以原系依赖美国的技术援助与战争资材。

第四，如局势需要，日本将除去英国在东亚政治上、经济上的权益。日本将借助给德国以经济上的援助，对英国在华权益施以政治的和经济的压迫，并且宣传以及鼓励英国领地的独立运动来援助德、意的对英战争。如果德国愿意，日本愿声明在原则上有援助德、意对英战争的意图；否则，日本的主要目标是美国。

但是，关于对英美可能使用武力的时候，日本则保留其自主决定的权利。如果中日战争已接近尾声，那么日本当尽快选择适当的机会为达到这一目的而使用武力。如果中日战争仍在持续进行期间，除非局势已刻不容缓，日本不拟对西方各国作战。

同盟议案的要点已由松冈暗示给德国。当德国在对英战争中取得胜利时，世界将划分为由德意、日本、苏联、美国所支配的四个势力范围。无论在这个情势发生以前或以后，日本将与德、意共同行动，以期能完全实现各自的征服和扩大势力的目的。

三国结盟谈判，1940 年 9 月 9 日至 11 日

5 天以后，即 1940 年 9 月 9 日，外务大臣松冈和史塔玛会面，开始了对德谈判。史塔玛根据德国外交部长的直接训令表示说：德国对于缔结三国同盟建议的热心并不亚于日本。德国对于一切重要问题的意见，与 1948 年 8 月松冈向奥托大使所表明的意见甚相符合。

史塔玛说：德国希望尽快结束欧洲战争，但现在尚不需要日本的军事援助。德国特别希望日本牵制和阻止美国参战，并且认为缔结所建议的同盟及采取强硬外交政策，对于防止美、日或美、德战争是最有效的途径。史塔玛说：德、意愿尽一切可能的办法来牵制美国，两国还将尽可能把节约出来的武器供给日本。

关于其他问题，德方的建议案也与日本的目的相符合。史塔玛明确表示，德国承认和尊重日本在东亚的政治领导地位。德国对于这个地区只有经济性的需要。德国愿与日本合作，并希望日本满足德国的经济需要。德国也愿协助苏联与日本的良好关系，并认为这并无不可克服的困难。

史塔玛明确表示：德国现在虽希望日本中立，但在为争取正在到来的世界霸权的斗争中，是把日本看作同盟国的。他说：现在的战争也许会迅速结束，但大的斗争也许会以某种形式继续数十年之久。同时，德国将尽一切可能来防止日美间的战争，如属可能，并愿尽一切可能来（协助）改善两国邦交。史塔玛说：但是三国也必须准备好最恶劣的事态的偶然发生。德国认为日、美之间的战争几乎是不可避免的。

史塔玛告诉松冈说：欧洲战争的命运，最终将发展为以反对盎格鲁·撒克逊的整个世界为对手的斗争。德国认为，所建议的同盟是为这一斗争而合作的长期协定,因此,希望日本在德、英战争结束前迅速加入轴心国。

史塔玛与松冈曾在1940年9月9日、10日及11日分别举行会谈。在第三次会谈中,他们两人之间商妥了建议中的三国同盟草案。鉴于德国所表示出的愿望,没有邀请意大利参加这个谈判。意大利外交部长齐亚诺,在1940年9月19日才从里宾特洛甫处首次得悉同盟议案。当时,德国外交部长曾说:他认为这个同盟对两方面——无论是对苏联还是对美国——都具有双重威力。

围绕三国同盟缔结的情况

在松冈与史塔玛决定作出建议中的三国同盟草案后,便立即着手三国同盟的缔结。1940年9月16日,在天皇出席的枢密院会议御前会议上,形成了这个议案。外务大臣松冈叙述了与德国交涉的经过,说明了建议草案的条款。但海军对这个议案未表同意。

3天后,即1940年9月19日,将这个问题提交联络会议审议,终于在1940年9月24日取得一致的意见。1940年9月26日,在天皇出席的第二次枢密院会议中,将此议案呈报上去。出席者中有近卫、松冈、东条和及川古志郎。及川当时是继吉田之后的海军大臣。赞成同盟的发言人中,包括企划院总裁星野、陆军省军务局长武藤以及大藏省和海军部的代表。

因当时的需要甚为急迫,所以枢密院未依照惯例交审查委员会审议草案,提出书面报告。而代之以出席枢密院会议的全体人员所组成的委员会,并以枢密院副议长为委员长。首先由近卫和松冈将这个建议案加以说明。然后讨论了一整天,直至傍晚。于是全体人员的审查委员会终于一致同意,缔结建议中的同盟,但附以一项警告。虽然政府已决定必须改善日苏关系,并避免一切可能刺激英美的行动,但仍要求政府在采取这些步骤时,必须为最坏的情况作出准备。

于是,又召开了一次在天皇出席下的枢密院全体会议。由审查委员长口头报告了建议书,又经过若干商讨后,全体一致通过了缔结同盟的议案。

第二天,即 1940 年 9 月 27 日缔结了三国同盟。于是公布诏书,声明这个新同盟是使"万邦各得其所"的一种"和平"手段。外务大臣松冈发表演说,声称日本加大了作为东亚"新秩序"的领导者的责任。他说:虽然日本打算用和平的手段来履行这些责任,但是也许必然会发生作出划时代决定的时机与情势。他还说:日本的将来会不得不遭遇终非靠普通努力所能克服的无数困难。

大岛和白鸟更率直无隐。

白鸟在 1940 年 12 月所写的文章中,评论三国同盟是完成"世界新秩序"的手段,而征服满洲就是这一运动的第一个高潮。

大岛认为,现在近卫内阁已相信"大东亚共荣圈"是必须用武力南进才能完成的。他说:唯一的问题是"什么时候动手"。

木户显然了解三国同盟所具有的全部意义。1940 年 9 月 21 日,他向天皇报告了他自己的信念。他说:如果缔结了同盟,日本最终就不得不与英、美对抗。因此,他认为必须快速结束中日战争。

天皇曾经说,他对于建议中的同盟并不赞成。大家知道西园寺是极其反对这种同盟的,而天皇对元老西园寺公爵的进言是很相信的。近卫内阁在获得海军的同意后,仍必须克服这个困难。这是靠着与木户通谋而克服的。

作为内大臣,木户有责任将交涉经过报告元老。木户虽完全明白作出这一决定的重要性,但完全不让西园寺知道所发生的事情。当责问他对此未尽责时,他只回答说:这是由于考虑到元老的病体。西园寺得知缔结了同盟时,大为忧虑,感觉天皇早已是左右无人辅佐了。

三国同盟的条款及 1940 年 9 月 27 日日德所交换的保证

三国同盟的前言中表明,缔约国各自在欧洲及亚洲建立"新秩序"的决心,并决心互相援助。在这一文件中规定的德、意尊重日本在亚洲的领导权,日本尊重德、意在欧洲的领导权。三国保证互相合作,至于其详细内容,则由指派的特别综合委员会去决定。任何缔约国如遭受现在未加入欧洲战争或中日战争的国家攻击时,加入同盟的其他国家应给予政治的、经济的及军事的援助。德意确认这种同盟毫不影响对苏联及任一缔约国的现有关系。三国同盟的有效期限为10年,还拥有有关于延长期限的规定。

1940年9月27日,即缔结三国同盟的那一天,在交换函件时,日、德间又作了其他保证。其中包括同意日本应保有国联委任日本统治的原属德国领地的太平洋诸岛。当时由其他国家统治的原属德国的南洋殖民地,在对英战争胜利后,应当自动归还德国所有。但德国请求愿意展开谈判,将这些殖民地转让给日本。

松冈在致德国大使的信函中叙述了日本的希望。他说:日本与德、意同样希望限制欧洲战争的范围,并使其迅速终结。日本不惜为获此结果而努力。但他又附带说,"鉴于现在大东亚地区及其他地方所存在的情势",英日之间存在着战争的危险,松冈明言日本政府相信,当发生那种情形时,德国会尽可能地援助日本。

奥托承认接到了这一函件,他说:如发生应予以援助的情况时,可由三国会商决定。德国保证给予援助和对苏联进行斡旋。此外,还保证尽可能给日本以产业上和技术上的援助。

奥托说,德国相信三国同盟正在进入世界历史上一个全新的决定性阶段,在这个阶段,三国的任务就是承担其各自在欧洲和"大东亚"的领导者的角色。

日本领导人缔结三国同盟的意图

三国同盟的缔结是日本为准备以武力侵入东南亚及南洋地区的必要步骤。在1940年9月所举行的多次商讨和会议中,每一位参加者都认识到了这一同盟的缔结,会使日本必须与法国、荷兰、英联邦各国作战。并且由于这一同盟的缔结,如果美国妨碍日本实现其侵略目的时,就意味着日本也有对美作战的意愿。日本承认战争物资还不能自给，但是认为，如果一旦缔结了这个新的同盟，那么，能够保证从南方获得的新资源所带来的优势要远大于与西方国家作战所带来的危险。

但是，显然也应当理解这一同盟所具有的更为宽泛目标。正像外务大臣松冈在1940年9月26日枢密院会议上所说的那样："正处在审查中的条约是形成今后帝国外交的基础。"可以预料，在德国征服英国以后，剩下来的世界强国就是同盟参加国、苏联及美国。同盟缔约国作为权宜之计同意暂时避免与美、苏两国的战争。向世界公布的同盟条款，在形式上是防御性的。关于缔约国之间互相援助的义务，仅在一个或多个缔约国被攻击时才会行使。尽管如此，但在枢密院及在他处对其讨论的全部要旨则明确表示，只要当三国为促进其计划的实施而认为有必要采取侵略行动时，三国就决心彼此互相援助。松冈说，由于其认为美国是日本南进计划的直接障碍，所以同盟主要是以对抗美国为目标。

同样，三国之所以一致同意应尽一切努力来改善其与苏联的关系，是因为这与缔约国的目的正相符合。但是承认三国同盟也以苏联为目标。松冈并不认为改善日苏关系是持久性的事情。他说：这类改善几乎维持不了两到三年，自此之后，三国有必要对形势进行重估。1940年9月26日枢密院会议上，松冈明确地回答了对他的质询。他说，尽管有盟约的明文规定，尽管德苏间还有互不侵犯条约，如三国之一与苏联交战时，同盟国当彼此互相援助。

总之，三国同盟条约是侵略国家间为促进其侵略目的而缔结的条约。在某枢密顾问官提出质询时，其本质被充分暴露出来。这位枢密顾问官质询说，关于条约前言中所包含的"万邦各得其所"一节，如何才能与只有最强者才应当生存的希特勒主义相调和。总理大臣近卫，外务大臣松冈及陆军大臣东条共同答复道：只有强国才配生存。他们说：如果日本在"弘扬皇道的大使命"中遭遇失败时，日本本身也不可能幸免于灭亡。

在米内内阁垮台后，日本领导者所作的各种决定都是特别重要的，因此详述如上。从这些决定中可以知道共谋者为了达到扩大日本统治庞大地区和人口的目的，决心在必要时就行使武力。由于这些决定，共谋者缔结三国同盟的目的就昭然若揭了，是为实现其非法目的而获取援助。从这些决定看来，为了公之于世，三国同盟的条款表面上是防御性的，但不论是防御性的或侵略性的，只要缔约国一国进入战争时，就可以如期使之生效。辩护方主张三国同盟是为了促进和平大义，这种说法是由于这些决定已被完全驳倒。

这些共谋者当时已支配了日本，他们决定了自己的政策并决心加以实行。当对中国的侵略战争在丝毫没有减弱其力量下继续进行的时候，他们更为下一步的侵略战争做好准备，向着远未完成目标的道路大踏步地前进着。在本判决书处理关于太平洋战争的章节中，将论及关于这些准备的完成及攻击的开始。同谋者希望借此会使日本保持其对远东的统治。

第五章　日本对华侵略[1]

第一节　侵略和占领满洲

中日战争及其阶段

被日本领导人虚伪地称之为"中国事变"或"中国事件"的日本对华战争，由1931年9月18日夜间开始，到1945年9月2日日本在东京湾投降时告终。这场战争的第一阶段，包括侵略、占领并统一被称为满洲及热河省的中国领土。战争的第二阶段，由1937年7月7日，日军继"卢沟桥事件"后向北平附近的宛平发动攻击时开始，并包括以后的不断进攻。每次进攻后，就暂行巩固侵略区域，以便准备更深入的进攻中国领土。某些被告在战争伊始就很活跃，另有一些是在战争进行中参加的。1940年6月号的《金钢钻》杂志，载有白鸟的演说《大战的归趋》一文，其中白鸟说，"我们说欧洲战争的导火线是首先由中国战争点燃的，这并非言过其实"。

中日战争开始时日本在满洲的立足点

1931年9月18日日本在满洲的地位，曾由李顿调查团作如下的叙述，本法庭对这一点是完全同意的。"此类条约及其他协定给予日本在满洲以重要而特殊的地位。即日本在事实上是以完全的主权统治满洲的租借地，通过南满洲铁道会社来管理铁道地区的行政，该铁道地区包

---

[1] 本章可参阅《远东国际军事法庭庭审记录》第79册49007—49286页，第80册49287—49326页。

含着几座城市以及如沈阳及长春之类的人口众多的城市的广大地区。在这些地区中,日本管理着警察、征税、教育和公共事业。日本在满洲许多地方驻有军队:包括在租借地的关东军,在铁道地区内的铁道守备队,和散布于各地的领事馆警察。根据以上概述的日本在满洲的众多权利,显示出在满洲境内中日政治、经济与法律关系的特殊性质。这种情形,恐怕在世界上任何地方也是无可比拟的。一个国家在邻国领土内竟能享有这样广大的经济及行政特权是绝无他例的。如果这种情形是出于双方的自由意愿并同意承受,或者是出于双方在经济及政治范围上,曾经深思熟虑了的亲密合作政策的表现及具体化,那么或者可以维持而不至于引起不断的纠纷和争执。但是,如果缺乏这类条件,那么就只能引起摩擦和冲突。"

因为这种情况,不是"出于双方自愿并同意承受"的,所以无可避免地发生了摩擦。借着使用武力,或以武力相威胁,日本在中国国力微弱的时期,从中国取得了种种权利。丧权辱国是腐败的满清帝国所不能避免的,这些丧权行为引起了觉醒的中国民族主义的强烈愤懑。一个更为有力的因素,并且是最终产生摩擦的决定性因素,是日本并不满足于它已获得的权益,这些征兆开始表现出来,日本最后企图征服整个满洲,并以此规模来扩大它的权益。日本企图扩大在华权益的这种政策,在田中内阁时期就首次作出权威发布了。

田中内阁和它的"积极政策"

提倡所谓对华"积极政策",在1927年执掌政权的田中内阁成立之前,日本的政治局势就已紧张了。被军部称之为当时日本的"弱体"的,就是币原外相提倡的"友好政策"一类的政府的自由主义倾向。因此,"友好政策"被废除了,而这种政策是自1922年华盛顿会议以来业已实行的政策。田中首相所提倡的"积极政策"是借着与满洲当局,特别是与东北边防军总司令及满洲、热河的行政首长张作霖的合作,以扩大和发展日本在满洲已经取得的特殊权益。田中首相还曾声明说:尽管日本尊重中国对满洲的主权，并愿意尽可能地实行对华"门户开放政策"，但日本抱有充分的决心，绝对不允许发生扰乱该地区的平静和损害日本重大权益的情势。田中内阁强调必须将满洲看作和中国其他部分完全不同的地方，并声明如果战乱从中国其他地方波及满洲和蒙古时，日本将以武力来保护它在该地的权益。因此，这项政策所包含的暗中主张，就是在一个外国取得更多的权益并隐含着要求在那个国家维持国内治安的权利。

煽动拥护"积极政策"

黑龙会及国本社这类团体以及大川博士（原被告）之类的作家，就在日本国内极力煽动必要时应以武力推行日本在华的特别权益。

黑龙会于1901年2月3日在日本神田成立，它鼓励国家主义及反苏反朝鲜的感情，提倡吞并朝鲜，并经常拥护日本扩充领土的野心。

国本社是为了鼓励和宣传国家主义精神在1920年12月20日成立的。国本社和军部保有密切的联系，并出版杂志向大众宣扬它的思想。平沼是它的总裁，小矶和荒木是会员。

大川博士是南满洲铁道会社所信任的社员，也一直是东亚研究所的理事长，该所系南满洲铁道会社为研究满洲的经济情况而设立的。大川在田中内阁成立以前，就出版过好几本书。在1924年他所著的《佐藤信渊之理想国家》中，曾说：依据佐藤的意见，日本是大地上最初成立的国家，是世界万国的本源，因此具有指挥万国的天意之使命。在这本书中，倡导占领西伯利亚以阻止苏联的南进，占领南方诸岛以阻止英国的北进。他在1925年著有《亚洲、欧洲和日本》一书。在这本书中，他主张：国际联盟是为了使盎格鲁·撒克逊人继续统治世界，永久维持现状而组织的。他预言道：东方和西方之间的战争是不可避免的。他主张，天意欲挑选日本为亚洲的冠军。他建议，日本必须发扬强烈的国家主义精神，为完成这一崇高的使命而努力。大川博士是许多团体的组织者，其中包括以解放有色民族及统一世界为纲领之一的"行地社"在内。大川博士的政治哲学与军部的某些人产生共鸣。他们把大川博士当作他们在民间的代言人,并常常邀请他到参谋本部的集会中去演讲。大川博士和被告小矶、板垣、土肥原及其他陆军领导者们都是亲密的友人。

济南事件

张作霖在华盛顿会议期间,曾向中国的中央政府宣告满洲独立,而使自己成为满洲的统治者,并决心将他的权力更进一步扩张至中国内地,于是将他的司令部移至北平。田中内阁的政策是以与张作霖合作的计划为基础的,所以其成败系于能否维持张作霖在满洲的指导权,田中首相反复劝告张作霖放弃欲在满洲以外扩张权力的野心,但张作霖对这种劝告感觉不快,并拒绝了它。在此期间,张作霖和中国国民政府之间发生了内战。1928年春,当蒋介石的国民党军队为驱逐张作霖并迫使其退回满洲向北平和天津进军时,田中首相发表了如下意旨的声明:日本要维持满洲的治安并准备防止发生危及日本在满洲权益的事态。接着,田中首相致书中国将领,大意说:日本反对对满洲的任何侵入。其中还明白宣称,日军将阻止败兵和追兵进入满洲。但是在内战尚未扩大到满洲以前,日本就将军队派到山东省的济南了。于是接着就发生了济南事件,从而在日本引起了广泛的公众舆论,主张保护日本人在满洲的权益。黑龙会在日本全国各地召集了群众大会,煽动日本国民对中国的愤怒,从而制造战争气氛。

谋杀张作霖元帅

张作霖元帅想将他的权力扩大到长城以南,不仅对田中首相的劝告置之不顾,并对日本依据各种条约和协定所取得的特权而对中国进行榨取一事,表示越发不情愿了。由于张作霖的这种态度,关东军的一群军官,主张为伸张日本的在满权益,必须行使武力,并认为与张作霖谈判也是无济于事的。但田中首相仍继续与张作霖合作,与其实际行使武力,毋宁是以行使武力为威胁来达到他的目的。由于关东军的部分官员对张作霖的上述忿恨日益激烈,于是关东军高级参谋河本大佐,计划杀害张作霖。目的是除去已成为日本在满洲建立新国家的障碍的张作霖,并以他的儿子张学良作为名义上的首领。

　　1928年4月的下半月,张作霖被蒋介石委员长的国民党军队所击败。田中首相劝告张作霖,在还不太迟以前退回到日军阵线之后的满洲。张作霖对这种劝告虽感觉忿恨,但不得不听从它。根据日本将防止败军入满洲的田中声明,关东军解除了由北平向沈阳退却的中国军队的武装。张作霖带着他的卫队,搭乘了开往沈阳的列车。从朝鲜抵达沈阳的日本第20工兵连队,在铁道上埋设了炸药地雷,并且一个日军的大尉在埋设地雷的周围布下了他的士兵。地雷埋设的地点是在京奉铁路横过南满洲铁道处。1928年6月4日,当张作霖的列车到达那儿时地雷爆炸了。张作霖的列车被炸毁,日军的兵士并向张作霖的卫队开火。张作霖依照日本所计划的那样被炸死了。日本原来企图对全体关东军发出紧急集合的命令,想利用此次事件达到最初的目的。但是,这个努力,由于某一参谋军官显然不了解其中的真实意图,以致使该计划受挫而终归失败了。

　　田中内阁吃了一惊,看出该计划因杀害张作霖元帅而陷于危机,乃大感狼狈。田中首相对天皇作了详细报告,并获得他的许可将责任者交付军法会审。田中自宫中回来以后,召集陆军大臣及其他阁员宣称,他决心整肃陆军的军纪。出席的人都表示同意。但是陆军大臣在陆军省讨论这一问题时,他建议应当鼓励来自参谋部的反对意见。之后,陆军大臣向首相报告说,参谋本部所以表示反对是根据下列意见,即如将责任者交付军法会审,那么就会迫使陆军公布出部分军事秘密。根据原海军大臣冈田启介的证言,这还是陆军首次干预政府政策的制定。

　　就在这个时候,土肥原出现在他将要扮演重要角色的舞台上了。在张作霖遇害之前,他曾担任过坂西中将的副官,而坂西曾是诸多中国领导者的顾问官,土肥原已在中国度过了18年左右。1928年3月17

日,土肥原奏请天皇并得到许可,接受了作为张作霖顾问松井七夫的副官的任命。土肥原根据这个任命而赴任,当张作霖被害时他正在满洲。

少帅张学良

被称为少帅的张学良接替了他父亲的职位,但事实证明他让关东军大失所望。1928年12月他与国民党合作了,开始以有组织的规模进行反日运动,并且异常激烈。中国的恢复国权运动盛行起来,并要求收回南满洲铁道和普遍限制日本的在满势力。

在张作霖被害后不久,即1928年7月,田中首相曾派遣私人代表前去与少帅张学良谈判。这个代表所接到的训令是要他通知张学良,日本已把满洲看作它的前哨,并且日本政府打算"暗中"和他合作,准备在田中内阁的"积极政策"下,不惜任何牺牲,以防止中国国民党军队进入满洲。张学良对此的答复和前述一样,是与国民党合作。

日中关系紧张

日中在满洲的关系极端恶化起来了。日本方面主张说,有好些事件违反了在华的"通商条约"。按照日本煽动者的说法:建筑与南满铁路平行线路的中国方案,对在满日本人非法征税的主张,对朝鲜人施行压迫的主张,以及否认在满日本臣民的商租权等,都是所谓"满洲问题"。军部赞成日本占领满洲。军部主张:外交谈判是无用的,为了将中国势力驱逐出满洲并建立在日本支配之下的新政权必须行使武力。1929年5月被任命为关东军参谋的板垣,就是使用武力的倡导者之一。以前曾访问张学良并企图代表南满洲铁道和张学良谈判的大川博士,回到日本后,在1929年4月曾巡游过50个以上的行政区,发表演讲和展示图片。由南任参谋次长的参谋本部,开始与大川博士合作,对于唆使国民对华采取行动的大川的宣传计划曾给予援助。参谋本部还开始研究对满军事行动的计划,并开始宣称,满洲是日本的"生命线"。

田中内阁辞职

由于田中内阁一心想处罚杀害张作霖的责任者,使其与军部疏远了。为了制造民众对田中内阁的反对，军部和大川博士勾结起来。他们抓住凯洛格-白里安条约（附件 B-15）的签署，主张说，这是违反日本宪法的，并且抓住内阁批准解决济南事件的条款，主张说这是对日本的侮辱，这一切使得内阁非常尴尬。因为这种压力异常强烈，1929 年 7 月 1 日，田中内阁辞职了。

田中内阁的辞职，是军部及其民间代言人大川博士的显著胜利。自此以后，这部分人对于政府政策的影响力就逐渐增强了。于是日本以武力占领满洲，必须在满洲树立傀儡政府的主张，就卓有成效了。大川博士被认为是一个政治上的领袖。南满洲铁道的官员，认识到了大川对于他们的价值，于 1929 年 7 月将东亚研究所脱离该会社而使其成为一个法人，并援助大川为支持陆军占领满洲的计划所进行的调查及制造舆论的工作。

"友好政策"的复活

继田中内阁之后的滨口雄幸内阁，于 1929 年 7 月 2 日组阁，并由滨口首相选任继续倡导对华"友好政策"的币原喜重郎男爵为外务大臣。与田中内阁的"积极政策"有显著不同的是，"友好政策"建立在一种良好愿望和友谊之上，而"积极政策"则是建立在武力威慑基础上的。结果就是，经过"友好政策"的实施，中国人抵制日货的现象减少了，若不是由于军事力量的暴力干涉，正常的和平关系本应成功奏效。

桥本和樱会

桥本在《世界重建之路》一书中，探讨他在伊士坦布尔就任三年武官的经历，他讨论了别国的政治形势时说："我清楚地意识到，日本是唯一一个屹立于世界范围之内自由主义漩涡中的国家，按照目前的状况发展下去，日本可能会从这一类国家的行列里滑落出来。幸运的是，我受命回来了，经过了 30 天的海上航行，我对于如何改进日本做了一番深入的思考，结果就是，我已经在一定程度上描绘了一幅明晰的蓝图。在回到我原来就职的陆军总参谋部时，我已经制定了几个将此观念付诸实施的计划。"1930年1月30日,桥本被任命为陆军总参谋官。

在1930年9月1日至10日间,当时刚刚从陆军大学毕业的十余名中尉,在桥本发起下于东京的偕行社召集会议,决定组织研究会研究满洲和蒙古问题和国家内部的重组问题。根据后来公布的消息,这个协会的最终目的是为了国家的重组,解决所谓"满蒙问题"及其他悬而未决的问题,必要时不惜动用武力。研究会叫做"樱会",它的会员限于关心国家改造的中佐以下军衔的现役陆军军官。

作为日本"生命线"的满洲

桥本调回参谋本部后,大川博士在东亚研究所及参谋本部军官的援助下努力从事宣传活动。通过报纸及其他机构,广为宣传,以便建立满洲是日本的"生命线"及为此必须采取强硬政策的思想。军部的领导者发出指示,要所有的社评记者、极端国家主义的讲演者等必须团结起来,制造舆论支持在满洲采取进一步侵略行动。军部主张说:满洲是日本的"生命线",日本必须扩张至满洲,从经济和产业方面开发满洲,把它建成对苏的防线,必须根据现有的条约权利保护日本和日本国民的在满权益。并用动之以情的言辞说:在日俄战争中,日本人血洒满洲,正是由于这种牺牲,日本才有统治满洲的权利。在满洲的铁道问题,依然是争论的焦点。大川博士主张:根据"皇道"建设国家的原则,应使满洲脱离南京而处于日本的统治之下。

桥本在《革新的必然性》一书中,清楚地说明了"皇道"这一术语的意义。他说:"必须将政治、经济、文化、国防都统一于天皇,将全部力量集中于一点上来,并加以发挥。特别是过去根据自由主义及社会主义的指导所组成的政治、经济、文化等路线应根据皇道一体主义再行改组。这种体制是最强有力的和最雄浑的。世界上的国家虽多,但绝对没有像我们这样的,足以与以天皇为中心、统一为一体的国民之血脉团结相比拟的国家。"

大川的思想是,在日"满"不可分的关系下,根据"皇道"建立独立的满洲后，日本才能够成为东亚的盟主。

由于关东军调查组对满洲的资源、民情及其他这类问题调查得不够，1930年4月1日在参谋本部内设立了一个调查总部。

在位于旅顺的关东军司令部等地，当时参谋部高层官员谈论的中心问题就是"满洲问题"。高层参谋官之一的板垣，1930年5月曾告诉某友人说，某种程度上，他对于解决这个问题已具有明确的想法。他说：中日之间存在着许多悬而未决的问题，由于这是一些非常重大的问题，不可能用外交手段解决，非使用武力不可。他表达了这样的意见，为了根据"皇道"的原则建立新国家，非将张学良驱逐出满洲不可。

刺杀总理大臣滨口

1930年11月4日，总理大臣滨口在东京车站的月台上，用外务大臣币原的话说，他"被一个糊涂的青年所枪击"。总理大臣虽没有马上死去，但他的伤势严重，一直到1931年4月13日滨口内阁辞职为止，都必须由外务大臣币原代理总理大臣。由于负伤，总理大臣在1931年8月26日不幸去世。代理总理大臣币原展开了调查，确定总理大臣滨口遭暗杀的原因，是不满意他的海军裁军政策。

"伦敦海军军备限制条约"于1930年4月22日签署。这个条约与总理大臣"友好政策"所采取的经济及裁军政策相吻合。将陆军由21师团缩减为17个师团走的也是这个路线。伦敦条约的签署，引起了青年海军军官的愤恨。黑龙会为抗议此事，开始召集民众大会。以平沼为议长的枢密院极力反对这个条约，他所采取的态度是，内阁签署这个条约，是侵犯了军部的权限和特权。也正是在这个激烈的政治争论当中，暗杀事件发生了。

三月事件

1931年3月20日曾经策划过一场军事政变。这事件后来被称为"三月事件"。参谋本部的不断煽动和宣传终于产生了效果；正如当时的军事参谋官冈田男爵的证言所说：一般人都认为陆军占领满洲只是时间问题。陆军认为在侵略满洲前，必须使政权掌握在赞成这种侵略行动的政府手中。当时滨口内阁掌握政权。由于暗杀总理大臣未遂，于是由"友好政策"的倡导者外务大臣币原代理总理大臣。桥本的计划曾得到参谋次长二宫和参谋本部第二部部长建川等参谋本部长官的批准，他计划发起一个对议会表示不满的示威运动。期望在这个示威运动中和警察发生冲突，并期望冲突扩大，以便达到一种混乱状态使陆军有借口能合法宣布戒严、解散议会并取得政权。小矶、二宫、建川及其他人等曾造访陆军大臣宇垣于他的官邸，和他商议他们的这一计划。他们辞别宇垣时具有这样的印象，即宇垣已经准备好成为他们计划的工具。于是他们指示大川博士进行大众示威运动。而桥本将 300 个演习弹送交给大川，这些演习弹是小矶为示威运动准备的。他们想用这些演习弹引起群众的恐慌和混乱，增强暴动的假象。但是，由于狂热中的大川博士致函陆军大臣宇垣说，宇垣大臣担负大使命的时间已经来临了，陆军大臣这才看清楚了阴谋的全貌。他马上召见小矶和桥本，命令他们停止使用陆军来对政府进行革命的一切进一步的计划。计划中的"政变"遂在未发生前被避免了。当时的内大臣秘书官长木户，事前通过朋友完全得知了这一阴谋，这位朋友认为应将这事预先通知宫中。

若槻内阁继续了所谓"友好政策"

虽然"三月事件"加速了滨口内阁的倒台，1933 年 4 月 14 日继之成立了若槻内阁，但是币原推动的"友好政策"没有被替换，币原仍被首相若槻留任为外务大臣。被免去朝鲜军司令官而做了军事参议官的南大将被选任为陆军大臣。宇垣大将由于实行裁减陆军和拒绝参加"三月事件"，失去了陆军的支持，陆军大臣的职位被南大将替代。于是宇垣从陆军中退役。

万宝山事件

"友好政策"在对日本舆论有广大影响的两个事件中，遇到了受更大考验的命运。第一个"事件"发生在万宝山,一个位于满洲长春以北约18英里的小村落。这个村落位于伊通河沿岸的低洼湿地。一群朝鲜人在万宝山附近租借了一大片土地,并准备从伊通河开掘一条数英里的水沟灌溉这片土地。这条水沟要横穿的属于中国农民的土地,并不包括在朝鲜人租地契约之内。在灌溉水沟筑了相当一段距离后,中国农民群集起来向万宝山的当局抗议。于是,万宝山当局派遣警察命令朝鲜人立刻停工并从属于中国人的土地上退出去。驻长春的日本领事也派遣日警去保护朝鲜人。因为交涉没有任何效果,1931年7月1日,中国农民就决定靠自己的力量来解决问题,于是把朝鲜人从这土地上赶走并将水沟填平。这时日本领事馆的警察竟向中国农民开火,驱逐他们。于是,朝鲜人又回来了,在日本警察的保护之下,完成了他们的灌溉工事。虽然在这一"事件"中并未发生死伤,可是由于日本和朝鲜的报纸登载了煽动性的报道,使朝鲜连续发生一系列反华暴动,导致中国人被杀害,中国人的财产被损毁。反过来,这也再一次引起了中国抵制日货运动。

这时为了商讨"满洲问题",陆军省曾召集南满铁道株式会社的社员座谈。在座谈时,南代表陆军出席,并说他早就意识到驻朝鲜的师团有增加的必要。

中村事件

1931年6月27日,日本陆军大尉中村震太郎被满洲的中国屯垦军第三团团长关玉衡指挥的士兵所杀害。这件事在1931年7月17日前一直未让日方得知,于是,引起了第二个"事件"。中村大尉是正式的日本陆军军官,根据日军的命令在执行任务。根据中国方面说,中村大尉携带着武器及药品,药品中包括非医疗用途的麻醉毒品。他带有3名翻译与助手,自称为"农业专家"。在抵达洮南附近某地时,他及其助手被逮捕和枪毙了。为了灭迹他们的尸体被焚弃了。该事件严重加剧了日本军方对"友好政策"的憎恨。日本报纸又不断重复宣称"满洲问题除行使武力以外,别无其他解决之途"。

陆军态度强硬化

陆军对于裁军和大藏省紧缩计划,态度强硬起来,并以诉之于天皇相威胁。外相由于所谓"币原软弱外交",被报纸以及极端民族主义者和军国主义者所激烈攻击。樱会继续煽动使用武力。黑龙会举行了群众性集会。大川博士加快了他政治宣传的步伐。为了增长支持占领满洲运动的情绪,他发起了公开演讲和出版运动。他在海军兵学校中发表了具有这种意旨的演说。陆军已完全失去控制,不可约束了。陆军参谋长们召开了会议并决定:因为不能判断张学良元帅会采取什么步骤,所以必须毫不犹豫地进行坚决的讨伐。大川博士曾向一个友人透露说,他和板垣大佐及某些其他军官不久将在沈阳制造事件,一举解决所有的"满洲问题"。木户承认,早在1931年6月23日,原田就告知了他在满陆军军官们的这个阴谋。

1931年8月4日,南在师团长会议发表训话。他说,"某些观察家,不研究近邻各国情形,轻率地高唱裁减军备,作出对国家及军方不利的宣传。从日本国防及政治经济的见地看来,满蒙与日本具有密切的关系。中国方面最近在这些方面至为遗憾,正形成对我大日本帝国不利的情形,有鉴于此,我希望诸君能尽善尽美地效忠天皇陛下,热心而诚实地履行军队教育和训练的义务。"

裁军民间同盟为反对这篇演说曾致书给南,斥责他违反陆军刑法而在军中进行宣传。

1931年8月,桥本中佐和樱会会员重藤中佐在东京一位朋友藤田家里会餐。在进餐中,两位中佐讨论了"满洲问题"并达成一致意见,即在满洲要采取积极行动。几天后,重藤中佐出现在藤田家里,并存放了一大笔钱。在接下来的日子里,该笔资金被重藤中佐分成不同的数额提取支出。"沈阳事件"后,藤田登门造访重藤中佐,对他大声说:"你已经成功实现了你在满洲的谋划。"重藤微笑并回答说:"是的。"他又说:

"我们将把张学良驱逐出满洲,把溥仪带到满洲并扶持他为东三省的统治者。"藤田询问桥本中佐,得到的回答是"是的,事情已经按照原定的设想发生了"。

土肥原贤二的调查

1929年3月从中国返回后隶属陆军参谋部的土肥原贤二大佐,被陆军参谋长派遣调查中村大尉的死因。他的任务表面上看是调查中村大尉的死因,他真正的任务却是确定中国军队的兵力、训练状况、健康情况以及通信系统的效率。1931年7月,土肥原贤二离开东京,一路经过上海、汉口、北平和天津,抵达沈阳。他承认,调查中村事件只不过是他来中国的任务之一。虽然关东军的总部设在抚顺,但是关东军特务机关总部设在沈阳。1931年8月18日,土肥原贤二抵达沈阳并接管了关东军特务机关。

外务大臣币原也进行了调查

外务大臣币原渴望在满洲推行他的"友好政策",为了不给陆军利用"中村事件"的机会,于1931年8月17日从东京派遣林总领事赴沈阳,命令他调查和平息该事件。总领事拜访了辽宁省的中国地方长官,该中国地方长官任命了一个代表团去调查并报告"中村事件"。该代表团在1931年9月3日就"中村事件"作了报告,但是该报告未能使中国当局满意。在9月4日,中国军方参谋长荣臻将军告知林总领事,代表团的调查报告不明确,不能使人满意,因而有必要进行第二次询问。张学良元帅当时在北平生病住院,在被告知了该情况后,他立即命令成立一个新的代表团,命令调查中村上尉的死因。同时,他委派柴山少佐去东京和外务大臣币原协商,明确他友善解决该事件的意愿。也在同时,他派遣一位高官去东京和币原协商,确定处理当时各种突出中日问题的共同立场。

土肥原贤二向陆军总参谋部的汇报

9月初,土肥原贤二大佐返回东京向陆军总参谋部汇报。在他返回后，媒体大量刊文来证明使用武力解决满洲所有未尽事宜的方案已经确定，正如土肥原贤二所建议的那样。媒体也说，陆军部和总参谋部之间召开了会议，给土肥原贤二大佐下达了明确的指令。这些出版物可能属实也可能不属实。官方没有进行否认。它们越来越煽动起了日本国内赞同对中国使用武力的民意。可以确信的是，土肥原贤二大佐在如何解决中村事件的问题上与林总领事意见相左，并质疑中方没有诚意努力达到一个让人满意的事件解决方案。陆军大臣南后来向一个朋友透露，当时，在"满洲问题"上，他和军部意见一致，主张采取果断的处理措施。内大臣秘书官长木户，在他1931年9月10日这天的日记中写道，他同意该观点，即根据未来的发展态势，在满洲问题上自我防卫行动可能不可避免。

外务大臣币原继续努力调停

陆军正计划在沈阳制造"事件"的传闻传到了东京，也传到了外务大臣币原的耳中。据币原说，实际上"在沈阳事变前，他以外相的地位得到了关东军正在集结军队，正在为某军事目的运输军火物资的机密报告和情报，从这类报告中还得知军阀正在策划某种行动"。

根据本法庭所获的证据，虽然币原当时不知道这些事实，驻扎在抚顺的独立步兵守备队第二大队的中队指挥官川上中尉或大尉，和他的中队曾奉关东军司令官的命令离开抚顺。这个大队的其他中队驻扎在沈阳，9月18日参与了进攻沈阳的中国兵营。川上从司令官所得命令的全部内容还不能确定，但这些命令的主旨是命令川上及其中队在发生了某种紧急事态时乘火车离开抚顺。于是，川上集合了抚顺的日本警察、退役军人及日本国民，并且问他们，如果1931年9月18日沈阳发生了事变而他和他的中队必须离开抚顺时他们怎样办。川上说，他担心抚顺在他和其中队撤离后的防卫问题。他又集合了抚顺的南满铁路的职员，告诉他们在9月17日以后，也许会发生某种紧急事态，所以在抚顺必须把列车安排妥当。因为在这以前，在抚顺并未准备紧急事态时调动部队的夜车,所以川上希望作这项准备。

辩方关于这个最重要事件的证词是:川上没有特别的关于9月18日的任何命令;他的命令很普通即当紧急事件发生时采取某种行动;川上审视现状后推测在9月18日可能发生紧急事件;基于自己的猜测,川上在对抚顺民众讲话时提到了这个日期。因此,按照辩方的说法,川上猜测到了中国军队对在沈阳的日本军队发动突然袭击的准确日期。综合关于沈阳事件所有事实的考虑,法庭坚决地拒绝这种解释,法庭认为:川上接到命令在9月18日晚上的紧急事件中采取某种行动,并很关切因为抚顺没有夜里发车的准备。

一收到林久治郎的报告,土肥原贤二就拜访陆军大臣南,对报告提出强烈抗议。同时,重光和中华民国财政部长宋子文举行会谈,双方同意于1931年9月20日在沈阳会面,与张学良元帅和南满铁路公司主席内田公爵共同协商,努力解决日方和张学良元帅之间的所有重大分歧。

关东军的夜间演习

从1931年9月14日起,关东军就在中国第七旅的兵营附近实行夜间演习。这些兵营就在沈阳北郊的南满铁路附近。在演习中实行了步枪和机关枪的猛烈射击。为了避免和日军发生冲突,张学良命令约一万人的第七旅不得走出兵营。这些演习一直继续到1931年9月18日夜晚。

与林共事,意在解决"中村事件"的领事馆员森岛氏获悉,驻扎在抚顺重要煤矿区的关东军部队,将在1931年9月18日23:30左右从抚顺出发,实施预定的占领沈阳的演习计划。

张学良元帅的调查团返回沈阳

张学良元帅委派的中村事件调查团在1931年9月16日早晨返回到沈阳。日本驻沈阳总领事在1931年9月18日下午拜访中国军方总参谋长荣臻将军。荣臻将军告知,关玉衡指挥官已经于1931年9月16日被押解到沈阳,被指控对杀害中村上尉负有责任,军事法庭将立即对他进行审判。这个案件看起来似乎已经解决了。但是,日本总领事和荣将军之间的会谈被推迟到了20:00,因为有人认为,既然案件涉及一名军队成员,在向中国官员提出进一步申述之前,有必要和关东军的适当代表进行协商。

总领事馆的森岛氏具体负责安排合适的军方代表在进一步的会谈中出席,该会谈将在晚上稍后举行。森岛氏努力联系土肥原贤二大佐和花谷少佐,但是他联系不到他们中的任何一个,也联系不到特务机关事务所的其他任何官员,虽然他曾在他们过去常去的酒店、办公室、军营和其他地方见到过他们。他将此事汇报了总领事馆后回到他自己的住所。

南的密使走失

1931年9月18日13时陆军总参谋部建川将军通过安东沈阳铁路抵达沈阳。他奉陆军总参谋部之命,派到满洲进行检查。陆军大臣南遵照外务大臣币原对陆军策划了9月18日在沈阳的一个"事件"的谣言的抗议,命令建川去停止这个密谋。南否认他曾给建川下达该命令。不过他的否认被南后来的陈述以及建川的陈述证明是虚假的。刚完成部队和基地检查的关东军指挥官本庄,正在他对辽阳第二师团训话的时候,接到来自抚顺港他的军事参谋长山宅的电报,告知他建川来访,建议参谋官板垣或者参谋官石原具体负责会见建川并陪同他巡视。

板垣大佐具体负责此事,他从辽阳出发前往沈阳,一到沈阳他就前往新叶馆旅馆。土肥原贤二的助手,沈阳特务机关事务所的花谷少佐会见了建川将军并陪同他前往旅馆与板垣大佐会合,当晚板垣大佐和建川将军在旅馆共同用餐。根据板垣的说法,建川将军抱怨旅途劳顿,不愿立即商谈公事,但建川将军确实说到,上级很担心年轻军官们草率的、肆无忌惮的行为。对此,板垣回答说,上级没有担心的必要,他将在第二天将军休息好后听取将军的讲话。晚餐后,板垣告别建川将军,前往特务机关事务所,在21:00左右抵达那里。建川将军后来告诉一个朋友，他不想阻挠任何计划好的"事件"，因而假装自己被诱骗到旅馆，一边享受艺妓的招待，一边听着远处的枪炮声，随后就寝，一直酣睡到第二天早晨被叫醒为止。

沈阳事变

1931年9月18日21∶00，据一刘姓军官在第七旅兵营中报告说：有三四辆客车车厢所组成的列车停在兵营前的南满铁路上，但是没有挂普通的火车头。22∶00听到一声巨大的爆炸声，紧接着就是枪声。据日本方面供述：关东军的河本中尉正率6名士兵执行巡察任务，在发生爆炸的铁路附近作警戒演习。中尉听见爆炸的声音，就转变了巡察队的方向，回头跑了约200码，发现有一边的轨道上炸坏了一部分。巡察队在这被炸的地点上遭到了来自铁路东边田地里的射击，于是河本中尉要求增援。正在这个时候，听见了22∶30到沈阳的定期南下列车逐渐接近。这趟列车安全通过了损伤的轨铁，准时到了沈阳。以上是日本方面的说明。川岛大尉和他的中队，22∶30到达爆炸地点。独立步兵守备队第二大队的大队长岛本中佐，又命令两个中队开到那地点。他们是在午夜左右到达的。距离这儿约一个半钟头路程的驻扎抚顺的另一中队，也奉命开到那里。这就是事前早已通告过的必须在18日夜从抚顺出发的川上中队。虽然中国第七旅兵营的电灯辉煌，但日军却在23∶30毫不犹豫地用来福枪、机关枪和大炮进攻这个兵营。大部分中国兵从兵营逃出，向东北方的二台子退却。但日方声称他们埋葬了320名中国兵，俘虏了20名伤兵。日本方面的损失是死兵士2名，伤22名。第29联队联队长平田大佐，在22∶40，接到岛本中佐的电话，报告了铁路爆炸及关于进攻中国兵营的计划。平田立即决定进攻沈阳城。当晚23∶30开始了攻击，没有遭遇什么抵抗。只和警察开了一下火，约75名警察被杀。第二师团和第十六联队的一部分，于19日3∶30从辽阳出发，在5∶00抵达沈阳。7∶30，兵工厂和飞机场都占领了。

据板垣大佐后来承认，10日那天在日本步兵部队驻地内秘密安放的大炮,在战斗发生后对炮击飞机场起了作用(当天板垣曾与建川共进晚餐)。分手后,板垣就到特务机关的事务所去了。据板垣说:他在特务机关的事务所中,听取了岛本大佐攻击中国第七旅的决定和平田大佐进攻沈阳的决定。板垣说:他同意了他们的决定并采取了向旅顺军司令官作报告的措辞。

我们将休庭15分钟。

(14:45 休庭)

(15:00 重新开庭)

法庭执行官: 远东国际军事法庭继续开庭。

庭长: 我继续宣读法庭判决。

板垣拒绝谈判

当时,1931年9月18日23:30,日本领事馆的森岛氏,接到沈阳陆军特务机关事务所的电话,通知他南满铁路发生爆炸,要他到沈阳特务机关总部去汇报。他在23:40到达总部时,看见板垣、花谷少佐及其他人在那儿。板垣当时说,中国军队爆炸了铁路,日本必须采取适当的武力措施,并且已经发出了这类的命令。森岛试图劝说板垣用和平交涉来解决这事件。板垣立刻斥责森岛说,他想知道总领事馆是否打算要干涉军事指挥权。森岛坚持认为,他相信这事件可以通过正常的交涉圆满解决。当时,花谷少佐拔出军刀怒气冲冲地说,如果森岛固执己见他就必须准备遭受严重后果。花谷又说:谁来多事他就杀谁。于是这次会谈就中断了。

日本总领事馆在当晚接到了张学良元帅最高顾问的很多次电话请求,恳求总领事馆劝阻日本陆军停止进攻。所有这些请求都被传达到了日本军方,但是完全无效,战斗继续了下去。总领事在9月18日晚上及19日凌晨数次和板垣大佐进行电话交谈,试图劝说他停止战斗,但是板垣大佐仍然目中无人,不停告诫总领事必须停止干涉军事指挥权。林总领事在1931年9月19日早晨,打电报报告外务大臣币原说:鉴于中国方面已数次建议和平解决这次事件这一事实,本人用电话告诉板垣参谋,中日两国还没有进入正式的交战状态,并且中国方面已声明采取完全不抵抗主义,现在我们有必要努力防止"事件"不必要的恶化,我呼吁通过外交渠道来处理这次事件,但是板垣参谋回答说,因该事件关系国家及日军的威信,军方的意见是必须彻底的干。

沈阳事变是预定的计划

有大量且有说服力的证据证明,沈阳事变是由参谋本部的将校、关东军的将校、樱会的会员及其他人等事前周密计划的。包括桥本在内的参与这个计划的一些人,曾在各种场合承认过自己在这个计划中的作用,并且说,"事变"的目的是为关东军占领满洲制造借口,并在那里建立一个听命于日本的所谓"王道"新国家。在日本国内,参谋本部的建川少将是领导者,该建川少将正是南在土肥原贤二抱怨下派到沈阳停止阴谋的建川,也正是不愿干涉计划好的事变的建川。在满洲,板垣是主要人物。作为对9月18日晚间日军行动的一般辩护,以及作为板垣等在该夜从事活动的人的特别辩护,辩护方面曾向本法庭提出下列申辩。申辩中说:在那夜以前,满洲的中国军队已有增加,在满日军总共尚不足1万人,日军所面临的是兵力约20万、装备又较其为优且怀有敌意的军队;由于事变前不久中国军队曾改变部署,以小部队广泛分散在铁路沿线的日军,面对着华军的集结受到了全军覆灭的威胁;中国军队对于日军的态度是挑衅的,侮辱的;从一切征候看,中国军队虽无人对其挑衅却显示着攻击的倾向,当时日军如不立即作决定性的反击就会全军覆没。申辩中说:因此,制定了一个计划,如果遭遇中国方面的攻击时,关东军就以集结在沈阳附近的主力部队,给沈阳附近的华军中枢以重大打击,借此制敌死命以期在短时间内解决问题。在沈阳独立守备队兵营内秘密安置大炮两门也是这个计划的一部分。以上是板垣的供词。板垣说,因为情形如此,所以他听到了9月18日晚的铁路爆炸及在中国兵营外的战斗消息时,认为这显然是中国正规军对日军有计划的挑战,同时他批准了攻击中国兵营和进攻沈阳的决定,因为这在当时既属绝对必要并且又与为以防万一所制订的军事作战计划相符合。

于是,事实变成了这样的图景:中国军队以压倒性的多数兵力对沈阳附近1 500名左右的日军施以有计划的攻击,是一种出人意料的突然袭击,是日军对中国优势兵力的中枢迅速加以反击致令中国军队败退了。但是,其中除了占领沈阳赶出中国军队这点是真的以外,这番说明都是虚伪的。

中国军队毫无攻击日军的计划。他们遭受了意外的袭击。当攻击驻有数千华军的兵营时,日军是从暗黑的方面向灯火辉煌的兵营开火,仅受到退路被切断的华军稍作抵抗。在日军占领沈阳城的过程中,只遇到了来自一些警察的微不足道的抵抗。

这夜的突发事件并不会使日方感觉惊异。因为在1931年9月18日以前的相当长时间,日本已广泛谣传着陆军正计划在沈阳制造一个"事件"。驻抚顺的川上中尉曾泄露了1931年9月18日沈阳也许会发生"突发事件"的消息。林总领事曾电告外务大臣说:抚顺的一个中队长说一星期以内会发生大"事件"。驻沈阳的日本领事馆官员森岛曾得悉驻抚顺的关东军部队在1931年9月18日23:30从抚顺出发,实施预定的占领沈阳的演习。外务大臣根据他所得到的十分可靠的情报,向陆军大臣抱怨并劝他派了建川少将到满洲去"阻止这个阴谋"。而建川少将对于计划中的"事件"毫无加以阻止的意思,所以没有完成这个使命。照日方的辩解说来,由一个中尉和6个士兵所组成的巡逻队在1931年9月18日黑夜遭受射击后,在满的全部日军竟在自长春至旅顺的约达四百英里的南满路沿线整个地区,于当夜几乎同时采取了行动,压服了安东、营口、辽阳以及其他小城镇的中国军队,并且未遇抵抗而解除了华军的武装。日本的铁道警备部队和宪兵在这些地点留下,而第2师团的各部队为了参加更重要的作战立即集中到了沈阳。板垣是在沈阳特务机关中批准日军的最初攻击,并且林总领事纵然通知他说,中国方面已声明实行不抵抗主义,劝他停止战斗,但他拒绝接受日本林总领事及森岛领事的一切努力。就是在日本人中间,也相信这个"事件"是日方所策划出来的。甚至"沈阳"事变一年后,日皇还曾询问"事件"是否像传闻那样是日本计划的结果。本法庭拒绝接受日方的申辩,并认定1931年9月18日的所谓"事件"是日本人所策划、所实行的。

进行对华战争准备的并不只限于关东军。在日本国内,1931年8月1日发生了一次异常的人事调动,仿佛专为迎接意料中即将发生的事件。像大岛、小矶、武藤、梅津、畑及荒木这类被信任的将校都包含在人事调动之内。大岛被任命为参谋本部的科长、陆军技术会议议员及与海军军令部联络的联络官,小矶被任命为中将,武藤免陆军大学兵学教官职而被任命为参谋本部部员,梅津做了参谋本部总务部长,畑晋级为中将任炮兵监及第十四师团师团长,荒木则被任命为军事教育总监部本部长。

本庄中将在沈阳担任指挥

板垣大佐虽以所在地高级官员的资格在沈阳"事件"中担任了实际的指挥,但在本庄中将于1931年9月19日正午抵沈后就被替代。本庄中将迅速把"沈阳事变"扩大为著名的"满洲事变"。

本庄对攻击沈阳的第二师团作了训示后,于1931年9月18日21:00左右回到旅顺。关于沈阳战斗的首次消息,本庄是在23:00左右从一个通讯社得知的。他马上去了旅顺的关东军司令部,下令按照业已制定的作战计划来行动。有证据证明,18日午夜后几分钟,抚顺关东军总部收到第二封从沈阳特务机关发来的电报,电报上说,战斗已经扩大了,中国军队正在增援。如果真收到了这样的一个电报,中国军队正在增援的说法根本没有一点事实依据。受到日方攻击后,他们正全线撤退。本庄的幕僚向他建议说:"必须动员日本的全部武力尽速制敌死命。"本庄回答说,"好的,就这样干。"当即命令在满日军全军出动,要求在朝鲜的日军按预定计划派来援军,且要求第二舰队开赴营口。由于这些命令,全部在满日军和部分在朝鲜的日军,就在自长春至沈阳的南满铁路沿线整个地区，几乎同时开始行动。

本庄中将抵沈阳时就在火车站设立了司令部并向世界声明他要实行惩罚性的战争。

陆军大臣南次郎批准了关东军行动

陆军大臣南批准了关东军的行动并为阻止内阁作有效的干涉而担负了关东军与内阁的缓冲任务。南在 1931 年 9 月 19 日 3:00 左右接到沈阳特务机关关于当地情况的电报。总理大臣若槻在 1931 年 9 月 19 日早晨 6:00—7:00 之前，从南的电话中初次得知这一战斗。总理大臣在午前 10:00 召开了内阁会议。南指派陆军省军务局长小矶中将作为参谋本部与内阁间的联络官出席。在内阁会议上，南报告说，中国军队在沈阳向日军开火，日军已应战。南将日本军队的行动说成是"正当的自卫行为"。内阁表示了希望立即结束这次事件的愿望。南称，待调查后再向内阁报告。内阁稍后达成了该事件不扩大化的决定。总理大臣在 13:30 觐见了天皇，向天皇汇报了事件形势和内阁的决定。天皇赞同内阁的决定，军队不应试图扩大事件形势，应在其取得有利地位时停止进一步行动。南派遣桥本中佐和其他 2 位陆军参谋本部参谋赴沈阳，宣告此行目的是要告知关东军指挥官日本内阁防止事件扩大的决议。

军队已经无法控制。总理大臣努力地寻求帮助来执行事件不扩大政策，但是没有成功。为了试图找到一个控制军队的方法，总理大臣在 9 月 19 日 20:30 在宫内大臣官邸召开了一个会议，政界元老西园寺王子[1]的秘书原田男爵，内务大臣的首席秘书木户，侍卫长，副侍卫长，国王陛下的军副官，以及其他人等都参加了会议。唯一的建议来自木户，他提出内阁每天举行会议。该建议后来被证明没有效果，因为陆军

---

[1] 指西园寺公望公爵，1906—1908 年和 1911—1912 年两度出任日本首相，1919 年曾率日本代表团出席巴黎和会，1936 年被极端军国主义分子列入暗杀名单——编者注。

大臣南在每次会议上都汇报说，出于战略和战术考虑，日本军队有必要追击中国军队进入中国境内相当远的距离，该行动只是保护性的，绝不算战争扩大。但是，就在此时，中国方面通过宋子文部长提议，组织一个有影响力的由中日双方组成的委员会，共同努力来阻止冲突的进一步扩大。重光在向外交大臣币原报告该提议时建议，如果仅是考虑增强日本在该事件中的优势地位而没有其他原因，那么这个提议应该接受。按照当时的规定，派遣朝鲜军到朝鲜境外作战必须得到天皇的批准，但未经天皇批准，集结在朝鲜边境新义州的，由4 000 士兵和炮兵组成的第二十师团的第三十九混成旅团，却在1931 年9 月21 日渡过鸭绿江进入满洲，于当日夜半左右抵达沈阳。纵然如此，内阁在1931 年9 月22 日却决定支付这一行动所需的经费，后来天皇还批准了这一调遣。关于这一调遣，南在事前未曾向内阁报告。在1931 年9 月22 日的内阁会议上，南更辩解了允许陆军继续侵略的理由。正如总理大臣若槻所说，"一天比一天继续扩大，我和南陆军大臣不知会商了多少次。我每天翻出地图指给他看，而南就指出日军今后再不会越过的边线，但几乎每天所得到的都是不顾这些边界线而更扩大了的报告。可是每次都作了这是最后行动的保证。"

木户在他的日记中记录到，在原田男爵住所的一次小团体讨论中提到，虽然天皇批准了内阁的不扩大政策，但是军方对天皇被他的秘书诱导形成这个观点很愤慨。该团体决定，天皇最好不要再说内阁的政策，政界元老西园寺王子最好仍然远离东京以避免激化军事集团对他的反感。于是，南借着他的联络官小矶与参谋本部的有效合作，使政府不再扩大"沈阳事变"的决定不能实行。关于支持关东军所采取的行动这一点，在日本投降后曾由南亲自供认，故已被证实。

土肥原大佐返回沈阳

土肥原大佐完成了他对日本陆军参谋本部的报告，建议尽快使用武力解决所有悬而未决的"满洲问题"。然后他返回了沈阳特务机关，当事变在沈阳发生后,扮演了基于"王道"的满洲新国家机构的主要角色。土肥原在中国待了18年,作为历任头领的军事助手积极参与当地政治,对中国和中国人民了解甚多,这使得他比其他任何日本陆军长官更有资格担任总顾问和协调者,谋划、执行并利用了"沈阳事变"。土肥原在其中所起到的这一作用是不容置疑的。对中国侦察之行中,他先在沈阳短暂停留,再去向参谋总部汇报,"事变"前一晚又回到沈阳,再加上其之后的行为,使我们只能得出此结论。

土肥原大佐出任沈阳市长

沈阳是辽宁省的中心,在战争中,有声望的中国人差不多都逃到了锦州,在锦州继续省行政的工作,所以要组织临时政府很难办到。原辽宁省主席臧士毅留在沈阳,但他拒绝与日本合作组织临时政府,因此立即被逮捕入狱。由于中国人不愿合作而未达目的的日军,在1931年9月21日贴出布告,任命土肥原大佐为沈阳市长。在大部分由日本人组成的所谓"紧急委员会"的协助下,土肥原前往沈阳赴任。到1931年9月23日,土肥原已经完全掌控了沈阳,并在日本陆军总部作为陆军的政治代表和发言人接受记者访问。从这时候起,东三省临时政府组建开始有所进展。1931年9月23日,邀请熙洽中将组建吉林省临时政府。第二天,辽宁临时政府宣布成立,袁金铠为"和平与秩序维护委员会"主席。日本媒体称之为分离行动的第一步。

自治指导部

"自治指导部"是沈阳的日本陆军在1931年9月下半月所组织的。指导部的目的在推动自治运动并将其扩展至全满洲。板垣大佐担任参谋本部中监督指导部一科的工作。土肥原大佐以特务机关长的地位供给指导部以有关中国人的一切必要的秘密情报。指导部的部长虽系华人,但指导部所使用的职员,约90%是住在满洲的日本人。

熙洽将军接受了日本人的邀请,同日本顾问召开了关于组建政府的会议,9月30日发布公告宣布成立吉林省临时政府,受日本陆军保护。

1931年9月27日，特区长官张景惠也在其哈尔滨的官邸召开会议，商讨成立"特区紧急委员会"事宜。

本庄借机利用吉林省间岛地区城镇的小动乱，宣布日本不再承认张学良政府，并对其发动进攻，直至其势力瓦解。

抗议和保证

中国向国际联盟提出了关于日本在满行动的抗议。这抗议是在1931年9月23日提出的。日本政府向国联理事会保证：日本已开始并将继续撤退铁路附近的日军。根据这一保证，理事会休会至1931年10月14日以后再行开会。

美国也对在满洲的战斗提出抗议，并于1931年9月24日提醒中日双方注意现行的条约规定。那天日本在举行内阁会议后，驻华盛顿的日本大使向美国国务卿面递了一件照会。在此照会中谈到许多事项，并声称："不必过多重复，日本政府对满洲没有任何领土意图。"

十月事件

对国际联盟和美国所作的保证表现了内阁和陆军间在对满共同政策上有着分歧。这种意见的分歧引起了所谓"十月事件"。这是参谋本部的部分将校及其同情者的企图。他们企图组织一个颠覆政府的政变，摧毁政党制度，建立一个支持由陆军占领和开发满洲计划的政府。这个阴谋是以樱会为中心。该计划是借着暗杀政府首脑来"廓清思想上和政治上的氛围"。桥本是这个集团的指导者，他发出实行阴谋所需的命令。桥本供认：为了树立以荒木为首的政府，在1931年10月上旬他最早想出了这个阴谋。木户十分清楚这个叛乱计划。他唯一担心的好像是，为防止大范围的损害和牺牲，如何找出一个使混乱有一定限度的方法。但是根本中佐，向警察报告了这个阴谋，于是由陆军大臣下令逮捕其指导者，使这个阴谋归于失败。白鸟指责南次郎反对这一叛乱并声称：为建立在满的"新政权"，有采取迅速行动的必要，如果南默认了这个计划,那就有利于满洲问题的解决。

"十月事件"失败后,有传言说如果东京中央政府不支持关东军执行占领整个满洲并在那里成立傀儡政府的计划,关东军将宣布独立于日本,继续执行那个计划。这个威胁看起来对政府及其态度的变化起到了作用。

军政部开始审查新闻,军队长官召集撰写和发布任何令军政部不满的作者和编辑,告诫他们那些文章令军政部不悦。若编辑和作者表达与军政部相反的观点,就会遭到暴力组织的威胁。

决定让溥仪即位

日本政府的态度改变后,少帅张学良和蒋介石总司令的联合使得张学良的势力逐渐强大,于是板垣和土肥原决定让废黜的中国皇帝溥仪重新回去并作为满洲的皇帝登基,以此来作为抵抗张学良势力的紧急措施。新的临时政府在日本陆军的保护下成功接手了所有的税收和金融机构,并经过重组而进一步巩固了地位,但是由于少帅持续的声望,中间经历了相当大的困难。关东军总参谋长开始担心他们成立的临时政府会同少帅串谋,因此板垣和土肥原决定将东三省黑龙江、吉林和辽宁联合起来,立即成立独立的国家,由废黜的中国皇帝溥仪名义上领导。

土肥原大佐策划安排溥仪回满洲

为了使溥仪回满洲,板垣派土肥原到了天津。板垣作了一切必要的安排,并给土肥原以明确的指示。阴谋假装成溥仪是应满洲民众的要求而回来重登皇位的,即他回满洲虽与日本毫无关系但日本也不违反民众的要求。在实行这个计划时,必须使溥仪在营口结冰前上岸。因此,他一定要在1931年11月16日以前到达营口。

外务大臣币原已获知让溥仪重回满洲的计划,于是训令他在天津的总领事反对这个计划。1931年11月1日下午,总领事依照得到的训令联系土肥原,设法说服他放弃计划,但土肥原心意已决,并表明如果溥仪愿意冒着生命危险回到满洲，就很容易让整件事看起来是由中国人挑起来的；他还说他会同溥仪商量；如果溥仪愿意，就执行计划；如果溥仪不愿意，他会告诉溥仪以后都不会有这样的机会，并给沈阳的军方发电报说因为这个计划成功无望，他会考虑替代计划。

1931年11月2日傍晚，土肥原访问了溥仪，并向其传达如下：情势对溥仪即位是有利的，不要失去这个机会。溥仪无论如何要在1931年11月16日以前到达满洲。如果他这样做了，日本承认他为独立国的皇帝并与这个"新国家"订立秘密的攻守同盟。如果中国国民党军队攻击这个"新国家"，日军当将其击溃。溥仪当听到日本皇室赞成他回去时，他表示欣然接受土肥原的劝告。

总领事继续努力劝说土肥原，但都没有结果。曾有一次，土肥原威胁道：政府阻止溥仪回去的态度是令人无法容忍的。如果阻止溥仪回去，关东军或许会从政府中独立出去，没有人知道会采取什么行动。

土肥原在安排溥仪回去的条款上遇到了一些困难。一家上海的中文报纸在1931年11月2日对这个计划进行了完整叙述，并声称溥仪已经拒绝了土肥原的邀请。为了让溥仪尽快作决定，土肥原采取了各种计谋和手段。溥仪曾收到过一个藏有炸弹的水果篮；也曾收到"铁血团总部"和其他人寄来的恐吓信。最终，土肥原在一些黑社会人物、秘密组织和当地流氓的协助下，策划1931年11月8日在天津引起一场暴动，板垣给这些人提供武器。日本总领事试图执行币原的命令，警告中国警方即将发生的暴动；由于预先得到警告，警方得以彻底阻止暴动的发生，但仍使天津陷入了混乱之中。

混乱仍在继续，在1931年11月10日晚上的暴动过程中，土肥原秘密将溥仪押上一辆持枪队伍保护的汽车，从其住处转移到码头，上了一艘小型日本游艇，艇上还有几个便衣警察和四五个持械日本士兵，顺河而下，到了塘沽。在塘沽，一行人上了驶向营口的"淡路丸号"船。1931年11月13日，溥仪到达营口。同日，被带到汤岗子，住在由日本陆军监视保护的对翠庄旅馆中。这样做的目的是试图从表面上看,溥仪因为天津的威胁和暴动而逃命。毫无疑问,这些都是为了促使溥仪同意土肥原提议的条款。

溥仪延期即位

为了防止日本在国际联盟中的立场更加恶化,并使日本全权代表在理事会讨论中处于有利的立场,于是南劝告关东军延迟溥仪的即位。1931年11月15日,南给本庄中将发电报说:"在刚刚开始看到我们为改善国际联盟气氛的努力显示出积极效果时,做出这样草率的举动绝不是明智的政策。因此,目前,恳请您引导公众,无论主动还是被动,无论如何均勿让溥仪牵涉到任何政治问题当中。当然,在建立新政权一事上,如果帝国采取错误的立场,须期望美国以九国公约为基础进行干预或者世界大国委员会。此外,以满洲的目前形势,若没有日本帝国军队的理解和支持,建立新政权是不可能的,这一事实全世界都能意识到。因此,当溥仪意外进入到建立新政权的蓝图中,尽管表面上看是听从人民意愿,但要担心引起世界的怀疑。帝国引导世界形势,使我们至少能在任何时刻与其他国家进行合法的正当抗衡,这是至关重要的。谨希望您牢记这一点。"

1931年11月20日,陆军将溥仪迁移到旅顺,将他安置在大和旅馆。并向溥仪说明,这是因为在汤岗子他所要接见的不速之客太多了。土肥原和板垣秘密计划了怎样使溥仪的妻子也与他一同住在旅顺。

进攻锦州

1931年11月上半月,日军在嫩江桥一战击败了黑龙江军事总指挥马占山并将其逼退到海伦市东北方,因此占领了齐齐哈尔。除了辽宁省东南锦州周围的小块地区,已经消除了张学良在整个满洲的势力。只待占领锦州,就能占领整个满洲。

沈阳事变后,省政府离开沈阳,转移到锦州。1931年10月初,张学良已将总部从北平迁到锦州,这样锦州成为抵抗日军的中心。日方侦察机多次在锦州上空飞行。1931年10月8日,6架侦察机和五架轰炸机飞过锦州上方,并投下8颗炸弹。

土肥原大佐组织的骚乱和暴动令关东军参谋长官有借口往天津派遣部队以增强驻守日军,保护日本在天津的租地。这里提到的第一次暴乱发生在1931年11月8日,但是1931年11月26日,新的一连串骚乱开始。土肥原大佐利用中国暴徒和日本便衣警察,在日本租地将他们组成团伙,以此在中国境内滋扰生事。26日晚上,听到一声巨大的爆炸声,紧接着是大炮、机枪和步枪声。日本租地的电灯熄灭了,便衣警察从租地涌出并向邻近的警察局开火。

从满洲向天津增援最常用的路线是海路;但是因为走公路可以经过锦州,这样就有了明显的好处。锦州的任何动静都能作为借口来向锦州发起进攻,以消灭张学良集中在那里的军队。

中立观察员已料想到会对锦州发起进攻。1931年11月23日,在针对此事的会议上,外务大臣币原向驻日本的美国大使保证,总理、陆军大臣南、参谋总长都已同意不会对锦州采取敌对行为。但是,土肥原在26日晚上发起的暴动加速导致了1931年11月27日早上的进攻;一列军用列车和多架飞机越过辽河,表面上是为了解救在天津被包围的日军,实际目的是将张学良赶出锦州。张学良为了让日军没有借口继续前进,已开始将自己的部队撤退到长城以南,所以日军几乎没有遇到抵抗。但是,日军依然向前逼近,日方飞机多次轰炸锦州。美国国务卿抗议日方违背了刚刚给美国大使做出的不会对锦州采取敌对行为的保证。1931年11月29日,参谋总长不情愿地慢腾腾地命令本庄将部队撤退到新民附近。

国联成立调查委员会

为了解决日本和中国的争端,国际联盟理事会持续开会近四个星期,最终在1931年12月10日决定接受日本代表的建议,派遣调查委员会到满洲进行"现场调查"。理事会决议规定,调查委员会应由来自中立国的五名成员组成,代表中国和日本的权利,并每方任命一名"顾问"协助委员会。

决议的第二段条款如下:"(2)鉴于自10月24日理事会会议以来,事态已变得更为严重,双方应同意采取必要措施以避免形势进一步恶化,防止任何可能引起战争和人员伤亡的行动"。

日本接受议案,但对第(2)段相关内容提出保留,保留声称日本接受决议案的条件是"此段规定并不是意图阻止日军采取必要行动,以直接保护在满洲各地的日本人民和财产免受当地猖獗的匪盗行径和不法因素(的危害)。"

中国接受决议案,但提出保留:即中国在满洲的主权不受损害。

关于以上第(2)段中所引述的承诺和禁令,中国声明:"必须明确指出,不能以局势所引起的非法行为做借口而违反上述禁令,本决议案的目的就是清除这种局势。据观察,满洲肆虐的非法行为是由于日军侵略对正常生活造成干扰。恢复正常平静生活的唯一途径是让日军尽快撤退,让中国政府承担维持和平与秩序的职责。中国不能容忍任何其他国家军队侵略和占领自己的领土,更不能容许这些军队篡夺中国政府的警察功能。"

尽管中国做出反对保留,日本坚称日方提出的保留意见使日方有权继续将军队留在满洲,并有责任镇压匪患。以镇压匪患为借口,日本继续前进,占领了整个满洲。李顿调查团记道:"事实情况是,日本在日内瓦提出日方保留之后,仍继续依照计划处理满洲局势。"

直到1932年1月14日,调查委员会成员才得以全部确定。英国李顿爵士阁下当选为委员会主席,因此委员会被称为李顿委员会。

若槻礼次郎被迫总辞职

总理若槻礼次郎和外务大臣币原继续努力贯彻"友好政策"和"不扩大政策",引起了军部和他们的拥护者的反对,因此,1931年12月12

日内阁被迫辞职。若槻礼次郎总理证实道："尽管内阁已决定采取政策停止'满洲事变'，但事件仍在继续蔓延和扩大。曾尝试过多种方法，其中包括组建联合内阁，希望能够制止关东军的行动。但是，由于某些困难，联合内阁没有实现，因此我的内阁辞职。"

犬养内阁

1931年12月13日组成了犬养内阁并以荒木为陆军大臣。陆军三长官是即将离任的陆军大臣南、参谋总长及教育总监，根据日本宪法他们有推选后任陆相的责任，他们所推选的是阿部。但由于荒木在陆军激进分子中间有声势，于是他们就赴犬养处要求他任命荒木。这样荒木接受了陆军大臣的任命。尽管总理大臣犬养曾告诉元老西园寺说，他打算实行天皇的愿望，即不使日本政治专由陆军来支配；又说，他虽然采取中止关东军在满侵略政策的方针，可是陆军大臣荒木不赞同这一政策。对于本庄司令官的占领和征服中国东北四省的计划，荒木曾加以赞成。日本投降后，在巢鸭监狱中审讯时，荒木承认这些事实。荒木的最初行动，是使实行这项计划的预算，在内阁和枢密院中获得通过。

本庄和板垣执行本庄计划

犬养内阁组建，并以荒木为陆军大臣，这有利于本庄占领和平定中国东北四省的计划，对于关东军来说是执行计划的信号。板垣迅速加强辽宁临时政府，开始在沈阳西部集中军队，准备好向锦州和天津推进。板垣准备赴东京，以帮助荒木制定执行计划的细节安排。

臧式毅将军因拒绝与侵略日军合作，自1931年9月28日被关押在监狱中。日方以饥饿迫使其屈服，被迫同意接受任命，担任辽宁省临时政府省长。1931年12月13日晚上，他从监狱中被释放，与板垣会见后，于1931年12月15日正式就任省长。因在狱中遭受饥饿，臧式毅极度紧张和虚弱，以致在就职仪式中因为照相师的闪光灯而晕厥。臧式毅的就职仪式是准备用来召开满洲全体省长会议，关东军加紧了会议的准备。

进攻锦州的军队于 10 日开始集结；到 1931 年 12 月 15 日，集结完毕。但是，要等到陆军大臣荒木同意和款项备妥后才能开始进攻。

所有的准备均已完成，本庄司令官派板垣到东京向政府传达他的意见。他认为满洲应该从中国独立出来。陆军大臣荒木立即表示支持本庄的计划，说完全独立是"满洲事变"得以解决的唯一途径。但是这个计划遭到相当大的反对，要获得同意是有困难的。这个问题最后在 1931 年 12 月 27 日的御前会议上提出来，荒木说："我们决定立即向奉天省派遣军队。主要计划列在军政部给大本营的指令中。大本营为行动派遣军队。"至少板垣的使命完成了一部分。

就在做出进攻锦州的决定这一天，外务事务次官给驻日本的美国大使提交了一份备忘录，其中声明日本一定会忠实于国际联盟盟约，凯洛格-白里安公约和其他条约，遵守国际联盟理事会通过的关于满洲形势的两个决议。

攻夺锦州后占领整个满洲

如前所说，关东军针对在日内瓦做出的保留，继续依照其计划处理满洲局势。中国外交部部长知道攻打锦州迫在眉睫，曾做出最后的恳求，提出将剩下的所有中国军队撤到长城以南，以防止进一步的战争。但是毫无结果。关东军于 1931 年 12 月 23 日发起实际进攻。中国军队被迫放弃阵地。自那天起，进攻畅通无阻，几乎没有遇到任何抵抗。1932 年 1 月 3 日早上，锦州被占领，关东军继续前进，一直到山海关长城。

板垣完成使命回到沈阳

木户在 1932 年 1 月 11 日的日记中写道，板垣已经取得对在满洲建立傀儡政府这一计划的同意；其中一部分这样写道："10:30，我和天皇身边的一些人在皇宫报告厅相连的休息室听到板垣大佐说满洲和蒙古的情况。他先叙述了在满洲和蒙古镇压士兵匪盗的情况和在满洲建立新政府的进展。板垣大佐的意思是满洲将由一个新的统治者统治，日本陆军将接管满洲新政府的国防。他又进一步解释道，日本人会作为高级政府官员参与新政府的管理。"后面会说明板垣一贯称所有中国士兵为"土匪"。这又是不遵守《日内瓦战俘公约》的借口。

板垣大佐在回沈阳的途中，访问了他同木户提到的新统治者。板垣在旅顺拜访溥仪时，对溥仪说："为了消灭军阀，确保东北省份的人民的福利，我们愿意在满洲建立新的政权。"板垣建议溥仪成为新政权的首脑，但是要求一旦"满洲政权"建立，要雇用日本人为顾问和官员。

独立运动不断加紧

锦州被攻陷后，独立运动加紧进行，尤其是土肥原任哈尔滨特务机关长的北满地区。1931年11月19日，日军占领齐齐哈尔，将马占山的军队赶到海伦后，在黑龙江省建立了自治政府；1932年1月1日张景惠就任省长。张景惠获知张学良彻底失败并被逼出锦州，同意沈阳自治指导部的请求，宣布黑龙江省独立。1932年1月7日，发布独立通告。同一天，自治指导部发布宣言。这份宣言1月1日就已准备好，但直到时机恰当才公布。宣言呼吁人民推翻张学良，加入自治政府。宣言结尾写道："东北的组织，联合起来！"一共散发了5万份宣言。自治指导部部长于冲汉和辽宁省省长臧式毅当时在为二月份即将建立的新政府制定计划。1931年9月18日沈阳事变之前，从中国独立出去的计划并没有得到广泛的支持。很显然这是由以板垣和土肥原为首的一批日本文官和军官策划、组织和实施的。日本进驻军队以强化权威，通过控制南满铁路掌控铁路，重要的市中心都有日本领事，由日本人控制的自治指导部加以协调，这些不可抵抗的压力，导致了所谓的独立，并在后来控制了新的傀儡政府。独立运动和这些中国帮凶仅仅得到了日本军方力量的支持。

日本作出附加保证

1932年1月7日，张景惠宣布黑龙江省独立的那一天，美国国务卿训令驻东京的美国大使向日本政府递交照会。美国国务卿在照会中声明，美国政府认为有义务通知日本和中国，美国既不会承认任何事实上的合法性，也不会承认缔结的任何条约或协议，只要条约和协议会损害美国或其公民在中国的条约权利，或违背了中国一贯的"门户开放"政策，或损害了巴黎公约的义务（附件 B-15）。

直到 1 月 16 日这份照会才有了回复。日本在照会中声明，日本相信美国会全力支持日本为确保华盛顿条约和凯洛格-白里安公约（附件 B-15）的彻底贯彻所作出的努力。日本照会还说到只要美国能够做到，在中国的"门户开放"政策将会一直坚持下去。考虑到我们上述所提到的日军在满洲的军事行动，日本的这份照会只不过是一份虚伪的"杰作"。

桥本反对这项保证

第二天，桥本在《大日本太阳》上发表一篇文章，明确表达反对遵守条约和坚持中国"门户开放"的政策。文章标题是：《议会制度的改革》。在文中，桥本说："责任政府——政党内阁制度——完全与宪法背道相驰。民主政府置'天皇'政府于不顾……自从帝国建立以来就牢牢确立了'天皇'政府，在天皇通过的宪法中神圣不可动摇。考虑到其反国家的结构、政治意识形态和侵略之罪恶，为了建立全新的日本，我们认为首先迫切要做的是让现有的政党当替罪羊，摧毁他们。"

土肥原和马占山谈判

马占山将军被日军赶出齐齐哈尔后，在海伦设立其总部以试图在黑龙江省继续执政。土肥原大佐在哈尔滨的特务机关办公处与马占山将军开始谈判。马占山有些举棋不定；尽管继续与日本进行谈判，但同时继续支持丁昭将军。丁昭将军从未同意关东军在吉林省成立傀儡政府并由熙洽名义上领导，他还组建一支军队反对熙洽。马占山将军不但继续支持丁昭将军，这两位将军还与张学良元帅和蒋介石总司令保持联系，两人得到了他们一些援助。

为了迫使马占山将军接受条款，土肥原要求熙洽将军向哈尔滨推进，然后向马的总部所在地海伦推进。1932 年 1 月初，熙洽准备向北方远征，意图占领哈尔滨。然而，丁昭将军在熙洽将军的部队和哈尔滨之间。当熙洽将军在 1 月 25 日已经推进到双城市时，张学良元帅指示马占山将军及丁昭放弃进行进一步谈判，并在 26 日上午开始进行战斗。土肥原未能恐吓马占山将军和丁昭将军；更糟的是他的盟友熙洽将军的部队遭受到丁昭将军部队的顽强抵抗。于是，土肥原被迫召集关东军来协助熙洽。为了有正当理由，土肥原筹划了在哈尔滨的又一个"事变"——一场有策划的暴动。其间，1 名日本人和 3 名朝鲜人死亡。虽然大多数日本军队已撤出在北满地区以实施锦州行动，但第二师团返回奉天休整。

尽管第二师团接到支援熙洽将军的命令后在 1 月 28 日开始搭乘火车。因为运输困难，遇到了一些延误。这给了丁昭将军时间，使他抓住哈尔滨市的自治行政权并逮捕黑龙江傀儡省长张景惠。

南的演讲

当援兵搭乘火车去支援熙洽时，军事参议官南在东京给天皇讲演。他的讲演题目是"满洲的近况"。由木户陪听并加以记录。南对天皇所说的结论如下：

（1）日本应接管在满建立的"新国家"的国防，完成吉会铁路，使日本海变成日本湖以便日本侵入北满，而使日本的国防计划焕然一新。

（2）日本和这个"新国家"共同经营该地区的经济，可以使日本在世界上永久自给自足。

（3）如果在这个"新国家"建立屯垦兵制度，就可以解决日本的人口问题，木户还记载着：当"新国家"成立时，日本在满洲的三四个机关必须统一。这一意见，后来曾被实行。

首次侵占上海

1932 年 1 月 28 日午后，在南讲演后，在中国另一个地方发生了战斗。午后 11：00 时，开始了第一次侵犯上海的战斗。这个"事变"的起原是典型的。"万宝山事件"后在朝鲜的排华暴动，引起了上海中国人的抵制日货运动。这个抵制日货运动在沈阳事变后日益激烈，随着沈阳事变发展为"满洲事变"更加深了激烈的程度。局势越来越紧张，引发了中国人和日本人之间的严重冲突。上海的日侨要求日本派日军来保护他们。日本总领事向中国上海市长提出了五项要求。上海的日本海军司令官声明，如果不能得到上海市长的满意答复，就将采取行动。1932年1月24日日本海军的增援部队到达上海。中国方面加强了上海华界地区闸北的警备队。1月28日公共租界工部局举行会议宣布在当天16:00起为紧急状态。到16:00，日本总领事通告领事团说：因为已得到中国市长的满意答复所以不预备采取行动了。在当天23:00，日本海军司令官发表声明说：日本海军对于住有许多日人的闸北情况感觉忧虑，决定派兵占领淞沪路车站，希望中国军队迅速撤退到淞沪路以西。派往闸北地区的日军与即使准备也毫无时间撤退的华军发生了接触。于是就爆发了淞沪战争。

中国再次上诉国联

第二天上午，即1932年1月29日，因局势严峻，于是中国根据公约条款第10条、11条和15条向国际联盟提出上诉。上海的战争打响时，国际联盟委员会正在开会，第二天收到了中国的新的上诉。

马占山将军与土肥原讨价还价

在满洲，土肥原大佐仍在继续努力谈判，以取得马占山将军对在满洲组建新国家的支持。板垣大佐承认马占山将军是"拥有自己军队真正有价值的人"。齐齐哈尔一战后，试图与马签订停战协定。马占山将军继续同丁昭将军合作，直到1932年2月5日，丁昭被熙洽和日本的联合部队击败。丁昭落败后，马占山将军重新与土肥原大佐谈判，而他的部队经俄境内逃回中国。据说，马占山的部队安全回到中国后，马接受了土肥原给的100万美元的黄金。最终，他于1932年2月14日同意出任黑龙江省省长并与日本人合作。

庭长：现在休庭。明日上午9:30开庭。

（16:00 休庭）

1948年11月9日,星期二
日本东京都旧陆军省大楼内远东国际军事法庭

（9:30 重新开庭）

出庭者：

法官席,所有成员就座。

检察官席,同上。

辩护席,同上。

（由远东国际军事法庭语言部负责英日两种语言翻译）

法庭执行官：远东国际军事法庭现在开庭。

庭长：除白鸟敏夫和梅津美治郎由律师代表外,所有被告均出庭。巢鸭监狱医生证实他们因病不能出席今日的审判。证明将记录存档。

下面我继续宣读法庭判决书。

最高行政委员会

根据荒木所说：由各省省长组成的"最高行政委员会"提出在满洲组织"新国家"的建议是本庄中将设计的。本庄将他的方案送给荒木,请求批准制造一个以溥仪为首来统治满洲的新国家。荒木在巢鸭监狱的审讯中供认：因为没有其他的好建议案,就认为本庄的方案大概可以解决"满洲问题",于是他批准了本庄的方案。荒木更派遣了许多专家到满洲帮助自治指导部去实行本庄的方案。

马占山将军同土肥原大佐达成协议后,自治指导部召集东三省省长和特别区长官于1932年2月16日在沈阳举行会议,为新国家"奠定基础"。出席会议者包括马占山,黑龙江省省长；张景惠,特别区长官；

熙洽,吉林省省长;臧式毅,辽宁省省长;热河省省长汤玉麟未到场。会议的法律顾问为东京大学法学博士赵欣伯。赵欣伯曾在土肥原之后担任沈阳市长。

这五个人决定应该建立新国家,组建东北最高行政委员会以临时执行东三省和特别区的最高权力,最高行政委员会应加紧为建立新国家做必要准备。

会议第二天,最高行政委员会按时成立。由七人组成,即:黑龙江省、吉林省、辽宁省、热河省和特别区的省长或长官,还有两位在第二天上午加入会议的蒙古长官。新成立的最高委员会立即开始执行公务并决定:① 新国家采用共和制度;② 尊重各省的自主权;③ 赋予行政首长"执政"的头衔;④ 发布独立宣言。当天晚上,本庄设正式晚宴来庆祝"新国家首脑",祝贺他们取得成功并保证在需要时刻给予帮助。

独立宣言

本庄晚宴的第二天,即 1932 年 2 月 18 日,最高行政委员会公布了满洲独立宣言。大川博士在1939年出版的《日本2600年历史》一书中评论这个独立宣言,他说:"日军快速勇猛的行动一举彻底扫除了张学良的势力。"本法庭根据证据,认为并没有要在满洲建立独立国家的民众运动。这个运动,是由关东军所制造的,是由日本人为顾问的"自治指导部"所发起推动的。

新国家的组成

公布独立宣言后,马占山和熙洽回到他们各自的省会,指派代表同臧式毅、张景惠和赵欣伯会见,以制定建立新国家的详细计划。1932年2月19日,他们决定新政府的形式应当是以三权分立为原则的拥有宪法的共和国。然后决定以长春为新首都,确定了新国旗设计,并同意让溥仪担任新国家的"执政"。

自治指导部迅速开始在各省份举行群众大会和游行,关东军列队检阅展示力量,并鸣放礼炮,以此让满洲人民认识到日本的强大实力。

这些适当的游行铺垫之后,自治指导部在 1932 年 2 月 29 日召开全满大会,并在大会上发表演说;一致通过谴责之前张学良政权的宣言;并批准迎接溥仪为新国家行政首长。

最高行政委员会迅即召开了紧急会议,选出了六名代表,派他们到旅顺向溥仪传达欢迎他做新政府的首领。溥仪对最高行政委员会的第一次邀请没有答允。1932 年 3 月 4 日又第二次派代表团去劝溥仪应诺。由于板垣的指示,溥仪接受了第二次邀请。溥仪于 3 月 5 日接见代表团,于 6 日由旅顺出发到汤岗子。两天以后,即 3 月 8 日,他开始以"满洲国执政"的地位接受敬礼。就职典礼是 3 月 9 日在"新首都"长春举行的。溥仪声明:"新国家"是以道义和仁爱为基础。第二天,溥仪根据日本方面所提出的名单任命了政府的高级官员。

溥仪到达之前,赵欣伯博士经过一段时间的准备,已制订好一系列法律和规章,只待通过和颁布。1932 年 3 月 9 日,这些法律规章和关于组建"满洲国"政府的法律同时开始生效。

1932 年 3 月 12 日向各国发出成立"满洲国"的公告电报,并要求各国对它的承认。大川博士曾说:"满洲国"是经日本政府批准的关东军计划的结果,因为事前曾经过周密的计划和准备,所以"新国家"的建立进行得非常顺利。溥仪说,"满洲国"自开始起就完全受着日本的支配。

日本内阁承认既成事实

荒木曾说本庄的计划获得了内阁批准,这一说法是正确的。但是直到 1932 年 3 月 12 日,该计划被实施并且满洲新政权成立之后才获得了批准。1932 年 3 月 12 日,即向各国发出宣布"满洲国"成立的电报那一天,内阁举行会议并决定建立"'满洲国'对外关系部署大纲"。大纲决定根据国际法给还未得到认可的新国家提供"各种帮助","领导这个国家逐步达到成为独立国家的实质条件",期望各个国家最终承认其独立。为避免九国公约(附件 B-10)缔约国的干涉,认为最好让"满洲国"宣布一项政策,这项政策符合"门户开放"政策并遵从公约所保障的机会均等原则。内阁还决定"满洲国"应抓住海关和盐税征收；但在实施过程中不应"给外交关系带来麻烦"。这样做的途径之一是收买海关官员并让日本人取而代之。并计划以在日内瓦提出的保留相一致的镇压匪患为借口，夺取"满洲国"的军事力量。总之，内阁充分意识到占领满洲并由日本在那里建立独立国家直接违背了现存的公约义务；内阁当时在试图想出一个计划，以表面遵从公约的义务来掩盖违背公约的事实。

李顿代表团到达东京

全满大会在沈阳召开的那一天，即 1932 年 2 月 29 日，李顿代表团到达东京，受到天皇接见，同日本政府，包括总理犬养、陆军大臣荒木和其他人召开了一系列日常会议。尽管会议持续召开了 8 天，却没有一个政府官员告知李顿代表团日本当时正在满洲组建一个新国家；代表团直到离开东京，前往中国途经京都时才首次听说这件事。

委员会抵达东京的那天，小矶国昭被荒木从陆军省军务局长提拔到陆军次官的高位。

荒木派援军到上海

1932 年 1 月 28 日在上海开始的战争继续进行，以至于海军大臣被迫向陆军大臣荒木请求支援。中国十九路军在战争中发挥出色。多艘日军驱逐舰停泊在黄浦江，日方飞机轰炸闸北。日本海军利用虹口的永久卫戍部队作为基地；卫戍部队和闸北之间设置的垒障作为地面部队的前线。日本驱逐舰展开近距离射击，炮击设在吴淞的堡垒。因为没有能够相抗衡的枪支，堡垒没有进行还击。日本海军攻夺了邻近的公共租界，警察被缴械，城市陷入瘫痪；海军大臣要求增援时，一场真正的恐怖统治正如火如荼地进行。荒木说他与内阁商量后决定立即派遣支援部队；第二天 1 万名士兵登上快速驱逐舰。坦克大炮配备充足的援兵在公共租界登陆。海军重型船只推进，开始炮击这个城市。但是，这场从 1932 年 2 月 20 日开始的进攻，除了持续了好多天以外，并没有取得什么明显的胜利。这场进攻之后,荒木声称上田将军已损失惨重,有必要再派援军,于是又派遣第十一师团和第十四师团去抵抗防守上海的中国军队。

国际联盟采取行动

国际联盟开始行动。1932年2月19日,除了中国和日本,理事会成员向日本政府提交一份紧急呼吁,呼吁其注意公约第10条(附件B-6);并于1932年3月3日召开全体大会。

美国国务卿建议驻上海的美国总领事向媒体公开国务卿给参议员博拉的关于中国局势的信。国务卿在这封信中说九国公约(附件B-10)是"门户开放政策"的法律依据。他阐述了公约的悠久历史。并评论说九国公约是一项详细制定的成熟的国际政策,旨在保障各方在中国的权利,并保障中国有充分的机会发展自身和主权。他回想起英国代表团主席贝尔福爵士曾说,他理解公约签订时在场代表没有人赞成或能容忍支持势力范围。巴黎公约(附件B-15)是为了加强九国公约。他说,这两个公约是相互依赖的,均旨在通过国际法,包括以和平手段而不是武力解决争端,协调世界道义和公共舆论,以支持有序发展的制度。他说美国过去一直将自己的政策建立在对中国的持久信心之上,建立在以公平、耐心和互惠原则处理中国问题以取得最终成功的基础之上。

许多人试图使上海的战争停止,英国上将霍华德·凯利是其中之一,1932年2月28日在他的旗舰上召开会议。有人建议在双方同时退兵的基础上签订协议,但是由于各方意见不统一,没有成功。似乎对这些干涉表示不满,日军占领中国人已经撤离的江湾西部,轰炸机在整个前线上空飞过,包括南京铁路和虹桥机场,并再次从空中和海上轰炸吴淞要塞和长江沿岸要塞。

国际联盟大会召开之前,理事会建议在2月29日召开圆桌会议,制订上海停战的当地安排;双方同意举行此次会议,但由于日本人施加的条件而未能取得成功。

　　白川将军被任命为日军最高统帅,在2月29日随援军一同抵沪。他发出的第一道命令是轰炸近100英里外的杭州的机场。由于猛烈的舰炮轰击,白川渐渐占了优势;3月1日进行侧翼攻击后,中国军队被赶出日本人最初要求的作为停战条款的20公里以外。

　　"挽回颜面"的胜利使得日本人接受国联大会在1932年3月4日的要求,国际联盟呼吁双方政府签订停战协定,并建议关于停战和日本退兵进行谈判。地方指挥官下达适当命令,战争停止了;1932年3月10日开始谈判。

　　大会继续调查争端。1932年3月11日,通过一项决议,大意是公约(附件B-6)的规定适用于这个争端,尤其是规定应严格遵守公约;成员应尊重和保护所有国际联盟成员国的领土完整和政治独立,不受外部侵略;成员有责任将所有争端提交并按照程序和平解决争端。大会证实在军事压力下解决争端是违反公约精神的,肯定了理事会1931年9月30日和12月10日通过的决议案,以及1932年3月4日大会通过的决议案,并着手建立"十九国委员会",以解决上海争端。

　　日本违反其义务,反而利用休战增加援兵。援兵在1932年3月7日和17日抵沪。直到1932年5月5日,完整的协议才得以拟好准备签署。重光葵代表日方签署。上海之战突出了日方的极度残忍。对闸北漫无目的地狂轰滥炸,军舰进行残酷无情的炮击,屠杀手无寸铁的中国农民,发现他们的尸体时,这些人的手被绑在背后。这些都是日军在上海作战时的行径。

　　这次事变又一次例证了日本决心使用军事力量对抗中国人,让中国人体会到日本的威力,为了达到此目的而不惜采用任何借口。表面上看,此次事变是因为上海的日本居民要求给予保护才使用武力。本法庭毫不迟疑地得出结论,日本使用的武力远远超过日本居民和财产所受到的实际威胁。

毫无疑问，当时中国人民情绪高涨，开始出现对日本商品的抵制，至少部分原因是由于日本人在满洲的行为。鉴于所有事实，本法庭认为日本进攻的真正目的是警告中国人，暗示中国人如果他们对日本的态度仍不改变，将会继续进攻，镇压进一步抵抗。这次事变是整个计划中的一部分。

"满洲国"当做傀儡来建立和经营

"满洲国"从赋予其"执政"的权限说，确实是一个极权主义的国家。因此，谁操纵了"执政"，谁就操纵了国家。在1932年3月9日所公布的第一号敕令中，规定了"满洲国"的组织法。正式说来，其构成如下，政府的权力分为行政、立法、司法及监察四部分。"执政"以行政首长而为国家的元首，并赋予他一切行政权及对立法的否决权。行政部门的工作是在"执政"的指导之下，由总理及各部大臣来执行，并以总理及其大臣组成国务院，即内阁。总理通过强有力的总务厅监督各部事务，总务厅直接理管各部的机密事项、人事、会计及用费。附属于国务院的有许多局，如立法局之类。但仿效日本宪法，当立法院未开设时，"执政"具有据参议院建议发布敕令的权力。监察院监察官吏的业务成绩及检查会计账目。可是立法院一直没有组织起来，所以法令都是用"执政"的敕令来制定的。

形式上虽有不同，实际上总务厅、法制局及资政局形成了国务总理的宫房。建立"满洲国"后，废止了"自治指导部"而将其人员转移到了资政局。这个资政局通过原来在各省、各县所设立的"自治委员会"，继续了"自治指导部"的工作。总务厅超越一切，是日本人有效控制和支配"满洲国"整个政治经济的机关。

一般说各部大臣下虽系中国人，但各大臣下都配备了日本人的次长。在"满洲国"政府中，有一个宪法中所未规定而被称为"火曜会"的委员会。每周的星期二，以日本人的总务厅长为主席举行日本人的次长集会，而关东军参谋部的一位科长也出席这个集会。在这个集会中通过一切政策，决定一切的敕令及其他法令。于是将"火曜会"的决定移送给总务厅，由其正式采用，并作为"满洲国"政府的法令而公布。因此，"满洲国"完全受着关东军的支配。1932年4月3日本庄中将在致陆军大臣荒木的电报中说，"关于有关整个'满洲国'施策的对满交涉，主要应由关东军统一联系实行，我相信你是不会反对的。据最近在满各官厅及其他各派遣机关的行动看来，现在如不彻底地如此实行，就可能发生混乱。"荒木在答复时说，"关于统一对满施策的尊见，我表示同意。"

最初，任命日本人"顾问"，是为了对"满洲国"各重要官吏贡献意见，但组成国家后不久，这些"顾问"就变成了与中国人相同的完完全全的政府官吏。在"满洲国"成立一个月后，即1932年4月，除军政部和军队中的日本人外，仅在中央政府中就有日本人职员200多人。在大部分局科中，都有日本人的顾问、参事和秘书。监察局中的重要职位都为日本人所占据。最后，"执政"左右的最重要的大部分官吏，包括宫务局长和执政近卫队指挥官在内，都是日本人。连"执政"也由关东军所任命的吉冈中将来加以"监督"。总之，关于政府公共事务，纵然中国人在名义上是长官，而主要的政治上和行政上的权力却握在顾问、参议、监察官、秘书等次级的日本官吏的手中。

1932年4月11日日本内阁会议上审议"指导""满洲国"的方法时，曾批准了以上所略述的方法。荒木当时为陆军大臣是内阁阁员之一。这个决定的内容如下，"新国家应自我方聘用有权威的顾问，关于财政经济问题及一般政治问题应以之为最高指导者。应任命日本人在新国家中的参议府、中央银行及其他机关具有指导职位。"接着内阁列举了应任命日本人充任的"满洲国"政府的官职，其中为总务厅长、总务厅各局长科长、参议府的参议及秘书局长，此外还包括税收、警察、银行、运输、司法、关税及其他部门的官职。为了使"新国家"发挥"在政治、经济、国防、交通、通信等各种关系上成为日本生存之重要要素的功能"，日"满"双方都认识到"组成一个自给自足的经济单位"的必要性。

协和会和"王道"

"协和会"是1932年4月,由板垣等所组成的委员会在沈阳组织起来的。关东军司令官因职务关系,当然地成为该会的最高顾问。"协和会"的特别使命,是宣传国家的精神和理想,即所谓"皇道",加强"满洲国"并使其在日本与盎格鲁·撒克逊及共产国际的斗争中能有助于日本。"满洲国"政府的政策,已表现在1932年2月18日和1932年3月1日所发表的布告中,即依据"王道"这一基本原则进行统治。这样一来,就巩固了日本占领满洲思想宣传的基础。满洲不允许"协和会"以外的政党存在。"协和会"名义会长是"满洲国"总理,但实际领袖则是关东军参谋部的一名参谋。

李顿调查团访问满洲

1932年4月李顿调查团抵达满洲,开始着手解开关东军和"满洲国"日本官员恐吓居民、阻碍委员会活动给时局罩上的神秘面纱。关东军和宪兵队以"保护"调查团成员及潜在证人的名义"监视"他们的活动与行动。溥仪作证说:"我们都处于日本陆军军官的监视之下。李顿爵士无论到哪里都受日本宪兵的监视。我接见李顿爵士时,就有许多关东军军官在我身旁监视。如果我如实相告,估计调查团一离开满洲我就被害了。"溥仪向李顿爵士递交了一份板垣预先准备的声明,现据溥仪称,这份声明未能反映实情。调查团驻满洲期间,会讲俄语和英语的人都受到严密监视,其中有些被捕。

关东军参谋长官在1932年6月4日发往日本陆军省的电报中建议,日本应在国际联盟调查团访问期间通过接管海关的方式表现出对李顿调查团的蔑视。他说:"为了展现'满洲国'的独立性,表明日本对'满洲事变'的坚定决心,在调查团访问期间采取这样的行动非常有利。"

犬养首相遭暗杀

犬养首相因反对成立独立的"满洲国"而付出了生命的代价。首相一贯反对日本承认"满洲国",坚称承认"满洲国"将侵犯中国的主权。

犬养首相就位几天内,即派密使萱野往见蒋介石,商谈和平条件。蒋介石对萱野的建议极为满意,交涉进展非常顺利,不料就在此时,萱野致犬养首相的一份电报被陆军省截获。内阁书记通知犬养首相之子道:"你父亲正与蒋介石进行谈判,陆军省对此极为愤怒。"尽管谈判因此终止,但首相与陆军省大臣荒木之间的摩擦并未就此消除。

犬养首相与时任"皇道派"领袖的荒木之间的争执,于1932年月8日犬养于横滨发表反对军国主义赞成民主的演说时达到爆炸点。1932年5月15日,首相因病暂时独居官邸,几名海军军官蛮力闯入官邸将其杀害。大川博士为暗杀提供了手枪。桥本在其《世界重建之路》一书中,承认自己与暗杀犬养首相有关。

时任陆军省军务局官员的铃木中佐曾警告说,如果以政党党魁为首来组织新的内阁,将会发生第二次、第三次暗杀。铃木是在犬养首相遭暗杀两天后在原田男爵家的午宴上发出这一警告的,同席的有木户和小矶国昭。此前,扩张政策的反对意见主要来自日本政党代表。

日本承认"满洲国"

荒木和小矶在新内阁中留任陆军省大臣和次官,在他们的领导下,日本政府承认"满洲国"为独立国。关于承认问题,陆军省大臣于1932年6月4日回复关东军参谋长的电报中说:"此事关乎国内外各界,关系微妙,因此我们现在决定准备一有机会就承认'满洲国'。"他还透露了借关东军统治"满洲国"的计划,他说:关于满洲各个机构的统一问题,我们计划成立一个关东军为中心的协调机构,旨在促进满洲的经济发展,满足"满洲国"的快速稳定与国防的要求。如果这一深层动机在国内或国外意外泄漏,尤其在外国,将对"满洲国"的发展方向极为不利。

因此,我们希望你务必谨慎,即使是在自己办公室研究此事。1932

年6月中旬，荒木向最高军事参议官会议宣布，"满洲国"成立之前有关满洲的国际联盟决议及日本政府的声明，对于日本都不再具有约束力。

1932年6月，关东军向东京致电"和平使命"，帮助荒木迫使日本政府承认"满洲国"。此次任务旨在敦促政府即刻承认新的"满洲国"；"黑龙会"在日比谷召开会议，协助完成该"使命"。

鉴于内阁更替，李顿调查团1932年7月4日返回东京，与新政府官员举行一系列会议，希望了解内阁关于满洲局势的看法。陆军大臣荒木出席了这些会议。

调查团返回北平后，即1932年8月8日前后，此前荒木致关东军参谋长的电报所提到的"以关东军为中心的协调机构"依原计划成立了。原来"四位一体"的体系为"三位一体"的新体系所取代；在新的体系中，关东军司令官任关东租借地长官兼驻"满洲国"大使。新的体系1932年8月20日生效。为使该体系生效，进行了人事变动。武藤信义接替本庄繁成为关东军司令官。板垣留任关东军参谋部，晋升少将。陆军省次官小矶被派满洲任关东军参谋长兼任关东军特务部（或称情报部）部长。

日本投降后，荒木称："在三巨头（外务大臣、海军大臣和陆军大臣）会议上，当讨论承认'满洲国'为独立国的问题时，我提议，既然'满洲国'为独立国，我们互派大使。该问题成为1932年8月一次内阁会议的议题。这次讨论的是'满洲国'应何时获得承认：是现在还是以后。关东军要求立即承认。我将正式承认日期定在1932年9月15日。会上我们讨论了将与'满洲国'缔结的协议的内容，我批准了一致同意的内容。"

1932年9月13日，枢密院副议长平沼召集了一个枢密院会议，商议"日'满'议定书"签署问题。平沼兼任枢密院审查委员会委员，由平沼向枢密院全体宣读了委员会的报告。报告说，除了其他事宜，"我们天皇政府坚信承认'满洲国'事不宜迟。然而，为了谨慎行事，我们政府花了半年时间关注'满洲国'的发展及国际联盟和其他国家的态度。迹象表明，尽管不难想象，我们承认'满洲国'一事，在短期内会令世界极为震惊,但绝不会引发国际危机。我国政府拟以共生共荣为目标采取一系列举措,按该协议与两国间交换的记录做出安排,承认'满洲国'。"平沼所指的记录如下:

(1) 第一项记录包括一封信件及回函。信件日期是 1932 年 3 月 10 日,乃溥仪即位次日写给本庄的信。溥仪在信中说,他非常感谢日本为建立"满洲国"付出的努力和牺牲,但是"满洲国"的发展离不开日本的支持与指导。然后溥仪要求日本同意做出承诺,其中三项如下:

(A) 日本须不惜一切代价承担"满洲国"的国防并维持国内秩序,"满洲国"将为关东军提供所需一切军事设施;

(B) 日本掌管一切现有铁路及其他交通设施并根据需要建造新的此类设施;

(C) "满洲国"政府所有部门的官员由日本人担任,并由关东军司令官全权任命、罢免与替换。

本庄回函表示日本对溥仪的建议无异议。

(2) 第二项是 1932 年 8 月 7 日"满洲国"主席与本庄签订的协议,有关控制"满洲国"交通设施及让日本拥有更完全控制权。

(3) 第三项是 1932 年 8 月 7 日"满洲国"总理与本庄签订的另一份协议,有关建立日本空运公司事宜。1932 年 8 月 12 日,内阁决议批准该公司接管关东军以军事通信为借口所建的原满洲空运路线。

(4) 第四项是 1932 年 9 月 9 日司令官武藤与"满洲国"总理签订的就满洲矿业做出让步的协议。

根据平沼宣读的报告,这些记录自签订之日起生效,并被视为国际协议,但要绝对保持秘密。根据即将公之于世的议定书,日本承认"满洲国";"满洲国"于建立之时确认日本及其在满子民的一切权利和利益;两国同意在维护国家安全方面进行合作;承认对一方的威胁即是对双方的共同威胁,给予日本在"满洲国"的驻军权。调查委员会建议承认此议定书及记录。

审查委员会报告宣读之后的讨论表明，枢密院议员们完全意识到该议定书与记录违反了"九国公约"（附件 B-10）与其他日本条约义务。枢密院议员冈田提出了这个问题。日本外相对枢密院解释说，日本承认"满洲国"不会违反"九国公约"，因为"满洲国"已经独立，日本此前并未答应防止中国人民的独立。冈田表示美国与其他国家不会对这样的解释感到满意。冈田解释道："美国人会说，如果'满洲国'根据人民的自由意愿获得独立，这没关系，但如果日本帮助维持其独立，将违反'九国公约'，并践踏中国的主权。"外相回答："当然，在这方面，美国与其他国家的确意见不一，但这只是他们自己的意见。"荒木解释道："'满洲国'的国防就是日本的国防。"石井议员说："我对日本就满洲问题与国际联盟关系的争论感到不安。"然后他进一步说："我们在'满洲国'的行动违反了'巴黎公约'（附件 B-15）与'九国公约'，这几乎是许多美国人和其他国家人民的已有看法了。"然而，石井议员补充道："既然日本已经与'满洲国'建立同盟，我认为，为了共同防御我们没有反对在满洲驻军的余地了，这将让国际联盟旧决议成为一纸空文。"然后他又说："满洲和蒙古民族至今都未进行过独立运动，这真奇怪！"

然后进行投票，该议定书与记录获得一致通过，随后天皇离开。大使武藤向"满洲国"主席递交议定书，并说："请签名，这是你必须签名的协议。"溥仪在证言中说，在交于自己签署前，他对议定书一事毫不知情。1932 年 9 月 15 日，溥仪无奈之下签署了议定书。

准备入侵热河

日本努力说服热河省主席汤玉麟将军宣布热河省从中国独立，并入"满洲国"的管辖之下，未果；因此在完成东三省的侵略与巩固后，日军开始准备入侵热河省。日本投降后，荒木竭力为入侵热河辩解，他说：1931 年 12 月 17 日，枢密院召集会议决定为征服满洲筹资，"本来决定对含张学良地盘在内的三个省推行和平政策；但张学良发表声明说自己管辖范围覆盖四个省，这促使日本决定入侵热河省"。

1932年2月17日傀儡政府举行最高管理会议时,邀请热河派代表参加;然而省主席汤玉麟无视邀请,继续统治热河省,尽管热河省各团体中的蒙古人试图与新"国家"合作从而被宣布为"满洲国"子民。

日本人此前在日内瓦采取保留姿态,现在要想继续将热河省并入"满洲国"的计划,仅需找个借口。第一个借口就是1932年7月17日关东军军官石本权四郎由北票至锦州途中,上演了"失踪"事件。日本立即宣布石本遭中国志愿者绑架,并以营救石本为借口派了一支关东军分遣队进入热河省。尽管分遣队装备有大炮,却在占领热河省边界一个村庄后故意败退。战斗期间,日军飞机炸弹轰炸朝阳镇;1932年8月,日本飞机继续在热河这一地区上空巡飞。1932年8月19日,关东军参谋官被派往坐落在北票与热河边界之间的小村庄南陵假装交涉石本释放一事。他由一支步兵分队护送。他声称在返回途中遭遇火力并自卫还击。然后另一支似乎预先安排好的步兵分队到达,占领了南陵。

占领南陵后不久,日军发布声明说,热河省是"满洲国"的领土,为后来关东军吞并热河奠定了基础。接下来关东军以接二连三地借口继续军事行动,主要沿北平—沈阳铁路的锦州—北票支线,该线是当时从满洲进入热河省的唯一铁路枢纽。这是意料之中的事情,因为当时中国政府与满洲境内的中国军队主要交通线都经过热河。

入侵热河迫在眉睫,即使对外行观察者也显而易见。日本媒体毫不掩饰承认了这一事实。1932年9月,第14混合旅抵达满洲,口头声称清扫满洲和朝鲜之间的鸭绿江北面屯北道一带的土匪,而实际上是为侵略热河省做准备。

《李顿调查团报告》

1932年11月21日,国际联盟理事在日内瓦会面,讨论1932年10月1日收到的、李顿调查团的报告。审议期间,日本代表松冈声明:"我们不想要更多的领土!"然而,因为松冈拒绝同意解决争端的任何基础,理事会被迫于1932年11月28日将李顿调查团的报告递交给联盟大会裁决。

李顿调查团在报告中写道："这是铁的事实：在没有宣战的条件下，之前毫无疑问属于中国的大片领土被日本武装军队强行掠夺和占领，最终被从中国分裂出来并宣布独立"。

日本称，为此采取的一系列行动符合"联盟公约"（附件B-6）、"非战公约"（附件B-15）及"九国公约"（附件B-10）中规定的义务，而所有这些条约的目的都是为了防止此类军事行动。日方为此案提供的理由是这一切军事行动都是合法的自卫行动。然而，调查团在讨论1931年9月18日夜里发生的沈阳事变时继续陈述到："以上描述的当天夜里日军的行动绝对不能认作合法的自卫措施。"

1932年12月6日，国际联盟召开联盟大会，在进行全面讨论后于1932年12月9日通过一项决议，要求1932年3月11日任命的"十九人委员会"在上海调解敌意，研究报告，拟定解决争端的提议书并尽早提交联盟大会。

"十九人委员会"拟定了两份决议草案和一份理由陈述，大概提出其认为可以继续努力的基础。1932年12月15日，两份决议草案和理由陈述提交给各方。中国和日本代表各自提出修正案，1932年12月20日，委员会休会，让各方代表、联盟秘书长和委员会主席相互讨论修正议案。

山海关事件

1933年1月1日，上述讨论还未进行多久，严重的"山海关事件"爆发。山海关位于北平与沈阳中间，长城的尽头，一直被视为战略重地。该地处于企图由满洲入侵河北省的侵略者的通道。而且，经过河北是进入热河省便捷的路线。

日本占领锦州后，进入山海关，直到长城一带，并占领了沈阳—山海关铁路。这条铁路从山海关延伸至北平，此时张学良将军正在北平指挥总部运筹帷幄。尽管山海关火车站就在长城南边,沈阳的日本火车却直开至山海关;因此,日本以守卫火车为由在这里驻军。北平的中国火车直通山海关车站,也派兵驻守。中国司令官报告说,"山海关事件"爆发以前,一切良好。

"山海关事件"正值十九人委员会提交的两份决议草案的修正案的讨论期间,这一事实充分表明:该事件是日方计划好的,企图为日本政府放弃委员会为解决中日两国争端而寻求一致的一切努力寻找借口。

1933年1月1日下午,日本称有中国人曾扔手榴弹,这是为袭击山海关所找的一个明目张胆的借口。附近的小城镇遭机关枪扫射,美国传教士的建筑被炸毁,后来战斗演变成旧式的战壕战,结果北平与长城之间的华北平原成了数以百计纵横交错的战壕编织而成的战壕网。成千上万的和平平民惨遭杀害;1933年1月11日,中国政府向1901年"协议"(附件B-2)的签约国发出呼吁。

日本拒绝十九人委员会的一切努力

1933年1月16日,十九人委员会休会后再次召集会议,并向各方提出若干问题并要求提供信息,以为解决中日争端达成一致基础。委员会的所有要求都未得到日本的满意答复;1932年2月14日,日本政府通知委员会称:日本认为维持并承认"满洲国"的独立是远东地区和平的唯一保障;只有基于这一基础,日中之间的整个问题才会最终解决。于是委员会终止审议,立即向联盟大会报告。

国际联盟谴责日本

1933年2月24日,国联大会通过了十九人委员会为大会递交的决议,谴责日本是中日战争的侵略者,并且建议日本结束战争。国联大会报告说:16个多月以来,国联大会一直在努力寻求解决中日争端方案;然而,局势不断恶化,"伪装形式下的战争"一直继续。国际联盟大会宣布,"经过所有的战争与'独立'之后,满洲依然是中国不可分割的一部分，一批日本平民和军事官员策划、组织并实施满洲独立运动，来应对1931年'九一八事变'之后的满洲局势；为了这一目标，日本利用某些中国人的名字和行动以及某些对中国政府怀有怨恨的少数民族和社区"。国联大会决定，1931年9月18日夜日军在沈阳和满洲其他地方展开的军事行动不能视作自卫措施；日本在这一争端过程中所采取的一切军事行动均非自卫措施。国联大会还说，"满洲国"政府的主要政治与管理权都在日本官员和顾问的手中，这些官员和顾问实际操控着政府管理大权。国联大会发现，大部分"满洲国"的人并不支持这个"政府"，仅认为这是日本的工具。国联大会宣布："毫无争议的是，在没有任何宣战的情况下，大片的中国领土被日军强行掠夺占领，从而被从中国领土分离出来并宣布独立。"国联大会发现，实际上："尽管在1931年9月18日之前的紧张局势之初，中日双方可能都有责任，但自九一八事变以来的事态发展，中国方面没有任何责任。"这是日本侵略的证据，同时也是对日本的一个警告：将来同样的行为将受到同样的谴责。因此，从今以后任何日本人都不能理直气壮地说，自己真诚认为这种行为会得到宽恕。这一裁决不允许对1933年2月24日国联大会通过的报告存在任何异议。

辩护人白鸟曾是在公开宣言中对日军在满洲军事行动的合法性最重要的维护者之一。白鸟在给时任日本驻比利时大使有田的私人信函中道出了真相。1935年11月，白鸟在信中提到那些在国际事务中倾向于和解的日本外交官们时写道："他们有足够的勇气将满洲归还中国，重新加入国际联盟，并为自己的罪行向世界道歉吗？"

日本退出国联

日本不但不履行根据国联规约它所负的义务（附件B-6），反而在1933年3月27日宣布退出国联的意向。在通告中说，日本退出的理由是，"关于国联规约、其他条约以及国际法原则的应用，特别是在其解释上，日本与此等国联会员国之间经常在意见上有深切的分歧。"

侵入热河

在国联大会通过谴责日本为在华侵略者的第二天,日本侵入热河,公开反抗国联。沿长城的重要地点像山海关和九门口,因"山海关事件"后的战斗结果,都已落入日军手中,使热河的战略局势在1933年2月22日前已极为严重。2月22日,以"满洲国"傀儡的名义,日军向中国发出最后通牒,说热河不是中国的领土,要求热河省的华军在24小时内撤退。因为中国不接受通牒,于是1933年2月25日,日本陆军开始进攻。日本从通辽和绥中基地分三路前进,占领了长城的北部和东部的整个地区以及沿长城的一切重要关隘。板垣和小矶以关东军参谋的地位,协助了1933年3月2日所完成的对整个满洲的占领。

"塘沽停战协定"

由于侵入长城的结果,日本在侵入中国本土上处于有利地位,但日军为准备下一阶段的侵略,需要一个加强和组织其已占领地带的时间。于是在1933年5月31日签订了"塘沽停战协定"。武藤司令官(不是被告武藤章)派全权代表与中国代表在塘沽谈判,并且该代表还携带了由关东军所准备的停战协定草案。所签的停战协定,规定了长城以南的非武装地带。其条件为中国军队首先应撤退至指定的防线上,并给日本军随时派飞机视察华军是否已完全撤退的权利。如认为撤退满意时,日军然后撤退至长城沿线,且不准华军再进入非武装地带。

荒木——红极一时的人物

日军占领整个满洲的成功,使陆军大臣荒木在日本军国主义者中成为深孚众望的人物,他不断被邀请去写作或做公开演讲。在由他1933年6月的一次演讲改编成的名为"日本的关键时期"的电影中,他陈述了军方的理想,并且透漏了他们发动侵略战争的计划,这个侵略战争目的是占领整个亚洲和太平洋岛屿。此外,他还说,"在过去的50年中,亚洲和平吗?西伯利亚、蒙古、西藏、新疆和中国现在的情况怎样呢？太平洋的波浪真的是平静的吗？我们能期望太平洋明天的波浪像今天一样平静？用理想和力量来建立东方的和平是日本大和民族神圣的使命。国联不尊重日本的这一使命，整个世界在国联的领导下对日本的包围已经在满洲事变中显示出来。整个世界敬仰我们民族美德的那一天定会到来。"（在屏幕上，日本和满洲在中心，中国、印度、西伯利亚和南海在旁边）"'满洲国'，是在天堂的启示下以沈阳事变的形式建立的，日本会竭力确保亚洲永久的和平。"他把"国防"定义如下："我不采取那种狭隘的见解，把国家的防卫看成地理的问题。日军的使命是保卫'皇道'在空间上的扩大发展性，在时间上的悠久永续性。'为天皇而死是最高的光荣'，日军就是为这首歌的千古不灭的精神而战斗。日本的命运是发展它的空间。日军必须预料到要与反对我们扩展'皇道'者作战斗。同胞们，让我们看看亚洲的现状吧，就这样永久的不去改善吗？我们最高的使命是使亚洲成为一个乐园。我热诚地恳求你们团结起来向着这个目标奋斗。"（在屏幕上出现这样一句话："光明来自东方"）

第二节 统一和开发满洲

在"塘沽停战协定"签订以后，日本对"满洲国"进行了重组，以加强日本对这个傀儡国的控制并促进日本对满洲的经济剥削，最终为继续侵略中国和发动针对其他各国的侵略战争做好准备，因为这些国家可能会反对日本统治亚洲和太平洋各岛屿。

1933年8月8日，日本内阁决定"把满洲发展成一个独立的国家，并且这个独立的国家和日本帝国有着不可分割的关系。"对"满洲国"的控制"要在关东军司令官的管辖下由日本官员来执行。"

满洲经济的目标是"联合日本和满洲的经济，以便为向世界扩张帝国的经济实力建立牢固的根基"。"日本和满洲的共存和共荣会受到帝国国防需求的限制"。荒木贞夫是这个决定做出时候的内阁成员,他曾毫不含糊地对国防进行了这样的限定。执行这个政策的具体计划必须只有在深入调查之后才能得到内阁的批准,这是决定了的。

直到土肥原贤二在1933年10月16日被任命到关东军司令部工作和广田弘毅在1933年9月14日成为日本外务省大臣之后,调查才完成。然而,在1933年12月22日,内阁决定,"似乎满洲政府将要考虑尽快改组成君主政体",做出这个决定时荒木贞夫和土肥原贤二也在场。"必须澄清的是,实施君主政体不是复辟清朝,而是建立君主立宪政体。所有阻碍国家政策顺利实施的障碍都要扫除,尤其是这些能够有利于增强和扩大日本和'满洲'国防力量的国家政策,而这种国防力量是克服我们不久就要遇到的国际危机所必需的。"已经决定:应该增强"满洲国"总务委员会的作用,"满洲国"政府内部机构的基础改革应该得到推行,尤其是人事改革,日本和"满洲国"之间现行的公约和协议应该得到君主整体的承认。

值得指出的是,"满洲国"这样一个向世界宣称自己是一个独立的国家,它的统治管理方式却是由日本内阁来决定。令人震惊的是,这种虚假的借口仍然在维持而且有成百上千页的书面证据和论证来支持。

要证明"满洲国"附属的地位没有改变,没有比外务大臣东乡茂德发给关东军总司令梅津美治郎的电报更好的证据了,这封电报是在1941年12月4日发出的,正好是在攻击珍珠港3天前。在那封电报里面,东乡茂德给出了如下的指示:"4日在和政府控制委员会的一次联合会议上,我们决定了一旦国际形势变得严峻,'满洲国'将采取的措施。不同于我在873号电报中所说的,我们的政策变动如下,'当日本帝国开战时,'满洲国'暂时不会参加,因为'满洲国'和日本有着非常密切的关系,并且英国、美国、荷兰还没有承认'满洲国',因此,事实上,长春会把这三个国家视作实际的敌对国,并以相应的态度对待他们'。"

重组的下一步是溥仪作为"满洲国"皇帝的登基典礼。在1933年12月22日的内阁决定之后，已经接替武藤信义担任关东军总司令的菱刈隆大将拜访了溥仪并告诉溥仪，他想把"满洲国"变成一个帝国。1934年3月1日颁布了一套新的"满洲国"组织法。这些法律授权皇帝来统治"满洲国"并规定了他的权力，然而这些法律没有本质上改变政府的大体组织形式。日本人继续在政府里担任重要职位，"星期二会议"仍旧保留作为制定政策机构，吉冈安直大将继续担任"监督""满洲国"皇帝的职责，甚至直到日本投降他被捕的那一天。在新法律颁布的那一天，溥仪在长春的一个神殿祭天后，就登基成为"满洲国"的皇帝。然而，他没有实权，尽管被允许每年有一次机会可以召见他的大臣们，但这个召见会受到总务委员会长官的严密监视。

把溥仪安排作为"满洲国"的皇帝并修订"满洲国"的法律以促进经济剥削后，日本内阁在1934年3月20日开会讨论实施剥削的政策。荒木贞夫1934年3月20日从陆军大臣的位置上退下来后，转任高级军事参议官，所以没有出席，但外务省大臣广田弘毅出席了这次的内阁会议。这次会议决定，"要把'满洲国'发展成与日本有着不可分割关系的独立的国家，把'满洲国'稳固建立成日本在世界范围内经济扩张的基地，加强'满洲国'的经济实力，日本的基本方针政策都要基于这些目标。"交通、通信和"满洲国"的其他行业要特定的公司来发展，这些特定的公司要直接或间接受到日本的监督，以便有利于帝国的"国防"。

好像要消除对日本意图的所有怀疑，广田弘毅的外务省于1934年4月17日发布了一个声明，这个声明就是后来为人熟知的"开放中国声明"或"天羽声明"，第一个名字来源于声明的内容，第二个名字来源于把这个声明发布给媒体的官员——天羽英二。天羽英二不仅是外务省的官员，同时也是外务省的官方发言人。在1934年4月25日，外务省大臣广田弘毅在与美国驻日本大使的会面中主动地提及了"天羽声明"。他说道，在记者的追问下，天羽英二在未经他的同意或未让他知晓的情况下泄露了这个声明,并且让全世界对日本的政策产生了完全错误的印象。广田弘毅补充说道,日本的政策是完全遵守并支持"九国公约"(附件 B-10)在各方面的条款。广田弘毅对美国大使的谈话是一个私人的陈述,不是一个公开的声明。"天羽声明"从来没有被公开地否定,天羽英二因为发布了这个声明而被领土扩张主义者们视为一个英雄,外务省大臣广田弘毅也绝对没有因为他未经外务省授权发布这个声明而处罚他。这个声明和日本外交政策接下来的发展非常吻合,远东国际军事法庭根据证据发现这是外务省发布的那时日本对华政策的正式公告,并且发布这个声明也是为了警告"九国公约"的各签署国,日本政府不会容忍任何干预日本在中国计划的行为。

此外,这个声明包含如下内容:"由于日本与中国关系的特殊性,在涉及中国的问题上,日本的观点和态度可能不同于其他的国家。但是必须意识到,日本有义务尽最大的努力履行其使命以完成在东亚的特殊责任。因此,我们反对中国方面利用其他国家的影响来抵抗日本的任何尝试。在'满洲和上海事件'刚刚结束这个特殊的时刻,外国势力采取任何联合行动,即使是以技术援助或财政援助的名义,都注定将带有政治的意味。因此,原则上日本必须反对这样的行动。"

"二位一体"制

1934 年 12 月 10 日,关东军换了新司令官和新副参谋长。前者为南,后者为板垣。这一任命预示"满洲国"改组和日本支配"满洲国"机构的改组已完成。日本政府用敕令设立了掌管各部对满事务的"对满事务局"。该局的设立是适应在满洲实行的新的"二位一体"制。关东军司令官虽然如过去一样兼驻满洲大使,但废除了关东租借地长官这一职位,将其任务移交给新设立的关东局总长,而该局则隶属于驻满大使。于是,南是关东军司令官,同时是驻满大使,他指挥着关东州的行政、大使馆及南满洲铁道会社。对满事务局虽受内阁总理大臣的指挥监督,但其总裁是陆军大臣,所以"满洲国"的实际支配权仍然在关东军和陆军省手中。南在审问时回答说,作为大使,他的首要任务是"保持'满洲国'的独立"。当时,他"关于农业、交通、教育各方面"曾向"满洲国"政府作忠告。当质问他:"你的忠告事实上岂不等于是命令吗?"他回答说:"是的,也可以这样说。"1936年3月6日,植田继南为大使兼关东军司令官,直至1939年9月7日梅津大将接任时他才离职。梅津则任这职务至1944年7月18日为止。

对满事务局

正如所提到过的,设立对满事务局是为了处理"满洲国"所有部门的事务,并且也作为日本政府和"二位一体"的满洲管理者联络的纽带。对满事务局负责涉及关东局的各类事务,"满洲国"的外交事务,负责管理对满洲经济进行剥削的企业,日本对"满洲国"的殖民统治,"满洲国"的文化工作,甚至包括鸦片贸易,以及涉及满洲和关东领地的其他事情。由于担任过陆军大臣,以下被告都担任过对满事务局的总裁:板垣征四郎,畑俊六,东条英机。冈敬纯和佐藤也都担任过对满事务局的秘书,以下的人也都曾担任过对满事务局的委员:贺屋,武藤,佐藤,重光,冈,梅津,东条。

控制满洲舆论

为了控制满洲新闻并引导宣传,关东军司令部,或"二位一体"控制机关组织管理着满洲地区的所有媒体和新闻机构。所有这些机构此前都隶属于日本政府、"满洲国"政府或满洲铁路公司,现在统一组成一个协会,称为弘报协会。该协会负责严格监督所有内外新闻发布,并制定宣传政策与方法,同时在各成员与非成员机构中实行该政策。

现在休庭15分钟。

(10:45休庭)

(11:00重新开庭)

法庭执行官:远东国际军事法庭庭审现在继续。

法庭主席:请继续宣读法庭判决书。

星野成为满洲经济的指导者

在"满洲国"的新组织下,星野成了满洲经济毫无争议的指导者。1932年7月12日,星野受日本大藏大臣之邀担任"满洲国"财务部理事官离开日本时,即开始进行工作方面的训练。日本大藏大臣告诉星野说,他有能力担任支配"满洲国"政府的关东军最高权力机关总务厅的长官。他接二连三地晋升,最终获得大藏大臣许诺的职位。就在1934年7月1日"满洲国"改组工作完成之前,星野被任命为"满洲国"财务部总务司长。1936年6月9日,他升任"满洲国"财政部次长。1936年12月1日,他当上总务厅总务司长,直至1937年7月1日升任总务厅长官的高位。星野担任此职一直到1940年7月21日调任东京内阁计划司主席。满洲经济开发的任何事情,实际上都是星野的故事。当星夜1932年7月离东京赴"满洲国"财政部理事官之任时,带了一批训练有素的职员辅助他;他不久就成为"满洲国"关东军直属的掌管经济事务的日本官员。

攫取满洲经济

日本在军事占领之初就开始抢夺满洲经济的控制权。日军夺取的第一个公用事业设施就是铁路。日军还抢夺了长城以北的中国人拥有的所有铁路及其在满洲银行的存款。他们对所有的铁路进行调整,将其与称为南满洲铁路公司的日本政府机构的管理联系起来,并置于其管理之下。日本人迅速接管供电与配电系统,武力夺取一切收入来源,收入用来为新政府提供资金,并以满洲是独立"国家"为借口控制了海关。

1932年6月14日,日本人成立了中央银行,取代旧的各省银行与前线银行,原资金用来为新政府提供资本。1932年7月1日起,中央银行发行新货币。国有的电话、电报和无线电系统都被日本人抢夺并控制。1932年4月14日,日本委派特别官员掌管邮政业;并于1932年7月26日取得完全控制。在所有这些公用事业系统中,日本官员和顾问都担任主要政治行政职位,拥有新政府的实际控制权。1932年4月11日的日本内阁决议批准了这种做法。决议后不久,星野被派到满洲。他是财政经济问题方面公认的权威,赴满洲管理经济。

关东军指导"满洲国"经济的计划

星野7月抵达满洲之后,关东军参谋长小矶于1932年11月3日给日本陆军省拍电报,概要说明其"指导""满洲国"的计划。他说:"政府要暂且依靠关东军司令部核心官员的支持,并以日本血统的官员为核心。经济方面,应以'共存共荣'为基本原则。将来建立日'满'经济'集团'的组织体系,应以日'满'统一步伐为原则。为了使日'满'经济成为单一'集团',须以撤除双方关税壁垒为目标,来实现日'满'两国产业上的'适地适业'主义。"之后,日本内阁为控制与开发满洲经济所采用的一切计划,都以这些意见为基础。

"满洲国"经济建设方案

征服热河省完成前一天,即1933年3月1日,"满洲国"政府颁布了一份"'满洲国'经济建设方案"。日本内阁在1933年8月8日决议中批准了该"方案"的基本内容。

该方案宣称:"鉴于非控制资本经济之弊,我们将对资本进行必要的国家控制,同时充分利用资本,努力促进整个国家经济健康强劲发展。"方案还宣布,经济发展将按照以下原则展开:

(1)运用国家各项经济活动,有效开发各种资源,促进各个经济领域协调发展;

(2)以协调和合理发展东亚经济为目标,鉴于两国经济相互依存,重点与日本协调发展睦邻关系,并日益深化这种互助关系。

根据以上两条基本原则,方案宣布政府提议"制定一项指导原则,即凡国防或公用事业的重要企业应由公众机构或专门公司来管理"。

1934年3月20日,即"满洲国"重组和恢复溥仪为皇帝之后,在日本内阁会议上,该"方案"获内阁进一步批准,并通过决议,"国防"必需的行业须由在满洲经济中具支配地位的专门公司来运营,以保证快速发展。这些专门公司的管理与运营导致有利于日本的垄断,并有效击败了满洲的"开放政策"。美国和其他国家对日本这种无端违反现有旨在确保中国境内贸易"机会均等"的条约义务的行为表示抗议。然而,日本政府否认"满洲国"违反条约,借口称"满洲国"是独立"国家"。

日"满"联合经济委员会

1935年,日本与"满洲国"达成协议,成立联合经济委员会。根据该协议,联合经济委员会由8名委员组成,双方各4名。日方委员分别是:关东军参谋长官、日本驻"满洲国"大使馆参赞、关东总务司长和1名日本政府特派委员。值得注意的是,根据这一安排,关东军司令部自动控制3个席位。"满洲国"委员分别是:外交部部长、商务工业部部长、财政部部长和总务厅长官。委员会所议任何都要多数票通过。讨论批准该协议期间,广田在答复1935年7月3日枢密院会议上被问及的一个问题时说:"我让他(议员元田)考虑这样一个事实:委员会的4个'满洲国'委员中有3个是部长,还有一个是总务厅长官,他目前是日本人,而且我相信他永远都是日本人。尽管他是'满洲国'的官员,他是掌握'满洲国'领导权的核心人物之一。在日'满'存在意见分歧的情况下,很难想象他会做出对日本不利的决定。"委员会将审议有关日"满"经济关系的所有问题,并监督日本和"满洲国"日后为控制"满洲国"工业而组织成立的联合控股公司;然而协议规定,与经济权力关系重大的问题不在委员会讨论之列;因为这些问题不在委员会审议之列,将写入仅对"满洲国"有效的单边协议中。星野自任"满洲国"总务厅长官起担任日"满"联合经济委员会委员。南自1935年该委员会成立至1936年3月6日卸任关东军司令期间担任委员会委员。梅津于1939年9月7日至1944年7月18日任关东军司令期间担任委员会委员。板垣1936年3月23日任关东军参谋长官,根据职务当日成为委员会委员。因此,板垣是构建"满洲国"的首要人物之一。其他任职关东军参谋长官期间担任委员会委员的人包括：东条，任期自 1937 年 3 月 6 日至 1938 年 5 月 30 日升任陆军次长；木村，任期自 1940 年 11 月 7 日至 1941 年 4 月 21 日。东条自任陆军次长之后，依然留任委员会委员，只不过是以政府代表的身份而非关东军参谋长官。

组织成立日元集团

联合经济委员会颁布的首批法案之一是日"满"货币一体化。1935 年 11 月日元集团成立，"满洲国"的货币不再以白银，而是以日元的票面价值为基础。

颁布治外法权

联合经济委员会颁布的第二个重要经济法案是 1936 年 6 月 10 日签订的日"满"条约。该条约的目的似乎是赋予日本人以"满洲国"居民享有的全部利益而豁免一切相应义务。该条约称其目的是逐步取消日本在"满洲国"所享有的治外法权。然而条约中却这样写道："日本公民在'满洲国'的领土范围内可以自由居住旅行、务农、从事工商业及各种专业职业，并享有土地权。"附加协议更为详尽地列出日本人在"满洲国"的权利。其中一条如此写道："'满洲国'政府应尽快采取必要措施，通过交涉使日本人迄今拥有的租赁权转换为拥有权或其他形式的土地权。"于是，1915 年中日条约所附说明中所提极具争议的有关土地租赁权的问题得以解决。这极为重要，因为日本正在快速把满洲变成殖民地。1936 年至 1940 年间，大约 22.1 万日本人移民满洲。截至 1945 年，该数字超过 100 万。在满洲定居的日本男人大部分是强壮的士兵，用来增编关东军。安置这些日本人的土地都是以象征性的价格征用来的，失望之极的中国农民被迫搬迁到荒地。

"满洲国"工业银行

"满洲国"工业银行成立于 1936 年 12 月，资金 6 000 万元，为符合日本内阁优先发展政策的工业提供便利的资金。该银行办理用于"满洲国"工业发展的所有贷款。满洲人可以在"满洲国"中央银行及其分行存款，却不允许从工业银行贷款；只有日本人才可以从工业银行贷款。新颁布的储蓄法强迫人们攒钱并为日本人在中央银行存款。日本投降之际,该银行大约有6亿美元,都是这个强制性储蓄法的结果。

第二阶段建设计划

星野在讯问中说,为了替代1931年至1936年的盲目五年发展计划,有必要为"满洲国"的发展制定一个具体而又协调的计划。星野同"满洲国"各部长、内阁计划司、南满洲铁路公司及关东军参谋长官板桓等人一起认真研究,拟定了一份"'满洲国'工业发展五年计划纲要",1937年完稿。星野说关东军司令官对该计划涉及的一切问题具有"最终发言权"。该第二阶段五年计划沿用了第一个五年计划的基本原则,强调开发"满洲国"的资源,为"国防"亦即"战争"所用。计划纲要宣布了矿业与工业政策,"坚决建立武器、飞机、汽车及火车等军火工业,发展诸如钢铁、液体燃煤和电力等主要基本工业,重点发展钢铁和液态燃料工业,因为这些材料是国防必需品。"

1937年1月,第二阶段经济计划在"满洲国"各省主席和各部总务司长大会上获得通过。1937年2月17日,"满洲国"政府发布"第一阶段五年执政成果官方报告与第二阶段建设计划纲要"。"纲要"中写道:"'满洲国'建立至今已经五年。在此期间,政治和经济体制进行了重组,第二个五年计划将于1937年开始实施,据此将开始进行划时代的建设。"实际上,关东军剥削满洲经济的第二个计划未做改变即被采用。

工业家鲇川奉命到满洲帮助指导实施第二个五年计划。他赞成用一个巨大的控股公司来控制满洲的所有工业,尤其是煤炭和钢铁之类的重工业。

控制工业

1937年5月1日,"满洲国"颁布了一项"重要工业管理法",用来授权"重要工业",根据这项法律,几乎所有工业都被列为"重要工业"。颁布该法律是为了协调满洲经济与日本经济。1937年5月27日,日本陆军省公布"重要工业五年计划要点",包含以下内容:"我们计划系统推动全体重要工业的发展,以便到1941年无论发生何事,我们的国家能在日本、'满洲国'与华北境内做到重要物资的自给自足。"该计划还写道:"为了推动重要国防工业的发展,工业应该根据'适地适业'的原则在亚洲大陆上推进得越远越好。"正是为了推行这个"适地适业"政策,"满洲国"的傀儡政府才颁布了"重要工业管理法"。

满洲重工业发展公司

1937年10月22日,内阁成立满洲重工业发展公司,"旨在保证和推行满洲工业发展政策,并全面迅速建立'满洲国'重工业"。该公司是一个巨大的控股公司;其股份只能由"满洲国"、日本及其国民拥有,发行的原始股份一半出售给"满洲国"政府,一半出售给日本私人利益方。公司管理权将"委托给一位实力雄厚的合适的日本平民。这位实力雄厚的合适的日本平民已做预先安排,就是尼桑公司的现任董事长鲇川义介"。公司董事和董事长将由日"满"双方政府任命。根据内阁决议,日本为建立该公司与"满洲国"签订了协议。

"满洲国"沦为日本车间

通过建立重工业发展公司而完成的经济重组证明仅对日本和日本人有利。其唯一目的就是将满洲变成为日本生产战争物资的车间。这一目的得以成功实现,星野对此描述得栩栩如生。对这样的成功,星野的功劳无人能比。他说日本洗劫了满洲的一切。因为中国商人不准进入重要工业,也不准贷款,大部分惨遭破产。中国农民的土地也落入日本移民手中。储蓄法让中国劳工的工作目的纯粹为了生存。日本人垄断大米与棉花,剥夺中国人原本充足的食物和衣服以向日军提供最好的大米与棉花。梅津任关东军司令官期间颁布了一项劳动与平民服务法,要求所有年龄在18—45岁之间的人为日军提供服务,如铺路、挖矿、建设公共工程等。这些劳工被迫住在集中营里,三餐不饱,没有任何医疗照顾。逃跑会惨遭重罚。结果形成了一种等级制度:日本人是一等人,朝鲜人是二等人,中国人则是末等人。

鸦片和麻醉品

为了保障日本在满洲的活动并削弱中国人的抵抗力量，日本批准发展鸦片和麻醉品交易。早在1929年，中国政府即努力履行根据1912年与1925年的"禁烟公约"（附件B-11与B-12）所承担的义务。中国政府颁布了"禁烟法"，该法于1929年7月25日实施，计划在1940年前逐步禁绝鸦片的生产与使用。日本作为上述禁烟公约的签约国，有义务限制鸦片在中国境内的生产与贩卖，阻止鸦片走私进入中国境内，帮助中国政府根除吸食鸦片的习惯。

沈阳事变发生时以及之后的一段时间，鸦片与麻醉品的主要来源是朝鲜。日本政府在汉城有一家工厂生产鸦片和麻醉品。波斯的鸦片也会进口进入远东地区。1929年日军抢夺其中一大批海运的鸦片，共计约1000万盎司，存放在台湾；这批鸦片后来用于资助日本的军事活动。在台湾还有一个非法鸦片来源。日本大藏大臣高桥在1936年被暗杀之前，一直在新营经营着一家可卡因工厂，每月生产可卡因200至300千克。这家工厂特别获准贩卖其产品，为战争筹集资金。

在中国，凡日军所到之处，朝鲜和日本的鸦片商们都紧跟而来贩卖鸦片，而日方当局却不作任何取缔。有时，日本把这些鸦片商派到侵略军的前方，进行阴谋、间谍及破坏行为，为侵略军的军事行动铺平道路；不仅华北如此，福建省也是这样：日本在福建发动了"严崎阴谋"。甚至日本士兵和军官也时常沉溺于贩卖鸦片和麻醉品这种暴利生意。日本特别服务机关负责第一时间管理日军新占领地区的鸦片和麻醉品交易；关东军的这个机构在小矶的领导下过度沉溺于非法交易，以至于1934年12月南当上关东军司令官时，发现必须取缔这一机构来阻止其败坏关东军的纪律。土肥原是该机构最重要的军官之一；他与非法交易的关系暴露无遗。逐步禁绝鸦片与麻醉品交易和使用的总体原则，不仅是中国颁布的禁烟法的根本原则，也是1912年、1925年及1931年国际"禁烟公约"（见附件B-11，B-12和B-13）的根本原则。日本既然批准了这些公约,即受其约束。为了利用这个逐步禁烟原则为自身利益服务,日本人在自己占领的中国领土内颁布一系列禁烟法;这些法律表面遵循了逐步禁烟的原则,允许吸毒成瘾者在许可烟馆里吸毒。然而,这些法律只是为了掩饰和掩护日本真正的意图和行动。这些法律产生了一些由政府控制的贩卖鸦片和麻醉品的垄断公司;这些垄断公司无非就是财源筹集机构,这实际上是鼓励了吸毒以增加今后的收入。凡日本占领的地区,从占领时起直到日本投降,鸦片与麻醉品的使用都日益增多。

这就是满洲的进程。1932年秋"满洲国"颁布禁烟法,并设立"满洲国"鸦片垄断管理局,作为管理机构来实施禁烟法。该机构受关东军总务厅长官的全面监督,成为"满洲国"重要财源之一。对这些财源的依靠有事实为证:日本工业银行愿承保其3 000万日元的创始债券发行;债券发行以"满洲国"鸦片收入作为抵押,并由刚到"满洲国"的星野进行洽谈。

这种程序在华北和华南不断重复;然而,这些地方的管理机构是中国事务司,其总部设在东京,分部则遍及华北、华中和华南。这些机构对鸦片的巨大需求迫使日本内阁不时授权朝鲜的农民扩大罂粟的种植面积。这个行业的利润如此巨大,竟至外交省出面斡旋,让日本三菱商事、三井物产之类的公司签订了一项合同,限制其鸦片贩卖地域与供应额。

日本之所以卷入毒品交易,其真正险恶目的要远远超过对中国人的毒害和腐蚀。日本曾经签署并批准禁烟公约,有不得从事毒品交易的义务,现在凭借"满洲国"实质上虚假但名义上的独立,在世界范围内进行毒品交易,却方便地把罪名加在这个傀儡政权头上。在朝鲜出产的鸦片大多输往满洲。把满洲种植以及从朝鲜和其他地方输入的鸦片,在满洲加工后运往世界各地。1937年国联曾经指出,世界上90%的非法白色毒品源于日本,并在日本监督下,在天津日租界、大连和满洲、热河以及中国其他城市加工而成。

第三节　进一步侵入中国的计划

当1933年春"塘沽停战协定"签署后，日本完成了对满洲和热河的占领。热河西面与内蒙古的另外一省察哈尔相邻，南面与华北的河北省相对，成为新的傀儡"满洲国"的边境。如果日本要从已占领的地区进一步侵略中国，它的侵入就是从热河西向察哈尔或南向河北，此外的道路就只有万里长城东端山海关附近辽宁省狭小走廊，通过这个走廊也可以经由满洲进入中国其他地区。

1934年4月17日，日本外务省发表了"天羽声明"，警告"九国公约"（附件B-40）缔约国说：日本政府不容许对日本在华计划作任何干涉。虽说后来广田在回答质问时曾向美国格鲁大使说明，"天羽声明"是没有经过他批准并且未经通知他所发表的，但"天羽声明"真正表明了日本的对华政策仍旧是事实。这可能已表明了日本对中国的野心不是仅仅占领满洲和热河就能满足的，其后不久，在1935年5月和6月又发生了两起事件，但这两起事件与事件发生后日本提出的要求相比显得微不足道，结果是中国国民政府在河北和察哈尔的力量严重被削弱。

河北事件

1935年5月中旬，有两名中国新闻记者在天津日本租界遭不明暗杀。据说这两名记者有亲日情感。梅津时任华北驻屯军司令官。在他的批准下，他的参谋长将若干要求提交给北平中国军事机关长官何应钦。1935年6月10日，事件得以解决，中国当局同意第五十一军撤出河北省，关闭河北省国民党党部，禁止河北省内的一切国民党政党活动，禁止河北省内的一切反日活动。

这就是所谓的"何梅协定"。被告方称，未对中国当局施加任何压力，中国当局便答应以上有关中国对河北省主权的主要限制条款。他们说，日本仅仅提出若干增进将来两国关系的"建议"。这一点被告证人桑岛的证据值得注意。他当时担任日本外事办亚洲事务司长,中日关系是他的直接责任范围。他在证词中说,他从北平公使馆获悉日本方面曾向中国提出"相当强烈要求"。考虑一下他的全部证据,桑岛显然知道中国曾接到最后通牒。据"原田-西园寺日记"一则日记记录,时任日本首相的冈田曾说"起初意在给一个轻松友好的提醒,却导致了如此严重的后果"。1935 年 5 月 30 日,木户提醒时任外务省次长重光注意早报上的一则报道:日本华北驻屯军向中国政府提出了一项重要要求,重光并未否认该报道,而是猜测日本军队中的某些人应该为这种行为负责。

北察哈尔事件

1935 年 6 月,正依"何应钦·梅津协定"解决河北事件的时候,有 4 名日本军人进入了察哈尔省的张北县。该县在察哈尔省西南部,万里长城的稍北。因为这些日本军人没有察哈尔省所发的必要护照,被带到了中国军队师长的司令部。那个师长将这事报告了中国第二十九军的司令官。该司令官命令释放这 4 名日本军人,并准许他们继续往张家口和北京的预定旅行。但附以警告说:今后必须领取所需的护照。这事件最初由张家口的日本领事办理,曾向中国第二十九军副军长秦德纯提出抗议,说中国警备兵强迫检查日本军人的身体,用来福枪指对着他们,在师司令部中扣留长达四五小时,是对于日本陆军的侮辱。其后不久,该领事说:问题很严重不是他的权限所能解决,于是把问题移交给了陆军。在 1934 年 12 月,南做了关东军司令,板垣做了他的副参谋长。任命了当时配属在关东军的土肥原与秦德纯谈判。最后达成了协定,对事件有关的团长及师部军法官撤职惩处。在任何人看来,这些措施,如果这些中国军官真有错的话,也足以解决这个问题了。然而,到目前为止,协定最重要的内容是接下来的条款,而这些条款大体上或者完全就与这个事件无任何关系。中国第二十九军的整个部队,从张北县及其以北撤退,实际上是自全察哈尔省撤退。关于这个地区的治安,交由保安队这个警察性的组织去维持。此后不允许任何中国人迁徙定居到察哈尔省的北部地区。此后,不准许国民党在察哈尔省有任何活动。禁止察哈尔省内的一切反日机关和反日活动。这就是所谓"土肥原·秦德纯协定"。

被告方再次陈述道,日本方面没有向中国当局施加任何形式的压力来诱使他们屈从以上限制中国在察哈尔主权的主要条款。秦德纯将军在他的证词中,称这个协定是中国政府为了确保和平而接受的一个"暂时性的协议"。

到1935年6月,在不足两个月的时间里,名义上作为两起微不足道国际事件的解决方案,被认为敌视日本人的中国两支军队撤出了察哈尔和河北,同时在这两个省,禁止中国国民党任何活动和任何反日活动。因此,热河的日本右翼免除了任何来自热河袭击的直接威胁。

内蒙古自治政府

1935年初,内蒙古族首领德王,继续努力建立该地的"蒙古自治政府"。这个运动的后半段历史,是根据田中隆吉少将的证言。此人经常因检方或辩方要求而出庭,并因必要而被检方作反诘,认为他是个不合格的证人。但关于建立内蒙自治政权问题,他的陈述并无不能信任的理由,因为他的确是处于一个熟知其详情的地位。

关于这个问题,田中的陈述如下。南和板垣热心支持建立内蒙古自治政府。他们企图让这个政府能按照日本的愿望行事。1935年4月,南派遣田中和另一名军官与德王见面,目的是为了树立上述的自治政府,但这时德王没有答应。接着到了1935年6月,缔结了所谓"何梅协定"及"秦土协定",而后一协定对于内蒙北部的察哈尔省实在有重大的影响。据田中说,1935年8月他会见了德王。在这次会面中德王保证与日本合作,南答应给德王以财政上的援助。1935年12月,南派遣了两个骑兵大队援助德王占领察哈尔北部。1936年2月11日,德王的自治政权所在地从百灵庙移到了西苏尼特。于是派遣了日本文官去该地做他的顾问。

1935年10月2日,北平日本大使馆事务总长在致广田外相的电报中,包含如下重要内容:"关东军对蒙工作正稳步进行,已见本人及张家口领事的屡次报告,最近土肥原少将往来于张家口和承德之间,与察哈尔省主席及德王会面,他的使命毫无疑问是为了促进内蒙自治。"

1936年1月13日传达给在华日军的"日本陆军华北处理要纲"中，也明白地说，这个"内蒙古自治政府"受关东军的援助和支配。此文件稍后还要详加考察。

扶植"华北自治政府"的企图

根据田中少将的证言，1935年9月，南派土肥原到北平并命令他在华北建立所谓自治政权。田中说：他当时是关东军参谋，曾参与起草给土肥原的指示。田中还说：土肥原、板垣及佐佐木认为必须增加"防共"这一口号作为创设所谓"华北自治政权"的目标。本法庭承认这项证言可靠。因为与后来的事态发展相符合，关于华北自治运动牵线人的陈述，已由今后将要论及的出自日本的各种文件加以证实。

最初土肥原想劝诱吴佩孚做"华北自治政府"的首领，但没有成功。后来土肥原又努力劝诱当时的平津卫戍司令宋哲元来领导这个政府，也未成功。于是土肥原和日本大使馆武官高桥放弃劝诱办法，提出扶植"华北自治政府"的要求。而土肥原和特务机关长松井更提出了在华北应给日方以特殊经济权益的要求。

当用劝诱办法建立自治政府的企图终于失败时，1935年11月，土肥原为了保证建立这样一个政府，就以武力威胁，甚至竟发出最后通牒。关东军为支持土肥原的恫吓胁迫，在长城东端的山海关，集结了由坦克、机动部队、飞机所组成的攻击部队，准备进入平津。这些事态都获证明。

1935年末，华北出现了两个新形态的政府。一个直接是由于土肥原的努力而建立的"冀东防共自治政府"。该政府建立于1935年11月末，殷汝耕担任政府主席，之前他是冀东地区长城以南非武装地带的行政督察专员。这个"政府"曾宣告它已脱离国民政府而独立，它的首都在北京东北非武装地带的通州。日军在该地设有守备队。这个"政府"控制着非武装地带内的许多县。证人戈特在这个"政府"成立后，曾在那里旅行多次，他看到日本守备队，还看到由日方招募训练并由日本人指挥的新"政府"的中国宪兵队。由于新政府处在非武装地带，不受中国国民政府军事力量的控制，中国国民政府向日本抗议，反对所谓的自治政府的存在，但是未能奏效。

与此同时，在华北出现了另一个政治机构，这就是"冀察政务委员会"。这是国民政府迫于土肥原的压力，为表面上迎合土肥原的希望而设立的。根据日本年鉴，这个新政治机构为了维持友好关系具有与日本和"满洲国"谈判的权限。

土肥原对这些政权的希望可以从1935年底他给南次郎做的报告中集中看到，做这个报告时田中静一也在场。土肥原报告道，尽管结果不很令人满意，但冀察政权和冀东政权总算建立起来了，并且或多或少服从关东军命令；华北政权也会以冀察政权为核心建立起来。

此时，日本国内陆军当局怀有相似愿望。1936年1月13日，该当局对在华日军传达了"华北处理要纲"。其中说明，"要纲"的目的在实现华北五省自治。因此令人想起这正是1935年9月南派遣土肥原到北平的目的。要纲中的指示如下：日本应给"冀察政务委员会"以建议和指导，在"冀察政务委员会"尚未令人满意前，必须支持冀东的独立，等到该委员会巩固得确实值得信任时，再令两政权合并起来，应避免采取那些可能使人误认为日本在扶植一个与"满洲国"相同的独立国的措施。因此日本顾问的数额应有限制，对于内蒙古仍继续执行原来的施策，但应暂且抑制妨碍"冀察政务委员会"自治力的措施，华北的管理应由在华驻屯军司令官负责，该司令官实施管理时，应当遵循如下原则：以非正式方式与冀察及冀东当局直接接触。

日本陆军侵入华北计划

土肥原向关东军司令官南报告说：他期望"冀察委员会"大体可以听从关东军的话，并可能以"冀察委员会"为中心来树立华北政权。当土肥原作此报告时，关东军正将一个具有极重要意义的关于日本对华意图的宣传计划送往东京。1935年12月9日，由关东军参谋长将这个计划送至陆军次官。这个计划的某一部分有引用其全文的价值。关于计划的实施时期,其中说:"在关东军进入关内以前,这个计划的实施,主要的是从侧面援助在华驻屯军及日本政府的宣传工作,在日军出动以后,则以便利日军的行动为主旨而实施之。"关于方针则说:"当关东军进入关内时,同时就要使全世界彻底认识其行动的正当性,煽动华北民众反国民党、反共产主义的情绪,酿成华北一带脱离中央的气氛,并鼓励其他地方的中国军队及中国民众的反战热情。"

我们引述将被采用的不同种类的宣传口号:

(1) 中央政府在一定程度上把华北视作殖民地,并一直将其视为剥削目标。因此华北居民一直怀有强烈愿望建立独立政府以摆脱中央政府强加给他们的枷锁。对独立的热望如焚,有关人民已经表达了他们建立一个独立国家的坚定决心。

(2) 白银国有化法律使得中央政府成为众矢之的,作为其结果,在华北建立一个独立政府的运动正在快速推进。

(3) 日本政府最大愿望是使华北独立政府形成反共前线,因为这可能会被视为通过日本、中国、满洲的和谐合作建立东方永久和平的第一线希望。因此我们要采取明确态度来全心全意支持华北独立政府的建立和发展。

(4) 中国中央政府已经违反了在华北停止敌对的协定和其他军事协定,他们一直在扰乱满洲的和平,煽动抵制日货和反日情绪,已经成为对日本利益和华北日本居民以及满洲帝国的一个大威胁。我们必须明确,如果中国政府继续使用这种卑劣手段,我们将不得不诉诸武力。

(5) 必须澄清,将来如果我们确实向中国派遣军队,目的只是为了惩罚中国军方,不是一般的中国老百姓。

(6) 我们要尽力增强人民中的反战情绪,通过广泛宣传——中国中央政府或其他军阀对军事武力的使用会使人民遭受最大痛苦,并导致国家毁灭。

(7) 对于中国各方军事力量,我们将采取措施来促进他们之间的对立,增强他们对日本军事力量的景仰,进而剥夺他们的斗志。

(8) 我们对满洲的宣传将会是:华北独立政府的出现是他们向往满洲政府精细管理的具体表现,这将会照亮"满洲国"的未来。

我们引用这个文件如此充分,目的是便于比较 1945 年 12 月 9 日的提议和整体被告方的争辩,尤其是南次郎、梅津美治郎、板垣征四郎和土肥原的争辩,他们争辩说,所谓的华北自治运动是一个华北人民自发的运动,日本既不是发起者,也不是推动者。

涉及日本人对华北自治运动的态度和意图的资料还有"华北各种铁路的军事处置大纲草案",这份文件由当时日本华北驻屯军司令多田骏大将于 1935 年 12 月 2 日发给东京陆军大臣。

这份文件包含华北从事军事行动的日本军队运作华北某些铁路的详细计划,这份文件没有特别提到这次预计的军事行动的性质,这次行动用模糊术语描述,诸如"军事目标"、"军事操作"、"当军队觉得不可避免要用武力解决事件的时候"。然而,严格审查这整个文件就会发现,日本军队计划从长城沿线开始行动,驱逐长城前面的中国国民政府军队,并且通过华北五省中三个南部省份——山东、河北和山西。很明显,着手进行这次行动目的是支持华北自治政权。因此,要让在铁路工作的中国人"明白华北自治运动的精神",多田骏大将表达了当政治形势恢复正常状态时关于铁路如何处置的高度机密观点。他说,"当军事行动结束后,华北局势恢复正常状态时,铁路会移交给华北政权。在华北政权交通部的管理下,日本顾问和一些铁路雇员将被雇佣。

附录

1. 当日本铁路公司总部废止时,将向华北政权提出下列要求:

(1) 每家铁路雇佣顾问和高级官员。

(2) 保卫铁路的权利,并在铁路沿线的主要地方布防军队的权利。

(3) 转让山东铁路和徐州东边的陇海铁路。

(4) 建造新铁路的权利。

而且,这份文件显示出,在华北已经采取了某些步骤,来为后来的军事行动创造条件。因此,

2. 我们要尽力阻止铁路车辆南运,以对抗南京政府把铁路车辆和其他物资运往南方的政策。为此目的,我们要尽最大努力使用所有可能的非直接手段。但如果是北平到山海关的铁路,我们要阻止它,如果有必要,甚至可以采取武力。一旦采取了这种强力措施,我们要给出名义上的理由,称我们是自我防御并保护北平-山海关铁路免受南京政府的反日军事操作(在与北平-山海关铁路公司订立的协定中,由军事警察的分队来执行这个任务)。"

因此,1935 年下半年,关东军和华北驻军得到陆军部的支持,有时候还受到其指导,正尝试把华北五省分离出去,使其不再效忠于中国国民政府,并且建立一个或多个自治政权,并使这些自治政权听命于日本。这个计划包含两个基本要素,在征服满洲和热河时这两个基本要素都存在,也就是:① 日本的军事控制;② 少数可被诱使为日本服务的中国重要人物宣布独立。然而在"满洲国",军事征服先于宣布独立,而且宣布独立是人为产生的。关于华北,日本军方希望避免出现军事征服,并努力先用劝说手段,而后再加之武力威胁,诱使建立一个人为产生的华北自治政府。到 1935 年末的时候,日本军方已经制定出侵略计划,我们上面考虑过这个计划。日本军方的努力为日本外务省所知晓,并为其所憎恨,因为军方的努力被视作是军方尝试侵占外务省的领域——日本外交事务。

广田三原则

在华日军制订预期中的华北军事行动计划的同时,日本政府也正在筹划利用外交手段征服中国的计划。1935 年 8 月 5 日,外务大臣广田将外务省东亚局根据他的命令所制订的计划发给驻华外交官和领事馆。这个计划是东亚局和陆海军当局合作,对日本对华政策重作调查

的结果。在这个计划中,关于三原则叙述如下:

(1)中国方面彻底取缔反日言论和行动,同时日华两国根据互相尊重独立及合作互助的原则努力增进和好合作的关系,并谋图满华关系的进展。

(2)这一关系的进展,应以中国方面正式承认"满洲国"及缔结一个规定日"满"华三国新关系的协定为最后目标。目前,中国方面至少不得否认在毗连满洲地区的华北及察哈尔地方有"满洲国"存在的事实,并在事实上与"满洲国"进行经济和文化互助合作。

(3)在察哈尔及其他与外蒙毗连的地方,日本和中国之间应该合作以排除共产主义的威胁。

后来,1935年9月28日发给驻华及驻满日本外交官及领事馆的电报中,广田重新强调三原则并称日本外交政策的基础是以日本为中心,借日"满"华的合作互助巩固东亚和平谋取共同繁荣。关于三原则的实质,叙述如下:

(1)中国方面彻底实行取缔反日言行,停止依存欧美的政策,在具体问题上与日本合作。

(2)中国方面最终必须正式承认"满洲国",但目前至少应暂时对"满洲国"的独立加以默认,至少在与满洲毗连地区的华北方面,与"满洲国"之间,实行经济和文化互助合作。

(3)为排除与外蒙古接连地区共产主义势力的威胁,中国方面应与日本合作。

在上项电报中附有追加的指令,其中说:在逐步实行以上原则时,如中国方面表示了充分诚意,则将缔结一个规定日"满"华新关系的一般协定。如与1935年8月5日三原则的字面作比较,从字面上看得出的一大变化,就是后来的说法省略了中日两国根据相互尊重独立的原则来合作这句话。

1935年9月28日第二版本所述的计划,是与陆海军经过相当讨论后，1935 年 10 月 4 日由总理、外务、陆海军及大藏等大臣所通过。驻外日本外交官曾再次接到通告和训令，对此文件要严守秘密。1936 年 1 月 21 日，广田在议会演说中发表了上述三原则。但是中国方面对于这些原则，因为其中包含着对"满洲国"的"事实上的"承认，丝毫没有显示接受的热意。这就是日本外交官为巩固日本征服满洲的果实的作为。

1936 年 1 月 21 日，当广田发表他关于日本对华政策三原则的时候，日本外务省已充分得知陆军欲在华北五省扶植自治政府的计划。因为就在 1936 年 1 月 21 日那一天，外务省将陆军计划的副本送给了日本驻华大使。

二月事件

二月事件是陆军对冈田启介内阁憎恨的爆发。冈田内阁被称作海军内阁，普遍认为反对陆军使用武力在亚洲大陆进行扩张的政策。这次事件发生在 1936 年 2 月 26 日。早先时候，当冈田还是斋藤内阁的海军大臣时，当时内阁也经历了巨大困难，因为当时内阁不顾陆军的反对而实行削减陆军开支的政策。当冈田于 1934 年成为内阁首相时，陆军力量日益强大。有迹象显示，冈田正在组阁时，陆军会给新政府制造骚乱和麻烦。

1936 年 2 月 26 日，22 名军官和约 1 400 名士兵叛变政府，使东京有三天半陷于恐怖之中。他们占领了首相官邸、议会、内务省、陆军省、警视厅及参谋本部，暗杀了大藏大臣高桥、内大臣斋藤、渡边大将，并欲暗杀侍从长铃木和首相冈田。这一事件的结果是 1936 年 3 月 8 日冈田内阁辞职，由广田接任总理大臣。

这一事件的目的是撤换冈田内阁而代之以一个符合陆军进一步侵略大陆政策并具有强硬政策的内阁。据冈田作证说：他认为这次事件是一群陆军青年军官因不满政府缺乏对陆军的野心支持而自然爆发的。

我们将休庭至 13:30。

（12:00 休庭）

（13：30 重新开庭）

法院执行官：远东国际军事法庭现在开庭。

审判长：我继续宣读本庭的判决。

广田内阁的成立

由于二月事件的结果，1936年3月9日，广田继冈田之后就任日本的总理大臣。广田不去加强陆军的纪律，不去铲除陆军干涉政治——其可怕结果已开始显现——反而在组阁时，在某些大臣人选问题上屈服于陆军的要求。加之，在他就任总理大臣后不久，修改了陆海军两省的官制，规定陆海军大臣必须以现役中将以上，次官必须以现役少将以上军阶的人充任。1913年的官制中规定，可以任命预备役的将校做陆海军大臣。这次的变更，事实上是将当时从现役高级将官中任命陆海军大臣的惯例变成法律，这是顺从陆军要求办理的。于是凡任陆军大臣，不管是现役军人或从预备役恢复现役者，都要在陆军的纪律和指挥之下受陆军的统制。陆军在这一点已获得了保证。

广田内阁的外交政策

1936年6月30日陆海军两省决定了"国策大纲"。其基本政策是为巩固日本的国防，须侵入和发展南洋地区并在东亚大陆获得稳固地位。大纲中所列举者如下：

（1）日本应纠正列强的"霸道"政策，并借着坚定实在的海外扩张政策来实现"皇道精神"。

（2）日本为确保其东亚安定势力的帝国地位来充实其所需的国防军备。

（3）日本期望"满洲国"的健全发展，因此希望巩固日"满"国防，为促进经济的发展须去除苏联的威胁，为防备美英须实现日"满"华亲密合作，当执行这种大陆政策时须注意与列国的友好关系。

（4）日本企图在南洋促进民族经济的发展。为避免激怒他国，拟采用温和和平的措施逐渐扩张势力。随着"满洲国"的建立，日本期望全面开发"满洲国"自然资源和加强其国防。

上述计划是1936年8月11日在总理大臣广田和陆军、海军、外务、大藏等大臣所组成的五相会议中所通过的"国策大纲"。虽然广田主张用和平手段达到这些目的，并称其为防卫性质，但是这个大纲的内容不言而喻。日本计划担当领导东亚的职责，于是借着在大陆和南洋的扩张，达到把整个这一地区纳入日本统治版图的目的，使这一地区不再受西方势力的影响。正如前面已经说过的，对于文件中所使用的"国防"一词，必须加以注意。这个名词，出现在关于日本国策的许多声明中，它的意义并不限于日本防御他国的侵略行为。无论侵略与否，在日本它经常意味着是以军事力量来支持日本的政策。

板垣的蒙古政策

当广田内阁以国防名义制订向外扩张的外交政策时，关东军意图是指向着北方的蒙古。早在1936年3月28日，即在板垣升任关东军参谋长之前五天，当板垣会见有田大使时，对于外蒙和内蒙在战略上的重要性，表明了他的意见。板垣说："外蒙所处的地位，对于目前的日'满'势力极为重要，因为它是联系苏联远东和欧洲领土的西伯利亚铁路的侧面掩护地带。如果外蒙一旦与日'满'合并，那么苏联的远东领土就陷于极危险的地步；并且在万一之际，也许可以不战而使苏联退出远东。因此，军方不惜用一切手段，企图将日'满'势力扩展到外蒙古。"

接着关于内蒙古问题，板垣说："西部内蒙及以西的地带，对日本大陆政策的实施有着重要价值。如果该地带一旦处于日'满'势力之下，那就意味着这一地带将成为对外蒙实行怀柔政策的根据地，同时可以遏止自新疆侵入的苏联势力并切断中国本部与苏联的陆上联系……根据以上见解，日军数年来已对西部内蒙逐渐进行工作，日军决心排除一切困难，要把工作进一步推进。"

板垣的这番谈话，显示关东军已在这些地区按照日本"大陆政策"

的路线加以执行,并将继续执行。不禁使人回忆到由于土肥原及其他关东军军官的努力,在1935年建立了以德王为首的内蒙自治政权,已使一部分内蒙处于日本势力之下。剩下的工作只是把日本的势力进一步向西推进,扩展到外蒙而已。因此,1936年2月德王把他率领的内蒙自治政权首都从百灵庙迁移到西苏尼特,又在同年6月移往德化,道理就很显然了。

蒙古建国会议

由于日本采取积极的蒙古政策,内蒙古的所谓"自治运动"进展得很快。1936年4月,德王和李守信在西乌珠穆沁旗和日本特务机关长田中会见。在这次会上,蒙政会、锡林郭勒盟、察哈尔盟、乌兰察布盟、土默特旗、阿拉善·额济纳旗、伊克昭盟、青海及外蒙古均有代表出席。这次的集会被称为"建国会议",从1936年4月21日起继续到26日止。这次会议所决定的主要事项如下:

(1)计划以内外蒙古和青海为一体建立蒙古国。

(2)计划设立君主制,但目前暂且采用委员制。

(3)计划设立蒙古国会。

(4)计划组织军政府。

(5)计划与"满洲国"缔结互助协定。

1936年6月,这个政权的所在地迁移到德化,并设立了独立的蒙古政府。1936年7月,这个政府和"满洲国"缔结一个规定在政治经济上互相援助的协定。缔结这个条约后,德王就开始着手装备军队。目的是将原有的三个骑兵师扩充为九个。无论是南或板垣,都对扶植蒙古国热心支持。陆军政策是在极秘密中执行的。日本陆军对于承认内蒙独立已有所准备。

日本对华北的政策——1936年至1937年

1936年8月11日,广田内阁有关各省确定了"第二次华北处理要纲"。其中说明,这个政策的主要目的是援助华北民众完成政治分治,建设亲日"满"的防共地带，获取日本国防所需物资，改善交通设施以防苏联可能侵入，借此使华北成为日"满"华合作的基础。华北五省最后要建立自治政府。为使冀东政权成为整个河北及察哈尔的模范，应指导其改革内政。又称，开发华北经济的目标是以自由投资促进相互经济利益为基础来形成日华一体的关系；无论和平或战争期间，借此来促进日本和华北的"友好"关系的维持。华北各省的铁、煤及盐均应为日本国防及提升交通设施和电力而开发利用。在此计划中，关于统一改善运输设施及开发天然资源方法都有详细规定。此计划的内在证据表明，1935年末日本希望冀察政务委员会将会服从日本，但结果却令人失望。此计划表明，需要用光明正大的态度来指导河北和察哈尔的领导者；并应改进体制，清除和更换人事，努力取消中国军阀对金融、经济和军事的管理。

日本提出华北自治政府的内容是新政权应该控制金融、工业和运输业，并不应受中国国民政府抗日的干扰。同时该计划规定必须避免这样的行为，似乎日本在侵占中国的领土主权或建立一个独立国家，或者把华北变成"满洲国"的延伸。值得记住的是，一个类似条款，出现在由外务省1936年1月13日提交给日本驻中国大使的针对华北的第一个计划或者陆军计划中。日本政策的制定者仍然相信，黑的可以做到让世人看起来是白的。国联对日本在"满洲国"问题上两面性的曝光仍未使日本人吸取教训。

继而，1937年2月20日，林内阁的相关省确定了"第三次华北处理要纲"。内容没有实质性变化。1937年4月16日，林铣十郎内阁的外务大臣、大藏大臣、陆军大臣和海军大臣再次共同决定了"华北指导方策"。这个计划的实质是实施经济措施，要使中国政府承认华北的特殊地位。无论是"第三次华北处理要纲"，还是"华北指导方策"，以后都会进一步详细的谈到。

丰台事件

1936年5月因日军和华北中国当局谈判的结果，允许日军一个大队驻扎在北京西方的丰台镇。1936年9月18日，当日军一个中队在丰台举行演习时，发生了一个事件。即当日军通过华军驻区时，中国哨兵制止了他们，于是引起了冲突。虽然事情立即获得解决，但日方以此一事件为借口，加以增援并占领了丰台。日军占领丰台后就处于可以支配京汉铁路的联络以及切断华北与华中关系的地位。这就为1937年7月7日爆发的"卢沟桥事件"，有时被称为"马可波罗桥事件"，做好了铺垫。这个桥在从丰台到北京的铁路线上，如果日本能够控制这座桥，就容易从西面控制北平。因此驻扎在丰台的日军，就不断要求中国驻军撤出卢沟桥和长辛店，而长辛店是通往北平的铁路上的另一个战略据点。1936年冬，日军企图增加在这个重要战略地带的驻军，并计划建筑兵营和飞机场。因此，日军想在丰台至卢沟桥间收购广大的土地。但中国方面拒绝了日方的要求。

张群—川越会谈

1936年秋，中国国民政府外交部长张群和日本大使川越为了调整中日外交关系，举行了一连串会谈。1936年11月底，川越还会见了蒋介石委员长，当时曾互述关于实现调整两国关系的希望。日本方面在与中国国民党外交部长会谈时，曾提出了包含下列重要内容的建议案：

（1）中日经济合作。

（2）中日防共协定。

（3）鉴于华北与日本的关系，将华北划为特殊地区。

张群回答说，对于中日经济合作，当然是赞成的，但希望以互惠平等原则为基础。对于中日防共协定，他也极为赞成，但他也希望这一协定不致侵犯中国主权。鉴于华北与日本的关系，将华北划为特殊地区一节，张群说：他只能同意特殊的经济关系，不能承认作特殊的行政变更。由于中国国民政府的态度与日本的政策，特别是在关于华北的政策上有着分歧,张群和川越的会谈没有得出结果。

广田内阁崩溃

1937年1月20日,日本二大政党之一的政友会,发表了攻击广田内阁的声明书。在所举出的许多攻击理由中,其中有下列各点。内阁阁员太陷于官僚及军部的武断偏见,陆军想对任何方面都加以干涉的欲望,对日本的立宪政治是一种威胁。1937年1月22日,陆军大臣寺内提出辞呈。据寺内说辞职理由是内阁中占有席位的政党,对时局认识与陆军认识有根本分歧。在当时情势下,几乎不可能要找到可以调和陆军过激政策和政党政治的新陆军大臣,广田内阁只得辞职。

宇垣组阁失败

广田内阁辞职后,1931年1月24日宇垣奉天皇命令组阁。因为陆军对宇垣没有好感,于是采取适当而有效的手段阻碍宇垣就任。这是一个重要而有深刻意义的事件,在本判决书其他部分将作更详细讨论。这里只把它当作种种事件叙述中的一部分,略加提及。

林内阁及其华北政策

林铣十郎内阁于1937年2月2日成立。梅津留任陆军大臣,贺屋被任命为大藏大臣。政府并未改变其一般政策。华北问题仍沿袭广田内阁的离间政策。1937年2月20日有关各部决定了"第三次华北处理要纲"。处理华北问题的主要目标是使"满洲国"坚决亲日反共,获取国防物资,保护交通设施,准备对苏防卫,并建立日"满"华集团。为达到上述目的,日本应在华北实施其经济政策,暗中援助华北政权,使中国国民政府承认华北的特殊地位及日"满"华的结合。

1937年4月16日,又由外务、大藏、陆军、海军大臣决定了"华北指导方策"。其要点为:"使华北地区事实上成为坚固的反共亲日亲满地带,并且使其有助于获取交通设施。一则防备赤化势力的威胁,一则作为实现日'满'华三国合作互助的基础。"关于经济开发,则规定开发铁、煤、盐及其他国防重要军需资源,建立交通设施,必要时利用特殊资本使其迅速实现。这个文件也规定必须避免采取使第三国误解日本意图的行动。在有关各大臣出席的内阁会议所制订的这些政策,显示出不仅陆军,政府其他各部对于即将在华北实行的积极计划都已准备完成。

第一次近卫内阁及其华北计划

林内阁崩溃后,1937年6月4日近卫公爵就任总理大臣,并以广田为外务大臣,贺屋为大藏大臣。

在军部圈子里正煽动对华采取进一步军事行动。当时的关东军参谋长东条英机,在1937年6月9日致参谋本部的电报中,建议说:就目前中国情势,从准备对苏作战来看,如果日本武力能够办到,必须首先对中国政府"予以一击"来除掉日本背后的威胁。果然不出一个月,就如所建议的那样,对中国国民政府"予以一击"了。

从以上回顾事件中,可以明白,强占满洲和热河,仅仅是日本逐渐统治全中国计划的第一步。中国有广大的市场,并且中国有丰富无比的天然资源,如果统治全中国的计划得以实现,日本将成为东亚的盟主。早在1934年春,日本就主张华北五省有特殊地位。那时日本能否强占满洲和热河尚属未定,而这些地方几乎还未开始转化为日本经济的卫星供给地。迄至1935年6月止,日本强力缔结了所谓梅津·何应钦协定及土肥原·秦德纯协定。这样一来,就使中国国民政府大为削弱华北五省中河北和察哈尔两省的势力。1935年底,由于日本支持,成立了两个所谓"独立政府"。这就是日本制造的以德王为首的"内蒙政府"和以通州为首都的"冀东防共自治政府"。当时,还成立了"冀察政务委员会",而日本期望它脱离中国而独立并能变成一个完全服从日本意旨的华北五省政府。日本意图在预期中的华北五省独立宣言发表后,就对它进行军事占领。关于这一占领及随同这一行动进行宣传的军事计划,在1935年底已有随时实施的准备。劝说和武力威胁都没能诱使"冀察政务委员会"宣布华北五省独立。看来,如果日本国内没有事态迫使日本陆军增加和巩固其对日本政府的影响力,以便掌控日本政府来支持陆军的军事冒险的话，日本陆军占领这些省份可能比实际发生的要早得多。作为1936年2月军事叛乱的结果，陆军清除了不支持陆军野心政策的冈田内阁。但是这次叛乱反映出年轻陆军军官严重缺乏纪律和责任感，因此，陆军需要一段时间重新树立军队纪律。总理大臣广田及其内阁中的陆军、海军、外务、大藏各大臣，对于陆军主张的侵略政策完全表示赞同。1936年下半年，他们全体或其一部分人通过了"1936年6月的国策大纲"、1936年8月的"国策基准"及"第二次华北处理要纲"。同时陆军在丰台建立了据点，借此他们可以夺取卢沟桥，切断华北五省与中国南方诸省之间的联系，并得以控制北平。但是广田内阁并不完全支持陆军的政策，其阁员也对军队日渐控制政府这一情况出现了很多憎恶情绪。这种情况必须得到解决，因此1937年1月陆军推动广田内阁下台，使宇垣组阁失败。最后在1937年6月初，短命的林内阁垮台之后，近卫公爵第一次组阁出任内阁总理大臣，终于确保了对于军方冒险行径的官方支持。这为日本下一步征服中国扫清了道路。

第四节　从卢沟桥事变（1937年7月7日）到近卫声明（1938年1月16日）

1901年9月7日签订的辛丑条约（附件B-2）规定，中国允许在北平拥有公使馆的国家派兵驻扎在东交民巷使馆区及京津铁路沿线的十二个指定地点，以便维护首都和海域之间的畅通。1902年7月15日签署的额外协议中规定，驻扎在上述地点的外国军队有权在未告知中国当局的情况下进行野外演习和射击练习，除非发生战争，一般不需要通知中国当局。

1937年初，日本在华北驻扎了大约7 000至15 000名士兵，而其他辛丑条约签订国家只部署了少量的分遣队。英国有1 007名士兵，其中包括252名使馆卫戍人员;法国驻扎在河北省的有效兵力在1700名到1900名之间,其中的大部分在天津。日本军队的数量远远超过执行条约规定任务所需的兵力。自1937年6月起,日军就在卢沟桥附近每夜不停地举行激烈的夜间演习。

中国方面曾要求在夜间演习前作预先通知,以免使该地居民惊惶不安。日本方面也曾经同意此项要求。可是在1937年7月7日晚,事前未经通知就举行了演习。因此,当晚的"卢沟桥事件"是在紧张和不安的气氛中爆发的。

当晚22:00左右,中国当局接到北平日本特务机关长松井太久郎的电话,说宛平中国驻军向演习中的日本部队开枪,事后1名日兵失踪,因此要求准许日军进入宛平实行搜索。宛平在卢沟桥附近,因为在北平西方的主要交通线上,所以战略上相当重要。1937年7月以前,驻丰台的日军就不断要求驻丰台的中国军队撤退。

1936年日本为了建筑兵营和飞机场,努力想收购北平西方丰台至卢沟桥的土地,这件事情的失败经过,前面已经说过。撤去卢沟桥的中国驻军和在丰台至卢沟桥间设置日军据点,在战略上对华北的影响,是很显然的。这样一来,北平与南方和西方就要完全被隔绝。

当时宋哲元正请假回家,由秦德纯代理第二十九军军长。秦德纯命令中国联络官答复日方说:在当晚情况下所举行的演习是违法的,因此,中国当局对于日方所称的日兵失踪不负任何责任。但秦德纯说:他已命令驻宛平的中国军队自行搜查。日方对此答复不满意,坚持要由日方实行搜查。

宛平的行政督察专员王冷斋奉秦德纯的命令调查和报告日军演习情形及日军是否有人失踪。就在此时,中国当局接到报告说,携有6门大炮的日军一大队正从丰台向卢沟桥前进。于是中国军队奉命戒备,并派王冷斋去与松井交涉。王冷斋调查后,没有找出所谓失踪的日军,后来与松井的交涉也毫无结果,于是决定双方在现场共同调查。王冷斋和日本代表寺平进入宛平城后,日军从三面包围宛平并开始射击。中国军队据守城墙保卫宛平。1937年7月8日清晨5:00,当调查还在进行中,卢沟桥附近的龙王庙,日军大队长一木就指挥一个大队向中国军队进攻。6:00左右,日军开始用机关枪攻击宛平城。

随后的作战行动和停战谈判

1937年7月8日早晨,日军占领了通往长辛店的铁路桥。当天午后,日方将最后通牒送达宛平城的司令官,要他当夜19:00以前投降,否则开始炮击。但是中国方面坚决不让步,晚上19:00日军开始炮击。第二天,1937年7月9日,日方通过松井及其他人通知秦德纯说,失踪的日兵已找到,但要求以下列条件实行停战:

(1)双方立即停止军事行动。

(2)双方军队各自撤退至最初之线。

(3)第三十七师对日本怀有极强烈的敌意,应改调第二十九军所属的其他部队驻守宛平。

此外还成立了一项谅解,即双方在今后避免引起同样性质的事件。9日达成这个停战协定。

吉星文中校指挥的中国部队撤退到原来的位置。另一方面,日军也向丰台撤退。如果日方遵守停战条件,事情可能就此解决。但是后来确知铁路隧道附近约有100名日军并未按照协定撤退。1937年7月9日午夜,该处日军又向城内开炮。后来日军继续开进纷争地区。到7月12日,已有日军2万名和飞机100架进入那个地区。接着在那个地区,两军之间就发生了零星的冲突,到了7月27日,发生了后面所说的大规模敌对行为。

日本政府的态度

报告敌对行为爆发的官方电报于1937年7月8日到达东京。第二天,近卫内阁在临时内阁会议中决定,政府的态度应当是坚持不扩大纷争规模的方针,并迅速在当地解决问题。尽管内阁有这样的决定,可是

1937年7月10日,参谋本部决定由关东军派两个旅团,由朝鲜派一个师团,由日本国内派3个师团增援驻屯部队。7月11日以广田和贺屋为阁员的内阁同意陆军方案。于是关东军部队开往北平和天津地区。但是1937年7月11日晚接到华北军的报告说,中国方面业已妥协,统帅部决定中止日本国内师团的动员。1937年7月13日,统帅部通过了"华北事变处理方针"。其中决定:日军坚持现场解决的方针,国内部队动员将视今后情况的发展来决定。如果中国方面漠视其业已同意的条件,或者显示向华北移动军队这类无诚意的情形,就要采取果断的处置措施。

1937年7月17日以后,当华北驻屯军和第二十九军在现场交涉和日本外交官和中国国民政府在南京进行交涉时,日本统帅部却进行1937年7月11日中止的日本国内动员的准备。接到第二十九军军长兼冀察政务委员会委员长宋哲元在1937年7月18日业已妥协的报告后,日本统帅部以中国政府尚未表示诚意为理由,继续推进动员准备。1937年7月20日,近卫内阁批准派3个师团增援。一个星期以后,华北驻屯军司令官报告说:求取和平解决的一切办法都已用尽了,他决心以武力惩罚第29军,并请求批准。统帅部批准了这个要求。同时,又下令动员四个师团。并以保护上海和青岛日本侨民的名义,准备向两地各派兵一个师团。

值得注意的是,在1935年12月2日通过的"华北各级铁路军事处理纲要草案"中,日军要扫荡山东、河北、山西各省,在这个计划中,青岛是参加扫荡战的日军援兵登陆港口。

外交阵线方面,在1937年7月11日的内阁会议中,通过关于派兵赴华北所需采取的必要步骤这一重要决定后,日本外务省立即采取了加强华北外交阵容的手段。1937年7月11日,日本驻南京大使馆参赞日高接到外务省授意,向中国政府知会日本政府有意在本地解决争端,并要求中国不要阻碍日方的努力(即及时拯救局势的努力)。当中国外交部长要求日军从入侵之地撤退并停止从"满洲国"、朝鲜和日本本土派遣增援部队时,日高回避对此问题做出回应,反而质问中国外交部长中国政府是否有意违反中日当局在当地曾达成的协议。中国外交部长在正式公函中指出任何地方上达成的谅解或协议都必须经过中国政府认可才能生效,此后,1937年7月17日日高再次接受日本政府指示,要求中国政府不得妨碍地方上所达成的解决方案的执行。至此,很明显,日本政府千方百计策划的就是让华北当局在未经中国政府认可的情况下接受日方要求。接受这个解决方案不容置疑将产生两方面的影响,一方面,通过切断中央政府所提供的支持进而削弱地方当局的势力;另一方面,迫使中央政府认可华北独立这一事实。

美国斡旋

华北地区爆发的战争形势引起了希望远东和平的第三方势力的严重关切。1937年7月16日,美国国务卿科德尔·赫尔发表申明称,美国一贯坚持维护和平,呼吁国内和国际范围的自我克制,所有国家在追逐利益的过程中不得滥用武力,应通过和平方式解决国际间的分歧,切实遵守国际协定,维护协定之神圣,尊重其他国家的权益,增强国际法的约束效力;美国会尽量避免与别国结盟,或做出使各方纠缠不清的承诺,但是相信通过和平、可行的方式共同努力维护上述原则。

同一天,中国政府向九国公约(附录B-10)所有签字国递交备忘录。第二天,即1937年7月17日蒋介石委员长发表演讲,强调中国并不希望卷入战争,而只是遭受到事实上的攻击。然后在和平解决方案上,他强调至少考虑以下四点:

(1) 不得侵犯中国主权和领土完整。

(2) 不得改变河北省和察哈尔省的行政体系。

(3) 不得强行将中央政府任命的重要官员免职。

(4) 不得限制第29军的卫戍区域。

1937年7月19日,中国外交部向日本驻南京大使馆递交备忘录,中国政府再次提议双方同时停止军事行动,双方于商定的同一天将军队撤退至各自原先驻守位置。该备忘录中也明确表明,为了解决此事件,中国政府愿意接受国际法或协定允许范围内的任何和平方式,如直接协商、斡旋、调解、仲裁。

赫尔先生为了能够在事件愈演愈烈之前解决此事,于1937年7月21日会见了日本大使。其中,他告诉日本大使美国政府愿意并非常乐意随时公开表态或采取行动,但调解需要冲突双方事先达成共识,而正是因为缺少调解才致使中日双方争端升级到目前状况。但是,1937年7月27日,日本外务大臣广田在国会预算委员会上发表讲话,称日本政府拒绝任何第三方介入。1937年8月10日,上海战役爆发前三天,美国驻东京大使约瑟夫·格鲁先生知会外务大臣,美国政府已授权他从中斡旋。接着,在一封日期署为1937年7月16日的信中,日本驻华盛顿大使曾说道,对于1937年7月16日赫尔先生维护世界和平的声明中提出的原则,尽管日本深表赞同,但是日本政府坚信,只有充分了解并实际考虑远东地区的事实情况,才能够切实达成上述原则目标。然而,1937年8月23日美国国务院发表的新闻通稿中再次重申1937年7月16日赫尔所发表声明中提出的原则的重要性,并敦促各方以协商解决困境。

廊坊事件

尽管有了停战协定,1937年7月14日战斗再度爆发。日军炮兵继续炮击宛平。7月18日宋哲元访问日本驻屯军司令官香月,依日军要求表示歉意。但是紧张依然未能缓和,还发生了许多事件。7月25日,在北平与天津间的廊坊,日军一中队和中国军队发生冲突。第二天,日本步兵一大队借口保护日本侨民,强行进入北平市,在广安门和中国军队发生冲突。26日,日方对华方发出最后通牒,除其他要求外并要求中国第二十七师在24小时以内撤离北平,否则日军即以大军进攻。

日本的最后通牒遭到拒绝

1937年7月27日，即日方递交最后通牒的第二天，总理大臣近卫发表声明：日本政府派兵赴华北只是为了维持东亚的"和平"，别无其他目的。日本的最后通牒未被接受，1937年7月27日，在丰台和卢沟桥附近发生了战斗。日本驻屯军司令官香月，命令增援部队由天津和通州出发，这些部队的装备优良并且附有飞机三十余架。1937年7月28日清晨，日方以飞机大炮进攻北平市郊的南苑，给中国方面造成莫大的损失。这样大规模敌对行为展开了。

德国的反应

1937年7月28日，日本大使武者小路访问德国外交次长魏斯札克时说：日方感觉德国并不理解日本在华行动中的反共努力。他试图说明，日本在华的反共事业也是为了德国利益。魏斯札克回答说：他认为日本的行为有助长中国共产主义的可能性，恰与德日双方的目的相反，因此德国没有义务赞同或在道义上援助日本。

当天魏斯札克电告驻东京的德国大使，指示他建议日本克制。魏斯札克告诉大使说，要把日本在华行动说成是根据"防共协定"和共产主义作斗争是错误的，因为"防共协定"并不以在第三国领土和布尔什维克作战为目的。不仅如此，日本行动毋宁说是与"防共协定"的目的恰相反对，因为它将妨碍中国统一，以致促进共产主义蔓延。魏斯札克还说，日本在德国用广播宣传，要把日本对华战争说成是反共战争，这并不受欢迎。

根据德国方面的态度以及日本人所采取行动的性质，尽管日本反复声称自己重点是反共，但这一点受到了越来越多的严重质疑。土肥原和板垣早期为了在华北建立自治政府，反复发表了上述声明。德国次长似乎早已预见中共在卢沟桥事变以后开始在困境下积蓄力量，且正是日本人助长了中国的共产主义行动，在此次审判中有一位证人可以为此作证。

占领北平

1937年7月28日,蒋介石委员长命令宋哲元上将退到河北省南部的保定,在该地指挥作战。此后两天中,即1937年7月29日和30日,在天津发生了激战,中国军队在顽强抵抗后沿津浦路向南撤退,其他部队也沿京汉路撤退。北平于是陷于孤立,终于在1937年8月8日被河边正三指挥的日军占领。河边率领他的部队进入北平市,他以军政长官的名义在要道上张贴布告,并以但凡违背他的命令的一概处死相威胁。根据中立的观察家说,在敌对行为发生后的八周中,在华北作战的日军,总数约达16万人。

大山事件

在华北战场敌对情势进行的同时,1937年8月8日北平被日军占领后,接着第二天上海就发生了另一事件,引起了世界各方的严重关切。1937年8月9日下午,日本海军陆战队的大山中尉和他的司机斋藤试图进入上海郊区虹桥路的飞机场时,在入口处被杀害了。这件事详细情节的证据有互相矛盾的地方。但是有一点不容置疑,即大山没有进入此飞机场的权限。不管怎样,虽然该事件总体上加剧了紧张局势,但由于日本人并没有将其作为日后行动的借口或者理由,所以其重要意义并不突出。

淞沪会战前的其他事件

大山事件发生后,上海的情势就极端紧张起来。事件发生后不到48小时中,日本在上海集结了约30艘军舰,并增派了数千日军。同时又向中国当局提出了撤除或削弱中国防卫的要求。1937年8月13日战争爆发,之后激烈战斗持续下去。

应该可以回忆起,1932年早间上海地区发生的战事通过1932年5月5日签署的"停战协定"得到解决。该协定规定,在使该地区恢复正常状态的安排出台之前,中国军队可驻扎在当日已占领区域。赴会参与上海会议的中国代表团接受该协定时特别申明,中方认为该协定并不包含任何内容可以永久限制中国军队在中国领土上的行动。日本驻上海总领事冈本收到报告称，中方在他称为"禁区"的地方加强保安部队的力量，并且建造防御工事，包括重建吴淞要塞，因此1937年6月他召集了"停战协定"联合委员会开会。

1937年6月23日召开的会议上，中方代表俞鸿钧表明立场称，此事并不属于联合委员会治下省份的监管范围，而"停战协定"明文规定联合委员会的职责是监督军队的撤离。与会国的代表们的结论是他们无法在各方说辞相矛盾的情况下做出表态。尽管中方代表明确表示他无权透露上海区域现有保安部队的人数及堡垒要塞方面的信息，但他保证该地区所采取的任何行动都不具有任何类似战备性质的敌对意图。

华北战事爆发后，1937年7月15日前后俞市长与总领事冈本和日本陆军、海军武官进行会谈，会上市长表达愿意阻止敌对事态向上海发展，并请求与日方合作。冈本承诺与之合作，要求中方严控恐怖主义和抗日行动。此后，双方保持了密切的联系。市长有时会一天拜访冈本两三次，要求冈本对日本海军的某些行动加以控制。中方抱怨的是日本海军采取的演习和紧急防卫措施。据冈本说，他和日本海军陆战队司令官同意控制演习频率，但是他解释称采取紧急防卫措施是由于一名叫宫崎的日本水兵失踪。该水兵后来被找到。

日本国内，大山事件发生后，1937年8月10日海军通知陆军驻扎在上海的部队暂时不再采取下一步行动，但是事态需要做好增派军队的准备。然后日本政府决定，非常有必要研究一下动员令的提案。大山事件后，从日本国内又向上海增派了1 000名海军陆战队队员。至1937年8月11日中午，上海水域已聚集了一支相当庞大的舰队，包括指挥舰"出云号"及其他海军舰艇。1937年8月12日，在上海召开了另一次联合委员会会议。中方代表再次重申该委员会无权干涉目前事态。他指出，正是日本撕毁了"停战协定"使其无效，因为日本在远离铁路地带的八字桥地区驻扎军队,而协定中规定日本军队应从铁路地带撤离,因此日本无权再调用"停战协议"。另外他也指出,日本的武器和军需物资也已抵达,且源源不断的增援部队正前往上海,这些措施对上海的和平和秩序造成了严重的威胁,中国有权利采取自卫措施。日方代表除了解释说海军陆战队并未准备采取任何行动以外,他亦在会上承认日军现确实驻扎在八字桥地区,且对于海军的集结和增派并不否认。同时中方代表也重申,中国有权采取自卫措施,这就是中国进行军事部署的重要原因。

在1937年8月12日举行的同一次会议中,当双方被要求保证在48小时内不得攻击对方时,中方申明除非被袭击否则中国军队是不会主动攻击的;而日方答复称除非被挑衅或被攻击日本军队不会再造成任何麻烦,并援引中方逮捕一名日本新闻记者一事作为挑衅的证据。此次会议未能对此事达成解决办法。

淞沪会战

1937年8月13日,在日本海军陆战队指挥部附近和八字桥地区的其他地点发生了战斗。日方断言战事爆发的原因是由中国军队朝日本海军陆战队开火引起的。在这一点上,证据是互相矛盾的。即使日方的证词正确,以本法庭之判断,由此冲突引起的后续军事行动的范围和强度也并不能得到合理解释。

冲突发生后,日本政府立即在1937年8月15日宣布,已决定由日本国内派遣两个师到上海,名义上是为了保护上海的日本侨民。同一天发出动员令,并任命松井石根为日本的上海派遣军司令官。日本内阁显然已决定放弃局部解决的方针。上海战斗相当激烈。1937年8月23日,又有日本援军抵达上海。双方都出动飞机参加战斗。日本飞机轰炸了中国的首都南京,并对港口和内地城市也进行了多次轰炸。日本舰队一方面和陆上部队合作;另一方面在沿岸警戒,以防中国船只运送供应物资入港口,一部分中国船只因而被击沉没。

上海战役激烈进行期间,日本外务次官堀内在 1937 年 9 月 1 日向美国广播,以中国的反日行动为由,对日本在华行动加以辩护,并说日本的意图是"和平"的。他说:当时在华北和上海作战的最终目的,是为了实现使两国能真正"合作"。后来外务大臣广田在日本议会中也作了同样的演说。在他们作这类演说的时候,显然他们心目中的政策是使华北特殊化并隶属于日本,这也是 1935 年后历届内阁所公开采取的政策。为了实现这一政策,所以发动了一场正式的战争,并扩展至南方华中上海。

随着战事的进行,日本援军不断开到上海。自 1937 年 9 月底到 11 月初,日本统帅部从日本国内派出 5 个大队,从华北又派出 5 个师团。1937 年 11 月初,在上海以南约 50 英里的杭州湾,登陆 3 个师团;11 月中旬,又在白茆口登陆一个师团。白茆口在上海溯长江上游 60 英里的地方。当纷争地区如此扩大以后,就将松井指挥的派遣军与在杭州湾登陆的第 10 军各师团合并起来,重新编成了以松井为司令官的华中派遣军。战事继续了三个月,中国军队在 11 月 12 日向西退却。

1937 年 12 月 5 日,由于日本大使馆武官处的楠本大佐及参谋本部的影佐大佐的倡导,设立了上海"大道市政府",以在日本受教育的中国人苏锡文为"市长"。

华北军事行动的继续

为了统一日本在华军事行动,1937 年 8 月 26 日任命畑俊六为教育总监。当更换内阁的时候,教育总监是有资格推荐陆军大臣的陆军三长官之一。第 14 师团长土肥原在 1937 年 8 月参加了沿京汉路进攻的作战,东条以兵团长地位曾在察哈尔省作战。同时,板垣所指挥的第五师团,沿京绥路向张家口进攻。并在 1937 年 8 月 26 日占领张家口。特别值得注意,1938 年 11 月将察哈尔、绥远、山西三省分别组织成为地方政权区域,并隶属于蒙疆自治联盟之下。这个联盟是日本为统治蒙古和新疆而设立的。这个联盟的头目是德王,它的顾问是日本的陆军将校以及其他负责这个联盟的政治和经济问题的人们。

1937年8月31日,在距北平西约100英里的怀来,板垣会见欧洲及美国的通讯记者时明白地说,他也许会跨过黄河而南下。这一声明第一次向世界表明,在日本计划中包含着越出华北地界而南进的意图。这一意图其后不久就被证实。1937年9月4日发布了一项帝国法令,这个法令解释说,日本在中国军事远征的目标是敦促中国进行严肃的自我反省,催促立即建立远东和平。

这些军事行动伴随着记者采访、演讲和其他讲话等形式的宣传,目的是摧垮中国人的斗志。

1937年9月24日河北省省会保定被占领。当时参加战斗的日本将官曾对某外国记者说:日本军队的军事目标与其说是为了占领土地,毋宁说是为了歼灭、破坏和杀戮中国国民党的军队。此前,即1937年9月5日广田在议会发表的演说中,已表明了歼灭中国军队的方针。广田在这次演说中说,"我国为了使这个国家反省其错误,决心予以决定性打击。日本帝国所能采取的唯一的道路,就是予以上述的打击,使中国军队完全丧失战斗意志。"他在这次演说中重申日本对华北的方针。在结论中说,日本当时的急务是"断然促使中国猛省"。他说,日本没有其他的目标,除了想看到一个快乐和平静的华北,想看到整个中国免除再次发生战争灾难的危险,想看到中日关系的调整以便促使上述日本的政策得以施行。

板垣的军队继续前进,1937年10月14日占领绥远省会归绥。第二天,即1937年10月15日,日本制定一项帝国法令,创设了一个内阁咨询委员会,荒木贞夫被任命为成员,这个委员会的职责是参与内阁关于中国事务重要国事的商议和策划。

1937年11月9日日军占领山西省会太原。日本立即着手在太原组织自治政府,来管理山西省的北部地区。这个傀儡政府后来与在张家口和归化组织的自治政府合并,并作为"蒙疆自治联盟"的一部分,之前已经提及过这个联盟。在山东地区,1937年12月25日华北派遣军占领山东省会济南。在这一阶段,日军实际上已将华北的全部重要地点置于军事占领之下了。

中国向国联控诉

1937年9月12日,中国援引盟约(附件B-6)的第10、11、17条款,向国联发出反抗日本的呼吁。1937年9月21日国联邀请日本政府参加23国咨询委员会。然而,日本基于已经退出国联,保持不参与国联任何政治活动的态度,拒绝此邀请。那时广田弘毅是第一届近卫文麿内阁的外务省大臣。

1937年10月6日,国联得出以下结论:日本对中国采取的军事行动与导致冲突的事件完全不成比例,日本的这类行动不可能提升两国的友好合作,而日本的政治家曾经确认他们政策的目标是中日友好合作。无论基于现行法律协议或者基于自我防御的权利,日本的这种行为都是不正当的,这种行为违反了1922年2月6日签订的"九国公约"(附件B-10)和1928年8月27日签订的"巴黎公约"(附件B-15)所规定日本需要履行的义务。这些结论也在同一天得到美国政府的赞成。

日本的和平条件

在军事作战胜利进行中,1937年10月1日日本政府通过了"中国事变处理纲要",其中规定,必须运用军事行动成果和及时的外交手段迅速达成事变的处理方案。在华北应划定地区作为非武装地带,该地区的治安由武装的中国警察负责维持。日本有驻兵权,但驻军人数也许可以减少到与"事变"发生时的数目相等。"塘沽停战协定"继续有效,但"土肥原·秦德纯协定","梅津·何应钦协定",以及其他关于通车、通邮、航空等协定,必须废除。撤销冀察政务委员会及冀东自治委员会,在这些地区听任中国政府管理行政,但希望这些地区的行政首长能实现所谓中日"友好"的关系。在上海地区也要设立非武装地带,在这地区内由国际警察或武装受限制的中国警察负维持治安的责任,并由公共租界工部局的警察加以协助。日本陆上部队也许可以撤退,但不包括日本军舰的停泊权。为全面调整中日邦交,应同时或在以后进行政治、军事、经济方面的谈判。中国正式承认"满洲国",与日本缔结"防共协定",在华北非武装地区内实行严格统治。对于特殊货物应降低中国关税率,恢复中国政府在冀东取缔走私的自由。这个"纲要"由总理大臣近卫、外务大臣广田、陆军大臣及海军大臣批准。

英国提出调停

1937年10月27日以前,外务大臣广田和英国驻日大使克莱琪就停止在华敌对行为举行会谈。据当时做外务次官的堀内说:广田作为他个人的意见,曾表明下述处理条件。

(1) 设立华北非武装地带。

(2) 根据现实基础来调整华北与"满洲国"的关系。

(3) 中国应制止反日运动。

(4) 在华北地区内经济上机会均等。

上述意见由克莱琪大使传达给中国国民政府,而中国国民政府的意见也通过克莱琪大使向广田传达了两次或三次。

1937年10月27日,广田和英、美、德、意驻日大使会谈,他说希望四国中任何一国斡旋中日间的直接和平谈判。英国大使不久就去访问广田,通知他说,英国政府愿斡旋两国间的谈判。堀内作证说:广田接受了这个提议,但因得知陆军内部强硬反对英国作中间人,于是中止这个计划。但是堀内在被盘问时曾承认:反对干涉和仲裁是日本的一贯方针,尽管日本政府随时欢迎第三国斡旋,但通过直接交涉解决中日纠纷是日本政府的愿望和政策。

布鲁塞尔会议

国联使日本回到通过协商解决分歧的谈判桌的努力失败之后,正寻求另外一个方法以实现同样的目的。比利时政府在1937年10月20日和11月7日两度根据"九国公约"第七条,为了检讨远东局势和研究友好解决纷争的方法起见,邀请日本参加布鲁塞尔会议。日本拒绝参加,并说,这个会议的召开,与已表明对日本怀有敌意的国际联盟具有密切关系,因此相信不可能期待它为了公正地处理纷争作坦率全面的讨论。1937年11月15日,布鲁塞尔会议通过决议,宣布日本在中日纷争中是侵略者。

大本营

面对着内外交困的总理大臣近卫,在1937年11月中旬曾想辞职,可是因为木户的劝告,取消了辞意。

1937年11月20日内阁设立大本营,这是仅在战时才设立的机构,是管理作战用兵的机关。这样,参谋总长实际上取得了支配陆海军两大臣的权限。大本营会议每星期开一次或两次。太平洋战争以前,因为大本营的发言不仅代表参谋本部和军令部,而且还是大本营首领天皇的发言,所以具有左右日本政府的重大力量。

攻击南京

当松井被任为上海派遣军司令官离东京赴战地时,他已经想好了在预定占领上海的计划实现后进兵南京。他在离东京前,要求给上海派遣军五个师团。因为他早就对上海和南京附近的地形作过调查,所以他对进攻南京作了实际的准备。1937年10月8日,松井发表声明说,"降魔的利剑现在已经出鞘,正将发挥它的神威"。因为预计要扩大上海周围的战区,于是任命松井为华中派遣军司令官。

1937年11月下旬,任命武藤章为松井的副参谋长。占领上海约一个月后,日军到达南京郊外。松井发出一个命令,大意是:南京是中国的首都,占领南京是一个国际事件,所以必须做周详研究以便发扬日本武威而使中国畏服。中国方面对于日本的招降置之不理,于是日本开始轰击,1937年12月13日南京终于失陷。进入南京的日军虽然是新编部队,但它是由有经验的部队组成。1937年12月17日,松井得意洋洋地进了城。自12月13日起发生了人所共知的"南京暴行",此事将在后面加以论及。

1938年1月1日，一个临时性的自我管理机构设立，挂的国旗是早已弃置不用的五色旗，而不是具有青天白日图案的现行中国官方国旗。

德国调停

日本陆军不理会美国和英国的斡旋要求，但希望请德国出面调停。日本所提议的某些和平条件，在1937年11月5日，通过驻南京的德国大使陶德曼传达给中国国民政府。接着在11月28日、29日，12月2日，德国大使又将日本政府意图加以传达，并告诉中国国民党当局说，日本政府在11月所提议的和平条件依然有效。中国国民政府曾准备将日本提议的各项条件作为谈判的基础。提议的条件包含在所谓"八月提案"内，这个提案由日本外务、陆军、海军各省当局在1937年7月起草，并由各省在1937年8月5日通过。在这个计划中包括三个要点：

（1）沿白河设立非武装地区，中日两军均撤出于该地区之外。

（2）不割地。

（3）不赔偿。

日本驻华大使川越曾按照这类条件的内容和中国国民政府进行谈判，但因1937年8月13日上海战争爆发而中止。

根据堀内的证言，1937年12月某日，德国驻日大使德克逊曾对外务大臣广田说，他接到南京陶德曼大使的报告说，中国有意将日本的条件作为基础重开和平谈判，并探询"八月提案"的和平条款有无变更。结果，在政府及陆海军的联络会议上提出的问题，就是1937年12月20日会议的议题。1937年12月13日南京的失陷，使日本对华态度强硬起来。在联络会议上决定了下列四项和平基本条件：

（1）在反共政策上与日本和"满洲国"合作。

（2）在指定地区设立非武装地区并设置特殊行政机构。

（3）日"满"华密切经济合作。

（4）中国对日本作必要赔偿。

这些和平条款和 1937 年 8 月已传达给中国政府的"八月提案"之间，根本上有巨大的分歧。除其他前提外，中国政府接受这些和平条款有一个前提，即从 1931 年开始中国一直拒绝承认"满洲国"独立。中国仍将在这个前提下考虑是否接受和平条款。在这种情况下，这些提案不会产生任何解决困难的方案，也不足为奇。

1937 年 12 月 22 日，广田将这些条件通知德克逊大使，并说：因为情况发生了巨大变化，已经不可能把从前的条件作为提案。广田说，如果中国方面对新条件大体同意的话，日本准备重启谈判，否则，日本必须以新的立场来处理这次事变。1937 年 12 月 27 日，经由陶德曼大使将这些条件转告中国国民政府。

1938 年 1 月 13 日，中国外交部长答复陶德曼说，因为日本提案的新和平条件，文句甚为宽泛，中国政府希望详细知道它的性质和内容，以便慎重研讨而得出明确的决定。中国方面的答复在 1938 年 1 月 14 日转达给广田。

法庭执行官：远东国际军事法庭现在继续开庭。

庭长：我继续宣读法庭判决书。

1938 年 1 月 11 日御前会议

在和平条件提议给中国时，日本的陆军和政府之间发生了意见分歧。陆军参谋本部认为和平条件不仅含糊而且太过强硬。他们倾向于提出更具体的条件。参谋本部对中国战争的持久化表示担心，因为这不仅会消耗掉日本的资源，并且会妨碍对苏、美、英战争的军事和经济上的准备。但是以近卫为首的政府却赞成用含糊的言词来陈述和平条件。外务大臣广田和文部大臣木户支持近卫的意见。于是由内务大臣末次信正起草了四项条件，由外务大臣广田将其转知了中国政府。在等候中国政府答复期间，1938 年 1 月 11 日，召开了御前会议。枢密院议长平沼出席此会。广田对于规定日"满"中密切合作的"中国事变处理根本方针"加以说明。根据这个方针，会议上决定了两种备选方案。

一方面，御前会议决定，如果中国要求和平解决，那么日本就根据"中日媾和交涉条件细目"附件中的和平条件进行谈判。其中包括中国正式承认"满洲国"，内蒙古设立防共自治政府，在华中占领地区设定非武装区域，承认日本在华北、内蒙古及华中指定地区的驻兵权；另一方面，如果中国拒绝谈判，日本不仅把中国政府视为敌人，并且要援助能与日本合作的"新中国政府"的成立。陆军参谋总长、海军参谋总长及枢密院议长表示赞成这种办法。于是草拟了和平条件的细目。就在御前会议通过该方案的当天，德国大使陶德曼向德国政府汇报，称他收到自东京发来的电报显示，除了日方打算再次修改他们此前通过德国驻日使馆发出的和平条件之外再无其他信息。陶德曼称："这令我们对中方颜面扫地。"

1938 年 1 月 16 日近卫声明

广田在 1 月 14 日通过德国大使得到的答复中获悉，中方称因和平条件涉及范围太广，希望得知更详细内容以便作最后决定。广田大怒，称败仗求和的不是日本而是中国。当有人指出正式通知中国的仅是四项基本条款，而其他事项是以极不明确的形式作为广田的个人意愿向中方提出时，广田同意了与内阁合议此问题。根据木户的说法，1938年1 月 14 日开了整天的内阁会议，广田报告了与中国就和平条件问题交涉的经过，最后广田下了定论，称中国在谈判方面没有诚意。最终内阁决定不再与蒋介石委员长领导的中国国民政府继续对话。

1938 年 1 月 15 日，联络会议召开。经过长时间讨论，即便有数名参议院仍倾向于和平解决，内阁方案还是获得通过。1938 年 11 月 16 日，近卫发表由内阁和联络会议决定的表明日本坚定方针的声明。这个有历史性意义的重要文件决定了中日两国的关系走向。据本法庭翻译，其内容如下：

"帝国政府在占领南京以后，为了给中国国民政府最后的反省机会一直保持着耐心。但国民政府不解吾国之意，贸然策动抗战，无视家国苦难,亦置整个东亚和平于不顾。因此,帝国政府今后不再在意国民政府,期待真正值得与帝国合作新兴政权的成立和发展。帝国希望与之调整中日邦交,并协助新中国的建设。当然,帝国毫未改变尊重中国领土、主权及各国在华权益的方针。如今帝国对东亚和平的责任日益重大,吾国政府全心全意希望国民为完成这一重大任务而更加努力。"

谈判大门就此关闭,以继续侵略和扶植地方政权,建立能与日本合作的中国"新政权"为最后目的的平台搭建了。

第五节 华北临时政府

在日本发表不以"中国国民政府为对手"的近卫声明以前,在各占领地区,已由日方设立了"新政权",例如在山西省北部、归化、张家口及上海地区,以及各地的所谓"治安维持会"之类。上述这些仅仅是统治有限区域的地方当局。但其中"北平临时政府"控制的地区更大,并且与日本在华北建立亲日自治政权的方针保持一致。

当华北首先爆发战事时,王克敏身在香港。王克敏是一位已退休的中国政府高官,日后他成为临时政府的首脑。驻扎在北平和上海的日本陆军成功说服王克敏北上,并且还从北平和台湾派了数位参谋前往香港辅佐说服工作。因此,王克敏于1937年11月24日到达上海,1937年12月6日飞往日本,再从那里前往华北。华北的日本当局依照计划努力将华北政权打造成将来的中国中央政府,并且不仅仅只邀请王克敏北上,还通过上海的陆军军官邀请了华南地区的其他显赫人士。王克敏抵达北平后,1937年12月14日,即南京失陷后的第二天,临时政府正式宣告成立,日军军官出席成立仪式。也有外国记者被邀请参加。

王克敏也是1937年12月由日本华北派遣军命令设立的"新民会"的会长。这个协会的任务是将傀儡政府的政策传达给民众,以便保持傀儡政府和民众的接触。该协会的副会长是日本人。

1938年1月16日的近卫声明促使合并临时政府和京津地区的治安维持会。后来，1938年6月30日，"冀东政权"也与它合并起来了。

1938年1月末，临时政府重订了华北地区进出口税率。美国大使格鲁于1938年1月31日向近卫提出异议，称在中国唯一有权更改税率的政府是国民政府，美国表示日方由于扶植临时政府，对此有着不可推卸的责任。中国联合准备银行是在2月设立的，并从1938年3月10日开始了业务，临时政府授权中国联合准备银行发行纸币。中国联合准备银行的总裁和副总裁是中国人，但直接执行人主要是日本人。

"华北临时政府"和"中华民国维新政府"后来接受了汪精卫的邀请，参与改组合并为了"中华民国国民政府"。

日本外务省总务局的文件记录了日本在临时政府产生过程中扮演的角色。记录显示："在1937年，在德州、绥远、常德、太原失陷后，11月末，国民政府垮台，分裂迁往汉口、重庆、长沙。最终南京于12月13日陷落，战势已成定局。就这样，此前一群重要人士谋划建立的新政权就时机成熟了。

关于华北临时政府政权首脑王克敏的经历叙述如下：王在事变之初遁居香港，北京特务机关长喜多少将热心游说王在华北登台，并派身在上海的山本荣治专职游说王，并直接由北京和台湾特别派遣了日军参谋到香港，竭力劝诱王克敏。最终王于11月24日到上海，12月6日乘飞机飞往福冈，与迎接他的山本和余晋和同赴华北。

据说王抵沪后并未直接同意出任华北新政权的领导人，而是先做了一次考察性质的旅行。

华北军当局按照华北新政权未来将作为中国中央政权的方针，努力准备阵容，不仅诱劝了王克敏，还想诱劝南方名流北上，由上海的吉野和今井（武官）负责这项工作。对于华北中心主义政策，虽得到日军中央部和在华北的寺内大将等人的大致同意,但是上海武官室却表示反对。尤其是从一开始,楠本大佐在政权组织上就未觉得有以华北为中心的必要,因此反对从上海拉走许多要人。

"王克敏到北京后,决定接受新政权领导人的职位,之后敲定了新政府的组织和大纲。1937年12月14日,中国地方政府成立于北京。"

华中维新政府

上述文件中还显示如下内容:

"建立华中新政府运动。

日军镇压了上海及邻近地区的中国军队,紧接着在1937年12月13日占领南京,开始在华中建立新政权的运动。首先,12月5日,成立上海市大道政府。除了上海,其他很多地方成立公共秩序维护组织。在这些组织中,最主要的是1938年1月1日成立的南京公共秩序维护协会和杭州公共秩序维护协会。然而,蒋政权和国民党在上海还有很大影响力,远远超出预计。即使南京沦陷后,亲日势力甚至在公共租界也不能公开接近日本人。这样一来,与华北不同,建立一个真正的政府就困难得多。"

1938年1月16日宣言发表后,近卫首相和广田在1938年1月22日国会发言讨论日本政策,强调为了最终在东亚建立新秩序,要建立一个与日本紧密合作的中国新政权。1938年1月27日,近卫内阁确定"建立华中新政权方案"。也就是说,尽管声称这是一场自发的中国运动,但日本政府是自己决定"建立华中新政权方案"。从日本外务办总务局得来的记录,提到的文件揭示了日军对这场运动的指导程度:

"一、总则

(1)要建立一个高度拥护日本的政权,逐渐脱离对欧洲和美国的依赖,并奠定中国地区依赖日本的基础。

(2)在未来的发展路线上,应引导新政权和华北政权顺利合并。要避免任命日本官员进行细节指导和行政干预。

（3）要歼灭蒋政权。同时，要在短期内消灭日本占领区内的共产党和国民党。然后迅速消灭邻近区域的共产党和国民党。"

这项方案规定了中国名义上的控制，但在行政和经济方面都受到监督。"应迅速建立财政基础，调整银行机构，实现中日在华中的经济合作。相关措施在另一个方案中有所阐释。"关于军备的指示是："关于军备，训练尽可能少的军队来维持和平与秩序。在日本陆军指导下，努力恢复公共秩序。但海军和空军应包括在日本的防御计划当中。"新政权是按照以下所列各条成立的。

应尽快建立新政权，并且通过扶植新政权，借用自然压力和道德压力消灭敌对势力。

为了达成此目的，应加强日本占领区内建立的地方自治机构，并有力激发公众对建立日本人支持的新政权的渴望。此外，应迅速完成上海和周围地区的经济恢复，以有助于建立新政权。

新政府初始阶段的支出大部分应由日本承担。

对于战争灾民的救济和工业恢复，应迅速采取紧急措施。尤其要将农产品顺利供应到市场上；让农民安心耕种。

为达成此目的，当地的治安维持应由日本陆军尽最大能力负责，直到当地新政府机关成立。

建立新行政机构的命令如下：

（1）中央政府机构，尤其是立法部门和行政部门。

（2）上海特别自治机构。

（3）省政府机构。

（4）县自治机构及县以下组织。

在执行第1、2条的同时，应将青帮和红帮（中国秘密会社）势力转为亲日势力，以直接和间接地协助新政权。

在安排新的行政区域时，应基本保留之前的区域。

在租界加强新政权的同时，应逐渐扩大日本人势力，并在建立新政权之后,由新政权在适当时机接管日本陆军和海军控制的旧政权机关,制造能快速得到解决的重大事故。

早在战争初期,建立新政权的运动已经开始。松井通过菅野试图劝说几个中国官员组建新政权,但没有成功。当梁鸿志,也就是后来华中政权的首领,和其他一些人在日本陆军和海军特务机关的帮助下开始参与此事时,新政权已成形。1938年3月28日,维新政府正式成立,有时也称作改良政府或重建政府。同华北临时政府一道,后接受汪精卫的邀请,组建了所谓的新中央政府。

这样日本的计划就得以实现了,创造了一个拥护日本,实际上由日本人统治的中国"政府"。

畑指挥日军进犯其他城市

1938年2月14日,畑俊六继松井之后被任命为华中派遣军司令官。3天以后,畑又继西尾寿造之后担任中国派遣军总司令,并且一直任职到1938年11月为止。

畑最初的任务是占领上海、南京、杭州等地间的三角地区。若中方无意妥协,那么日方将在巩固占领区域的基础上扩大侵略范围。在本庄和木户的谈话中,木户引述了本庄的话称:"徐州会战之后,一方面有必要显示出将战局推向汉口的态度,与此同时,也应采取措施解决中国事件。如果如我所预料的没有起色的话,有必要与最高统帅部建立紧密联系,做打三年持久战的准备。"木户在1938年5月19日的日记显示他大致认同本庄的观点,并承诺将为此竭尽全力。

在巩固了上述的三角区域后,畑向汉口挺进。1938年10月25日,汉口陷落。汉口会战中,他从华北调动了30万至40万的兵力。这些部队深入中国腹地,在以下日期占领了如下的重要城市。

1938年5月19日日军占领了津浦铁路和陇海路战略交叉点的徐州,1938年6月6日占领了河南省会开封,1938年6月27日占领了长江的重要要塞马当,1938年7月25日占领了江西省主要商业都市九江,1938年10月12日占领了京汉路要冲信阳,1938年10月25日占领了位于中国中心的汉口。

因为占领了这些重要都市,所以当畑受审问时,他承认在中国所进行的是战争而不是日本政府的"委婉"说法——"事变",也就是不足为奇的了。

国家总动员法

由于预期到对华战争可能旷日持久,日本政府制定了国家总动员法。该法草案由动员计划局起草,并由内阁批准。当1938年2月送抵国会时,佐藤和军事事务局协助近卫对此草案作出了必要的解释,以确保法案的通过。该法案于1938年5月5日开始生效。该法案旨在操控所有人力、物力资源以期最有效地利用国家权力在战争时期服务于"国防目的(包括战争引发的事件)"。它授权所有日本国民、法人或其他组织与政府、组织或其他经政府认可的个人进行合作。

板垣就任陆军大臣

1938年6月3日,板垣由于陆军的拥戴,在近卫内阁5月改组后被任为陆军大臣。此前,板垣曾历任关东军副参谋长、关东军参谋长、在华日军师团长,以及参谋本部部长。武藤在1938年7月被任为华北派遣军副参谋长。徐州会战时,日本期待与中国军的主力会战,将其击溃以决定中日战争的命运。占领徐州后,由于中国还不投降,日本统帅部就指定计划,预备再度打击中国,以便结束对华战争。日方抱着这样的希望进攻了汉口。板垣承认战争有长期化之虞,于是努力加强日本国民的决心。1938年6月26日,当他在就任陆军大臣后初次接见新闻记者时,他对同盟通信社说:陆军必须有继续作战10年左右的准备。又说,不管第三国的态度怎样,日本都会既不恐惧也不迟疑地执行其独立政策。他解释说:鉴于1月16日日本政府的正式声明,并没有正式对华宣战的必要。

板垣参加了五相会议,下面将就此会议上的一些决定予以说明。

中国政策和 1938 年五相会议

板垣加入内阁时,除了内阁之外,在首相、外务大臣、陆军大臣、海军大臣和大藏大臣之间举行会议早有先例。广田内阁和林内阁时期都曾以这样的方式进行过商讨和计划部署。板垣成为陆军大臣后,由于战势加紧,五相会议愈加重要和频繁。1938 年 6 月至 10 月之间召开的五相会议,板垣也有参与,制定了一系列与中国有关的至关重要的政策。这些政策不仅导致战争的实行,而且指示要在全中国建立由日本人统治的政府或者傀儡政府,不同于之前已建立的地方傀儡政府。例如,7 月 8 日,会议通过关于蒋介石政府投降的事宜:如果中国中央政府投降,日本将视其为政权之一,按照帝国会议上决定的政策来处置,即"必须使其加入新成立的中国中央政府"。

"如果现中国中央政府投降并接受第三个条件(文件第三条,投降条件),后面会加以说明,或视其为友好政权,允许加入新成立的中央政府,或使其与其他现存的拥日政权合作,另建立一个新的中央政府。"

现中国中央政府投降的认可条件包括:

"蒋介石退隐。"

如果蒋介石委员长继续抗争,同一天制定了替代性决策。

应指明,一直以来的政策都是扶植并扩大日本人控制的"中央"政府,关于日本组建"中央"政府已经说过。

1938 年 7 月 15 日,五相会议对"新的"中国中央政府做出决定:

"尽管建立新的中国中央政府应主要由中国人负责,但应由日本人进行内部协助。各地方政府应采取符合其政府形式的合作原则。

通过临时政府和维新政府合作,应尽快建立联合委员会,并将蒙疆联合委员会并入。然后我们引导这个政权逐渐吸收其他各种势力或与他们合作,使之成为真正的中央政府。"

"是由'我们'日本人,而不是中国人,来指导'新'中央政府的发展。"

"新中央政府应等到汉口沦陷之后再建立,届时蒋介石政权只不过是地方政府,或者等到蒋介石退隐,现在的中央政府重组时再建立。"

"如果蒋介石政权解散或重组,并且产生拥护日本的政府,我们将把它作为中央政府系统的因素之一,继续建立中央政府。"

"在我们控制建立新中国中央政府时,相关的日中关系调整应在以下基础上进行,并且具体事项应单独决定。"

"基础"包括:"基于互惠,尤其是在友好睦邻、善意、反共、联防和经济合作的基础上,制定日本、"满洲国"和中国之间的合作总政策。为了达到这些目标,日本将在特定时期给予内部指导。"

五相会议的以下决定确定了"新"中国政府的军事地位:

"我们将促使中国军队投降,与他们和解并将他们置于控制之下。我们将通过宣传激发他们的反蒋反共意识,努力让他们支持新政府,并让尽可能多的中国军队与日本陆军合作,以消灭抗日军队和亲共军队,这样把种族冲突引到意识形态的对立。"

"有必要将日军驻扎在占领区内战略交通地,如港口、铁路、航道等,还有重要资源地;并且在偏远地区组织中国武装军队以确保和平。军队人数将根据当地实际形势来确定。"

"我们将缔结反共军事联盟,逐渐承认中国陆军,将其置于日本陆军的指挥之下。情况允许时,我们将把军事力量减到国防需要的最低水平。"

关于经济问题的决定包括如下:

"发展经济和交通有利于日本、'满洲国'和中国的国防建设,并能满足三个国家的经济发展需求和人民福利。日本将把持必要的交通。在华北,国防需求是第一要件,在华中和华南,将特别考虑人民利益。"

"发展经济应遵循以下原则,要照顾到日本、'满洲国'和中国的需求,大力推进三国经济圈建设。然而,我们要尊重第三国家已获得的权利和利益,不干预他们的经济发展。"

"铁路、水运、航空和交通要由日本人实质上控制,并用以满足军事活动需求和人民福利。"

这些引文均出自五相会议通过的政治决策,揭示了日本的总体方案,即在中国建立一个表面上中国自治但实际上完全由日本人控制的政府。

土肥原机关

为促进建立伪中国"新中央政府"的计划,1938年7月26日五相会议决定设立对华特别委员会。这个决定的详细内容如下:

"对华特别委员会隶属于五相会议,五相会议的决定是专门从事重要的对华谋略及建立新的中国中央政府的执行机关。

与上项业务有关的各地现行机关,受对华特别委员会的指挥。

对华特别委员会和大本营间的联络由陆海军大臣负责。"

7月29日,以土肥原、津田及坂西利八郎为中心设立了对华特别委员会,并确定了下列任务。"第一项重要的对华任务是关于政治及经济的,与作战没有直接联系。"土肥原是委员中最年轻的一位,是唯一的现役军人。由于担任执行委员会任务的是他,就在上海设立了土肥原机关。土肥原能运用他关于中国的丰富知识与中国人的亲密交游。根据上项方针,他首先开始引诱在野政客唐绍仪及军人吴佩孚,其目的在于在中国要人中建立反蒋政府。吴佩孚当时在北平过着寓公生活,土肥原策动吴佩孚重新出台与日本积极合作。这个计划即所谓的"吴计划"。这项工作的费用,是由中国被占领地区的海关节余款项挪过来的。

唐绍仪遇刺,与吴佩孚的谈判搁浅,于是土肥原将目光投向别处。设在中国的土肥原机关促成了一项计划,让汪精卫到中国的中部去。在一次与汪精卫同党一起召开的会议上,考虑安排汪精卫到上海等事宜,此决定也曾呈递给了东京。尽管土肥原声明当时他本人是在东京,显然这些计划是在他的掌控之中。

傀儡政权的"联邦委员会"

正当土肥原和其他人竭力推行在中国建立一个由中国人组成的新的中央政府时，日本军事当局在日本披露了他们将贯彻这一政策的决心。佐田时任陆军省新闻报道部门的主任，针对"中国事件"做了两次演讲，声称政府的基本态度参见 1938 年 1 月 16 日的宣言，而且建立一个新政权的决心是绝不可动摇的。就在 1938 年 8 月 27 日和 28 日，东京政府代表和日本军方驻天津代表在日本的福冈会晤，表决通过了一项基本计划，在临时政府、维新政府和蒙疆联盟之间进行协调。1938 年 9 月 9 日，计划成立联邦委员会，或称"联合委员会"，这些设在中国的亲日机构，由五相大臣会议批准。继这些在日本达成的决议之后，开展"新"政府的工作就由在中国大陆的日本人来执行了。1938 年 9 月 9 日和 10 日，临时政府和维新政府的代表们在大连会晤了日方代表，并在北平安排成立了"联邦委员会"，目的在于协调和统一各种傀儡政权，特别是临时政府和维新政府的政权，并为将来成立"新"的中央政府做好准备。1938 年 9 月 22 日，就职演讲在北平举行，第二天召开了委员会的第一次会议。

占领广州和汉口

依照 1938 年 7 月 8 日举行的五相会议上的决定，指明了要在中国占领的某些战略要地。于是日军在 1938 年 10 月 20 日占领广州，1938 年 10 月 25 日占领汉口。按照常规方式，日本有步骤地对这两座重要城市和周边地区行使管辖。1938 年 10 月 28 日，在陆军省、海军部和外务省达成了对广州和汉口行政管辖的一致意见，为日本提供政治事务和"维和协会"方面的管控。虽然这些傀儡政权的建立显然是由中国人发起的，然而其政治导向却是由日本人提供的。这些政权与中国事务特别委员会保持密切联系，如我们前面所关注到的那样，这是一个土肥原直接领导下的机构。在占领广州这一事件上，陆军省、海军部和外务省发出一份特别指示，指示如下：

"建立当地政权机构的事宜由中方启动。然而,政权的建立却应在我们政治指导机构(即战争联络会议,设在广州的海军部和外务省当局)的配合下才能得以提速,将由我们的战略机构(针对中国的特别委员会)配合此项事宜。在政权建立之后,政治指导机构应承担起内部的指导工作。"

在中国占领战略要点这一政策,执行起来远比占领广州和汉口要更为深入一些,因为在1938年11月25日的五相会议上就决定占领中国的最南端——海南岛。1939年2月10日日军占领了海南岛。

日本终结与国联的所有关系

尽管日本已经于1933年3月宣告退出国联,然而日本依然参与这一团体的某些活动。汉口与广州沦陷以后,日本迈向第三军事大国的态度就更为坚定。1938年11月2日枢密院举行过一次会议,会议由平沼主持,内阁总理大臣和部长包括荒木、木户、板垣和枢密院顾问南和松井参加,会议考虑在涉及外交政策方面和枢密院各部门继续与国联的合作问题。鉴于1938年9月30日国联理事会通过对日本的谴责,出于国家荣誉,日本不可能和国联机构进一步合作;除南洋群岛的托管外日本和国联各机构的合作关系将结束,并立即通知国联。

东亚新秩序

在决定完全与国联脱离关系后,日本就向着所谓"东亚新秩序"的方向迈进了。1938年11月3日,日本政府向世界发表声明说:由于中国重要都市广州、武昌、汉口及汉阳的失陷,国民党政府成了一个地方政权,日本的最后目的是与"满洲国"及中国政权合作来确立保持东亚永久"和平"的"新秩序。"

1938年11月29日,外务大臣有田对枢密院作了报告,其中比较重要的话如下:

"关于调整日中新关系的方针,其目的为借着日'满'华三国政治、经济、文化各方面的互相合作来建设'东亚新秩序'。大体上拟按照下列纲要来进行。即……帝国将以汉口、广州成立的亲日政权为基础,促进成立'新中央政权'。等到'新中央政权'基础巩固后,大致希望实现如下诸项。……日'满'华的一般合作……在华北及蒙疆建立国防和经济上中日高度结合地带……在长江下游建立经济上中日高度结合地带……在华南方面除规定沿岸指定岛屿的特殊地位外,并以重要都市为起点努力巩固中日高度合作的基础……关于共同防卫的原则……日'满'华三国的主要目标为共同防共,并维持共同的治安秩序。为此规定下列计划;……为获得保障及维持共同治安起见,除在特定地区、地点、岛屿驻兵外,日军将从速撤退……最近英美等国根据所谓门户开放机会均等的原则曾提若干建议,但帝国针对门户开放机会均等原则的方针是,根据帝国生存和国防之需,对照日'满'华经济集团的建立;凡不合者即不能承认。……帝国主要目的在于:(a)实际上支配华北及蒙疆国防资源的开发;(b)站在日'满'华经济集团的立场上调整新的中国的币制、关税及海关制度。在与以上两个主要目的不相抵觸的范围内,对各国在华权益不特别进行排斥和限制。"

1938年12月22日总理大臣近卫发表演说,重申日本消灭中国国民政府和确立"东亚新秩序"的决心。

日本的这种"东亚新秩序"引起美国的严重关注。1938年12月30日,美国驻日本大使格鲁在其本国政府授意之下,与日本政府互换了照会。在递交照会过程中,他说:"进一步看,关于汇率控制,强制性货币流通,修订关税,以及在中国某些领域的垄断升级等诸多方面,日本官方的计划及实施,皆蕴含着一种站在官方立场上的假设,即日本政府或那些由日军在中国建立和维持的政权,拥有以无上权威的资格在中国采取行动的权利,它可以漠视甚至宣称废除包括美国在内的其他各国所建立的权利和要求。"1938年12月31日格鲁大使又将照会面交日本政府,通知日本,美国认为所谓的"东亚新秩序"不能由日方片面宣言而建立。

1939年3月17日《日本广知新闻》报道说,板垣在国会中明确指出，为了建设"新秩序"，不能避免与第三国冲突。日本的最初目标是苏联，其次的目标是英国和法国。

1939年7月7日是卢沟桥（马哥孛罗桥）事变两周年纪念日，板垣接见了新闻记者。据报导，板垣曾说：日本为执行建设"新秩序"使命，有排斥第三国不当干涉之必要。

兴亚院

日军深入渗透到中国内部之后，为了检阅日占区的行政管理，采取了新步骤。迄今为止，筹备建立新的中央政府都由日军特殊部门承担。外务大臣宇垣希望成立一个新机构，和外务者一起处理中国事务，但此建议被陆军否决。随后，在陆军提议下，计划成立中国事务局或其他机构。这个机构不同于1938年7月26日"五相会议"建立的处理中国事务特别委员会。后者任务是摧毁中国国民政府，并建立一个新的中央政府，而新建的机构主要目的是占领区域的行政管理。这个称为兴亚院或者亚洲开发局、更通常称为中国事务局的新机关是1938年12月16日设立的。它的总裁是首相，副总裁是外务、大藏、陆军、海军各大臣。根据它的规制，兴亚院管理下列事项，即提出关于政治、经济、文化等政策的方案，监督根据特别法发展中国企业的公司或经营商业的公司，调整日本政府各机关的对华行政事项。其本部设在东京，在上海、北平、张家口、厦门有四个联络部，又在广州、青岛有两个派出所。铃木贞一是兴亚院的创立人之一，他是政务部长。东京本部的决定传达给支部或"联络部"后，由这些支部或联络部与当地中国当局交涉实施东京决定的方法。

虽然设立了兴亚院，但在华日本陆军关于行政事项并不肯放手。特务机关继续存在，并且辩称陆军的干涉在作战上是必要的。

在兴亚院所掌管的种种事项中有鸦片这一事项。兴亚院研究中国各地的鸦片需要状况，办理分配鸦片到蒙古、华北、华中及华南各地的工作。

汪精卫逃离重庆

成立新中央政府的行动，自 1938 年 12 月 18 日汪精卫从中国战时首都重庆出走后愈益甚嚣尘上。汪是国民党副元首，国防会议副议长。早在 1938 年春，曾任中国国民党政府外交官员的高宗武和董道宁，与参谋本部中国课长影佐联络，并由陆军飞机载他们到日本。在日本时，影佐和他们曾商量恢复中日和平问题。于是提出了为促进两国和平，必须在蒋介石以外另找他人，汪精卫为最适宜人选。这次商谈的内容曾被上报参谋本部，并由参谋本部加以讨论。1938 年秋，参谋本部某军官将高宗武和梅思平起草的"中日和平条件试行草案"从上海带回了东京。板垣在五相会议上提出了这个试行草案，根据日本政府所已草成的中日关系调整方针，对此加以修正。1938 年 11 月 18 日，影佐奉板垣之命赴上海与高宗武、梅思平会谈。对提案条件作出数项修正后，决定汪精卫应按照预定计划离开重庆，随后就由日本政府发表和平条件的建议案。这些决定，在 1938 年 11 月 25 日由五相会议通过，又在 1938 年 11 月 30 日御前会议上得到了批准。于是如上面所说的，汪精卫在 1938 年 12 月 18 日逃离重庆，并于 1938 年 12 月 20 日抵达越南的河内。这里值得注意的是汪精卫逃离重庆的预定日期，至少在六天前就已通知了日本政府。因为木户在他的 12 月 12 日的日记中说："据报汪兆铭（汪精卫）将于 12 月 18 日逃出重庆，为此，我国在政治情势上不可显露出不安的情形。"

近卫三原则

1938 年 12 月 22 日汪精卫逃离重庆后，总理大臣近卫按照预定计划发表声明。近卫声明的主要观点如下：

（1）日"满"华以构建东亚新秩序的共同目的相结合，为实现此项目的，中国应抛弃对日本的抵抗及对"满洲国"的敌意。

（2）日本认为依据日德意"防共协定"的精神，两国缔结"防共协定"是调整中日邦交的紧急要务。鉴于中国现有的实际情况，必须在特定地点驻扎日本军队,内蒙必须作为特殊防共地区。

（3）日本并不希望在经济上独占或限制第三国利益。日本要求中国的是,中国承认日本国民在中国内地的居住和营业自由,促进两国的经济利益,特别在华北及内蒙有关资源的开发予日本以便利。

遵照预定计划,汪精卫于1938年12月29日在河内发表演说。汪精卫宣称:"近卫声明的三原则表明日本政府尊重中国主权、政治独立和领土完整,既不以独占中国经济为目的又不要求限制在华的第三国权益,因此是符合和平精神的。"汪精卫主张为尽快恢复两国间的和平,中日双方必须尽快交换意见。这就是日方扶植汪精卫成立新政府并接受和平条件的基本情况。就这样,日方得以从棘手的对华战争中脱出身来,在别处实现其战略计划。与此同时,日方将扶植一个新政府,以期在军事和经济上取得完整的对话掌控权。

平沼组阁

临近1938年岁末,近卫首相考虑辞职。平沼反对这一辞呈因为他曾经告知木户,汪精卫已经离开重庆,整个事态正在稳步推进。而近卫却极力坚持他自己的辞呈,1939年1月5日,平沼接替了他的职位。荒木依然担任文部省大臣,木户接受了内务省的职位,板垣继续担任陆军省大臣。

在板垣同意继续留任之前,为了军事利益他明确了七项要求,即:

（1）在"中国事件"问题上,要与既定的政策相吻合,达成"圣战"的目标,特别要与1938年12月22日的宣言相吻合,其中包含再次调整与中国的关系,而这一切应在全面的基础上予以采纳。

（2）应建立国家防卫计划,而且为了应对东亚的新局势,必须扩大武器装备。

（3）日本、德国和意大利之间的关系要加强。

（4）国家全面总动员体系应当加强,规划委员会应当扩展和强化。

（5）尽最大努力提高生产力。

(6) 应当激励国民士气。

(7) 提升贸易。

继这些要求后产生的第一个效果,就是1939年1月内阁会议采纳了由规划委员会起草的"扩大生产力计划纲要"。这项纲要为日本、满洲和中国规划了全面扩大生产力的蓝图,截止到1941年,纲要提高了国防能力和基础产业,为"我们国家未来划时代的发展"做好了准备。1939年1月21日,总理大臣平沼在议会上发表演说称,关于"中日事变",他的内阁继承了与前任内阁相同的方针,即对敢于继续抗日者,断然予以扑杀。其间,日本在中国继续进行军事行动。1939年2月10日占领了海南岛,1939年3月26日占领了江西省的省会南昌。

我们将休庭直至明天早上9:30。

(16:00 休庭)

1948 年 11 月 10 日，星期三

日本东京都旧陆军省大楼内远东国际军事法庭

（9:30 重新开庭）

出庭者：

法官席，所有成员就座。

检察官席，同上。

辩护席，同上。

（由远东国际军事法庭语言部负责英日两种语言翻译）

法庭执行官：远东国际军事法庭现在开庭。

庭长：除贺屋兴宣、白鸟敏夫和梅津美治郎由律师代表，所有被告均出庭。巢鸭监狱医生证明他们因病不能出席今日的审判。证明将记录存档。

下面我继续宣读法庭判决书。

汪精卫赴上海

1938 年 12 月 22 日和 29 日分别由近卫和汪精卫发表的演说拉开了建立新的中央政府的序幕。1939 年 3 月的五相会议中，日方决定派影佐去河内将汪精卫送到被认为是安全地区的上海。影佐带着外务大臣有田、陆军大臣板垣、兴亚院部长铃木及海军大臣米内给汪的私信，于 1939 年 4 月抵达河内。汪精卫告诉影佐，他将以上海为基地进行和平运动。1939 年 5 月 8 日，汪精卫被日方秘密送至上海。

汪精卫访问日本

影佐在与汪精卫离台赴沪的路上，向陆军大臣报告，由于预期可能遭遇反对，汪精卫希望尽快在最方便的地方安顿下来，以便开展行动。

汪精卫很关心确认日本政府方面的意见。1939 年 5 月 31 日，他由影佐及其他日本人陪同，从上海飞往东京。他在东京的期间，曾与平

沼、板垣、近卫、有田及米内进行商谈。在汪到东京后不久与平沼举行会谈时，平沼告诉他，平沼内阁继承了近卫声明的精神，并将严格遵守。1939年6月15日，陆军大臣板垣代表总理大臣平沼与汪会面，板垣说：日本不能解散临时政府和维新政府这两个已有的政权，因为有关人士是忠实于"中日合作"方针的。板垣建议在现有中日关系的基础上加以维持，将临时政府设定为政治委员会，将维新政府设定为经济委员会。汪对此没有异议。板垣还建议更换中国国旗，他认为青天白日旗是抗日的象征。板垣又问汪精卫对于承认"满洲国"独立的意见。汪回答说，他的目的是中日和平，他坚信除了承认"满洲国"之外别无选择。

1939年6月五相会议的决定

平沼说，他在1939年6月10日与汪精卫的谈话中讨论了中国未来的发展，认为除了施行中方认为合适的措施之外别无他法。4天前，也就是1939年6月6日，当汪精卫还在日本的时候，五相会议通过了"设立新中央政府的方针"。这个方针的目的，大体上是将新中央政府及其一系列地方政权通过所谓联邦政府的形式来建立亲日政权。"关于其具体内容，则以日华新关系调整方针为依据。"方针规定，如果重庆政府有"改变态度"之意，就可以作为新政权构成的一部分。其中详细规定道："如果重庆政府放弃抗日容共政策，并且实行必要的人事改组，并向日方投降，即可成为新中央政府的构成部分之一。"又规定："关于设立时期及其他事宜，则应与日方协议后决定。"之所以决定这样的方针，是因为当时正与汪精卫进行商谈，规定了对汪精卫要求的一系列条件及"汪精卫工作指导纲要"。审视此决定，日方目的明显暴露出来，就是要利用汪精卫发展成为一个由日本支配的全中国政府。尽管影佐在其证词中称"汪精卫方面提请在方针中加入诸如维护中国主权、不干涉中国内政、只在中方要求的情况下日方才提出建议等等内容。但事实表明，日方的要求得到中方'普遍的接受'。"

内阁改组及持续的军事行动

1939年8月到1940年1月中的四个半月间有两次内阁变动。1939年8月22日"苏德互不侵犯条约"的签署,导致一直试图促成日德意三国缔结协定的平沼内阁提前解散。1939年8月30日,阿部组阁。畑俊六接任板垣的陆军大臣一职,武藤担任首席军事事务要员。1939年9月12日,板垣担任日本远征军首脑,通过支持汪精卫的救国和平运动继续其阴谋行径。深入中国内陆的军事行动也还在继续。1939年7月20日,华中军形势分析书被递交给陆军次相和其他官员。分析了驻华军队的未来计划,包括对于已经设立的汪精卫中央政府应当给予必要支持。

1939年12月23日,日军在中国最南段的龙州登陆。第二天,日军占领了广西首府南宁。1939年末,日本派空军轰炸了云南铁路,借以切断法属印度支那路段的对华供给线。1940年1月,日本政局再次改变。阿部于1940年1月12日辞职,米内接任阿部的职位,日本对华政策维持不变。

傀儡中央政府的成立

汪精卫从日本回来后,和华北派遣军司令官多田骏及临时政府和维新政府的领导人会面,商议成立提议中的傀儡中央政府。1939年7月,影佐在上海设立了梅机关。这个机关与兴亚院、陆海军省及外务省合作。该机关曾协助建立"中央政府"。为达成该目的,日本将4 000万元的借款拨给了汪精卫。汪精卫在1939年8月28日到9月6日召开了第六次国民代表大会,修改了党纲,通过了日方的原则性建议,并商议召开政治局会议以建立新的中央政府。此后,汪精卫向临时政府和维新政府发出邀请参与中央政治会议、建立新政府。

日本方面,根据影佐的说法,在按照1939年12月30日由日本政府和汪精卫共同商定的步骤进行实施。汪的官员和身在东京的日本官员还就设立新政府的细节内容达成了共识。1940年1月,日本陆军的代表和临时政府及维新政府的代表在青岛集会,决定合并现有政权。1940年3月30日,汪精卫政府正式成立。

第六节 大东亚共荣圈

建设大东亚共荣圈的构想与日本在大陆上统治中国的计划具有密切关系,这势必会导致日本与第三国发生利益冲突。1939年7月7日,在卢沟桥事变爆发两年以后,平沼内阁的陆军大臣板垣对海军大臣米内说:日本为了建设大东亚新秩序,必须排斥第三国干涉。当时曾有《日本时报》报道此事。报道称:"日本全国国民必须坚定决不放弃'东亚为东亚民族的东亚'的决心。为达此一目的,不惜承受任何苦难。"1940年6月29日,当时的外务大臣有田发表广播演说,重申日本将不遗余力地建设大东亚新秩序以及杜绝援蒋行为的决心。有田说:东亚各国和南洋各地有密切关系,为了共同的福利和繁荣,应当合作互助,适应相互的需要。因此,将这些地区统一在一个独立范围内自然是理所当然的了。在陆海军省和外务省当局代表的会议中,谈到了对英开战及占领英属殖民地的可能性,日本认为远东新秩序应包含南洋在内,还特别谈到了应包含缅甸以及从印度东部起一直到澳洲和新西兰的各地区在内。

1940年6月29日是日本宣布其东亚及太平洋地区扩张政策的日子,具有重大意义。与之相关的各国,荷兰已被德军占领,政府在流亡之中;法国已向德国投降;英国正在生死存亡的关头。如果美国此时加以干涉,几乎必然与日德意作战。但美国若要进行这样的战争,重整军备的情况还不够充分。对于日本来说,这是侵略邻国千载难逢的好机会。

第二次近卫内阁

1940年7月中旬,在畑辞去陆军大臣的职务后,由于陆军拒绝推荐继任人选,米内内阁受陆军所迫只得辞职了。正如木户所说,近卫由于"期待成为解决中日事变的人物",再次组阁。东条担任陆军大臣,平沼、铃木、星野担任政务委员。1940年7月22日完成组阁。新外务大臣松冈延续建立大东亚共荣圈的政策,并在1940年8月1日发表声明称:日本当下的外交任务,就是以日"满"华为核心确立大东亚共荣圈。1940年9月28日,日本政府制订了"日本外交方针纲领"。其中写道:必须努力实现中日两国的全面和平,促进大东亚共荣圈的建设。根据这个计划,在法属印度支那、荷属东印度、海峡殖民地、英属马来亚、泰国、菲律宾、英属婆罗洲及缅甸这些地区内,日本要以日"满"华为中心将其组成为一个独立圈,将这些国家和地区在政治上经济上和文化上联系起来。

日本反华的进一步军事行动

尽管1940年3月30日汪精卫政府在南京正式成立,重庆的国民政府依旧坚持抗日。为了迫使国民政府投降,日本加紧了侵华军事行动。1949年6月12日,日军攻占四川的门户宜昌,而重庆就位于四川省。1940年6月30日,日军攻占开封,后来开封被中方夺回。日军还不断向印度支那地区增派兵力,意在切断中方供给,从后方威胁中国军队。在1940年9月14日,木户建议天皇采纳最终决议。在进行了下面提到的一系列谈判后,为了打击中国,日方与法国达成协定并得到了法国的允许,在1940年9月23日之后在法属印度支那地区驻军。

日本和"汪精卫政府"签订条约

当新的汪政府成立时,日本所派的特命全权大使阿部信行陆军大将并非真正的外交官,而是军人。这是依循"满洲国"的先例,即由关东军司令官兼任"满洲国"傀儡政府的日本大使。阿部大将在1940年4月23日抵南京,完成了恢复中日关系的一切准备。汪精卫和阿部经过长时间交涉以后,在1940年8月28日就条约草案取得了一致意见,三天以后进行了草签。后来经过一些交涉对条文略加变更后,敲定了最终合约。1940年11月30日御前会议上,这份条约被递交给枢密院,1940年11月27日枢密院全体会议通过了这项合约。1940年11月30日,在南京正式签订了该合约。

"中日基本关系条约"

1940年11月30日签订的这个条约旨在维持中日双方的相互尊重与合作,成为友好邻邦,并达成建立东亚新秩序,促进世界和平的共识。根据这一条约,日本和"汪政府"相约消除有碍双方修交的原因,共同抵御共产主义。为了达到这个目的,由日本在蒙疆及华北特定地区驻军。汪政府承认日本有权在中国特定地区驻扎海军部队及舰艇。条约还规定日汪两政府对于华北及蒙疆的资源,尤其是国防上所需要的资源,应有无相通,密切合作,互应所需。此外,"汪政府"承认在开发其他地区的资源上给予日方充分的便利。双方同意促进贸易通商,尤其在长江下游地区密切合作。该条约中还附有两个秘密协定。第一个秘密协定是双方同意在外交上一致行动,对于第三国不采取违反此项原则的措施。此外,"汪政府"同意在日军驻扎的地区实现日方对于铁路、航空、通信、航行的要求。尊重中国平时的行政权和执行权。第二个秘密协定是日本舰船"得以自由进出、停靠在中国境内的港湾"。"汪政府"还同意,就国防所必须的军需资源并满足日方的战略需求,与日方在厦门、海南岛及附近岛屿计划、开发、生产、合作。在汪精卫给阿部的另一封信中,汪承认在日本继续在华军事行动期间,协助日本完全达到它的战争目的。这个条约正式签订当天,"日'满'华共同宣言"发布。这份宣言约定日"满"华三国互相尊重其主权和领土,作为善邻的一般合作、共同防共,并开展经济合作。根据这个条约及其附属秘密协定,日本获得了汪政府外交活动的发言权,在中国留驻陆海军兵力的权利,利用中国达成战略目的以及将中国的天然资源用于国防的权利。换而言之,抛开其中的外交辞令,中国完全成了日本的一省或一州,意即成了满足日本军事经济需要,供其榨取的国家。

间歇性和谈与持续军事行动

日本政府对签署该条约颇为满意。1938年1月16日近卫声明指出,该条约的成功实施将带来新中央政府的建立,日方还将取得军事上和其他方面的优势。与此同时,如何处理抗日拒降的重庆国民政府依旧是个问题。在此期间,日本政府的态度似乎摇摆不定。鉴于此前签署过的条约,和平举动已经针对重庆国民政府进行过,但没有结果。松冈外长企图主导这些谈判,田尻、松本和其他人前往香港,不过这些努力再次被证明是徒劳无功的。与汪签订条约后,日本政府与重庆国民政府又陷入僵化的紧张状态。1940年12月11日,安倍收到如下指示:帝国政府已经认定南京国民政府并与之订立正式的外交关系。然而,形势表明事件仍在继续,我方需要适应长期战,而你应当尽快再按照既定政策,在新的中日条约规定下强化南京国民政府。

其后,对重庆国民政府的军事打击继续进行。1941年3月1日,羽田再次被任命为在华日军总统帅。1941年3月18日,佐藤成为对满事务局局长。根据近卫、木户及战争和海军部间达成的协议,铃木就任内阁规划委员会主席。1941年4月21日,重庆后方具有重要战略地位的云南省首府昆明遭到轰炸,美国领事馆大楼受损严重。此前重庆也在1941年5月9日、10日和6月1日遭到日军轰炸。

赫尔和野村关于中国问题的会谈

在此期间,日本驻美国大使野村吉三郎和美国国务卿赫尔在华盛顿针对影响世界和平的问题,尤其是中日关系问题举行会谈。关于这个问题后面将详细谈到,此处仅列举日本的下列要求:

(1) 美国停止援华。

(2) 在美国的帮助下劝诱蒋介石与日本进行直接的和平谈判——实际上是要其接受日本的条件。

(3) 承认"满洲国"。

(4)日军驻华,取得对华军事统治的权利。

1941年7月2日又召开御前会议,出席的有东条、铃木、平沼、冈。这个会议通过为应对当前形势的日本国策纲要。会议还决定继续施压,"迫使蒋介石投降"。

第三次近卫内阁

外务大臣松冈关于日美交涉的看法,与总理大臣近卫的意见不尽相同。松冈认为应当向东亚及太平洋扩张,同时还应进攻已被德国侵入的苏联,但大多数领导人认为这项政策不是日本力所能及。为了摆脱松冈,近卫内阁于1941年7月16日解散。

1941年7月18日,近卫第三次改组内阁。丰田贞次郎代替松冈出任外务大臣。至于日本的根本政策则没有改变。

日美交涉仍在继续,1941年8月27日,近卫致信罗斯福总统,同一天又将日本政府的声明交予罗斯福总统。在这个声明书中将日本在法属印度支那的行动解说为了促进解决"中国事变"。罗斯福总统在答复中重申尊重一切国家的领土完整和主权,不干涉他国内政是国际关系中的基本原则。在接到答复后,近卫在1941年9月5日召开内阁会议,并在会议上决定在1941年9月6日召开御前会议。东条、铃木、武藤和冈都出席了这次的御前会议。除了决定在十月中旬停止谈判外,还决定了在近卫和罗斯福会谈上关于"中日事变"的内容提出下列的要求事项:

(1)美英不应妨碍日方根据"日汪基本条约"及"日'满'华共同宣言"来处理"中日事变"。

(2)封锁滇缅公路,美英停止对蒋介石的军事经济援助。

1941年9月22日,丰田将日本准备对华提出的和平条件书面文件交给格鲁大使。

其中条件如下:

(1)睦邻友好。

（2）尊重主权及领土完整。

（3）日华共同防卫,在中国特定地区驻扎日军。

（4）除在第（3）项所述的地方驻军外,日军将随着事变的解决而撤退。

（5）中日经济合作。

（6）蒋介石政府和"汪精卫政府"合并。

（7）不吞并。

（8）不要求赔款。

（9）承认"满洲国"。显然这些条件是日方的虚伪文饰,他们不仅考虑到"日汪条约",而且实际上由日本在政治、经济、军事上完全统治中国。

1941年10月9日,当木户和总理大臣近卫讨论当时的形势时,木户说：立即和美国作战恐怕不甚适宜,但日本必须为完成中日事变的军事行动做好准备,它可能会继续10年至15年之久。同时为实现对昆明和重庆的计划,必须准备调动日本在华的全部力量。1941年10月12日,内阁通过了陆军大臣东条的下列主张：日本绝不改变关于在中国驻兵的方针及其他有关政策,并且绝不采取有损中日事变成果的行动。换而言之,在任何情形下,日本决不放弃日本已在中国取得的或可能取得的任何利益。1941年10月14日,近卫和东条在内阁会议召开之前的谈话中,希望东条关于日美开战和结束中日战争问题再作考虑。但东条仍然反对在撤兵问题上对美国作任何让步,并说近卫的态度未免过于悲观。在那天举行的内阁会议上,东条坚持己见,导致会议陷入僵局。1941年10月16日,近卫辞职。

东条组阁

近卫辞职后,东条被木户举荐为总理大臣。广田对于举荐东条也明确地表示了赞同。在新内阁中,东条兼任陆军大臣和内务大臣,东乡茂德兼任外务大臣和拓务大臣,贺屋任大藏大臣。铃木是兴亚院总务长官兼企划院总裁,岛田任海军大臣,星野被任命为内阁书记官长。和从前一样,兴亚院总裁由总理大臣兼任,陆军、海军、外务、大藏各大臣分任副总裁。

日美会谈继续

新的东条内阁成立后,日本继续与美国谈判。但是,当时日本一方面急于得到结果;另一方面关于中国问题的态度又丝毫没有改变的意愿。1941年11月4日,东条通知野村,让来栖三郎协助他进行谈判。就在同一天,东条又将打算向美国提出的条件送给野村。其中包括日军在华驻兵的条件。日本仍然坚持在中日和平条件达成后还要在中国蒙疆及海南岛驻兵,不经过一定期限不会撤退驻军,必要时可解释为以25年为期限。这些条件后来在1941年11月5日的御前会议上通过,东条、东乡、岛田、贺屋、铃木、星野、武藤及冈均曾出席这次的会议。御前会议通过决定后,立即通知了野村。

在华延续军事行动

太平洋大战的爆发并未放缓日本在华军事行动的脚步,也没有改变日本打倒重庆中国国民党政府的决定。在太平洋大战爆发以前,中方的死伤和损失就已经达到庞大数目。到1941年6月为止,日方数据显示死、伤、被俘的中国军人已达380万人,日方击毁中方飞机1 977架,而日方只损失了109 250个士兵和203架飞机。1942年5月,日军占领了重庆后方云南省的龙陵和腾冲。1943年12月日军占领湖南常德,但不久被中国军队收复。1944年在华中腹地的军事行动愈演愈烈。1944年4月20日郑州陷落,1944年5月25日洛阳陷落,1944年6月18日长沙陷落,1944年8月8日衡阳陷落。同年冬天,日军挺进到战略上有重要地位的中国西南部,1944年11月10日占领桂林,1944年11月11日占领柳州。战争结束后,中国军方的正式报告显示自1937年7月7日至1945年8月,中国方面所受的损害,仅军队一项死伤失踪者就达3 290 948名。战争中被屠杀以及因伤而致残废的非战斗人员的数目虽尚未公布,但平民的死伤一定也达到了相当庞大的数目。

第七节　日本对满洲及中国其他地区的经济支配

被告发动侵略战争的行径包括其对满洲和中国其他地区的经济支配,因此,我们需要简单介绍一下相关事实。日本的满洲政策是将该地区统一在一个服从日本的政府之下,然后通过与该政府缔结协定或用其他方法来获得日本施行既定计划所亟需的基本原料,以及获得交通方面及产业商业主要方面的支配权。这些对于日方今后的军事行动都有重大的价值。

在华北,日方出于同样目的,特别是为了获得当时不能从国外市场获得的物资,也采取了同样的方式。这类物资既对在中国作战上极为必要,也为日方整个计划所必需。当战争发展到了华中和华南的时候,也采取同样政策。政治统治已经达成,以下关于各项措施的记录显示了日方掌控对华经济政策的进展情况。

一般经济问题

此前法庭上关于日本对华政策都着眼于政治方面。而多数日方的计划和政策也与经济有关。这一阶段我们将指出一些与经济有关的日方决定。

广田内阁于 1936 年 8 月 11 日通过的第二项华北管理政策就是具有代表性的这类政策之一。该政策旨在"帮助华北人民建立防共、亲日'满'的地区,为日本防务提供必要的物质支持,为可能的苏联侵略加强交通设施建设,将华北建设为日'满'华互助合作的基地"。日本提出为保证华北独立,日本应当统领这些地区的政治势力。该政策最后还提出"该地出产的铁、煤炭、盐应当为我国国防及交通、电力设施建设所用"。

1937 年 2 月 20 日,林的内阁通过了第三项华北管理政策,该政策中包括取得防务资源,加强交通建设,预防苏联进攻以及建立日、"满"、华三方合作。在1937年6月10日，近卫内阁下属的陆军大臣准备了"关于重要产业五年执行计划的介绍"，如我们之前所提到的，它是建立在"对日本未来国运发展有划时代意义的日'满'华综合计划"的基础上的。这个计划还包括"在我方具有影响力的领域内达成重要资源的自给自足，以避免依赖第三方的资源供给"。

1937年12月24日内阁通过"中国事变对外纲要"。其中有一项目为"经济开发的方针"。此项目规定华北经济开发的目标是增强日"满"经济的综合联系，借以确立日"满"华的合作。为此目的，必须使中国的当地资本与日本资本紧密结合起来，对日"满"国防上必要物资的开发与增产有所贡献。

为了实现上述计划，呼应日本有关的努力，日方在1938年4月决定设立两个与国策有关的公司，即华北开发公司和华中振兴公司。华北开发公司的目的是促进经济的发展，统一在华北的各种企业。其经营范围是运输、港湾建设、电力、矿山、盐的生产及贩卖，与此有关的企业作为持股公司投入资本并加以支配。这个公司在日本政府的监督下经营，它必须服从日本政府的命令。实际上除了日常业务以外，一切事项的决定都必须经日本政府批准。例如募集股款、改变规章、合并、解散、分配利润等，都必须经过日本政府的批准。

梅津被任命为这个公司的筹备委员，冈是他的助手。贺屋在相当长的时间内担任该公司的总裁，直到1941年10月18日出任东条内阁的大藏大臣时才离此职位。

华中振兴公司也与华北开发公司的目的极为相似，实际上也是在日本政府的支配之下。简要地说，公共事业、交通、自然资源的建设，都由此类公司管理。

在讨论其具体操作流程之前，需要提一下规划局于1939年1月通过的"中国经济发展计划"。计划指出中国的自然资源对实现日"满"华合作进而建立东亚新秩序有十分深远的影响。计划中进一步指出这些活动和军事、政治活动一样紧要,即便是在敌对状态中也应当得以实施。

我们也应参考1940年11月5日内阁情报局提出的"日'满'华经济建设提要"。它主要包括在10年内建设加强东亚在世界经济中地位的自给自足的经济结构。在这个计划中,日方的角色是促进科学、技术的发展,推动重工业、化工业、采矿业发展。"满洲国"的任务是发展重要的基础产业,中国则需开发自然资源,特别是采矿业和盐业。

这些计划的实施过程中,不仅从未征求"满洲国"和中国的意见,而且通览这些文件,它们清晰地表明了这些都是由日方单方面制定并实施的。日本在华北计划的重要性可以从贺屋的话中看出来。贺屋说:在华北的物资动员计划主要有三点,第一是供给日本军需品;第二是扩充日本军备;第三是满足和平时期经济发展的需要。

各类产业

以上概述了日本政府采取的一般计划和政策。关于这些计划如何适用于各类产业和经济方面的各个部门,也有简单介绍的必要。

运输和通讯

1935年当土肥原从事华北自治活动的时候,他就提出应当建设天津至石家庄段的铁路。华北驻军在1935年制订的铁路计划中,就已提到日本希望获得山东铁路和陇海铁路的一部分,并打算在中国再修建一些铁路。

1938年7月,华北电信电话公司成立。华北开发公司占有该公司股票的70%以上。该公司的目的是建设和经营联络华北与日、满以及世界各地的电信电话设施,包括海底电缆在内。此外,附属于华北开发公司的还有华北交通公司和华北航空公司。华北交通公司在华北经营了3750英里的铁路、6250英里的公路和625英里的内河航运。

自然资源

根据1937年12月的"中国事变对外纲要",为日本获益起见,日方设立了国策公司,以便接收华北的盐业及矿业。

华中振兴公司的子公司华中矿业公司是为了开发估计约有 1 亿吨的华中煤炭,于 1938 年 4 月设立。

1937 年 7 月,华北开发公司的子公司龙烟铁矿公司接收了储量占中国总储量一半以上,约有两亿吨储量的华北铁矿。这个公司管理下的矿山中,预估储量最大的是察哈尔省的龙烟铁矿。龙烟铁矿所挖掘的部分铁矿及产生的剩余生铁都运往了日本。430 万吨的总产量中,有 70 万吨用于生产生铁,140 万吨运往满洲,运往日本的数量以百万吨计。

华中长江流域的铁矿埋藏量估计为 1 亿吨。为了继续采掘地下资源,1938 年 4 月华中矿业公司成立。这个公司由华中振兴公司及其他日本公司支配。在这个公司的资产中,以设备及商品的形式支付给中方利益。

华北煤炭储量十分丰富,估计占中国总储量的一半以上。在开发煤炭资源时,日本特别考虑了它对焦煤的需要,为了保证对日本的持续供给,采取控制对华供应的方针。年产额最高的大同煤矿,被华北开发公司的子公司大同煤矿公司接收经营。

1938 年以前,日本所消费的大部分盐,是由包括中国在内的东亚、中东各国引进的。为了增加中国对日供给量,作为华北开发公司子公司的华北盐业股份公司成立。为了相同目的,1939 年 8 月日方将华中振兴公司组建为华中盐业股份公司,借持股公司的资金投资,确立了开发新盐田的计划。

公共事业

1937 年 12 月占领上海后,日方立即接收了各种公共事业公司。其中有以下各种公司:

(a) 浦东电力公司,在接收后成为华中水电公司的子公司,而华中水电公司也由日方掌控。

(b) 上海的中国电力公司,1938 年 6 月被日方接收,成为华中水电公司的子公司。在此形势下,各公司所有人得到的补偿数额是远远低于各公司的真正价值的。

闸北水电公司被接收,太平洋战争发生后,美资上海电力公司也被接收了。当1945年日本投降后将各类设施归还原所有人时,设备及机器的损坏远较普通损耗严重,相关证据已提交法庭。

金融

占领华北后,日军除使用若干军票外,还在华北使用朝鲜银行券,在华中使用日本银行券。但在占领地区使用日本通货会扰乱日本的货币制度。为改善这种状况,日本政府在1938年2月设立了"中国联合储备银行"。它的主要目的是稳定货币,控制外汇金融市场。该银行有权发行与日元相联系的作为日本在华投资基础的纸币。在日本控制下的这家银行十分重要,它的运营实现了日本的金融政策。

由于日本在事实上支配了中国被占领区的经济,支配了工商业的重要部分,导致许多日本实业家和企业家去中国,直接以支配姿态开始在华的经济行动。

美国抗议

上述措施的施行势必影响到其他国家的通商贸易。1938年10月6日,美国驻日大使格鲁在给总理大臣近卫的信中指出:满洲发生的事态又在重演,华北外汇管制有歧视他国之嫌;日方通过改变关税,统制交通、通信,垄断羊毛和香烟,带给日本和日本商人在华的优越地位。格鲁大使要求日方停止以下行为:

(1)对美国贸易和企业的差别外汇管理及其他措施。

(2)日本独占权及优先权,以及在中国通商和经济开发上的优先权。

(3)对美国人财产及权利的妨碍,特别是对邮件的检查,对美国人居住旅行及美国贸易和权益的限制。

对于这些抗议,外务大臣承认都是事实,但声称这些经济措施是为了中国和东亚的利益,因此是正当的。

中国的麻醉品

在满洲的麻醉品交易已经提及。

随着战事在华北、华中和华南的推进,与满洲类似的政策也不断被采纳。依靠与军事行动和政治发展密切相关的毒品交易,为日本设立的各级政府获取了大量基金,而这些基金本来应当由日本或由地方税务部门提供的。顺便值得一提的是,中国人在吸食了数量如此巨大的麻醉品之后,对国民士气的影响就可想而知了。

在中国战争爆发之前,国民政府就下定决心要扫除鸦片的吸食。中华民国政府早在1936年6月就颁布了条文,对吸毒上瘾者采取了镇压措施,取得成效。1939年6月,一篇来自国际联盟顾问委员会的报道表明,这些努力取得了可喜的效果。

自1937年开始,中国的鸦片贸易就与日本军队、日本的外务机构和兴亚院脱不了干系。三菱贸易公司和三井公司从伊朗购买了大批鸦片给日本、满洲和中国。经与外务省商定,1938年3月这两家公司就鸦片进口的地点和鸦片买卖中各自的分红,达成了一项协议。由三菱公司负责为日本和满洲分配鸦片,三井公司则为华中和华南配送;华北由两家公司均摊,而且由日本、满洲和中国的政府部门根据需要商定并通知两家公司每年所需的购买量。在兴亚院的要求下修改了协议,要求伊朗鸦片购买协会在两家贸易公司之间平均分配鸦片贸易额度。

日本派遣军的这种特殊的服务机构在大大小小的城市建立起来,接受委托销售鸦片。由兴亚院经济部宣布华北、华中和华南鸦片的需求量并安排配送。售后的利润转交给兴亚院。后来又成立了禁烟总局,鸦片贸易的管理由维新政府执行,在某种程度上该政府也靠鸦片的利润来支撑自己。但即使这个时候,兴亚院和日军在华中总部仍然负责制定鸦片贸易政策。

当然政府会不时采取一些控制和减少鸦片贸易的措施。一个典型的例子就是1938年组建的禁烟局,几乎与此同时,维新政府出于禁烟宣传,一个月内就收缴价值2 000万美元的鸦片。尽管采取了这样或那样的措施,然而鸦片交易继续增长。这从1937年至1939年在上海的陆军武官原田熊吉的神秘证言中可以得到解释。他说,"在我担任特务机关长官时,我收到来自军方的指示,通过设立禁烟董事会给中国人提供鸦片"。

在1937年6月国联鸦片贸易顾问委员会的会议上,公开宣称在中国的非法鸦片贸易与日本的推动相吻合。

内蒙古

在1935年秦土协定之后,继之而来的是中国军队从北察哈尔的撤退,在察哈尔和绥远省已经感受到相关的来自日本的影响。自此以后,农民被鼓励种植更多的鸦片。这样一来,鸦片的生产得到长足发展。

华北

在华北,特别是在河北和山东,1933年的塘沽停战协议签署以后,建立了非军事化区域,中国人难以控制毒品交易。这样就出现了吸食毒品成瘾者大幅上升的局面,由日本人控制的各类公司和协会都在配送毒品。

1937年天津被占领以后,使用麻醉品的人数明显上升。位于天津的日本租界成为著名的海洛因制作中心。租界有不下200家海洛因工厂,1937年5月国联鸦片交易委员会声明,全世界接近90%的非法白色毒品是由日本人在天津、大连以及满洲和华北的其他城市制造的。

华中

在华中也实行了实质上和以上各地一样的行为。在1937年前,南京差不多已经肃清了鸦片吸食者。自被日军占领后,毒品买卖开始公开进行,甚至在报纸上登载广告。正如这一章前面所述,毒品贩运垄断的利益是巨大的。1939年秋天以前,在南京每月贩卖鸦片的收入估计为300万美元。因此,从满洲、华北、华中、华南鸦片买卖的规模来推测,即使只从收入这点来看,这种事业对于日本政府的重要性已很显然。我们认为对于毒品买卖已无更详细加以叙述的必要。我们只要说一点就够了。即1937年后,在上海,在华南的福建省、广东省,在其他地区,在日本所占领的任何省或大都市,一经占领之后,毒品买卖就与上述中国各地一样的规模而迅速增加。

第六章　日本对苏联的侵略[1]

日本的对苏政策

日本的"生命线"满洲

在向本法庭提出证据的有关时期中,显出想与苏联作战的意图是日本军事政策的根本要素之一。像对亚洲大陆其他地区一样,对于苏联的远东领土,军部也决心由日本加以占领。占领满洲固然是为了它的天然资源、为了领土扩张和殖民,但是也希望把它作为进行对苏战争的发动地点。满洲被称为日本的"生命线",但是很显然,与其说是防御线,不如说是进攻线。

侵入和占领苏联远东领土这一目的,像是日本军事野心的经常刺激物。早在 1924 年,日本对外扩张的激烈主张者大川就把占领西伯利亚称做日本的目标之一。经常与大川意见一致的军部也采取与此相同的态度。陆军军官于是开始提倡满洲是日本的"生命线"并且必须发展其为对苏的"防卫"之一。板垣在 1930 年做关东军参谋的时候就主张用武力在满洲建立一个傀儡国家。在大川的带领下,他宣称这将是发展的"皇道",将会指引亚洲人民走向解放。广田在 1931 年任驻莫斯科大使时,作为供给参谋本部的情报,认为必须对苏采取强硬政策并具有在任何必要的时候进行对苏战争的决心。并说其目的并不在于"防卫"共产主义而在于占领远东的西伯利亚。

---

[1]　本章可参阅《远东国际军事法庭庭审记录》第 80 册 49327—49405 页。

1932年5月斋藤内阁成立后，内阁中军人阁僚和文官阁僚间关于在满洲冒险问题上所发生的冲突才获得了一定程度的妥协。结果内阁决定容纳陆军的对满政策并开发在日本支配下的地区。于是，当时在内阁中已不受反对的陆军就提倡对北方的苏联作战并开始从事这一战争的准备。1932年7月驻莫斯科的日本陆军武官河边主张准备对苏战争的重要性并称这一战争是不可避免的。他认为对华和对苏战争是必然的归结。被告南在1932年主张将日本海变成日本湖，从他这句话可以看出，他显然是意味着要占领濒临日本海的苏联远东地区。

1933年4月，当时在陆军军务局工作的铃木说，苏联是日本的绝对敌人，照他的话说，因为苏联是以破坏日本的国体为目的。

"国防"

这里谈谈荒木关于"国防"一词的议论是有趣的。据荒木指出，"国防"一词不只限于日本的具体防卫，还包含着"皇道"即所谓"天皇之道"的防卫。这不过是用另外一句话说出，以武力占领邻国，作为"国防"看是正当的。在1933年左右，当时的陆军大臣荒木，对于"国防"一词放弃了委婉的说法，而在地方长官会议上正确地道出了他的意思，至少对于苏联是如此。他说："日本不可能避免对苏冲突，所以日本需要用军事手段确保沿海省、外贝加尔和西伯利亚。"荒木的"国防"定义，由斋藤内阁采用为对满政策的基础。正像上面所说的，日本的领导人把他们侵略性的军事冒险，经常努力说成是为了防卫以便使其合法化。所谓满洲是作为日本"生命线"来开发的说法，就是这种意思。

外交交流

日本对苏政策是进攻的、侵略的而非保守的。这从1931年到1933年这一段时期中的外交交流上可以看出来。在这时期中，苏联政府对日本政府，曾两次正式提出缔结互不侵犯的中立条约的建议。在1931年苏联方面向日本外务大臣芳泽和广田大使所提出的文件中曾经指出，缔结互不侵犯条约"表现出政府的和平政策和意图，现在正当日苏未来关系成为西欧和美国臆测对象的时候,大概今天是尤为适宜的时机,而这项条约的缔结会终止这类臆测"。日本政府对这项建议在一年之间都未作答。直到1932年9月13日,苏联驻日大使才从日本外务大臣内田得到答复,他以"……目前尚非两国之间正式开始此项交涉之时机"为由,拒绝了这个建议。

1933年1月4日,苏联又重新提出缔结条约的建议,并强调前次的建议"并非由于一时的考虑,而是由于和平政策的结果,因此,在将来也是有效的"。1933年5月,日本政府再度拒绝了苏联的建议。当时,日本政府虽已获得苏联表明其远东和平政策诚意的保证,但日本却拒绝了这项建议,这件事是必须加以注意的。被告东乡在1933年4月任外务省欧美局长时,曾在秘密的备忘录中写道:"苏联欲与日本缔结互不侵犯条约的动机是希望保障它的领土安全。因为自日本侵入满洲以后,使苏联日益感觉到对其远东领土的威胁。"到了1933年12月,关东军就从事计划和准备利用满洲作为日本攻苏的基地。

对苏计划的继续

虽然广田否认日本有侵略的意图,但是1934年上台的冈田内阁,在1935年就给予陆军的满洲经济计划以支持。1935年11月,当时做驻斯堪的纳维亚各国公使的白鸟,在致驻比大使有田的信件中指出"苏联的目前实力,仅从数字上看来好像颇为强大,但革命的时日尚浅,国内到处充满着不满分子,在器材、物资和人力方面仍甚感缺乏。如果一旦和大国兵戎相见,立即会引起内部崩溃,这是显而易见的。并且这是熟悉实际情形的人的一致意见。目前苏联所最希望的是在对外关系上平静无事。因此,与苏联毗连的国家,凡有悬案迟早必须解决者,就不应错过今日的时机。"他建议说,必须"断然地"并作为"最少限度"的让步,要求苏联"撤除海参崴的军备"等,并"不许在贝加尔湖驻扎一兵一卒"。白鸟建议说,作为苏日问题的根本解决办法"……为了永久消除苏联的威胁,必须使它成为弱小的资本主义共和国并严格管制它的天然资源……而目前这个时机很好。"

二月事变

关于1938年2月26日因东京陆军的叛变致使冈田内阁崩溃一事，已见前述。陆军所非难的是这个内阁的态度还不够强硬。2月27日，事变的第二天，日本驻厦门领事馆解释说，叛乱的目的是为了将当时的内阁更换成军部内阁，日军青年军官的意思是席卷全中国和准备立即对苏作战，以便使日本成为亚洲唯一的强国。

1936年的国策声明

1936年8月，当时的总理大臣广田和外务、陆军、海军、大藏各大臣对日本国策共同作出一个声明。这是一个重要的、具有深刻意义的文件，其中指出它的目的是"外交国防相辅为用，一方面确保帝国在东亚大陆的地位；另一方面向南方海洋发展。""国防"一语的提出是意味深长的。作为实际上的措施之一，日本"为期待'满洲国'健全发展和日'满'国防的巩固，要努力去除北方苏联的威胁。"在这个决定中，规定在军事力量方面，必须达到足以"对抗苏联在远东所能使用的兵力"的程度。在朝鲜和满洲的军事力量须给以特别的注意，以期日本能够在"开战之初予苏联兵力以打击。"在进行这一政策决定所需之广泛的战争准备时，其中规定在扩充军备上，必须使战斗力强大到足以给苏联沿远东边境所能使用的最强兵力以歼灭性打击的程度。如果按照当时的状况来考察日本的这一国策决定，就显露出攻击的用意是以占领苏联部分领土为目的。不仅如此，并且以防御为借口掩蔽着这一目的来从事准备与实行。

由于1936年8月国策决定的结果，陆军所制订的1937年的各种计划，显然是为了预期中的对苏战争之必要。1937年5月提出的重要产业计划，是为了获得"飞跃的发展以巩固领导东亚的实力。"1937年6月为同一目的而提出的计划，规定必须在1941年前完成自给自足的体制，为日本命运的"飞跃发展做准备"，而这一命运是要"不惜排除万难去完成的"。关于战争物资的计划,也是为了同一目的,其中规定日本经济"由军事行政方面统一处理其事务,以便其合理发展"。从和平时期平稳转变为战时体制的准备工作需要密切注意。

陆军方面的这类计划,虽然是在卢沟桥对华战争继续发展前不久所制订的,他们的目的并非专为了对华战争。据冈田在本法庭的陈述:这类计划是为了对付苏联的五年计划,具有维持日本对苏力量的目的。如对重要产业计划及与战争资材生产较有直接关系的产业计划加以检讨,从外表上看这类计划都是为的巩固"国防力量"。但如前所述,日本军国主义者的所谓"国防"就是用武力侵略亚洲大陆的意思。现在这儿所谈的以上计划,显示了陆军要达到这种目的的意图。

显然,这类计划是进攻性而非防御性。其目标就是苏联。关于1932年日本驻莫斯科陆军武官的见解,和1933年发表相同意见的铃木的见解,我们已在前面谈过了。华北的政治工作就是以"防共"的口号为基础的。1936年8月的国策决定,明确指出要以苏联的军事力量为扩充日本军事力量的标准。所以,正当1937年陆军提出这类计划的时候,东条提出意见说:在对苏行动之前,为了解除关东军背后的威胁,希望进攻中国。也正是在这个时候,即1937年7月,桥本在一个报纸的记事中说:扩充空军不仅是作为日本军备的主要支柱,并且为的是用它去对付苏联。

期望和提倡对苏战争

如前所述,1938年在日本新闻机构被陆军进行有效控制的时候,据新闻的报道,当时的文部大臣荒木在大阪的政治经济社会研究会集会中说:"日本具有与中苏作战到底的决心,继续打10年以上也不在乎。"

1938年关东军司令官植田大将谈论华北局势时也提到了"紧迫的对苏战争"。最后,陆军,尤其是参谋本部之所以急欲结束在华战争,毫无疑问是因为陆军所企图的对苏战争已迫切逼近,所以有此必要。

防共协定

德国自 20 世纪 30 年代中期起成了欧洲的主要侵略势力,于是对德关系就日本企图对苏作战的目的上来看是特别重要的。

被告大岛早在 1934 年 3 月被派为驻德陆军武官时,参谋本部就命令他注意德苏关系,并研究对苏作战时德国可能采取什么行动。

1935 年春,大岛与里宾特洛甫开始日德同盟的讨论。自 1935 年 12 月初旬,日本参谋本部为此特别派遣若松中佐参加了这个讨论。

因为计议中的协定具有一般的政治目的,它的签订不属于陆军的权限之内,于是将这问题提交政府考虑。自 1936 年起,就由日本大使武者小路负责办理这项交涉。

1936 年 11 月 25 日,日德签订了所谓"防共协定"。这个协定包含条约本文和一个秘密协定。向世界公开发表的仅仅是条约的本文。其中说:缔约国同意互相交换关于共产国际活动的情报,协商所需的防卫措施,密切合作采取上项措施,共同劝导第三国依照此项协定采取防卫措施或参加此项协定。

秘密协定正如其本身规定是秘密的。实际上,侵略国从来没有将其发表出来,盟国从没收的秘密文件中才得知其内容。在报纸上发表的声明书中,日本外务省否认这个协定附有秘密条款。并且宣称,这个协定乃表示两国在对共产国际的斗争中进行特殊的合作,日本政府并不打算形成一个国际集团,"这个协定不以苏联或任何特定国家为目标"。

这个协定的目的,是成立一个以苏联为对象的、日德间的、有限制的军事政治同盟。前美国国务卿赫尔指出:"这个协定在表面上虽为对付共产主义的自卫,但实际上是强盗国家为后来的武力扩张步骤所作的准备工作。"我们从独立的立场所达到的意见也与此相同。

这个协定的主要对象是苏联。在秘密协定中成立了日德间对苏有限制的军事政治同盟。两缔约国约定未经双方同意不得与苏联缔结违反这个协定精神的政治协定。

一年以后，1937年11月6日，意大利加入了"防共协定"。

在形式上协定规定只在日德任何一方遭苏联无故攻击时才发生相互的义务，而这一义务只限于不得给苏联援助。但事实上，当时毫无苏联对德日具有侵略意图的证据。因此，为防备遭受苏联无端攻击而缔结这个协定是毫无正当理由的。从秘密协定当事国对义务作广泛性的解释上就显出这个协定并非是真正防御性的。因为德国和日本从最初起就给它们的义务以这样广泛的解释。因此，1936年10月，日本驻德国大使武者小路在里宾特洛甫的谅解和赞同下，致电外务大臣有田："他确信唯有上述秘密协定的精神，在德国将来的对苏政策中是决定性的东西。"外务大臣有田在1936年11月25日通过"防共协定"的枢密院会议上，也发表了同样的意见，当时平沼是枢密院的议长。有田强调这个协定的主要之点，是必须"认识今后苏联乃日德双方的敌人"。德日对苏同盟并非是防御性的同盟也表现在1939年8月23日德苏缔结互不侵犯条约后，日本领导人认为德国事实上显然破坏了"防共协定"的约束。1939年8月26日发给日本驻柏林大使馆嘱转交德国外交部的书信中指出："日本政府认为德国政府和苏联政府间最近缔结的互不侵犯条约及其协议，是与反对共产国际协定的附属秘密协定相矛盾的。"

"防共协定"的主要目的是包围苏联。这已为协定起草人之一的里宾特洛甫所部分承认。他说："当然，这也具有对苏的政治意义，或多或少成为协定的背景。"

"防共协定"的有效期最初虽规定为5年，但1941年11月25日"满"期后又被延长且未将秘密协定加以更改。事实上当时也无此必要。因为秘密协定的约束，已包含在协定延长前所缔结的三国同盟中。

此后若干年中，"防共协定"就成为日本对苏政策的基础。与德国之间的军事同盟，在日本对苏政策的准备上起了重大作用。总理大臣平沼在1939年5月4日致希特勒的声明书中明确指出："……对于确认我们两国间所成立的'防共协定'，如何有利于两国实行其所负的使命，是我所欣然乐闻的。"

三国同盟

日本欲实现其在大陆上的贪婪计划的欲望，促进了日本欲与德国取得更密切联系的政策。

关于1940年9月27日成立三国同盟的经过，在本判决书的开头部分中已作详述。因此，我们在这里只简短提及。虽然这个同盟不仅适用于苏联，但是日本在交涉之初所特别关心的是对付苏联。它们的交涉在1938年中期就已经开始了。因为德国对欧洲具有广泛的侵略计划要求一个对所有假想敌国的军事同盟，所以交涉了一年半以上仍未得到结果；另一方面，日本希望三国同盟纵然不以苏联为唯一的对象，但希望是主要以苏联为对象而发展"防共协定"。近卫公爵在此初期曾留记事："这时的同盟，其对象为苏联，并计划将当时业已存在的三国防共协定变为军事同盟。"

被告大岛是参与交涉的最积极分子之一。他作证说：1938年6月所接到的参谋本部主管课的训令中，规定以苏联为对象来促进德日的合作。

1939年4月，里宾特洛甫在致德国驻东京大使的电报中说："日本要求我们明白赞同在本条约签订和公布后，能向英、法、美发表内容大略如下的声明，即本条约是'防共协定'的发展，同盟国视苏联为敌人，英、法、美不必认为是本条约的对象。"

虽然三国同盟本身未特别举出以苏联为目标，但毫无疑问，当1940年9月签订这个同盟时，日本陆军是这样想的。第五条的限制，即所谓"本同盟上述各条款，对三缔约国各自与苏联间的现存政治关系不发生任何影响"，并不是真心话。1940年9月26日日本驻柏林大使来栖致电东京说："德国政府虽指导德国报纸特别强调本条约并非企图对苏作战，但另一方面，德国为牵制苏联正向东部地区集中军队。"外务大臣松冈在 1940 年 9 月 26 日的枢密院审查委员会上，谈到"防共协定"第五条时也说："纵然有互不侵犯条约，但德苏作战时日本将援助德国，日苏作战时德国将援助日本。所谓'现存'并不是说苏联的现状不能变更，而是说在这个条约中不拟加以改变的意思……"同盟的发起者里宾特洛甫对于这个同盟也给以同样的解释。他说："……这是一箭双雕的政策，是针对苏联和美国的。"

1941 年 6 月 22 日，即三国同盟缔结后尚未满一年，德国就侵入了苏联。正像后面所要谈到的，虽然有日苏中立条约的存在，但日本却给德国援助。不过，仍避免对苏公开作战而已。

庭长：我们休庭 15 分钟。

（10:45 休庭）

（11:00 重新开庭）

法庭执行官：远东国际军事法庭现在开庭。

庭长：我继续宣读法庭判决书。

日本在满洲边境的攻击

1938 年和 1939 年，日本越过满洲边境，东在哈桑湖附近，西在诺门坎开始了攻势作战。这些事在后面将详细论及。

日苏中立条约

1941 年 4 月 13 日，苏联和日本缔结了中立条约。这个问题放在后面再讨论较为方便。但是，这里之所以提出在当时曾缔结这个条约，是因为在以下所述的事项中，日本蔑视这个条约的存在。

1941 年 6 月德国进攻苏联

1941 年 6 月德国进攻苏联后，占领苏联远东领土的主张极为嚣张。德国的这一进攻，的确刺激了日本的对苏贪婪政策。日本的统治者认为德国的对苏胜利不可避免并且迫在眉睫，因此，日本认为这是实行侵苏计划的好机会。

因为德国攻苏的初期胜利，日本军国主义者中间有着及早发动攻苏的倾向。德国驻日大使奥托1941年6月22日,即在德国进攻苏联那天,报告他与松冈会谈的电报中说:"他和过去一样认为日本最后对这一冲突不能够保持中立。……在会谈末了,松冈接到大岛的一封电报,其中是德国外交部长对于苏联自远东撤兵之说唤起注意。松冈自动表示他将立即建议采取适当的对策。"

日本甚至担心它进攻的军事准备是否太迟缓了。这种想法表现在1941年7月31日外务大臣丰田致日本驻华盛顿大使的的电报(第433号)中。其中说:"当然德苏战争给我方以解决北方问题的绝好机会,并且我方正进行着勿失此良机的准备也是事实。……如果德苏战争的进展过速,那么帝国可能来不及采取任何有效的一致行动。"

1941年7月2日,军部和政治领导人在秘密的御前会议上决定:"对于德苏战争,虽然以三国轴心的精神为基础,但暂时不拟参与,而将秘密地准备对苏武力,采取自主的对策。同时要以周密的准备,继续进行外交交涉。如果德苏战争的发展于帝国有利时,则行使武力解决北方问题,以确保北方的安定。"

这一决定显示出,日本藐视日苏中立条约。或者参加对苏的共同阴谋,或者寻觅有利时机,在德苏战争最有利的时机进攻苏联。

在这次会议作出决定后,加强进行准备表现在1941年7月3日德国大使奥托从东京发给里宾特洛甫的电报中。德苏战争爆发后,苏联驻日大使斯梅塔宁立即会见松冈,探询日本对这次战争态度的根本问题。斯梅塔宁询问,日本是否和苏联一样按照1941年4月13日的日苏中立条约维持中立。松冈对这一询问,避免直接作答,却说他对于这个问题的态度已表明在从欧洲回国后他所发表的声明(1941年4月22日)中。同时,他强调说,三国同盟是日本对外政策的基础,如果这次战争及中立条约与这个基础和三国同盟发生矛盾,那么中立条约"将会失效"。奥托得知这次会谈的内容后,7月3日发电报告如下:"松冈说:日本对苏联大使所以需要用这样的话来说明,是为了欺骗苏联使其以为日本军备尚不充分或者至少是使苏方无法确定真实情形。我们已得到传达,政府决定暗示迅速从事对苏准备,但这一点斯梅塔宁学者还没有感觉到。"

当时德国曾力促日本尽早进攻苏联。里宾特洛甫在1941年7月10日致德国驻东京大使的电报中说:"此外,您应根据我给松冈的口信,使用您所能运用的一切办法,希望努力使日本尽速参加对苏作战。因为参战的实现是愈早愈好。和过去一样,必须以德日在冬天以前会师西伯利亚线路为当然的目标。随同苏联的崩溃,三国同盟在世界上的地位将强大无比,那么英国的崩溃问题,即完全消灭英伦三岛不过是时间问题而已。"

至少日本外务省认为日本实行对苏作战计划已迫切临近,因为它甚至在商量觅取挑起战争的适当方法。1941年8月1日,奥托在他的电报中报告说,他与代理外务省次官山本秘书会谈时提到,他"作为预想,询问日本是否打算向苏联提出要求后再开始积极行动。外务次官说,尽管有中立条约,这个方法是找到以防御苏联进攻日本为借口的最好办法。他个人正在考虑苏联不可能接受的苛刻要求,他心中所想的是割让领土这类问题"。

德国对苏作战初期的失败,延迟了日本本身的进攻计划。苏德作战的情况使日本具有戒心。当8月初旬德国陆军进攻速度迟缓下来时,大岛曾向里宾特洛甫询问其原因何在。里宾特洛甫叫他去问科特尔。科特尔解释说,德国军队进展的延缓是由于交通线太长,后方部队逐渐迟延的缘故。结果使进展较预定计划约迟延了三星期左右。

苏德战争的趋势不断影响日本当时的政策,但是却不能影响日本的长远政策。奥托在1941年9月4日致柏林的电报中说:"有鉴于苏军对德军这类部队所作的抵抗,日本参谋本部缺乏在冬季到来前对苏获得决定性胜利的自信。此外,大概参谋本部,特别是关东军仍被活生生的诺门坎记忆所支配着。"因此,"……大本营最近终于决定延迟对苏行动的期限。"

奥托在1941年10月4日的电报中,向里宾特洛甫报告说:"日本对于苏联远东部分作战的摇摆,表明明年春天以前不会对其发动进攻。……苏联对德国所显示出来的顽强程度,指出了即使日本在8月或9月发动攻击,也不可能在年内打通沿西伯利亚的道路。"

日本虽然延缓了立即进攻苏联,但仍将进攻苏联看做其政策的主要目标之一,既没有动摇其决心,也没有放松其准备。日本外务大臣在1941年8月15日,与意大利和德国大使举行秘密会谈,谈到日苏中立条约以及苏联估计日本可能不会参战的问题时,曾说:"……从帝国目前所正在进行的对外军事扩张看来,我认为按照目前的状况说,作为与德国政府共同进行未来对苏计划的第一步,那么上述的对苏安排是最好的办法。"又说:"这仅仅是暂时的办法,换句话说,在准备完成以前,这种办法具有牵制苏联的性质。"

在截获的1941年11月30日东京发往柏林的一封电报中——显然是日本外务大臣发给日本大使的电报——训令日本大使去会见希特勒和里宾特洛甫。这封电报指示说:"希作如下传达,我方现在对南方的行动,并非意味着我们对苏联压迫的缓和……但是现在我们对南方施行压迫是有利的,所以目前拟避免在北方引起直接的行动。"

但是,日本领导人并未放弃他们的企图和计划。根据新闻的报道,1941年8月,据报荒木对大政翼赞会的事务总长说:"下一步就是出兵苏联……也可以说今天日本支配大陆的野心是萌生于出兵西伯利亚的时候。"东条做总理大臣后,1942年他发挥了与此相同的思想。东条与德国大使奥托会谈时曾说:日本是苏联势不两立的敌人,海参崴永久是日本侧面的威胁,在这次战争(即德苏战争)中有消除这种危险的机会。东条夸口说,因为卓越的关东军拥有最精锐的部队,所以做这件事并不困难。

日本延期攻苏

1942年5月15日里宾特洛甫发往东京的电报中,曾希望"日本尽早做出进攻海参崴的决定。"他接着说:"这一切都取决于下列前提,即日本强大到足以从事这个作战而不致减弱它对付英美,例如其在缅甸的力量。如果日本缺乏在这一作战中获致胜利所需的兵力,那么日本当然以保持对苏中立关系为宜。无论如何,这也会减轻我们的负担,因为日苏冲突的预期,使苏联必须保持在东部西伯利亚的兵力。"

在1942年底,由于苏德战场的情况,德国希望日本参战的心更热切了。大岛在1943年3月6日与里宾特洛甫会谈时说:"德国政府所提出的攻苏建议,已列为日本政府和大本营联络会议的问题。在联络会议上对这问题会详加讨论和彻底检讨。其结果如下:"日本政府充分认识来自苏联的危险,并且日本也完全了解盟邦德国希望日本对苏作战的愿望。但是有鉴于日本目前的战局,日本不能够参战。且毋宁认为现在不对苏开战反于双方有利;另一方面,日本政府是绝不会轻视对苏问题的。"

在解释这个决定时,大岛说:他知道"长期以来日本怀着敌视苏联的意图。但是目前日本显然感觉还没有如此强大的力量。如果从南方战线后退并放弃若干岛屿给敌人,也许可能将全部兵力移到北方。但这就意味着在南方的严重失败。与南进同时再从事北进,对于日本说来是不可能的。"

大东亚共荣圈包含部分西伯利亚

当创造大东亚共荣圈这种委婉说法来表达日本在东亚的霸权时,西伯利亚和远东苏联领土就难免包括在内。这也是前一目标和计划的必然结果。

1941年底至1942年初,即爆发对美英战争后不久,由日本陆军省和拓务省制订的"大东亚共荣圈土地处理方案"中,已认为占领苏联的远东领土是既定之事,问题只在于占领哪一部分。在这个方案的"苏联领土的将来"一项标题中指出说,"虽然本问题应依据日德协定解决,目前难以决定",但无论如何,"沿海省应并入帝国领土之内,毗连'满洲国'的地方应置于它的势力范围内,西伯利亚铁路完全由日德两国管理并以鄂木斯克为分界线。"

被告桥本在1941年1月5日以《大东亚皇化圈》为题的论文中,当列举应包含在"大东亚皇化圈"内的国家时,举出了中国、法属印度支那、缅甸、马来亚、荷属东印度、印度以及苏联的远东领土。他接着说:"虽然现在尚难决定将这些地区一举都编入皇化圈内,但至少在国防上说来,将这些国家包含在我国势力范围内的措置是绝对必要的。"

以著名的日本政治家和军部领导人(包含东乡,贺屋,武藤及佐藤在内)为会员的"国策研究会",虽然不算制订政府政策的机关,但至少在政策促进上起着重要作用。据该会1943年5月发表的"大东亚共荣圈建设对策方案"中,推测"大东亚共荣圈的合理范围",除其他构成地区外,还"包含贝加尔湖在内的东部苏联一带……并包含外蒙古的全部"。1940年10月1日根据敕令所设立的、直接对总理大臣负责的"总力战研究所",在他们的研究中也表现了与此相同的日方热望。因此,1942年1月由总力战研究所制订的"大东亚共荣圈建设草案"中,关于由日本联合各国的"中核圈",除满洲和华北外,苏联的沿海省也包括在内,而所谓小"共荣圈"中,除中国未被占领的地区及法属印度支那外,东部西伯利亚也包含在内。

本法庭认为在本法庭所受理的整个时期中日本曾企图和计划对苏的侵略战争,这个侵略战争是日本国策的主要要素之一,它的目的是占领苏联在远东的领土。

对苏战争的计划和准备

作为对苏基地的满洲

日本对苏的好战政策表现在日本的战争计划中。日本参谋本部的战争计划,从本案所考察的时期之初起,拟以占领满洲为第一步。在日本的战争计划中，不仅将占领满洲作为征服中国的一个阶段，并且也当做巩固对苏采取攻势军事行动基地的手段。

根据当时参谋本部将校河边虎四郎的证言，1930年被告畑做参谋本部第一部长时，制订了对苏作战计划，企图在苏满边境对苏采取军事行动。这是日本占领满洲以前的事。

被告南和松井在本法庭中也供认：对苏战争时，认为满洲有作为日本军事基地的必要。

1931年3月16日畑命令铃木大佐赴满洲北部和朝鲜视察旅行，目的是为了作战，即根据对苏的"B"作战计划和对华的"C"作战计划作战。作为旅行结果，在该大佐提出的秘密报告中，详细叙述了关于以占领沿海省为目标的"B"作战计划的情报。

为实现占领苏联远东领土的目的，1931年占领满洲提供了沿广大战线攻苏的基地。1931年春驻苏日本陆军武官笠原幸雄向参谋本部提出秘密报告，主张进攻苏联并决定其目标如下："……至少要进展到贝加尔湖为止……如果停止在贝加尔湖一线，那么帝国必须决心和准备将所占领的远东省看做帝国的领土……"证人笠原在交叉询问中承认这个文件是真有其事，并作证说，他曾向参谋本部建议迅速开始对苏战争，又建议为了准备随时作战而扩充军备。1932年春笠原被调往参谋本部，担任第二部的苏联班班长。笠原在1932年7月15日，即在出任上项职务后不久，经由神田中佐将参谋本部的下列重要决定传达给当时驻莫斯科的武官河边虎四郎。"……陆海军的准备业已完成。为巩固满洲，日本有对苏作战的必要。"证人笠原在反讯问时说明，参谋本部的"课长班长们之间存在着一个约定，即在1934年前完成战争准备"。

当采取上项决定时，被告梅津是参谋本部的总务部长，东条和大岛都是参谋本部的课长，而武藤是参谋本部第二部的部员。

陆军省和参谋本部之间的约定

1932年夏,陆军省的课长和参谋本部的课长关于这项准备曾有所约定。显然,如果没有得到陆军省上级的许可是不能这样做的。被告荒木当时是陆军大臣,被告小矶当时是陆军次官,被告铃木是陆军省军务局局员。正像前面所指出的,荒木和铃木曾经在1933年公开表明以武力占领沿海省、外贝加尔和西伯利亚的意图。

驻莫斯科武官主张攻苏

1932年7月14日,河边以驻莫斯科陆军武官的地位向参谋本部报告说:"日苏战争在将来是不可避免的",因此,"扩军备战的重点必须以苏联为目标"。他更强调"对于苏联所提出的缔结互不侵犯条约的建议,应不即不离而必须保留帝国行动的自由"。毫无疑问,这已触及了前述的苏联提出的缔结中立条约的建议。

对苏战争的计划

正像1931年占领满洲一样,1937年侵略中国其他地区时,必与苏联一战始终念念不忘。战略上则是从事进攻苏联的准备。这一点在1937年6月已由当时关东军参谋长被告东条所指出。他在开始进攻中国之前不久,在发给陆军省次官梅津和参谋本部的电报中说:"如果从准备对苏作战的观点来观察目前的中国情势,我相信如果为我方的武力所允许,就应首先予南京政权一击而去除我方背后的威胁。"无论当1931年占领满洲,还是1937年侵略中国其他地区的时候,对中国及对苏联的作战计划,都是由参谋本部、日本陆军省和关东军合作制订的。

被告武藤在本法庭供认当他做参谋本部第一课课长时,曾研究过1938年度的计划。日本参谋本部1939年度和1941年度的作战计划,是以占领苏联领土为目标的。1939年的战争计划则是以日本主力集中在满洲东部采取攻势作战为基础的。关东军拟占领的苏联城市为伏罗希洛夫、海参崴、伊曼以及伯力、海兰泡和库伊布雪夫斯克。在德国攻苏前,日本的1941年计划也具有同样的目的。在战争的第一阶段,意图占领伏罗希洛夫、海参崴、伯力、伊曼、库伊布雪夫斯克;在第二阶段意图占领北库页岛、堪察加的彼得罗巴夫罗夫斯克、黑龙江的双城子、康苏莫尔斯克和苏夫卡万。

这些计划和手段的攻击性,在联合舰队司令山本大将1941年11月1日的秘密作战命令中显示出来。其中指出,他相信"……如果帝国不去进攻苏联,苏联是不敢开战的。"东条在1941年12月8日枢密院审查委员会会议上,也发表了相同的意见,他说:"……苏联由于进行对德战争的关系,是不会乘帝国南进之隙的。"

虽然这类计划被解释为"例行的",解释为为了"战略防御"等,但显然这是攻击计划而非防御计划。也许在有的时候一个防御的战略变为攻击作战是合理的,并且也可能是必要的。但是,如果考察一下这类计划的性质和日本的对苏军事政策,那么所得到的结论只有一个,这类计划是侵略的不是为了"战略的防卫"。只有作歪曲解释时才被叫作"防卫的",这种曲解前面已经论及,日方辩护说,它牺牲亚洲大陆上的邻国进行扩张是为了保卫"王道"。

积极准备对苏战争

日本在占领满洲以后,立即开始将其军队的主力驻扎在满洲。训练军队的目的,主要是为了准备对苏对华的军事行动。前陆军省兵务课长和兵务局长田中,估计在满洲训练的日军有250万人。

1938年,东条以关东军参谋长的地位,在"察哈尔气象观察网配置计划"中,说明其目的是"为使日本及满洲的气象预报工作更加精确,特别是为了准备对苏作战而加强航空气象网。"

原关东军司令官被告南在反诘中承认,在满洲修筑铁路是以苏联为目标的。他虽然主张"其主要目的是为了开发北满",但承认这些铁路也具有战略上的价值。

1938年1月,关东军司令部在东条指导下草拟了"新兴中国建设方案大纲"。当将这文件送呈陆军大臣时,曾说明这文件的工作是劝诱地方居民来"协助迫切的对苏战争之准备"。东条企图使用蒙疆地方"作为侵略外蒙的基地"。

当时的关东军参谋长东条,在1938年5月发给陆军省的极秘密的电报中指出,南满铁路"……应接受军事方面的指导去协助执行'满洲国'的政策及对苏作战的准备等"。

虽说1941年4月缔结了日苏中立条约,但日本陆军当局并未因此松懈对苏战争的准备。因此,关东军参谋长在1941年4月的兵团长会议席上所发表的演说中,谈到日苏中立条约时说:"此次的条约是从加强三国同盟的观点上所采取的一种外交措施,是帝国根据其现况企图暂时获得日苏外交的平静,这个条约有无实际效果要看今后两国的态度如何,所以按照今日的状况,不能认为立即就可以形成友好的关系。因此,为使条约在将来能获实效,陆军绝对不能松懈作战准备,只有日益加强与扩大作战准备才能促其获得实效。至于陆军过去的方针则并无任何的变更。"

"自日苏中立条约缔结以来,日'满'两国人民间常常谈论着对苏作战准备可能因此而减轻。其实一如上述,我方在对苏作战准备上,不仅过去的方针毫未改变,并且值此时机,特别需要以周密郑重的态度来对待思想、防谍及其他各种谋略问题,关于此点,应迅速使一般下属对其有彻底的了解。"这份文件的原文是从没收的"军机密"文件中得到的。这个报告中并未注明当时的关东军司令官梅津曾出席会议。但像这样重要的演说,并且做成记录加以保管的演说,也许他曾出席或至少是经过了他的批准。

1941年12月5日在同一会议上,关东军参谋长对兵团长训话,要他们完成对苏作战的准备,要他们将苏联远东领土和蒙古的军情变化与德苏战争的发展联系起来加以注意,不要失去利用战局转折点的机会。发表这个演说时,梅津仍担任关东军司令官。

管理苏联被占区的计划

日本的领导人认为实际上实行占领苏联领土是可以办到的事，所以参谋本部和关东军司令部制订了管理这些领土的特别计划。从1941年7月到9月，参谋本部将校的特别小组，进行了关于日军占领下的苏联领土统治制度的研究。

1941年9月，以梅津的部下池田少将为课长，在关东军司令部设立了第五课。池田也是从事于研究苏联领土占领区统治制度问题的。"满洲国"总务厅内的专家从事此项工作。

纵然表面上官方称国策研究会是一个非官方团体，但这个团体在起草方案和研究时却从陆军省、拓务省及其他政府机关得到极秘密的文件。1941年12月由陆军省和拓务省所制订的极密件"大东亚共荣圈土地处分案"，就是其一例。根据这个方案，苏联的沿海省以及到贝加尔湖为止的其他苏联领土都要合并于日本或"满洲国"。国策研究会在其1942年2月18日的"关于大东亚共荣圈的范围及其构成的试验方案"中，进一步策划了阻止"从苏联欧洲部分被逐出的斯拉夫人向西伯利亚集中"。

随着战争准备的加强，它们所使用的人数也就日益增多，并且还设立了特殊的机构，其中有隶属内阁的总力战研究所和国策研究会。总力战研究所前所长村上启作中将作证说：总理大臣东条曾指示研究所草拟的在日军占领下的大东亚地区占领地行政制度计划。在研究所所做的一切研究中，都把侵入苏联的问题看成已经决定了的事情。在1942年度研究所综合研究记录中所载的"西伯利亚（包含外蒙古在内）统治方案"内，就包含着为日方占领当局所拟的规则。其中说：

"宣布一切旧法令全部无效，以简洁而强有力的军事命令代替旧法令。在强大的天皇领导下，原则上不准原居民参与政治，如有必要则准其作低级的自治。"

"如国防上经济上有必要时,可以派遣日本人、朝鲜人和满洲人的移民。"

"如有必要,可断然实行原居民的强迫移居。"

"我方的主旨在于普施威力,应以严酷的实力临之,不可陷于所谓温情主义。"

"国策研究会"的工作是与总力战研究所沿着相同的方向进行的。

1942年春,关东军司令部草成了关于在日本占领下的苏联地区军事行政计划。这个计划经梅津批准后送交了参谋本部。在这个计划中包含着"行政,治安维持,产业组织,金融,通信及运输"各部分。

1942年,东条和梅津派遣池田少将及其他军官去研究南方地区所设立的占领地统治制度,其目的是利用这一研究来推进对所占苏联领土的统治制度方案。

德国侵苏后的积极备战

在德国侵苏前,日本加强了对苏战争的全面准备。那时虽然已在中国进行长期战争,但仍希望利用欧战的机会达到对苏企图。因此,关东军就有秘密动员和增强兵力的必要。1941年夏,根据计划实行秘密动员,关东军新增加了两个师团和各种特殊部队,兵力达30万人。1942年1月关东军兵力增加到了100万人。关东军获得了大量的新装备,其中战车的数目为1937年的两倍,飞机的数目为1937年的3倍。大集团的部队沿着满苏边境布阵。除了关东军以外,还预备使用朝鲜军,内蒙的日军和日本国内的部队参加企图的对苏攻击。除兵力和物资外,并且为关东军准备了大量的粮秣。

谋略和防碍行为

和直接的军事准备一样,平时和战时对苏谋略活动的详细计划,也在考虑和进行之中。此事早在1928年神田正种向参谋本部和关东军司令官所提出的报告中就表现出来。神田是日本的情报军官,后来曾任参谋本部第二部的苏联班班长。在这个报告中,记述了对苏的谋略活动大纲和施策。特别是谋略及挑衅行动，乃针对北满交通线，主要是针对中东路加以计划和实施的。在这个报告中说："包含在对苏谋略范围内的工作是很多的，这种行动应遍及全世界。"这报告的起草人神田前陆军中将，在本法庭受审讯时曾证实这一文件。

1929年4月驻在某几个国家的日本陆军武官在柏林开会，讨论当时已有图谋的对苏战争时期，在欧洲各国所能使用的破坏方法，这个会议是由当时参谋本部第二部长被告松井所召集的。在这个会议中，曾考虑使用在外国的白俄难民。关于驻在苏联以外国家的日本陆军武官应如何进行对苏谍报问题也曾有所讨论。被告桥本是当时驻土武官曾出席这次会议并曾在会议上发言，他在本法庭受审时，举出参加这次会议的其他人物有驻英、驻德、驻法、驻波、驻奥、驻意及驻苏的各陆军武官。松井承认在这次会议中，他和其他武官曾讨论过对苏谋略活动问题。在这次会议以后，1929年11月，桥本向日本参谋本部提出了关于"高加索形势及其谋略利用"的报告，其中强调"高加索地方……是在对苏谋略上的重点之一。"他建议"使高加索各民族互相嫉恨，使高加索出现混乱状态"。

被告大岛在其驻柏林期间曾与希姆莱协议关于秘密实行对苏联及其领袖的谋略。

1942年，日本参谋本部和关东军司令部制订了1943年以前有效的对苏攻势作战计划。根据这一计划，等到在满洲集中约30个师团后，即突然发动对苏战争。这些后来的计划与其以前的计划一样，都未曾付之实行。就在这时候，德意日轴心国在军事上的前景已开始恶化。后来这些国家日益处于守势，日本所企图的攻苏冒险的可能性也日益减少，终于在1945年，轴心国遭遇了决定性的失败。总之到1943年为止，本法庭判定日本不仅计划实行对苏侵略战争，并且不断从事于这种战争的积极准备。

中 立 条 约

德国进攻苏联

正像前面已说过的，自 1931 年至 1933 年间，日本曾拒绝了苏联缔结中立条约的要求。到了 1941 年时，日本除与德意以外，几乎与所有的国家都丧失了友好关系。由于国际局势发生了极大变化，所以日本现在欣然愿意做它 10 年前所拒绝做的事情了。但是这种愿望，并不表示日本在对苏态度上有任何改变，也不表示日本已减低占领苏联领土的企图。

1941 年 4 月 13 日，稍在德国进攻苏联之前，日本和苏联缔结了中立条约。该中立条约中规定如下：

第一条

两缔约国相约维持两国间的和平友好关系，并应互相尊重他方缔约国领土的安全和不可侵犯。

第二条

缔约国一方成为一国或两国以上之第三国的军事对象时，他方缔约国应在该纷争整个期间保守中立。

日本政府在当时因为已与德国有"防共协定"和三国同盟的约束，所以当签订这个条约时采取了模棱的立场。日本政府签订中立条约，使它的立场更加暧昧。因为在签订中立条约时，有种种理由可以预见德国的进攻苏联已迫在眉睫。

早在 1941 年 2 月 23 日，里宾特洛甫就告诉大岛，希特勒在冬季编组了若干新部队，结果德国保有了 240 个师，其中有第一流的攻击部队 186 个师。里宾特洛甫更详细地叙述了"德苏战争"的前瞻，他说："结果是德国的伟大胜利，而标志着苏联的终结。"

在 1941 年 3 月，德国领导人希特勒和里宾特洛甫与日本外务大臣松冈会谈时，对于德国的即将进攻苏联就谈论得更加详细具体。

1941年3月27日松冈和里宾特洛甫会谈时，里宾特洛甫告诉松冈说，"东部德军任何时候都可以使用。一旦苏联对德采取可以解释为威胁的态度时，元首就会粉碎苏联。德国无人怀疑，这样的对苏战争，将以德军的完全胜利和苏军及苏联国家的绝对破灭而告终。元首相信，在对苏进攻后数月内，苏联大概就不会以一个大国而存在了。"

同一天，希特勒对松冈谈了同样意思的话。谈话时大岛、奥托、里宾特洛甫都在座。希特勒说：德国虽与苏联缔结了某种条约，但比这更加重要的事是德国为了对苏联防卫能够使用160个到200个师的这一事实。里宾特洛甫在1941年3月29日与松冈会谈时说，大部分的德军都集中在德国的东部边境，并再次表明他相信，一旦与苏联发生战争时，大概在几个月中就可以席卷苏联。在这次会谈中，里宾特洛甫又说："……对苏纷争无论如何是可能发生的。不管怎样，松冈在归国后总不能向天皇报告德苏纷争没有发生的可能。不仅如此，就情势说虽不能说一定会发生这种纷争，但必须认为可能发生这种纷争。"松冈在回答时保证说，"日本始终是忠实的同盟国，对于共同的努力不只是以敷衍而将贡献出全力。"

松冈在莫斯科签订中立条约归国后不久，曾对驻东京的德国大使奥托说："如果德苏之间发生冲突时，无论是日本总理大臣或总务大臣恐怕都不能够使日本保守中立。到这种时候，日本就必然会站在德国方面，而不能不进攻苏联。虽然有中立条约也不会改变。"

大岛在1941年5月20日致松冈的电报中报告说：魏斯札克告诉他："松冈外相告诉奥托，如果德苏开战时日本会进攻苏联一事，德国政府对之极为重视。"

日本政府一方面进行缔结中立条约的谈判，同时又和德国进行延长1941年11月26日期满的反共协定的协商。这一事实可以证明，日本政府在缔结中立条约时采取了不老实的政策。防共协定在德苏战争爆发后的 1941 年 11 月 26 日,又延长了 5 年。

日本对于苏联及中立条约的政策,表现在 1941 年 6 月 25 日德国攻苏 3 天后驻日苏联大使斯梅塔宁和松冈的会谈中。斯梅塔宁向松冈询问,日本是否依据 1941 年 4 月 13 日的苏日中立条约保守中立时,松冈避免坦白作答,却强调三国同盟是日本外交政策的基础,如果这回的战争和中立条约与这一基础和三国同盟相矛盾时,中立条约"恐将失效"。前面说过,松冈和斯梅塔宁会谈中的阴险评论曾见于德国大使的报告。1941 年 6 月,在德国进攻苏联稍前不久,梅津与乌雷黑公爵谈话时曾说:"目前我们是欢迎日苏中立条约的。但因三国同盟是日本外交政策的不可改变的基础,所以当德苏现有关系发生变化时,日本对于中立条约的态度也必须立即改变。"

这表现出日本缔结对苏中立条约并无诚意,只是出于更有利于对德协定的考虑;签订中立条约只是为了便利它的攻苏计划而已。关于日本政府对苏态度的这种看法,与 1941 年 7 月 15 日德国驻东京大使致电柏林报告的意见一致。在德苏战争中日本的"中立",是作为日本攻苏前给德国援助的烟幕而发生了实际作用,并且也似乎企图发生这种作用。根据对本法庭所提出的证据,表现出日本不仅没有遵守对苏中立条约,相反地却给德国以实际上的援助。

日本对德的军事援助

日本在满洲进行大规模的军事准备,并在该地集中了大军,借此牵制了东方苏联陆军的相当多的兵力;否则这些兵力就可以用在西方对付德国。德国政府和日本政府对于这类军事准备的意义有相同看法。德国驻日大使在 1941 年 7 月 3 日致柏林的电报中报告说:"日本政府始终考虑,为了实现上项目的,同时德苏战争中在远东牵制苏联,日本要增强军备。"

同样,里宾特洛甫在 1942 年 5 月 15 日拍往东京的电报中指出,虽然突袭苏联的成功在促进轴心国军事进展上极为重要,但他和以前说过的一样,认为德国对苏战争中日本的"中立"非常重要。他同时强调说:"由于苏联任何时候都预期会发生日苏冲突,不得不维持东部西伯利亚的兵力"。

日本供给德国有关苏联的军事情报

日本向德国供给苏联军事情报的证据,见于1941年7月10日里宾特洛甫发给东京德国大使的电报中。其中里宾特洛甫写道:"对于传递日本驻莫斯科大使的电报,请借此机会向日本外务大臣致谢。我们如能借此方法定期得到从苏联来的报告,实所幸盼。"

关于日本曾将其军事机关和外交机关所获得的有关苏联经济、政治、军事情报供给德国一事,已提出证据加以证明。从1941年10月到1943年8月担任参谋本部苏联课课长的松村少将作证说,"根据参谋本部的命令他对参谋本部第十六(德国)课,有系统地供给了关于远东苏军、苏联作战能力、苏联部队自东方向西方移动、苏联部队在国内移动的情报,以便该课将这类情报供给东京的德国陆军武官克来希马上校。"

前东京德国大使馆陆军武官处助理武官冯·彼特斯道夫作证说:曾自日本参谋本部有系统地得到关于苏联陆军,特别是关于远东军的秘密情报,如关于军队的配置及其兵力和后备军的详细情报,关于对欧洲战场的苏军移动的详细情报,关于苏联军需产业等的详细情报。彼特斯道夫说:他从日本参谋本部所得到的情报,尤其从范围和性质说,和陆军武官从普通线索所通常获得的情报是有所不同的。

日本对苏联船舶的干扰

日本尽管有着中立的义务,但对远东苏联船舶的航行进行干扰,致使苏联在战争方面的努力大受妨碍。检察方面不仅有上述的主张并且还提出了证实它的证据。其中,有证有据的是,1941年对停泊在香港的有明白标志的数艘苏联船舶,加以炮击并击沉其一艘。许多苏联船舶被日本海军舰艇非法抓扣并将其带到日本港口,有的长期加以扣留。最后,检察方面还斥责日本封锁津轻海峡,致使苏联船舶在开往远东苏联沿岸时必须经由更为不便更为危险的其他航路。这些行为都被认为是蔑视中立条约所负的义务，是为了妨碍苏联对德战争，并作为日本所企图的对苏战争的间接准备而实行的。

现在已确实证明了日本缔结中立条约是毫无诚意的，并且是作为推进日本对苏侵略企图的手段而缔结的。

1938年至1939年日本对苏联的攻势作战

前面讨论日本对苏态度的时候，关于起诉书中起诉原因第25、26、35及36项所举的两个事件，未作详细的考察。这并不是因为这些事件在以前讨论中没有重要意义，而是因为起诉书直接提出了这些事件，我们认为将其详细的考察保留到这儿再谈较为适宜。

继日德同盟——以1936年11月的"防共协定"为基础——及1937年卢沟桥事件后日本在华北华中的军事成就，日本陆军在1938年和1939年对苏联采取了敌对行为，先是在满洲东部，后来在满洲西部。1938年7月采取敌对行为的地点是在邻近满洲、朝鲜及苏联沿海省边境交接点的哈桑湖地区内。其后，1939年5月在"满洲国"和外蒙古，即在蒙古人民共和国和满洲边界的诺门坎地区内发生了敌对行为。日本方面主张说：这些战斗行为都只是由于边界线不明所引起的边境事件，结果成了对峙于双方边境的国境警备队的冲突。

哈桑湖地区的敌对行为

1938年7月初，在哈桑湖西方地区的日本国境警备队的兵力，由于在哈桑湖稍西的图门江东岸集中了野战部队，所以实力大增。在图门江和哈桑湖之间连绵着一片丘陵，俯视着两面的江河湖泊，苏联方面主张沿山顶为双方的边境线，相反，日方主张边境线应在此以东的哈桑湖西岸的沿线地方。

这个高地在战略上具有相当重要性，因为它俯瞰着图门江西方南行北往的铁路以及通往苏联沿海省、海参崴的铁路。从日本方面看来，这个高地的重要性在于它有防止观察和攻击通往北方东方交通线的铁路公路的价值。由于日方认识其军事重要性,早在1933年就由关东军对该地区的地形进行了充分的研究。这一研究,正像1933年关东军参谋长向陆军次官提出的报告中所述,是为了"对苏作战"而进行的。

根据苏联国境警备队前哨当时的报告及其他证据,显示出在1938年7月中日本部队曾大规模快速集中。在7月底以前一个师团左右的朝鲜军竟集中在一个长不超过三公里的小地区内。田中隆吉少将在为辩护方面作证时说:他在7月31日到达该地区时,日方已使用相当多兵力进行攻击。顺便提一提他关于在这之前所进行的准备的证言是饶有兴趣的。他在7月15日已经访问过这个地区。据他说:当时苏军已在西方侧面即满洲的张鼓峰方面——根据苏联方面的解释沿着山峰为境界线——挖掘战壕和张设铁丝网。虽然这类防御措施在显示苏军的意图上是有意义的,但苏联籍的证人否认曾经采取过这类措施。如果我们完全相信田中的证言,那它暗示苏军曾经侵入过满洲领土。但是日本方面从来也未曾对于这类防御措施提出过任何的抗议。正像后来所明了的那样,日本方面所抱怨的是在哈桑湖西的任何地点都不应配备苏联部队。在发生冲突以前,苏联国境警备队的人数很少,在现在所讨论的地区兵力未超过100人。

早在7月初旬,在日本部队集中在哈桑湖地区后,日本政府就与苏联政府开始了外交交涉,其目的在使苏联国境警备兵撤退到哈桑湖东岸。7月15日,驻莫斯科的日本代理大使西春彦,根据日本政府的训令向苏联外交部长声明说:整个哈桑湖西部地方都属于满洲并要求苏军自哈桑湖西岸撤退。就在这前后,在西欧担任使节的重光接到了要确实贯彻日本要求的训令而被派赴莫斯科。于是双方进行谈判,苏联代表重申边境线是沿着哈桑湖以西的高地而非沿着哈桑湖岸的沿线。并称,这一事实为1886年的珲春议定书所证实,且已据此确定了边界线。关于珲春议定书重光以断然的态度说:"照我的意思看来,在这样危急的时期谈论什么地图是不合理的。这只有使情况更为复杂。"7月20

日,重光正式要求苏军撤退,此外,他还说:"日本对于'满洲国',具有权利与义务来行使武力使苏军从非法占领的'满洲国'领土上撤退出去。"

关于前述边境线问题,曾对本法庭提出了许多证据,并有一张地图和其他许多证明文件。前述的珲春议定书是满清和帝俄代表在1886年签订的,其中附有指示边境线的地图。在中文和俄文的议定书原本中,都提到了这个地图,且都有下列的重要部分:"……地图上的红线是边境线的标志。沿分水岭向西流注入图门江的水属于清国,沿分水岭向东流注入海的水属于俄国。"

关于详细说明边境线的部分,双方原本略有出入。对边境线准确位置有疑问固然不能忽视,但按现行国际法,不应诉之于武力。

1938年7月21日陆军大臣板垣和参谋总长共同谒见天皇,要求天皇批准在哈桑湖行使武力以贯彻日本的要求。陆军大臣和陆军渴望使用武力体现在板垣对天皇的谎话上。板垣对天皇说,对苏行使武力一事已和海军大臣及外务大臣商量过。他们完全同意陆军的意见。第二天,包括板垣在内的五相会议讨论了在哈桑湖开始敌对行为的问题。决议说:"为防万一,我方已有所准备。至于何时动用武力,须经有关部门协商并按敕令执行。"于是在哈桑湖行使武力获得批准,唯一未解决的问题就是开始敌对行为的日期。一星期后这个问题也获解决。1938年7月29日日军在别济米扬纳亚高地附近,以侦察形式开始了最初攻击。实施攻击的部队人数并不多,大约不超过一个中队。但配置在那个山丘的苏联边防部队人数很少,日本部队获得了成功。但当天苏联派出增援边防部队,将日军自占领地驱逐出去。

7月30日至31日夜间,日方以一个师团为主力,再次对张鼓峰的一个山丘发动攻击。前面引用过辩方证人田中隆吉的证言中承认,他在7月31日回到该地区时,日军正以大兵力进攻。他又说,日军确实在满洲境内,可能基于日方认为哈桑湖西岸也属于满洲领土。无论如何,本法庭找不到苏军先开火的证据,而这才是使日方攻击成为合法的唯一理由。这个地区的战斗,从1938年7月31日一直延续到8月11日。由于敌对行为开始后苏联援军的到来,击败并且几乎完全歼灭了在这次作战中的日军。于是日本政府同意停止敌对行为,并按照苏方主张将边境线恢复到沿着山顶的沿线。

根据所有证据,本法庭得到下列结论,即日军进攻哈桑湖,是由参谋本部和陆军大臣板垣故意计划的,至少是由出席1938年7月22日会议的五大臣批准的。其目的如不是试探该地区的苏方实力,就是夺取俯瞰通往海参崴和沿海省交通线上战略要点的高地。这个攻击是以相当兵力为基础计划和实施的,所以不能把它看成单纯的国境警备队间的冲突。本法庭已获得满意的证据,敌对行为由日方先行开始。虽然所使用的兵力并非庞大,但就上述日方目的,以及万一进攻获胜时可能的后果而言,本法庭认为,称这次敌对行为为战争是完全合理的。并且,按当时通行的国际法,以及初期外交谈判中日方代表所采取的态度,本法庭认为日方的作战行动显然是侵略性质。

我们将休庭至13:30。

(12:00休庭)

下午开庭

(13:30重新开庭)

法庭执行官: 远东国际军事法庭现在开庭。

庭长: 我继续宣读法庭判决。

诺门坎(哈欣河)战役

从1939年5月持续到9月为止的诺门坎地区战事,规模上比哈桑湖战事大得多。发生在外蒙古东部边境与黑龙江省相接的地区。在其稍南,就是1939年归日本控制的察哈尔省。

与日本对苏军事计划相关联,外蒙古具有极大的重要性。因为外蒙古从满洲至贝加尔湖以西的不少地区都与苏联领土相连,如果被非友好国家军事统治,一般来说对于苏联领土,特别是对于联结苏联领土东西部的西伯利亚铁路是一种威胁,这条铁路有很长路段与外蒙古北部国境线大致平行且距离不远。苏联和日本都认识到外蒙古在战略上的重要性。

早在1933年,荒木就在以《昭和日本的使命》为题的论文中,鼓吹占领外蒙古,并且还说:"日本不愿意在与势力范围相接触的地方,存在着像蒙古这样暧昧的地区。蒙古无论如何必须是东洋的蒙古。"数年以后,在1936年,当时的关东军参谋长板垣和有田大使会商时,板垣指出:"从今日的日'满'势力来看,外蒙古极为重要,因为它是苏联联结远东领土和欧洲领土的西伯利亚铁路的侧面掩护地区。所以,如果外蒙古合并到日'满',那么苏联远东领土将陷入极其危险的状况,也许不战就可以使苏联势力退出远东。因此,陆军用一切手段试图将日'满'势力扩大及于外蒙古……"

苏联预料到日本或其他国家的可能动作,所以在1936年与蒙古人民共和国缔结了互助条约,根据此项条约,在一些外蒙古城镇驻有苏军。在诺门坎战役发生前不久,苏联曾派遣若干部队至外蒙古东部。

1939年5月11日,随着数百名日军侦察队进犯蒙古方面的国境警备队,战斗就此开始。从这天起到该月27日止,虽少数日军再度进攻,但均被击退。其间,双方都派出了援军。5月28日,在飞机、大炮、坦克的支援下,双方又开始大规模战斗。其后,战斗规模日益扩大,直至9月日方承认失败后,才停止作战。

投入兵力的确切数目很难确定,但可以从对于死伤总数的各种估计和作战范围判断兵力巨大。日方由于战死、负伤和被俘所受的损失超过五万人,而蒙古和苏联方面的损失在9 000人以上。作战行动的前线达50至60公里,纵深达20至25公里。

对于这次事件的辩护,大体上和哈桑湖事件的情形相同,即称此次事件不过是因外蒙和满洲边境正确位置的争执所引起的边境冲突而已。日本方面主张,在发生战斗的地区,国境是在此地向西北方向流去的哈欣河。蒙古方面主张，国境是在哈欣河以东约 20 公里的地方。关于国境的位置，曾绘制许多地图，举出许多证据。此外，一些发生冲突前不久在蒙古国境警备队服役的人提供证据，说明他们主张的国境沿线上有明确的国境标志。在这里并无决定国境位置的必要。关于这个问题后来已有协定。本法庭应决定的问题只是发生的战斗是否合法。

关于这次作战行动的性质和规模，其最有力的证据是 1939 年 9 月 5 日的第六军司令官的公告，见于被没收的日方文件中。内容如下：

> 虽然以前曾发布改编第六军的命令，但现在不得不遗憾地承认，由于并未执行此命令，防卫西北地区的重大使命已归于失败。我军现已投入满蒙国境非正式战争的漩涡中。此项行动迄今已在前线持续了 10 日以上。由于小松原中将所率各部果敢的行动，交战中的混乱得以减少。现在我军为了新的进攻，正在锦锦斯墨地区进行准备中。
>
> 关东军司令官决定在今秋派遣驻扎在满洲的最精锐部队来援助我们，他已命这批部队向未来的战场转移，并命其归我指挥，且正在计划解决争端的紧急对策。显然，现在的事态使问题早已超出了国境纠纷的范围。我们现在正在中国进行圣战，因此，在复杂的内外状态条件下，这一纷争的任何变化，对于国家都极其重要。我军应采取的唯一行动，就是团结一致，迅速给敌人以歼灭性的打击，并借此消灭敌方日益增长的傲慢不逊。目前，我军顺利进行准备。大概在今年秋天，我军将以一击来终结这些鼠辈并向世界夸示精锐皇军的威力。将士们已充分了解目前状态的重要性。全军从士卒至军官都充满了勇敢、坚定的志气和胜利的信心。我军具有对我大元帅陛下无限忠诚的品质，无论身处何地，时刻准备着粉碎和歼灭敌人。

辩方从未认真试图证明蒙古和苏军先开始战斗。辩护的时候，也未提出这种主张。关于这个问题，检方曾令参加这次作战行动的证人出庭作证，这证人称敌对行为是由日"满"方面的军队开始的。关于这一点，本法庭接受检察方面所提出的证据。毫无疑问，这次纷争的准备是由关东军进行的，但开始这一敌对行为是否得到参谋本部或政府的批准，并未提出可供我们判断的任何证据。本法庭所能够说的只有下列一点，在连日军参谋本部和陆军省都没有事前获知的情况下，实行如此大规模的作战行动是不可能的。在这次事件爆发后不久，陆军大臣板垣将这次所发生的事件报告了当时的总理大臣平沼。平沼在本法庭审判前的讯问中曾说，他曾要求板垣中止敌对行为，但他"不能发出任何命令"，并且"军部方面具有'不同的意见'"。显然，这次纷争的最初阶段，平沼和板垣都对形势有着充分了解，并且没有任何证据可以证明他们中的任何一人曾为阻止这一纷争的继续有何作为。

如同哈桑湖事件一样，日军被完全打败了。如果日军获胜会发生什么后果只能推测，但这次作战行动的性质并非仅仅由日军战败的事实来决定。这次作战行动规模大并且持续四个月以上。正如第六军司令官公告所示，这次显然是日军周密准备后采取的行动，其意图在于歼灭与日军敌对的军队。因此，对于这次事件仅是边境对峙的警备部队之间冲突的主张不能成立。本法庭认定这次作战行动是由日方发动的侵略战争。

关于是否予以宽恕的辩护

关于哈桑湖和诺门坎两次战役，辩方的补充论点是：这两个战役都已由日苏两国政府所缔结的协定得到解决。1938年8月10日重光和莫洛托夫所签订的协定，结束了哈桑湖战役。双方都退回到敌对行为发生前所占的位置，随之恢复平静。

在诺门坎战役结束后很久，日苏两国在1940年6月9日签订了东乡-莫洛托夫协定。据此协定，双方就外蒙古和满洲的边界问题达成一致。在以上两个协定之后，1941年4月签订的日苏中立条约大致解决了边界问题。

根据以上三个协定，辩护人称，既然有了以上两类协定——一种是特殊的，一种是一般的——现在就不能再提这些问题了，并就此点结束其辩论。

作为辩方辩论基础的以上三个协定，都不包含免除特权，也未处理关于刑事上或其他方面的责任问题。因此，本法庭认为这些协定毫不妨碍以前进行的刑事诉讼。无论是国内还是国际刑事责任问题上，对任何法庭来说，明示或默认地支持或宽恕犯罪行为，都是违反公共利益的。

关于蒙古未独立的辩护

被告人东乡的辩护人在对于第26号指控的辩护中主张指控不成立，原因在于直到1945年，所称的"蒙古人民共和国"都是中华民国整体的一部分而不是一个主权国家。本法庭不予考虑也不认为有必要讨论外蒙古的地位。我们正在处理的是刑事案件，其目的有着至高无上的重要性。本法庭也不准许否认日本政府先前作出书面承诺的辩护，在这些承诺中，日本承认了蒙古国的地位。在1940年6月9日，苏联和日本政府达成协议，并由被告人东乡担任后者的代表进行签署。其中，制定了确定"满洲国"与外蒙古的条款，并由蒙古人民共和国以及"满洲国"各自派代表签署确认同意。

由于对于外蒙古主权地位的明确承认以及缺少反面事实证据，被告现在不能宣称外蒙古主权未被承认，他们也不能申请法庭进行外蒙古直至1945年都是中华民国一部分的司法认知。

第七章　太平洋战争[1]

太平洋战争

1938年日本进攻哈桑湖的失败揭示了苏联在远东方面出人意料的军事力量。1939年8月23日德苏互不侵犯条约的缔结，以及德国专心致志开展对英法的战争，使苏联西部国境暂时无虞。至此，一直作为实现日本国策第一步的北进企图，只得延期至更好机会出现时再说。

在北方的机会之门关闭以后，南方之门立即开启。日本为实现其国策的第二个主要部分，即为了实现南进，采取了种种的预备措施。

1938年9月，英法在慕尼黑会议上遭到了断然拒绝。之后，1938年11月3日，近卫公爵公开宣布日本在东亚建立新秩序的意图，同一个月内，日本宣布条约体系不再无条件适用。日本认为在中国局势已经发生改变的情况下，"门户开放"和"机会均等"原则或许必须做出让步。1938年11月，五相会议决定占领海南岛。1939年2月，海南岛被占领。1939年3月，南沙群岛被占领。

1939年9月，德国和波兰、英国和法国之间爆发战争。很快，大岛大使和寺内将军谈论南进的可行性。从1939年9月开始，在中国的日军对国际力量的态度明显更加不肯妥协。1939年9月，日本外交部要求法国停止通过云南铁路向中国运送军用物资，并要法国准许日本军事代表团到法属印度支那，以确保不再运输供应品。没有什么更能表明日本南进的侵略野心，因为法国有权利运输这些供应，而且当时没有迹象表明法国的军事力量会遭到削弱。但是考虑到法国为欧洲战事所

---

[1] 本章可参阅《远东国际军事法庭庭审记录》第80册49405—49591页。

累,日本认为自己足够强大,可以向法国提出这些要求。1940年2月2日,日本向荷兰提出要求,这些要求如果通过,将会使日本在荷属东印度的经济问题上获得较其他国家的优先权。1940年3月,小矶告诉食品委员会日本应扩张到太平洋群岛,以在经济上脱离美国。

1940年5月9日,德国入侵荷兰。日本立即要求美、英、法保证他们会保持荷属东印度的现状,美、英、法作出了保证。日本也给出了类似的保证。但是直到1940年5月22日才收到德国应日本要求的声明,表达德国对荷属东印度没有兴趣。按照日本的解读,德国同意日本在荷属东印度地区可以自由处置。

1940年6月17日法国向德国请求缔结停战协定。1940年6月19日日本再次重申对法属印度支那的要求,要求停止通过法属印度支那半岛向中国运送物资,同时要求允许在该地驻扎日本军队以防止物资通过。这些要求在1939年提出时遭到法国拒绝,不过法国现在情况已经不同过去,日本占了上风。于是法属印度支那总督同意日本要求,1940年6月29日一支日本军队抵达河内。

1940年6月24日,当时的外务大臣小矶向德国大使表达日本在法属印度支那半岛和荷属东印度群岛的殖民野心,并询问德国对日本在这些地区将要实行军事行动的态度。大使坚持了德国在1940年5月22日发布的声明,即德国不关心荷属东印度群岛事宜。他进一步表示,德国很可能不会对日本在法属印度支那半岛的行动提出反对,同时德国希望日本通过对菲律宾和夏威夷的攻击威胁来牵制美国在太平洋的实力。

1940年7月1日,日本拒绝美国提出欧战期间各方在太平洋维持现状的协议。在一次木户对当时的外务大臣有田的采访中,有田提及拒绝的原因,因为那时限制日本在荷属印度群岛和其他地方的活动不可取。没有什么比这个更直白地表明了日本对其邻国的侵略野心。1940年7月9日来栖和佐藤告诉里宾特洛甫,9年来日本目标就是建造一个不受制于条约体系的新中国,在此期间日本给出的官方声明都是谎言。1940年7月16日日本通知荷兰,日本将派遣一个经济代表团到巴达维亚讨论荷属东印度群岛对日本的供给。同一天,米内内阁迫于军队及其支持者的压力宣布辞职,军方认为米内内阁太软弱以致无法利用欧洲国家法国、荷兰沦陷和英国焦虑的机会为日本谋取利益。1940年7月22日就职的近卫第二次内阁目标很明确,即采取步骤加强日本向南方的侵略政策。

1940年日本政策

近卫第二次内阁于1940年7月22日上任,此后它作出很多重要决定,直接导致太平洋战争于1941年12月8日爆发。

日本与德国之间的谈判导致1940年9月27日三国同盟条约的签署,这已在前面判决部分讨论过。然而,如果要对第二次和第三次近卫内阁以及后来的东条内阁所做出的决策和采取的计划有一个更清晰的认识,最好是简要回顾一下从1940年7月到1940年10月所采取的一系列政策和计划。它们重申了广田内阁于1936年8月11日阐述的政策,是这一政策在1940年下半年的实际应用。

重要事件有:1940年7月26日内阁决议,1940年9月4日四大臣会议决议和1940年9月19日联络会议,签署协议三国同盟条约后第二日即1940年9月28日在外务省制订的日本外交政策纲要,1940年10月3日内阁会议决议,以及在1940年10月4日在外务省制订的"对南部地区初步行动计划"。

上述事件的结果是,1940年10月初日本政府政策开始指向南部地区,意图占领新加坡、英属马来亚、荷属东印度群岛,同时努力避免与苏联和美国发生战争。如果一旦有可能与美国发生战争,菲律宾、关岛和其他美国领地将被纳入日本将要占领的地区版图。更详细看,这些政策旨在:

(1)依赖三国同盟条约。

(2) 与苏联缔结互不侵犯条约。

(3) 圆满结束在中国的战争。

(4) 将法属印度支那、荷属东印度群岛、海峡殖民地、英属马来亚、泰国、菲律宾、英国婆罗洲和缅甸纳入大东亚共荣圈（以下简称共荣圈）。

(5) 参与调解欧洲战事，作为回报力图获得英国对共荣圈的承认。

(6) 与美国缔结互不侵犯条约，日本承认菲律宾独立，作为回报要求美国承认共荣圈。

1940年10月4日，近卫向媒体发表声明：如果美国拒绝理解日本、德国和意大利的真实意图，并继续其挑衅态度和行为，美国和英国将被迫与日本发生战争，这也意味着日本将不得不与他们开战。他解释说，日本在用外交斡旋的方式诱导苏联、英国和美国暂停对中国的援助。

此时日本的侵略意图已经非常明显，为防日本实现侵略野心，美利坚合众国不再供应日本可以制造军火的原材料。一项总统声明宣布禁运的物资扩展到所有的废旧钢铁（除非这些物资被运到西半球和英国），这项禁运在1938年和1939年实行，作为对日本无视条约的抗议。应该指出，美利坚合众国在1940年1月26日终止了它与日本的商业条约。1940年12月10日禁运进一步扩大，在许可制度的管控下，铜、黄铜、锌、铜、镍、钾盐被添加到1941年2月3日的禁运名单上。废旧橡胶在1941年5月5日被列入禁运名单。到了1941年6月20日因为情况严重恶化，美国除出口至英国和南美外，其他所有石油出口被全部禁止。

日本采取各种措施来抵销美国禁运带来的影响，例如，增强日本国民经济，组织日"满"华经济集团等。内阁认为为了避免经济竞争、双重投资和企业的重复设立，有必要在经济集团的三国之间分配他们各自在劳工、金融、外汇、制造业、通信、运输等良好的活动领域。

实施政策的措施

1940年10月25日一项政策研究表明,近卫内阁决定承认由汪精卫领导的傀儡中央政府,并与之商议一个基本条约,调整其与日本政府之间的关系。11月30日该条约签署,派往傀儡政府的新大使被告知,内阁政府已采用傀儡政府作为长期战争的工具,他应该牢记这一点,并与陆军和海军在最大程度上进行合作。

规划委员会会长和前"满洲国"总务委员会会长星野,在签署中日基本条约之际,积极引导日"满"华发表联合声明的谈判。1940年11月7日木村被任命就职于日"满"联合经济委员会。11月8日日"满"华联合声明开始最后一版修改,并于1940年11月30日中日条约签署时予以发布。该联合声明指出,这三个国家将在军事和经济方面进行合作,采取一切必要手段建立亚洲新秩序。

星野解释了日本经济重组计划,使其符合新的经济集团。他指出,11月内阁决定一项计划,将按照行业将各个公司组成联合会,以便通过由内阁任命和受商务大臣监督的联合会会长来控制这些公司。用于确保该计划生效的法律和规章已经发布,之后将不会对该项计划做大的改动。由于该项计划的实施,1940年212家大公司发生兼并,涉及资本金额为23亿日元,1941年上半年,共有172家重大兼并,涉及资本金额超过30亿日元。

枢密院议员在审议三国同盟条约过程中指出,签署三国同盟条约后应当采取一系列措施为可预见的战争作准备。星野在枢密院会议结束后立即开始采取措施,强化日本金融结构。1940年10月19日,发布了一项名为"有关银行及其他金融机构的资金运作"的帝国条令,该条令旨在加强政府对金融机构的监管,要求各金融机构根据政府的指令调整自己的投资策略,并承诺对金融机构因遵从政府指令而发生的损失进行补偿。同日发布关于控制企业账户的帝国条令,要求有关机构必须节省资金用于实现国家总动员法的目标。

大政翼赞会

1940年9月26日会议上，枢密院议员在讨论三国同盟条约时关注其中一个事项：日本民众对于将要承受的艰苦会作出的反应，这种艰苦会因为三国同盟条约所引发的美国将来可能的经济制裁雪上加霜。近卫对此问题的解决方案是，1940年10月10日成立大政翼赞会。1940年5月米内内阁下台之前，木户和近卫讨论过成立一个包含所有党派的组织，不过随后这个行动停滞了。桥本为这个组织的筹备委员会贡献了他在政党联合会组织多年的工作经验，星野也作为委员会的一员做了协助工作。大政翼赞会的章程非常详细，清晰地显现了其意图是扩散到全日本，深入到区、县、市，甚至每一个家庭。该会旨在将日本变成一党制国家，与欧洲的极权主义国家并无二致。其他政党将被取消。首相既是该会的负责人，同时也是一党的领袖。这个计划虽以掩人耳目的方式提出，但其实质是要建立精神和实质相统一的国家结构，以协助天皇实现"八纮一宇"的目标，使得日本成为世界的光荣领导者。

桥本和白鸟呼吁公众支持战争政策

许多组织加入了大政翼赞会。桥本是大政翼赞会理事会成员。他组织了一个极端民族主义团体"石青会"。1940年11月7日，在组织团体旅游时，他向他的团体发出了如下命令："坚决站起来，抓紧时间煽动一次强大的民族运动，运用一切手段，演讲、会议、宣传海报等，开展一项彻底运动以反对英国和美国的同情者，并在同一时间开展运动争取为日本南进赢得道义支持"。1941年1月2日京都一个超过5 000个团体成员参加的会议上，他发表演讲。演讲中桥本主张推翻英国和美国，就像他曾经在他受人欢迎的演讲"向士兵祈祷"中的态度一样。而且，他又一次提倡"南进"。

桥本在任期间忙于写作。1940年12月20日他出版《革新的必然性》一书，并于1941年1月30日出版《世界重建之路》，还发表"二度创作"一书的第14版。在他《革新的必然性》一书中，提到年底即将到来和应适时"敲响响亮的警钟"之后,建议应趁英国与德国和意大利交战之际进攻英国,以消除其对日本建立亚太新秩序的反对,同时他表示在击败英国后应当发动对美国的进攻。他的"二度创造"一书中包含了"桥本欣五郎宣言"。根据该宣言,世界正面临历史性转折点,把"八纮一宇"作为国家政策的日本,应当大胆跃进并立即向世界展示其本来面目,通过紧密跟随天皇陛下,举一国之力成为光荣世界的领导者。他表示应完成战事准备,使日本能击溃正在干预日本亚洲大陆扩张和南进的英国和美国。在《世界重建之路》一书中,桥本显示了他对极权政府的支持和对独裁者手段的钦佩,并承认曾参与满洲事变。日本脱离了国联,也背弃了华盛顿海军限制条约,并在日本策划了5月和2月事变。

白鸟一直任职日本驻意大利大使,直到1940年8月28日他在外务省成为外事参赞为止。他协助沿着极权路线重组政府,并清洗那些在外事活动中对英美表达同情的人。在此期间,他的演讲和写作无不充分表达他对三国同盟条约的支持。1940年11月,他收集一些他的演讲和杂志文章,编撰成册,以散播他对三国同盟条约的支持。在他1939年11月发表的《欧洲战争和日本的态度》一文中,他表示可以利用欧洲战争帮助日本实现它在远东的目标。他在1939年12月发表的《日本-德国-意大利联盟的必要性》一文中谈到德国和意大利的目的是把世界分割成几个国家组,几个成员国组成一个国家组,并由其中的一个成员国领导这个国家组。日本应该加入德国和意大利,努力建立亚洲新秩序,即主宰亚洲。在他1940年6月发表的《伟大战争的趋势》一文中,他说实际上日本已被卷入战争,因为欧洲战争的导火索即是中国战争;同时他意味深长地提问,德国和意大利的敌人,即那些反对在欧洲建立新秩序的人,是否就不是日本的敌人。在1940年6月《关于日本不干涉的评论》一文中,他建议既然自从沈阳事件后日本已被视为建立新秩序的领导者,日本就应该尽早对轴心国给予支持,后者正试图通过极权的力量打破旧秩序。他建议这种支持应体现在遏制美国舰队在太平洋的活动,并且建议把荷属东印度和英国在远东和太平洋地区的殖民地作为对日本的回报。

白鸟在三国同盟条约签订后仍继续他的写作。他在1940年9月29日发表的《日本-德国-意大利联盟的达成》一文中表示,后代历史学家很可能会把三国同盟条约视为"世界新秩序的条约",不仅因为它代表了盎格鲁·撒克逊与日耳曼之间的种族宿怨和黄种人与白种人之间的竞争,而且它包括一个积极的计划来推翻现状以及规划新的世界格局。他在1940年12月出版的《三国同盟条约和明日之世界》一文中宣称极权主义运动正像星星之火在世界各地蔓延,任何有关其他世界和人类的概念将在明日世界中不复留存之地。他说日本在诞生之时即保持了一个纯正和纯粹的极权政府,体现在日本主权的统一和日本人民对于一个有机政体的不变信仰。他说沈阳事变激发了国家这种迄今为止一直被民主力量所遏制的健康本能。他呼吁重新审视和回归"八纮一宇"的真正精神。他指出中国战争的本质是日本和民主国家的冲突,并宣布在东方的战争和在西方的战争其实是一场战争。

总力战研究所

枢密院在审议三国同盟条约时曾质询战事准备工作。国家政策调查协会或国策研究在1936年成立以来就作为一个调查和咨询机构,协助政府找到严重政治问题的解决之道;但其主要价值是它是一个绑定财阀和军队的媒介。根据帝国条令,总力战研究所作为一个官方的政府委员会在1940年9月30日成立。条例规定研究所位于总理大臣之下,它不仅主管全面战争的基本研究,更对官员进行教育和培训来推动这场全面战争。星野在10月1日成为研究院的代理院长,深处高位的将军和海军上将追随他并继续这项工作直到1945年4月。铃木是研究院议员之一。每个政府部委都向研究院派出其代表。许多委员会和政府部门,以及台湾政府、南满铁路公司、财阀企业和横滨铸币银行都在研究所内有代表。研究所从国家活动的各个分支和部门挑选学生,开展讲座,进行研究和演习。针对对于全面战争至关重要的一些课题,该研究所编撰研究报告。

为提供更多人力资源实现日本在整个东亚的领导地位,1941年1月22日为阁采取一项旨在鼓励提高日本人口出生率的运动。星野推动了这个被内阁采纳的计划,内务大臣平沼和战争大臣东条也积极拥护这些措施。该计划的包括鼓励婚姻,降低结婚年龄,禁止节育,对于多子女家庭给予物质优先照顾,并且建立专门的部门鼓励提高出生率。这项计划的目的是增加人口的数量从而确保日本在东亚地区的领导地位,并为劳动和兵役提供人力来推动日本东亚计划的发展。目标是到1950年,日本人口应达到1亿。该计划依靠适当的条例和法令而付诸实施。

三国同盟条约下的合作

三国同盟条约签署不久,日本便与德国和意大利在三国同盟条约下开始积极展开合作。大岛在1940年10月27日刊登的一篇报纸文章:大家不能不被这样一个事实所振奋,三国同盟条约已经签署,日本建立一个新世界秩序的目标已经明确,但这个具有坚定决心的国家应该毫不延迟地为达成这个目标做好准备。他建议,与德国和意大利的共同经济和军事合作应该迅速完善,以避免丢失建立大东亚和南海新秩序的机会。

1940年12月20日三国同盟条约签署国达成协议,建立基于同盟条约的委员会。协议呼吁建立一个总务委员会和两个技术委员会,即军事委员会和经济委员会,三个委员会相互独立,并分别设在三个国家的首都。军事事务局局长武藤和海军部海军事务局局长冈敬纯被任命为设在东京的技术军事委员会委员。

三国同盟条约达成当日,大岛被任命为日本驻德国大使,并成为设在柏林的总务委员会委员。陆军和海军曾敦促大岛的大使任命,因为他被认为是三国同盟条约的坚定支持者,他的任命将促进与德国和意大利的合作。在 1 月 15 日大岛离日赴德任职仪式上,松冈发表演讲,他说,他为大岛作为驻德国大使返回德国而高兴,因为大岛在德国领导人中建立了非常高的个人信用,他可以跟他们毫无保留交谈,三国同盟条约的实际应用将在很大程度上取决于大岛的个人能力。

大岛抵达德国后,松冈计划访问德国。访问目的是促进三国同盟条约下的合作,确保解决中国战争中的德国协助,并与苏联谈判签订互不侵犯条约。正如同盟条约所计划的那样,目的是日本在向南推进的过程中让苏联保持中立。即将要提到的法属印度支那和泰国边境争端的调停,延迟了松冈的离日赴德日期。1941 年 3 月他抵达柏林,在与里宾特洛甫和希特勒进行谈话后,前往莫斯科与苏联签署了"1941 年 4 月 13 日苏日互不侵犯条约"。1941 年 5 月 20 日,该条约的批准与换文在东京举行。正如我们多次指出,这一条约并不意味着日本放弃向苏联扩张的目的。这不过是权宜之计,其实质是时间的选择。随着在中国的战争进展以及预期与大不列颠、荷兰可能还有美国的战争,必须尽一切努力避免立即和苏联开战。

南进准备

1940 年 9 月和 10 月内阁通过的政策中,要点之一就是确立日"满"华经济集团,以便促进大东亚共荣圈的建立。其中,决定共荣圈发展的第一阶段是侵入夏威夷以西的整个地区,其中包括法属印度支那、荷属东印度、英属缅甸、英属海峡殖民地,而暂时将菲律宾和关岛除外,并制定了完整的战略计划。日本还试图与蒋介石委员长之间达成妥协并使用其军队。作为回报,则允许中国吞并法属印度支那的东京省及缅甸北部。它又计划在军事和经济同盟的伪装下,和法属印度支那及泰国缔结保护条约,以保证在这两国取得向新加坡前进的基地。作为对泰国的回报,答应将法属印度支那的部分领土划给它。然而,为了拖延泰国抵抗侵略的准备,日本计划在发动军事行动前,伪装日泰关系平稳的假象。为了防止破坏荷属东印度诸岛的油田及其他资源,日本决定在对荷属东印度开始作战行动前,先占领新加坡,并且在围攻新加坡时,号召荷印居民宣布独立,占据油田并将油田完好地交给日方。它还计划利用法属印度支那、缅甸和马来亚的独立运动来帮助入侵这些地区。日本计划在与蒋介石达成妥协或德国侵入英国时立即开始军事行动,而无论哪个先实现;如果以上两种情形均未出现,那就在德国获得某种实际的军事成功时开始行动,亦即行动要与德国的军事计划相配合。

1940年11月,近卫内阁为了解决中日战争,开始和蒋介石委员长接近。松冈继续向蒋介石提出建议,并期望他前往柏林会商,以得到更好的成果。但日本承认了中国的傀儡中央政府,这就失去与蒋介石达成一致的一切可能性。

泰国的索求

欧洲战争爆发后,泰国立即向法属印度支那提出归还1904年所夺领土的要求。1940年6月12日,法属印度支那和泰国缔结了互不侵犯条约,条款之一是规定设立一个委员会来解决国境纠纷问题。1940年6月17日,当法国向德国请求停战时,作为批准1940年6月12日互不侵犯条约的条件,泰国要求按照它的希望修改国境。

1940年8月30日,日本和法国间缔结了松冈-亨利协定,法国同意日军进驻北印度支那。1940年9月28日,泰国对法属印度支那当局提出照会,重申其要求,并建议以湄公河作为泰国和越南的边界。照会中称,法国未放弃对法属印度支那的主权以前,泰国不强行要求老挝和柬埔寨的领土。10月11日,法国拒绝这些要求。于是泰国开始沿国境集中军队,法国也同样集中军队相对抗。表面上看似乎敌对行为即将开始,但因日军对法属印度支那的占领仅以其北部为限,泰国得不到日本的支持而只得中途作罢。

1940年10月下旬,泰国为了探知近卫内阁对于泰越国境纠纷的意向,派遣代表团到日本。1940年9月和10月间制订的日本计划中,包含下列提案,即根据日泰互不侵犯条约设立一个秘密委员会,由该委员会着手日泰军事同盟的准备,当日本发动对新加坡的军事行动时,立即签订这个同盟条约。于是,在1940年11月5日和21日的四相会议中决定,如果泰国接受日方的要求,日本就援助泰国对法谈判并迫使法属印度支那将琅勃拉邦和巴枯塞归还泰国。泰国首相銮披汶接受了日方的要求。可见,日本预先决定了争端事项,然后再以仲裁人地位提出主张。

1940年11月21日四相会议以后,松冈通知德国大使说,日本已向泰国提出建议,如果泰国限定其领土要求,近卫内阁会欣然为泰国和法属印度支那从事调停。他对德国大使,在与法国维希政府进行谈判中,如有必要,日本可能请求德国政府加以支持。他还说,为了使法属印度支那同意日方的要求,已派遣巡洋舰一艘开往西贡,作为示威行动。这艘巡洋舰预计在12月中旬到达西贡。

因为泰国首相同意日本所谓"调停"争端的条件,于是泰国对法属印度支那重新开始了军事行动;1940年11月28日,泰国和法国军队开始交战。趁着战斗的发生,松冈通知法国大使说,关于泰国要求恢复1904年割让给法国的领土问题,他可以担任仲裁人。大使在第二天答复说,维希政府对于仲裁的建议表示感谢,但希望尊重法属印度支那领土的完整。

计划利用法属印度支那和泰国进攻新加坡

1941年1月23日,驻柏林的日本大使来栖向魏斯札克解释说,如果不经过法属印度支那和泰国并利用马来半岛作陆地桥梁,向新加坡南进是不可想象的。因此,必须阻止英国干涉日泰间的协议。以外交顾问白鸟为首的一派人,要求立即进攻他们认为是太平洋要冲的新加坡。结果,1941年1月,日本军事当局就与驻东京德国武官共同研究进攻新加坡的可能性。他们所获得的结论是:必须采取先占领西贡、然后登陆马来半岛的顺序来实行这一进攻。

1941年1月30日的联络会议中，决定利用调停法属印度支那和泰国纠纷的机会，巩固日本在两国的地位，并且要在金兰湾获得海军基地，在西贡获得空军基地，以便将来利用其进攻新加坡。关于实施此项决定时所应采取的步骤则俟以后再作处理。会议还决定将调停的真正目的隐蔽起来，称交涉是为了试图维持争端当事国间的和平。在举行联络会议后，由近卫、参谋总长及军令部总长向天皇报告了会议决定，并获得天皇批准。得知此项决定的木户在日记中写道，这种不经过御前会议的程序是破例的。

德国阻止法国维希政府派遣援军至法属印度支那，于是法属印度支那被迫于1941年1月31日与泰国签订了停战协定。根据停战协定的条款，两国军队应在1月28日从所占据的沿线撤退并停止一切军事行动。由日本监督双方遵守停战协定，该协定的效力一直维持双方缔结永久性和平条约为止。佐藤是监督实行停战协定的日本代表之一。1940年9、10月间，日本最初侵入法属印度支那时，他在华南派遣军中担任临时职务。直到1941年3月法国完全同意了日方要求，并由日本和法国维希政府签订解决争端协定后，佐藤才回到军务局的本职。

签订停战协定后，调停准备开始进行。1941年2月5日和6日，日本调停委员会接受任命，委员中有松冈、武藤及冈。谈判自2月7日开始，而在2月6日，松冈通知德国大使，日本内阁意图利用调停迫使法国和泰国同意不与任何第三国缔结政治或军事协定，并请其将此意转告德国政府。

作为日本对泰国和法属印度支那间纷争进行调停的结果，终于，法国维希政府和泰国于1941年5月9日签订了和平条约。这个条约，正如照泰国所主张的那样，规定由法国割地与泰国，并将国境定为沿湄公河的中心为界。1940年11月5日至20日，这一结果在日本四相会议上得到最终确认。

联络会议

1941年1月30日,由总理大臣、参谋总长和军令部总长决定采取措施,创造了先例并成为太平洋战争结束前所袭用的惯例。于是重要决定就由联络会议制定,然后报请天皇批准。其后,只有像宣战书这样最重大的问题,才举行御前会议。因此,联络会议成为日本帝国真正的决策机关。会议成员是总理大臣、外务大臣、陆军大臣、海军大臣、内务大臣、陆军参谋总长、海军军令部总长、陆军参谋次长、海军军令部次长,陆海军省的军务局长、企划院总裁以及内阁书记官长。在第二任近卫内阁中,东条、平沼、星野、武藤,以及被任命为企划院总裁后的铃木、被任命为海军省军务局长后的冈,都经常出席这类会议并参加政府政策的制订和实行。

外交讨论

1941年2月英国外交部长安东尼·艾登召见重光大使商讨时局。艾登提到关于远东局势极为紧张的报告,对于松冈声明主张的只有日本有权调停远东纠纷表示反对。艾登对于当时在法国和泰国间进行调停的欺骗性本质加以斥责。他声明英国有防卫其远东领土的意图。重光答复道,他不知道有什么紧张局势的存在。但是,证据表明,他不仅知道局势已濒于危机,并且完全知道近卫内阁所采用的计划以及为实行这些计划直至当时所采取的措施。重光说,他认为,艾登谈话是在日英关系濒于危机的前提下对英国立场的阐明;在表达对英美合作的不满后,他表示拟全部报告本国政府,请求训示。

松冈从艾登和重光的会谈中看出有机会实行1940年9月和10月间所通过的计划中第五项,那就是在适当时期,日本试行调停英德媾和,并利用这一调停取得英国对于日本支配东南亚及太平洋附近部分的承认。根据这一计划,作为承认的回报,日本答应保全包括澳大利亚和新西兰在内的联合王国,并答应与英国从事一般的经济合作。当时松冈正在法国和泰国间进行调停工作,并于1941年2月10日通知德国大使说,进攻新加坡的准备在进行中。可是在 2 月 13 日,他却训令重光大使,要他转告艾登,所谓远东已濒于危机的英国大使报告是可笑的妄想。

松冈告诉重光,英国大使的报告似乎基于下列假定:即日本要在法属印度支那和泰国获得基地,然后一旦德国侵入英国时,就立即在南洋方面开始对英的行动。松冈说,由于他对这个报告的根据曾秘密加以调查,但仍未发现任何依据,因此难以理解英国驻东京大使为何根据作此惊人报告。尽管松冈加以否认,但是英国大使的报告内容,实际上是由松冈出席的 1941 年 1 月 30 日联络会议上所决定的。松冈指示重光转告艾登:关于日本现在正计划开始军事行动的新闻报道完全没有根据,因为日本不会从军事行动上获得任何好处。

1941 年 2 月 15 日,松冈会见英国驻东京大使,在试探大使关于远东危机迫切的情报来源后,他向英国大使保证说:只要英美避免采取刺激性的行动,日本在任何情况下都不打算发动使这些国家不安的行动。大使问松冈是否打算阻止南进,以及日本对于充当法泰两国纠纷调停者的任务,是否希望过分的报酬。松冈答道:他打算尽最大的努力阻止南进,他又向大使保证,日本调停纷争的目的只是为了恢复法属印度支那和泰国间的和平。

1941 年 2 月 20 日,关于马来亚英国驻军的增强,松冈向英国大使表示不满。松冈还向美国大使吐出怨言说,英国正以增强马来亚驻军来采取攻势行动。美国大使回答说,日本把显然是防御性的举措解释为具有攻势的性质,使他出乎意料。美国大使谈到日本接连占领惠州、海南岛、南沙群岛,还谈到在法属印度支那集中军队公开表示南进的意图。美国大使说:无论是英国和美国,绝不能把这些事实解释为日本和平意图的表示。

1941 年 2 月 17 日,松冈向艾登发送照会,否认远东危机迫切的报道。松冈宣称,三国条约的首要目的是借着阻止第三国参战来限制欧洲战争的范围，以求战争的迅速结束。他向英国保证，这就是三国条约的唯一目的，这个条约是日本外交政策的基础。他又说，因为英美政府正企图对太平洋和南洋方面想象中的紧急状态进行准备，他不能不感到忧虑，如果美国把活动范围仅限于西半球，对形势缓和将大有裨益。他接着说，早日结束中国和欧洲的战争是他衷心的希望。他暗示日本愿作为欧洲战争的调停人。

英国对于松冈1941年2月24日的调停建议加以答复。英国政府先向日本政府保证，英美在太平洋和南洋的准备完全是防御性的，两国对日本并无采取攻击行为的意图，然后，英国政府拒绝了调停欧战的建议。其中说道，英国政府在欧洲战争开始以前，为欲避免此情况，曾尽一切努力，既然不得已而进入了这样的对峙之中，那么除求胜利之外，别无他想。

丘吉尔先生向日本政府作此答复的同一天和重光会谈，强调英国继续打下去的决心。他对于自英日同盟缔结以来的英日友好关系逐渐恶化表示遗憾。他说，如果两国间发生冲突，将是悲剧；此外，在新加坡周围正在建设中的防御设施之目的仅为保护自卫。他又明确表示有信心获得欧洲战争的胜利，所以不致发生松冈所说调停欧战的问题。重光否认松冈曾暗示调停，他说，松冈仅仅想强调日本希望和平的精神。他对英国援助抗日的重庆政府表示遗憾。

1941年2月27日松冈给丘吉尔先生的照会中，重申他关于日本在三国条约框架下的意图，并再次保证日本完全无意攻击英国。他对2月17日给艾登的照会被解释为调停的建议表示惊异，但又暗示并不反对这种想法。

进攻新加坡的准备

因为破坏英美合作以及借调停欧战之机使英国承认日本侵入东南亚的企图失败，为此日本掌权者采用另一套计划，即用武力进攻新加坡来达到同样目的。于是日本加紧进行这项攻击的准备。1941年1月，日本进行空中摄影来搜集在哥达巴鲁登陆作战的资料。这一地区的补充地图测绘在1941年7月由日本"水路部"完成。1941年10月上旬，该地图由海军军令部完成和印制。

早在1941年1月陆军省就和大藏省合作，开始准备日军南进时在预期占领地使用的军用纸币。这两个部门印刷了专用纸币并将其存放在日本银行，以便陆军占领敌方领土时支取。这些军用纸币中包括适合在马来亚、婆罗洲和泰国使用的货币单位"元"，在荷属东印度使用的盾，以及在菲律宾使用的比索。所以，在1941年1月，陆军省和大藏省就为日军占领这些地区的企图而准备了通货。

1941年初期，总力战研究所就编制了关于"总力战内外状况的判断"、"关于帝国及各国国力的总力战研究"、"大东亚建设计划方案"、"总力战计划第一期"等专题的调查报告。

大岛返回柏林后，重新担任驻德大使的职务。1941年2月22日，大岛告诉德国外交部的魏斯札克，必须从陆上和海上攻占新加坡，2月27日，他告诉里宾特洛甫说，5月底会完成进攻新加坡的准备，并且说，已做好准备随时按需要占领香港和菲律宾。1941年3月28日，里宾特洛甫告诉松冈说，占领新加坡是绝对必要的，并且应该同时占领菲律宾。松冈同意里宾特洛甫的话，并且说，他觉得日本如果不冒险征服新加坡，就会成为三等国家。

进一步准备

日本大本营在松冈访问德国期间，继续进行进攻新加坡的准备。1941年3月下旬参谋总长和军令部部长通知德国大使，正在加紧准备进攻新加坡。白鸟和德国大使曾讨论过这一进攻的战略。白鸟认为不仅应由海军实行正面进攻，还应该在马来半岛设立基地，使日本空军在德国俯冲轰炸机的援助下南下进攻马来半岛时，从这里去轰炸新加坡。1941年3月29日，当松冈和戈林元帅会谈时，曾安排增加日本供给德国的橡胶量，以取得德国空军援助作为回报。

日本备战的经济措施也正加速度进行。石油是一个重要问题,因为美国正在加强禁运,在巴达维亚与荷属东印度的谈判又毫无进展。企划院的星野估计在获得荷属东印度的石油以前,陆海军对于所需石油已有充分的储备。然而,他也相信储备并不会留有剩余,因为日本的生产额仅有 30 万吨,而每年的消费额达 200 万吨。这一事实使得日本需要有一个周详的计划,以便荷属东印度的石油资源在占领时保持完好无缺。

由于需要这种周详的计划,1941 年 4 月,大本营向近卫建议,任命为陆海军所完全信任的军人铃木来代替星野。近卫和木户商量后,4 月 4 日任命星野为贵族院议员,并任铃木为企划院总裁兼无任所大臣。

日本的掌权者们决定加强日本与法属印度支那、泰国间的密切关系,并在巴达维亚继续进行经济谈判。一旦由于英美禁运使日本的存在遭受威胁,为防止日本重要战争资材的消耗,应立即诉诸武力。4 月 10 日,木村被任命为陆军次官,九天以后,他上任陆军军需审议会会长。这些任命使得有必要解除其在日"满"共同经济委员会的工作。

为了在世界各地进行作战,日本正搜集军事地志的资料。其在荷属东印度的间谍活动日益剧烈,对于爪哇、苏门答腊、巴厘及其他地方也像对新加坡一样,计划了作战行动。将托管诸岛要塞化,而南洋方面的作战计划已接近完成。日本搜集了为缅甸和马来亚而使用的资料,并继续印刷军用纸币,以便在占领南方地区时加以使用。

1941 年 4 月 4 日,松冈和希特勒会谈时,要求通过根据三国条约所设的军事专门委员会,将包含有关潜艇作战最新技术改进和发明在内的一切可资利用的情报提供给日本。松冈解释说,当决定进攻新加坡时,日本海军将需要这些情报。松冈还说,与美国的战争早晚不可避免,日本希望准备齐全,并在恰当的时刻果断出击。但松冈要希特勒注意,为了不泄露秘密,当进攻新加坡的协定成立时,绝不要在发往日本的电报中提及此事。大岛大使也参与了松冈在柏林关于援助进攻新加坡计划的会谈。

日苏中立条约

重要的问题是进攻新加坡的时机。德国方面主张立即开始。但是近卫内阁的政策，从最初起就考虑与苏联缔结互不侵犯条约，以便在进攻新加坡和荷属东印度时来保护日本的后方。在1940年7月19日的会议上，松冈曾协同制订这一政策。希特勒在1941年3月27日与松冈会谈时坚称，不会再有比现在更好的机会来开始攻击，出席这次会谈的人还有大岛等。松冈答道，进攻不过是时间的问题而已，因为日方认为如果不进攻，就会失去千载难逢的良机。松冈谈到和苏联缔结互不侵犯条约的交涉问题。第二天，里宾特洛甫想阻止松冈与苏联缔结条约，指出，日本应该立即进攻新加坡，如果苏联进行干涉，德国马上进攻苏联。第三天，里宾特洛甫又重申了这项保证。松冈仍意图在从柏林的归国的途中访问莫斯科，并且在1941年4月13日与苏联缔结了条约。

法属印度支那

松冈回到日本后，与法国和泰国缔结了正式合约，这是他去柏林前就安排好的，并且在这次访问中获得对此合约的支持。

1940年6月，法国沦陷后不久，就被迫同意日本的要求，允许日军禁运监视团进入印度支那，确保对中国的物资禁运。1940年6月29日，监视团到达河内。

日本内阁确定了其外交政策后，1940年8月1日，外务大臣松冈实行这项政策。他致电法国大使，向法国传达算是关于法属印度支那问题的最后通牒。他还与德国大使商议形成同盟并获得德国对日本进攻法属印度支那的赞成。

在向法国大使表达意见时，松冈说尽管日本对法国允许监视团进入法属印度支那表示感谢，但近卫内阁仍希望法国允许日军驻扎在法属印度支那南部，并有权利在那里建立航空基地，以对抗中国国民政府。法国大使指出日本虽没有这样做,但这项要求无异于要求法国向中国宣战。松冈回答说提出这项要求是出于必要,必须赞成,否则就可能违背法国中立。松冈向法国大使保证,若法国赞成这项要求,日本将尊重法国的领土完整,并尽快撤离法属印度支那。

松冈告知德国大使他对法国提出的要求,并表明如果德国政府不反对这项行动并利用其影响力诱使法国政府同意这些要求,他将十分感激。1940 年 8 月 9 日,法国大使要求给出说明和保证,说明日本的要求和保证法国在法属印度支那的领土权。1940 年 8 月 15 日,松冈又一次要求德国政府对法国维希政府施加影响,以支持日本的要求。当天,他以军事行动威胁法国,如果允许日本要求的决定再有延迟,将采取军事行动。松冈和亨利于 8 月 20 日和 25 日进一步谈判后,8 月 25 日,亨利告知日本外务办法国已决定听从日本的要求。1940 年 8 月 30 日,双方交换信件,订立所谓的松冈-亨利协议。

根据松冈-亨利协议,占领法属印度支那是暂时的,声明指出这只是为了对抗中国,而且只限于东京省。此外,日本尊重法国在远东的权利和利益,尤其是印度支那的领土完整和印度支那联邦所有地方的主权。

建立航空基地和日军进入东京省的安排事宜由日本监视团首领和法属印度支那总督协商。法属印度支那总督迟迟未同意日本监视团首领西原的要求。1940 年 9 月 4 日,西原威胁说要从河内撤走监视团,并下令日本华南派遣军越过法属印度支那边界线。1940 年 9 月 4 日,签署协议,但有些细节留待解决。1940 年 9 月 6 日,在中国的一支日本陆军越过边界进入法属印度支那。据说这是由于失误导致,谈判仍然继续。

1940 年 9 月 19 日,美国大使会见松冈,告诉他美国政府认为日本对法国的要求严重损害了法属印度支那的现状,违背日本内阁声明。然而日本对美国抗议视而不见,因为已经与德国达成谅解,几天后将签署三国同盟条约。

9月19日，外务次长告诉法国大使，除非西原和法属印度支那总督在9月23日之前达成协议，否则日本将在那天越过边界进入印度支那。9月22日，日本监视团撤离法属印度支那，离港准备预期进攻。当天下午2时半，日军开始进入法属印度支那。由于面临真正的侵略，法属印度支那总督被迫接受日本要求，在1940年9月24日签署协议，同意日本占领东京省，建立航空基地和允许使用法属印度支那军事设施。于是日本迅速占领了东京省，建立了航空基地。

法庭执行官：远东国际军事法庭现在继续开庭。

庭长：我继续宣读法庭的判决。

与荷属东印度群岛的关系

日本的政策和行动激起了美国的制裁和经济限制，日本决定它的战争需求品，特别是石油，必须从荷属东印度群岛获得。

1940年1月12日，日本通知荷兰，1935年8月签署的司法解决、仲裁和调解条约将于1940年8月到期。根据原条约，双方必须通过和平手段解决他们之间的任何争议，并建立了一个永久性的委员会来解决纠纷。

1940年3月，外务省研究日本战争的经济准备。结论是美国从中国战争一开始就坚持遵循九国公约，如果日本侵略继续，美国可能会扩大对日本至关重要战争物资的禁运范围。日本必须考虑不依靠美国供应战争物资的方法和手段。对策建议是：寻求其他国家的供应来源，巩固日本和中国、"满洲国"之间的"亲密关系"，把东南亚国家纳入日本的经济控制之下。

在海牙的日本部长于2月2日递交荷兰外交大臣一份照会，提出某些要求。当时提出的主要要求是：消除荷兰和荷属东印度群岛对日本的出口限制和荷属东印度群岛对日本的进口限制；修改荷属东印度群岛的进入限制法律；扩展在荷属东印度群岛的日本投资设施；审查荷属东印度群岛所有反日出版物。因当时德国入侵荷兰，这些要求的回复仍在考虑中。

1940年4月15日外务大臣有田向媒体发表声明。在声明中他指出，日本与南洋地区，特别是与荷属东印度群岛，存在一个亲密的相互依赖的经济关系，如果欧洲战争得以扩散，打扰到荷属东印度群岛的现状，日本将深切关注，东亚的繁荣会被打扰。第二天，在海牙的日本部长会见了荷兰外交部长，向他解释日本对于维护荷属东印度群岛现状的关切。荷兰部长回答说，他的政府没有寻求，也不会寻求任何国家对荷属东印度群岛的保护，它决心拒绝任何国家提供的任何保护或者任何形式的干预。作为对有田媒体声明的回复，美国国务卿赫尔先生在4月17日通知他，对荷属东印度群岛的内政干预，或者通过非和平手段对整个太平洋地区的任何地方任何现状的改变，都将被视作对和平的威胁。

1940年5月9日德国入侵荷兰，两天后有田重申他在4月15日发表的关于荷属东印度群岛现状的声明。这个声明包含的信息是，他曾在东京拜会荷兰部长，重申荷兰政府决心接受不再干预荷属东印度群岛。声明中说，美、英、法、德和意政府已经被告知日本对于维护荷属东印度群岛现状的持续关切。

美国国务卿赫尔先生第二天发表声明，声明中说，最近几周若干国家政府，包括美国、英国和日本，已经在官方话语中明确表态，将继续尊重荷属东印度群岛的现状，这与1922年的正式书面承诺一致，他认为那些政府将继续遵守他们的承诺。5月13日英国大使会见有田并发表声明，大意是，英国政府无意干预荷属东印度群岛，并相信那里的荷兰军队足够维持现状。5月15日荷兰部长会见有田，告知荷兰政府相信英国、美国和法国无意干预荷属东印度群岛。5月16日法国大使会见有田，声明他的政府同意维持荷属东印度群岛现状。

法国的承诺保证是所有相关同盟国和中立国家承诺保证的最后表

示,即荷属东印度群岛的现状将被维持。在法国大使拜会有田并向他传达法国承诺保证的第二天,日本大使在华盛顿会见了赫尔先生。大使就西半球某些荷兰财产的现状询问赫尔先生,赫尔先生打断了他的话,并指着通过驻东京通讯社得到的材料。该材料报道,林内阁经常讨论关于荷属东印度群岛和日本在该地应有的特殊权利问题。他说,美国、英国和法国最近重申了他们的承诺,即尊重荷属东印度群岛的现状,但尽管努力与日本达成谅解,却不断有来自东京的声明暗示他们的承诺没有做好。大使向赫尔先生保证,米内政府完全满意大国发表声明后的形势,他的政府无意控制荷属东印度群岛。

1940年5月16日荷兰部长向有田保证,荷属东印度群岛无意对石油、锡、橡胶和其他对日本来说的重要原料的出口设置任何限制,并渴望与日本保持总体的经济关系。在5月20日交给在东京的荷兰部长的一份照会中,有田提到了该保证并告知荷兰部长,日本要求荷属东印度群岛总督能给予确切保证,即每年无论形势发生何等变化,列表中所列举的货物数量都能出口至日本。这个要求在6月6日被荷兰拒绝,并提醒日本注意这些事实,即两国经济关系是基于1937年4月的所谓哈特-石泽协议,并且日本最近再次承诺尊重在荷属东印度群岛的现状。

在柏林,日本大使根据有田指示拜访了德国外交部,要求德国就荷属东印度群岛现状发表德国的立场声明。里宾特洛甫指示在东京的德国大使向有田保证,德国在荷属东印度没有利益。他还指示大使在拜访有田时提到,和其他列强政策不同,德国总是寻求对日友好的政策,并相信这一政策有益于日本在东亚的利益。5月22日德国大使将表达此意的声明递交有田,有田对此表示感谢。第二天,日本新闻大肆报道此声明,宣传德国态度与其他列强形成鲜明对比,断言德国的声明使日本可以在荷属东印度地区自由处置。以后的事件完全证实了这一断言。6月24日,小矶告知德国大使,日本在印度支那和荷属东印度有殖民的渴望。

1940年5月22日，日本收到德国不关心荷属东印度的声明，1940年7月16日通知驻东京的荷兰公使，日方拟派代表团赴巴达维亚从事经济谈判。代表团自日本起程前，米内内阁辞职。7月22日组成了第二任近卫内阁。7月19日由近卫以及陆军大臣东条、外务大臣松冈和海军大臣在就职前所决定的外交政策根本原则，7月27日在联络会议上正式获得通过。在这样通过的政策中，包括加强对荷属东印度的外交政策，以便获得重要资源的要求。因此，近卫内阁就进行派遣经济代表团赴巴达维亚的安排。

在制订对荷兰提出的二选一要求草案时，曾讨论过经济代表团团长的人选。海军对于进攻荷属东印度未曾作过准备。这件事已由1940年8月10日军令部部长伏见宫对天皇的陈述加以证实。他说，海军当时希望避免对荷兰和新加坡行使武力，并且战争愈迟愈好，因为从决定作战起到完成准备止，至少需要八个月的时间。对荷属东印度的任何进攻都必须要求进行海上冒险行为，现在海军的援助是必不可少的。在决定向荷兰提出二选一要求的草案中说，关于东印度的入境、企业及投资问题，内阁决定坦白表明其意见，请荷兰政府同意日本帝国专心建设东亚新秩序的要求，因为日本认为有必要迅速确立以日"满"华为中心并远及南太平洋的共荣圈的经济自给。在第一个建议案中除其他要求外，还要求荷属东印度作为共荣圈的一员给日本以优惠的待遇，允许日本利用和开发东印度的某种天然资源。在第二个建议案中，要求荷属东印度与欧洲割断联系，成为共荣圈的一员，允许印尼人以某种程度的自治，并为保卫共荣圈而与日本缔结共同防卫协定。所有对于物资输出的限制，特别是对输往日本的限制，必须完全加以废止。对于任何独立国来说，这些要求除强迫以外都是不会答应的。

当代表团在1940年9月抵达巴达维亚时，遭到了冷淡的接待。1940年9月13日团长小林向松冈报告说，荷属东印度总督并没有感到事态严重和日本的威胁态度。他认为交涉是徒劳无益的，所以建议停止谈判。但是,1940年9月3日,松冈曾对小林的助手总领事斋藤发出训令,谈判不应仅限于政治问题,同时也应该去获取油田,而这正是内阁派代表团赴巴达维亚的主要目的之一。9月18日,小林向松冈报告说,他将继续谈判来帮助取得油田,但他建议将迄至当时为止在东京所进行的有关此项问题的谈判也移至巴达维亚办理。

1940年9月下旬,三国条约签订,并且对于东京省的占领以及在法属印度支那的军事基地的取得都得到确认。根据在1940年9月到10月采取的一项计划,日本决定通过确保在法属印度支那的军事基地来加强对新加坡的攻击,并且通过继续在巴达维亚的经济磋商来安抚荷兰。与此同时,暗中煽动原住民独立运动并保证入侵荷属东印度军事文件的安全。此外,计划决定对新加坡进行突袭,袭击同时号召荷属东印度原住民向荷兰宣布独立,以此保全在荷属东印度的油井和自然资源,并在日军从新加坡挺进攻占荷属东印度时,将它们完好运送至日军处。在对原住民起义号召中包含一项警告,即如果任何油井或其他自然资源遭到破坏,负责的荷兰官员就会被日军杀害。这项计划包含在荷属东印度组织一个新政府的条款,以便日本将来能在军事同盟伪装下获得优惠待遇,这一军事同盟也将为日方军事和经济顾问在新政府中获得有利地位的任命。这个新政府将由日本和原住民代表委员会进行组织,其中日方人员构成大部分。荷属东印度则将由这个委员会进行管理直至新的政府建立。

三国同盟条约的签署和对法属印度支那的侵入,引起了在巴达维亚的荷兰代表的极大不安,使他们对于继续谈判感觉踌躇。日本代表向他们保证说:三国条约不是以荷兰政府为目标的,为了促进荷属东印度与日本的友好政治经济关系,日本希望谈判继续下去。荷兰代表团在日本对荷属东印度既不怀有任何敌意又不要求指导权的谅解下,同意继续谈判,但请求日本代表团提出一个议题项目表以便讨论。在给予这种保证的当天,小林向松冈建议,应立即将荷属东印度放进共荣圈内，考虑到这一点并作为这一行动的准备，应在预算中列入宣传及训练人员的经费。为了这一新政策，于是需要用一个充分精通政策和计划的人物来代替小林。

驻柏林的日本大使通知德国说，作为德国援助日本南进的代价，日本准备充当购买代理人，将远东及荷属东印度的重要战争资材供给德国政府。德国政府接受了这个建议，1940年10月4日将汇票送给日本大使，作为采购荷属东印度的锡、橡胶、蓖麻子油、香料的预付款项。并为实行采购而签订了一个完备的执行协定。这一协定使对于荷属东印度的政策有了再作修改的必要。1940年10月25日，为应付对德协定，日本内阁修改了它的政策。其中决定：由于日本政府对德国的义务，需要荷属东印度立即加入大东亚经济圈，借着建立亲密的经济关系和开发利用其丰富的天然资源，以便与轴心国合作。对于实行这一政策的详细计划，曾制成协定。除其他事项外，协定规定：荷属东印度应与欧洲及美国断绝经济关系，荷属东印度重要战争资材的生产和输出应由日方统制，荷属东印度的整个经济规划和执行应置于日荷委员会之下。一旦达到这些目的，荷属东印度的经济将被日本所控制。

当时并没有担任外交职务的大岛于1940年10月27日在《读卖新闻》报上发表了一篇文章，呼吁关注日本与轴心国合作的义务，指出三国同盟条约施加了新的义务。他建议日本认清这一点，为了与德国和意大利合作，要在日本、法属印度支那、印度、荷属东印度和南太平洋诸岛之间建立互惠互利、共同发展的紧密关系。他提到当时美国为遏制日本侵略而对越来越多的重要战略物资实行禁运，说美国不是世界的主宰者，如果美国利用自己丰富的自然资源帮助建立新秩序，实际上将对世界和平作出巨大贡献。

荷兰代表团在1940年10月7日，将有关石油状况的精密详细的文件送交日方。其中考虑了整个情况和其他各国的要求，列举了准备供给日本的各种石油制品的数量，并且还详细叙述了可以供日本开发和调查石油的荷属东印度地区。日本代表团在1940年10月21日答复时说,对于荷兰方面准备供给的石油数量表示不满,并且对整个议案表示不满。日本代表团说,日方所希望调查和开发的不仅限于为私人企业所保留的油田地区,并且还包括为政府所保留的油田地区。

总领事斋藤在1940年10月25日给松冈的关于建议案的评论中解释道,从一个企业家的角度来看,这个建议案是合理的,但是从战略角度来看,还值得进一步考虑。他指出勘探石油的计划要用通过向那些地方派遣大量飞机、军队,乔装成工人,来开发对荷军事行动的基地。他也要求针对军方认为有战略重要性的地区提出建议。

1940年10月29日,日本代表团表示接受荷兰的建议案,但声明日方对于建议案的接受应理解为准许日本在婆罗洲、西里伯斯、荷属新几内亚、阿罗群岛和舒顿群岛的广大地区内,作为日本得以实行油田调查和开发的范围。并且还说,日方希望将苏门答腊各地区也包括在内,希望日本企业家可以参加荷兰石油公司的投资。荷兰方面因为这种接受大大超过了荷兰建议案的范围,采取了中止谈判的态度。虽然近卫内阁已完成了实施1940年9、10月间政策决定的计划,但是尚未完成对荷兰行使武力的准备。为了给谈判注入新的生命,于是发表了将派遣特别使节的声明。1940年11月28日任命贵族院议员、前犬养内阁的外务大臣芳泽为此使节。

芳泽到了巴达维亚,在1941年1月6日,提出了根据1940年10月政策决定所作的新建议案。这个建议案的前言说:日本与荷属东印度之间存在着某种相互依赖的关系,荷属东印度天然资源丰富而人口稀少且未经开发,因此,日本热切希望参加开发其天然资源并促进与荷属东印度的贸易和经济关系。建议案的详细内容为,修改入境法,给予日本人以矿业权和渔业权,开设日本与荷属东印度间的航空线,撤销对日本船舶的各种限制,解除输入和输出的限制,并要求给予在荷属东印度的日本人以开设工厂权和企业权。如果接受了这些建议案,那么荷属东印度就在日本的经济支配之下了。如果接受了这些建议案,就可以不经过战争,而达到日本在东南亚的侵略目的,至少是可以达到侵略目的中的相当大一部分。

芳泽向松冈报告说:自德国侵入荷兰以后,荷兰政府已移往伦敦,因此荷属东印度已日益依赖英国和美国,对于他所提出的建议案,不能期望有积极的答复。芳泽说,由于地中海战区中意大利陆军的败北,美国对日本态度的强硬,以及荷属东印度防卫的加强,给予荷兰以新的自信,必须采取断然的手段才能将荷属东印度包括到共荣圈之内。

荷方代表在1941年2月3日对芳泽的建议提出答复说:荷兰所首先考虑的是以友好的精神与一切中立国改善经济关系,增进贸易,以图荷属东印度本地居民的福利和进步,为了荷属东印度的利益,其与外国的经济关系需要维持在严格的无差别待遇上。其中并且指出,在战争期间,为了保证不使荷兰的敌国直接或间接地获得利益,必须对贸易及其他经济活动加以限制。然后对于日本和荷印间具有互相依存关系的主张,认为没有事实的证明而提出了强硬的反对。

荷兰对芳泽建议案的答复为进一步谈判保留了可能性,但荷兰看到松冈在1941年1月21日国会上发表的演说和法属印度支那和泰国的事件后,意识到日本似乎准备对荷属东印度采取军事行动,因此对继续谈判存有疑虑。荷兰向日本代表团发出警告说日本占领法属印度支那构成了对荷属东印度的威胁,这个威胁可能导致荷方取消在经济谈判中达成的任何协议。

松冈曾在1941年1月21日发表的演讲中说荷属东印度和法属印度支那即使仅仅因为地理原因,也应该同日本有着不可分割的紧密关系。他声称当时的形势已对这种关系造成损害,应加以补救;并指出在巴达维亚的谈判就是为了达到这个目的。芳泽认为松冈的演讲导致他的议案遭到拒绝,并向松冈抱怨,警告他如果要在准备进攻的同时保证谈判的成功,东京的官员有必要以有利于谈判成功的方式做事。

荷兰已经受到警告；1941年2月13日，芳泽告诉松冈，荷兰期望获得英美的积极援助，更希望依靠美国而不是日本。他认为巴达维亚谈判的中止只不过是时间问题，日本解决东印度问题的唯一手段是通过武力。1941年3月28日，近卫对芳泽训令说谈判失败将会有损日本的声望，并且由于欧洲形势瞬息万变，日本代表团应不顾荷方态度，继续留在巴达维亚，以待形势变化。这些指示得到执行，谈判继续进行。

日本代表团在1941年5月14日对于荷方拒绝其建议加以答复说，日方正在准备修正建议案，但是希望说明一点，即在1月16日建议案前言中所表明的意见是日本政府所坚持的见解。荷兰代表团因为看见了法属印度支那与泰国纷争的后来发展以及日苏互不侵犯条约的签订，所以对于1941年6月6日的修正建议案，以其与荷兰经济政策的基本原则不合为理由，加以拒绝。荷方并且还要求不能将自东印度输往日本的原料再输往德国。

第二天，芳泽因为恐怕荷兰要求他们的代表团撤退，于是紧急要求赋予他以停止谈判的权限。松冈表示荷兰方面的答复是"不当的"，并准许停止谈判。1941年6月17日，芳泽要求与荷属东印度总督会面。为求缓和荷方的态度作了一次最后的无益的尝试之后，芳泽提出了发表中止谈判共同声明的草案。为了保持日本在国内外的"面子"所草拟的这个声明，经双方代表团稍作修改后即被同意。其中声明说，"本谈判的中止并未使荷属东印度与日本之间的正常关系有任何变化，自不待言"。

三国公约后的准备

东条说，在枢密院调查委员会针对三国公约的讨论中，内阁曾考虑过由于三国公约的缔结而导致与美国发生战争的可能性，并透露说为了以防不测曾做了精心筹划。御前会议和1940年9月的枢密院调查委员会上的讨论说明海军认为日美之战是不可避免的，除补充石油储备尚不足外，已为战争做了完备的准备。星野说企划院已经为对美战争做了精心的计划,储备了包括石油在内的重要战略物资和他认为的一场短期的决定性战争所需要的充足供应。此外,他认为如果战争延长,可以从荷属东印度和其他地方补充供应。枢密院顾问官知道三国公约的签订很可能意味着对美国的战争,因此在针对三国公约的评论中建议为战争做好必要准备。

于是针对同美国、英国和其他国家的战争准备开始大范围进行。傀儡中央政府得到认可,日本—"满洲国"—中国形成的经济体得到巩固,以提升日本的经济地位,应对美国对战争物资的禁运。陆军大臣畑俊六和其他日本领导人曾公开宣称日本认为九国公约已过时,不会因为九国公约而停止军事行动,之后美国对战争物资宣布禁运。星野领导的企划院继续努力储备重要物资。如之前叙述的,在星野、木户和桥本的帮助下,近卫的大政翼赞会成立,以鼓舞人民与美英必然一战的坚强斗志,这是日本领导人声称的。文章和演说形式的宣传四处传播,用来宣传发动侵略战争是为了获得领土和自然资源。桥本、白鸟和大岛是这场宣传运动的主要贡献者。军事计划委员会以总力战研究所的形式成立并开始运作,星野为第一任所长,铃木为顾问之一。大岛被派往德国以促进轴心国成员在这场已经开始的冒险之旅中合作。

日本和美英的关系

1940年10月近卫向报界发表声明,其中说:他的政府正在从事外交工作,以使美国、英国和苏联政府承认日本领导人所考虑的共荣圈——即日本征服东亚的委婉说法。他暗示,如果美国不愿理解日本的真意,那大概必须与英美一战。由于这个声明,美国把禁运扩大到废铁和废钢,并加强了它的防卫准备。驻华盛顿的日本大使馆发出怨言说:把扩大禁运范围解说为仅仅由于对美国防卫的关心是日本政府难以承认的。美国政府答道:尽管日方负有九国公约及其他的义务,但美国的贸易差不多已被驱逐出满洲及华北,现在日本还企图将美国的企业从上海赶出来。

对于日本的南进和三国同盟条约的缔结，以及继续而来的近卫的警告，美国政府颇感忧虑。美国总统在议会演说中断言：美国的安全受到了空前未有的威胁。1941年1月15日美国国务卿对众议院外交委员会说，显然日本从最初起就具有想确立它在整个西太平洋支配地位的广泛的野心计划，日本领导人公开宣称，他们决心用武力来取得和维持几乎包含全世界人口二分之一地区的统治者的地位。美国政府已明白，日本的军部领导人正要进行占领至少是自夏威夷以西至南洋和印度的整个太平洋区域。

以夏威夷珍珠港为基地的美国太平洋舰队，对于近卫内阁所想实行的南进军事行动政策，是最大的障碍之一。许多日本领导人惧怕太平洋舰队被用于增强新加坡的防卫，为防止此举，主张立即进攻新加坡。但是日本海军必须在进攻新加坡以前，积储石油及其他重要物资，并对这些物资的补充作充分准备。1940年8月，据日本海军估计，为了这些准备至少需要八个月的时间。在三国同盟条约签订前的御前会议和枢密院上进行讨论时，海军曾提出它们的这种要求。

在近卫内阁所通过的一般计划中，考虑了海军的要求，决定试行和美国进行缔结互不侵犯条约的谈判，以便除去美国太平洋舰队的威胁。并建议作为这类条约的一部分由日本保证菲律宾及关岛的安全，而美国则承认"共荣圈"。为了在谈判遭遇失败时可以进行突然的袭击，所以在谈判时期中，进行了攻击美军的准备。

为了设计在美日和平状态下，借着进行突然地袭击来歼灭停泊在珍珠港的太平洋舰队，曾向联合舰队司令长官提出这项计划以供研究。联合舰队司令长官同意了这项计划，并于1941年1月将其送交大本营。这项计划要求组织一个机动部队以便对珍珠港的太平洋舰队进行空袭。为了避免被察觉并完成突袭，这个机动部队使用了商船几乎不走的北方航线。空袭的同时，计划使用潜水艇以便歼灭企图逃出空袭的舰船。这就必须解决许多繁琐的问题，例如，设计和制造浅水鱼雷和小型潜水艇,还要完成海上加油的方法,以便使用距离虽长但比较安全的北方航线的进攻道路。日本的领导人认为:如果袭击珍珠港成功,达到了歼灭美国舰队的结果,那么就可以在美国完成反攻准备,开始反攻以前,占领太平洋及印度洋的所有重要据点。他们所希望的是到了那时,美国将厌倦于长期消耗性的激烈战争,可能承认日本在占领领土上的优越权而进行和平谈判。

1941年1月,松冈外相采取了实施内阁计划的第一项步骤,任命野村为驻美大使进行谈判。在1月22日野村即将由日本动身前,松冈对野村发出了训令。在这个训令中,要野村必须使美国总统及其部属理解以下各事:日本因为美英妨碍它建设"共荣圈",不得已而签订了三国条约,这个条约虽然是防御性的,但其中规定,如果美国攻击缔约国之一时,其他两国立即予以军事援助,而日本将忠实遵守这个同盟。松冈还训令野村劝告美国政府,即美国停止妨碍日本在东亚的目的,在建设"共荣圈"上与日本合作,那么作为交换将给予美国以参加因建设"共荣圈"所产生的利益的机会,这对于美国说也是有好处的。

宣传工作也立即开始了,其目的是使美国政府相信局势的严重,必须迅速谈判以便获得谅解。内阁决定了要取得金兰湾和西贡附近的基地,以便进攻南方,同时要求德国阻止在法属印度支那增强法军。这项计划,是在1941年1月30日的联络会议上被通过的。美国政府在1941年1月28日,接到了美国驻法国维希政府观察员的报告,得知德国禁止维希政府派遣援军,因而知道了这项计划。结果在1941年2月3日,美国将许多非铁金属及碳酸钾也增列在禁运品目表中。就在这个时候,艾登会见重光,并要求他解释驻东京英国大使的报告,其中说,预计一两周内远东将发生危机。

美国的扩大禁运范围,颇使松冈在议会中感觉狼狈。于是,他又训令野村,在其抵达华盛顿后,立即阐明日本完全没有想进攻美国的意思,但日本政府不能理解为什么美国正进行着对日战争的准备,如果美国继续从事这种准备,其结果将危及太平洋的和平。因为日本在对华战争中并未像一部分人所想象的那样疲惫,所以美国继续从事战争准备并非明智之举。松冈再度训令野村要他强调,为避免太平洋地区的危机,两国政府有在建设"共荣圈"上合作的必要。

美国终于实行了租借法,这就给予抵抗轴心国的各国新的鼓励,于是这就增加了荷兰代表团对巴达维亚日本经济代表团所提要求加以反抗的力量。艾登等待重光答复他关于远东危机迫切的报告的询问,而驻东京的美国大使要求日本停止妨碍美国在法属印度支那的贸易。松冈训令重光告诉艾登,驻日英国大使报告说危机迫切,那是可笑的幻想。但是,仅在三天以前,松冈曾通知德国大使,他为了获知德国关于对美行动的态度,计划访问柏林。松冈解释说,其所以如此,是因为日本在参战时计划进攻新加坡以便夺取美国在太平洋的基地。这就是野村抵达华盛顿时的情势。

美国总统在1941年2月14日接见了野村。总统说:日本的南进及缔结三国同盟,使美日关系正日益恶化。总统说:最好是由新大使和美国国务卿对于日美关系的重要方面重新检讨并坦白地加以讨论。野村对总统作了谨慎的答复,并在报告松冈时要求进一步说明,如果美国参加欧战,关于日本进攻美国的义务问题。3月4日松冈答复野村说:关于这个问题他已屡屡表明其态度,即美国一旦对德宣战,日本即行参战。

进攻新加坡的准备在迅速进行着。1941年2月22日,大岛在柏林对里宾特洛甫说:这项准备在5月底可以完成,为了安全起见,和对英国一样,也对美国正进行着战争的准备。他说:占领菲律宾也包含在这个准备之中。尽管有这些准备,但松冈在2月17日致艾登的照会中向他保证了日本政府的和平意图,并建议由日本充当欧洲战争的调停人。1941年2月24日,英国政府拒绝了这项建议。并称:虽然英国参加欧战并非出于所愿,但由于得到美国的援助使其能够抵抗一切敌人,在纳粹主义完全从欧洲铲除以前,决心作战到底。

美国国务卿赫尔和野村在1941年3月8日举行了会谈。野村说:因为一旦日本和美国作战难免产生毁灭性的影响,所以两国间的战争是不可想象的事。赫尔同意他的说法,但询问道:支配着日本政府的日本军部,是否认为当两三个国家组织它们的陆海军兵力去征服全世界其他地区时,美国会坐视不顾。野村否认日本政府有这类意图,并称:他认为不会采取任何军事行动,除非美国的禁运迫使日本不得已采取军事行动。接着,赫尔提及了三国同盟条约以及希特勒、松冈和其他德日重要领导人的公开宣言。这些宣言中表示,在三国同盟条约下的各国,决心用武力来建设"世界新秩序"。野村再次否认日本政府有为征服而使用武力的意图。赫尔答复这话说:只要日军还驻扎在全中国以及泰国或法属印度支那之类的南方,只要与此同时还有日本的政治家在发表着威胁性的声明,那么这对于尽力阻止以武力征服世界的国家来说,只有使它们的忧虑日益增加。

1941年3月14日,美国总统又与野村会谈。仅在三天以前,借着德国政府的援助,松冈迫使法国维希政府接受了日方关于解决法泰国境纷争的条件。总统向野村埋怨说:看起来正在接近苏伊士运河的德意军队和正在接近新加坡的日军,好像是为了实行会师,正在三国条约下,步调一致进行努力中,因此,这对于美国国民是一种刺激。野村向总统保证说:日本没有进一步南进的意思。于是总统说:如果日本政府能消除美国国民对日本意图表示怀疑的原因,那么日本和美国的军事冲突就能够避免。

在法国接受了松冈关于解决法泰纷争的条件后,松冈为了和希特勒会商关于在三国同盟条约下的共同行动问题,于是去到柏林。松冈路经莫斯科,并在1941年3月24日约请美国驻苏大使与他会谈。松冈向美国大使强调保证,日本在任何情形下都不会进攻新加坡、美国、英国和荷兰的领土,并称,日本毫无领土的野心。他说,日本有意和美国共同保证菲律宾群岛的领土完整和政治独立。他断言日本不会与美国作战。但是，当松冈到了柏林时，就对希特勒解释说，他之所以否定政府的攻击意图，是为了在日本实行突然进攻新加坡之前来欺骗英国人和美国人。

美国的会谈条件

野村的随员岩畔豪雄大佐，和一些美日私人合作，草成了一个他们认为可能有助于作为日美协定基础的建议草案，并将这草案向国务院提出，以便转交赫尔。1941年4月16日，赫尔面晤野村时通知他说，草案已经收到了。但美国政府除对该大使所正式提出的建议以外均不能加以考虑。野村说他准备正式提出建议草案作为谈判的基础。赫尔向野村说明，美国政府在开始谈判以前，日本政府必须使美国政府相信它有诚意放弃武力征服主义及用武力作为推行国策的工具，日本政府必须采取美国政府所宣告所实行并认为是各国在一切相互关系上应作为基础的各项原则。赫尔指出了这些原则如下：

（1）尊重各国及一切国家的领土完整和主权。

（2）不干涉他国内政问题。

（3）通商上的机会均等。

（4）除通过和平手段外，不得搅乱太平洋的现状。

赫尔强调说：不能认为这次的会晤是谈判的开始，在没有接受他所说的原则以前不能开始谈判。野村答道：他相信日本政府没有进一步南进的意图，但他会将赫尔所提出的原则报告政府请求训示。

1941年4月18日，日本外务省接到了野村的请示要求，于是近卫、木户及天皇商量如何作答。通商上的机会均等原则引起财阀的兴趣，他们极力要求内阁根据建议草案开始谈判。木户和近卫一致认为可以与美国开始谈判，但是内阁不应放弃日本建设"共荣圈"计划的不变国策，并应注意遵守对德意的信义。

松冈在返回东京时又路经莫斯科，由于在当地谈判的结果，1941年4月13日签订了日苏互不侵犯条约。据松冈对与他同行的德国驻日本大使解释说，这个条约会大大促进日本的南进。

为了答复野村的请示，近卫经与木户、天皇商量后，发电报给松冈，要他立即回东京考虑这个问题。1941年4月22日松冈抵达东京，并将应向美国政府提出的建议草案发送给野村。

在审议给野村的训令期间，仍继续有侵害美国权益的行动发生。对于在华美国国民的活动及美国商品的运输，日本的干涉日益剧烈。在中国昆明的美国领事馆，三度遭受轰炸，损失甚大。日本海军占领了埃尼威托克环形珊瑚岛，并在该地开始建筑海军设施。1941年5月5日，美国政府为了对付这些行为，又将包括废橡胶在内的其他追加项目增入禁运物资表内。

里宾特洛甫得知了美国所定的开始日美谈判的前提条件及日本内阁的开始谈判的决定以后，立即向大岛说；他不能够理解日本为什么会接受那样的条件。大岛向里宾特洛甫保证，日本政府无意与美国缔结一个将赫尔所定原则加以具体化的条约。里宾特洛甫斥责日本内阁放弃了进攻新加坡的计划和破坏了对德国政府的信义。他要求日本政府或者是拒绝同意赫尔的原则，或者是以美国保证继续中立为条件而表示同意。大岛同意里宾特洛甫的意见，并将他自己的意见告诉松冈，他认为里宾特洛甫的疑惑与斥责是有充分根据的。他建议内阁采纳里宾特洛甫的提议。

1941年5月8日，野村报告松冈并指出，美国既不承认所谓"东亚新秩序"，也不承认可以保留由侵略所获得的领土，坚持要遵守赫尔所提出的四项原则的主张。

1941年5月12日，野村向赫尔面交了日方最初的正式建议案。在这个建议草案中，尽是些暧昧的陈腐措辞。这些措辞，实际上是两国政

府间秘密了解的规定,其内容大体如下:

(1)根据1940年11月30日日"满"华共同宣言中陈述的近卫三原则,美国政府承认日本在中国建设"新秩序",并劝告蒋介石委员长立即与日本从事和平谈判。

(2)如果蒋介石委员长不从事和平谈判则撤销对中国国民政府的援助,关于此事应缔结一项秘密协定。

(3)日本对于包括中国及南方地区在内的"共荣圈"地区的扩张,是和平性质的,基于这一了解,承认日本具有建设"共荣圈"的权利。关于日本在这区域内所需的天然资源的生产及取得,应与日本合作。

(4)修改移民法,根据平等和非歧视的原则准许日本国民入境。

(5)恢复两国间的正常经济关系。

(6)根据日本政府的意见,认为给予和德意作战的盟国的援助,达到了攻击轴心国的程度时,根据三国同盟条约的第三条,日本负有攻击美国的义务,对于此点应有了解。

(7)中止对同盟国的援助。

作为交换,日本政府同意以下各点:

(1)恢复与美国的正常贸易关系。

(2)保证将"共荣圈"内可以取得的物资供给美国。

(3)在维持菲律宾为永久中立国的条件下,与美国共同保证菲律宾的独立。

在将这个建议草案面交赫尔的第二天,巴达维亚的日本代表团将修正要求面交荷兰代表团,其中重申日本政府以前所作的声明,即荷属东印度与日本有互相依存的关系。在东京,松冈通知美国大使说:他和近卫都决心凭借和平手段实行日本的南进,但是他又加上一句意味深长的话:"除非情势使其不可能如此。"美国大使询问松冈,松冈所认为的是什么情势。松冈回答说,这指的是英国军队集中于马来亚,他认为这是一种挑衅。

里宾特洛甫得知野村对美国提出了建议草案，立即质问大岛，并表示不满。因为松冈未经与德意政府商量，就决定了和美国开始谈判。他要求立即进攻新加坡。大岛向松冈报告说："我曾表示如果日本错过了南进的好机会和进攻新加坡的可能性，不仅会引起英美的轻蔑，并且会引起德意的轻蔑。"他向松冈报告了德国领导者对于日美谈判的不满，并且说，由于他认为日美谈判使日本的外交政策有所改变，破坏军部计划，所以他已擅自将其通知日本陆海军当局。于是，近卫和松冈之间，从此开始发生摩擦。

1941年5月美国同意谈判

1941年5月12日，美国把日本方面的建议案当作谈判的出发点而加以接受，并答应研究是否能与日本政府达成谅解。1941年5月28日，赫尔与野村会面。在会谈中，显然可见有两个问题是谈判顺利进行的大障碍。这就是：

（1）在三国同盟条约下的日本的义务，现在仍然是模糊不明的。

（2）关于解决中国问题的规定。

关于第一个问题，赫尔希望日本明确它的态度，即一旦作为自卫的手段而美国可能参加欧洲战争时，日本将采取什么态度。关于第二个问题，赫尔指出：如果日本坚持与中国缔结和平条约后仍要在华驻兵，这就会成为影响美日友好关系的不良因素。关于日本要在华驻扎多少军队及分驻在什么地区的问题，野村都未能加以说明。

5月31日，赫尔告诉野村说，在明确讨论以前，打算在适当的时机，极秘密地与"重庆政府"讨论这个建议草案。同时，在5月31日，又将另一个美国草案面交野村。在这个建议案中除其他建议外，并建议日本应表明对于为了保护、自卫和国家安全而卷入欧战的国家，不适用三国同盟条约的条款。并且还建议日本应将对中国所拟提出的草案大纲提交给美国。在这个建议案中还附有美国对于德国的行动所采取的态度的详细说明，并且声明：美国认为，对于显然以武力征服世界为目的的运动，美国决心采取自卫的措施加以抵抗。

6月4日，日本大使馆对于美国建议案提出了某些修正建议，其中建议美国删除其草案中的下列条项，即日本根据三国同盟条约所负的义务不适用于作为自卫手段而参加欧战的国家。赫尔研究了日本方面的修正建议后，在6月6日告诉野村说：上项修正是将美国认为必须包含在内的基本各点脱离了谈判范围。按照赫尔的意见看来，这些修正所显示出来的是：强调日本与轴心国的合作，没有明白表示愿将日本对华关系放在有助于远东和平基础上的意图，并且是对于承认和平政策及无差别政策加以躲闪回避。尽管如此，但野村在1941年6月15日，又将一个新提案面交赫尔，其中包括针对赫尔之前所反对的建议。6月10日，重庆被百架以上的日本飞机所轰炸并且美国财产也遭受毁坏。日本政府的发言人在正式声明中，强调日本在三国公约中有一定程度上与美国利益相敌对的义务和意图。显然巴达维亚的谈判破裂了。6月20日，美国政府发布命令，除对英国及南美以外，宣布石油完全禁运。

日本方面曾催促对其5月12日的提案加以答复。6月21日，赫尔曾与野村会谈。在会谈中赫尔说：从全世界所收集的证据中，包括日本领导人们的正式声明在内，都显示出来，日本军部不可能承认与美国达成的任何谅解，唯一能得到承认的就是如果美国根据援助民主主义国家的计划参加欧战时，日本将站在希特勒方面作战。赫尔接着说：1941年5月12日的提案破坏了美国政府所承诺坚持的原则，尤其是提案中关于中国的条款。于是赫尔告诉野村，他所得到的结论是，在谈判进行前，美国政府必须等候日本政府对于追求和平的愿望作更明白的表示。他希望日本政府表明这类态度。

现在休庭，明日上午9:30开庭。

（16:00休庭）

1948 年 11 月 11 日，星期四

日本东京都旧陆军省大楼内远东国际军事法庭

（9:30 重新开庭）

出庭者：

法官席，所有成员就座。

检察官席，同上。

辩护席，同上。

（由远东国际军事法庭语言部负责英日两种语言翻译）

法庭执行官： 远东国际军事法庭现在开庭。

庭长： 除贺屋兴宣、白鸟敏夫和梅津美治郎由律师代表外，所有被告均出庭。巢鸭监狱医生证明他们因病不能出席今日的审判。证明将记录存档。

下面我继续宣读法庭判决书。

加紧准备

1940 年 9 月和 10 月的计划被继续执行。这个计划的最终目的就是由日本统治东南亚。必要时将使用武力来达到这个目的。当实行这个计划时所应采取的部分措施，可以在两种办法中选择。三国同盟条约的缔结，被利用为恫吓西方各国的手段，又被当作日本南进时轴心国与日本合作的保证。与苏联所缔结的互不侵犯条约，是日本南进时用来对后方的保护。为了南进时可以使用中国军队并解除日军的束缚，曾企图与蒋介石委员长作和平谈判，但未成功。日本又曾企图借着调停欧战使英国承认日本对东南亚的扩张，以便免除进攻新加坡的必要，但也同样未能成功。日本还曾企图凭借与美国谈判解除美国太平洋舰队对南进可能发生的妨碍，但也未成功。为了获得石油及其他重要物资，在巴达维亚所进行的谈判也归于失败。这个谈判是 1940 年 6 月 17 日终止的。日本军需品的贮藏有耗尽的危险。而 1941 年 4 月

初大本营所作的决定,毫无变更。于是,现在已到作最后准备的时刻了。

日本海军在 1941 年 5 月下旬开始作进攻珍珠港的训练和演习。在与珍珠港地形相似的日本鹿儿岛,进行了俯冲轰炸的训练。因为珍珠港颇浅,所以在 1941 年初开始制造浅水鱼雷。在整个夏季,海军为了制造和实验这种型式的鱼雷,花费了相当多的时间。进行了海上加油的特别训练,以便使用比较安全开往珍珠港的北方航线。

内阁的政策及 1941 年 6 月和 7 月的决定

大岛根据本国政府的指示在 1941 年 6 月 10 日开始了与里宾特洛甫的会谈。由于这一会谈的结果,又在法属印度支那南部获得了用于进攻新加坡及荷属东印度的海军基地。木户从近卫方面得知了大本营关于进攻新加坡的决定以及根据这项决定所采取的措施。1941 年 6 月 21 日,松冈将这个决定通知了德国大使,松冈当时告诉德国大使,事态已达到不能忍耐的程度,对荷兰政府的谈判不会重新举行,为了进攻新加坡和荷属东印度,在法属印度支那南部还需要其他基地。松冈说,他已经训令大岛询问是否能通过德国政府取得法国维希政府的同意,如果不能,他会把这个问题提出与法国维希政府直接谈判。

早在 1941 年 6 月 6 日,大岛就通知近卫,德国政府已决定进攻苏联。这项情报使日本领导人们大为狼狈。包括松冈在内的若干人认为最好是延期南进,配合着意大利在欧战中所起的作用,在德苏战争的适当时机进攻苏联后方,以便占领苏联的远东领土并取得库页岛的石油;另一方面,包括近卫和木户在内的一些人主张不应放弃 9 月至 10 月实行南进的最初计划。6 月 22 日,德国进攻苏联。根据木户的建议,天皇指示松冈应依从近卫的意思,而木户和平沼也重申了这一建议。

1941 年 6 月 25 日,在平沼、东条、武藤、冈等人出席的联络会议上,决定日本要加速对法属印度支那和泰国的措施。有鉴于巴达维亚谈判的失败，这事就有其必要。要迅速在法属印度支那南部设立海空军基地，如果法国方面不答应日方的要求，就使用武力。在与法国开始谈判以前，预先将所需派遣的军队准备妥当。因为这些基地是进攻新加坡和荷属东印度所需要的。这些决定由近卫、参谋总长、军令部总长向天皇进行了报告。

联络会议的决定表明，平沼、东条、武藤及冈均同意近卫的不改变原定计划的意见。1941年6月28日，东条曾向天皇作报告。后来东条曾告诉木户说，陆军方面的计划是暂使关东军采取"冷静谨慎"的态度，对德苏战争保持中立。为加强大本营，准备每天在宫中举行大本营会议。6月23日，铃木曾提出加强大本营的办法。木户对此表示同意，但劝告铃木应与元帅府商谈。土肥原是元帅府的成员之一，并曾出席6月30日的元帅府会议。在这次会议中，东条曾与他的陆军次官木村一同出席，东条对于急速变化中的情势曾发表他的意见。于是陆军集中全力防止因松冈计划而打乱陆军的战略。所谓松冈计划，就是延期南进并立即攻苏，1941年6月22日，松冈曾向天皇说明了这个计划的概要。由于松冈的态度所引起的纠纷，于是逐渐发生了松冈必须辞职的讨论。

在1941年6月25日的联络会议后，接着在7月2日召开了御前会议，并对这个问题作了最后的了结。东条、铃木、平沼、冈和其他人均出席了这次会议。会议决定，不管情势有何变化，日本坚持征服东亚及东南亚的计划，并在南进的同时，随时准备好利用德苏战争的有利情势发动攻苏。在完成对新加坡及珍珠港进攻的最后准备以前，在日军在法属印度支那南部及泰国完成攻击配置以前，仍应继续进行必要的外交谈判。日本一方面对德苏战争保持中立；另一方面秘密从事攻苏准备。并且等到苏联显然为战争所削弱，不可能进行有效抵抗时，再开始进攻。东条是极力主张这个计划的，他说："当苏联像熟柿子似地要落到地上的时候，加以进攻，那会大大提高日本的威信。"

参谋本部奉命继续进行拟在南方地区实行的军事行动的最后作战计划。后来在菲律宾和马来半岛进行登陆作战的军队，是在中国沿岸、海南岛及法属印度支那沿岸接受训练，其他部队是在台湾受训练。准备进攻香港的部队，则在中国广东附近的驻地，接受夜间演习和突击堡垒的高强度训练。演习地区都是选的与准备进攻地区的地势气候相类似的地方。训练进行了整个夏天，并且一直继续到实际进攻时为止。当进行这种训练时，岛田大将是侵占中国方面的舰队司令长官。

为了对法属印度支那作战，日本陆军准备了三个师团。日本政府计划向法国维希政府强制要求，准许日本政府占领法属印度支那南部并在该处建设军事基地。这项步骤是由里宾特洛甫向大岛建议的，里宾特洛甫认为由德国提出这项要求不太妥当。日方的计划是以最后通牒的方式提出要求，如果不答应其要求，接着就进行入侵。这个要求于1941年7月5日制订的。但是由于英国大使和美国大使的质询，使这个计划外泄了。木户在他的日记中写道，有鉴于上述事实，决定将发出最后通牒的时间延期5天，以便看看英美为抵抗这个最后通牒将采取什么动作。并且对美国大使和英国大使说，日方完全没有侵入法属印度支那的意图。

1941年7月12日，松冈训令驻法国维希政府的日本大使，要他在7月20日或7月20日以前，将最后通牒递交并要求回答。第二天，近卫又以个人名义致函贝当元帅，并对贝当保证说：如果答应日本陆军以法属印度支那为基地，并允许在其沿岸建设海军基地，日本将尊重法国在法属印度支那的主权。关于应该采取怎样的策略，近卫与松冈的意见不能一致，因此在接到最后通牒的回答以前，第二次近卫内阁宣布辞职。

第三次近卫内阁

在1941年7月2日的御前会议后，松冈对于会议上的决定不大服气，因此，在行动上就不完全依照该项决定行事。

武藤和冈，分任陆军军务局长和海军军务局长，起草了追加建议案以便维持继续与美国进行谈判。近卫以松冈协助实行武藤和冈的建议案为条件，同意松冈继续留任外务大臣。松冈说，他虽然不反对这个建议案，但同时他认为1941年6月21日赫尔对野村的声明，是对日本的侮辱，坚决主张加以拒绝。这个声明就是指的赫尔所说的：在开始谈判以前，美国政府必须等待日本政府表示比迄今为止更为显明的追求和平的愿望。松冈建议在明白地拒绝了赫尔的声明以后，再提出武藤和冈的方案。近卫恐怕这样一来美国可能拒绝继续谈判，所以近卫主张由松冈将武藤和冈所起草的方案及拒绝赫尔声明的训令一同发给野村，以便减少终止谈判的危险。松冈不顾近卫的劝告，却按照他自己的意见发训令给野村，因此就加速了内阁的危机。木户得知这种危机以后，为了将1941年7月2日御前会议的决定付之实行，决心保存近卫内阁。于是和皇族及天皇商量，如果近卫内阁总辞职，就再度命令近卫组阁。木户建议要求松冈辞职，但近卫拒绝了这个建议。因为如果强迫松冈辞职，松冈及其党徒可能暗示这是出于美国方面的支配，来作政治宣传。于是，1941年7月16日，近卫内阁宣布总辞职。天皇命令木户召集由曾任总理大臣的人所组成的重臣们和枢密院议长会商推荐近卫的继任人。

1941年7月17日，木户和重臣们会商了关于近卫辞职的声明。若槻、阿部、冈田、林、米内和广田均曾出席会议。当时所发表的意见是近卫能够在军部的支持下统一政界各方面，所以在会议上全体一致主张向天皇推荐近卫。天皇召见近卫，命令他组织新内阁。7月18日，第三次近卫内阁成立了。丰田做了外务大臣，东条留任陆军大臣，平沼任国务大臣，铃木留任企划院总裁和国务大臣。木村留任陆军次官。武藤和冈各留任原职。新外务大臣表明，内阁更迭的结果，对于政策毫无影响。

占领法属印度支那南部

1941年7月19日，大岛将日本致法国维希政府的最后通牒的备忘录，面交里宾特洛甫。并且解释说，发出这个最后通牒，是为了在法属印度支那获得军事基地，这是"向南方进击"的第一个步骤。所谓"向南方进击"，其意义就是进攻新加坡和荷属东印度。他要求德国政府劝告法国维希政府接受最后通牒，答应日本政府的要求。7月20日，丰田通知驻东京的德国大使说：内阁的更换对于7月2日御前会议的政策决定并无影响。维希政府将最后通牒的条项报告德国后，声明除服从暴力外别无他途，于是接受了日本的最后通牒并同意了日本的要求。根据协定，4万日军于7月24日上船出发去占领法属印度支那南部，并在西贡附近设立八个航空基地，在西贡和金兰湾建设了海军基地。正式协定是在7月28日通过，在7月29日签署的。东条、武藤、铃木、冈都列席了7月28日的枢密院会议，并代表内阁对这个协定加以说明，东条说：这个协定是根据6月25日联络会议的决定，由7月2日御前会议所决定的措施之一，并且是内阁、参谋总长、军令部总长所一致同意的。为了依据内阁的政治策略而采取适当的措施，几乎每天都在皇宫中举行联络会议。

和美国继续会谈

野村在1941年7月3日及7月19日致外务大臣的电报中警告说：如果开始南进，可能发生美国政府实行断绝日美邦交的危险。7月23日，美国代理国务卿威尔斯向野村询问对于法国维希政府的要求的意义。作为回答，野村解释说：这个要求之所以必要，是使日本不受妨碍能得到原料的供给并建立面对军事包围的保障。威尔斯回答说：日本政府和美国政府现在所讨论的协定，较之占领法属印度支那，将给予日本以更大的经济保障。威尔斯说：美国政府认为这一占领是日本"对南方地区进行扩张和征服政策前所采取的最后步骤"的通告，并且他受命声明，国务卿已不能找到与日本大使再作进一步会谈的基础。第二天，美国国务院向报纸发表声明说：日本政府对法属印度支那过去所采取的和现在正在采取的行动显示出日本政府要借武力或武力威胁实行扩张的决心，至于占领法属印度支那，则除了希望获得军事基地以便用其征服法属印度支那的邻近地区外，别无其他正当的理由可言。

1941年7月24日，美国总统向日本政府建议，将法属印度支那看作中立地区，从而给日本以充分的机会确保取得它所需要的食粮及其他原料，但这个建议被拒绝了。7月25日，美国总统发布命令冻结日本和中国在美的一切财产。日本对法属印度支那的行动，被视为制造了战争的巨大危机，因此，迫使感受到威胁的国家不得不采取行动以防本国安全整个被破坏。1941年7月26日，日本外务大臣丰田解释说：日本对法属印度支那的行动对于处理中国事务是必要的。并且他宣称日本曾收到报告指出：有计划地对法属印度支那实施包围，造成地区性威慑，这对处理中国事件来说是不可或缺的。关于上述包围法属印度支那的企图及其有关的报告，并无任何证据曾提交给我们。而日本之所以侵入法属印度支那，是作为进攻荷属东印度的准备及取得进攻新加坡的基地，却有着确实的证据。这些基地，对于菲律宾也是一种威胁。当进攻新加坡的时候，从西贡开出的军队和从法属印度支那南部起飞的飞机曾参加进攻。英国和荷兰也分别在7月26日和28日发布了同样的冻结令。在美国政府发布冻结令以后，8月8日，野村询问美国国务院，为了达到调整两国邦交的目的，是否有两国负责首脑会晤的可能。美国国务卿在简单重述了他与野村非正式会谈所以中断的经过后说道：这个问题只有留待日本政府决定，看日本是否能够找出一个可能趋向调整彼此意见的日本政策的方案。

供应问题

1941年7月底，大岛得知德国攻苏的进展日益迟缓，这项情报使日本大本营感觉相当忧虑。其所以忧虑，由于意识到日本手中所贮藏的战争物资如果用来对苏联及美英同时作战是不够充分的。并且担心，如果日本进攻美国，苏联可能将国内军事基地供给美国使用以便给美国援助。1941年8月初，日本外务大臣曾与苏联大使就这个问题进行讨论。

1941年7月底，天皇曾召见海军军令部总长商谈日本对美政策问题。军令部总长永野报告天皇，他自己是反对三国同盟的，他相信在三国同盟存在的时期中，调整日美邦交是不可能的。如果不可能调整邦交，在日本石油来源断绝下而与美国作战，那么日本的石油贮藏量仅够一年半之用。因此除了在作战行动上先下手以外别无其他办法。天皇问永野，这样是否能够获得全面胜利。永野回答说日本能否获胜也是难以预料的。

关于必须发动绝望的战争，天皇曾向木户表示忧虑，但木户安慰天皇说，军令部总长的意见太单纯了。木户说：日本并不是没有恢复日美友好关系的方法。但说：他将要求总理大臣对于军令部总长所提出的问题作慎重的考虑。木户和近卫曾在1941年8月2日和7日考虑过这些问题。木户在他的日记中，曾略记海军方面所列举的反对实行攻击的论点。海军方面希望，如果战争延长，能从库页岛和荷属东印度得到石油来补充石油的贮存量。但是由于苏联有与美国联合的可能性，所以这就妨碍了从库页岛来获取石油。何况，要毫无破坏的占领荷属东印度的油田设施，并在苏联基地起飞飞机侦察下，在潜水艇横行的海洋中，将石油作长距离的运输，其中都包含着极大的危险性。陆军不同意海军的意见，认为当时所贮藏的石油已充分可以保证胜利。近卫和木户一致认为事态严重，有必要使陆海军意见立即达成一致。

以后的日美会谈

在1941年7月25日美国发布冻结令后，野村大使在7月26日建议，为努力调整邦交两国政府首脑是否可以会晤。8月7日，野村根据政府的命令，重申这一建议，并且美国政府对此也表示欢迎。于是在8月17日，当日本陆海军首脑正研讨在对美作战中应如何补充供给日本陆海军的石油问题时，美国总统对野村的建议给予了答复。总统说：如果日本政府沿着赫尔所述原则的路线，站在可以推进和平政策的立场，美国政府欣然愿意恢复非正式的会谈，并努力为两国政府首脑进行交换意见安排适当的时机和地点。总统曾谈到会谈中断的情形，并且说：在进行会谈准备之前，日本如果对于现在的态度和计划发表一个明确的声明，那将是大有助益的事。总统对野村进一步指出，如果不采取完全坦率的态度那就难以达到目的。如果日本进一步采用依据武力或威胁的军事支配政策，那么美国就不得不立即采取措施来保护美国及其国民的权利、安全和保障。

总力战研究所研究了和美国的谈判问题，在 1941 年 8 月上半月提出了下列的解决方案。"对于美国的建议，不对日本的立场给以明确的承诺，而通过外交谈判采取拖延政策，以换取时间充实战争准备。"

1941 年 8 月 27 日，近卫致函美国总统，其中说：他相信两国关系之所以恶化，其原因主要是由于两国间对彼此的意见缺乏相互了解，他希望直接和总统会晤，以便坦诚交换意见。近卫建议在正式交涉协定前，他们先行会晤并从大处高处讨论一切重要问题。与此同时，还向美国总统提出了日本政府的声明。在声明中，日本政府说，它对于交换意见的邀请表示欢迎，日本准备和平，并且为寻求太平洋的和平而做出牺牲为荣。其中说，日本在法属印度支那的行动，是为了促成"中国事变"的早日解决，为了消除对太平洋和平的一切威胁，为了日本能够得到必需物资的公平供给。并且说：日本毫无威胁其他国家的意图，如果"中国事变"能获得解决，东亚的公正和平能得以确立，那么立即准备自法属印度支那撤兵，日本在法属印度支那的行动，并非为了准备对其附近地区进行军事侵入。接着又说：日本政府愿意将讨论限定于与美国政府一向所遵奉的基本原则相符合的建议案的范围，因为日本政府长期的国策在这点上也是与其完全一致的。

在日本的声明中，关于法属印度支那的话是虚伪的。我们已经知道，1941年7月，日本在法属印度支那南部驻扎军队和占据基地的动机，出于下列欲望：为攻击马来亚及荷属东印度而获得基地与发动攻击的地点。这与所谓"中日事变"是毫无关系的。正像我们所知道的一样，日本所建议的是，在日本对华要求得到满足以前，在确立其东亚的"公正和平"以前，日本要保留这个基地，以便进攻马来亚和荷属东印度。而这个基地对于菲律宾及海上交通线也是一种威胁。所谓上述和平的建立，其决定的基准，完全不是出于他方的建议，所以它是日方单独的决定。辩护方面说：以这一声明为基础，日本等于同意了实施赫尔所述的四项原则。纵然假定从这个声明中可以看出日本有任何上述意思的明确建议，现在可以证明，当时日本领导人并没有遵守这些建议的意思。

1941年9月3日，美国总统对近卫的书信和日本政府的声明，提出了答复。总统说：他对于近卫所表示的希望太平洋的和平以及日本政府的长期国策与美国政府一向遵奉的原则相一致各节，甚为满意。但是总统说：他不能不承认下列的征兆，在日本某些方面仍支持着一种观念，这种观念对于沿着所建议的途径获得近卫与总统的成功合作，可能是种障碍。因此，总统建议，他极希望为了保证所建议的会谈得到成功，对于双方想取得一致的基本问题，立即开始预备商谈。关于这些基本问题，总统要求日本政府表示态度。

其间，在8月以后，日本的参谋本部曾主张立即中止会谈和开始敌对行为。近卫反对这种主张，不断和陆海军两大臣及其他人商谈并努力与这种方针相对抗。

1941年9月5日，近卫接到美国总统的书信以后，立即召开了内阁会议。东条对于建议中的近卫与美总统的会谈，表示反对，据东条在本法庭供述，他的反对理由是，因为总统表明了在一切有关本质的问题未曾一致以前，他不想与近卫会面。关于对美英作战时所应采取的战略，天皇曾向近卫询问了许多问题。近卫建议天皇召唤参谋总长和军令部总长来答复这些问题，木户支持了近卫的建议。

1941年9月6日御前会议

1941年9月6日，召开了御前会议，东条、铃木、武藤、冈等均出席。在这个会议上决定如下，日本向南方扩张，努力通过对美英的谈判来达到日本的要求，但是这些要求如果10月初还不能实现，就决定开战。关于日本所想达到的要求，也在这次会议中作了如下决定：

"在对美（英）谈判中，日本所应达到的最低限度的要求事项，以及与此相关的帝国所能承诺的限度。

第一，在对美（英）谈判中帝国必须达到的要求事项：

（1）关于'中国事变'的事项。美英对于帝国处理'中国事变'不能干预或加以妨碍。

（a）不得妨碍帝国依据'日华基本条约'及'日''满'华三国共同宣言'来解决事变的企图。

（b）封锁缅甸公路，美英两国不得对蒋政权给以军事及经济援助……

（2）关于确保日本国防安全的事项。美英在远东不得采取威胁帝国国防之类的行动。

（a）承认根据日法约定的日法特殊关系。

（b）不得在泰国、荷属东印度、中国及苏联远东领土内获取军事权益。

（c）不得增强远东现有军备。

（3）关于获得日本所需物资的事项。美英须协助帝国获得所需物资。

（a）与帝国恢复通商，并由两国在西南太平洋的领土供给帝国在生存上所需的重要物资。

（b）对于帝国与泰国和法属印度支那间的经济作友好的合作。

第二，日本所能承诺的限度：

如果美国和英国承允了日本在第一项中所提出的要求,那么,

(1)日本除对中国外,不以法属印度支那为基地向其邻近地区进行武力扩张。

(2)日本建立公正的远东和平以后,准备自法属印度支那撤兵。

(3)日本准备保障菲律宾的中立。"

这项决定的要害在于,根据和中国傀儡政府之前达成的协议,建议由日本来控制中国经济去实现日本自身利益,而且美国和英国应撤销对一直以来深受日本侵略的中国合法政府的一切军事和经济援助,这些援助是这两个国家有权给予的。如果日本曾说明这是它与英美谈判中要实现的"最低限度的要求",那么毫不过分地说,谈判不会取得任何进展。这个"最低限度的要求"与赫尔所说的四项原则是根本不能相容的。在整个谈判期间,赫尔始终强调要遵守他的四项原则。

继续进行战争准备

在御前会议后,参谋总长立即命令他的作战部长进一步加紧从事战争计划和战争准备。由于陆军省和参谋本部一向所具有的例行关系,陆军大臣东条、陆军次官木村、陆军省军务局长武藤及海军省军务局长冈,必然知道并曾协助这种准备的进行。

为进攻珍珠港和为对马来亚、菲律宾、荷属东印度及婆罗洲登陆作战而在中国沿岸所进行的训练,都接近完成了。在中国方面的舰队司令长官海军大将岛田,在9月1日被调为东京附近横须贺海军镇守府的司令长官并兼任海军将官会议的一员。为了决定详细的作战计划,在1941年9月2日至13日,在东京的海军大学校内,举行了最后的"图上演习"和海军参谋会议。许多海军高级将领都曾参加会议。必须解决的问题有两个。第一个问题是制定用航空母舰进攻珍珠港的详细计划。第二个问题是制定占领马来亚、缅甸、荷属东印度、菲律宾,所罗门及太平洋中部各岛的预定作战计划。为解决这些问题所制订的计划,构成了后来所发布的联合舰队第一号机密命令的基础。

外务大臣丰田的部下,驻夏威夷总领事从事谍报活动,在9月24日制成了暗号密码,以便发出关于在夏威夷近海的太平洋舰队的秘密报告。

日本国内,关于攻击的准备,以急速的步伐继续进行着。东条审查了准备工作,9月11日将调查结果报告木户。为增加军需品的生产,内阁采用了铃木的企划院和厚生省共同制订的"劳务动员计划"。陆军教育总监,关于登陆作战及辨别盟军飞机,发出了作训练之用的规章。东条的陆军省制成了对新加坡和夏威夷的作战地图。内阁印刷局继续印刷供占领之用的比索、美元、荷兰盾等通货,以便在菲律宾、马来亚及荷属东印度使用。

继续与美国会谈

近卫在9月6日,即在上述的御前会议那天告诉美国大使,他自己完全赞成赫尔和美国总统所表明的四项原则,但这与御前会议的决定在性质上是完全相反的。第二天,野村大使在华盛顿向美国政府提出了日方的新建议草案。表面上看来好像是企图作为美国总统9月3日致近卫书信所述的开始预备谈判的基础。这个建议草案的主旨是"如无任何正当的理由",日本不会再进一步地对南方采取军事行动,日本对其在三国同盟条约下的义务,是"依据防护和自卫"来加以解释,而并不考虑其他轴心国的意见。美国应中止对中国的援助,帮助日本照日方的条件与中国和平谈判,同意协助日本取得和开发南方地区的天然资源,并停止在远东及西南太平洋地区的军事措施。日本对于从法属印度支那撤退军队,则加以拒绝。在这个建议草案中,日本再度重申了遵守三国同盟条约的意图。其所以如此说,是因为日本对于不会依据三国同盟条约的条款进攻美国一节,拒绝或回避给予保证。根据以后的谈判得知日本的对华和平条件是以近卫原则为基础的,并且规定中国承认日本对满洲的占领。所谓近卫原则,就是允许日本以驻华日军对中国经济作强制的支配。

美国如果接受这个建议，就可以使日本政府达到1940年10月3日决定的目的。而丰田阐明这正是日本政府的意图。1941年9月13日，丰田训令野村说：日本政府对于美国方面的四原则——用丰田的话说——不准备"囫囵吞进去"。美国政府对于9月3日的建议草案认为不能满意，并且认为1941年8月28日近卫致美总统的书信与日本政府的声明互相矛盾。

1941年9月25日，日本政府对驻东京的美国大使提出了一个全新的建议草案，并要求迅速给以回答。这个新草案在基本要点上并未显示出日本的态度有任何改变。9月25日桥本在《太阳大日本》上所发表的论文中说：与美英调整邦交毫无希望，而日本政府所应采取的恰当措施已由三国同盟条约清晰指出，他的意思就是与德意共同采取直接的行动。情报局总裁在三国同盟条约签订周年纪念日发表演说，其中说，这个条约的真正意义已由缔约当日所发布的诏书所阐明。他说：该条约明确承认了日本在建设"大东亚新秩序"中的指导地位，不管国际情势发生怎样的变化，不管日本面对着怎样的困难，这个条约作为日本外交政策的基石不会变化。

10月初很快到来，这是9月6日御前会议决定开始敌对行为的决定时期，但是陆军和海军关于海军现存的石油是否足够完成其任务，仍然在进行争论。东条对于对美谈判已不能忍耐，并强硬主张不应再延迟攻击。陆军首脑们声明，攻击最多只能延缓到10月15日，他们不能再等待了。近卫和木户，对于陆海军意见分歧的石油贮藏量问题，曾进行商讨。近卫表示，只要有这种分歧存在他就没有自信，如果陆军坚决主张在10月15日开战，他只有辞职了。木户恳求他慎重考虑，并邀铃木相商。

10月2日，赫尔将一件叙述全部谈判经过的文书面交野村。并在结论中说：美国一直努力阐明美国所考虑的广泛计划，即将赫尔和总统所说的各项原则同样适用于太平洋地区，但是日本政府显示要用条件和例外来限制适用这些原则的意图。于是赫尔问道:"如果这种印象是正确的,那么日本政府能认为在这种情势下,两国负责首脑的会晤对于我们所共同考虑的远大目的能有所贡献吗?"

这种印象是正确的。如前所述,外务大臣丰田在9月13日已告诉野村,日本不能接受四项原则。1941年10月8日,野村向丰田报告说:美国方面坚持应以四项原则为调整两国邦交的基础,他们经常感觉,如果近卫和总统要进行会谈,那么对于这些原则适用于太平洋的问题就需要有确切的谅解,他们相信,只要在这个问题上还有意见分歧,详细的讨论是没有意义的。木户和近卫在接到了这个报告以后,才一致认为达成协议的希望很小。于是木户说:对于9月6日的决定,也许需要重加考虑,在日本准备得更充分之前,也许进攻有延期的必要。他说:必须首先考虑完成中日战争。他的意思是指在华军事的挫折。

开战决定——1941年10月12日

陆军大臣东条、参谋总长及其他陆军首脑在10月初和德国大使讨论这个问题时,曾阐明他们之所以缔结三国同盟条约,是为了实行南进,建立日本在东南亚的地位,为了打倒英国以便达到他们的目的,就需要牵制美国并排除苏联。内阁书记官长在1941年10月7日曾与木户商量对美谈判的问题。他报告说:在东条指导下的陆军,认为已没有与美国继续谈判的余地,但海军的意见却与此相反。他建议说:可否由近卫与东条商谈,努力促进其与海军的谅解,然后邀东条和海军大臣与近卫和外务大臣举行会谈以便巩固陆海军之间的合作。

近卫和东条谈了一番,但东条主张说,在对美谈判上已无外交成功的希望,内阁必须决心作战。1941年10月12日,近卫邀请陆军大臣东条、海军大臣及川、外务大臣丰田、企划院总裁铃木到他的私邸集会,对于战争或和平的问题,作最后的商议。在会议之前,海军大臣派冈(敬纯)向近卫传言:海军并未准备对美战争,但因在9月6日的御前会议上已赞成作战,所以不能够说不干。在即将举行的会议中,对于这个问题海军大臣打算听任近卫做主,并希望近卫决定继续进行外交谈判。

1941年10月12日,近卫召集会议并宣称:现在到了阁员必须对和平还是战争作最后决定的时候,并建议他们重新研讨外交谈判成功的可能性。东条反驳道:纵然继续谈判也没有成功的希望。海军大臣建议,这个问题应听任总理大臣决定。东条说:既然所有阁员都要对最后的决定负责,就不应该让总理大臣单独决定。东条还说:如果外交大臣保证继续谈判一定会成功,那么他可以重新考虑他的中止谈判的决心。外务大臣指出了日美协议的障碍,并称主要的障碍是日军驻华问题。东条强调说:日本对于这一点是不能让步的,由于在中日战争中所作的牺牲,政府必须坚持完全实现近卫原则的主张。最后作出决定如下:

(1)日本不放弃1940年9月和10月间所通过的计划。

(2)关于能否在大本营所定的限期内与美国谈判成功,应从速决定。

(3)在上项问题没有得到肯定的回答前,不中止进攻的准备。

内阁书记官长将这次会议结果报告了木户。第二天,木户和铃木研讨了这次会议后,所得到的结论是近卫应进一步努力去促进东条和海军大臣间的谅解。当天夜晚,近卫召丰田向他报告日美谈判的整个经过。丰田说,在他个人看来,为了和美国取得协议,日本恐怕必须自中国撤兵。第二天早晨,即1941年10月14日,在举行内阁会议前,近卫召见东条并告诉他,根据他的调查,如果日本坚持在华驻兵,不可能借对美谈判来达到日本的目的,如果日本"舍名而取实",那么还有成功的希望。近卫想说服东条,使他放弃南进的计划,而集中日本的努力去解决中日战争。近卫指出了日本及其同盟国的显著弱点,并警告说:如果日本进攻美国,那就会成为真正的世界战争。东条答道:日本在中日战争中的牺牲是如此巨大,对于从中国撤退日军,即令他因此而退出内阁,他也是不能同意的。于是近卫对东条说,希望他在内阁会议中重述他的主张。10月14日的内阁会议,由于东条坚持他的主张,内阁会议未能作出决定。

武藤通过冈企图迫使海军大臣表明海军有无作战的准备,但武藤未能达到目的。1941年10月14日深夜,东条派铃木通知近卫说:因为海军大臣对问题未表明态度,所以无所作为;内阁既不能实行9月6日御前会议的决定,除总辞职外别无他法。他要求近卫将此意通知木户。近卫即转令铃木通知木户。第二天早晨,铃木告诉了木户。就在当天,近卫往访木户并称:因为他与东条的意见不一致,所以不能再继续担任总理大臣。东条则说:因为他不能抑制愤怒情绪,所以不希望再和近卫商量问题。1941年10月16日晨,近卫收集了各大臣的辞呈并加上他自己的辞呈以后,不顾木户的反对,在当天傍晚向天皇提出辞呈。

近卫的辞呈,对当时的情势给予了生动的说明。他的说明如下:当他为了实行南进组织第三次近卫内阁时,就坚信内阁的目的可以借着对美谈判而达成,虽然他的希望现在尚未实现,但仍然相信"如果用舍名而取实的方法来让步",这些目的是可以借谈判而实现的。近卫说:东条要求遵从9月6日御前会议的决定,必须在10月15日和美国开战,东条所持的理由是情势已到了不采取这种办法就不能贯彻日方要求的地步。近卫还说:他不能承担将国家投入一个结果不可预料的大战的责任。

1941年10月18日东条任总理大臣

木户曾向东条表示最后的希望,他说:在发动对美战争之前,国民有权利期望陆海军间目标一致并互相合作,以求内阁阁员的和衷共济。他又说:9月6日关于10月上旬开战的决定,也许有错误,为了努力求取完全的意见一致,不妨进行重新研讨。东条虽然同意木户的意见,但在木户采取下一步举措之前,近卫已经提出了他的内阁辞呈。

木户立即觐见天皇,并讨论近卫的继任人选。木户建议应任命东条或海军大臣继任。第二天早晨,召开重臣会议,和其他人物一起,若槻、冈田、林、广田、阿部及米内都出席了会议。木户反对以东久迩宫亲王或宇垣为近卫的继任人,而推荐东条。木户说:最重要的问题是修改9月6日的决定和解决陆海军间的分歧。对于木户建议以东条为总理大臣的提议,广田是积极赞成者之一,没有任何一人表示反对。当木户推荐时曾对天皇进言对东条和海军大臣两人颁发特别命令。木户在导引东条和海军大臣觐见天皇后,曾在休息室与东条和海军大臣商讨过这个特别命令。木户告诉他们,据他推测,天皇曾谈到合作问题。他认为天皇的意思是希望在决定国策时有必要更广泛与深入地检讨国内外的情势,进行认真研究,而不被9月6日的决定束缚。然后木户交给他们每人要求陆军和海军合作的书面训令,其中尤其要求海军大臣进一步更加紧密合作。

1941年10月18日,东条升职为将军,为了能同时担任陆军大臣,允许他在担任总理期间服现役。在整个内阁任期内,他一直担任这两个职务。东条还曾担任军需省大臣和短期的文部省大臣、内务省大臣、外务大臣和商工省大臣。岛田在东条内阁任期内任海军大臣。1944年2月,除了自身的许多职务以外,东条接管了参谋总长的职务。岛田在担任海军大臣的同时兼任军令部总长。木村留任陆军次官,1943年3月11日,转任军事参议员。1944年8月30日,他被任命为日军缅甸总指挥。武藤留任陆军省军务局长,1942年4月20日,被任命为北苏门答腊帝国近卫军司令官。佐藤仍留在陆军省军务局,后接任武藤成为陆军省军务局长。冈在整个东条内阁时期,留任海军省军务局长。东乡担任外务大臣直到1942年9月1日。铃木担任企划院总裁兼国务大臣,一直到东条内阁辞职。大岛继续任驻德国大使。重光葵留任驻英国大使,1941年12月16日,被任命为驻中国傀儡中央政府大使。1943年4月20日,被任命为东条内阁外务大臣。土肥原留任航空总监,同时是最高军事参议官;后来,1943年5月,出任本土东部军司令官;1944年3月,被任命为新加坡第七方面军司令官。畑俊六、梅津美治郎和板垣指挥驻中国和韩国的日军。

东条领导下的战争准备

东条继续开展1940年9月、10月决定的计划。投降后受审时曾经问他："你解释说,9月6日(1941年)御前会议以后的政策是一方面从事于和平谈判,另一方面从事于战争的准备。你继续执行了这个政策吗?"东条回答说:"是的。我以总理大臣的地位,接受了这种工作。"

东条内阁组成以后,日本的国外谍报机关被改善和扩充,特别是在荷属东印度诸岛,进行了占领这些岛屿采油设施的准备。1936年起就存在的国策研究会,开始制定计划并任命"统治对策委员会",以便制订预期由日本政府占领的南方地区的统治计划。1941年10月向总理大臣东条提出它的第一次报告。陆军省和拓务省采纳了这个计划。并且制成了入侵使用的地图。陆海军开始颁发联合作战的计划与规则,完成了南方军的组织,并选定了南方军的司令官。后来南方军的司令部设在新加坡,但最初的司令部是设在西贡的。为了进攻香港,在广州附近受训练的军团,进行了充分的准备以便从事这一攻击。根据没收的属于这一军团者的日记,该军团预期在12月上旬完成训练。

岛田和冈曾参与进攻珍珠港的计划。这个计划曾在海军大学校进行讨论。联合舰队司令长官山本建议在美国太平洋舰队停泊在珍珠港时进行攻击。其他的人主张采用等待机会的战术。这项战术是等到美国舰队试图向太平洋中有防御工事的日本诸岛前进时,才开始进攻。因为山本以辞职相威胁,于是采用了他的计划。1941年11月1日完成了最后计划。在这些计划中规定攻击珍珠港、新加坡,以及美国、英国及荷兰占领的其他属地。

在组阁以后,东条立即根据木户的劝告开始行动。这就是由天皇所批准的,"更广泛与深入地检讨国内外的情势"的劝告。在10月下半月内完成了调查事项表。这个表以《关于实行国策要纲应重新检讨的事项要目》为标题。其中包含着下列题目："欧洲战局的前途如何？""在对美英荷战争初期及数年后的作战前途如何？""今秋对南方开衅时，在北方将产生怎样的关联现象？""关于对美英荷的开战，能够使德意答应作怎样的协力？""能否将战争对手限定为仅是荷兰或仅是英荷？""继续进行对美谈判，关于9月6日御前会议上所决定的我方最低限度要求，有无在短时期中达到的可能？"

上述各项题目分发各部各局加以研究，并且在一连串的会议中，由政府和大本营对这些题目进行协商。这些联络会议几乎每日举行，正像东乡对在华盛顿的野村所说明的，这是"为了审议国策的根本方针"。东条、东乡、岛田、贺屋、铃木、星野、武藤及冈照例地出席这些会议。作为"满洲国"傀儡政府的总务长官曾与东条合作并曾任企划院总裁的星野，因其对于经济计划具有长期经验，被东条选任为内阁书记官长，并由东条委托其与东条所选任的企划院总裁铃木合作，集中力量从事此类活动。星野还担任了这些会议的干事。铃木则担任会议与内大臣木户之间的联络人。武藤以陆军省军务局长的地位，冈以海军省军务局长的地位，分别担任本省与参谋本部及军令部的联络人。

与美国重开谈判

东条之所以选东乡为外务大臣，主要是为了进行对美谈判。野村大使感觉为难，希望解除自己的职务。他在10月23日给东乡的信中说："我确信我应随前内阁的下台而去职。本来，国务卿虽然承认我的诚实但又认定我对东京的影响甚微，我既然已成了死马的骸骨，相信外务省也不会对此有何异议。再要以自欺欺人之类的骗术而继续存在，内心实不胜痛苦。"11月2日，东乡对野村训令如下："关于调整日美关系的根本方策，正在慎重审议中，并预定在5日的御前会议中得出决定，然后将其结果立即电训贵大使。这是政府对调整外交关系所作的最后努力。谈判重开后，由于各方的情势，极需急速获得决定。以上希望贵大使严守秘密。"

11月4日东乡再度电训野村。他说：经过多次会议商谈，终于能在内阁与军部意见一致的基础上，提出重开日美谈判的方案。但他又说，这将是谈判的最后努力，并且决定掷出这副骰子以国运为赌注。如果不能迅速得到解决而会议决裂，则两国关系将濒于混乱。他说：日本已作出最后可能的让步了。他训令野村必须完全依据训令的内容进行交涉，不得自行作任何解释。于是他强调野村所负使命的重大，并称，野村处于甚为重要地位，内阁对于野村"能为日本国运的发展有所贡献"，寄予甚大的希望。他要求野村深刻认识这一点，以沉着和决心来继续完成其任务。

　　东乡在11月4日后一连串的电报中，将所决定的方案传知野村。他说：这个提案还必须在第二天召开的御前会议上加以批准，一旦获得批准后，当立即通知野村，他希望野村在得到通知后，即将方案提出。这个提案被称为"方案A"。它所采取的是对于9月25日日本政府提案的修正案的形式，它在东乡给野村的电报中称之为"最后案"。在这个提案中规定日本军队作逐渐的撤退。首先是从法属印度支那撤退，如果与中国政府签订和约后也将这样办。除条约中特别指定的地点外，在和约签订后就从中国撤兵，但对于这些指定的地区撤兵，则等到适当时机以后再实行。关于在这些地区的驻军期限，东乡告诉野村："如果美国当局关于'适当时期'加以询问时，可以用大概为25年左右来含糊作答。"关于三国条约，由于条约的规定，日本政府决心不能给予日本不攻击美国的保证，在这个提案中曾重申此项决心。但日本政府关于条约上的日方义务，将采取自己的解释，而就日本与其他轴心国的关系来说则是独立的。关于通商方面不加歧视的问题，日本在其适用于全世界的条件下愿同意适用这项原则。东乡明确地指出：关于其他事项也许可能与美国取得谅解，但是关于在华驻军的问题，日本是不能让步的。由于日本在中国付出了四年以上的牺牲，由于日本国内的情势，关于这一点是不容许有所让步的。换句话说，日本要求美国承认它对中国的侵犯，并使中国隶属于日本。另外并将"方案 B"传送给野村，准备在"方案 A"不能达成协议时，再提出"方案 B"。关于"方案 B"将在以后再加以述说。

东乡在 11 月 4 日的电报中通知野村说：有鉴于谈判的严重性及野村的解职要求，已派来栖大使为特使去协助他进行谈判，但来栖并未携有其他新训令。两三天以后，东乡秘密告诉德国大使，关于日本政府的坚定态度已训令来栖，并给来栖一个不能超过的明确限期。又训令野村预先安排，以便来栖到达后，立即可以会见美国总统。

日本内阁唯恐在新闻报道及言论方面泄露日本的战争准备和战略活动，于是又规定了新的检查规则。

正像东乡通知野村一样，在 1941 年 11 月 5 日召开了御前会议。东条、东乡、岛田、贺屋、铃木、武藤、冈及星野均曾出席。会议决定了对美国、英国及荷兰所应采取的方针。决定重开日美谈判，并决定向美国提出在被称为"A""B"两方案中任择其一的提案。这就是头一天传送给野村的提案。会议还决定：如果在 11 月 25 日或以前美国仍未接受两项提案中的任何一项时，就将日本政府对美英开战的意向通知德意两政府，并请求这些政府参战并不得单独媾和。这个决定预期，如果美国政府接受了日本两项提案中的任何一个提案时，就利用美国政府获取对英国的协定。

11 月 5 日会议之后，东乡立即对野村发出训电说，这些提案在会议上已获批准，野村应根据日前训令中所述的意思开始谈判。签订任何协定的安排，必须在 11 月 25 日以前完成，但另一方面，又训令野村要避免给对方以如下印象：日方已规定完成协定的限期，或提案具有最后通牒的性质。

御前会议还决定，向泰国交涉准许日军通过泰国领土。日本允诺尊重泰国的主权及领土完整，日方并考虑将缅甸或马来亚的一部分给予泰国，以此作为引诱泰国的香饵。关于荷属东印度，为了隐蔽日本的企图，以获得日本必需物资作为问题来开始谈判。在占领菲律宾后应使其"独立"，荷属东印度的一部分也应同样使其"独立"，余下的部分则归日本保有。

会后东条立即往访木户，将上述各项决定、南方军的编制以及派来栖往华盛顿帮助野村等决定都通知了木户。1941年11月5日，东乡又致电野村说，已确定以11月25日为与美国签订协定的最后日期。

海军的攻击命令

11月3日，日本联合舰队司令长官山本在东京访问军令部总长永野，永野批准了准备达数月之久而制定的联合舰队作战命令的最后方案。这个命令规定用下列办法实行南进，即用10月4日最初所计划的方法进攻新加坡并完成包围荷属东印度的态势。此外，还规定要进攻菲律宾，这件事在数月前大岛就曾告诉里宾特洛甫，说是已在准备之中。这些攻击是由歼灭美国太平洋舰队的珍珠港进攻来掩护的。用进攻香港和上海将英美驱逐出中国，此外还包含着其他的附随作战行动。在这个命令中写道："帝国已预期对美国、英国及荷兰开战。当决定已完成一切作战准备时，即发出开战的大致日期（Y日）及'第一开战准备'的命令。"接着在这个命令中说：当发出Y日的命令后，各舰队不必等特别命令即应完成作战准备，同时应根据各舰队指挥官的命令进入指定集合地点，在准备攻击下等候进攻的命令。命令中又规定："开战时机（X日）将由天皇下令。这会在数日前发出命令。X日〇〇：〇〇以后进入开战状态，各部队按照预定开始作战。"11月5日御前会议结束后，海军军令部总长命令山本发出了这个命令。因此，命令就在当天发出了。

1941年11月7日提出"A"方案

野村大使在11月7日向赫尔提出"A方案"。11月10日野村向美国总统宣读了说明这个提案的备忘录，但备忘录是含糊的，不明确的。当野村宣读这个备忘录的那天，指挥航空母舰机动部队进攻珍珠港的南云海军中将，已对他的机动部队下令开赴飞机集合地点的单冠湾（千岛择捉岛的单冠湾）。根据岛田所说：这个命令指示机动部队的全部舰船应在11月20日以前完成战斗准备，依严守机密的规定，开往集合地点。11月10日联合舰队作战命令第三号中规定12月8日为"X日"。就在这一天的〇〇：〇〇以后，进入交战状态。

11月12日赫尔对野村说：日本的提案正在研究之中，希望在15日加以答复。

美国政府在进行谈判的期间，曾和英国、荷兰及中国政府保持密切联系并曾获得下列谅解：如果日本政府同意赫尔及美总统所表明的四项基本原则，则这些政府在远东及太平洋各种问题尚未达成协定前即愿接受商谈。丘吉尔首相11月10日在伦敦发表演说，其中曾经表明："我们不知道美国为维持太平洋的和平所作的努力能否成功。但是，如果它失败了，我愿借此机会预先表示——并且我也有义务预先表示——如果美国被卷入于对日战争，那么英国的宣战布告将在一小时内发出。"第二天，英国大使为说明本国政府的立场，曾往访东乡。在这次会谈中，东乡对大使说：谈判已进入最后阶段，日本已提出了最后的提案，如果美国拒绝这个提案，就没有理由继续谈下去。

为了决定关于进攻的各项问题，几乎每天都连续开联络会议，11月11日会议决定了下列方针，即迅速击溃美、英、荷在远东的基地，确立日本自给自足同时促使重庆政府早日投降。这个计划与轴心国合作，集中力量对付英国，先将英国打垮，再使美国失去继续作战的意志。日本的部队已逐渐移动到位。航空部队为了进攻新加坡，已逐渐集中于西贡。为进攻珍珠港所组编的机动部队的舰船，已从日本的港口逐渐开赴集合地点的单冠湾。

对于11月7日野村所提出的"最后方案"即"A方案"，赫尔在11月15日交给野村备忘录一件作为答复，当时美国政府含蓄地拒绝了这个提案，赫尔指出：关于日本军队撤退的提案，既没有规定撤退的期限又没有规定从何地撤退，所以是不明确的、含糊的。并且说：美国也不能够为其他国家承诺普遍适用通商上的无差别原则。这份备忘录没有得到任何答复。在前一天，即11月14日，野村曾通知东乡说：美国政府决心在不从事战争的范围内尽一切可能的手段来阻止日本采取进一步的军事行动，无论是南进或北进，但它们已不愿再犯慕尼黑那样的错误。如果要美国在这点上让步，美国宁愿毫不踌躇地作战。

东乡接到赫尔备忘录后，开始从事进攻的最后准备。他发电报给驻檀香山的日本总领事，训令他说：鉴于局势异常严重，应更加注意保守秘密，但关于停泊船舶的报告，每星期至少要有两次。野村虽曾要求延缓限期，但东乡在16日回答说："谈判完成的期限业已决定，不能有任何变更。"他训令野村努力在"A方案"和"B方案"的基础上觅取协议，并要他尽最大的努力迅速取得协议。于是东乡将他的注意力转到和德国政府谈判缔结一个不得单独媾和的协定，即当日本卷入对美战争时不论原因如何均不得单独媾和。11月21日缔结了这个协定。

现在休庭15分钟。

（10:45 休庭）

（11:00 重新开庭）

法庭执行官：远东国际军事法庭现在开庭。

庭长：下面我继续宣读法庭判决书。

1941年11月20日的"B"方案

1941年11月15日，来栖特使抵达华盛顿。但在11月20日他和野村向赫尔提出"B方案"作为代替案以前，他并未提出过任何新提案。"B方案"就是东乡在11月4日发送给野村的方案，曾在11月5日经御前会议批准。东乡曾训令野村，不到"A方案"显然不能达成谅解时，不得提出"B方案"。这个"B方案"是一个全新的建议草案，并非打算修正以前的提案。其中，完全没有触及三国同盟、自中国撤军及通商上的无差别原则。其中建议，如果接受了这个提案时，日本将自法属印度支那南部撤退军队，如果与蒋介石委员长进行了和约谈判或达到了太平洋的"公正"和平时，日本将自法属印度支那北部撤退军队。作为这些所谓让步的交换，要求美国不得干扰与蒋介石的和谈，并要求供给日本石油。在这个提案中，还规定有缔结协助日本获得及开发荷属东印度天然资源的协定，缔结协力恢复冻结令前所存在的相互通商关系状态的协定。

美国政府鉴于其情报机关截译的日方通讯中的情报，鉴于日本从法属印度支那南部撤出的军队可以放在一两天内就能返回法属印度支那北部及海南岛的事实，得出了"B方案"毫无诚意的结论。日本建议要维持其在法属印度支那南部所已获得的地位，而这种地位威胁着南方各国及通商道路。美国政府认为如果接受这个提案，就是承认日本过去的侵略行为，并且还承认了将来日本可以不受限制地进行征服，等于放弃美国的原则和出卖中国。

11月22日晨赫尔召集英国、澳大利亚及荷兰的大使及公使举行会议，请求他们发表对日方提案的意见。会议一致认为，如果日本具有希望和平的诚意并打算坚持遵循和平政策，他们对此是欢迎的，并愿协力重新恢复与日本的正常贸易关系。但是在华盛顿的两位日本大使的提案和声明，却与东京日本领导人和报道机关的声明相反。英国和荷兰的代表同意在和本国政府商量后再将其意见告诉赫尔。

1941年11月22日午后，赫尔曾和野村、来栖会晤。他将当日午前举行会议的情事告诉了他们两人。并说，他希望在下个星期一，即11月26日的会议中能作出决定。野村和来栖催促美国不必管英国和荷兰而表明它自己的态度。赫尔回答说：一切有关国家都热切希望解决南太平洋的紧急问题，但从这点看来，最近的提案是不够充分的。11月22日东乡发电给野村说：11月29日是缔结协定的最后日期，"在这以后，形势将自动发展"。

11月26日野村和来栖又会见了赫尔。赫尔向两大使指出："B方案"和他在谈判初期所表明的美国誓必遵守的四项基本原则相违背，美国政府认为如果采用了这些提案，对太平洋的持久和平不会有什么贡献。赫尔建议：为了实际应用这四项基本原则并获致谅解，是否可作进一步的努力。抱着这种目的，他提出了一个新建议草案。草案要点如下：规定在远东实施四项基本原则；为了撤退在华日军并维持中国领土的完整，在美、英、中、日、荷、泰及苏联间缔结多边协定。

该建议的协定规定：日本和美国为了保持太平洋的持久和平，宣言如下：

（1）两国对他国领土毫无野心。

（2）两国不用武力从事侵略。

（3）两国不干涉他国内政。

（4）两国用和平办法解决国际纷争。

这些是赫尔早在1941年4月16日所述的四项一般原则，并且是美国政府所始终主张的必须加以承认和实际应用的原则。这些原则，在1930年以前，日本虽曾反复表示赞成，但自此以后实际上却不断地违反这些原则。

在国际通商方面提案如下：

（1）在各国国民间不应有所差别。

（2）废除对国际贸易交流上的严格限制。

（3）各国国民应无差别地获取原料。

（4）各国的通商协定对必须输入消费物资国家的居民的利益应保证给予保护。

这些原则，对于依靠国际贸易且是消费品巨大输入国的日本来说，实在是毫无反对的理由。并且实际上，在先前的谈判中已对其实质问题取得了意见的一致。但将上述原则应用于实际时，问题就变质了。日本对中国发起了多年的侵略战争，在战争期间，它占领了满洲，占领了中国的其他广大地域，支配了中国经济的大部分，并使其为日本的利益服务。现在，日本在法属印度支那获得了必要的基地，完成了一切的准备，正拟对南方邻近各国开始一连串的新的掠夺进攻。日本希望这些进攻可以保护它过去的侵略果实并获得更多的领土和物资以适应独霸东亚、西太平洋及南太平洋的需要。如实际适用上述各项原则,就意味着放弃日本过去的侵略果实并放弃继续向南方侵略的计划。

在谈判之初,美国就一贯坚持要承认它所宣布的这些原则,并且赫尔关于必须想出实际适用这些原则的方法,也曾不断地唤起注意。在谈判初期,日本回避明确宣称同意这些原则。1941年8月,近卫经过了极大的困难以后才得到军部的同意,将日本承认四项原则的意图通知美国。正像我们所知道的,这只是一种毫无诚意的姿态而已。日本的领导人根本无意实际应用这些原则,因为他们不想放弃过去所获得的果实,也不想放弃将来可能得到的东西。尽管美国老早就警告过,实际适用这些原则是任何协定的必不可少因素,可是他们却以上述想法来进行谈判。在他们之中的某些人,显然希望由军事恫吓和外交工作迫使美国放松适用这些原则,至少可以让日本保持在满洲及中国所已取得的支配地位。他们对于日本能否在对美国及西方各国的战争中取胜并无把握,不过,如果能使这些国家默认日本在满洲及中国其他地区已获的地位,那么他们打算暂时地放弃南进计划。在他们之中的另一些人,不相信各国能这样地容易被欺骗。这些人即令是比较乐观的,也知道这种欺骗是不可能的,他们只是默认可以将谈判拖延到日本完成战争准备的时候——因为这对于国民的团结一致也可有所促进。

赫尔在11月26日的照会中,关于这些原则如果被接受并加以适用时所必须采取的某种措施,曾详加叙述:

(1)在东亚具有利害关系的所有国家应缔结互不侵犯条约。

(2)所有这些国家在与法属印度支那的经济关系上不得有优惠待遇。

(3)日本应自法属印度支那及中国撤退军队。

(4)日本应撤销对中国傀儡政权的一切支持。

实际适用这些原则的提案,使日本领导人面对了现实。他们过去绝无实际适用这些原则的意图,在当时,也不打算适用这些原则。现在他们的战争准备已经完成了。用于袭击珍珠港的舰队已在那天早晨出发。他们全体一致的决定是进行战争,在谈判破裂的警告到达美、英以前,运用外交上的往来使日本军队可以在预先选择的地点来攻击英美两国的军队。

野村和来栖打电报给东乡说:他们已完全失败,完全丢脸了。11月27日,日本外务省训令来栖,不要停止谈判。11月28日东乡打电报给野村和来栖说:"尽管两大使曾作努力,而美方竟提出了最近那种方案(11月26日的赫尔提案),使人颇感意外且引为遗憾。我方无论如何不能以上项提案作为谈判的基础。关于最近的谈判,如果提出帝国政府对上述美方提案的意见(将在两三天内再发出续电),那么可能使对方感觉已到实际上只有中止谈判的地步。希望避免给对方以谈判破裂的印象,并盼贵大使向对方表示目前正在请示中。"1941年11月29日日本外务省训令来栖和野村,要他们向美国国务院提出某种建议,但应注意不可使其感觉谈判的破裂。11月30日外务省又对华盛顿的两日本大使重申这项警告。

11月19日木户和天皇曾讨论形势。木户向天皇进言如下:如果仅仅因为谈判限期已满就开战的话,那可能对天皇产生不当的批评,所以,天皇在批准开战前,可以命令总理大臣再召集一次有重臣参加的御前会议。后来在11月26日,木户和天皇商谈时,两人鉴于当时的情势,决定关于战争问题再召开一次御前会议。于是在11月29日早晨,先召集重臣会议,为当天即将召开的御前会议作准备。在这个午前的会议中,东条、铃木、岛田、东乡及木村均出席。东条阐明了与美国的战争是难以避免的。经过休息以后,重臣及东条与天皇会面,由天皇顺次听取各人的意见。东条发表了政府的意见。在讨论时,就以东条的战争不可避免的说法为基础进行讨论。除广田和近卫外,平沼及其他重臣都赞成根据这个假定来进言。

1941年11月30日的联络会议

11月30日所举行的联络会议是关于进攻盟国的最后细节取得一致意见的会议。东条、岛田、东乡、贺屋、铃木、武藤、冈及星野均出席。对攻击珍珠港的计划充分进行讨论。关于致美国政府照会的形式和内容，得到了一致的意见。这个照会拒绝了26日赫尔的建议草案并意味着华盛顿谈判的决裂。会议一致同意不需要公开宣战。会议对递交照会的时间也曾作讨论。东条说：关于递交表示谈判破裂意思的照会与实际进攻珍珠港之间所应经过的时间，有种种的主张。有的人认为有一个半小时的余裕时间，此外还有1小时、半小时等的建议。全体同意递交照会的时间，不能对此次进攻中的突袭因素有所损害。武藤说：关于递交照会与开始进攻之间的时间距离的最后决定，可以听任海军军令部决定，当海军军令部对进行该作战行动预先测定后，再将可以通告美国的时间通知联络会议。

1941年12月1日御前会议

为了批准11月30日联络会议中所作的各项决定，12月1日召开了御前会议。东条、东乡、岛田、贺屋、铃木、星野、武藤、冈及其他等人均曾出席这次会议。东条担任主席，在他说明了会议的目的以后，各大臣及参谋总长、军令部总长各就其负责地位对问题加以讨论。问题是对美英荷开战呢，还是保持和平？最后的决定是战争。关于这一决定，记录记载："关于执行11月5日决定的帝国国策的对美谈判，终于失败了。帝国决意对美英荷开战"。木户在他的日记中写道："举行了两小时的御前会议，终于决定了对美开战。午后4:30首相造访我并协商宣战诏书。"第二天，即12月2日，大本营发令指定以12月8日为X日，但是据我们所知道的，在1941年11月10日的联合舰队作战命令第三号已经确定了这个日期。

1941年11月22日，山本海军大将在广岛湾他的旗舰上，向当时集中在单冠湾的机动部队发出了命令。这个命令的意思是要机动部队在

11月26日自单冠湾出发,向北纬40度西经170度的地点隐蔽前进,并应于12月3日到达该地点。燃料的补充应在该地点尽速完成。11月26日晨,机动部队从单冠湾出发驶向燃料补充地点。这个机动部队的组成除主力舰、驱逐舰及其他舰船外,尚有日本的六艘大航空母舰。南云海军中将发出了"进攻珍珠港"的简单命令。因为11月23日,他已发出关于进攻的详细命令,所以不需要更多的话了。

终止对美谈判

在华盛顿的和平谈判仍在继续进行。罗斯福总统、赫尔国务卿与野村、来栖两大使,在1941年11月27日午后2:30起,会谈了约1小时。在会谈后,来栖曾企图和东京外务省某人在电话中谈话。在谈话中,来栖对谈话的暗号好像一点也不知道似的,对于东条内阁的下列计划,即利用在华盛顿的谈判来掩饰对太平洋方面盟国属地的进攻,显示了吃惊。电话中嘱咐他注意:攻击已迫在目前,但希望他应不顾一切牺牲进行继续谈判,纵然"……限期已过",仍要保持着继续谈判的姿态。切勿使美国"增加不必要的疑惑"。

在1941年12月7日上午10:00(华盛顿时间为12月6日午后8:00),东乡致野村和来栖的电报才到了华盛顿,这电报传递了递交美国政府的照会,其中回答了11月26日美国的建议草案,包含着谈判已破裂的意思。这份电报是分成好几段拍发的。在某一段东乡通知野村说:"关于向美方提出上项照会的时期,以后将另行电知,但在接到照会电报后,应立即完成一切准备,以便得到训令时即刻将其递交美方。"

作为与日本政府达成和平解决的最后努力,罗斯福总统曾亲自致电日本天皇。这封电报是发给驻东京美国大使格鲁的,并训令他将其面递天皇。这封电报在正午到达东京。虽然在午后日本当局已得知了电报的内容,但到了当晚9:00才将电报送给格鲁。格鲁在电文译出后,立即在1941年12月8日午前0:15往访外务大臣东乡,为面递这封电报而请求面晤天皇。但东乡告诉格鲁说:他将把这封电报面递天皇。

格鲁是在上午0:30分（华盛顿时间为1941年12月7日上午10:30）告辞的。当时，两国已经进入战争状态了。因为在前面所提过的海军作战命令中，已规定了以12月8日0时（东京时间）为"进入开战状态"的时机。在上午1:25开始攻击哥达巴鲁，在上午3:20（两者都是东京时间）开始攻击珍珠港。所谓格鲁传达总统亲自给天皇的电报过迟的说法，对本法庭完全没有提出过满意的说明，无论这封电报可能产生何种效果，都由于这一原因不明的迟延而阻止了。

珍珠港

日本的机动部队按照预定的作战命令开始了行动。在格鲁辞别东乡的1小时以后，即在1941年12月8日凌晨1:30（珍珠港时间12月7日上午6:00，华盛顿时间12月7日上午11:30），第一批攻击珍珠港的飞机，已从珍珠港北方约230英里的地点，自航空母舰甲板上起飞了。华盛顿的野村大使曾通知赫尔国务卿，希望在1941年12月8日凌晨3:00（华盛顿时间12月7日下午1:00）会面，但后来又以电话要求将会面延迟至1941年12月8日早上3:45（华盛顿时间12月7日下午1:45）。在野村访问赫尔前，即在1941年12月8日早上3:20（珍珠港时间12月7日早上7:50，华盛顿时间12月7日下午1:20），已对珍珠港进行了第一次袭击。野村和来栖两大使，在1941年12月8日早上4:05（华盛顿时间12月7日下午2:05）到达赫尔国务卿的办公处。这是对珍珠港实际进行了第一次攻击45分钟之后了。因此当赫尔接见两大使时，已经在攻击开始后的一小时以后了。日本的大使说：虽然他们所接到的训令要其在1941年12月8日早上3:00（华盛顿时间12月7日下午1:00）面递这个照会，但遗憾的是由于译电和誊写的困难被延迟了。国务卿问道：为什么命令他们在华盛顿时间下午1时这个特定时间面交这个照会。大使回答说：理由不得而知，但所接的训令是如此的。1941年12月8日（华盛顿时间12月7日），东乡曾向野村发出下列训电是属实的："望在该地时间7日下午1:00，由贵大使向美国政府提出该项答复。"对珍珠港的第二波攻击,是从早上 4:10 至早上 4:45（珍珠港时间上午 8:40 至上午 9:15）,是以水平轰炸机进行攻击的。第三波攻击是从上午 4:45 至上午 5:15（珍珠港时间上午 9:15 至上午 9:45）,是用俯冲轰炸机进行攻击的。

哥达巴鲁

格鲁在东京辞别东乡后 45 分钟,即在 1941 年 12 月 8 日凌晨 1:25（哥达巴鲁时间 12 月 7 日下午 11:45,华盛顿时间 12 月 7 日上午 11:25）,在英属马来亚东岸的巴当和萨达克海岸的防卫部队报告说:在滨海中停泊有舰船。这个巴当海岸和萨达克海岸连接点的瓜拉·彼马特,是位于哥达巴鲁飞机场东北约一里半的所在。据东条说:这些舰船是从法属印度支那的西贡开出的。1941 年 12 月 8 日凌晨 1:40（哥达巴鲁时间 12 月 7 日午夜,华盛顿时间 12 月 7 日上午 11:40）,这些舰船向海岸开始炮击。这比最初预定的时间提早了 1 小时 20 分钟,原想让来栖和野村有时间持日方照会去面交赫尔的,因为时间提早,所以就比两人实际抵达赫尔国务卿办公处的时间早了 2 小时 25 分钟。1941 年 12 月 8 日凌晨 2:05（哥达巴鲁时间 12 月 8 日凌晨 0:25）左右,日军第一攻击部队在巴当海岸和萨达克海岸的交接地点登陆。突破了第一道海岸防线后,日军开始对英属马来亚登陆作战的第二阶段。第二阶段是在宋卡和帕塔尼登陆的,这些城镇是在英属马来亚和泰国国境正北方,并且是在泰国的领土之内。第二次登陆是在 1941 年 12 月 8 日凌晨 3:05（哥达巴鲁时间 12 月 8 日上午 1:05；华盛顿时间 12 月 7 日下午 1:05）开始的。日本的舰船在宋卡和北大年将日军卸下船,宋卡的飞机场被日本登陆部队所占领,这些都曾由空中侦察所发现。为了对哥达巴鲁进行侧面进攻,后来日军就在贝丹·伯沙尔和克罗越过了马来亚和泰国国境。

日本飞机在 1941 年 12 月 8 日上午 6:10（新加坡时间 12 月 8 日 4:30,华盛顿时间 12 月 7 日 15:10）,对英属马来亚的新加坡市进行空袭。据东条说：这些飞机是从法属印度支那的基地和海上的航空母舰上出动的。炸弹投在色勒达和登加飞机场，也投入了新加坡市内。

菲律宾、威克岛及关岛

第一次对关岛的攻击，是1941年12月8日8:05（华盛顿时间12月7日18:05）进行的。当时，8架日本轰炸机从云中出现，对海底电线电报局及泛美航空公司场地附近投弹。

在1941年12月8日（威克岛及华盛顿时间12月7日）黎明，日本飞机的轰炸开始了对威克岛的攻击。

菲律宾也是在1941年12月8日（华盛顿时间12月7日）早晨遭到首次进攻。棉兰老岛的达沃市和吕宋岛克拉克机场，均遭到日军的猛烈轰炸。

香港

香港在1941年12月8日9:00（香港时间12月8日8:00）遭受第一次攻击。虽然对英还未宣战，但香港当局在1941年12月8日8:45左右收到了东京播出的密码广播。其中是向日本国民警告：对美战争已经迫近。这一警告使香港防卫当局对预期的攻击，作了一定程度的防备。

上海

对上海的第三次侵犯，是12月8日（华盛顿时间12月7日）黎明开始的，当时日本巡察队穿过苏州河的外白渡桥，并一面架设军用电话一面前进；日军未遭遇任何抵抗，很容易地接收了外滩。1941年12月8日上午4:00（上海时间12月8日上午3:00，华盛顿时间12月7日午后2:00）日军完全占领了上海。

1941年12月7日在华盛顿递交的日本照会

1907年关于开战的海牙第三公约第一条规定："缔约国承认，未经预先以附具理由的宣战书形式或附具有条件宣战的最后通牒形式作明确警告,彼此不得开战。"开战公约在与本审判有关的整个期间,日本均应受其约束。根据本法庭的宪章的规定,凡违反国际法、条约、协定或诺言从事战争的计划、准备或开始和实行战争被认定为犯罪。起诉书中的许多起诉事实,全部或部分都是基于这样一个观点:对英美的攻击,没有以附具理由的宣战书形式或附具有条件宣战的最后通牒形式预先作明确警告。由于一些我们已经在其他地方讨论过的理由,我们认定对于这些起诉事实没有处理的必要。在起诉书的起诉原因中,关于发动侵略战争及发动违反国际法、条约、协定及诺言的战争之共同计划和阴谋罪的起诉,使我们得出了下列结论:实行侵略战争的起诉事实已得到肯定,这些行为已构成最高程度的犯罪,所以,我们认为关于起诉书中所宣称的违反一连串条约、协定及诺言——包括海牙第三公约在内——的起诉事实是否可以成立,已无考虑的必要。关于主张实行侵略战争及违反国际法、条约、协定和诺言的战争的起诉原因一项,我们也得出了相似的结论。关于进行违反1907年海牙第三公约或其他条约的战争,关于起诉书中控告杀人罪的起诉原因,我们则认定,凡是引起这类杀害的战争都是侵略战争。凡是进行这类战争就是严重的犯罪,因为这类战争都伴随着不胜枚举的杀害、苦痛和惨剧。如果对于每一个被告都认为犯了这种重罪,更处之以名义上的"杀人罪",并不能使被告信服。因此,我们对于1907年海牙第三公约所负义务的正确范围,没有必要作出最后的结论。毫无疑问,根据海牙公约,在开始敌对行为之前,负有预先作明确警告的义务。但从给予警告至开始敌对行为之间,究竟应有多长时间,并不明确。这是条约起草者所面临的处境。自从成立这个公约以来,它就成为国际法学者之间经常争论的对象。关于警告和敌对行为之间的时间长短问题,当然是一个重大问题。如果时间短促,使对方不能将警告传知驻在远地的军队,驻军没有时间采取防卫准备,那么驻军就可能失去自卫的机会而被打垮。正是存在对条约义务的这类争论,东乡曾在1941年11月30日的联络会议上报告说，关于义务上的警告时间，有人主张应为一个半小时，有人主张应为 1 个小时，有人主张应为 30 分钟。关于在华盛顿面递公文的时间，联络会议将时机的决定权委托给东乡和陆海军两总长，但附以一项条件，即面递公文的时间不能对突袭的成功有所妨碍。总之，他们所决定的是在敌对行为开始稍前发出停止谈判的通告，以便使被攻击地点的英美军队无论如何不能得到谈判破裂的警告。接受此任务的东乡及陆海军当局的安排是：决定在华盛顿面递照会的时间为 1941 年 12 月 7 日下午 1:00，而在午后 1:20 对珍珠港进行第一次的袭击。如果一切都顺利的话，那么华盛顿会有 20 分钟的时间去向珍珠港军队发出警告。但因过于急切希望保证这次攻击是突然袭击，所以完全没有留出以防意外的充裕时间。而由于日本大使馆翻译照会时间超出了预定，所以实际上是在进行攻击后过了 45 分钟，日本两名大使才持照会到达华盛顿赫尔国务卿的办公室。至于在哥达巴鲁对英国的进攻，与在华盛顿面递照会的时刻（下午 1:00）完全没有关系。这一事实已由所获证据充分说明。这一进攻是在华盛顿时间上午 11:40 实行的。因此，驻华盛顿的日本大使馆能够按照东京的训令行事的话，会比面递照会的预定时刻早 1 时 20 分钟。

我们认为对于以上事实的判定是正确的，因为这些事项已有大量的证据。不过主要还是为了唤起对这个条约现有内容中缺点的尖锐注意。既然有作狭义解释的可能，那么寡廉鲜耻的人就会企图一方面不违反狭义解释的义务，同时使他们的攻击确实能达到突袭的目的。如果把余裕时间减少到如此程度，一旦发生错误、意外或疏忽就会使警告传达过迟，实际上不可能执行符合条约义务的事前警告。东条坦承，日本内阁也曾考虑这一点，他们认识到时间的余裕越少，发生意外变故的可能性就越大。

正式宣战书

日本枢密院的审查委员会在上午 7:30（东京时间）在皇宫中召开会

议,讨论对美、英、荷发表宣战书的问题。在这以前,日本方面一直未考虑过这个问题。岛田宣称,对珍珠港和哥达巴鲁的进攻已经实施;于是提出了前一天晚上在星野住宅所起草的对美英宣战书的法案。东条当被质问审议该案时,曾提到华盛顿的和平谈判。他说:"其所以继续进行谈判,仅仅是为了战略上的关系。"东条在该审议会上又说,为了将来的战略性利益不对荷兰宣战,又因为日本和泰国之间正在进行缔结"同盟条约"的谈判,所以也不对泰国宣战。法案当时获得了认可,并决定向枢密院全体会议提出。枢密院在1941年12月8日10:50开会,并通过了这个法案。1941年12月8日上午11:40和上午12:00之间(华盛顿时间12月7日晚上10:40和11:00之间;伦敦时间12月8日凌晨2:40和3:00之间)公布了对美英的宣战书。美国、不列颠及北爱尔兰联合王国因为遭受攻击,于1941年12月9日(伦敦及华盛顿时间12月8日)对日本宣战。同一天,荷兰、荷属东印度、澳大利亚、新西兰、南非、自由法国、加拿大及中国也都对日本宣战。第二天,武藤在参谋本部作战部长会谈时说:派遣来栖大使到美国,不过是为了开战的一种掩蔽手段而已。

结论

剩下来的问题是考虑为被告作辩护的下列主张,即日本对法国的侵袭行为、对荷兰的进攻、对英美的攻击是正当的自卫措施。该主张辩称,这些国家对日本经济采取了限制措施,日本为保卫国民的福利和繁荣,除战争以外别无他途。

这些国家对日本贸易采取限制措施出于完全正当的理由,之所以采取这种措施,是促使日本脱离它早已采取并决心继续的侵略道路。因此,1939年7月26日美国发出通告,废除美日通商航海条约。那时日本早已占据了满洲及中国的其他广大部分,那时虽有此条约的存在,但是美国国民的在华权益早已不为日本所尊重。采取此措施是试用某些战争以外的手段,以期使日本能尊重美国的权益。此后,逐渐禁止对日本输出物资，这是因为日本攻击各国领土并获取权益的决心已逐渐明显。也就是希望将日本从决心从事的侵略政策中改变过来，同时各国也不愿将本国战时所需物资再供给日本。在某种场合，例如，美国禁止将石油输往日本，也是为了阻止侵略国储备所需的资材供给。前面所举的为被告作辩护的主张，实际上不过是重复了日本准备侵略战争时所发表的宣传而已。牺牲邻国向北方、西方、南方扩张的日方决定，早在采取对付日本的经济措施之前就已经在进行，日本从未放弃这一决定。今天我们已可以得到这一问题的详细证据。因此，今天实在难以忍受再听那些冗长重复的日本宣传。与辩方主张相反，日本侵略法国和攻击英、美、荷的动机，出于下列愿望：使反抗日本侵略的中国得不到任何援助，使邻近日本的南方各国的领土都落入日本之手，这些在证据中都是明白肯定的。

本法庭认为1940年和1941年的日本领导者，曾计划在法属印度支那进行侵略法国的战争。正是他们向法国要求在法属印度支那领土内给予日本以驻兵权及在航空基地、海军基地驻扎的权利。并且准备在要求不被接受的情况下对法国行使武力。实际上他们向法国提出要求时，是在行使武力的恫吓下提出的。法国由于当时所处状态，不得不向武力威胁屈服而答应了这些要求。

本法庭认定，日本对法国所进行的行为是侵略战争。日本占领法属印度支那部分地区，并不是在和平状态中而是强迫法国接受的。1945年2月，当战况特别是当菲律宾的战况对日本不利时，日本最高战争指导会议曾决定向法属印度支那总督提出下列要求：

（1）将一切法军及武装警察置于日本指挥之下。

（2）凡为军事行动所需的一切通讯交通机关均置于日本管理之下。

这些要求，是1945年3月9日以军事行动威胁为后盾，用最后通牒的形式向法属印度支那总督提出的，并给他两个小时决定拒绝或接受。

他拒绝了这些要求,于是日方采取军事行动来贯彻其要求。法军及武装警察对于企图解除他们的武装曾进行过抵抗。在河内、西贡、金边、芽庄及北部国境方面,均曾发生战斗。现在我们引用一段日方的官方记录如下:"在北部国境地区,日军受到了相当大的损失。日军曾对偏远地方的法军支队及退到山中的法军小队进行镇压。一个月中,除偏远地方外,治安已经恢复。"日本最高战争指导会议曾经决定:即使日方要求被拒绝而采取军事行动来强制实行时,也"不认为两国已处于战争状态"。本法庭认定,当时的日方行动,已构成对法国实行侵略战争的事实。

并且本法庭认为日本在 1941 年 12 月 7 日开始对英、美、荷的进攻,是侵略战争。这些无缘无故的进攻,其动机是出于占据这些国家领土的欲望。不管"侵略战争"的完全定义怎样难下,但出于上述动机的进攻,不能不称之为侵略战争。

辩方曾经主张:因为荷兰先向日本宣战,因此引起的战争不能称为是日本的侵略战争。但事实是这样的,日本曾长期计划用谈判来获得荷属东印度经济的支配地位,如果谈判失败就使用武力。1941 年中期,荷兰不接受日方要求已很显然。当时日本领导者已制订入侵和占领荷属东印度的计划,并完成了一切准备。虽然还没有发现对日本陆军发出的入侵荷印的命令,但是已有对日本海军发出入侵荷印命令的证据。这就是前面谈到的联合舰队第一号命令。其中提到的预定敌国是美国、英国及荷兰。在这个命令中说:开战日期由大本营指示,自当日的 00:00 以后处于交战状态,日军应按照计划开始作战。大本营命令是 11 月 10 日发出的,其中决定以 12 月 8 日(东京时间),即 12 月 7 日(华盛顿时间)作为按照计划开始作战的日期而进入交战状态。开始作战的第一阶段,南方部队应歼灭菲律宾、英属马来西亚、荷属东印度地区的敌方舰队。上述命令并无撤销或改变的证据。因此我们认为,事实上宣布战争状态的存在并下令日本对荷兰发动侵略战争的命令,在

1941年12月7日早晨即已生效。荷兰在充分得知对它的进攻迫在眉睫时，为了自卫起见，于是在12月8日向日本宣战，正式承认了由日方所发动的战争状态的存在，这就不能不说是日方所发动的侵略战争。事实上，日本在1942年1月11日日军登陆荷属东印度以前一直未对荷兰宣战。在1941年12月1日的御前会议上，已决定了"帝国对美英荷开战"。尽管已决定对荷兰开始敌对行为，尽管对荷兰发动敌对行为的命令业已生效，但是在12月8日（东京时间）枢密院会议中，当通过对美英正式宣战法案的时候，东条曾明白地说：为了将来战略上的便利，不对荷兰宣战。这样做的理由在证据中未获充分说明。本法庭倾向于采取下列见解，依据1940年10月决定的方针，想尽量缩短破坏荷方油田的时间。但无论如何，这对于日本对荷兰进行侵略战争的事实，不会发生任何影响。

泰国的地理位置是特殊的。关于日军进入泰国的证据非常薄弱。在1939年和1940年，日本硬要法国调停法属印度支那和泰国国境纷争问题的时候，日本领导者和泰国领导者之间显然是有共谋的。关于当时日本和泰国之间的共同计划和阴谋及暗相勾结的状态，在1941年12月以前并无任何证据证明其有所改变。下列事实已被证明：日本领导者计划借日泰协定使日军和平通过泰国进入马来亚。为了避免泄露行将进攻的情报，直到即将对马来亚发动进攻的时候，才与泰国开始缔结这类协定的谈判。日军在1941年12月7日（华盛顿时间）未遇抵抗，进入了泰国领土。关于这一进军的情形，检方所提的唯一证据如下：

（1）1941年12月8日上午10:00和11:00（东京时间）之间，曾向日本枢密院声言：关于军队通过的协定正在谈判中。

（2）12月8日下午（东京时间，华盛顿时间12月7日）日本广播宣告：日军已开始和平进入泰国，因为在午后零时和泰国缔结了协定，所以有利于这次行动。

（3）检方也提出了与以上各节相矛盾的声明，即 12 月 8 日早上 3:05（东京时间），日军在泰国的宋卡和大年登陆。1941 年 12 月 21 日，泰国和日本缔结了同盟条约。为泰国作证的人，并没有人斥责日本行动为侵略行为。从这些情形看来，对于日方进入泰国是违反泰国政府希望的说法，没有发现合理的证明。因此，控告被告对泰国开始和实行侵略战争的起诉事实，也不能得到证明。

起诉原因第 31 项，控诉日本对联合王国实行了侵略战争。在 1941 年 12 月 8 日正午（东京时间）左右所发布的诏书中说："朕现在对美国及英国宣战。"为进攻英国领土所制订的许多计划，在用语方面很多地方都缺乏正确性。不加区别地使用"不列颠"、"大不列颠"、"英国"这类名词，显然表示着同样意义。毫无疑问，与"不列颠帝国"这名称所指的实体是一样的。这个实体的正确名称是"联合王国"。日本用"不列颠帝国"来指"联合王国"——更正确的说法——的实体，从已提到的联合舰队命令作字第一号的用语来看就很显然。此命令规定：1941 年 12 月 8 日（东京时间）这一 X 日的 ○○：○○ 以后进入战争状态，日军从这时起开始作战。又曾规定在第一阶段的作战中，"南洋部队"必须防备澳大利亚方面的敌方舰队。后面又规定："在作战情况许可的范围下，应迅速占领或破坏下列地区——（A）新几内亚东部，新不列颠岛。"这些地区，是根据国联的委任，由澳大利亚联邦统治。所提到要加以破坏或占领的地区还包括"澳洲各战略地点"在内。此外，还要在"澳洲沿岸各重要地点"敷设水雷。在联合舰队机密命令作字第一号中用"大不列颠"一语把澳大利亚联邦作为其一部分是不正确的。在宣战诏书中用"不列颠帝国"一语把澳大利亚联邦作为其一部分也是不正确的。正确地说，澳大利亚联邦是"联合王国"的一部分。因此，敌对行为的对方，宣战书的对方实体，显然是"联合王国"。所以，起诉原因第 31 条，控诉对联合王国实行侵略行为是有充分根据的。

在起诉原因第 30 项中，控诉日本对菲律宾共和国实行了侵略战争。菲律宾群岛在战争时期还没有成为完全的主权国家。在国际关系范围内，是美国的一部分。日本曾对菲律宾群岛人民实行侵略战争，这是毫无疑问的。我们认为，对菲律宾群岛人民的侵略理论上是对美国侵略战争的一部分。

第八章　违反战争法规的犯罪(暴行)[1]

在慎重检查和考虑全部证据后,我们认为事实上不能将已提出的大量口头和书面证据都在这个判决中详加叙述。关于暴行的规模和性质的完整陈述,必须去参考审判记录。

已向本法庭提出的有关暴行及其他违反战争法规罪行的证据,自中日战争起至1945年8月日本投降止,已证明日本陆海军曾任意实行拷问、杀害、强奸及其他最无人道的野蛮残酷行为。本法庭曾用数月听取证人口头的或宣誓口供书形式的证言。这些证人对在所有战争地区所犯暴行详细作证。暴行规模巨大,而在所有战争地区又完全采取同样的方法,所以只能有一个结论,也就是说只能有一种暴行。这种暴行或由日本政府或个别官吏及部队指挥官所密命实行,或为他们故意纵容。

关于暴行的责任问题,在讨论被告情形和行为之前,必须先检讨所控诉的事实。当检讨所控诉的事实时,如果被告与所检讨的事故有关,有时为方便起见指出它们之间的关系。一般说来,我们总是将与责任问题有关的情况放在后面处理。

1941年12月太平洋战争开始时,日本政府曾设立办理战时俘虏和拘禁平民的制度和组织,这是事实。从表面上看,这些制度也好像是适当的。但对那些阻止无人道行为习惯上和条约上的战争法规,日本政府自始至终公然蔑视。

---

[1] 本章可参阅《远东国际军事法庭庭审记录》第80册49591—49761页。

把俘虏残忍地枪毙、砍头、淹死，或用其他方法加以杀害，让伤病俘虏和普通俘虏一起死亡行军，即强使他们在健康士兵所不能忍受的状态下作长距离行军。掉队者多被监视兵击毙或刺死。在热带酷暑下，在没有防御烈日设备下实行强迫劳动。由于完全没有宿舍和医药品以致数千人常常死于疾病。为了逼出情报或口供，或者因轻微过错，就施以殴打或各种拷问。对于逃跑后再行被捕的俘虏及企图逃跑的俘虏，不加审判即行杀害。对于被俘飞行人员不加审判即行杀害。甚至还吃人肉等等。这些事情都是本法庭已经证明的暴行中的一部分。

暴行的程度及食粮、医药缺乏的结果，可以将欧洲战场俘虏死亡数和太平洋战场俘虏死亡数加以比较来作为例证。美国及联合王国军队中，有 235 473 名为德军及意大利军所俘虏。其中有 9 348 人即 4% 在囚禁时期内死亡。在太平洋战场，仅仅美国和联合王国就有 132 134 名为日本所俘虏，其中有 35 756 人即 27% 在囚禁时期内死亡了。

所谓战争法规不适用于对华战争的主张

从沈阳事变的爆发到战争结束为止，日本历代内阁都不承认在中国的敌对行为构成了战争。他们坚持地称它为"事变"。以此为借口，日军当局主张战争法规不能适用于这一敌对行为的实行。

日军的首脑者认为这个战争是"惩罚战"，因为中国人民不承认日本民族的优越性和领导地位，拒绝与日本合作，所以为惩罚中国人民而作战。由于这个战争所引起的一切结果，都是非常残酷和野蛮的，日军首脑者的意图是要摧毁中国人民的抵抗意志。

为了切断对蒋介石委员长的援助，当进行南方的军事行动时，华中派遣军参谋长在 1939 年 7 月 24 日致陆军大臣板垣的情势判断中说："陆军航空部队对中国内地战略据点进行攻击，为的是威吓敌军及人民，使其酝酿厌战与和平的倾向。对于内地进攻作战所期望的效果，与其说是直接造成敌军及军事设施的物资损失，不如说是给予敌军及一般民众的精神上的威胁。我们所期待的是他们因恐怖过甚而陷入精神崩溃，终至激发为反蒋反战运动。"

政府和日军代言人，经常主张战争的目的是为了促使中国人"深刻反省"行为的错误。事实上就意味着接受日本的统治。

1938 年 2 月，广田在贵族院会议中说："尽管日本通过武力惩罚他们的错误……如果有可能的话，日本一直以来努力让中国国民政府进行反省。"在这次演说中还说："因为他们怀着强烈的反日情绪，我们决定采取必要的政策惩罚他们。"

1939 年 1 月 21 日，平沼通过在国会上的演说开始"鼓舞全国士气"。他说："内阁和人民均集中力量于中国事变，前内阁达成的帝国制裁是不可改变的政策。现任内阁当然会遵循同样的政策。我希望中国人民能够理解日本的意图，与我们合作。对于不能理解的人，除了消灭他们我们没有其他选择。"

现在休庭，到 13:30 开始。

（12:00 休庭）

（13:30 重新开庭）

法庭执行官：远东国际军事法庭现在继续开庭。

庭长：我继续宣读法庭的判决。

军事政策的形成

在讨论日军所犯暴行的性质和程度以前，简短陈述控制这类行为的制度。

具有制定日军政策之权的人物是陆海军两大臣、参谋总长、军令部总长、教育总监、元帅府及军事参议院。陆海军大臣担任行政，教育总监监督训练，参谋总长和军令部总长指导日军的作战。元帅府和军事参议院两者是咨询机关。并且陆军享有特权。其中之一是指定陆军大臣继任人选的独占权。陆军由于行使这一权利，所以才能始终坚持提倡的政策。

在陆军省中，军务局是政策的设计机构。军务局在与参谋本部、陆军省内其他各局及其他各省协议以后,经常以陆军大臣署名的形式发表法规,公布日本军部的政策。关于一般的战争指导,尤其是关于被拘禁平民及俘虏待遇问题方针的制定,以及其有关法规的发表,都由这个军务局办理。中日战争期间的俘虏管理,也归军务局掌管。太平洋战争敌对行为开始后,被拘禁平民及俘虏的管理,在设立特别部门分支专任以前,也由军务局掌管。有三名被告曾担任过这个有权势的军务局局长。这就是小矶、武藤及佐藤。小矶在中日战争初期,即自 1930 年 1 月 8 日至 1932 年 2 月 29 日止曾担任这个职务。武藤在太平洋战争开始以前到战争以后曾担任过这个职务。他从 1939 年 9 月 30 日做了军务局局长,一直任职到 1942 年 4 月 20 日为止。佐藤 1938 年 7 月 15 日被派到军务局,他一直到太平洋战争开始前还在军务局工作。在武藤调往指挥苏门答腊军队时,他出任军务局局长,即从 1942 年 4 月 20 日到 1944 年 12 月 14 日他一直担任局长工作。

在海军省中相应局是海军军务局,制定和公布有关海军的法规,决定海军在海上、占领岛屿及其他属于海军管辖领土上实行战争的方针,并管理在其权限内的俘虏及被拘禁平民。从 1940 年 10 月 15 日起至 1944 年 7 月 31 日,即自太平洋战争之前和战时,被告冈一直担任海军军务局局长。

在陆军省中,陆军次官统辖省内的事务,并具有调配陆军省所属各局及其他机关的责任。陆军次官接受战场指挥官的报告和建议,关于属陆军省所管的事务向陆军大臣进言,并经常发出命令或指令。被告中有 3 人在太平洋战争前曾担任陆军次官。小矶从 1932 年 2 月 29 日到 1932 年 8 月 8 日担任此职。梅津从 1936 年 3 月 23 日到 1938 年 5 月 30 日担任此职。东条在 1938 年 5 月 30 日做了陆军次官,一直做到 1938 年 12 月 10 日。木村在太平洋战争前后担任陆军次官。他是 1941 年 4 月 10 日被任命的,担任该项职务至 1943 年 3 月 11 日为止。

最后,战场司令官对于他所指挥的军队,当然有责任维持其军纪,并有责任使他所指挥的军队遵守有关战争的法规和惯例。

把中国战争的俘虏当土匪处理

国联在1931年12月10日决议中决定设立李顿委员会并命令作事实上的停战。日内瓦的日本代表接受这个决议时,曾声明接受这个决议是基于如下理解:此决议不得妨碍日军在满洲对"土匪"采取的行动。日本军部根据对决议的这项保留继续对中国军队采取敌对行为。日本军部主张说:日本和中国之间不存在战争状态,纷争只是"事变",所以不适用战争法规,抗日的中国军队不是合法的战斗员,仅仅是"土匪"。为了消灭在满洲的"土匪",所以开始了无情的作战。

中国军队的主要部队,虽然在1931年底撤退到了长城以内,但广泛分散的中国义勇军部队却继续不断对日军进行抵抗。关东军的特务部列举了许多中国部队的名称,这就是1932年义勇军的分区编制。这些义勇军活跃在沈阳、海城及营口附近的地带。1932年8月在沈阳附近发生了战斗。1932年8月8日沈阳战斗最高潮之日,陆军次官小矶被任命为关东军参谋长兼关东军特务部长。他担任这职务直到1934年3月5日为止。1932年9月16日,追击退却的中国义勇军的日军,到达抚顺附近的平顶山、千金堡和李家沟。这些村庄的居民被指责为藏匿义勇军即日方所谓的"土匪"。日军在各村庄令村中居民沿沟渠集合,强迫他们跪下,于是将这些非战斗员的男女小孩,用机枪打死。凡没有被机关枪扫射死的人,立即被刺刀刺死。在这场屠杀中被消灭的人中非战斗员超过2 700人。日本关东军根据其消灭"土匪"的计划而主张这是合法的。其后不久,小矶就向陆军次官呈送了"'满洲国'指导纲要",其中说:"不能不预期中日两国间的民族斗争,因此,不得已时当然不能不使用武力。"一旦对中国军队实际给予援助或被怀疑给予援助时,就根据上述意旨,对都市或村庄居民实行屠杀作为报复,这就是日方所谓的"膺惩"行为。这些行为在中日战争中从未停止,其中最恶劣的例证就是1937年12月对南京居民的暴行。

因为日本政府把中日战争正式称为"事变",把在满洲的中国军队看作"土匪",所以陆军拒绝给战斗中被俘虏的人以俘虏资格和待遇。据武藤说:1938年已正式决定,依旧称中日战争为"事变",并以此为理由,继续拒绝将战争法规适用于这次的纷争。而东条也对我们作了同样的供述。

许多被捕的中国人都被拷打、残杀,编进劳动部队中为日军工作,或是被编入军队,为日本在中国占领区所树立的傀儡政府服役。至于拒绝为这些伪军服务的俘虏,其中有些人就被送往日本,去缓和日本军需产业中劳动力的不足。在本州西北海岸的秋田收容所中,这样送去的981名中国人中,有418名死于饥饿、拷打或忽视。

卢沟桥事变后政策仍未改变

国联和九国公约签署国的布鲁塞尔会议,都未能阻止日本在1937年卢沟桥爆发敌对行为后继续对中国实行所谓"膺惩"战争。日本将对华战争作为"事变"处理的这一方针,从未改变。甚至在建立大本营后,仍然未用战争法来处理在中国的战事,而大本营是1937年11月19日陆军大臣在内阁会议上建议成立的,只有当一个"事变"扩展为需要宣战时才发挥作用。日本政府和作战机构虽然已完全进入战时状态,却依旧把对华战争作为"事变"来处理,并借此蔑视战争法规。

南京暴行

1937年12月初,当松井所指挥的华中派遣军接近南京市时,百万居民的半数以上及全体中立国的国民——其中除少数留下来以便组织国际安全地区以外——都逃出南京。中国军队除留下5万左右保卫南京外,其余都撤退了。1937年12月12日夜,当日军猛袭南门时,留下的5万军队中的大部分都从北门和西门逃出这个城市。因为中国军队差不多已全部从南京市撤退,或已弃去武器和军服到国际安全地区中寻求庇护,所以1937年12月13日早晨,当日军进入市内时,完全没有遭遇抵抗。日本兵云集在市内并且犯下了种种暴行。据目睹者之一说：日本兵完全像一群被放纵的野蛮人来污辱这个城市。据目睹者们说：南京就像落到日军手中的猎物，这城市不只是被有组织的战斗所占领，获胜的日军为奖赏而犯下无数暴行。日军单独一人或者以二三人为一个小集团在全市游荡，实行杀人、强奸、抢劫、放火。当时没有任何纪律。许多日军喝得酩酊大醉。日军在街上漫步，毫无缘由，不分青红皂白地屠杀中国男女和小孩，大街小巷都横陈着被害者的尸体。据另外一名证人说：中国人像兔子一样被猎杀，只要看见某个人一动就被枪击。由于这种不分青红皂白的屠杀，在日方占领南京市的最初两三天内，至少有12 000名非武装人员的中国男女和儿童被杀害。

同时还发生了多起强奸事件。不管是被害人，还是想要保护她的家人，只要稍有抗拒，常常会被处死。全城上下，甚至大量幼年少女或老年妇人都被奸污了。在这类强奸中，还有许多变态和淫虐狂行为的事例。许多妇女在被施暴后杀害，遗体都被损毁。占领后的第一个月，南京城内约发生了20 000起强奸事件。

日本士兵从老百姓那里掠夺他们所想要的任何东西。据目睹者说：日本兵在街道上唤住没有携带武器的平民，搜查身体，如果搜不出任何值钱的东西，就将其枪杀。无数住宅和商店被日军侵入而洗劫一空。被抢去的物资用卡车运走。日军抢劫店铺和仓库完毕以后，经常放火焚烧。南京最重要的商店街太平路，以及一个又一个市内商业区，接连被焚毁。日本士兵还无故烧毁平民住宅。这类放火就像按照一种既定模式继续了六个星期之久。全市约三分之一被毁。

对于男性公民有组织的大量屠杀，显然得到指挥官的许可而实行。其借口是中国兵脱下了军服混在平民之中。中国平民被分成一组一组，反绑着手，押运到城墙根，用机枪和刺刀成批屠杀。据目前所知，超过20 000名处在服役年龄的中国男性死于这种方式。

德国政府从德国驻中国大使处得到报告说："暴行和犯罪行为并非

单个士兵所为,整支军队都参与其中,也就是说,是日军本身的残暴和犯罪行为。"这支军队在后文中被形容为是一部"兽性机器"。

南京城外中国人的遭遇,跟城里的一样悲惨。实际上,同样状况发生于南京周围200里(约66英里)的范围内。居民为躲避日本兵而逃到乡间。他们在一些地方自发形成了难民营。日本人占领了许多这样的村落,像对待南京居民一样对待这些难民。从南京逃出的平民中,超过57 000人被抓住和拘禁。他们遭受饥饿和拷问,致使许多人死亡。许多未死的人,又被机关枪和刺刀杀死。

大批中国兵在城外放下武器投降。投降后72小时内,他们在长江江岸被用机关枪扫射集体杀害。这样被屠杀的俘虏达3万人以上。对于这样被屠杀的俘虏,连形式上的审判都未实行。

据后来估计,在日军占领后最初六个星期内,南京及其附近被屠杀的平民和俘虏,总数达20万人以上。这个数字并非出于夸张想象,而是来自殡葬行业和其他一些掩埋尸体的团体提供的事实。他们一共埋葬了超过了15.5万具尸体。根据这些团体还报告说,尸体大多被反绑着两手。这个数字还没有将被日军所烧弃了的尸体,投入到长江,或以其他方法处分的人们计算在内。

日本大使馆官员随着陆军前锋部队一起进入南京城。12月14日,日本大使馆的某一官员通知南京国际安全地区委员会说:"陆军决心给南京以沉重的打击,但大使馆正尝试缓和其行动。"大使馆员又通知上述委员会的委员说,占领南京市时,为维持市内秩序由陆军指挥官所配置的宪兵仅有17名。这些大使馆员知道他们对日军当局的劝告毫不生效时,就向外国传教士说:传教士可以试着向日本内地披露实际情形,借此引起舆论的注意,使日本政府迫于舆论不得不对日本陆军稍加约束。

据贝茨博士作证,南京失陷后两个半星期到三星期中恐怖气氛达到顶点,从第六星期到第七星期中恐怖也是严重的。

国际安全地区委员会干事斯迈思在最初六星期中，每天两次提出抗议。

12月17日以前松井留在后方地区。17日那天举行了入城式，12月18日举行了战死者的慰灵祭。之后他发表一个声明："本人对于遭受战祸的数百万江浙无辜民众的损失，不胜其同情之念。如今太阳旗已经高挂于南京上空，天皇的光辉照耀着长江以南。东方复兴的黎明正在到来。在这样的时刻，我特别期望中国4亿人民重新考虑当下的局势。"松井在南京市内停留了将近一星期。

当时是大佐的武藤，在1937年11月10日被任为松井的幕僚。他在进攻南京时随同松井，并参加了占领南京市的入城式。无论是武藤和松井都曾承认，南京失陷后，他们在后方地区的司令部，都听说过南京城中发生的暴行。松井承认听说过许多外国政府已对这类暴行提出抗议。但是并没有采取任何有效措施来改变这种情况。根据目击证人向法庭提供的证据，12月19日松井在南京时，城市的商业区正是火光熊熊。这个证人亲自看见在这一天内，仅主要商业街道就发生了14件火灾。松井和武藤进城以后，好几个星期情况依然没有任何好转。

南京的外交使团人员、新闻记者和日本大使馆官员，都报告过南京及其附近所犯暴行的详情。日本派到中国的无任所公使伊藤述史，从1937年9月至1938年2月是留在上海的。关于日军的行为，他从南京的日本大使馆、外交团人员及新闻记者方面得到了报告，并将报告概要送交日本外务大臣广田。广田将这些提供南京暴行的情报、报告及其他许多报告，都转送陆军省。当时陆军省的次官是梅津。这些报告曾在联络会议中加以讨论。总理大臣、陆海军大臣、外务大臣广田、大藏大臣贺屋、参谋总长及军令部总长照例出席这种会议。

关于暴行的新闻报道曾散布到各地。当时担任朝鲜总督的南也承认在报上看到过这类报道。由于这类不利报道以及在世界各国所引起的舆论压力，使日本政府召回了松井及其部下将校约80名，但是对他们没有采取任何处罚措施。1938年3月5日松井回到日本后,被任命为内阁参议。1940年4月29日,由于中日战争中"功劳显著",日本政府还给他授勋。松井曾解释他被召还的原因:他由畑接替并不是因为他的军队在南京犯下暴行,而是他的工作到南京后业已终结,于是希望从陆军中退隐。他至终没有受到处罚。

日军的野兽行为不能被掩饰为是遭到顽强抵抗后,军人暂时失去了控制。占领南京后大规模强奸、放火、杀戮,持续了至少六个星期,其中至少四星期是在松井和武藤入城之后。

1938年2月5日,新任南京守备队司令官的天谷少将,在南京日本大使馆中曾对外国的外交团发表声明,对于将南京日人暴行的报告及送往各国的外国人态度加以斥责,非难这些外国人煽动中国人的反日情绪。天谷声明反映了日军对于某些在华外国人的态度,这些外国人对于日本毫无节制地对中国人民实行的"膺惩"战争的政策具有敌意。

战争扩大到了广州和汉口

1937年11月12日上海失守后,当松井开始向南京前进时,蒋介石委员长统治下的中国国民政府迁都重庆,在汉口设立临时总指挥部,并坚持反抗。1937年12月13日日军占领南京后,日本政府在北平设立了傀儡政府。

对被占领地区的居民进行"宣抚","使他们信赖日本军队",以及强迫中国国民政府"反省",这类政策在上海和南京采用,并由松井在南京公布。这就显示它是一种既定方针。1937年12月,驻扎在平汉铁路邢台县的由日本一个准尉所指挥的宪兵队,逮捕了7个平民,怀疑他们是中国游击队员。连续拷问3天,不给任何食物,然后被绑在树上用刺刀刺死。在此之前的1937年10月,这支军队的士兵也曾出现于河北省的东王家村,实行杀人、强奸及放火。共杀害居民24人,烧毁了该村房屋约达三分之二。河北省另一个叫王家坨的村子,在1938年1月也被日军部队侵袭,被杀害的平民达40名以上。

上海周边的许多居民也和南京及华北地方的居民一样，遭到相同对待。上海战役结束后，有人亲眼看见在上海郊外的农舍灰烬旁边，有农民及其家人的遗体。他们被反绑着手，背后有被刺死的刀伤。当松井的部队向南京进军，一个接一个地占领村庄时，他们洗劫住户，杀害平民，制造恐怖。1937 年 11 月，日军占领苏州，在进攻中，未能避开的许多居民都被杀死。

畑的部队在 1938 年 12 月 25 日进入汉口，占领了该市。第二天早晨就大量屠杀俘虏。日本兵在海关码头上集合了几百名俘虏，于是，每次挑出三四名为一小组，迫令他们走到延伸至河水深处的跳板末端，然后推他们落水，再行枪杀。当日本人发现停泊在汉口江面上的美国炮舰在进行观察，才停止进行而采取了另外的方法。日本人仍然像先前一样，每次挑选出少数人为一组，令他们坐上汽艇，然后把他们带到离岸很远的地方，再把他们投到江中，并且开枪打死。

在中国海南岛博文市的暴行，是第三次近卫内阁时发生的。1941年 8 月的"讨伐"作战中，日本海军某部队未遇抵抗就通过了博文。第二天，当部队的支队返回博文的时候，发现一具已死数日的日本海军水兵的尸体。这个支队假想这个水兵是被博文居民所杀，于是放火焚毁了居民的住宅和街上的教堂。他们杀了法国人传教士和本地居民 24 人，并将其尸体烧掉。这个事件至关重要，因为这个暴行的广泛传播一定使得日本阁员及其僚属得知了日军一贯采用的交战方法。1941年 10 月 14 日海南岛日本占领军的参谋长向陆军次官木村报告了这次事件的详情。木村立即将此报告送交陆军省有关各局传阅参考，并且还送交外务省，因此，这个报告曾在陆军的内部外部广泛传阅。

日本陆军依照继续用残忍的方式进行战争的例证之一，是"满洲国"的梅津所辖部队某支队的行为。这事发生在镇压反抗皇帝溥仪傀儡政权的作战中。1941 年 8 月某夜，这个支队袭击热河省的西土地。他们占领了这个村庄，屠杀了 300 多个家庭，还将全村焚烧。

日方在占领广州和汉口以后很久，在进一步向内地进攻的期间，也在那些地带犯了大规模的暴行。1941年底，日军进入广东省惠阳城。他们任意对中国平民加以屠杀，不管老幼男女都用刺刀刺死。被刺刀刺伤腹部而未送命的一个目睹者作证说：日军屠杀了600余名中国人。1944年7月日军到达广东省台山县。他们犯下了放火、抢劫、屠杀和其他无数的暴行。最终，他们烧掉了559家店铺，杀死了700余名中国平民。

日军从汉口出发，南下向长沙进行战斗。1941年9月，第六师团的日军强迫中国俘虏200余人为他们抢劫大量大米、小麦及其他物资。这些中国人返回时，日军为了掩蔽罪行，就用炮将他们打死。日军在占领长沙后，到处任意杀人、强奸、放火以及从事其他种种残暴行为。日军南下直趋广西的桂林和柳州。占领桂林时期，日军犯下强奸和抢劫等一切种类的暴行。他们以设立工厂为口实招募女工。这些招募来的妇女，被强迫为日军作娼妓。1945年7月从桂林撤退之前，日军编组了放火班，将桂林整个商业区的建筑物放火烧毁。

归国士兵谈他们的暴行

占领汉口后，从中国回去的日本士兵讲述陆军在中国的罪行故事，并且夸耀展示他们所抢劫的赃物。这种日本归国士兵的行为，成了极为普通的现象。以至于板垣为首的陆军省，为努力避免国内外的批评指责，向战区指挥官发布特别命令，对于归国将士回到日本后应遵守的适当行为给以训示。这些特别命令由陆军省兵务局兵务课草拟，作为"最密件"于1939年2月，由板垣之下的陆军次官所颁发。这些命令由参谋次长通知给日本陆军在华各指挥官。在秘密命令中，详细谈到归国士兵应行纠正会引人厌恶的行为。其中说，兵士们把他们对中国士兵和平民的残酷行为当故事谈是被人反感的。其中引用了一些经常被谈论到的故事："某中队长非正式地对强奸给以下列的训示：'为了避免引起麻烦，事后给对方金钱，或者将其在隐蔽的地方杀掉。'"；"如果将参加过战争的军人一一加以调查,大概全是杀人、抢劫,强奸的犯人";"在战斗期间我最喜欢的事情是抢劫。在前线,长官对抢劫行为睁一只眼闭一只眼,因此有些人就随心所欲地抢劫";"在某地方抓到了一家四口。我们把女儿当娼妓似地玩弄了一番。但父母坚持要讨回女儿,所以把他们杀掉了。一直到出发前,女儿还一直像之前一样被侮弄,部队出发时又杀了她";"在大约半年的战斗中我仅仅学到就是强奸和抢劫一类事情";"在战地中我军的抢劫是超出想象的";"我们有时把中国兵的俘虏排成行,然后为试验机枪的性能将他们全部射死。"关于归国士兵携带掠夺品回国问题,曾承认某指挥官对部属发给了许可证,盖有部队长印鉴并批准士兵将掠夺品运回国内。这些命令还说:"归国将士的不当话语,不仅成为流言的成因,并且损伤了国民对皇军的信赖,甚至会破坏了后方的团结等等。所以我再度通令,此后应更加严格地加以控制,使皇军的威武高度发扬,以期毫无遗憾地贯彻圣战的目的。"

杀害被俘的飞行员

日本领导人害怕在日本各城镇可能发生空战。日本军部反对批准1929年日内瓦战俘公约时,它所举出的理由之一是:如果批准了这个条约,那么敌机袭击日本的范围会翻倍,航空人员知道他们在完成使命后,可以在日本领土上降下,且能得到俘虏的待遇。那么他们就可以安心无恐。

1942年4月18日,当杜立特上校率领美国飞机轰炸东京及其他日本都市,日本被空袭的担忧终于成真。这是日本第一次被轰炸。据东条说,这对于日本人是一个极大的"震动"。日本参谋总长杉山要求对轰炸日本的一切飞行员处以死刑。虽然在这次空袭前,日本政府的法律和条例中并无可处死刑的规定,但总理大臣东条为了可以将杜立特的飞行员处以死刑,竟命令发布一个可以追溯到空袭时生效的条例。据东条后来承认,其所以采取这样的措施是作为阻止将来空袭的手段。

1942年8月13日公布的这些条例,适用于"空袭"日本、"满洲国"

及日本作战区域"及进入中国派遣军辖区内的敌机搭乘人员"。于是这些条例直接地并且追溯及于已被日本在华俘获的美国飞机搭乘人员。

所谓犯罪的空袭如下：

（1）对普通人民者。

（2）对非军事性的私有财产者。

（3）对非军事目标者。

（4）"违反战时国际法"。

所规定的刑罚是处死刑或十年及十年以上的徒刑。

上述犯罪中（1）、（2）、（3）所规定的行为，正是日本人本身在中国经常实行的。使人回忆到当1939年7月，华中派遣军参谋长曾向陆军大臣板垣报告说，为了使中国人恐惧，正采取着不分青红皂白的轰炸方法。第（4）项"违反国际法"是毫无必要的条例，因为任何活动中违反国际法都要加以处罚。当然，这种处罚必须经过适当的审判，并且只限于在国际法所允许的范围以内。

杜立特航空队中两架飞机的人员在中国被迫降落，被畑所指挥的日本占领军俘虏，8名飞行员组成的机组人员被当作普通犯人处理，上了手铐加以捆绑。一架飞机的机组人员被运往上海，另一架飞机的机组人员被运往南京，并在当地被拷打和讯问。1942年4月25日，这些飞行员被运往东京，进入东京宪兵本部以前一直蒙住眼睛和上了手铐。在宪兵本部中，把他们关在单人房间内，18天中每天从房间带出来一面拷打一面讯问。飞行员们为了避免再受拷打，在他们不懂其内容的日文口供上签了字。

飞行员们在1942年6月17日被送回上海，关在当地监狱中，不给食物，还用其他方法加以虐待。1942年7月28日，陆军次官木村向当时的在华日军最高指挥官畑传达了东条的命令。东条的命令是必须根据新的条例处罚飞行员们。畑依照参谋总长的命令，命令将这些飞行员交付审判。这次的"审判"，部分飞行员因为健康受损不能受审，控诉事项未经翻译,他们也没有得到为自己辩护的机会。审判不过是一种掩饰而已。这次审判在1942年8月20日举行,飞行员都被判处死刑。东京复审时,又根据东条的建议,将判决了的5人减刑为终身徒刑,核准了其余3人的死刑判决。1942年10月10日,畑安排了行刑,并将他的行动报告给参谋总长。死刑判决按照命令执行。

这样,开始了杀害落入日方手中同盟国飞行员的方针。不仅在日本内地,在以后整个太平洋战争时期中,在任何占领地区都如此办理。普通的作法是在被俘飞行员被杀害以前,不给食物并进行拷问,即使是形式审判也常常被省略。如果在他们被杀害前举行军法审判,这种军法审判也只是形式而已。

作为例证之一,我们试举1945年7月18日在大阪以违反此项条例而被起诉的两名美国B-29飞行员的事件为例。审判前一名军官调查了他们的事件。这个军官被任命来执行调查任务。他建议处以死刑。这项建议由中部军司令官和当时的位于广岛的第二总军司令官畑所认可。调查官的建议经陆军各指挥官认可后,被送呈陆军省以获得最后的裁决。它获得了许可。审判时检察官向军事法庭宣读了调查官的报告和建议,以及畑大将和其他人的认可。根据这些文件,他要求判处死刑。被告只被问了几句日常问题就被判决死刑,而且当天就被行刑。

1945年5月以前,在东海军管区受审判的同盟国飞行员共11人。他们的权利未受到应有的保护,被判决死刑并被处死。然而,日本的宪兵司令官认为这类手续不必要地延迟了对被俘盟国飞行员的杀害,1945年6月他致信日本各军管区的宪兵司令官,其中对延迟处分被俘盟国飞行员表示不满。他说军事法庭审判使得立即处决他们成为不可能之事,所以他建议军管区的宪兵队,省去军法审判,只要请求军管区司令官核准。东海军管区得到了这封书函,于是不经审判就将27名同盟国飞行员杀害了。在畑行使军政权的中部军管区,未经军法审判或其他任何审判就杀害了43名同盟国的飞行员。在福冈,1945年6月20

日,未经审判杀害同盟国飞行员 8 名,1945 年 8 月 12 日又同样杀害 8 名,三天以后即 1945 年 8 月 15 日,又杀害第三批 8 人。因此,在福冈,当宪兵司令官从东京发出上述有关流程的建议信后,同盟国飞行员 24 人未经审判而被杀害。

在日本的东海、中部及西部军管区,杀害同盟国飞行员,是由行刑队执行枪毙的。在包括东京在内的东部军管区,则使用了更加非人道的方法。在这个地区被俘的同盟国飞行员,为决定其是否违反这类条例而进行所谓调查的时期中,就一直把他们拘禁在东京宪兵司令部的看守所内。其所谓调查就是伴随着拷打的讯问。其所以进行这种调查是要强迫牺牲者承认可以依照条例处死的事实。至少有 17 名飞行员,由于拷问、饥饿及缺乏医疗而死在这个看守所。从这种拷问中剩下的生者,死得更是凄惨。东京陆军刑务所是在代代木陆军练兵场的一端。这个刑务所是收容违反军纪者的营房,并监禁在服刑期中的日本兵。刑务所的面积很小,四面围着约 12 英尺高的砖墙。刑务所的房子是木造的,除了必要的走道和当中的院子以外,建筑物密集到差不多占据了砖墙内的全部地面。有一栋监房则由高约 7 英尺的木板壁间隔着。1945 年 4 月 25 日,5 名同盟国飞行员被送入这个监房。5 月 9 日,又增加了 29 人。1945 年 5 月 25 日夜晚,东京遭受了猛烈的轰炸。在那天晚上,被监禁在这个监房的同盟国飞行员有 62 名。在刑务所的其他建筑物内,监禁着日本陆军因犯 464 人。刑务所的木造建筑物及其周围极易燃烧的住宅,被炸弹击中而起了火。刑务所被完全烧光了。焚烧后发现 62 名同盟国飞行员全部身亡。可是 464 名日本人和任何狱卒,没有陷于同样的命运,这是一件意味深长的事。证据表明,同盟国飞行员所遭受的命运是被可以安排好的。

在占领地区杀害被俘飞行员的方法之一,是由日本军官用刀斩首。下列各地,都曾用这种方法杀害被俘飞行员:马来亚的新加坡(1945 年 6—7 月);婆罗洲的三马林达(1945 年 1 月);苏门答腊的巴邻旁(1942

年3月);爪哇的巴达维亚(1942年4月);西里伯斯的美那多(1945年6月);西里伯斯的托莫洪(1944年9月);西里伯斯的托利托利(1944年10月);西里伯斯的干那里(1944年11月,1945年1月,1945年2月);塔拉尔群岛的伯奥(1945年3月);塔拉尔群岛的拉尼斯(1945年1月);西里伯斯的新江(1945年7月);安汶岛的卡拉拉(1944年8月);新几内亚(1944年10月);新不列颠的托达比尔(1944年11月);波东岛(1943年12月);瓜加林群岛(1942年10月);菲律宾的宿雾(1945年3月)。

1944年12月曾在中国汉口使用过另外一种杀害同盟国飞行员的办法。3名被要求迫降并被俘虏的美国飞行员,被勒令游街示众,并由大众侮弄、殴打和拷问。当他们因殴打和拷问而奄奄一息的时候,被浇上汽油,活活烧死。批准这种残忍行为的是日本第34军司令官。

日本人的残酷性,从对待在新不列颠岛拉保尔被俘的一名盟军飞行员的方法中,更可作为例证。穿有钓钩的绳索将他捆绑着,动一动钓钩就刺入肉中。他最终因营养不良和患痢疾而死。

屠杀

在太平洋战争中,屠杀俘虏、被拘禁平民、病人和负伤者、医院病人和医务人员是很平常的事情。有时俘虏和被拘禁的平民在被捕后立即被屠杀。

在婆罗洲巴厘巴板的屠杀是在如下情况下发生的。1942年1月20日由日方命令两个荷兰被俘军官往巴厘巴板将最后通牒面交荷兰的指挥官。这个最后通牒要求将巴厘巴板毫无破坏地移交给日方。如果不服从这个命令,就要杀尽所有欧洲人。最后通牒是当着日本1名少将和其他5名日本军官的面,向致送通牒给巴厘巴板指挥官的荷兰军官宣读的。巴厘巴板的指挥官回答日方说,因为接到了荷兰当局必须破坏的命令,所以必须加以破坏。

当日军接近巴厘巴板时,油田被放了火。据一位目睹者向本法庭所提出的宣誓口供书中说：在巴厘巴板的白人居民有 80 到 100 人被屠杀了。这些居民是 1942 年 2 月 24 日用残酷方法被处死刑的。正像后面所说的，他们是在被赶下海后用枪打死的，有些人是被刺刀斩去手足杀死的。

与此有关的 1940 年 10 月 4 日的"日本对南方政策试案"是标着"极密"字样的外务省文件，这文件已向本法庭提出。我们注意一下这个文件是很有趣味的。在这个方案中关于荷属东印度曾说道：

"如果重要资源被破坏时，则将与资源有关系的全部人员及政府官吏 10 名当作责任者严加处罚。"

将荷属东印度的油田毫无损坏地接收过来，对于日本是生死攸关的重大问题。石油问题是南进的决定性因素，所以日本政府对战争发生时油田是否会被放火极为忧虑。1941 年 3 月 29 日，松冈曾向里宾特洛甫表明忧虑：

"如果有什么方法可以避免的话，并不希望对荷属东印度有所行动。如果日军进攻该地时，油田地带有被放火的可能。那样一来，就要一两年后才能再行恢复开工。"

从这点来看，并回想日本政府正式命令毁灭一切不利于它的文件，那么这件外务省草案具有特别意义。原任日本外务省高级官吏的山本说：这个方案由某低级事务官所草拟。尽管如此，但当询问他，为什么草案中计划的大部分内容都已付之实行时，他讥讽地回答说，"这些事务官是非常好的研究员"。

综合这些事实来看，推测 1940 年 10 月 4 日草案中所建议的计划曾被接受作为政府的政策，这种结论是合理的。并且在布罗拉也发生对男子的屠杀，其原因显然是与爪哇的札普油田被破坏有关，这就更可以证明了。当地的女子没有被杀的，都当着指挥官之面被数度强奸。

这类屠杀的例子，曾在下列各处发生：中国香港（1941 年 12 月）；马来亚的怡保（1941 年 12 月）；马来亚的巴利特·苏龙和莫尔之间

（1942年1月）；马来亚的巴利特·苏龙（1942年1月）；马来亚的卡东加（1942年1月）；马来亚的亚历山大医院（1942年1月）；马来亚的新加坡（1942年2月至3月）；马来亚的班江（1942年2月）；马来亚的莫尔（1942年2月）；泰国的琼蓬角（1941年12月）；婆罗洲的朗那瓦（1942年8月）；婆罗洲的达拉甘（1942年1月）；荷属东印度的望涯群岛（1942年2月）；苏门答腊的库达拉查（1942年3月）；爪哇的南望（1942年3月）；爪哇的苏班（1942年3月）；爪哇的加达尔·巴士（1942年3月）；爪哇的万隆（1942年3月）；摩鹿加群岛安蓬岛的拉哈（1942年2月）；荷属帝汶岛的奥卡贝其（1942年2月）；荷属帝汶岛的奥帕·贝萨尔（1942年4月）；葡属帝汶岛的达子·梅达（1942年2月）；英属新几内亚的米尔纳湾（1942年8月）；英属新几内亚的布纳湾（1942年8月）；新不列颠的多尔（1942年2月）；达拉瓦岛（1942年10月）；菲律宾的奥多尼尔俘房营（1942年4月）；菲律宾的马尼拉的圣塔·克鲁斯（1942年4月）。在法属印度支那，对于自由法国各种组织采取敌对行为时，也使用同样的方法进行屠杀。又在以下各地对俘房及被拘禁的平民进行了屠杀：郎孙（1945年3月）；丁·拉普（1945年3月）；塔奎克（1945年3月）；东（1945年3月）；坦·奎（1945年3月）；劳斯（1945年3月）；董·丹（1945年3月）；哈京（1945年3月）；东京（1945年3月）。

1945年8月9日在满洲的海拉尔屠杀了苏联公民。这是根据关东军司令官要求而实行的。被杀者丝毫未犯任何罪行。所举的杀人理由是他们可能对日军从事情报有妨碍行为。

日军在占领土地和结束战斗以后，就任意进行屠杀，当作使平民感觉恐怖并使其服从日本统治的一种手段。在下列各地，曾对平民进行这种屠杀：缅甸的禅尼威（1945年）；缅甸的达拉瓦底（1945年5月）；缅甸的安干（1945年5月）；缅甸的亚班（1945年6月）；缅甸的卡拉贡（1945年7月）；曼塔纳尼岛（1944年2月）；苏鲁格岛（1943年10月）；攸达尔岛（1944年初）；狄那万岛（1944年7月）；婆罗洲的坤甸（1943年

10月—1944年6月）；婆罗洲的新加汪（1944年8月）；爪哇的茂物（1943年）；爪哇（"郭"事件）（1943年7月—1944年3月）；葡属帝汶的劳顿（1943年1月）；莫亚岛（1944年9月）；舍马他岛（1944年9月）；葡属帝汶的亚琉（1942年9月）；那卢岛（1943年2月）；菲律宾的霍普费尔（1943年12月）；菲律宾的阿拉米诺斯（1944年3月）；菲律宾的圣卡罗斯（1943年2月）；菲律宾的巴里奥·安加德（1944年11月）；菲律宾的帕罗海滩（1943年7月）；菲律宾的提革彭（1943年8月）；菲律宾的卡巴约（1943年7月）；菲律宾的罗拉阿-皮那扬（1944年6月）；菲律宾的波哥（1944年10月）；菲律宾的巴里奥·伍马哥斯（1944年10月）；菲律宾的利帕飞机场（1944年）；菲律宾的圣塔·卡达尼纳（1944年8月）；菲律宾的皮拉的西第奥·坎奴开（1944年12月）。对于俘虏、被拘禁平民、占领时所征用的工人，当他们陷于饥饿、疾病，或因其他原因而身体不支已无月处时，或者因其他缘故而成为日本占领军的负担时，就加以屠杀。这类屠杀曾在下列各地实行：暹罗的卡莫加劳动营（1944年2月）；缅甸的锡包（1945年1月）；安达曼群岛的布莱尔港（1945年8月）；苏门答腊的科达·加乃（1943年5月）；苏门答腊的西波尔加（1942年4月）；爪哇的琼班（1942年4月）；安蓬岛的安汶（1943年7月）；英属新几内亚的韦华克（1944年5月）；新几内亚的埃达贝（1943年10月）；新几内亚的巴特（1944年6月）；新不列颠的拉保尔（1943年1月）；玻根维尔（1944年8月）；威克岛（1943年10月）；泰缅铁路工程沿线的劳动营（1943—1944年）。有些屠杀仅为了阻止普通的犯规，例如，为了防止走私在海南岛劳动营的屠杀（1943年5月），为了防止违法使用收音机在法属印度支那西贡的屠杀（1943年12月），为了供给平民和俘虏食物在安蓬岛安波那的屠杀（1943年7月）。此外，还进行了其他屠杀和杀害，例如，在新田丸船上将美国俘虏斩首的事件（1941年12月）；包含美国俘虏两人被杀的新几内亚事件（1944年10月）。关于后一事件，据负有责任的日本军官说："我曾询问，我能不能得到一个美国俘虏并杀掉他。"日本第 36 师团团长立即核准了这个要求,并交给他两名俘虏以便杀掉。他们被蒙着眼睛,捆绑起来,用刺刀从背后刺入,然后用铲子把头砍掉。

由于预期的日军退却及盟军进攻,也曾为此而进行屠杀。虽然许多俘虏被屠杀是为了不让同盟军解放他们,但被屠杀的却不限于俘虏。被拘禁的平民及一般居民,也曾在这种情况下被屠杀。这类屠杀曾发生在下列各地:在中国的海拉尔(1945 年 8 月),在尼古巴群岛的马六甲(1945 年 7 月);在英属婆罗洲的山打根(1945 年 6 月—7 月);在英属婆罗洲的拉琉(1945 年 8 月);在英属婆罗洲的库拉·贝拉特(1945 年 6 月);在英属婆罗洲的米利(1945 年 6 月);在英属婆罗洲的来比恩(1945 年 6 月);在葡属帝汶的拉鲁达(1945 年 9 月);在巴拉岛(1943 年 1 月);在大洋岛(1943 年 9 月);在菲律宾的培托·普林西萨(1944 年 12 月);在菲律宾的伊里散地区(1945 年 4 月);在菲律宾的班古乐(1945 年 2 月);在菲律宾的达贝尔(1945 年 7 月);在菲律宾的巴里奥·丁威底(1945 年 8 月)。在菲律宾的八打雁省。这类的屠杀是非常多的:巴里奥·圣·音德斯(1945 年 1 月);班恩(1945 年 2 月);圣托·汤玛斯(1945 年 2 月);里帕(1945 年 2 月和 3 月);塔尔(1945 年 2 月);塔诺安(1945 年 2 月);罗萨利俄(1945 年 3 月)。当马尼拉显然即将解放时,这类屠杀与强奸、放火通常在全市进行。

关于在海上屠杀俘虏,我们还没有谈到,后面会加以提及。此外,关于"死亡行军"中发生的屠杀也还未谈到,也将以后叙述。除上面已述的屠杀外,还进行了许多个人的杀害。其中有许多是以可怕的方法杀死的。许多罪行是与强奸、抢劫、放火相关联而进行的,更有一些罪行看起来除为满足罪行者的残酷本能外别无其他目的可言。

关于某些屠杀,还有加以叙述的必要。特别是对于显然标志着日内瓦公约的符号,应受这个公约及一般战争法规保护的军队医院的病人及医务人员的屠杀。在香港屠杀时,日军曾进入设在圣·斯帝文专门学校的军队医院,用刺刀刺向卧在床上的病人、伤员,强奸和杀害医院值班护士。在马来亚西北的柔佛战役中(1942年1月),运送病人和伤员的救护车队,被日军俘虏。于是命令这些人员和伤员从救护车下来,加以射击、刺死,并用汽油浇在身上活活烧死。在马来亚的卡东加(1942年1月)运送伤病者的救护车队曾被日本机枪手射击。队员和伤员从救护车队拉出来,捆绑在一起,从背后开枪打死。1942年2月13日,马来亚新加坡的亚历山大医院被日军占领。日军在医院楼下走过,将楼下每一个人都用刺刀乱刺。在手术室中,一个士兵正上了哥罗芳麻药在施行手术中,日军进去把病人、外科医生和管麻醉药的人都用刺刀刺了一通。然后他们再走上二楼及其他地方,把病人和医务人员带出来加以屠杀。1942年3月日军在爪哇的苏班,将1名护士及她所照管的病人从军医院中拉出来,然后和平民的妇女小孩一齐加以屠杀。这些屠杀是蔑视关于军队医院及其职员、病人待遇的战争法规,是日本兵士及军官对于战争法规的态度的例证。

这些屠杀,大部分都采取着类似的方法。首先将牺牲者绑起来,然后开枪射击,或用刺刀刺死,或用刀砍头。一般情况,多半是将牺牲者射击后,再由日本兵用刺刀乱刺。这些日本兵,在负伤者当中巡视,把仍然活着的人再行杀死。还有若干这样的例证,把人聚集在海岸边,令他们以背向水,或者把人聚集在悬崖的边上,再行杀害。

在某些地方,还使用了更可怕的办法。在马尼拉的德国俱乐部和圣第亚哥炮台,将牺牲者集中在一个建筑物中,然后放火,如果从火焰中出现企图逃出的人,就以枪射击或用刺刀刺死。

关于1945年2月在马尼拉的德国俱乐部所犯暴行的罪证,已由当进行轰炸和炮击时避难在该俱乐部中的人所阐明。日本兵用易于燃烧的障碍物围住了这个俱乐部,然后将汽油淋在障碍物上放火。因此,避难者被迫只有冲出燃烧着的障碍物试行逃出。他们之中的大部分,都被等待着的日本兵用刺刀乱刺和被枪击。妇女之中有些人被强奸,抱在手中的小孩被用刺刀刺死。妇女被强奸后,日本兵在她们头发上淋了汽油再点火去烧。妇女中有些人被日本兵割去了乳房。

在马尼拉的圣保罗学院曾用下述办法进行屠杀。把约250人关在一栋建筑物里面,紧闭门窗,并用锁锁住。在将他们赶进去的时候,让他们看见三盏吊灯都用灯火管制的纸包上,然后将绳线和铁线从这些纸包延引到建筑物的外边。然后日本人将饼干、糖果、酒类拿来摆在房子中间,并且告诉被捕者说,他们所住的地方是安全的,拿来的东西可以去吃。于是,他们就走向摆着食物的地方。可是,立即发生了三声爆炸。被掩蔽了的吊灯内是包着炸药的。许多人被从床上震到地上,于是陷入了恐慌状态。在建筑物外面的日本人,就开始向建筑物内开机关枪,投手榴弹。爆炸将窗户和部分墙壁炸垮了。能够逃的人,都努力想从这些地方逃出。他们之中的许多人,在企图逃出时也被杀死了。

在菲律宾的巴拉望岛的培托·普林西萨湾北方的某俘虏集中营,发生了对美国人俘虏的特别残酷的、预先计划好的屠杀。在这个集中营内约有150名俘虏。俘虏他们的人曾告诉他们:如果日本战胜了,会送他们回美国,如果日本战败了,会杀掉他们。在屠杀之前,美国飞机曾对这个岛进行过若干空袭。在集中营内曾挖了若干浅的和掩盖物很少的防空壕。1944年12月14日2:00左右,命令俘虏们走进这些壕内。将以步枪和机关枪武装了的日本兵,配备在集中营的周围。当俘虏全部走进壕内时,用水桶装着汽油向他们淋去,接着又将点燃了的火把投进去。爆炸随之而来,负伤不太重的俘虏努力想逃出来。他们就被预先在此配置的步枪和机枪射死,有些则被刺刀刺死。150人中,只有5人从这个可怕的经历中幸存。幸存者游泳到港湾中,天黑逃进丛林,并最终参加了菲律宾游击队。

集体淹死的方法曾在安达曼岛的布莱尔港(1945年8月)使用过。当时将被拘平民载上船,运到海上,然后将其投入水中。在汉口所使用的淹死和开枪并用的方法,同样在库达拉查(1942年3月)使用过。当时将荷兰的俘虏分载在帆船上,拖运到海中,然后开枪射击并将其投到海里。在婆罗洲的达拉甘(1942年1月),曾将荷兰俘虏载上日本的轻巡洋舰,把这些俘虏运到日本某驱逐舰曾被这些俘虏射击过的地方,然后将俘虏砍头以后丢到海中。

屠杀是依照命令实行的

根据证据来看,这些屠杀中的大部分,都是由现役军官命令的,有些时候是由高级将领命令的,许多时候,军官实际上在执行时还监视、指挥和进行了实际的杀害。日方指示屠杀菲律宾人的命令已被没收。此外还没收有1944年12月和1945年2月之间,由马尼拉海军防卫队所发命令的卷宗。其中有下列命令包括在内:"当敌方入侵时,须注意勿失爆炸和焚烧的机会。当屠杀菲律宾人时,应尽可能将其聚集在一块地方,节省炸药和劳力。"在没收的日本兵日记中,显示出来这些日记的所有者曾接到屠杀的命令并曾依照命令行事。在所没收的陆军部队战斗报告和宪兵的军纪报告中,包括有记载着进行屠杀时所使用的炸药数量和被杀者数目在内的对上级的报告。曾在日本国内及占领地许多俘虏营中住过的俘虏作证说:他们都听到日本人、台湾人、朝鲜人的守卫说过,如果盟军侵入该地,日本战败时就会杀掉他们。关于将这种威胁付之实行的例子,已经说过了。至少,已在一个俘虏营中,发现了由上级下令屠杀俘虏的证据文件。在所没收的台湾某一俘虏营的日记中,有下列的记事,即关于对俘虏的"非常手段",曾对基隆要塞地区司令部第十一宪兵队参谋长询问书发出复文。关于实行这种"非常手段"时所应采取的方法,其中详述如下:"究竟是采取个别消灭、集体消灭或无论什么办法,究竟是用大量爆炸、毒烟、毒物、溺死、斩首或什么办法,均应依照当时的情况来处断。无论什么时候,须以不令一兵漏网、全部歼灭,不留痕迹为主旨。"这种全体屠杀的命令,除其他情形外主要包括对一切"企图脱逃并可能成为敌方作战力量"的人,即应加以执行。

一般性的命令是由陆军次官柴山在1945年3月11日发出的。在这个命令中说："在时局日益紧迫，战祸将波及日本、满洲等地之时，希望根据附件的要领处理俘虏以免发生错误。"这儿所说的附件要领，是用下列的话开始的："方针：努力避免将俘虏落入敌方之手。因此，应预先实行将必要的俘虏转移拘禁地址。"正在这时候开始的在婆罗洲山打根和拉瑙之间的"死亡行军"，就是依照上引命令中所指示的方针。关于这一"死亡行军"，下面就要谈到它。

死亡行军

当将俘虏从这地点移往另一地点去的时候，日军并未遵守战争法规。既不给俘虏以充足的食粮和饮水，又不让俘虏休息，而强迫俘虏作长距离的行军。强迫病人和负伤者与健康的人一样来行军。在这类的行军中落伍的俘虏，就被殴打、虐待和杀死。我们已经接到许多这类行军的证据。

巴丹行军是一个显著的例子。1942年4月9日，当金少将在巴丹率部投降时，曾由本间中将的参谋长保证：他的部下将获得人道的待遇。金少将准备了足够将他的部下从巴丹运往俘虏营的卡车，未加破坏。在巴丹的美国兵和菲律宾兵，因为食粮的配给不够分量，病人和伤员很多。但当金少将要求使用卡车时却被拒绝了。于是俘虏被迫在酷暑下，沿着120公里即75英里的公路，走到潘班加的圣·菲尔南多。病人和伤员也被迫行军。倒在路旁和不能再走的人就被枪毙或刺死。其他人也从行列中拖出来挨打、受虐待或杀死。行进持续了9天，每隔5公里坐在美国卡车上的日本监视兵就与跟着走的新监视兵轮换一次。在最初5天中，差不多没有给俘虏食物和饮水。后来所给的水，也都是些偶然遇到的井水或水牛打滚坑的水。如果俘虏为了想喝水而集聚到井边时，日本兵就向他们开枪。至于开枪打俘虏，用刺刀刺俘虏是寻常的事。死尸散乱在公路的两旁。作为本间中将的文官顾问，1942年2月由东条派往菲律宾的村田，曾坐汽车走过这公路，因为在公路上看见了许多尸体，于是触动了他向本间中将询问情况的念头。据村田作证说："我只是因为看见这些死尸向他问一下，并没有什么抱怨。"为了将俘虏运往奥多尼尔俘虏营，在圣·菲尔南多将他们塞进了铁路货车的车厢中。因为货车车厢地方狭小，必须站着才行。因为疲劳和通风不够，所以在货车中死了许多人。从巴丹到圣·菲尔南多俘虏营的这次移动，究竟死了多少人并不清楚。根据证据所示，美国人和菲律宾人的死亡数大约有 8 000 人；从 1943 年 4 月到 12 月止，在奥多尼尔俘虏营美国人和菲律宾人的死亡达 27 500 人以上。

据东条供认，关于这次的行军，他在 1942 年曾从许多不同的来源听说过。东条说：他接到的情报是曾强迫俘虏在酷暑下长途行军并发生了许多死亡。东条还承认，曾接到美国政府对违法处理这些俘虏的抗议，并且在"死亡行军"后不久曾在陆军省各局长每两周一次的会议上讨论过这件事，他将这问题听任各局长去斟酌决定。据东条说，并未要求驻菲律宾的日军报告这次事件，而 1943 年初本间中将到日本时他也没有和本间谈到这次事件。据东条说：当他 1943 年 5 月访问菲律宾时，才第一次向当时的本间中将的参谋长询问过这次事件，参谋长曾向他报告事件的详情。东条对未采取措施防止再发生同样暴行曾作如下的解释："依照日本习惯，现地派遣军司令官当执行赋予他的任务时，并不必事事仰赖东京的命令，在实行任务时他具有相当的独断权。"这句话的唯一意义是表示日本在交战方法上，已预期会发生这类暴行，并至少是许可这类暴行。日本政府对于防止暴行是不关心的。

这类暴行在整个太平洋战争时期中曾不断发生，因此把这些暴行解释为对本间中将在巴丹行为宽容的结果是没有什么不适当的。

其他的强行军

1942 年 2 月，在荷属帝汶，从港口行军到科班俘虏营时，忍受着负伤、饥饿、疟疾、赤痢的俘虏，被反绑着手走了 5 天之久，像一群家畜似的由日本人和朝鲜人监视着、驱赶着、殴打着。1943 年和 1944 年，在英属新几内亚的韦华克、巴特和埃达贝之间，印度人俘虏也进行了同样的行军。在这些行军中，生病的俘虏和落伍的俘虏都被开枪打死。其他同样事件的证据也是有的。据以上所述，当俘虏从某地移往某地时，是在残酷的状态下进行的，而落伍者又被施以殴打和杀害。由这些事实看来，就表示了日本陆军及其俘虏管理机关对于这些方法是视为当然的普通作法了。

拉琊行军是属于另一类型。这类行军是从 1945 年初期开始的。那时候日军深恐盟军从古晋登陆。所以这类行军，其目的是防止俘虏被解放而将他们加以移动。

拉琊村在婆罗洲山打根西北百余英里的森林中，位于奇尼巴罗山的东坡。从山打根到拉琊的小道通过浓密的森林，道路狭小以致车辆不能通行。最初 30 英里是沼泽之地，烂泥没腿，水坑满布。以下 40 英里是山地，须通过狭窄险峻的山顶。再有 20 英里是越过一座山头。最后 26 英里完全是上山的山路。澳大利亚俘虏沿着这种森林小路进行一系列行军。俘虏在从山打根出发以前，就已忍受着疟疾、赤痢、脚气和营养不良的痛苦。决定俘虏能不能受得住行军的试验，是殴打拷问后再要他们站起来，如果能站起来，就认为他受得住行军。俘虏除携带自己的一点食粮外，还被迫携带监视兵的食粮和弹药。40 名俘虏组成的组，行军中三天内必须以六条胡瓜互相分食来维持生命。行军落伍者被开枪打死或被刺刀刺死。行军一直继续到 1945 年 4 月上旬。在这条小路上，沿途散乱着死者尸体。从山打根开始这一行军的俘虏，到达拉琊的竟不到总人数的三分之一。好容易挨到拉琊的俘虏，又因饥饿和拷问或疾病而死去，有的则被杀害。所以在山打根的 2 000 余俘虏，其中得知其生还的仅有 6 人。这 6 个人逃出拉琊俘虏营，才留下性命。因为病重在山打根开始行军时就不能行动的人，不是病死就是被监视兵枪毙了。

我们将休庭 15 分钟。

（14：45 休庭）

（15：00 重新开庭）

法院执行官：远东国际军事法庭现在继续开庭。

法庭庭长：我将继续阅读本法庭的判决。

泰缅铁路

在一个地区内长期进行暴行的显著实例，可以拿对待修筑泰缅铁路的俘虏和当地居民劳动者的事件为例。俘虏们在施工前和施工时期中，在几乎无法形容的困难下开始了走向这个地区的强行军，俘虏不断被虐待、拷问并曾遭受一切种类的匮乏。结果在18个月里面，46 000名俘虏中死亡了16 000名。

日本大本营为了促进在缅甸及印度的作战计划，曾在1942年初讨论过交通运输问题。当时最短而又便利的交通线就是通过泰国。于是决定将缅甸的始于莫尔棉的铁路与泰国的始于曼谷的铁路连接起来。需要连接的距离，大约为250英里（400公里）。这样一来就可以使其与在缅日军易于联络了。

根据东条的劝告，决定为此项目而使用俘虏，于是由当时驻在马来亚的南方军发出命令，以1943年11月为完成期，命令尽速施工。根据这类命令，从1942年8月起，就由新加坡地区送去了两批俘虏。被叫做"A"队的一批是从海路送往班蓬的，被叫做"F"队和"H"队的第二批是用火车运往班蓬的。从班蓬起就沿着预定的建设路线向各俘虏营行军。

"F"队和"H"队在从新加坡出发前，担任管理俘虏的日本陆军将官，曾告诉俘虏说，因为新加坡俘虏营缺乏食粮和卫生状态不良，所以许多俘虏发生疾病，为营养不良所苦，现在将他们送往食粮情形较好且便于休养的山中俘虏营去。所以这个将官就坚持要将包括生病的俘虏在内的俘虏送往这种劳动营。俘虏拥挤在铁路货车车厢中，连躺下的地盘都没有，所以只好盘腿坐着。俘虏还被告知不必携带烹调用具，因为会重新换发给他们，但一直没有换发给他们。此外，给予俘虏的唯一食物只是稀薄的菜汤。在铁路旅程的最后24小时，竟没有发给任何食物，连水都没有给过。

四昼夜以后，俘虏们下了火车并被要求交出行李，交出他们好不容易才带来的一点烹调工具和他们的药品及医疗器械。之后他们就不得不徒步两个半星期，行军200英里了。这次行军对于健康的士兵也可以说是过重的负担。之所以这样说，因为这一旅程要通过山区丛林中的莽径。这次行军在雨季的大雨和泥泞中，经过了15次夜间行程才完成。由于俘虏身体的衰弱，加之又必须搬运约2 000名生病不能行走的人，这次行军简直是人类所不能忍受的事。有些生病的人和身体太弱走不动的人，遭到监视兵的殴打和驱赶。

在计划敷设铁路沿线所设立的俘虏营，是设在人迹未到的原始森林中，完全没有房顶。卫生设备几乎是没有的。既不给与医疗和药品，又不发给衣服，食粮配给也完全不够。此外还不断对俘虏加以驱使并每日鞭打，所以就使日益增多的死亡与残废者的数目更为增多了。凡企图逃走者均被杀死。在"F"队和"H"队以后，又曾陆续从新加坡送出其他各批俘虏，这些俘虏也受到相同的待遇。

据东条在本法庭作证时说：关于在这一建设工事上使用俘虏的恶劣情况他曾接得报告，并曾于1943年5月派遣俘虏情报长官前往调查。他承认，作为此次调查的结果，他曾采取下列措施，即仅将待遇俘虏不公道的某中队长交付军法审判并将铁路建设司令官撤职。但是根据其他的证据，我们认定了这个司令官的撤职并非由于虐待俘虏。第一个担任这个计划来建筑铁路的司令官是被盟军空军炸死的。第二个担任这个计划的司令官是因为他生病不堪执行任务，加以大本营认为工事进行的速度不够快，所以把他调了职。曾经建议更换第二个司令官的调查官，并不是如东条所说的俘虏情报长官，而是参谋本部中主管交通通信的第三部部长若松。他向参谋总长报告工事进行的速度不够快，并建议以马来亚的铁道部队司令官为建设工事的主任和允许其将完成铁路的预定期限延长两个月。

只要看看这个计划中管理俘虏者普遍蔑视战争法规,看看他们对俘虏惨无人道的待遇,就可以知道将一个中队长交军法会审作为矫正手段是太无意义太不够了,这等于对他们的行为不加纠正。在1943年日本政府和日本大本营最关心的事件之一,就是必须使这条铁路的完成赶得上用它去阻止在缅甸盟军的进展和前进。日本政府对于因日本人和朝鲜人监视员的不断的驱使、殴打、拷问、杀害所引起的盟军俘虏的疾病、负伤、死亡,对于俘虏生活与工作的不卫生状况,对于没有给予最小限度的生活必需品和医疗,日本政府简直毫不关心。

对于从事有关铁路建筑工作的俘虏既无适当住处又缺乏对病人的医疗,这种非人道的待遇,正是日本待遇俘虏的典型。1943年11月以前一直从事这项建设工事的证人魏特上校,曾给以恰当的描述。魏特上校因懂日文,曾充当俘虏与日本军官间的联络官,曾访问过许多收容俘虏的俘虏营,对于俘虏所受的待遇他具有第一手的资料。以下就是他的证言的摘要,活生生地说明了实际的情形:

问:这些俘虏营的生活状态和俘虏待遇在实际上有什么不同的地方吗?

答:没有不同。

问:请你举个例子加以说明。

答:当我在1943年8月3日最初进入松克雷俘虏营的时候,首先进入的是那儿最大的收容着700人的草棚。这是一个普通形式的草棚。当中是一条泥土的过道,两旁是用竹片编制的长达12尺的寝台。屋顶很简陋是用椰子叶盖的,而椰子叶也极稀薄,以致到处漏雨。墙是完全没有的,在正当中的泥道流成了一条小溪。草棚的架子是用蔓草捆绑起来的。

左这个草棚中有700名病人。他们两人一组的直躺在草棚两旁的竹片寝台上。从草棚的这头到那头，他们的身体都是一个挤着一个的。他们都非常瘦，差不多完全是裸体。在草棚的正中间，约有150人是热带溃疡病患者。得了这种溃疡病的人，差不多从膝到脚踝的肉都要脱掉，所以散发着难以忍受的烂肉臭味。唯一可以得到的绷带是用绑腿缠住香蕉的叶子。唯一的药品是热水。另外一个相同草棚设在稍高的山上，那里收容着所谓健康的人。还有一个屋顶完备，建筑较好的草屋住着日本卫兵和军官。

问：曾经供给寝具吗？

答：什么也没有。

问：下雨时他们用什么来遮雨？

答：到这些劳动营来的最初几星期，没有一个草棚是有屋顶的。进入雨季以后，被收容在这里的人除采香蕉叶子遮雨外别无其他办法。体力还能胜任的俘虏，每人割两三枚香蕉叶子遮盖着身体。

问：能够得到屋顶的材料吗？

答：在我做俘虏指挥官的下尼基俘虏营得到了一卡车的椰子树叶，只够盖住一半草棚顶，那儿睡着最重的病人。尼基俘虏营一直没有得到椰子树叶，只得到了一张破烂的漏雨的幕布。其余的四个俘虏营在两三个星期以后都得到了椰子树叶，可是只够修理草棚顶需要量的一半。当然并没有将椰树叶子分配给日本卫兵和朝鲜卫兵，因为他们总是有合适的屋顶材料。

问：在你从新加坡出发的10周以后，即在1943年7月中旬左右，"F"部队的情况怎样？

答：到那时为止，我们死了1 700人，原来的7 000人中出去工作的人是700名。但是这个700名中，照我们英国军官看来，其中有350名应该躺在病房里。

关于建筑这条铁路的说明，如果不谈到使用当地劳动者的待遇，那是不够完全的。

为了补充在这项工事上所使用的俘虏，于是有时借着种种约许，有时使用强迫办法，在占领地区征募住在当地的缅甸人、泰米尔人、爪哇人、中国人来从事劳动。在铁路工事所使用的劳动者全数约 15 万人。他们所受的待遇和他们的生存状态，比前面所说的情况还更要恶劣。15 万人中在建筑铁路期间至少死了 6 万人。

我们在后面将相当详细地叙述盟国对虐待俘虏所提出的抗议，并且还要谈到日本参谋本部和政府都曾知道这些暴行。这里预先提到一下是合适的，即有证据可以证明日本陆军在铁路建设计划开工前，就事先得知了工事将在可怖的状态下去进行，并且日本政府明明知道牺牲者的情形却不去加以改善。

1942 年修筑工事开始以前，南方军总司令部就获知俘虏有患各种热带病的危险，并且常常获得关于死亡率的报告。他们明明知道对于俘虏健康的危险以及缺乏食粮、居住和医药品的情形，1944 年 10 月 6 日南方军总参谋长给俘虏情报局长官的报告中已被确认。报告中的一段说："本工程在作战方面是最紧要的，但沿该铁路预定线路都是罕无人迹的原始森林地带，宿营、食物、给养和卫生设施都很缺乏，俘虏显然与平常状态大不相同。"1943 年 7 月，当时已有数千俘虏死去和因病不能劳动。但当时外务大臣重光在回答抗议时说，俘虏得到了公平的待遇，病人全都得到了医疗。尽管如此，就在重光的答复送出后不到一个月的期间，仅在泰国所死亡的俘虏，甚至根据日方的数字也共计达 2 909 名。根据同一资料来源，死亡率从 1942 年 10 月的每月 54 人增加到 1943 年 8 月的 800 人，每月都在显著增加。

1943 年夏，若松从前面所述的地区视察归东京后，曾亲自向参谋总长杉山报告说：他看见了许多的脚气病人和赤痢病人，食物的质量也不够必需的标准。

日方认为，死亡很多是由于盟军妨碍了食粮和药品的正常供应所引起的。但 1943 年 2 月正是用海运被妨碍为理由，下令将这个工事的竣工期限缩短四个月。自从有此命令以后，指挥官们更不顾一切地乱来。他们对俘虏说，人是无关紧要的，不管忍受怎样的痛苦和死亡，铁路都必须修成。即："铁路建设的进行不容迟缓，因为这是出于作战目的之需。必须在一定期限内不顾一切代价，不顾英国人和澳大利亚人俘虏的生命损失来完成铁路建设。"

最后我们要提及俘虏情报局从泰国俘虏收容所所长接到的月报之一，即 1943 年 9 月 3 日的月报。其中说：在共计 40 314 人的俘虏中，生病的有 15 064 人。只要看生脚气和赤痢的病人照旧被强迫劳动的常例，就可知道如果将这类人包括在内，病人的数目一定大得多。

拷问及其他非人道待遇

凡是日军所驻扎的地方，无论是占领地区抑或是日本本土，都对俘虏及被拘禁平民进行拷问。在整个太平洋战争期间，日本方面都放任进行这种拷问。在所有地区，拷问的方法都是相同的，这就显示出拷问在训练和实施上都有一贯的措施。在这些的拷问方法中有灌水、烙刑、电刑、踩杠子、悬吊、坐钉板和鞭笞等。

日本宪兵队是最积极实施拷问的部队，但其他陆海军部队也使用和宪兵队一样的方法。俘虏收容所的警卫员和由占领地区的宪兵队组织的当地警察也使用同样的拷问方法。

我们要指出各俘虏收容所所长赴任以前在东京奉到怎样的训令。我们还要指出这些俘虏收容所所长行政上受陆军省军务局俘虏管理部支配和监督，并要向该管理部每月提交报告。宪兵队属于陆军省的管辖。宪兵训练所在日本由陆军省维持和主办。所以以下的推论是合理的，即宪兵队和俘虏收容所的警卫员行为反映了陆军省的政策。

为了指出拷问曾被广泛施行和拷问方法的一致性，我们对这些方法做一个总结。

所谓的"灌水"是经常被使用的方法。把牺牲者用捆绑或用其他方法使其俯卧着,然后从口鼻向肺胃中强迫灌水直到他丧失知觉为止。再施以压力,有时是站在牺牲者的腹部上跳,把水压出来。平常常用的办法是等到牺牲者苏醒以后就继续地反复好几次使用这种刑罚。有证据证明这种拷问方法曾在以下各地施行:中国的上海、北平、南京,法属印度支那的河内、西贡,马来亚的新加坡,缅甸的卡克多,泰国的裘保安,安达曼群岛的布莱尔港,婆罗洲的泽塞尔顿,苏门答腊的棉兰、塔琼加兰、巨港,爪哇的巴达维亚、万隆、泗水、茂物,西里伯斯的马卡撒,葡属帝汶岛的奥索和帝力,菲律宾的马尼拉,尼可尔·斐尔德、帕罗海滩和杜马古特,台湾的屏东俘虏营,以及日本的东京。

烙刑这种拷问方法曾广泛施行。这种拷问通常是用燃着的香烟去烫牺牲者的身体。有时是用点着的蜡烛、红铁、热油、滚水。大多时候是将热施于身体中神经敏感之处,例如鼻子、耳朵、腹部、生殖器,以及妇女的乳房。我们已获有明确事例的证据,证明这种拷问曾施用于以下各地:中国的汉口、北平、上海;诺门坎;法属印度支那的海防、河内、义安和西贡;马来亚的新加坡、维多利亚岬、怡保、吉隆坡;缅甸的卡克多;泰国的裘保安;安达曼群岛的布莱尔港;尼古巴群岛的卡卡那;婆罗洲的泽塞尔顿;苏门答腊的巨港、帕甘·巴罗;爪哇的巴达维亚、万隆、三宝垄;摩鹿加群岛的安波那;葡属帝汶岛的奥索;所罗门群岛的布因;菲律宾群岛的马尼拉、伊罗伊罗市、帕罗、巴丹、杜马古特以及日本的川崎。

电刑也是很普遍的。把电流通到牺牲者身体上的某部分使他受到震击。接触的部分通常是在神经敏锐的地方,例如鼻、耳、生殖器,以及乳房。已有明确的事例为证,证明在下列地方曾施用这种拷问方法:在中国的北平、上海;在法属印度支那的河内、密多;在马来亚的新加坡;在泰国的裘保安;在爪哇的万隆、泗水、茂物,以及在菲律宾群岛的达佛。

所谓"踩杠子"是经常使用的拷问方法。把牺牲者两手反绑起来，用圆杠子夹住双膝的后面并强迫其跪下。有时是用直径达三寸的圆杠子，于是在腿上加力时，膝关节就松开了。有时候还让人跳到牺牲者的腿上。这种拷问，其结果是使膝关节脱离并引起剧烈的痛楚。有明确的事例为证，在下列各地曾施用这种拷问：中国的上海、南京；缅甸的达佛伊；安达曼群岛的布莱尔港；婆罗洲的山打根；苏门答腊的帕甘·巴罗；摩鹿加群岛的哈马赫拉岛；葡属帝汶的帝力；菲律宾群岛的马尼拉、尼可尔·斐尔德和帕舍俘虏营以及日本的东京。

悬吊也是通常使用的拷问方法。将牺牲者的手腕、臂膀、腿或颈部吊住，使其身体悬空，有时还使用这种方法使他窒息或使他关节脱臼。有时，在实施这种方法时还配以鞭打。在下列各地有使用过这种拷问方法的明确事例：中国的上海、南京；法属印度支那的河内；马来亚的新加坡、维多利亚岬、怡保、吉隆坡；泰国的裴保安；缅甸的卡克多；婆罗洲的山打根；苏门答腊布刺斯塔吉；爪哇的万隆、泗水和茂物；摩鹿加群岛的安波那；葡属帝汶的帝力；菲律宾群岛的马尼拉、尼可尔·斐尔德、帕罗、伊罗伊罗市和杜马古特；日本的东京和四日市。

跪钉板也是另一种的拷问方式。多数情况下用正方形木块的尖角做刑具。强迫牺牲者跪在尖角上好几小时不准移动，一动就要挨打。我们已获得曾在下列各地使用这种方法的明确事例：法属印度支那的河内；马来亚的新加坡；安达曼群岛的布莱尔港；摩鹿加群岛的哈马赫拉岛；菲律宾群岛的达佛以及日本的福冈和大牟田。

剥掉手指甲和脚趾甲的方法也施行过。这种拷问方式的实际例子出现在下列各地：中国的上海；西里伯斯的美那多；菲律宾的马尼拉、伊罗伊罗市以及日本的山仁。

曾在下列地方用地下土牢作为拷问场所：法属印度支那的河内；马来亚的新加坡；爪哇的万隆。

毒打是日本人最常用的酷刑。在所有战争期间的囚犯身上，一切的俘虏营、拘留所、宪兵队本部以及一切的劳动营和劳动现场,甚至在俘虏运送船上都经常行使着。警卫员在得到俘虏收容所所长或其他军官的许可或者通常是指示后,对俘虏任意毒打。俘虏收容所会收到施行鞭笞的特别工具。在这些工具之中有一种与棒球棒差不多粗的木棒。有时在警卫员的监督之下,俘虏们被迫彼此打架。由于这种殴打,使俘虏内部负伤、骨折和皮破血流。很多时候打得他们失去了知觉,但一等他们苏醒以后就又施以鞭打。有证据证明,有时候竟把俘虏一直打死为止。

精神拷问是普遍使用的。这可以用杜立特飞行队队员所受的待遇作为实例。在他们受了各式各样的拷问以后,把他们遮住眼睛一个个拉出来,间隔着相当的距离行进。牺牲者可以听见人声和脚步声,可以听到像行刑队停下队伍卸下步枪的声音。然后日本军官走到牺牲者面前说:"我们是得了旭日章的武士道骑士。我们在日落以后是不行刑的,等日出后再行刑。"于是把牺牲者带回到他的监房并且告诉他们,如果日出前不坦白就要行刑了。

1944年12月5日,驻东京的瑞士公使馆将英国政府的抗议转送给外务大臣重光。在这个抗议中附上了没收的缅甸日军林师团在1943年8月6日颁发的《俘虏审讯要领》这本小册子的影印版。抗议中直接引用了这本小册子的内容。小册子中说:"当使用斥责、痛骂和拷问的时候,必须注意不要受骗和得到假口供。以下为一般应采取的方法。

(1) 拷问,包括脚踢、殴打以及一切可以引起肉体痛苦的拷问。这种办法是最拙劣的方法,只在一切办法失效后才可使用。"(在所没收的小册子中,这段话打着着重记号)"当使用暴力拷问的时候,应改换审问的军官,如果新换的军官用同情的方法讯问,可能会得到好的结果。

(2) 威吓。a. 暗示会遭遇肉体上的痛苦,例如拷问、杀戮、饥饿、单独监禁、剥夺睡眠;b. 暗示会遭遇精神上的痛苦,例如不准寄信,不给他与其他俘虏同样的待遇,在交换俘虏时把他留到最后等。"

抗议接着说:"英国政府希望用前述内容唤起日本政府的注意。英国政府并因此想起了日本政府最近曾坚决否认日本帝国官员有行使拷问的事情。并请参阅1944年7月1日重光大臣致瑞士公使的书信。"我们没有得到证据可以证明日方曾采取任何措施来阻止拷问同盟国俘虏的这种惯常行为。相反地,这种惯常行为竟一直持续到日本投降的时候为止,并且当投降时,日本政府竟发出命令,帮助这种罪犯去避免受到罪有应得的正当处罚。在下令破坏一切可资证明罪行的文件后,又于1945年8月20日由军务局俘虏管理部的俘虏收容所长发出下列命令:"凡曾虐待俘虏及日军拘禁者,或俘虏过对其怀有极劣感情的人的职员,现在可作如下处理,立即使其转职到其他单位或隐蔽其行踪。"这项命令曾发给在台湾、朝鲜、满洲、华北、香港、婆罗洲、泰国、马来亚及爪哇的各俘虏收容所。

活体解剖和吃人肉

活体解剖是由日本军医对他们手中的俘虏所施行的暴行。并且有证据证明还有非军医的日人去肢解俘虏的事情。除了下述的事例以外,我们还发现有这种情事,即另外一些被肢解的俘虏是在活着的时候被切掉手足的。

有证据证明,在坎多克有一个被称为"健康而未负伤"的俘虏曾遭受如下的待遇:"这个男子被绑在'光机关'事务所外的一棵树上。有一个日本军医和四个日本实习军医站在他的周围。他们首先剥掉他的指甲,再剖胸取出了心脏。这是由军医作实验的范例。"

在没收的一个日本军官的日记中记下了在瓜达康纳尔的一个事件。

"9月26日——昨夜发现和逮捕了两个逃进森林中的俘虏,由警备中队执行警戒。为防止他们再逃,用手枪向他们脚上开了几枪,可是很难打中。于是由山路军医活生生地将两个俘虏进行解剖并取出了他们的肝脏。这是我第一次看见了人类的内脏,很增长我的见识。"

切断活着的俘虏的身体的事件,曾发生在菲律宾的坎南该。但这次并不是由军医而是由日本作战军官干的。根据证言说："……一个年轻的大约有 24 岁的妇女当藏在草丛时被捕了。当时是由两个士兵按住这个女子的,指挥这个全部巡逻队的军官,先剥掉她的衣服,然后这个军官把她带到没有墙的草盖的小屋中……在那儿由这个军官用他的军刀割去她的乳房和子宫。当这个军官做这件事的时候,士兵们按住了她。最初还听见她的哀号声,最后终于寂静沉默地躺下去了。然后日本兵放火烧了这个小茅屋。……"

据一个目击者描述,在马尼拉,他的佣人被绑在柱子上然后由日本兵割掉佣人的生殖器,再把割下的阴茎塞进佣人的口内。

日本兵手中的俘虏被割断身体的其他事例还发生在婆罗洲的巴厘把板。据这次事件的目击者说:"我曾看见过一个穿着制服的政务专员和一个穿制服的警察巡官。由一个日本军官先和这个政务专员谈话。……这个日本军官在谈话中,我看见他用手打政务专员的脸,更用刀鞘去打他的身体来虐待他。……和(荷兰人)政务专员开始谈话的军官,拔出刀来先将他的两只臂膊从两肘稍上处斩掉,然后再把两条腿从膝部砍断。然后再把政务专员带到椰子树处,绑在树上,用刺刀刺死。……在这之后,那个军官走到穿制服的巡官那儿去了,用脚踢他,用手和刀鞘殴打他。然后那个(日本人)军官把巡官的两支臂膊从两肘之下斩掉,把他的腿从两膝砍断。我听见巡官又喊了一声'女王万岁'。巡官虽然被用刺刀刺,被用脚踢,却依然站着并且是用他的两条砍断了的腿站着,他最后是被刺刀刺死的。"

到了太平洋战争的末期,日本的陆海军堕落到了吃人肉的地步,吃起非法被杀的盟军俘虏的身体部分来了。日本陆军对于这种惯常行为并不是不知道,但是他们竟然没有反对。当审问时据某一日本人俘虏说:"1944 年 12 月 10 日,第十八军司令部曾发出命令允许部队吃同盟国军队的尸肉,但不准吃友军的尸肉。"这项陈述,已由所没收的某少将关于军规的备忘录加以证实。在这个备忘录中有以下这段话。"虽然刑法中尚无规定，但是明知是人肉（敌方除外）而吃它的人，将以违反人道的最重罪来判处死刑。"

有时候在军官宿舍中，似乎把吃敌方的肉当作庆祝宴会。甚至于陆军中的将级军官和海军中的少将都参加了这种宴会。被杀的俘虏的肉和用这种肉所做的汤，竟拿来供给日本低级别的士兵当膳食，根据证据所示，在有食物的时候他们也还是吃人肉。换句话说，在这种情况下，吃人这种可怕的惯常行为并非是迫于需要而是出于嗜好。

对运输俘虏船的攻击

当在海上运输俘虏的时候，日本的惯常性行为与陆上运输时一样，是非法且无人道的。俘虏被塞在卫生设备不全、通风不充分的船舱和煤库中，完全不提供医疗服务。在长程航行中，他们被迫留在甲板下面的船舱中，仅靠着所配给的一点儿食粮和水来维持生命。因为这种俘虏运输船没有标志，所以受同盟国攻击，死了成千上万名俘虏。

为了节省空间，日本一般采取下列办法。即在空煤库和空船舱中做上木制的铺位或临时夹板，上下的距离是三英尺。在这种临时夹板上每15个俘虏所给的空间是6平方尺。在整个航行期间，他们只有盘腿而坐。为了节省空间，甚至还取消了适当的卫生设备。所准备的卫生设备是用绳子吊着的桶子和木箱，可以从船库或煤库上放下来，然后用同样的方法拉上去，并将当中的排泄物抛到船外。从这些容器中落下来的点滴，使不卫生的状态更为加重。许多俘虏在乘船时患了痢疾；他们的排泄物从木制的床板缝中流到下面床板的俘虏身上。为了省掉厨房的空间，给俘虏的是不需烹调的食物和在出航前就做好的食品。由于同样原因，所储存的饮水也是不充分的。把俘虏摆在这样的可怕状态之下，还不准俘虏走到甲板上来。在整个太平洋战争期间都是这种运输俘虏的方法。辩护方面说，因为日本船舶缺乏所以不得已而采取了这种方法。但这并不是有效的辩护。因为，如果日本政府不能根据战争法规的规定条件来移动俘虏，那么它就没有移动俘虏的权利。

1942年8月,为了从事泰缅铁路的劳动,将最初一批英国人俘虏从新加坡运往莫尔棉时,就使用了这样的运输方法。1942年1月,"新田丸"停泊在威克岛,将1 235名美国俘虏和被拘禁平民运往横滨和上海时,也是使用的这种方法。这次也和其他地方的情形一样,当俘虏和被拘禁平民上船的时候,必须通过日本兵的行列,被殴打脚踢。关于这种航行,最初引起我们注意的是当时在俘虏运输船上所实施的"俘虏规则"。在这种规则中除其他规定外尚有下列规定:"违反下列命令的俘虏,立即处死刑:

（a）不服从命令和指示者。

（b）有敌意的举动和反抗的征兆者。……

（c）未经许可谈话并出大声者。

（d）没有命令而步行移动者。……

（e）没有命令而上梯子者。……大日本帝国海军并无意将你们全部处死,如遵守日本海军的一切规则并协助日本建设'大东亚新秩序'者,当予以优待。"在某次航行中,俘虏被塞在没有床板的煤库中,只能站立在煤炭的周围。在其他航行中,极易燃烧的货物与俘虏放在一起,塞满了整个的船舱。将俘虏运输船尽量塞载的方法,不仅使俘虏遭受种种显然的不便和健康上的危险,并且当船沉时俘虏几乎没有脱险的可能。

因为同盟国军队无法辨认日本的俘虏运输船和其他船舶的区别,所以俘虏运输船和其他船舶一样经常遭遇同盟国军队的攻击。结果是许多船被击沉,死了成千上万的同盟国俘虏。当遭遇同盟国军队攻击时,有时候为防止俘虏脱逃就关闭住舱口,并命令配置携有手枪和机关枪的日兵,如果发现有想推开舱口从沉船中逃走的俘虏就开枪打死。这种事情曾发生在"里斯本丸"上。这个船是载运英国俘虏从香港出港的,1942年10月在航行中被击沉了。在其他时候,船沉后,对于落在水中的俘虏,就开枪打死或用其他方法打死。这是在"鸭绿丸"上所用的方法。这条船载着美国俘虏从马尼拉出航，1944年12月在航行中被击沉。1944年6月当"凡·华里克"号在马六甲海峡沉没时，曾发生同样的事件。

1944年9月，当载着大批的安汶人俘虏和征用的印尼工人的"顺洋丸"在苏门答腊东面海中沉没时，又发生了这种事情。

在这类的航行中，许多俘虏因窒息、疾病和饥饿而死去。留下了性命的人，也因航海中的折磨而极端衰弱，以致到达目的地后失去了劳动的能力。因为损毁了俘虏的劳动能力，所以陆军省在1942年12月10日发布了"陆亚密电第1504号"。在这个训令中说："最近在运输俘虏至日本内地时，由于旅途中的不足，他们中的很多人生病了或死了，以致常有不能立即利用其劳役的现象"。接着就训令说，必须使俘虏抵达目的地时保持能够劳动的状态。虽然发出了这个训令，可是海上运输俘虏的状态实际上并未改善，于是在1944年3月3日东条属下的陆军次官富永对"有关部队"发出训令，其中除其他的话以外，他还说："关于俘虏管理方面，向来所重视的是利用其劳动力。虽然这直接有助于增强战争力量，但一般俘虏的健康状况很难称为满意。我们必须加以注意他们的高死亡率。鉴于最近敌方宣传的激烈，如果对现状置之不理，世界舆论是不可能朝我们希望的方向发展。因此，为避免妨碍我国道义之战的实行，为彻底利用俘虏的劳力来增强我方的战力，首先改善俘虏健康状态是绝对必要的。再则，在海上运输俘虏时自然要努力利用船上的空间，但这时关于俘虏的待遇，也希望更彻底地来施行1942年陆密电第1504号的意旨。"内阁阁员及许多政府官员是明明知道上述运输方法对俘虏所发生的影响的。他们所采取的改善办法是完全不够的。而且这些改善办法的目的并不是为了保证实行有关运输俘虏的战争法规，而是为保存俘虏的劳动力以便用之于进行战争。

潜水艇战争

1943年和1944年，日本海军进行了不人道不合法的海上战斗，被鱼雷击中船只的脱险乘客和船员也遭到杀害。

东条内阁曾授权大岛大使有权与德国外交部长商讨进行作战的问题,但技术问题则交由共同委员会去直接商讨。大岛曾明确表示意见说:最重要的是,政策问题专归大岛与德国外交部长协商。1942年1月3日,大岛曾与希特勒会谈。希特勒说明了他对同盟国船舶所实行的潜水艇战争的政策。希特勒说,虽然美国可能很快建造船舶,但是美国的主要问题是缺乏船员,因为训练海员是需要长时间的。希特勒说,他已命令德国潜水艇在对商船发射鱼雷后浮出水面扫射救生艇,这样,大多数海员因中鱼雷而丧生的信息广泛传播开来,使得美国难以招募新的海员。大岛回答希特勒,表示赞成他所说明的政策,并且还表示,日本大概也会采用这种潜水艇战争的作战方法。1943年3月20日,特鲁克第一潜水部队指挥官所发的命令中包含着下述命令:"各潜水艇应互相联系起来集中进攻敌方船舶队并歼灭之。不仅要将敌方船舶及其货物击沉,同时还要将敌方船舶的搭乘人员彻底消灭掉。如属可能,则捕获部分的船员,以便努力获得敌方的情报。"

这种不人道的海战命令曾由日本海军潜水艇舰长执行。在1943年12月13日至1944年10月29日这段时间里,日本潜水艇在印度洋击沉了英、美、荷的商船八艘,在太平洋击沉了美国船一艘,当时在发射鱼雷后,潜水艇就浮出水面企图将或者已将船长带上潜水艇内,然后开始消灭救生船和杀害生存者。

同盟国曾反复提出抗议,在抗议中陈述了正确的被击沉的日期和地点,以及所施于被击中船舶的乘客和海员的暴行详情。

对于这些抗议日本始终没有给以满意的答复,并且继续击沉船舶,毫未改变对生存者的待遇。

1944年3月9日,当英国商船"贝哈尔"号被炮击沉时,日本海军所采取的行动就是其例证。115名的生存者曾由巡洋舰"利根"号所收容。在当天稍迟一会儿,"利根"号就向旗舰"青叶"号报告了这次的击沉和俘获。"青叶"号立即向"利根"号发出信号，命令它杀掉生存者。后来决定将 15 人交平民拘留所，其中包括两个妇女和一个中国人，其余 100 人则全部杀掉。于是由"利根"舰长下令将这 100 名生存者在"利根"舰上杀死了。

屠杀美国船"琴·尼可特"号的生存者，是日本海军所用方法的另一例证。这艘船在 1944 年 7 月当由澳大利亚航往锡兰的途中，在距离陆地 600 英里处于夜间被日本潜水艇的鱼雷所击中。这艘船的乘员约 100 人，其中约 90 人被收容在潜水艇上。这艘船被击沉了，救生船也被炮火所粉碎，但船身没有完全沉没。生存者都被反绑着双手。数名高级船员被带到潜水艇内，他们的下落如何，本法庭尚未得知。当潜水艇为搜索生存者而巡行时，令其他生存者都坐在前甲板上。在这时间内，一些人被波涛卷去了，其余的人被木棍或金属棍所殴打，被抢走手表、戒指一类的私有物。然后叫他们一个一个地通过两旁的日兵行列走到舰尾上，而日本兵当俘虏通过行列时就进行殴打。然后将他们投入水中淹死。在全部俘虏还没有走完这个行列时，潜水艇就潜入水内，于是留在甲板上的其余生存者就只有等死了。但是其中也有因游泳而得救的。这些人以及由于他们的帮助而继续浮着的同伴，第二天被飞机所发现，于是这架飞机就将救生船带到了他们漂流的地点。因此有 22 名从这一可怕的经历中活过来了。其中有些人还在本法庭对日本海军的无人道行为作了证言。

对于俘虏及被拘平民的非法役使、饥饿和虐待

陆军省军务局俘虏管理部长上村中将在与同盟国协议同意对俘虏及被拘平民适用日内瓦公约后，仅隔数周，即在 1942 年 4 月 2 日通知在台湾的日军参谋长说："现在正在进行利用俘虏从事生产的计划"，并要求台湾立即报告为此目的所能利用的人数。

1942 年 5 月 6 日，陆军次官将关于使役俘虏的政策通知在台湾的日军参谋长。他说已采取如下的决定："可以利用俘虏来增加我方的生产及从事军事方面的劳务。将白种人的俘虏逐渐地监禁在朝鲜、台湾及满洲。监禁在台湾的俘虏应包括高级技术人员和高级军官（上校以上）在内。对于不合我方增加生产所用者，应在当地迅速设立俘虏营监禁之。"1942年6月5日，上村中将向在台湾的日军参谋长发给如下的指令："根据1903年的规定，虽然禁止使用被俘军官及准尉军官从事劳役，但鉴于我国目前的实情，不容许有一人不劳而食，切盼遵照中央希望其参加劳动的政策来加以指导。"这类训令也曾发给其他所有的陆军有关部队。这个指令的根源出于日本内阁。因为1942年5月30日，首相东条曾向辖有俘虏收容所的师团长发出训令，其中说："我国目前的情势已不容有一人不劳而食，有鉴于此，对于俘虏也希望留意充分加以利用。"1942年6月25日，东条又向新任的俘虏收容所长发出训令。东条说："在日本，我们对于俘虏既具有自己的观念，那么在待遇上自然也多少要与欧美各国不同。在处理俘虏时，你们自当遵守各种有关规定，以期处置得当……但同时应不使他们有一天不劳而食。应充分利用他们的劳力和技术来增加我国的生产，并应努力使其有助于大东亚战争的实行而不使有任何人力的浪费"。至少在某种程度上，是由于应用这类训令的缘故，使得伤病俘虏及营养不良者因生病、缺乏营养和疲劳而致死以前，曾被不断酷役、殴打、刺激来强迫其从事军事劳役。1942年6月26日，东条又向新任的一批俘虏收容所长重发这类训令，更在1942年7月7日，对另一批俘虏收容所长发给这类训令。

内阁对于东条的使用俘虏协助进行战争的计划，更加以支持，这从内务省警保局外事课1942年发行的九月号《外事月报》可以证明。在这份月报中说，由于日本劳动力的缺乏，企划院在获得陆军省军务局俘虏管理部的同意后，在1942年8月15日曾召集会议，在会议中决定了将俘虏移至日本并役使他们以便缓和国家总动员计划内的产业中之劳力的不足。根据这份月报，当时曾决定在矿业、搬运及国防土木建筑工程方面使用俘虏。地方长官曾与福利部及陆军合作，对担任役使及监督俘虏的问题协商了一个完全的计划。星野、铃木和其他的内阁阁员都参与了这个决定。星野之所以被东条选任为内阁秘书长就是因为他在经济计划方面具有长时期的经验，东条并要他与铃木合作，主要是努力从事这类工作。铃木则是东条所选任的企划院总裁。星野自 1942 年 10 月 18 日做内阁书记官长，一直担任到 1944 年 7 月 19 日东条内阁垮台时为止。铃木在 1939 年 5 月 30 日任企划院的参事后，在 1941 年 4 月 4 日星野免企划院总裁及国务大臣时，继其为企划院总裁，在第三次近卫内阁及东条内阁中都一直留任为国务大臣兼企划院总裁，直至 1944 年 7 月 19 日东条内阁垮台时为止。

对各民族所需食物和衣被的考虑

在 1942 年初，日本政府承诺关于供给俘虏及被拘平民的食物及衣被时，将考虑到俘虏和平民羁押者的民族习惯和种族风俗。但这事完全没有实行。当作此承诺时所实际实施的各项规则要求收容所长供给俘虏及被拘禁者的食物及衣被时，必须依照陆军关于给养的基本给养一览表。这些所长有权决定对被监禁者的给养量，但根据训令，这种决定只能在一览表所规定的范围内来施行。这些规则中关于饮食一项的规定被解释为禁止给俘虏及被拘禁者以充足的食物，即使在收容所附近有着其他食粮时也是如此。尽管在被监禁者因营养不良而大批死亡的时候，也依然遵守着这种规定。虽然管理俘虏的人不久就明白了由于俘虏及被拘禁者对饮食各有其本国的风俗和习惯，所以他们靠着所供给的食物是不能生存的，但是关于给养一览表中所规定的食粮分量和种类，在战争时期中除曾减少其规定量以外，并无任何实质上的改变。1942 年 10 月 29 日，各收容所长接到命令说："与日本国内重工业劳动者的米麦消费量等相比较"，对于军官及文官的俘虏和被拘禁者的配给量，应减少为每日不超过 420 克。1944 年 1 月更将米的配给量减少为每日最多 390 克。被监禁者自营养不良后，他们就易于罹病并且只要被强迫干重活就立即感觉疲劳。尽管如此，收容所长却厉行东条的"不劳动者不得食"的训令,更减少了配给量。有时候对于因病因伤而不能劳动的人,甚至一点食物也不给。

根据规则中所规定,俘虏及被拘禁者应穿着他们原有的衣物,也就是说要穿着他被俘时或被拘禁时所穿的衣物。由于收容所长厉行这项规则,结果许多收容所中的被监禁者在战争结束前已衣不蔽体了。事实上按照规则所定,对于俘虏及被拘禁者,当原来所穿着的衣物已不堪使用时,收容所长可以借给他们以某种的衣被,但这种事例是极为稀少的。

医疗供给

根据规则日本陆海军必须保有并储藏足供一年使用的药品及医疗器械。这事是经常靠没收红十字会的药品和医疗品来实行的。但大部分医疗品却是为了日本军队及收容所监视人而储藏和使用的。很少将这些仓库中的药品及医疗品供给俘虏及拘禁平民。当日本投降时,在俘虏收容所及平民拘留所内或其附近,曾发现大批的这类医疗品,但俘虏及被拘禁者却因缺乏医疗品而产生了惊人的死亡率。

在土肥原及其他司令官下担任本州东部军管区参谋工作的铃木熏二,曾在本法庭作证。铃木承认曾准许区所辖收容所长及拘留所监视员没收红十字会发给俘虏的救济小包裹。根据证据所示,这类事情在日本内地及其海外属地以及占领区的收容所和拘留所中,是一般的通常行为。铃木并附带承认,对于所属监视员的殴打及用其他办法虐待俘虏,他们也是知道的。不给予充分的甚至是完全不给医疗品给俘虏及被拘禁平民使用,是整个战争地区中的共同行为,也是成千上万俘虏和被拘禁者致死的原因之一。

居住场所

根据规则中所规定,得使用陆军的建筑物、寺院及其他现有的建筑物作为俘虏和被拘禁者的收容所。根据规则中所规定,当雇佣者使用俘虏及被拘禁平民为战时生产时,应供给他们所需的居住场所。尽管有这种规定，可是所供给的居住场所经常是不足以遮蔽风雨的，不卫生的，或既不能遮蔽风雨又不卫生的。在泰国的坎布里收容所，日本军队的副官曾在20间左右的空茅屋中为病俘开设医院，这些茅屋是开拔不久的日本骑兵联队的马房。

太平洋各岛及泰缅铁路沿线大多数的收容所所使用的所谓房子，都是上盖水棕叶子，下面是泥地的小屋。这些收容所是由住在那里的俘虏用劳力自建的，在小屋盖成以前，俘虏就只有过着露天生活，这是很常见的现象。但有时候可以免去建筑之劳，那是将俘虏移居到曾经发生过传染病的、用"亚他布"叶所盖的空房中。这种事情发生在泰缅铁路建筑工程的"六十公里营"中。那就是让800名左右的澳大利亚人住在不久前因患霍乱而死的缅甸工人所住过的小屋子。1944年8月，在摩鹿加群岛的拉哈特，将以前的爪哇人劳动营改造为俘虏收容所。当荷兰人和英国人俘虏到达收容所时，看见遍地都横陈着爪哇人的尸首。木村陆军次官当接到板垣的通知说，预备以朝鲜的三个神学院来监禁英国俘虏1 000名及美国俘虏1 000名的时候，他曾询问预定监禁俘虏的建筑物是否对俘虏过于优越。

劳役

日本政府的政策是将俘虏及被拘禁平民用于直接与作战有关的工作。在作战地区，用他们来建造军用飞机场、道路、铁路、船坞及其他军用工作，此外，还用他们做装卸军用物资的搬运工。在日本海外属地及日本国内，除上述作业外，还强迫他们从事开矿、军需、飞机工厂及其他与作战直接有关的工作。监禁俘虏及被拘平民的收容所，向来是不管他们的安全，把他们摆在作业场附近。结果是不管在工作时间或非工作时间，他们都要冒着不必要的空袭危险。并且还有证据证明，有时候为了防止盟军轰炸有关军用的设施和工厂，日本人故意将俘虏收容所安排在那些地方。

本地劳动力

日方所决定的政策是使用俘虏及被拘平民直接参与对战争进行有利的工作,还建立了实施这个政策的制度,此外,日方还进一步借征用占领地的本地劳动者来补充上项的人力资源。并且是用虚伪的许诺和暴力来完成招募劳动者的。劳动者一旦被征用后,就被送往收容所加以监禁。这些被征用的劳动者与俘虏及被拘平民只有很小的区别或完全没有区别。他们都被当做奴隶劳动者并役使他们的体力达到最高的限度。因此,在本章中我们使用"被拘禁平民"这词语时,是将这些被征用的劳动者也包括在内的。这些被征用的劳动者,由于下列的事实使他们的命运更加恶劣:他们对于在异常拥挤的生活状态下,怎样应用卫生原则非常无知;在日本人强迫监禁以及在不卫生条件下劳动,他们更容易死于疾病。

强迫俘虏和被拘禁者宣誓

为了减少对俘虏及被拘禁平民所需要的监视员人数,于是在1943年初,由陆军省颁布了违反战争法规的规则。其中规定:"当监禁俘虏时,应立即令其举行不逃走的宣誓。凡拒绝作上项宣誓者,即认为是有逃走的意图者,应对其严加监视。"这种"严加监视"的实际意义是在其履行宣誓前减少其给养并关在单人房,或者就是加以拷问。1942年8月在新加坡拒绝履行宣誓的16 000名俘虏被赶在俘虏营的庭院中,为强使他们宣誓,把他们摆在院子中间,4天未给饮食也不设置便所。这导致的结果实在是太不堪形容了。拒绝宣誓签名的某些香港俘虏被监禁在没有食物的监狱内,并且他们被迫跪了一天。如果他们动一下就要挨打。在山打根的收容所中,高级俘虏和他的部属,因拒绝签名就立即被绑起来加以殴打。执行枪毙的行刑队都排好了队,最后由于他的部属答应签名才救了他的性命。在巴达维亚和爪哇的俘虏在宣誓签名前一直被殴打并不给食物。在日本四国地方的善通寺收容所,有41名俘虏因拒绝宣誓,从1942年6月14日起禁闭到1942年9月23日止。最后他们被威胁说,如果拒绝到底就要杀掉他们。正如前面所述,关于俘虏的规则与我们前面所引用的其他规则一样,对被拘禁平民也是一样适用的。为厉行这种由强迫得来的宣誓,在上项规则中还规定着:"宣誓者如违背其宣誓时,处死刑或无期徒刑,或七年以上的苦役或监禁。如前者执武器进行反抗,处死刑。"在规则中又规定着:"凡违反其他宣誓者,处十年以下的苦役或监禁。"关于后一规则的解释,在这个规则的其他条款中曾有如下的说明:"俘虏收容所长在派遣俘虏时(即将俘虏从收容所送到劳役工作场所时),除了解其技能外,特别要对其性格、思想、经历等作缜密的调查与研究,努力预防其逃跑和发生意外骚乱等等。并且在派遣前,应令其对其他重要的事作严肃的宣誓。"朝鲜军司令官板垣在1942年9月4日的报告中,告诉东条说,在他管辖区域内的一切俘虏,包括军官及准尉在内都预备强迫其从事劳动。用他的话说:"不容一个俘虏不劳而食。"他说,他所规定的规则之一是:"戒备俘虏从事破坏是很要紧的。因此,如有必要可令其宣誓并设立严厉的处罚规则。"1942年9月1日台湾军司令官向东条报告如下:"从富集团移管的帕西瓦尔中将等339名俘虏,计陆军少将和海军少将6名,准将27名,陆军上校和海军上校25名,陆军和海军中校以下的军官130名,下级军官210名,文官6名,已于1942年8月31日收容于台湾俘虏收容所。最初帕西瓦尔中将等虽拒绝宣誓,但最后除3人外(1名准将,1名海军上校,1名海军机械中尉),其余均已签名。"

日本政府所规定和实施的,强迫俘虏和被拘禁平民在威胁下宣誓不逃跑和不违反日本政府的规则和命令,是违反一般战争法规的。这种无视和违反战争法规的规则是作为日本政府方针的一部分被计划、制定和维持了的。

我们将休庭到明天9:30。

(16:00休庭)

1948年11月12日,星期五
日本东京都旧陆军省大楼内远东国际军事法庭

(9:30 重新开庭)

出庭者:

法官席,所有成员就座。

检察官席,同上。

辩护席,同上。

(由远东国际军事法庭语言部负责英日两种语言翻译)

法庭执行官:远东国际军事法庭现在继续开庭。

庭长:除贺屋、白鸟和梅津因病缺席并由律师代表外,所有被告均出席。巢鸭监狱军医对不能出席的被告出具因病证明,并将记录在案。

我继续宣读法庭判决。

过重和非法处罚

东条在给俘虏收容所及平民拘留所所长的训令中说,应加强对部属的统制,严格对俘虏的监督,并称:"要使他们服从严格的纪律。"1942年5月30日在对善通寺的师团长训示中又重复这一命令称:"在不违反人道的限度内应严格管理俘虏。必须注意不要陷入错误的人道主义,不因监禁长久而陷于个人感情。"

1929年日内瓦俘虏公约中,关于俘虏被俘后违法行为的处罚曾作如下规定:"所有体刑,与无日光处的禁闭以及任何残酷处罚,一概禁止。"并且"不得因个人行为而连带处罚团体"。关于可能强加在俘虏身上惩罚的其他特别规定也包含在内。这些都为保障对俘虏的人道待遇而制定。这些限制之一是在公约规定中包含对于脱逃及企图脱逃者的待遇。这项规定如下:"逃离的俘虏在未到达本国军队或离开俘获国军队占领区时再次被捕,只受惩戒处罚。若有俘虏试图逃离或逃离成功,对于协助脱逃的从犯,也只能按此受惩戒处分。对俘虏最严厉的处分是禁闭,每次处分的限期不得超过30日。"这里纪律处罚和惩戒性惩罚是当做同义语使用的。此外,还规定:"俘虏尝试逃亡过程中所犯的人身伤害或财产侵害罪在受法庭审判时,初犯或累犯逃亡未遂罪,不得作为量刑加重的理由。"

1934年日本拒绝批准此条约显示日本确实了解这一条约。日本方面说,根据这个条约,那么"对于俘虏就不能像对日本士兵一样加以严罚。因此若要使日本军人获得同等待遇就必须修改日本陆海军的惩罚令,但这种修正从军纪的观点来看,是不符合我们的需要的"。

拒绝批准公约的真正目的是军部方面希望不明确承诺以避免妨碍军部"虐待俘虏的政策"。

日本政府在太平洋战争初期,承诺对盟军俘虏及被拘平民适用条约中的规定后,又制定了违反这一诺言的法令和规则。在1943年公布了下列规则:"如果俘虏存在不服从的行为,得处以监禁或监闭,可以附加其他惩戒上所必需的处分。"根据这一规则,除拷问及集体处罚外还可使用体刑。因为最轻微的错误或者完全没有过错就施加是任何地区的俘虏及平民收容所的共有的经常性的行为。体刑中最轻的形式是殴打脚踢受害人。对失去知觉的人就用冷水或其他方法使其苏醒,苏醒后又重复使用这种办法;由于这种处罚死亡了数千人。有时,受害人因饥饿、疾病而衰弱,以致加快了死亡。经常使用的其他残酷处罚方法还有下列各种:把受害人长时间的置于热带烈日下,且不准戴帽子或其他遮阳物;用绑手臂的方式把受害人吊起来,有时竟至使臂膊与关节脱离;把受害人绑住让蚊虫去吮咬;把受害人监禁在狭小的监房中多日不给食物;把受害人监禁在既无食物又无新鲜空气的地下单人牢房中数周;强迫受害人以痛苦的姿势长时间跪在有尖角的刑具上。

为处罚个人行为,特别当日方不能发现谁是犯人的时候,就直接蔑视战争法规经常使用集体处罚。集体处罚的通常办法，是强迫全部嫌疑人始终采取一种非常紧张的姿势，比如跪地而坐，把手掌向上放在膝上，比如直立身体跪着等等，并且在接连数日白天维持这种姿势。此外，还使用其他的集体处罚办法。例如，在马来亚的哈未罗克路收容所，就由日本兵用枪托赶打、强迫俘虏赤足在碎玻璃上跑圈。1943年3月9日日本军方对于某些违犯行为曾公布法令，规定了死刑、无期徒刑、或10年以上的徒刑。此法令的显著特点是规定了在发生任何违犯行为时，对于知晓违犯规则集体行为的所谓"首领"，处死刑或其他严刑，对于其他一切可能有关的人，处以同样或稍轻的刑罚。根据这项法令，对于从任何方面看来都不过是个人行为的事情，却经常施以集体处罚。这项法令还规定"对于反抗或不服从监督、看守、护送俘虏者命令的人"处死刑。又规定"当面或公开侮辱监督、看守或押送俘虏者的人"，处五年徒刑或监禁。这只是日本政府借变更关于俘虏的法令违反对日内瓦公约所作承诺的一例，这类例子为数甚多。

太平洋战争中，日本不仅违反上述承诺，且曾修改日本关于俘虏的规则，使逃跑的俘虏受到与日本陆军逃兵的同等处罚。1943年3月9日法令中包含如下规定："对于集体逃走的首领，处死刑或无期、苦役以及十年以上的监禁，对其他的人处死刑或无期、苦役以及一年以上的监禁。"这项规定与强迫俘虏宣誓不得逃走的规则一样，是各收容所中实施的有关俘虏逃亡时的规则。这些规则是直接违反国际法的，并且一如我们前面所指出的那样，违反了日本所承诺适用的公约。对于所有企图逃走以及逃走后再行被捕的俘虏，根据这些规则，一律处以死刑，几乎毫无例外。此外，根据这些规则，对于协助俘虏逃跑的同伙，也加以处罚，且常常是处以死刑。在某收容所中，将俘虏区分为若干小组，如果一人尝试逃离或脱逃成功时，经常是杀掉属于这小组的全部俘虏，多数情况连形式上的审判都省略。已经证实在下列收容所中，对于企图逃走者处死刑：中国辽宁省的沈阳（1943年7月）、香港（1943年

7月）；马来亚的新加坡（1942年3月）；缅甸的墨吉（1942年）；婆罗洲的达拉甘（1942年及1945年）、坤甸（1942年6月）、邦加马辛（1942年7月）、三马林达（1945年1月）；苏门答腊的巨港（1942年3月）；爪哇的巴达维亚（1942年4月）、索卡波米（1942年5月）、佐加卡达（1942年5月）、贾第·南戈尔（1942年3月）、万隆（1942年4月）、的贾玛希（1942年5月）；西里伯斯的马卡撒（1942年9月）；摩鹿加群岛的安汶（1942年11月）、（1945年4月）；荷属帝汶的奥萨帕、贝萨尔（1942年2月）；菲律宾的卡巴纳坦（1942年6月）；日本的本山（1942年11月）、福冈（1944年5月）；威克岛（1943年10月）；婆罗洲的拉瑙（1945年8月）。

侮辱俘虏

为使亚细亚其他民族感觉到日本民族的优越性，日本对盟军俘虏采取了虐待、侮辱和公开羞辱的方针。

1942年3月4日，陆军次官木村接到了朝鲜军司令官板垣的参谋长的如下电报："希望将美英俘虏各1 000名拘禁在朝鲜，因为这对扫除朝鲜人崇拜美英的观念及确立日本必胜的信念颇为有效。基于总督府和军方的热烈愿望，恳请对此事予以特别考虑。"当时的朝鲜总督是南次郎。1942年3月5日，木村答复说，将以1 000名左右白种人俘虏送至朝鲜的釜山。1942年3月23日，板垣向陆军大臣东条报告了关于使用俘虏从事心理宣传的计划，板垣说："将美英俘虏拘禁在朝鲜，其目的一方面在使朝鲜人实际上认识帝国的实力，同时扫除大部分朝鲜人内心存在的崇拜欧美观念，对于心理宣传工作将大有助益。"板垣接着又说：第一收容所在朝鲜京城的元岩村制丝仓库。早先木村表示反对板垣原来将俘虏拘禁在釜山神学院的计划，因为木村认为那个建筑物对于俘虏来说过好了。在板垣的计划中，其主要之点如下：在朝鲜主要都市中，特别是在民众心理状态不佳的地方使用俘虏从事各种工作，以便达到在他的报告开篇时所说的目的。之所以将俘虏收容所的配备减至最低限度，乃至俘虏的拘禁、监督及警备，都要符合把俘虏送至朝鲜的目的,并希望其毫无遗憾。

1942年4月2日,台湾军参谋长向俘虏情报局报告说:"使用俘虏的计划不仅仅是为了增加军需生产的劳动力,并且要将其当做教育和指导上的材料。"

因此,为了进行亲日宣传,实施了违反战争法规的、利用俘虏的计划。1942年5月6日,陆军次官通知台湾参谋长说:"将相继在朝鲜、台湾、满洲等地拘禁白种人俘虏。"接着又说:"预定由朝鲜人及台湾人所组编的特殊部队来担任警备管理工作。"为获得心理上的效果,令朝鲜人和台湾人参加这项计划,借侮辱盟军俘虏来煽动群众的好奇心。

1942年5月16日,陆军次官木村通知司令部设在新加坡的南方军司令官,要他将新加坡的白种人俘虏在5月至8月间,移交给台湾军和朝鲜军。

移交的白种人俘虏被送到朝鲜。在马来亚战役中被俘的1 000名左右俘虏到达朝鲜时,曾在京城、釜山、仁川的街上游街,他们在12万名朝鲜人和5.7万名日本人面前排队走过。这些俘虏,因为事先一直营养不良,并且一直受虐待和怠慢,所以他们的健康状态使看见他们的人引起轻蔑的感觉。板垣的参谋长向木村报告时,关于这次日本展示优越感的行动,认为是他的巨大成功,并引用了朝鲜人观众的下列谈话:"当我们看见那种萎靡不振的样子,无怪乎要被日军打败了。"此外,还引用了朝鲜人观众的下列谈话:"当我看见来自朝鲜的青年作为皇军的一员来监视俘虏,激动得掉出眼泪。"板垣的参谋长在结束他的报告时,表示意见说:"总之,这在扫除崇拜美英思想和使朝鲜人彻底认识时局方面,似乎收到了极大的效果。"

在缅甸的毛淡棉这类如此偏远的地方,竟也使俘虏排队游行。1944年2月,日军曾令25名盟军俘虏在毛淡棉市的街上排队游行。他们是疲惫、衰弱的。日军用缅甸语贴出布告,骗人说这是最近在阿喇坎战线上所俘获的。押着他们行军的日本军官,把这些俘虏当作了嘲弄和侮蔑的对象。

制度

太平洋战争爆发后，日本对于实施战时法规及管理俘虏与被拘平民的政策，曾有某些改变。但仅限于名义上，并未真正实行战时法规。中日战争时期日本所表现的态度，在太平洋战争开始后，也没有任何改变。对于政府内的组织和手续虽有若干变更，但并没有为真正实行战时法规做过任何真正的努力。实际上，正如关于企图逃跑俘虏的规则中所表现出来的那样，所作的变更是对战争法规的严重违反。中日战争期间，日本并没有设立一个专门机构来管理俘虏及被拘禁平民，也没有设立根据海牙公约和日内瓦公约所必需设立的俘虏情报局。据武藤说："对于所俘获的中国人应否当作俘虏处理，成为一个大问题，1938年终于决定不把被俘获的中国人当作俘虏处理，因为同中国的战争虽说事实上是战争，但公开称之为'事变'。"据东条供称，上述观点是事实，但在太平洋战争中，自开始敌对行为后，他认为日本必须遵守海牙公约及日内瓦公约，并根据这一理由设立了俘虏情报局。关于东条的这项供述，即他认为在进行太平洋战争的时期中日本必须遵守海牙公约及日内瓦公约的说法，是必须与1943年8月18日枢密院审查委员会会议中他所说的话对照起来加以解释的。那时东条曾说，"必须从我们需要进行战争的观点，按照自己独立的见解来解释国际法"。日本政府关于处理俘虏及被拘禁平民的方针，是以这种想法为基础而制定出来的。

日本曾同意接受1929年日内瓦公约

1941年12月18日，美国国务卿训令美国驻瑞士的公使馆，请求瑞士政府将下列事项通知日本政府。美国政府愿意遵守1929年7月27日签署的日内瓦战俘公约和红十字会公约；并且愿意将日内瓦战俘公约普遍适用于美国政府所拘禁的敌国平民，希望日本政府对于上述公约的规定同样互相适用。美国政府并希望日本政府关于上述各点表示意见。这项照会是1941年12月27日由瑞士公使传达给日本外务大臣东乡的。

英国政府和澳大利亚、新西兰各自治领政府也在1942年1月3日经由驻东京的阿根廷大使发出照会。在此照会中,这些政府声明愿意对日本遵守1929年日内瓦战俘公约条款,并询问日本政府是否准备发表同样的声明。

1942年1月5日,阿根廷大使又代英国、加拿大、澳大利亚和新西兰,将一份备忘录面交日方。其中建议适用该公约第11条及第12条有关供给俘虏衣食的条款,希望当事国双方考虑俘虏本国的和民族的习惯。

接到这些照会后,东乡向陆军省、内务省、拓务省征求意见。当时,东条是总理大臣兼陆军大臣,武藤是陆军省军务局长,佐藤在军务局充任武藤的副官,木村是陆军次官,岛田是海军大臣,冈是海军省军务局长,星野是内阁书记官长。

东乡担心生活在同盟国中日本人的安全,因此希望对上述照会作善意的回答,并据此指示条约局。东乡指出:当时,日本对其权力下的俘虏及被拘平民的处理,影响着住在敌国数十万日本人的命运。陆军省同意东乡的意见。1942年1月23日,木村对东乡说:"由于天皇并未批准日内瓦战俘公约,因此不得声明遵守该公约,仅通知同意在俘虏待遇上按此办理。关于供给战俘食品及衣服一层,同意适当考虑俘虏本国的及民族的习惯。"

1942年1月29日东乡对美英照会作出答复。他对美国政府的回复照会内容如下:"日本帝国政府作为1929年7月27日日内瓦红十字会公约的缔约国,自应严格遵守该公约。日本帝国政府虽未批准事关俘虏待遇的1929年7月27日的国际公约,但对于在日本权力下的美国人俘虏,承诺'援用'该公约之规定。"同日,对英国、加拿大、澳大利亚、新西兰各国政府的回复照会内容如下:"帝国政府尚未批准1929年7月27日关于战俘待遇的公约,因此不受该上述公约的任何约束。但对于在帝国权力下的英国、加拿大、澳大利亚及新西兰的俘虏,允诺'援用'上述公约中的规定。关于供给俘虏食品及衣服一层,在交换条件下愿考虑俘虏之本国的及民族的习惯。"并对于其他的同盟国家也给予同样的诺言。

因为陆军省不同意将这类规定扩大至被拘平民,东乡委派他的次官在1942年1月27日,就被拘平民适用俘虏公约的问题,商询陆军省。在会议之后,陆军省进而默许了东乡保护在同盟国家内日本人的计划。1942年2月6日,木村通知东乡:"1929年日内瓦战俘公约对日本虽无任何的约束力,但在事实许可的情形下,对被拘禁的非战斗员亦愿援用该公约的规定,且除非出于自愿绝不强迫他们担负劳役。"

1942年2月13日,东乡通知美国政府说:"帝国政府在此次战争中,对于所拘禁的敌方非战斗人员,在相互交换的条件下,允诺援用1929年7月27日战俘公约的规定。除非出于自愿绝不强迫他们担负劳役。"

东乡在1942年1月29日致英联邦各国照会中说,日本允诺在供给俘虏的衣服及食物时顾及俘虏本国及民族的习惯。美国关于这项问题又发出了另一照会。这项照会的日期是1942年2月20日。其中指出,美国政府愿依照日内瓦公约第11条及第12条,无论对于俘虏或被拘禁平民均愿受上述条款的约束,因此,希望日本政府对于俘虏及被拘禁平民也同样的依照上述规定。东乡在1942年3月2日,对上项照会答复如下:"帝国政府在供给食物及衣服给处于帝国控制下的美国人俘虏及被拘禁平民的待遇时,有意顾及其民族的及本国的习惯。"

由于交换了这项诺言,于是成立了约束日本政府及其他交战国政府的神圣协议。协议的内容为:1929年7月27日日内瓦战俘公约的规定对俘虏及被拘平民都同样适用,当供给食物及衣服给他们时,依照公约要求考虑他们本国的及民族的习惯,不强迫被拘禁者从事劳役。这项协议规定,双方必须根据互惠的精神来适用该公约;换句话说,双方必须平等，互相采用对方所已采用的同样措施来适用该公约。在协议规定中，唯一例外是可以在"细节上调整"。该项协议不许以其与日本国内法相抵触为理由来设立例外。这件事在解释上是明明白白的，东乡的下列证言可以显示出来。"关于美英两政府对于此事的照会，按手续，由外务省主管局的欧美局与有权决定此项问题的省即陆军省承办。外务省所得到的答复是日本可以'细节上调整'日内瓦公约，于是就据此回答美英两政府"。

"虽然检察方面好像认为上述的回答与日本批准该公约具有同等的约束力，但我认为（我现仍然如此认为）日本只在事实情形的许可下才负有适用本公约的义务。我认为所谓'细节上调整'的意思是在没有重大的妨碍下可以适用公约的意思。并且我（尽管只是我个人的想法）还认为条约如果与国内法发生抵触时，那么条约应占优势。"当时的条约局局长更进一步证实了这件事，他就是当年与其他各部开会讨论如何回答同盟国照会的会议主持人。

虽然达成协议时，东条内阁阁员们想使同盟国家，按照日方解释去理解这个条约。但同盟国却不遵守这项协议。其实，日方只把这项协议当作一个工具，以便保证在同盟国家手中的俘虏或可能被拘禁的日本人得到优待。当东乡向陆军次官木村，应怎样答复同盟国家的照会时，木村答道，"这样通知是很合适的"，即日本会遵守战俘公约。但在这句话之前又说，有鉴于天皇没有批准该公约这一事实，不得声明有遵守该公约的意思。随后的日本政府也并没有履行这个公约。尽管内阁的阁员们认为他们对同盟国家的这类诺言，使他们为俘虏及被拘禁者的利益，承诺了新的附加的义务。但是他们对于管理俘虏及被拘禁者的部属们，从来没有发出新的命令或指示以便实行这些诺言，也没有设立任何组织使这些诺言能认真执行。他们不但没有努力去实行这些协议，反而用尽一切办法欺骗同盟国家，掩饰其犯有不履行协议的法律。为此，拒绝别人视察俘虏及拘禁平民的收容所，限制俘虏及被拘禁者所发书信的长短、内容和字数，压制有关这些俘虏及被拘平民的报道，对于有关俘虏待遇问题所接到的抗议和照会置之不理或作出欺骗的答复。

有关各种条约中俘虏及被拘平民待遇的条款的效果以及与此相关交战国负有的义务，在本判决书的最初部分已经提及。关于日本政府"细节上调整"日内瓦公约加以遵守的诺言及保证，无论从任何观点看来都不能动摇下列的事实，即根据一切文明国家所承认的有关战争的习惯法，对于俘虏及被拘禁平民，都必须给予人道的待遇。像在本判决书本章中所列举的日军的极无人道的待遇，尤其应当指责，并且这是犯罪。犯了这类违反人道行为的罪人，决不能借口本人及本国政府不受某些特定条约的约束而避免受罚。法的一般原则，是独立于上述各公约之外而存在的。公约不过是再度确认既存的法，决定适用它的详细条款而已。

关于日本政府"细节上调整"公约加以遵守的诺言效力问题，辩护方面申辩说，与其他事件一起业经证实了的许多地方的食物及医疗品的不足，是由于同盟国攻势所引起的运输工具的混乱与缺乏所致。这种说法，如果在作狭义的适用时，也许还可以有若干的价值。但是，同盟国既曾向日本政府申请运送必需品分配给俘虏及被拘禁人，而这项申请曾遭日方拒绝，证据确凿，所以上项说法失去作用。

至于叙述所谓"细节上调整"条件上的正确定义并无必要，因为在任何辩护阶段从来没有人提到，甚至没有人暗示要用"细节上调整"一语来使日军的暴行及其他极不人道的行为合法化。也没有人主张，对于业经证实的抢劫、强夺、放火，可以借"细节上调整"一语使其合法化。关于上述各点，大部分被告在作证时，不过说他们对提诉各事件完全不知道而已。

如果企图使暴行合法化，不论对这种情况作任何解释，那只等于主张：借插入"细节上调整"一语装出遵守以人道待遇为基本原则规定的公约的样子，想在这种假面具下，使日军从有极野蛮的行为而仍免于受罚。这种主张当然是不能够被认可的。

虐待俘虏是方针之一

日本政府曾签署和批准有关陆战法规惯例的1907年的海牙第四公约。这公约曾规定对俘虏的人道待遇，并谴责战争中的背信行为和无人道行为。日本政府既不批准又不实行1929年在日内瓦签署的战俘公约，其原因可以从日本军人的基本训练中寻找出来。远在起诉书所包括的时期开始以前，日本青年所受的教育就是"为天皇而死是最大的光荣"。这是荒木在演说中和宣传电影中所反复申述的训示。而另一训示则是："投降敌人是一种耻辱。"

这两条训示结合起来的效果，使日本军人深深灌入了蔑视投降的同盟国军军人的理念。这种理念被他们表现为蔑视战争法规和虐待俘虏。这种精神，使他们对待勇敢战斗后不得已而投降的军人与不战而降的军人之间，毫无区别。在任何情况下投降的敌方军人都是不荣耀的，并且认为除依靠俘获者的恩情以外他们无生存的权利。

他们认为如果批准和实施了1929年的日内瓦条约，就等于放弃上述的军部见解。1929年在日内瓦，这个公约曾由日本全权代表签署过。但在1934年出现是否批准这个公约的问题时，日本陆军和海军都请求不批准公约。那时候，他们已取得了足够的政治力量以阻止批准。他们举出拒绝批准的理由，因为日本军人绝对不会投降敌方，因此日本对这个公约所负的义务是片面的，它使日本负担了新的、追加的义务，如果日本批准它将一无所得。

指出与此有关的东条对俘虏收容所所长的下述训令是很有趣味的。东条说："在日本，我们对于俘虏有自己的观念，这自然使我们对于俘虏的待遇有异于欧美各国。"

日本目的是保护日本国民

1941年12月12日由外务省传达给陆军省的日内瓦国际红十字会

的照会，促成了设立俘虏情报局的决定。国际红十字会打电报给日本外务省说：鉴于战争扩大到太平洋这一事实，国际红十字会的委员会通告交战国可以自由利用俘虏中央情报局的机能（交换信息），并询问日本政府是否愿意通过日内瓦的中央局来交换俘虏情报表，并尽可能交换关于被拘禁平民的情报。1941 年 12 月 28 日，陆军省官员经数次会议后，由陆军次官木村通知外务大臣东乡说：陆军省准备交换情报，但这并非是为了"宣告我们准备应用 1929 年的条约"，而只是为了"利用他们以便传递情报"。在 1942 年 1 月 12 日，国际红十字会得到日本和美国的答复，表示有意实行交换情报。

设立俘虏情报局

1941 年 12 月 27 日，根据敕令设立了俘虏情报局。该局主管调查下列问题：俘虏的拘留、移动、假释、交换、逃走、住院及死亡。此外，还负有制作、修正、补充各俘虏的登记卡片，处理与俘虏有关的通信以及搜集与俘虏有关的情报的任务。在上项敕令中规定该局设立长官 1 人，秘书 4 人。这个俘虏情报局受陆军大臣的监督与支配，是陆军省军务局的组成部门，并在不同的时期内，受武藤及佐藤统领下的军务局的支配与监督。俘虏情报局的职员都是由陆军大臣推荐后所任命的。东条曾任命上村中将为该局第一任长官。

设立俘虏管理部门

1942 年 3 月 31 日日本颁布"关于处理好俘虏的规定"，并据此设立"俘虏管理部"，在陆军大臣东条监督管理下并隶属于陆军省军务局。东条委派军务局长武藤对该局进行管理和监督。根据上述规定，陆军省按东条推荐任命 1 名部长并设置了其他职员。东条任命上村中将为第一任部长。因此俘虏情报局和俘虏管理部就归一人所主持。正像木村所说，俘虏情报局不过是一个情报和记录的办事处，为了利用它取得情报，这才根据 1929 年战俘公约的规定而设立。所以，它并不具有管理和监督俘虏及被拘禁平民的权力。与此相反，俘虏管理部却被赋有

"进行关于处理俘虏及战区被拘禁者的一切事务"的权力。

军务局保有支配权

先由武藤、后由佐藤主管的陆军省军务局,保有对于在太平洋战争时期中为实施战争法规所设立的组织支配权。根据设立俘虏情报局敕令的规定:"情报局长官,根据其所管辖的事物,可以要求陆海军的有关部队的信息。"但上村中将及其以后的长官发出的一切照会及其他通信都必须通过军务局长之手。不得军务局长的同意,他们就无权采取任何的行动。

据东条说:关于俘虏及被拘禁平民的一切命令和指示,都由陆军大臣颁布。他又说,这些命令和指示都经军务局长与参谋本部及其他有关政府机关协议后,再由军务局起草。

正像后面马上要提到的,陆军省每两周开局长会议一次,陆军大臣及陆军次官都出席该会议。东条和木村是经常出席这会议的。自1941年4月10日至1943年3月11日止,木村是陆军次官。关于俘虏及被拘禁平民的事项就在这个会议中商讨,东条和木村经常出席。该会议制定命令和规章,并将其分送给处理俘虏及被拘禁平民有关的一切政府机关。

收容所及其管理

根据1941年12月23日的敕令及陆军省所颁布的规则,认可了俘虏收容所。在该项规则中规定,俘虏收容所由驻军指挥官或卫戍部队的指挥官管理,而全体均属陆军大臣的管辖。但正像前面所说的,并非一切收容所都属于陆军的管辖。在海军所管辖的地区中,就由具有与上述同等军阶和权限的海军将校管理收容所。

1943年11月7日陆军省所颁布的规程,认可了拘禁平民的收容所。该规程规定如下:"指挥官及相当于指挥官级别在内的官员及其下属,一旦在战地拘留敌国人员及第三国人员时,应尽快设立部队拘留所,由设立该所的指挥官管理。"

虽然颁布了规定管理被拘禁平民的一般规程，但是它与规定管理俘虏的规程实质上并无不同。除了所颁布的仅适用于被拘平民的规程外，凡适用于俘虏的规程，也都适用于被拘平民。在这规程中还规定："凡设立了部队拘留所的指挥官，该所即由他管理。"

下列被告在太平洋战争中，均曾以军队指挥官的地位管理拘留所，他们是：土肥原（日本东部军管区司令官、新加坡第七方面军司令官）；畑（在华的全日本派遣军司令官、日本本州中部和西部军管区司令官）；板垣（朝鲜军司令官、新加坡第七方面军司令官）；木村（缅甸军司令官）；武藤（北苏门答腊日本军司令官）；佐藤（法属印度支那日本军司令官）；梅津（满洲关东军司令官）。

在这个规程中有如下的规定："军司令官或卫戍司令官在必要时，得派遣部下协管俘虏或平民收容所的事务。根据上项规定而派遣的人，应受所长的指挥、监督。"为管理俘虏及被拘禁平民，被特选的监督者及所长曾在东京接受关于管理俘虏和拘禁平民收容所的训练。他们接受了慎重而又详细的指示。这些指示以总理大臣东条本人的训示而告完成。这些收容所长，从日本前往一切设有俘虏及拘禁平民收容所的地方，协助陆军和海军指挥官管理和主持收容所。按照规定，这些收容所长必须每月向陆军省军务局管辖的俘虏管理部提出月报。这些报告在陆军省两周一次的局长会议中要加以商讨。这项会议，陆军大臣和陆军次官是照例出席的。在这些报告中，载有关于因营养不良及其他原因在收容所中的高度死亡率的统计数字。东条供称，这一点曾特别引起他的注意。收容所长的月报要点，由俘虏管理部及该局长属下的俘虏情报局事务所加以保管。

海军也参与了这种制度

海军应将它所捕获的俘虏和所拘禁的平民都移交给陆军，由陆军拘禁和管理，但往往并不如此实行或长期拖延。此外，在某些地区，海军也行使占领地区的行政管辖权。例如，婆罗洲岛，西里伯斯岛，摩鹿加群岛,帝汶岛,以及巴厘岛以东沿线的其他各岛都是由海军占领的。像威克岛一类的岛屿也是由海军占领的,在海军所占领的这些地区,则由海军大臣管理俘虏及被拘禁平民。在这些地区中实施战争法规,是岛田及冈所指挥的海军的责任。

这种制度在日本本土的实施

在日本国内所拘禁的俘虏,和在其他地区的俘虏一样也是由陆军省管理的。但据说日本国内警察属内务省管辖,所以认为由内务省管理关于日本本土被拘禁平民的一切事项才属适当。这里应该指出,从1941年10月18日和1942年2月17日,以及从1942年11月25日到1943年1月6日,是由东条担任内务大臣的。东条说:"在内务省之下有一个处理非战斗员的专门机构。但它叫什么名称却不知道。"

为了国防及军事行政上的目的,日本分为八个军管区。每个军管区配属一个军,军司令官是该军管区的军事行政官,也管理着该军管区内的所有俘虏收容所。东部地区包括京滨地区在内,属第十二军管辖。从1943年5月1日到1944年3月22日,又从1945年8月25日到1945年9月2日投降时为止,是由土肥原指挥该军并管辖该地区的。中国(日本地区名)军管区包含着广岛地区及本州西端在内,由第二总军防守。从1945年4月7日到1945年9月2日投降时为止,是由畑担任着该军团的指挥。

这种制度在台湾、朝鲜及库页的实施

在非作战行动地区的日本海外领地中,如台湾、朝鲜、库页各地,被拘禁平民属拓务省管理。但是在这些领土内的俘虏,和其他地区的俘虏一样,也是处于陆军省的管理之下。拓务省是根据1929年6月10日的敕令设立的。这一敕令中规定了拓务省管理有关朝鲜总督府、台湾总督府、关东州厅及南洋厅的一切事项。日本政府实施重要的战时改组后,在1943年废止该省,将它的职务分别移归内务省和大东亚省掌管。从1941年10月18日到1941年12月2日止,东乡是拓务大臣。

这种制度在占领地的实施

大东亚省是根据1942年11月1日的敕令创设的。该敕令规定如下:"大东亚大臣管理关于大东亚地区(除日本国内、朝鲜、台湾及库页岛外)各种政务的施行。大东亚大臣总管关于关东局及南洋厅的事务。在大东亚省中设下列四局:总务局,满洲事务局,中国事务局,南方事务局。"组织大东亚省是为了统辖朝鲜、台湾及库页岛以外陷于日本武力下的或可能陷于日本之手的所有地区。此外,敕令中又规定着:"大东亚省是为了策应协助陆海军,执行有关大东亚地区内占领地区行政的事务。"首任大臣是青木,继他的后任者为重光。重光在1944年7月20日做了该省的大臣,一直担任到1945年4月7日才由东乡接任。东乡则一直担任到1945年8月16日为止。

在占领地实施这种制度的被告

自1939年9月7日担任关东军司令官后,一直到1944年7月18日为止,梅津是满洲事实上的统治者,应对在满洲的俘虏及被拘禁平民的待遇负直接的责任。自1941年3月1日到1944年11月22日为止,畑是日本在华派遣军总司令官。1943年3月11日,木村辞陆军次官职,1944年8月30日即被任命为日本驻缅甸方面军司令官,一直担任该职至(日本)投降为止。木村在缅甸的任期中,他曾把担任陆军次官时协助制订的各种方针付之实行。他首先将司令部设立在仰光。当时,在该地区中的西坡、莫克索克温保护林、痕扎达、安贡墓地、达拉瓦底以及在仰光的宪兵队刑务所中都发生了暴行。1945年4月底,木村将司令部移至毛淡棉。此后,在毛淡棉及其附近就施行了暴行。距离木村司令部约十英里的一个叫做卡拉贡的村庄,其全部居民在1945年7月7日就由他麾下的校官下令屠杀光了。木村抵达以后,在毛淡棉进行了屠杀。而宪兵队对于缅甸人更加不人道,对于达沸伊收容所的被拘留者,不给予食物,还要加以殴打。

武藤自1942年3月20日至1942年4月12日曾在南方地区作视

察旅行，他访问了台湾、西贡、曼谷、仰光、新加坡、巨港、爪哇、马尼拉及其他各地。他返回东京后，在1942年4月20日被任命为近卫师团长，驻扎在苏门答腊北部。在1944年10月12日被调往菲律宾以前，他的司令部设在棉兰，担任着苏门答腊北部的日本军司令官。他在担任该司令官时，将他在东京担任陆军省军务局长时所提倡的政策付之实行，在他的部队占领下的苏门答腊北部，犯下了在这场战争中最不光彩的暴行。（他的部队）对于俘虏及被拘禁平民，用不给食物、弃置不顾、拷问、杀害以及其他方法进行虐待，并且还屠杀一般居民，蔑视战争法规。武藤自1944年10月12日转任山下大将指挥下的菲律宾第十四方面军的参谋长以后，也显示了他对战争法规的蔑视。为就任山下大将的参谋长之职，武藤在1944年10月20日晚抵达菲律宾的墨金莱堡。直到1945年9月日本投降时为止，他一直担任该职。在他担任参谋长的时期中，山下和武藤指挥下的某些军队，连续进行了包括班丹加斯大屠杀和马尼拉大屠杀以及其他暴行在内的对菲律宾一般居民的屠杀、拷问及其他暴行。这些暴行，与八年前武藤做松井部下时在南京所作所为是一样的。在这时期中，对俘虏及被拘禁平民，不给食物、加以拷问并进行杀害。

土肥原自1944年3月22日起担任指挥新加坡的第七方面军，一直担任到1945年4月7日为止，才让位给板垣并改任教育总监。在他担任指挥期间，将俘虏当作普通犯人一样来待遇，用不给食物、拷问及其他方法进行虐待。当板垣担任指挥第7方面军以后，也丝毫没有改善该军所管的俘虏的状态。在他担任指挥的1945年6月至7月间，曾将至少17名盟军飞行员从奥特罗姆路牢狱中提出加以杀害。

盟国抗议

在太平洋战争时期中，盟国和它的利益保护国对于违反战争法规所提出的正式或非正式的抗议和警告，被无视了，即便是加以答复，也是否认有违法行为，或者作出虚假的说明。

关于在东京所采取的手续程序，我们曾得到如以下的说明。由盟国或其利益保护国所提出的正式抗议，按例是送交外务省，然后由外务省将这些抗议的副本转送日本政府的有关各部和局。关于陆军省和俘虏情报局所管辖事项的一切抗议，首先是送给陆军省的秘书处。再由秘书处将抗议转发给军务局的军务科。从 1939 年 9 月 30 日到 1942 年 4 月 20 日止，武藤是军务局的局长。从 1938 年 7 月 15 日起佐藤是军务科的科长，1942 年他又继武藤为军务局长并担任军务局长直至 1944 年 12 月 14 日为止。军务科对于这些抗议，会与俘虏管理部及俘虏情报局之类的军务局中的有关各部局进行协商。然后，再将这类抗议提交每两周一次的陆军省局长会议讨论，陆军大臣和陆军次官经常出席这种会议。对于是否或以何种方式回应抗议，是由这种会议来决定的。兼任俘虏情报局长官的俘虏管理部长也参加这类讨论，但重要问题仍直接秉承陆军大臣和次官的命令。关于抗议及答复的副本则交俘虏情报局入档。纵然是向陆军大臣或俘虏情报局所提出的抗议，其副本也照例如此办理。

除正式的抗议外，同盟国的广播局还定期作无线电广播，其中详细列举日本军队所犯的暴行及其他违反战争法规的行为，并警告日本政府要对这些违法行为负责。日本外务省收到这些广播后，就分发给有关各省、部、局的职员。内大臣木户在他 1942 年 3 月 19 日的日记中记载说："宫内省大臣来我的办公室，谈到艾登在议会中关于日军在香港暴行的演说，我们曾互相交换意见。"

所提出的正式抗议太多了，在这里不能详细加以叙述。总之，可以说，这些抗议与我们前面所谈到过的违反战争法规及其他事项都有关系。无论哪个事件，都已经列举出能作充分调查的、明确而又详细的事实。即使是经由无线电广播所提出的抗议和警告，也同样可以这么保证。

我们在这里只是作为例证，谈一谈这些抗议和警告中的某些事件。

早在1942年2月14日，美国政府就经由瑞士政府提出了下列一类的照会。美国政府接获报告说：在菲律宾占领地区的日本当局，强令美国平民服从那种包含着虐待和侮辱的极其严苛的规章。美国政府希望获得下列保证：立即采取行动改善这种情况，对于在菲律宾的美国人，给以与在美国领土内日本国民所获得的同样公道的待遇。

1942年2月24日，外务大臣东乡答复说："日本当局对待在菲律宾的美国平民，比起1929年日内瓦战俘公约所预期的还要更好。"这种陈述是虚假的。他否认美国平民遭受了不良的待遇，并说："美国政府的忧虑是根据来源不明的报道，且未举出正确的事实，是毫无根据的。"

1942年12月12日，美国政府又提出了另一个正式的抗议。其中说：美国政府获知日本政府对美国平民和俘虏施行严重的虐待，违反它适用1929年的日内瓦战俘公约的条款于美国俘虏以及对被拘禁平民在可能的适用范围加以适用的诺言。美国政府说：显然地，日本没有履行它的诺言，而日本官员和机构不仅变本加厉加以虐待，还违反日内瓦公约的原则不将生活必需品供给与这些美国平民。接着，美国政府提出强硬抗议说：美国政府希望对于美国俘虏及被拘禁平民的这种不人道不文明的待遇，应立即进行调查。并且希望得到保证：立即处罚其责任者并停止对俘虏及被拘禁平民的虐待。为了证明这些抗议，举出了明确的事例并指出其日期及其他事实。但在1943年5月28日前，日本仍未对这个抗议给予答复。直到1943年5月28那天，外务大臣重光才答复说：目前正在调查中，等到"不久"后判明调查结果时，再行通知。

其间，1943年4月5日，美国政府对于虐待杜立特航空队员事件又提出了一次抗议。美国政府警告说："美国政府再次严重警告日本政府，如果再违反对美国俘虏的保证，以及违反文明各国所承认所实行的战争法规，仍对美国俘虏施以犯罪的野蛮行为，那么当现在所进行的战争达到了无可动摇的和无可避免的结果时，美国政府将对负有这类不文明不人道行为责任的某些日本政府官员，处以他们所应得惩罚。"

在1944年4月24日,外务大臣重光终于提出对1942年12月12日美国抗议的答复。此前,美国政府曾向重光提出了许多明确的抗议。在重光的答复中,他指出1943年5月28日照会中他所谈到的调查已经完成并已接获该调查报告。他批评美国"歪曲夸张事实",拒绝接受抗议,并冗长地列举了所谓根据调查所证明的事实。美国政府对于这种非难,在1945年3月1日以如下照会作答。"美国政府不能接受日本政府非难其真实性的陈述。美国政府关于日本官宪在日本及日本占领地区对美国国民待遇的抗议,是根据无可辩驳的文件证据,不是日本政府这类专断方式所能否认的。在1944年4月24日,日本政府的答复中所包含的陈述,与美国政府所知道的事实相差甚远,因此,唯一的结论是日本政府误信了它的地方官宪所捏造的报告,日本必须对1942年12月12日美国政府照会中所抗议的事实进行独立的调查。因此,美国政府对于本案的答复感到不满并且坚持认为日本政府不能免除责任。"

对于英国抗议的处理,也与对美国政府抗议的处理完全相同。现在就以关于西贡监狱俘虏待遇问题的抗议和答复作为一例。1942年7月8日,英国政府向外务大臣东乡提出抗议。其中说:在东京出版的《日本时报》和广知新闻中登有一张照片,照片中显示英国人俘虏在公众看戏似的眼光下打扫西贡街道。1942年8月1日,英国再度为此事提出抗议。1942年9月15日,英国政府更抗议说:在仰光监狱中的俘虏没有得到充分的食物,他们睡在监狱中没有寝具的床上,他们的鞋靴也被没收。从1942年9月1日到1942年9月17日为止,东乡兼任外务大臣。在他担任外务大臣的期间,他接到了上述唤起他注意的抗议照会。1943年2月9日,接替东条为外务大臣的谷正之答复说:"军事当局对尊函所述情节进行了详细调查,并未发现这样的事情。"

对于英国政府关于在缅甸及泰国的英俘待遇的抗议,日本也是用同样的方法来处理的。英国政府在1944年7月4日向重光提出的照会中说:根据日本当局所印刷的明信片,获知约有两万名英国俘虏事前未作通知即已移至毛淡棉附近。在这个照会中，也对于俘虏所处的不良状态和所受的虐待提出抗议。1944年8月26日，重光答复说："在缅甸的英国及同盟国的大多数俘虏，都是属于泰国及马来亚俘虏收容所的，1944年7月4日是临时将其移往缅甸。"1944年10月3日，英政府关于在缅甸及泰国服劳役中的俘虏健康问题的其他抗议，重光曾作出答复。重光在他的答复中说："帝国政府极为注意俘虏的保护及卫生，并采取了对各地俘虏收容所都施行每月的健康检查，使疾病在早期即能获得治疗等措施。"接着他详细叙述泰缅铁路俘虏所接受的所谓的医疗。他所说的事实完全是一派谎言。因为俘虏并没有得到医疗，却因脚气、霍乱、疟疾及其他热带病死去了数千人。事实的真相在1944年9月12日洛阳丸——装载1 300名俘虏没有标志的日方俘虏运输船——在南中国海被鱼雷击沉时暴露出来。日方救起了日本人的生存者，却故意不管俘虏而任其听天由命。约有100名澳大利亚和联合王国的生存者后来被搭救起来，并被带到了澳大利亚及英国。我们从这些俘虏得知了在新加坡及爪哇可以干活的俘虏，都在1942年初期被移往缅甸和泰国去从事泰缅铁路工程的劳动。关于运输他们时的状况和建筑铁路工程中的可怕状态，我们在前面已经说过。从这些获救的俘虏中所得知的事实，又在1944年12月4日的英政府照会通知了重光，并再次重申其抗议。继重光为外务大臣的东乡，最终不得不答复这些抗议。1945年5月15日，他对这些抗议提出了为期已晚的答复。他说，对于"日军卫生机关虽然协同努力而仍未能阻止消化器官疾病等的猖獗流行"表示遗憾。他否认在缅日军的暴行，同时对于我们前面所说的关于英国俘虏在毛淡棉列队游街的抗议，采取了日本惯常的答复，说是"并未发生"这种事实。

　　除了对这些正式抗议采取蔑视的态度以外，经由无线电广播所提出的许多抗议和警告，虽然由日本外务省照例记录下来分送给各省，但几乎都被置之不理。关于叙述"巴丹行军"的详细情形和结果的美国政府的报告,1944年1月24日经由英国广播协会的广播线广播出来,日本总务省曾加以记录。1944年1月29日,加利福尼亚的旧金山KWID无线电广播局,广播了白宫秘书斯蒂芬·厄尔利所发布的消息。其中说日方无论如何都不准美国政府运送食物和物品给美国和菲律宾的俘虏。厄尔利说:"对于在日本手中的我方俘虏,给他们运送救济品已没有希望。所以关于经慎重调查而证据确凿的事实的报告,已到了发表的时候。"日本外务省曾记录了这个广播。在1944年1月29日,KWID无线电广播局曾广播美国国务卿赫尔和英国外交部长艾登的声明。赫尔谈到在日本手中的俘虏待遇时说:"从那时关于残酷与无人道行为的报告看来,他们对美国人和菲律宾人施加了那些意想不到的暴行。只有集世间一切恶魔的残忍性再加上他们的残暴血腥行为,才能够描述出来。"

根据向本法庭所提出的证据看来,这样激烈的言辞是充分合理的。艾登在下院说:日方对于英国抗议的答复是不能认为满意的。艾登说:日本人不仅是违反国际法,并且是违反全体人类的和文明人身份的行为。他警告日本政府说,在这个战争中,日军所犯的暴行记录,是将来永不能忘的。赫尔在这个声明的结尾说:美国政府尽可能地搜集了一切有关日方对待俘虏的事实,并打算严惩日本当局的责任者。在1944年10月22日,麦克阿瑟将军的总司令部,向驻新加坡的日本第七方面军总司令官发出警告(该总司令官管辖着太平洋地区的大部分和菲律宾群岛)。麦克阿瑟将军警告说:如果对于俘虏及被拘禁平民发生任何不当的待遇时,都要由敌方指挥官负直接的责任。他又说:虽然在菲律宾投降的美国人和菲律宾人都相信,根据战争法规对他们的品位、名誉及保护是应享的权利,但却掌握了曾侵犯军人名誉这一最神圣的标志,以及损毁其名誉,施之以暴行之类事件的无可辩驳的证据。这些广播,都曾由日本外务省记录下来并为分发给日本的有关各省。

默许及隐瞒虐待俘虏及被拘禁平民

日本政府对于俘虏及被拘禁平民的虐待是默认的，因为日本政府对于虐待俘虏及被拘禁平民的罪犯疏于处罚、并未给予处罚或对于违法者仅处以微不足道的刑罚。日本政府还企图借着下列方法，隐瞒它对于俘虏及被拘禁平民的虐待和杀害，即禁止利益保护国的代表去访问收容所，对准许访问者施行限制，拒绝将被拘留俘虏及被拘禁平民的完全名册送给利益保护国，压制对俘虏及被拘禁平民的相关报道，并且当日本投降时，还命令烧毁一切显示罪行的文件。

以下所述是关于对虐待俘虏者处以不充分刑罚的实例。对于鞭笞的处罚，仅是谴责、禁闭数日，或加几天班而已。对于某一犯了拷打俘虏罪的监视员，仅加以谴责。某监视员经常对俘虏施以私刑，也只受到谴责。数名监视员被判定有对俘虏施以私刑的罪，但最严厉的处罚只是免职。当东京的陆军监狱被空袭时对负有活生生烧死 62 名同盟国飞行员负责的军官，所处的刑罚只是谴责。关于虐待俘虏的这些例子的证据，是从陆军省获知的。因此，这就意味着对于处罚的微不足道，是默认了的。

日本政府拒绝同盟国所指定的利益保护国的代表的访问，以此来积极隐瞒对俘虏及被拘禁平民所施的虐待。驻东京的瑞士公使，早在 1942 年 2 月 12 日致外务大臣东乡的书信中就说："我光荣地通知阁下，如果保护国代表要求访问暂时被扣留、收容或假释了的日本国民，美国政府打算给予便利。关于公使馆访问被拘禁者的任务，阁下如能给予某种程度的方便，我对阁下将深为感谢。"1942 年 2 月 17 日，他又致函外务大臣东乡，其中说："美国政府已经通知在美国保护日本人利益的西班牙大使，可以访问俘虏及拘禁者的收容所，美国政府请求依照日内瓦战俘公约，准许瑞士国代表访问在日本及日本军队占领地区的俘虏及被拘禁平民的收容所。"他在 1942 年 3 月和 6 月又以其他书信致东乡，重申这些请求。1942 年 6 月，瑞士公使又请求准许访问被扣留的英国及其自治领国民的俘虏及被拘禁平民,对于这些请求,一直到了1942年7月30日,东乡才以书信答复如下:"我愿通知阁下,帝国政府在原则上拒绝承认代表菲律宾群岛、香港、马来西亚和荷属东印度各占领地区的利益代表,因此不能考虑准许阁下的代表在上述地方访问美国人俘虏及被拘禁者。但是在中国占领地区,以上海为限,关系当局可以考虑给予这种许可。"美国政府和英国政府立即提出抗议,并重申他们的要求。从瑞士公使和继东乡后就任外务大臣的谷正之的往返文件中反映出来,拒绝批准访问占领地区及日本海外领地被扣俘房和被拘禁者的政策仍继续未变。但是,瑞士公使依然强硬的请求许可。1943年4月22日,已担任外务大臣的重光,以口述备忘录送交瑞士公使,其中说:"正如外务大臣在1942年7月30日致瑞士公使函中所述,帝国政府不打算考虑对占领地区的俘虏及被拘禁者收容所的访问。"虽然瑞士公使从外务大臣东乡获得通知,许可利益保护国的代表者访问上海的收容所,但是访问并未能实行。其所以如此,是由于东乡对瑞士公使所说的所谓"有关当局"拒绝批准访问,并因在东京的东条内阁没有发出准许的指示。重光自1943年5月12日回复瑞士公使的书信中得知了此事。由于瑞士政府这样执拗而反复的请求许可访问俘虏及被拘禁平民,于是日本选择了少数收容所,并为访问作准备后,才准许了访问。1943年6月2日,瑞士公使向重光要求访问在日本的其他收容所及占领地区的收容所,并且询问对业已访问过的日本收容所能否作第二次的访问。1943年7月23日,外务大臣重光答复如下:"关于访问在占领地区的俘虏收容所一事,如果到了能够许可的时机,当即通知阁下。至于尚未进行访问的在日本本土的俘虏收容所,等到时机到来当逐渐准许访问。对于已经访问过的收容所,虽不能预先容许作定期性的再次访问,但如希望再度访问时,等到提出请求后当加以考虑。"但是对于这类请求并未真的加以考虑。于是在1944年2月12日,瑞士公使关于自1943年8月至1944年2月间所提出的访问收容所的请求未获回答一事,向重光提出抗议。在1944年3月30日致重光的书信中又曾重申这一抗议。其中,瑞士公使说:"阁下知道,本公使对于我作为在日本的外国利益的代表的活动感到不满。这因为所作的努力与所得的结果是不相称的。这事本公使可以从具体方面看出来,即从本公使的活动中以及本国政府根据委托代表其利益的各政府的要求而提出的请求统计中显示出来。本公使愿意仅就本公使当希望访问俘虏收容所时所提出的请求一事加以一谈。回顾两年多中本公使的请求,自1942年2月1日至1944年3月15日为止,本公使以书面提出的申请已达134次。这134封书信,得到外务省答复的只有24封。而这些答复,大部分是否定的或将有关当局的决定送给本公使。本公使在九个月中间,仅仅接到了三封答复。"直到1944年11月13日,瑞士公使才从重光所主持的外务省得到通知说,准许访问在占领地区的俘虏和被拘禁平民的时机业已来临。但进行访问以马尼拉、昭南(新加坡)及曼谷为限。1944年11月17日,重光在通知驻东京的瑞士公使的书信中说:访问在占领地区的俘虏收容所,这个要求只有在同等条件下,且不能妨碍军事行动的范围内才能获准。瑞士公使在1945年1月13日的书信中,询问重光何时可以开始进行这些访问。继任的外务大臣东乡,直到1945年4月7日,才对访问占领地区的许多紧急请求加以答复。东乡在这个答复中说,日本将"立即"为在泰国进行访问作准备。在整个战争期间,(日本)总是使用某种借口,决不允许自由地进行访问。

在少数的准许利益保护国代表者访问收容所的场合,收容所曾为访问而预作准备,并对访问者严格加以监督。在太平洋战争的初期,东条内阁曾公布如下的规则,其中规定:当准许与俘虏会见时,对于会见的时间及地点以及谈话内容的范围,应加以限制,会见时并应有监视员在场。这些规则,虽然利益保护国曾反复提出抗议,但依然实行了。1943年4月22日重光在致瑞士公使的书信中说:"当利益保护国的代表者与俘虏会见时,不要监视员在场一事,帝国政府不能允诺。"瑞士公使对此提出抗议后，1943年6月24日重光答复说："外务省紧急通知瑞士公使馆，根据本国俘虏待遇细则第十三条的规定，当与俘虏会见时，应有监视员在场，依照该条，我方对俘虏的待遇，不能有所变更。"1943年春，在访问了日本的山本收容所后，(日方)对胆敢为俘虏所受劳动条件抱怨的该收容所老俘虏，进行了拷问。他在日本人监视员面前跪了五小时之久。当再次访问这个收容所时，这个老俘虏被监禁起来，代表者虽请求与他会面，但未被允许与其谈话。

由于拒绝将所拘留的俘虏及被拘禁平民的名册送给利益保护国，日本进一步隐瞒了俘虏及被拘禁平民的命运。在威克岛被占领后被拘留的俘虏及被拘禁平民的情形，就是拒绝供给这类名册的一个例子。1942年5月27日，瑞士公使向东乡请求通知他关于威克岛被拘留的俘虏及被拘禁平民的姓名和现在住所。1942年10月6日，瑞士公使通知外务大臣——当时是谷（正之）——说：关于占领威克岛时在该地的400名左右的美国平民，美国政府迄今尚未接获报告。瑞士公使因为没有接到名册，于是在1943年4月8日通知外务大臣谷正之，强硬要求通知他关于美国政府所余400名俘虏的姓名和居处。外务大臣谷在1943年4月19日答复说：可以提供的一切情报都已经提供给他了。1943年8月21日，瑞士公使向新任外务大臣重光请求提供关于日军占领威克岛时应该留在该岛的432名美国平民的名册——日本未将其载入送给国际红十字委员会的名册中——并要求提供关于这些平民的情报。1945年5月15日，瑞士公使通知外务大臣——这时是东乡——说，关于请求供给威克岛所留下的432名平民的情报一事，尚未接到任何的答复。该项情报，一直到日本投降后也没有得到。事实上这些不幸的人们之中，有98名都在1943年10月被日本海军杀害了。

在已发布的草案中宣称所有人都被杀害；而准确说，是98人被杀害，应当作出修正。

对于新闻报道和邮件所以施行检查，毫无疑问地是为了防止泄露虐待俘虏的情形。当东条担任陆军大臣时，由陆军省报道部在1943年12月20日颁发的检查规则中，除规定有其他事项外并规定："应注意避免歪曲我方公正态度的报道；（避免）给敌人以恶意宣传的资料，以致累及被拘留的同胞。因此，禁止包括照片、绘画在内的报道；（禁止报道）给人以优待俘虏或虐待俘虏的印象者的新闻；（禁止报道）关于在收容所内等有关设备、给养、卫生及其他生活状态等的具体事项；（禁止报道）关于俘虏收容所所在地，下列地点除外。"接着就列举了东京、朝鲜、婆罗洲等十二个地名。准许俘虏发出的书信，其限制几乎可以说是达到了不准的程度。某些收容所的俘虏，例如在新加坡的俘虏就说，如果不报告收容所的情形良好，监视员就不允许他们的明信片发出去。这正是一般的通例。

日本在不得不投降的时候，就有组织地、努力地去烧毁关于虐待俘虏及被拘禁平民的一切文件及其他证据，或用其他办法来销毁它。1945年8月14日，（军部）曾向所有日军司令部颁发命令，要其在当天立即烧毁秘密文件。宪兵司令官向各宪兵部队发出指令，详细叙述迅速烧毁大批文件的方法。陆军省军务局俘虏管理部所辖的俘虏收容所长，在1945年8月20日，向台湾军参谋长发出了同样文字内容的电报。其中说："如果被敌人获得后会对我们不利的文件，要像秘密文件一样，在用毕后必须销毁。"这封电报是分发给朝鲜军、关东军、华北方面军、香港、沈阳、婆罗洲、泰国、马来亚及爪哇各地的。在这封电报中，俘虏收容所长说："对于虐待俘虏及军中拘留者，或极度为俘虏所痛恨的职员，可以作如下处理：令其立即转职他处或将其行踪完全隐藏起来。"

我们将休庭到13:30。

（11:00休庭）

C篇

下午开庭

法庭于 13∶30 重新开庭。

法庭执行官：远东国际军事法庭开庭。

庭长：我继续宣读法庭判决书。

第九章　起诉书中罪状的认定[1]

起诉书中的第一项罪状是控告全体被告与其他人等，参加了这一共同计划或阴谋的拟定或执行。该共同计划的目的，是使日本取得对东南亚、太平洋及印度洋，以及该地区内与其接壤的国家或岛屿之军事、政治、经济的控制地位。为达到此目的，日本单独或伙同其他具有同样目的之国家，发动侵略战争，以对付反对此侵略目的的国家。

从参加阴谋者中的某些人所宣称的言辞看，无疑与上述冠冕堂皇声明相符。但是，我们认为，这些发表野心妄想的人，只不过是个人的意见。因此，比方说，我们并不认为这些阴谋家真正想要获得对南北美洲的统治。我们认为，阴谋家的愿望在具体的共同计划中所表现出来的，只限于东亚、西太平洋、西南太平洋、印度洋以及上述两洋中的部分

---

[1] 本章可参阅《远东国际庭审记录》第 80 册 49762—49772 页。

岛屿，才是他们决心要由日本控制的领土。所以，我们在处理第一项罪状时，只以上述目的的起诉事实为限。

我们首先考虑的是具有上述目的之阴谋，是否能够证明曾确有其事。

早在1928年以前，原来的被告之一，现因精神状态而未被审判的大川，曾公开主张由日本使用恫吓，必要时则使用武力将日本的版图扩大到亚洲大陆。他还主张日本应争取统治西伯利亚东部及南洋群岛。他预言说，他所倡导的道路，必然使东方和西方之间发生战争，日本在那个战争中，将成为东方的王者。他所倡导的计划得到了日本参谋本部的鼓励和帮助。在这个计划中所述的目的，实质上就是他们确定的阴谋目的。他们在检讨事实时，曾注意阴谋者们在以后所作许多有关阴谋的声明。他们在重要问题上与大川的早期言论并无任何区别。

在1927年至1929年间田中义一做总理大臣时，军人中的一派和大川以及其他在朝在野的支持者们曾共同倡导日本必须使用武力对外扩张这种大川政策。此时阴谋就已经存在了。而这种阴谋一直继续存在到1945年，即日本失败时为止。在田中做总理大臣时，最紧迫的问题是：按照田中内阁及其阁员所希望的采用和平入侵方法，从满洲开始扩大日本在大陆的势力，还是像阴谋者们所主张的，必要时使用武力来达到扩张之目的。阴谋者无论如何都是需要获得国民的支持并控制国民，于是两派开始了一个长期斗争：一方面是主张借武力达到目的的阴谋者；另一方面是一些政客以及后来的官僚，他们主张用和平的手段或者至少是更慎重的选择行使武力的时机来进行日本的扩张。当这个斗争达到顶点的时候，阴谋者们获得了对日本政府机关的控制，并为了走向他们计划中的战争、达到阴谋的目的，他们还控制国民的意志，做着发动战争所需要的精神上和物质上的准备。阴谋者们为了压倒反对方面，使用了完全违反宪法的手段，有时是使用了极端残酷的手段；靠着宣传和劝诱，把许多人拉到自己方面来；不经内阁批准或蔑视内阁的反对在国外采取军事行动;暗杀反对派的首领;实施以武力推翻不与他们合作的内阁的阴谋,甚至占据首都为企图推翻政府而举行军事政变。以上这都是阴谋者们为最后控制日本的政治组织所使用的战术中的一部分。

当阴谋者们认为他们已有充分的力量足以压倒国内的反对,以及随后他们真的压倒了一切反对势力的时候,阴谋者们逐步实行了为达到他们的日本统治远东这一最后目标所需要的攻击。在 1931 年,他们发动了对中国的侵略战争,占领了满洲和热河。到 1934 年,他们开始入侵华北,在华北驻兵,并建立了为其目的服务的各种傀儡政府。自 1937 年起,对中国持续进行了大规模的侵略战争,侵略并占领了许多中国领土,设立了仿效上述形式的各种傀儡政府,并且开发中国的经济和天然资源以供应日本之军事的和一般人的需要。

与此同时,他们长期做着发动对苏侵略战争的计划和准备。他们的意图是一等到有合适的机会,就占领苏联的远东领土。他们早就认识到,他们开发东亚、对西太平洋及西南太平洋岛屿的企图,将使他们与美国、英国、法国及荷兰产生纷争,因为这些国家要保护他们被威胁的权益和领土。因此他们也很早就从事了对这些国家作战的计划和准备。

阴谋者们使日本加入了与德国和意大利的同盟。德意两国的政策和他们自己一样,也是侵略政策。他们在中国的侵略行动,使日本在国际联盟遭受谴责,以致在世界外交上失去了友人。因此,他们希望德意两国在外交方面以及在军事方面提供支持。

他们攻击苏联的企图,由于种种原因而一再延期。这些原因中包括:

(1) 在日本所陷入的对华战争中,意外地消耗了大量的军需物资。

(2) 1939 年所缔结的德苏互不侵犯条约,暂时使苏联避免了在西方边境受攻击的威胁,因此,如果日本进攻苏联,苏联有可能调拨其大部分兵力来保卫东方的领土。

接着在1940年后,德国在欧洲大陆获得了巨大的军事成功。一时之间,英国、法国及荷兰,已无力去保护它们在远东的权益和领土,而美国的军事准备尚在初期的阶段。在阴谋者们看来,这似乎是实现他们一部分目的——即日本控制西南亚洲、西太平洋、西南太平洋以及印度洋中的岛屿的千载难逢的机会。在与美国的长期谈判中,他们拒绝放弃他们在侵华战争中所获得的任何实质性成果,随后在1941年12月7日,阴谋者们发动了对美国和英国的侵略战争。他们在这以前,就发出了命令,宣布自1941年12月7日零时起,日本与荷兰之间已进入战争状态。他们很早以前就将军队强行驻扎在法属印度支那,以作为攻击菲律宾、马来亚和荷属东印度的基地。而这种驻兵,是在如果拒绝就立即采取军事行动的威胁下成功的。荷兰意识到战争状态的存在,和面临着远东领土的紧急威胁——这些是共同计划和阴谋者们过去所长期计划而现在将付之实行的东西——于是荷兰为了自卫而对日宣战。

这类实行侵略战争的远景计划,以及这类侵略战争之长期的复杂的准备及其实行,并不是一个人的工作。这是为了达到共同目的、欲实行共同计划而从事活动的许多领导人的工作。他们的共同目的是借准备和实行侵略战争来确保日本的控制,这是一种犯罪目的。实际上不可设想还有什么比阴谋发动侵略战争和实行侵略战争更严重的罪行,因为这一阴谋威胁了全世界人民的安全,而其实行破坏了这种安全。这类阴谋的可能结果及其付之实行时的必然结果,是使无数的人类遭遇死亡和痛苦。

本法庭对于第1项罪状中是否因违反所附的详细载明的条约、协定及诺言而发动侵略战争的阴谋一节,认为没有考虑的必要。因为实行侵略战争的阴谋就已经是最高限度的犯罪。

本法庭认定,在第1项罪状中所主张的实行侵略战争的犯罪阴谋是存在的，但只对以上述目的所肯定的范围为限。所有在任何时间阴谋犯罪以及罪恶执行的当事人都属于第 1 项罪状涵盖的有罪。

这种阴谋是曾长期存在并付之实行的。这些阴谋者并非都是从最初起就参加的，并且参加者中的一部分人，在事件尚未结束时，就已经停止了其实行阴谋的活动。在全程都参与这种犯罪阴谋的人，以及明知有罪而全程实施这一阴谋的人，对于第一项罪状中所包含的一切起诉事实都是有罪的。鉴于我们对第 1 项罪状的认定，所以对第 2 项、第 3 项及第 4 项罪状，已无处理的必要。第 2 项及第 3 项罪状，较之我们所认定并业已获得证明的第 1 项罪状所控告的计划和实行阴谋目的之范围更加有限。第 4 项罪状与第 1 项罪状中的阴谋是一样的，不过是作更加详细的控告而已。

第 5 项罪状所控告的阴谋，比第 1 项罪状所控告的范围更为广泛，有着更宏大的目的。根据我们的意见，阴谋者中的某些人虽然明白地希望达到这些宏大的目的，但是要合法地认定第 5 项罪状中所控告的阴谋，证据还不够充分。

根据本判决前述部分所列举的理由，我们认为对于第 6 项至第 26 项，第 37 项至第 53 项罪状，认为没有作出任何宣告的必要。因此，剩下来的只有第 27 项至第 36 项罪状，第 54 项至第 55 项罪状了。关于这些罪状，我们要在这里加以认定。

第 27 项至第 36 项罪状控告从事侵略战争及实行违反国际法、条约、协定及诺言的战争的罪名。

根据上述事实，我们认定，除菲律宾（第 36 项罪状）和泰国外，日本对于上述所有国家都进行了侵略战争。关于菲律宾，正像我们所一直叙述的一样，它在战争期间，并非是完全的主权国家，至少在国际关系方面是美国的一部分。再者，我们说过，对菲律宾曾进行侵略战争这一事实是毫无疑问的；但是，我们认为在理论上，可以说对菲律宾的侵略战争是对美国的侵略战争的一部分。

第 28 项罪状控告对中华民国进行侵略战争,其期间较第 27 项罪状的期间为短。我们既然已证实第 27 项罪状中所包括的更为完全的起诉事实,因此,对于第 28 项也就不作宣告。

既然侵略战争已被证实,就没有必要考虑这些战争是否也违反国际法,以及其是否违反条约、协定和诺言。因此,本法庭认定,业已证实曾实行了如第 27 项、第 29 项、第 31 项、第 32 项、第 33 项、第 35 项及第 36 项罪状中所主张的侵略战争。

第 54 项罪状是控告曾命令、授权、许可从事违反战争法惯例的犯罪。第 55 项罪状是控告未曾采取充分措施,切实遵守和防止违反对俘虏及被拘禁平民的条约和战争法规。我们认定,已有事例证实了以上两种罪状内的犯罪。

由于以上的认定的结果,我们对于对各被告的起诉事实,打算只就以下罪状来加以考虑。即第 1 项、第 27 项、第 29 项、第 31 项、第 32 项、第 33 项、第 35 项、第 36 项、第 54 项及第 55 项。

第十章 判 决[1]

本法庭现在对各被告的案件宣布判决。

根据本法庭宪章第17条,需要对判决附上理由以作根据。这些理由在前面所宣读的事实叙述及认定记述中已经说过。其中本法庭已就发生争执的事项,详细研究过各被告的活动。因此,本法庭在即将宣读的判决中,不拟再重复叙述作为这些判决基础的许多个别认定。本法庭对于有关各被告的认定,只一般地说明其理由。这类一般的理由,以前面所述的个别记述和认定为根据。

荒木贞夫

被告荒木贞夫根据第1项罪状,被控实行了侵略战争和违反国际法、条约、协定及诺言的战争之阴谋。他在实行这类战争过程和行为中又根据第27项、第29项、第31项、第32项、第33项、第35项、第36项罪状被起诉。在第54项及第55项罪状中,因在中国所犯的战争罪责而被起诉。在全部的重要时期中,他都是高级的陆军军官。他在1927年做了中将,在1933年做了大将。在整个时期中,他都是陆军阶层中的显要人物。

他是对内进行政治控制和对外从事军事侵略之陆军政策的热心提倡者。实际上,他被公认是陆军运动的显著领导人之一。作为各个内阁的阁员,他曾鼓励日本青年的好战精神,为备战而动员日本的物质资源,通过演说和新闻统制来煽动日本国民走向战争,进行准备,借以促

---

[1] 本章可参阅《远东国际军事法庭庭审记录》第80册49773—49858页。

进进行侵略战争的陆军政策。不论在他有或者没有政治地位的时候，他都协助设计和极力倡导牺牲邻国来富裕日本这一军部派的政策。他不仅同意并积极支持日本陆军在满洲和热河所采取的政策，即使上述地区在政治上脱离中国，设立由日本控制的政府，并将其经济置于日本的支配之下。本法庭认定，他是第 1 项罪状中所述的阴谋的领导人之一。根据该项罪状，判定他为有罪。

荒木在 1931 年 12 月，即在满洲发动对华侵略战争后，就任陆军大臣，直至 1934 年 1 月为止。在此全部时期中，对于满洲和热河所作军事上政治上各种政策的进展与实行，他曾担负显著的任务。对于为占领中国该部分领土所接连采取的军事步骤，他曾尽力加以支持。从 1938 年 5 月到 1939 年 8 月止，荒木是文部大臣，他以这种资格赞成和协助在中国其他部分的军事作战。我们认定对华战争自 1931 年以后是侵略战争。所以认定该被告参加了这一战争的实行。从而我们根据第 27 项罪状，判定他为有罪。

对于第 29 项、第 31 项、第 32 项、第 33 项、第 35 项及第 36 项罪状中所列举的战争，没有证据证明他曾积极参加。因此，我们对于以上一切罪状，均判定他为无罪。关于战争犯罪，因为没有证据证明他对这类犯罪负有责任，所以关于第 54 项及第 55 项罪状，我们判定为他无罪。

土肥原贤二

被告土肥原贤二，根据第 1 项、第 27 项、第 29 项、第 31 项、第 32 项、第 33 项、第 35 项、第 36 项、第 54 项及第 55 项罪状被起诉。

土肥原原为日本陆军大佐，1941 年 4 月晋升为将官军衔。沈阳事变前他已在中国居住 18 年，被视为陆军部的中国通。他与在满洲进行对华侵略战争的发动和进展，以及嗣后受日本支配的"满洲国"的建立，都有密切关系。对于日本军部派对中国其他地区所采取的侵略政策，土肥原借着政治谋略、武力威胁、武力行使，在促使事态的进展上发挥了积极重大的作用。

土肥原和军部派其他设计、准备和实行将东亚及东南亚置于日本支配之下的组织者,都保持着密切联络。

当他对中国的特殊知识以及他在华行使阴谋的能力不再需要时,他就以将官身份来实现他本人曾经参与的阴谋目的。他不仅参加对中国实施侵略战争,也参加了对苏联以及1941年至1945年除法国外各国的侵略战争。在1938年和1939年对苏战争期间,土肥原是参谋本部的中将,这一参谋本部对于哈桑湖战斗具有最高指挥权。在诺门坎,他所指挥的陆军部队也曾参加战斗。

关于对法国的战争之实行(第33项罪状),是1945年2月最高战争指导会议决定实行的。被告没有参与此项决定,没有证据证明他曾参加这一战争的实行。

根据罪状第1项实行侵略战争的阴谋,罪状第27项、第29项、第31项、第32项、第35项及第36项所控诉的实行侵略战争的行为,判决他有罪。关于罪状第33项,判他无罪。

从1944年4月至1945年4月,土肥原是第七方面军指挥官。他的指挥权包括马来亚、苏门答腊、爪哇,并且有一时期包括婆罗洲在内。关于他对所指挥地区俘虏的杀害及拷问应负的保护责任范围,证据矛盾。但至少他对于供给俘虏食物和医药品是有责任的。关于此类供给,俘虏极受虐待一节证据明显充分。俘虏由于食物不够,营养不良发生疾病而出现了惊人的死亡率。这类状态仅在战俘中发生,对俘获者则从未发生。辩方主张:由于在这些地区日本战局恶化,以至交通阻绝,因而不能对俘虏维持更好的补给。但证据显示,食物和医药品是可以取得的,并且能够用它来缓和俘虏的恶劣状态。土肥原应负采取阻止这类供给政策的责任。根据这类事实认定,土肥原的犯罪,与其说是适合于罪状第55项,不如说是适合于罪状第54项。因此,根据罪状第54项,判决他有罪,对于罪状第55项,我们不作任何的判决。

桥本欣五郎

桥本根据第 1 项、第 27 项、第 29 项、第 31 项、第 32 项、第 54 项及第 55 项罪状被起诉。

他是陆军军官,很早就参加了阴谋。从那时起,他用尽一切手段促成项目的实现。在阴谋者中,没有人像他那样持有如此极端的见解,也没有人像他那样发表如此露骨的见解。在初期,他倡导日本用武力占领满洲来进行扩张。逐渐地,他倡导用武力对付日本的一切邻国,以便达到阴谋的目的。

他是军事独裁制政治的热烈拥护者。他极端厌恶政党。虽然政党在日本政治上起过某种程度的作用,并反对阴谋者决心实行的征服计划。在阴谋镇压日本民主主义分子的反对并最终取得政府支配权的各种行动中,许多场合中他都是首谋者之一。如果不取得这种支配权,恐怕就不能够实现他们的计划。举例来说,他是 1931 年 3 月和 10 月阴谋的首谋者之一,这些阴谋旨在推翻当时的内阁,并组建支持他们阴谋的内阁。他也参与了 1932 年 5 月的阴谋,其目的和结果是暗杀了拥护民主主义并反对阴谋政策的总理大臣犬养。他的著作以及他所创立和支持的社会团体活动,主要目标是破坏民主主义,建立一个更便于用战争来实现日本对外扩张目的的政治体制。

他在制造"沈阳事变"以及为陆军制造占据满洲的借口方面,也起了某种程度的作用。他自己承认在占领满洲和日本退出国联上曾发挥很大作用。

实行阴谋初期的若干年中,他主要是以宣传者的地位引起人们的注意。他是多产的政治评论家。他对于阴谋的成功做出如下"贡献":刺激日本国民对于占领邻国领土的欲望;煽动日本为获得这类领土而进行战争的舆论;倡导与同样专心对外扩张的德意缔结同盟;痛斥约束日本对外扩张的各种条约;狂热支持对日本大肆扩军的煽动,以便日本能够借着行使武力或以行使武力的恐吓来达到这类目的。

他是策划阴谋的首谋者,对阴谋的实施有巨大贡献。

根据罪状第 27 项,他最初策划以武力占领满洲,以后又对制造占领满洲的口实和计划沈阳事变起了一定作用。因此,他应充分认识到对华战争是侵略战争,他是阴谋发动该战争的首谋者之一,并且竭力使得战争获胜。他在短时期中实际上是军队的现场指挥官。因此,根据罪状第 27 项,他被控告对中国实行了侵略战争。

根据罪状第 29 项、第 31 项、第 32 项、第 54 项及第 55 项所起诉的犯罪,均未发现与桥本直接有关的证据。本法庭对于这些罪状,判决他无罪。

本法庭根据罪状第 1 项及第 27 项,判决桥本为有罪。

畑俊六

畑根据第 1 项、第 27 项、第 29 项、第 31 项、第 32 项、第 35 项、第 36 项、第 54 项及第 55 项罪状被起诉。

1939 年 8 月阿部内阁成立时,畑就任陆军大臣,直至 1940 年 7 月米内内阁垮台时止,他继续任此项职务。虽然充任阁员不满一年,但是他对各项侵略计划的设计和实行却有实质贡献。他以陆军大臣的身份,对政府政策颇有影响。以新的气势实施对华战争,在南京成立汪精卫政府,推进控制法属印度支那计划,并就相关荷属东印度的事项进行对荷谈判。

畑赞成日本控制东亚及南方各地区。例如,为此目的,他赞成取消政党而代之以大政翼赞会;与其他高级军事当局合作和协商后,参与瓦解米内内阁的工作,为对德完全同盟及确立日本军事集权主义国家铺平道路。

此后,自 1941 年 3 月起,他任中国派遣军总司令官,到 1944 年 11 月止,在中国继续进行战争。

作为日本陆军现役军人最高地位之一的军事教育总监,他曾对中国及西方各国持续进行战争。

哈桑湖发生敌对行为时，畑正在华中。诺门坎事件时，他是侍从武官长，在事件结束一个多星期前，他做了陆军大臣。本法庭的意见认为他并未参加这两个战争的实行。

战争罪

在1938年以及自1941年至1944年止，畑指挥中国派遣军。他指挥的军队，大规模并长期施行暴行。畑明知其事，不仅未采取任何措施防止，而且漠不关心也不采取任何办法了解对俘虏及平民应给予人道待遇命令的遵守情况。在任何场合，正如第55项罪状所起诉，他都违反了他本身的职责。

本法庭根据第1项、第27项、第29项、第31项、第32项及第55项罪状，判决畑为有罪。对于第35项、第36项及第54项罪状，判决他无罪。

平沼骐一郎

平沼根据第1项、第27项、第29项、第31项、第32项、第33项、第35项、第36项、第54项及第55项罪状被起诉。他即使不是最初的阴谋者，但不久就参加了。他是枢密院顾问官，1936年起到1939年任总理大臣以前，是枢密院议长。以后，在第二任和第三任近卫内阁中分别担任不管部大臣和内务大臣。

任枢密院顾问官期间，他对向该院提出的与实施军阀侵略计划有关方案，都加以支持。任首相和大臣时，他继续支持这类计划。

从1941年10月17日到1945年4月19日，被告是重臣之一。1941年11月29日他参加了重臣会议，讨论如何向天皇进言对西方各国和平或战争。会上被告同意战争不可避免的意见，并建议加强宣传长期战争可能性的舆论。

在1945年4月5日举行的重臣会议中，被告也强烈反对有关媾和的任何提议，并主张日本必须战争到底。

起诉书涉及的全部期间，平沼不仅支持日本在必要时使用武力去控制东亚和南洋的政策,并且是阴谋领导人之一,也是推进这项政策的积极参加者。当实行这项政策时,他参与了对中国、美国、联合王国、荷兰及1939年的对苏战争。

本法庭根据第1项、第27项、第29项、第31项、第32项及第36项罪状,判决被告平沼有罪。

关于第33项、第35项、第54项及第55项罪状所控告的犯罪,没有与他相关的直接证据。因此,就这些罪状,判决他无罪。

广田弘毅

广田根据第1项、第27项、第29项、第31项、第32项、第33项、第35项、第54项及第55项罪状被起诉。

广田1933年起任外务大臣,1936年3月卸任而任总理大臣。1937年2月他的内阁垮台后,赋闲四个月未任公职。他在第一次近卫内阁中,又担任外务大臣至1938年5月止。从此以后,他与公务的关系仅限于经常出席重臣会议,对于任命总理大臣及提出于该会议的其他重要问题有所进言。

从1933年到1938年,广田担任这些高级职务时,进一步巩固了日本在满洲所得,并借此着手为日本实施华北政治经济生活的"指导"方针,即使其脱离中国其他地区,为日本支配中国政治经济生活作准备。1936年,广田内阁计划和采用了向东亚及南方地区扩张的国策。这个具有广大影响的政策,终于引起了1941年日本和西方各国间的战争。1936年还重定并推进了日本的对苏侵略政策,其结果就是防共协定。

1937年7月7日对中国的战争再起后,广田整个在职期间,在华军事作战一直为内阁全体所支持。早自1938年初,他就阐明了对华政策的真实本质,并且为了征服中国,废除中国国民政府,扶植一个由日本主导的政府而竭尽全力。

1938年初,关于动员人力资源、产业资源、潜在资源及天然资源的计划和法令通过。这些计划的本质几乎未作变更,就成为以后若干年继续对华战争及进一步推行侵略战争的准备基础。广田充分知道这一切的计划与活动,并加以支持。

广田似乎是一个极有能力的人物和强有力的领导人。任职期间对于军部及各届内阁所采用以及所实行的侵略计划,他有时是设计者,有时是支持者。

辩方在为广田的最后辩护中声称,他始终主张和平及用和平的或外交谈判来解决争端问题。广田忠实于他的外交训练,始终主张首先由外交机构努力解决争端,这是事实。但显而易见,在谈判之时,他对日本牺牲邻国所得或欲得的利益及期待的利益,绝对不愿放弃。如果不能用外交谈判来满足日本要求,他总是赞成使用武力。从而本法庭对于辩方要求以此免除该被告之罪,不予受理。

因此,本法庭认定,广田至少从1933年起就参加了实行侵略战争的共同计划和阴谋。作为外务大臣,他曾参加对华战争的实施。

根据第29项、第31项及第32项罪状,广田作为重臣之一,在1941年的态度与建议,是一贯反对和西方各国开始敌对行为的;1938年后他未担任公职,对于这些罪状中所述的战争指导,也未担负任何任务。就以上指控本法庭不能认定他有罪。

关于第33项和第35项罪状,在哈桑湖和1945年在法属印度支那的军事作战中,没有证据证明他曾参加或支持这些作战。

关于战争罪,没有证据证明广田如第54项罪状所主张的曾下命令、授权或许可实行这类犯罪。

关于第55项罪状,他与这类犯罪有关的唯一证据,就是1937年12月和1938年1月和2月的南京暴行。日军进入南京城后,他以外务大臣的身份,很快接到关于这类暴行的报告。辩方证据显示,他认为这类报告是可信的,曾将这项问题知照陆军省。他还从陆军省得到保证,说将停止这种暴行。得到这种保证以后,至少一个月中仍继续有关于此类暴行的报告。根据本法庭的意见,广田没有在内阁会议上主张立即采取措施停止暴行,以及他未采取其他可能的任何措施来停止暴行,这是他对本身义务的疏忽。他明知上述保证没有实行,并且每天都进行着数以百计的杀人、强奸妇女,以及其他暴行,他却以此种保证为满足。他的疏忽已达到了犯罪的程度。

本法庭根据第 1 项、第 27 项及第 55 项罪状,判决广田有罪。对于第 29 项、第 31 项、第 32 项、第 33 项、第 35 项及第 54 项罪状,判决他无罪。

星野直树

星野根据第 1 项、第 27 项、第 29 项、第 31 项、第 32 项、第 33 项、第 35 项、第 54 项及第 55 项罪状被起诉。

被告星野在 1932 年赴满洲前,一直在日本大藏省工作。他由日本政府派往满洲担任"满洲国"财政部和"满洲国"总务厅的高级官吏。1936 年,他是"满洲国"国务院总务厅长。这些地位使他能够对"满洲国"的经济发生极大影响,并实际上运用这种权力使"满洲国"工商业发展为日本控制。他与"满洲国"事实上的支配者关东军司令官紧密合作进行活动。不管名义上如何,实际上他是关东军的一名职员,采取经济政策的目标是使"满洲国"资源服务于日本的军事目的。

名义上他是"满洲国"政府的官吏,时间长达 8 年,1940 年被召回日本担任不管部大臣和企划院总裁。他以该身份和地位,采取措施武装日本,对于当时在华继续进行侵略战争以及以东亚有属地的其他各国为目标的侵略战争,发挥了指导作用。他于 1941 年 4 月退出内阁,与备战有关的公职虽然有所减少,但并没有完全解除。

被告东条 1941 年 10 月就任总理大臣时,星野是内阁书记官长,不久又做了企划院参事。从此,他与 1941 年 12 月日本进攻各国的各种侵略战争准备有了密切的关系。

1932 至 1941 年期间,他是起诉书内第 1 项罪状所列举阴谋中的一个活跃分子,根据这项罪状,判决他有罪。他不仅有实行侵略战争的阴谋，并且他在以后担任的各种公职位置上，直接参加了第 27 项、第 29 项、第 31 项及第 32 项罪状所述侵略战争之实行。所以判决他对所有这些罪状均属有罪。

没有证据证明他曾参加第 33 项和 35 项罪状所指控的战争，判决他这两项无罪。

没有证据证明他与第 54 项和 55 项罪状指控的犯罪有关，判决他这两项无罪。

板垣征四郎

根据第 1 项、第 27 项、第 29 项、第 31 项、第 32 项、第 33 项、第 35 项、第 36 项、第 54 项及第 55 项罪状，被告被起诉。

1931 年起，板垣以大佐身份在关东军参谋部参加了当时以武力占领满洲为直接目的的阴谋。他对支持这项目标的行动煽风点火，协助制造引起"沈阳事变"的口实，压制若干防止这项军事行动的企图，并且同意和指导了这种军事行动。

此后，他在鼓动满洲独立的欺骗运动中以及在该欺骗运动的直接结果——成立"满洲国"的阴谋中，都担任了主要角色。

1934 年 12 月他任关东军副参谋长。自此以后，对于设立内蒙和华北的傀儡政权甚为活跃。他希望将日本的军事占领扩大至外蒙，以便威胁苏联的领土。他制造"防共"一词，作为日本侵略华北的借口。

1937 年 7 月卢沟桥战斗发生时，他从日本派往中国，以师团长地位参加战斗。他对于扩大在中国的侵略区域表示赞成。

1938 年 5 月他担任近卫内阁的陆军大臣。在他主持下，对中国的进攻日益激烈扩大。他曾参加重要的内阁会议，在会议上作出推翻当时的国民政府而代之以傀儡政府的决定。此后，他对于建立汪精卫傀儡政权的准备工作，负有很大责任。他还参加了为日本利益开发中国占领地区的工作。

作为平沼内阁的陆军大臣，他还要对中国战争的实行及日本军备的扩张负责。在内阁中,他是日德意无限制军事同盟的强烈主张者。

作为陆军大臣,在哈桑湖对苏行使武力一事上,他曾运用策略去获得天皇的同意。此后在五相会议中,使用武力的计划得以通过。在诺门坎的战斗中,他依然是陆军大臣。

他是日本在东亚及南洋"新秩序"声明的强力支持者。他认识到建设新秩序的企图,必然引起对苏联、法国及英国的战争,因为它们要保护在这些地区中的属地。

从 1939 年 9 月至 1941 年 7 月,他以中国派遣军参谋长的地位实施对华战争。

从 1941 年 7 月至 1945 年 4 月,他是朝鲜军的司令官。

从 1945 年 4 月至投降之日,他指挥司令部设在新加坡的第七方面军。他所指挥的军队防御着爪哇、苏门答腊、马来亚、安达曼和尼古巴群岛及婆罗洲。

他一方面参加了对中国、美国、联合王国、荷兰及苏联实行侵略战争的阴谋,同时明知这些战争是侵略战争还在其实行中承担积极而重要的任务。

本法庭根据第 1 项、第 27 项、第 29 项、第 31 项、第 32 项、第 35 项及第 36 项罪状判决板垣有罪。关于第 33 项罪状无罪。

战争罪

从 1945 年 4 月至投降时止,板垣所指挥的地区包括爪哇、苏门答腊、马来亚、安达曼和尼古巴群岛以及婆罗洲。期间内,成千俘虏及被拘留者被收容于这些地区的收容所中。

根据他提出的证言,这些收容所,除新加坡外,从不在他的直接指挥之下,但他有责任给这些收容所供给食粮、医药品及医疗设备。

在这一时期中,这些收容所的恶劣状态非言语所能形容。粮食、医药品及医疗设备的供应远远不够。因营养不足所生的疾病蔓延甚烈,其结果是每天都有很多人死亡。到投降日还活着的人都处于可怜状态。投降后到收容所去视察时，在监视人员中却没有发现这类状态。

板垣对俘虏及被拘禁者的这种暴行进行辩护时说，同盟国对于日本船舶的攻击，使运往这些地区的补给物资异常困难，他已经用手中所有的物资尽力为之。但是投降后发现，板垣军队可以将粮食和医药品供给新加坡、婆罗洲、爪哇及苏门答腊的收容所使用。根据为板垣所作的辩护及所提出的证据的说明来看，日本方面预料到战争的长期化，储存了不使用的补给品。这等于说板垣对于俘虏及被拘禁者的极不人道待遇，就当时的情形说具有正当理由。本法庭毫不犹豫地拒绝这种辩护。板垣既对于数以千计的俘虏和被拘禁者负有供应补给的责任，那么在明白将来不能够维持供应时，根据战争法规他有义务将手中所存的补给品加以分配，同时应报告他的上级预作安排，必要时并与同盟国取得联系。由于他所采取的以上政策，他应对数千自己有义务适当抚养人的死亡与痛苦负责。

本法庭根据第 54 项罪状，判决板垣有罪。与土肥原的情形相同，本法庭就第 55 项罪状不作判决。

贺屋兴宣

被告贺屋兴宣根据第 1 项、第 27 项、第 29 项、第 31 项、第 32 项、第 54 项及第 55 项罪状被起诉。

贺屋是文官。

1936 年他被任命为对满事务局理事，1937 年 2 月任大藏省次官，1937 年 6 月被任命为第一次近卫内阁的大藏大臣，到 1938 年 5 月他一直担任此职。1938 年 7 月担任大藏省顾问，1939 年 7 月被任命为兴亚委员会的委员，同年 8 月被任命为华北开发公司的总裁，至 1941 年 10 月任东条内阁的大藏大臣以前，始终担任此职。1944 年 2 月，他辞去大藏大臣职务后，又担任了大藏省顾问。

在这些职位上，他参加了日本各项侵略政策的制定及为日本实行此类政策在财政、经济、产业上的准备工作。

在此期间，特别是作为第一次近卫内阁和东条内阁的大藏大臣，以及作为华北开发公司总裁，他曾积极从事对中国的侵略战争及对西方各国的侵略战争的准备与实行。他是第 1 项罪状所称的阴谋积极分子之一，关于这项罪状，判决他有罪。

贺屋在他所担任的各种职位上，对于起诉书中第 27 项、第 29 项、第 31 项及第 32 项罪状所称的侵略战争之实行，承担了主要任务。因此关于这些罪状，判决他有罪。

没有证据证明贺屋对战争罪负有责任，因此，关于第 50 项及第 55 项罪状，判决他无罪。

木户幸一

被告木户幸一根据第 1 项、第 27 项、第 29 项、第 31 项、第 32 项、第 33 项、第 35 项、第 36 项、第 54 项及第 55 项罪状被起诉。

从 1930 年到 1936 年，木户是内务大臣的秘书长，是宫中的一名职员。在此期间，他知道在满洲的军事和政治企图的真实性，但那时他与军部及其支持者开始的阴谋没有关系。

1937 年，木户以文部大臣的身份参加第一次近卫内阁，做过短时期厚生大臣。1939 年平沼做总理大臣时，木户被任命为内务大臣，到 1939 年 8 月止他继续担任阁员。从 1937 年至 1939 年期间，木户采用阴谋者的意见，一心一意为实施他们的政策而努力。在中国战争进入第二阶段后，木户对于这一战争的实行，怀抱热心，甚至反抗参谋本部欲与中国妥协以求迅速结束战争的努力。他热衷于完全支配中国的军事和政治。

因此，木户不仅支持了对华阴谋者的计划，作为文部大臣，还尽力发展日本强烈的好战精神。

从 1939 年 8 月至 1940 年 6 月，在他做内大臣以前，木户与近卫进行了一个活动，用以近卫为总裁、以木户为副总裁的单一政党代替已有政党的计划。这种一党制期望赋予日本极权制度，以此来排除对阴谋者计划政治上的反抗。

作为内大臣的木户，对于推进阴谋尤其处于有利地位。因为他的主要任务是向天皇进言。他和政治上的突发事件保持着密切联系，他和这些事件紧密相关的人，在政治和私交上都关系密切。他的地位使他非常有势力。他不仅对天皇使用这种势力，并使用它以政治策略来促进阴谋目的。他赞成支配包括中国和整个东亚以及南方各地的阴谋。

日益临近对西方各国开战时，因海军内部对于能否完全成功持有怀疑，木户也表现出某种程度的踌躇。即使在这种心怯的状态之下，木户仍决心实行对华侵略战争，虽然信念减低了，但是他仍尽全力于对英国、荷兰，必要时对美国的战争。当海军的疑虑消解，木户的疑虑好像也消除了，于是他又开始去实现其阴谋的全部目的。东条一贯主张立即和西方各国开战，他能出任总理大臣，主要的是木户力促。木户又用其他方法，利用其地位来支持战争并故意避免有阻止战争之虞的行动。无论在最后时期还是在更为有效的初期，他从未向天皇进言采取反对战争的态度。

检方对于第33项、第35项及第36项罪状所称的战争，没有提出足以证明木户有罪的证据。

关于战争罪，南京进行残暴行为时，木户是内阁阁员。没有充分证据证明他对未能防止这一暴行应负责任。在1941年对西方各国开战及以后时期，就木户的地位说，对于当时所犯暴行，似乎他不能负责。

根据第1项、第27项、第29项、第31项及第32项罪状中的起诉事实，判决木户有罪，关于第33项、第35项、第36项、第54项及第55项罪状，判决其无罪。

木村兵太郎

木村根据第1项、第27项、第29项、第31项、第32项、第54项及第55项罪状被起诉。

木村以陆军军官身份，在本案所审理的时期中，大部分在陆军省担任有关行政的事务，最后在1941年4月做了陆军次官。以后，他又被任命为企划院和总力战研究所的理事。1943年3月解除陆军次官的职务，1944年8月出任缅甸方面军司令官，直至1945年日本投降。

木村做陆军次官期间，几乎每天与陆军大臣及其他大臣，以及次官、局长相接触。按照他的地位应该知道与美国作重大谈判期间政府的一切决定和措施，实际上，他确实充分知情。对于太平洋战争和在华敌对行为的计划与准备，他也完全知道。自始至终他对侵略计划全部予以支持；根据他的丰富经验，经常建议陆军大臣和其他各省通力合作。

他虽然不是领导人，但是他参加了或者由他本人提议，或者由参谋本部或其他机关所提议，经他同意与支持的政策的制定和发展。因此，在实行侵略战争的阴谋中，他是有价值的合作者或共犯。

木村不仅是阴谋者之一，也是战争实施者。1939年和1940年任师团长，接着是关东军参谋长，后来作为陆军次官，他在中国战争及太平洋战争中，都承担重大任务。虽然充分知道太平洋战争的非法性，他仍充任缅甸方面军的司令官，直至投降时止。

他是违反战争法的积极参与者，因为他同意在许多场合使用俘虏去工作，这种工作为战争法所禁止。由于这种工作所处的条件，使数以千计的俘虏遭受了最大的艰困和死亡。作为后者例证之一，就是在建筑泰缅铁路中对俘虏的使用，这些命令都经由木村批准和传达。

此外，木村一方面明明知道在所有战争地区中日军犯下了何等程度的暴行；另一方面他仍接任缅甸方面军的指挥。从他抵达仰光司令部那天起到后来司令部迁移至毛淡棉时止，暴行并未稍减。他从未采取惩诫方法或其他步骤去防止在他指挥下军队的暴行。

木村的辩方主张，在他抵达缅甸以后，他曾命令所属部队要以真正的军人风度，来抑制对俘虏的虐待。鉴于多次距他司令部数英里以内大规模进行虐待俘虏,本法庭判定木村疏忽了他承担战争法规的义务。一个军队司令官在这类情况下所负的义务,并非照例发出这类命令即可,即使实际上他的确发布过这类命令。他的责任一方面是采取此类步骤和发布这类命令,并同时防止以后发生战争罪和亲自证实这项命令的确付诸实行。但他没有这样做,因此,他有意不顾他应承担的法律责任,未采取充分步骤防止违反战争法规。

本法庭根据第 1 项、第 27 项、第 29 项、第 31 项、第 32 项、第 54 项及第 55 项罪状,判决木村有罪。

小矶国昭

小矶根据第 1 项、第 27 项、第 29 项、第 31 项、第 32 项、第 36 项、第 54 项及第 55 项罪状被起诉。

他参加了 1931 年的阴谋,并且是"三月事件"中的领导人之一。这次事件的目的是打倒滨口内阁并使赞成占领满洲的内阁上台。其后,自 1932 年 8 月被任命为关东军参谋长起,他在日本对外扩张计划的发展中担任了领导角色。

1932 年 8 月至 1934 年 3 月,他在关东军参谋长的职位上,曾制订并同意由陆军省向政府提出的提案和计划,即根据被日本政府接受的阴谋者的方针,提交了"满洲国"的政治与经济建制。他的辩护词曾主张,他仅仅是以参谋长的地位将提案和计划送往东京,这类行动并不意味着他个人的同意。鉴于他明明知道日本的侵略计划,本法庭不能接受这种抗辩。由于他促进这类计划而对政治和经济的事项有所进言,他就已经超出了作为一个参谋长通常的职务范围。

他任参谋长期间,还发生了入侵热河和在满洲的新战斗。

后来以平沼内阁和米内内阁中拓务大臣的身份,小矶支持和参加了对华战争的指导,占领法属印度支那的发动,以及为取得荷属东印度的让步和最后控制其经济所从事的谈判。

同时,他倡导了日本应向"全方位"扩张的计划。

1944 年 7 月，小矶被解除朝鲜总督的职务，出任总理大臣。以此地位，他主张并指导了对西方各国战争的实施。1945 年 4 月，日本战败已属显然时，他辞去总理大臣之职为铃木内阁上台开辟了道路。

没有证据证明他曾在诺门坎敌对行为中担负任何任务，无论是在诺门坎战役的组织方面或指导方面都是如此。

战争罪

小矶在 1944 年任总理大臣时，对于日军在各战区所犯暴行和其他犯罪是充分知道的，或者由于其臭名远扬而得闻，或者从各省通报中得知，总之处于小矶的地位绝无不详知之理。从下列事实来看，这是毫无疑问的，因为 1944 年 10 月，在小矶参加的最高战争指导会议中，外务大臣报告说：根据敌方最近消息报道，日本对俘虏的待遇"大有可以改善的余地"。外务大臣又说：从日本的国际名誉和将来的国际关系的观点来看，这是重要的问题。他要求向有关当局发出指令，以便能对这项问题作充分的商讨。此后，小矶虽继续做了六个月的总理大臣，但其间日本对俘虏及被拘禁平民的待遇并未有任何改善。这就等于是故意无视他自己所负的责任。

本法庭根据第 1 项、第 27 项、第 29 项、第 31 项、第 32 项及第 55 项罪状，判决小矶有罪。第 36 项及第 54 项罪状则判决他无罪。

松井石根

被告松井根据第 1 项、第 27 项、第 29 项、第 31 项、第 32 项、第 35 项、第 36 项、第 54 项及第 55 项罪状被起诉。

松井是日本陆军的高级军官，1933 年晋升为大将。他在陆军中具有丰富的经验，其中包括在关东军及参谋本部的服务在内。虽然他与设计和实行阴谋者有密切的联系，因此应认为他是知道阴谋者的目的和政策的，但就法庭出示证据来看，认定他是阴谋者是不合理的。

1937 年和 1938 年期间他在中国的各种职务，不能认定为与实行侵略战争有关。如果根据第 27 项罪状合理判决他有罪，检方的义务是必须提出证据,证明松井知道其战争罪性质,但是检方并没有这样做。

松井于1935年退役,1937年因指挥上海派遣军而复返现役。接着,被任命为包括上海派遣军和第十军的华中方面军司令官。他率领的这些军队,在1937年12月13日占领了南京市。

中国军队在南京陷落前就撤退了,因此所占领的是无抵抗的都市。接着发生的是日本陆军对无力的市民长期持续的最恐怖的暴行。日本军人进行了大批屠杀,杀害个人、强奸、劫掠及放火。尽管日本籍的证人否认曾大规模进行残虐行为,但是各种国籍的、毋庸置疑的、可以凭信的中立证人的相反证言是压倒性且确凿的。这种暗无天日的犯罪从1937年12月13日占领南京市开始,到1938年2月初还没有停止。在这六七个星期中,数以千计的妇女被强奸,10万以上的平民被屠杀,无数的财产被盗劫与焚毁。当这些恐怖的突发事件达到最高潮时,即12月17日,松井进入南京城,并停留五天至七天左右。根据他本身的观察和幕僚的报告,他理应知道发生了什么事情。他自己承认曾从宪兵队和领事馆人员听说过他的军队有某种程度的非法行为。在南京的日本外交代表每天收到关于此类暴行的报告,他们并将这些事报告给东京。本法庭认为有充分证据证明松井知道发生的事情。对于这些暴力行为他置若罔闻,或没有采取任何有效办法来缓和它。占领南京市以前,他确曾对他的军队下令要他们严肃行动,后来又曾发出同样的命令。正如现在所知,这些命令并未生效,并且他是理所应知的。他的辩方主张,这是由于他生病的缘故。他的疾病既没有阻碍他指挥在他指导下的作战行动,又没有阻碍他在发生这类暴行时访问该市达数日之久。而对于这类暴行具有责任的军队又属他指挥。他是知道这类暴行的。他既有义务也有权力统制他自己的军队和保护不幸的南京市民。由于他怠忽这些义务的履行,不能不认为他负有犯罪罪责。

本法庭根据第55项罪状判决被告松井有罪,关于罪状第1项、第27项、第29项、第31项、第32项、第35项、第36项及第54项,判决他无罪。

南次郎

南根据第 1 项、第 27 项、第 29 项、第 31 项、第 32 项、第 54 项及第 55 项罪状被起诉。

1931 年南为陆军大将,同年 4 月至 12 月,任陆军大臣。早在沈阳事变以前,他就与倡导军国主义、对外扩张并认为满洲是"日本的生命线"的阴谋者有关系。他事前就知道会发生这个事件,他曾命令防止其发生,但他没有采取充分措施防止其发生。事件发生时,他说陆军的行动是"正当的自卫"。内阁立即决定不使事件扩大,南也同意实行内阁的政策,但作战地区一天一天扩大,南未采取充分手段抑制陆军。在内阁会议中,他曾支持陆军采取的步骤。他很早就倡导,如果国联反对日本在中国所采取的行动,日本就应该退出国联。内阁曾决定不应占领满洲和施行军政。南明知陆军正在采取步骤做这两件事,但是他没有采取任何手段制止他们。由于他未采取措施统制陆军以支持总理大臣和外务大臣,使内阁终于垮台。其后,他倡导日本应保卫满洲和蒙古。他很早就倡导必须在满洲建立新的国家。

从 1934 年 12 月至 1936 年 3 月止,他是关东军司令官。他完成了征服满洲并协助为日本开发利用中国这一地区的工作。他对在军事行动的威胁下建立华北和内蒙古的傀儡政权负有责任。

对于作为进攻苏联的基地来开发满洲,以及有关攻击苏联的计划,他都负有一部分责任。

1936 年他是朝鲜总督,1938 年他称呼对中国的战争为"圣战",并支持推翻中国当时的政府。

本法庭根据第 1 项和第 27 项罪状,判决南有罪。关于第 29 项、第 31 项、第 32 项、第 54 项及第 55 项罪状中所包含的起诉事实,判决他无罪。

武藤章

被告根据第 1 项、第 27 项、第 29 项、第 31 项、第 32 项、第 33 项、第 36 项、第 54 项及第 55 项罪状被起诉。

他是军人，在担任陆军省军务局长这一重要职务以前，他未曾担任过与制订高级政策有关的职务。此外，也没有证据证明，在他任军务局长以前，曾单独或与他人合谋企图去影响高级政策的制订。

他做军务局长以后，参加了共同计划和阴谋。在 1939 年 9 月至 1942 年 4 月他还兼任了许多职务。在这一时期，阴谋者侵略战争的计划、准备和实行已达到了最高峰。在所有这些活动中，他都是首谋者之一。

他做军务局长时，诺门坎的战斗已结束，因此他与这个战争的实施没有关系。

1945 年 3 月，当日本进攻法属印度支那时，他是日本在菲律宾的参谋长。因此，这个战争与他无关。

本法庭根据第 1 项、第 27 项、第 29 项、第 31 项及第 32 项罪状，判决武藤有罪。关于第 33 项及第 36 项罪状，判决他无罪。

战争罪

1937 年 11 月至 1938 年 7 月期间，武藤是松井的参谋军官。在南京及其附近由松井所属部队犯下的骇人听闻的暴行，就是发生在这个时期。正如松井知道数周中曾进行这类暴行，武藤也知道这些事情，这是毫无疑问的。他的上级未曾采取充分措施来制止这类行为，所以根据我们的意见，武藤既居于下属的地位，他自不能采取制止的措施。所以对于这一骇人的事件，武藤没有责任。

从 1942 年 4 月至 1944 年 10 月止，武藤在苏门答腊北部指挥近卫第二师团。在这时期中，在他的军队所占领的地区进行了广泛的残虐行为。关于这件事，武藤是责任者之一，期间他对于俘虏及被拘禁平民，不供给充分的食物，置之不顾，加以拷问，并杀害和屠杀和平居民。

1944年10月,在菲律宾,武藤是山下的参谋长。到日本投降时,他一直担任此职。当时他的地位与在称为"南京暴行"时的地位完全不同。当时他居于可以左右政策的地位。在他担任参谋长职务期间,日本不断对和平居民进行屠杀、拷问以及实施其他暴行。对俘虏及被拘禁平民,非但不给予足够的食物,反而加以拷问和杀害。关于这类极端违反战争法规的行为,武藤是责任者之一。我们拒绝接受完全不知这类暴行的辩护,因为这完全难以置信。本法庭根据第54项及第55项罪状,判决武藤为有罪。

冈敬纯

冈根据起诉书中第1项、第27项、第29项、第31项、第32项、第54项及第55项罪状被起诉。冈是日本海军军官。1940年10月晋级为海军少将,任海军省军务局局长。

从1940年10月至1944年7月,在担任军务局长期间,冈是阴谋的积极分子之一。当他担任这项职务时,他是决定日本大部分政策的"联络会议"的有力成员之一。他参加了对中国及西方各国实行侵略战争的政策的制定与实行。

战争罪

若干证据显示,因为他所在的海军省与俘虏福利问题有关,所以他知道或者应该知道海军军人正实施着对俘虏的战罪行为。但是这些证据还没有达到作为在刑事诉讼中被判决为有罪的合法标准。

关于第54项及第55项罪状,本法庭判决冈无罪。关于第1项、第27项、第29项、第31项及32项罪状,判决他有罪。

大岛浩

大岛根据第1项、第27项、第29项、第31项、第32项、第54项及第55项罪状被起诉。

大岛是陆军军官,在本案审理的时期中,服务于外交领域。最初是驻柏林日本大使馆陆军武官,后来升至大使。从1939年起约一年左右,他没有担任外交职务,后来他又以大使身份返回柏林,并任该项职务至日本投降时止。

大岛是相信希特勒政权会成功的人,从他第一次派往柏林工作时开始,他就竭尽全力来促进日本军部的计划。有时他越过大使,直接和里宾特洛甫办交涉,努力促使日本加入和德国的完全军事同盟。在他被任命为大使以后,他继续努力使日本接受这样一个条约,即使日本站在德国和意大利方面与西方各国相对抗,从而为实行广田政策开阔道路。此外,为了促进军部派的侵略政策,他曾多次反对和蔑视外务大臣的政策。

德苏中立条约曾暂时阻止他的企图。于是他回到日本,借在报纸杂志上写文章以及与德国大使亲密合作,来支援主张作战的人。

大岛是主要的阴谋者之一,一贯支持和助长阴谋的主要目的。他没有参加对中国战争及太平洋战争的指导,从未担任过任何有关俘虏任务或责任的职务。

作为大岛的特别辩护,关于他在德国的行动,认为他应受外交官特权的庇护,应免于起诉。所谓外交官的特权,并不能免除其法律责任,仅可免除大使受驻在国法院审判。在任何事件中,这种豁免权,与在具有裁判权的法庭中控诉的违反国际法的犯罪问题无关。本法庭拒绝接受这一特别辩护。

本法庭根据第1项罪状,判决大岛有罪。关于第27项、第29项、第31项、第32项、第54项及第55项罪状,判决他无罪。

佐藤贤了

被告佐藤贤了根据第1项、第27项、第29项、第31项、第32项、第54项及第55项罪状被起诉。

佐藤1937年任职军务局局员时,晋升为陆军中佐。同年他被任命为企划厅的调查官。其后,除军务局的任务外,他还兼任其他工作。不仅曾在企划厅担任秘书,还在其他与日本对华及对其他国家作战多少相关的机关中担任过职务。

近卫内阁在 1938 年 2 月向议会提出了总动员法法案。佐藤作为"解释者",在议会中发表支持此法案的演说。

1941 年 2 月佐藤被任命为军务局军务课长。1941 年 10 月晋级为陆军少将。1942 年 4 月,他担任日本陆军中极重要职务——军务局长,到 1944 年一直任此职。他同时兼任与政府其他各部有关的各种职务,担当陆军省与其他各省业务上的联系工作。

因此直到 1941 年,由于所处地位佐藤才能左右政策的制定。在这之前,没有证据证明他曾故意谋划对制定政策有所影响。这里具决定意义的问题是,此前他是否知道日本的意图是犯罪。因为在这以后,他曾尽量促进这类意图的发展和实施。

这个问题从 1938 年 8 月佐藤所发表的演说看来,是毫无疑问的。他陈述了陆军对于中国战争的观点。他表现出熟知日本解决对华战争的详细内容,这些内容直到准备和中国开战绝未透露过。包括废除当时中国的合法政府;承认"满洲国"傀儡政权,其大部分资源已根据日本利益加以开发;根据日本利益组织中国经济;为保证这些不合法的利益而准许日本在中国驻兵。他说,华北要完全置于日本控制之下,华北资源应为国防而开发,也就是为帮助日本军事准备而开发。他预言日本将对苏作战,不过日本当等扩大军备和生产后再选择作战时机。

这篇演说显示,佐藤并不相信日本在华行动是为了保护日本在华的合法权益,这与辩方要我们相信的相反。他分明知道日本进攻中国是为了夺取邻国的财富。根据我们的意见,佐藤既然知道这类犯罪,那么显然自 1941 年以后他就是阴谋者之一。

以后,在政府的重要职位上以及作为军事指挥官,他实施了第 27 项、第 29 项、第 31 项及第 32 项罪状所指控的侵略战争。

战争罪

毫无疑问,佐藤对于日军行动的许多抗议是知悉的,因为这些抗议曾送给他所主管的局,并在陆军省每两周一次的局长会议中作过讨论。

主持这些会议的是东条,关于这些抗议应否采取措施,其决定权在于东条。佐藤作为其部属,当然不能自动采取预防措施来反对他长官的决定。

根据第1项、第27项、第29项、第31项及第32项罪状,本法庭判决佐藤有罪。关于第54项及第55项罪状,判决他无罪。

重光葵

被告根据第1项、第27项、第29项、第31项、第32项、第33项、第35项、第54项及55项罪状被起诉。

根据第1项罪状,对于他在下述任职时的行为提出控诉,即1931年和1932年任驻中国公使和对满事务局参与,1936年至1938年任驻苏联大使,1938年至1941年驻英国大使,以及1942年和1943年任驻中国大使。没有证据证明他担任对满事务局参与时,在制定政策上曾负何种责任。此外,我们认定作为公使和大使时,重光并未超过这类职务的正当范围。在上述期间,他不是阴谋分子之一员。实际上,他曾向外务省反复进言,反对阴谋者的政策。

1943年当他担任外务大臣以前,阴谋者们已决定实施预定的侵略战争政策。此后侵略政策既未进一步制定,也没有发展。

本法庭关于第1项罪状,判定重光无罪。

1943年日本挑起太平洋战争时,他充分知道这个战争中日本从事的是侵略战争。之所以这么说,是因为他知道引起这场战争的阴谋者的政策,实际上又常常进言不应将此项政策付诸实行。尽管如此,当时他在这场战争的实行中担当了主要任务,并一直到1945年4月13日辞职止。

关于第27项、第29项、第31项、第32项及第33项罪状,本法庭判决重光有罪。就第35项罪状,判决他无罪。

战争罪

1943年4月至1945年4月重光任外务大臣期间,利益保护国曾将所收到的同盟国抗议传达给日本外务省。这些由责任机关送交利益保护国的重大抗议,多数时候都附有极详细的具体事实。抗议的内容如下:

① 对俘虏的无人道待遇；② 除少数例外，禁止利益保护国视察所有的收容所；③ 禁止利益保护国的代表与俘虏会面时没有日本监视人在场；④ 不提供关于俘虏姓名及拘留地点的信息。这些抗议，首先由外务省加以处理，必要时转送其他的省，并提供相关资料，以便外务大臣能答复它们。

无论谁读了日本外务省和利益保护国间长期往返文书以后，都不能不怀疑，可能由于不正当的理由，日本军部并没有将关于这些抗议的合理答复提交外务省，或者至少这些问题应当由其他机关独立进行调查而不应由行动成问题的军部主管。抗议接连不断，都得不到回答，或者是迟延达数月以后才作答复却又不说明迟延的理由。利益保护国的不断催促，竟被置之不理。当抗议得到回应时，也毫无例外认为任何事情都没有抗议的理由。

总之，对于责任人所提出的，附有当时情形及具体事实的抗议都认为不当，这是绝不可能的事情。加之军部拒绝准许视察收容所，军部拒绝准许利益保护国代表与俘虏会面时不派日本证人临场监视，对于日本疏于提供俘虏的详细信息，因此令人怀疑军部一定有刻意隐瞒的事情。

我们认为，在重光得知这些情形后，曾引起未正确执行俘虏待遇的怀疑，这种认定并非不合理。实际上，某证人也为他作了这样的证言。但是，他既为内阁阁员之一，对于俘虏的福利就负有领导责任，而他并未采取充分措施来调查这一问题。他应该强硬促进解决这一问题，必要时则应辞职，以便解除他自己的责任，因为他已怀疑自己未能尽责。

没有证据证明重光曾命令、授权，或许可实行战争罪或违反人道罪。关于罪状第 54 项，法庭判决重光无罪，关于罪状第 55 项，判决重光有罪。

关于减轻处刑，我们考虑了以下问题：重光与阴谋的成立毫无关系，在 1943 年 4 月任外务大臣前，他并未参与侵略战争，而这时日本已深深陷入了将来有致命影响的战争之中。关于战争罪问题,当他任外务大臣时,军部已完全支配了日本,任何日本人如果要非难军部必须付出极大的决心和勇气。

岛田繁太郎

被告根据第1项、第27项、第29项、第31项、第32项、第54项及第55项罪状被起诉。

1941年10月以前,岛田除执行他海军军官应有的职务以外别无活动。所以在那时以前并没有参加共同阴谋。

岛田在1941年成为具有海军大臣候选资格的高级海军军官。在东条内阁中,他是海军大臣,并担任此职至1944年8月止。在1944年2月至8月这六个月中,他还兼任海军军令部部长。

自东条内阁成立起,直至1941年12月7日日本攻击西方各国时止,关于计划和开始攻击,他参加了阴谋者们所作的一切决定。他举出下列原因作为采取此项行动的理由:冻结并绞杀日本并逐渐削弱日本的战斗力;从经济和军事上"包围"了日本;美国对于谈判采取不同情和不妥协的态度;同盟国对中国的援助引起了日本的恶感。但是,在这个辩护中未列入的事实是,他决心以战争延续日本多年侵略战争中所获得的利益。本法庭已充分研究这一辩护,并拒绝接受。

宣战以后,他在战争的实施中,又起了主要作用。

关于第1项、第27项、第29项、第31项及第32项罪状,本法庭判决岛田有罪。

战争罪

某些日本海军人员曾在太平洋诸岛及被鱼雷击中后的舰船幸存者施加最可耻的虐杀行为,这些责任人包括将官及其以下军阶的人。

但是要合法认定岛田对于这类事项具有责任,即他曾命令、授权、许可战争罪的实行,以及充分知晓此类犯罪的发生却未采取充分步骤以防止其实行等,证据又不够充分。

关于第 54 项及第 55 项罪状,本法庭判决岛田无罪。

白鸟敏夫

被告根据第 1 项、第 27 项、第 29 项、第 31 项及第 32 项罪状被起诉。

1914 年他在日本外务省任职。他最初进入公众视野是升任外务省情报处长,自 1930 年 10 月至 1933 年 6 月他一直担任此职。在此职位,他向世界新闻媒体为日本占领满洲辩护。毫无疑问,他受命这样做。但无论在当时还是以后,被告活动特征表明他不仅仅以完成本职工作为满足。他很早就发表关于政策的意见,这种意见为上层人士所考虑;他很早倡导日本应退出国联;他赞成在满洲设立傀儡政权。他自始至终支持该阴谋,可以说长年不断并竭尽所能。

1933 年 6 月至 1937 年 4 月,他任驻瑞典公使。在他所写的若干信件中,显示出当时的见解,即必要时应在苏联无力攻击前用武力将其驱逐出远东。此外,根据他的意见,还必须将危害日本利益的外国势力驱逐出中国,日本外交官应该支持军国主义者的政策。他表现出是侵略战争的坚定支持者。

回到日本后,他发表论文倡议日本组成集权主义政府,并应采取日德意的对外扩张政策。

日本、德国及意大利间的同盟谈判开始后,1938 年 9 月,他被任命为驻罗马的大使。在这个谈判中,他支持坚持与德意缔结一般性军事同盟的阴谋者,并与当时驻柏林大使即被告大岛合作。他拒绝接受外务大臣希望缔结限制性更大条约的训令,并和大岛以辞职相威胁。

当日本拖延时间过长而德国与苏联缔结了互不侵犯条约时,日本舆论普遍把它看做违反防共协定的行为,因而谈判破裂,白鸟返回日本进行宣传,其目的是期望原谅德国的行动,并为和德意的一般性军事同盟铺平道路。他认为这一同盟仍然是支持日本对外扩张主义目标所必需的。他利用各种机会,在宣传中倡导阴谋者的一切目标,即日本应该攻击中国,日本应该攻击苏联,日本应该与德意同盟,日本应该对西方国家采取果断行动,日本应该建设"新秩序",日本不应失去因欧洲战争所给予它的南进机会,日本应该攻击新加坡等等。这种宣传活动,从他任外务省顾问的 1940 年 8 月起一直持续到 1941 年 7 月止。

1941 年 4 月他患病而在同年 7 月辞去外务省顾问的职务。后来因种种突发事件,他未再担任重要职务。本法庭关于第 1 项罪状,判决白鸟有罪。

他没有担任过可以合理认定他实行侵略战争的地位。本法庭关于第 27 项、第 29 项、第 31 项及第 32 项罪状,判决白鸟无罪。

铃木贞一

铃木贞一根据起诉书中第 1 项、第 27 项、第 29 项、第 31 项、第 32 项、第 35 项、第 36 项、第 54 项及第 55 项罪状被起诉。

铃木是军人。1932 年他以陆军中佐及陆军军务局职员的地位成为阴谋的积极分子之一。1932 年 5 月总理大臣犬养被暗杀后,他说,如果新内阁仍在政党指导下来组织,恐怕会发生同样的暴力行为,因而赞成组织联合内阁。他意在建立一个支持阴谋者对华企图的内阁。

当铃木在军务局服务时,他主张苏联是日本的绝对敌人,并协助当时为侵苏战争所作的准备工作。

没有证据证明铃木曾参加哈桑湖的对苏战争的实行,也没有证据证明他曾参与诺门坎对苏联及蒙古人民共和国的战争。

1937 年 11 月,铃木出任陆军少将。他是兴亚院的组织者之一,并且是该院政治及行政部门的首长。在此职位他积极促进了开发利用日本在华占领区的工作。

为完成日本的军部统治及实行南进而组织第二次近卫内阁时,铃木出任不管部大臣并兼任总力战研究所参事。近卫以铃木代替星野为企划院总裁。至 1944 年 7 月 19 日东条内阁垮台时止,铃木一直担任此职。

铃木以企划院总裁及不管部大臣的地位，实际上经常出席为制定日本政策机关的联络会议。铃木曾参加导致发动和实行对同盟国侵略战争的大部分重要会议。在这些会议中，他对阴谋积极支持。

没有证据证明被告应负从事暴行的责任。

按第 1 项、第 27 项、第 29 项、第 31 项及第 32 项的起诉罪状，我们判决铃木有罪。关于第 35 项、第 36 项、第 54 项及第 55 项罪状，判决他无罪。

东乡茂德

被告东乡根据第 1 项、第 27 项、第 29 项、第 31 项、第 32 项、第 36 项、第 54 项及第 55 项罪状被起诉。

东乡被指控为犯罪，主要与他有关联的是自 1941 年 10 月至 1942 年 9 月辞职为止，他作为东条内阁的外务大臣，以后又于 1945 年在铃木内阁中作为外务大臣的作为。从他辞职到再行出任铃木内阁外务大臣为止，这段时期他未担任任何公职。

他从第一次任命之日起到太平洋战争爆发时止，参加了该项战争的计划和准备。他曾出席内阁会议和其他会议，同意所采用的一切决定。

他以外务大臣的地位，在战争爆发前与美国的谈判中，担任指导性的工作，并曾为主张战争者的计划而努力。关于在这个谈判中所使用的欺骗手段，前面业已论及。

在太平洋战争爆发后，他曾与其他阁僚合作指导太平洋战争及对华战争的实施。

和其他被告的辩词一样，认为东乡的行为源于对日本的包围和经济上的扼杀，此项已另案处理。东乡特别提出辩护：他之所以参加东条内阁是确信，作出的每一个努力会使对美国的谈判获得成功的结果。他又说，从他就任之日起，就反对陆军并取得了陆军必要的让步，所以使谈判得以继续。但是当谈判以失败告终，战争成为不可避免时，他未以辞职来反对,却继续留任并支持了这个战争。他说,除了这样做法,其他都是卑怯的行为。但是,他以后的行动却使这种抗辩完全归于无效。1942年9月,他在处理占领国问题引发的内阁分歧纷争中辞职。在涉及东乡的案子,在审判他的行为和诚意时,我们将作如是观。

第36项罪状所主张的任何犯罪行为,对于东乡来说都没有证据可以证明。他与这一罪状有关的唯一任务是为确定满洲和外蒙古边境签订了苏日战后协定。

战争罪

东乡在1942年辞职以前,表面看似乎曾努力遵守战争法规。他曾将向他提出的抗议交付调查,并在若干事例上采取过改善的办法。当他辞职时,日军所犯的暴行还没达到可以推论他业已知悉的那样恶名昭彰的程度。

1945年春,当他再任外务大臣时,抗议已如山积,他曾将其交付有关当局。根据本法庭的意见,在有关战争罪问题上,没有充分证据证明东乡曾怠忽他的义务。

关于第1项、第27项、第29项、第31项及第32项罪状,本法庭判决东乡有罪。关于第36项、第54项及第55项罪状,判决他无罪。

东条英机

被告根据第1项、第27项、第29项、第31项、第32项、第33项、第36项、第54项及第55项罪状被起诉。

东条在1937年6月任关东军参谋长,自此以后,几乎在所有的阴谋者活动中,他都以首谋者之一的身份与他们互相勾结。

他曾计划和准备攻击苏联。他建议应对中国进一步实施攻击,以保证日军预期进攻苏联之后后方的安全。他劝告把满洲组织起来作为这一攻击的基地。此后不管在任何时期,只要有机会,他从未放弃开始这一攻击的意图。

1938年5月他被调回任陆军次官。除这项职务外,他还担任了许多职务。在为战争而动员日本国民以及经济各方面,他几乎都担负了重要任务。他反对与中国妥协以获得和平的建议。

1940年7月,他出任陆军大臣。此后,他的大部分经历就是阴谋者计划和实行对日本邻国侵略战争所采取的一系列步骤的历史。因为制定这类计划,进行这类战争,他都是首谋者之一。为达到阴谋的目的,他竭尽全力、顽固坚持。

1941年10月,他任总理大臣,任职至1944年7月止,一直担任此职。

他任陆军大臣及总理大臣时,一贯支持征服中国政府,为日本开发中国资源,巩固日本对华战争的成果及驻军于中国的政策。

在1941年12月7日攻击前的谈判中,他断然采取的态度是必须让日本保持对华侵略的成果,这样才能使日本建立支配东亚和南方地区的条件。他倾注全部力量支持这项政策。为支持这一政策而采取的作战决定,他作为指导者的重要性,无论作怎样大的评价也不过分。他对日本罪恶攻击邻邦负有主要责任。

在本审判中,他傲慢地辩称,所有这类攻击都是合法的自卫措施。对于这种托词,我们早已充分讨论过,完全没有根据。

关于第36项罪状,没有证据证明东条曾担任任何公职而负责。

关于第1项、第27项、第29项、第31项、第32项及第33项罪状,本法庭判决东条为有罪,关于第36项罪状,判决他无罪。

战争罪

东条是负责保护战争地区的俘虏及被拘禁平民以及供给他们宿舍、食物、药品及医疗设备的陆军最高首脑。同时,东条又是对日本国内被拘禁平民负有同样责任的内务省首脑。总之,他是对保护俘虏及被拘禁平民一贯负有责任的政府最高首长。

东条深知对俘虏及被拘禁者的野蛮待遇。他未曾采取足够手段,处罚违反者及防止将来发生同样犯罪。他对巴丹死亡行军的态度,典型表明了他处理这些俘虏的态度。他在1942年对这次行军状态已略有所知,并得悉这种状态的结果是许多俘虏死亡。但他未曾要求提出这次事件的报告。1943年他在菲律宾曾对这次行军作形式上的调查,但未采取任何措施。没有处罚任何一个人。据他解释说,日军指挥官执行其负责的任务时,没有必要事事仰赖东京所发的具体命令。因此,日本政府最高当局故意拒绝遵守战争法规的任务。

再举一个显著的例证,他曾建议,为战略目的而计划修建的泰缅铁路项目,实施中应使用俘虏。他对供给俘虏的宿舍和食物,以及在酷暑中生病的俘虏,未作适当处理。他得知这项工程中使用俘虏的惨状后,曾派军官前往调查。我们知道,这个调查官在该铁路沿线收容所中一定发现了许多可怕的情况。然而,作为这次调查结果所采取的唯一措施,仅仅是审判了一名虐待俘虏的中队长而已,没有采取任何措施改变这种状态。由于缺乏营养引起疾病和饥饿,直至这项工程结束,俘虏仍不断死去。

关于俘虏收容所中因营养不良和其他原因所产生的高死亡率统计,曾在东条主持的会议中讨论。东条内阁于1944年垮台。这一年俘虏的悲惨状况,以及俘虏因缺乏粮食医药所产生的庞大死亡数字,都是东条未曾对保护俘虏采取适当措施的决定性证据。

关于日本陆军对于中国俘虏的态度,我们已经阐述过。日本政府不承认这次"事变"为战争,并主张对于这种战争不能适用战争法规,而被俘获的中国人也不能享有俘虏的身份及权利的资格。东条明知这种恶劣状况,却未曾加以反对。

俘虏不劳动者不得食的指令,东条应负责任。我们毫无疑义地认定,由于他一再主张实行此项指令,强迫病人和负伤者去工作以致产生痛苦和死亡,其中大部分就是此项指令的结果。

我们已充分说明,为防止外国得知虐待俘虏,日本采取了掩饰措施,东条应对这类措施负责。

关于第54项罪状，本法庭判决东条有罪。对于第55项罪状，我们不作任何判决。

梅津美治郎

被告梅津根据第1项、第27项、第29项、第31项、第32项、第36项、第54项及第55项罪状被起诉。

梅津是陆军军官。他在1934年至1936年指挥华北日军期间，连续对中国的华北各省进行侵略。他在树立亲日地方政权和使用武力的威胁下，强迫中国缔结了1936年5月的"何应钦·梅津协定"。这个协定一度使中国政府的权利受到限制。

从1936年3月到1938年5月止，梅津是陆军次官。在这期间，1936年国策的各项计划及1937年有关重要产业的计划出笼。这些就是陆军的计划，并成为太平洋战争的主要原因之一。

1937年1月，天皇命令陆军大将宇垣组织新内阁，而陆军拒绝同意宇垣为广田的继任人，梅津在这件事担任了重要角色。这种反对使宇垣未能组成内阁。

1937年7月，在卢沟桥重新爆发对华战斗时，该被告知悉阴谋者有继续战争的计划，并曾予以承认。梅津是内阁企划厅的一员，同时又是阴谋者制定并实施侵略计划起重大作用的其他部局委的一员。

1937年12月东条以关东军参谋长的地位，向梅津送达准备进攻苏联的各种计划以及后来的增强关东军和有关内蒙设施的各种计划。据东条说：这些重要计划无论对苏战争的准备或对华战争都不可缺少。

从1939年到1944年止，梅津任关东军司令官期间，他一直操控满洲经济，使其对日本有利。他还制订了占领苏联领土的计划，以及制订了在苏联占领区的军政计划。此外，还派遣军官到南方占领区去研究该占领区的军政情况。此项研究的目的，是将所获资料用于苏联领土。

被告系阴谋分子之一，其证据是绝对有力的。

就第36项罪状说，诺门坎战役开始于他指挥关东军之前。在战斗结束前数日，他才成为司令官。

从1944年7月到投降时止，梅津是参谋总长。因此，他在执行对华及对西方各国的战争上担负主要责任。

战争罪

没有充分的证据证明梅津对实行暴行负有责任。

关于第1项、第27项、第29项、第31项及第32项罪状，本法庭判决梅津有罪。关于第36项、第54项及第55项罪状，判决他无罪。

根据法庭宪章我宣读了法庭的判决。

印度成员对大部分判决持有异议，并已经向法庭转达了他对判决持有异议的原因。

法国成员和荷兰成员对部分判决持有不同意见，他们已经向法庭转达了他们持有异议的原因。

菲律宾成员向法庭提出和大部分成员不一致的观点并备案。

总之，我采用大多数成员的观点，并未记录任何分歧意见。我也提出一简要声明并备案，阐述影响我作此判决的原因，即支持法庭宪章及司法管辖权以及某些全面的考量。

这些文件将是整个记录的一部分，并将对盟军统帅、辩护律师和其他相关的人发生效力，辩护律师向法院申请查阅这些不同的观点，法庭经郑重考虑决定不给予他们查阅权。

法庭遵循此决定。

被告将被带离被告席，等候按顺序逐个进行宣判，判决书上他们的名字将显示在判决标题上。

有三名被告病重而不能出席今天的审判。在对出席的被告宣判之后，将对他们进行缺席宣判。

为使在场被告在宣判时处于有秩序的状态中，我们将休庭15分钟。

（休庭从15：30一直持续到15：55，在这之后诉讼重新开始如下）

法庭执行官： 远东国际军事法庭现在继续开庭。

庭长：根据宪章 15 - h 款，远东国际军事法庭现在对起诉书确认的被告宣布判决。

被告

荒木贞夫

根据起诉书确定你的罪状，远东国际军事法庭处你以无期徒刑。

被告

土肥原贤二

根据起诉书确定你的罪状，远东国际军事法庭处你以绞刑。

被告

桥本欣五郎

根据起诉书确定你的罪状，远东国际军事法庭处你以无期徒刑。

被告

畑俊六

根据起诉书确定你的罪状，远东国际军事法庭处你以无期徒刑。

被告

平沼骐一郎

根据起诉书确定你的罪状，远东国际军事法庭处你以无期徒刑。

被告

广田弘毅

根据起诉书确定你的罪状，远东国际军事法庭处你以绞刑。

被告

星野直树

根据起诉书确定你的罪状，远东国际军事法庭处你以无期徒刑。

被告

板垣征四郎

根据起诉书确定你的罪状,远东国际军事法庭处你以绞刑。

被告

木户幸一

根据起诉书确定你的罪状,远东国际军事法庭处你以无期徒刑。

被告

木村兵太郎

根据起诉书确定你的罪状,远东国际军事法庭处你以绞刑。

被告

小矶国昭

根据起诉书确定你的罪状,远东国际军事法庭处你以无期徒刑。

被告

松井石根

根据起诉书确定你的罪状,远东国际军事法庭处你以绞刑。

被告

南次郎

根据起诉书确定你的罪状,远东国际军事法庭处你以无期徒刑。

被告

武藤章

根据起诉书确定你的罪状,远东国际军事法庭处你以绞刑。

被告

冈敬纯

根据起诉书确定你的罪状,远东国际军事法庭处你以无期徒刑。

被告

大岛浩

根据起诉书确定你的罪状,远东国际军事法庭处你以无期徒刑。

被告

佐藤贤了

根据起诉书确定你的罪状，远东国际军事法庭处你以无期徒刑。

被告

重光葵

根据起诉书确定你的罪状，远东国际军事法庭处你以七年有期徒刑，自审问之日起算。

被告

岛田繁太郎

根据起诉书确定你的罪状，远东国际军事法庭处你以无期徒刑。

被告

铃木贞一

根据起诉书确定你的罪状，远东国际军事法庭处你以无期徒刑。

被告

东乡茂德

根据起诉书确定你的罪状，远东国际军事法庭处你以二十年有期徒刑，自审问之日起算。

被告

东条英机

根据起诉书确定你的罪状，远东国际军事法庭处你以绞刑。

被告

贺屋兴宣、白鸟敏夫、梅津美治郎

根据起诉书确定你的罪状，远东国际军事法庭对缺席的贺屋、白鸟、梅津均处以无期徒刑。

现在宣布闭庭。

（1948 年 11 月 12 日 16:12 法庭闭庭。）

各被告罪状表

犯罪种类	第一类 破坏和平罪								第三类 违反战争法规惯例及违反人道之犯罪	
罪状条项	1	27	29	31	32	33	35	36	54	55
罪状内容 \ 被告	十八年间一贯为控制东亚及太平洋的阴谋	对华实行侵略战争	对美实行侵略战争	对英实行侵略战争	对荷兰实行侵略战争	对法实行侵略战争	制造张鼓峰事件	制造诺门坎件	命令准许违约行为	怠于防止违约行为
荒木贞夫	●	●	○	○	○	○	○	○	○	○
土肥原贤二	●	●	●	●	●	○	●	●	●	△
桥木欣五郎	●	●	○	○	○	○	○	○	○	○
畑俊六	●	●	○	○	○	○	●	○	○	●
平沼骐一郎	●	●	○	○	○	○	○	○	○	○
广田弘毅	●	●	○	○	○	○	○	○	○	●
星野直树	●	●	○	○	○	○	○	○	○	○
板垣征四郎	●	●	●	●	●	○	●	●	●	△
贺屋兴宣	●	●	●	●	●	○	○	○	○	○
木户幸一	●	●	●	●	●	○	○	○	○	○
木村兵太郎	●	●	●	●	●	○	○	○	●	●
小矶国昭	●	●	○	○	○	○	○	●	○	○
松井石根	○	○	○	○	○	○	○	○	○	●
南次郎	●	●	○	○	○	○	○	○	○	○
武藤章	●	●	●	●	●	○	○	●	●	●
冈敬纯	●	●	●	●	●	○	○	○	○	○
大岛浩	●	●	○	○	○	○	○	○	○	○
佐藤贤了	●	●	●	●	●	○	○	○	○	○
重光葵	○	●	●	●	●	●	○	○	○	●
岛田繁太郎	●	●	●	●	●	○	○	○	○	○
白鸟敏夫	●	●	○	○	○	○	○	○	○	○
铃木贞一	●	●	●	●	●	○	○	○	○	○
东乡茂德	●	●	●	●	●	○	○	○	○	○
东条英机	●	●	●	●	●	●	○	○	●	△
梅津美治郎	●	●	●	●	●	○	○	○	○	○

注：●为有罪　　○为无罪　　△为无判定

索 引

A

阿部内阁（阿部政府） 196－199,202－207,213,216,224,591
阿部信行（阿部） 54,196,197,202,204,206,235,285,375,377,378,467,480
阿根廷大使 560
阿拉米诺斯 524
阿拉善·额济纳旗 334
阿拉斯加 33,77
阿喇坎战线 558
阿留申群岛 33
阿罗群岛 450
阿南 232,233
埃达贝 524,530
埃尼威托克环形珊瑚岛 459
艾登 437－439,455,456,571,575
安倍 379
安达曼群岛（安达曼） 524,527,538,539,597
安东 274,437
安东沈阳铁路 270
安奉铁路 28

安干 523
安贡墓地 569
安蓬岛（安蓬） 523,524
安蓬岛安波那 524
安汶岛 521
安汶人 545
盎格鲁·撒克逊 57,89,299,431
盎格鲁·撒克逊集团 246
盎格鲁·撒克逊人（盎格鲁撒克逊世界） 257
盎格鲁·撒克逊世界 138
奥地利（奥） 411,524,557
奥多尼尔俘虏营 523,530
奥卡贝其 523
奥帕·贝萨尔 523
奥索 538
奥特罗姆路牢狱 570
奥托 145,187,188,190,191,195,199,201,212,217,218,225,226,228－230,233,236,244,246,249,252,400－402,413
奥匈 24
澳大利亚（澳大利亚联邦） 1,33,37,39,42,45,202,221,240,248,437,

488,499,503,547,551,560,561,574

澳大利亚俘虏(澳大利亚人俘虏) 531,537

澳洲 376,503

澳洲各战略地点 503

B

B-29飞行员 519

"B"作战计划 405

八打雁省 525

八纮一宇 48,55,57,79,82,99,115,135,237,429-431

巴达维亚 426,441,447,448,450-452,460,462,463,521,538,552,557

巴达维亚日本经济代表团 456

巴达维亚谈判 452,464

巴丹 529.530,538

巴丹死亡行军(巴丹行军) 529,574,617

巴当海岸 495

巴枯塞 435

巴拉岛 525

巴拉望岛 527

巴劳群岛(巴劳) 76,91

巴厘巴板 521,522

巴厘巴板指挥官 521

巴厘岛 568

巴黎 13,37,38

巴黎和会 28,276

巴黎条约(凯洛格-白里安条约,巴黎公约) 5,22,37,38,288,295,303,351

巴里奥·安加德 524

巴里奥·丁威底 525

巴里奥·圣·音德斯 525

巴里奥·伍马哥斯 524

巴利特·苏龙 522,523

巴厘巴板 521,522

巴邻旁 520

巴拿马运河 33

巴特 524,530

巴特勒 213,214

霸道政策 65,120,161

白川义则 296

白俄难民 411

白鸟敏夫(白鸟) 1,5,6,64,99,116,139,141,158,159,180,182-186,191,194-196,198-202,206,216,218,224-226,232,235,236,239,247,251,255,279,291,307,373,393,429-431,435,440,453,463,554,613,614,623,624

白人居民 522

白银国有化法律 327

白种人俘虏 557,558

百灵庙 324,334

柏利留岛 91

柏林 63,68,113,116,137,141,142,144,156,159,178,180,182,187,191,199-201,212,229,236,398,401,402,411,414,432-435,440-442,446,449,456-458,607,608,

613

柏林报告　233,414

班丹加斯大屠杀　570

班恩　525

班古乐　525

班江　523

班蓬　532

坂西　259,365

板垣征四郎（板垣）　1,15,50,52,54,60,61,78,85,86,89,109,132－140,144,147－150,153,155,158－160,162,165,169,175,179,182－184,186－188,190－196,199,200,204,224,258,260,263,266,270－275,278,280－282,285－287,290,293,299,301,308,312,313,323－325,328,333,334,345,349,350,362,363,367－371,373－376,391,418－420,422,480,506,516,518,551,553,557,558,567,570,596－598,622,624

邦加马辛　557

保定　346,350

保护条约　433

保卫共荣圈　447

北察哈尔（北察哈尔事件）　323,389

北方航线　454,455,464

北方问题　400

北海道　3

北京　24,28,61,98,147,323,325,336,359

北京使馆区　24

北京条约　25

北库页岛　407

北满（北满地区）　287,289

北满交通线　411

北票　304

北平　107,136,255,258,259,267,283,301,304－306,322,324－326,329,336,339,340,342,344－346,350,357,358,365,366,369,514,538

北平公使馆　323

北平-沈阳铁路　304

北平-山海关铁路　329

北苏门答腊　567

北印度支那　434

贝茨　512

贝丹·伯沙尔　495

贝当　466

贝尔福　295

贝哈尔　546

贝加尔湖　393,404,405,409,419

贝萨尔　557

被俘盟国飞行员　519

被拘禁平民（被拘禁者）　508,521,524,537,544,549－553,559,561－563,565－570,572,575－580,586,598,603,606,607,617

本间雅晴　529,530

本山　557

本州　3,510,550,567,568

本庄繁（本庄）　54,270,275,276,

279,282,283,285,286,291-293,298,301,302,361

本庄计划　285

比利时　24,34,214,217,307,352

彼得罗巴夫罗夫斯克　407

币原软弱外交　266

币原喜重郎（币原）　49-51,53,59,256,261,263,264,267,268,270,272,277,280,281,283,284

边境事件　416

边境线问题　418

滨口雄幸　261

滨口内阁　49,50,71,263,264,602

波茨坦公告（波茨坦宣言）　2,3,13,14

波东岛　521

波哥　524

波兰（波）　73,141,195,199,218,223,224,257,309,336,411,424,495,521,524,529,538,539,547,557

波兰战争　200

波斯　320

玻根维尔　524

伯奥　521

伯力　406,407

博拉　295

博文居民　515

博文市　515

补充地图测绘　440

不抵抗主义　273,274

不管部大臣　592,595,614,615

布剌斯塔吉　539

布尔什维克　345

布鲁塞尔　101,111

布鲁塞尔会议　101,352,353,510

布罗拉　522

布纳湾　523

布莱尔港　524,527,538,539

布因　538

C

"C"作战计划　405

财部　71,72,74

财阀企业　431

裁减军备会议　31

参谋本部　49,50,52,54,68,89,96-98,108,111,112,114,130,136-139,141,144-150,156,179,182,188,193,232,238,258-260,262-264,273,275-279,331,338,342,349,353,355,362,370,391,395,396,398,401,405,406,409,410,415,419,422,466,472,474,482,499,507,533,566,589,599,601,603

参谋本部第二部　264,405,410,411

参议府　298

察哈尔气象观察网配置计划　407

察哈尔省（察哈尔,察哈尔盟,察哈尔主权）　322-324,330,334,335,338,343,349,386,389,419

柴山兼四郎　267,528

禅尼威　523

产业关系法令　123

产业立法计划　125

产业五年计划　107

长城以南　258，283，286，308，325

长春　25，256，265，274，275，292，293，310，311

长春旅顺铁路　25

长江问题　119，164，210，316

长江（长江流域）　53，115，118，210，349，361，368，386，512，513

长江下游地区　378

长江沿岸要塞　295

长沙　5，358，382，516

长辛店　336，341

常德　358，382

巢鸭监狱　285，291，373，463

巢鸭监狱军医　1，116，201，554

朝鲜　2，24，26，66，121，138，177，257，259，265，275，277，289，304，320，321，342，343，394，405，416，535，541，548，551，557，558，568，569，580

朝鲜京城（京城）　557，558

朝鲜军　264，277，410，417，553，557，558，567，580，597

朝鲜人（朝鲜人民）　2，26，27，260，265，289，319，410，528，530，534，557，558

朝鲜移民　26

朝鲜银行（朝鲜银行券）　121，387

朝鲜驻军　53

朝鲜总督　513，557，568，603，605

朝阳镇　304

承德　324

惩罚战　12，506

池田　409，410

重光葵（重光）　1，139，157，213，214，217，218，221，244，245，269，277，296，313，323，417，422，437－439，455，456，480，536，540，541，569，572－574，577－579，610，611，623，624

重庆　219，358，370，371，377，379，381，382，462，514

重庆国民政府（重庆政府）　374，379，439，461，486

重藤　266

处理华北计划纲要　62

川岛　62，271

川崎　538

川上　268，269，274

川上中队　271

川越　336，337，354

村上启作　409

D

达贝尔　525

达佛　5，538，539

达佛伊　539

达拉甘　523，528，557

达拉瓦岛　523

达拉瓦底　523，569

达沃　496

达子·梅达　523

鞑靼海峡　25

大阪　395，519

大本营会议(大本营联络会议)　353，403，465

大本营命令　501

大不列颠及北爱尔兰联合王国(联合王国，大不列颠联合王国，大不列颠，不列颠帝国)　1，3，5，33，34，164，433，437，499，503，506，574，593，597

大不列颠首相　2

大藏省　78，84，152，250，266，440，595，598

大川政策　582

大川周明(大川)　1，6，48－52，54，55，57，89，138，158，167，257，258，260－262，264，266，292，293，300，391，582

大岛浩(大岛)　1，63，68，111，137，141，143－145，156－159，178－180，182－186，188－191，194，195，198－202，206，216，218，221，224，225，251，275，396，398，400，401，403，405，411－413，424，432，433，440－442，449，453，456，459，461，464，466，468，469，480，485，546，607，608，613，622，624

大东亚大臣总管　569

大东亚地区(大东亚省，"大东亚")　166，167，252，409，568，569

大东亚共荣圈(共荣圈，"大东亚圈"，"大东亚"政策，"大东亚"主义)　98，107，161，163，171，177，179，223，240，243，244，251，376，377，403，404，409，427，433，447，448，451，454－456，458，460

大东亚共荣圈建设草案(大东亚共荣圈建设对策方案)　404

大东亚共荣圈土地处分案(大东亚共荣圈土地处理方案)　403，409

大东亚皇化圈　404

大东亚建设计划方案　440

大东亚经济圈　449

大东亚新秩序　237，242，376，476，544

大东亚战争　548

大和旅馆　282

大和民族　79，309

大连　24，321，366，389

大牟田　539

大年　495，503

大桥忠一　236

大日本青年党　79，81

大同煤矿　386

大屠杀　570

大洋岛　525

大政翼赞会("大政翼赞会"，翼赞会)　232，238，239，402，429，453，591

代代木陆军练兵场　520

"淡路丸号"船　281

单冠湾(千岛择捉岛的单冠湾)　486，

492,493

岛本　271,272

岛田繁太郎（岛田）　1,64,78,84,91,109,382,466,474,480－482,484,486,491,492,499,560,568,612,613,623,624

岛屿殖民地　32,33

道义禁运　118,133,203,209

道义之战　545

德国（德）　5,23,24,29－31,49,99,111－114,116,117,123,137,138,140－145,148－150,153,156－162,172,173,178－203,205－207,212－226,228－233,235,236,239－253,309,345,352,354,356,370,371,375,376,380,396－403,406,410－415,424－427,430－438,440,442,443,445－447,449,451－453,455－457,459－461,464,466,468,469,476,477,480,482,484,583,584,591,608,613

德国报纸　398

德国俱乐部　526

德国军队（德军）　159,195,376,401,413,506

德国军事同盟　154

德国空军　440

德国陆军　141,156,198,401,415

德国潜水艇　546

德国外交部　10,143,144,188,189,212,220,225,236,246,249,250,397,400,440,446,546

德国政府（德国领导人）　137,143,162,201,356,397,398,402,403,412－414,433,435,436,443,449,457,459,464,468,487,511

德国驻日本大使（东京德国大使,德国驻东京大使）　113,145,218,398,401,414,415,459

德国驻中国大使　511

德克逊　354,355

德满密切关系　114

德日新同盟（德日对苏同盟）　179,397

德苏互不侵犯条约　195,198,199,216,424,583

德苏条约　198,202

德苏战争（德苏开战）　400,402,408,412－414,464,465

德苏中立条约　608

德王　324,334,338,349

德意军队　457

德意同盟（德意缔结同盟,德意军事同盟）　159,161,188,193,590,614

德意协定　190

登加　496

狄那万岛　523

抵制日货　261,265,289,290,327

地中海　451

帝俄军队　28

帝国大本营　108

帝国国策　492

帝国条令　428,431

帝国外交　253

帝国政府　105,356,357,379,491,
　　560,561,574,577,578

帝力　538,539

帝汶岛　568

第十一师团　295

第十四师团　295

第二十九军　340-342

第二次华北处理要纲　334,339

第二次东北处理纲要　68

第二次海牙和平会议（海牙会议）
　　23,39,45

第二次近卫内阁　235,237,241,242,
　　244,245,376,466,614

第二次世界大战　170

第二师团　271,275,289

第二十师团　277

第二总军　519,568

第六次国民代表大会　375

第六军　421,422

第六师团　516

第七方面军　480,567,570,589,597

第七旅兵营　271

第三次华北处理要纲　335,337

第三次近卫内阁　380,426,466,467,
　　479,515,549

第三次侵犯　496

第三公约　36,39

第三国参战　438

第三海牙公约（第三公约）　36,39

第三十九混成旅团　277

第三十七师　341

第十八军司令部　542

第十海牙公约（第十公约）　45

第十六联队　271

第十四师团　275,295

第四海牙公约　40

第五海牙公约　39

第一次和平会议　23

第一次近卫内阁　84,92,94,97,168,
　　177,178,183,196,203,204,206,
　　338,593,598,599

第一次世界大战　2,28,29

第一海牙公约（第一公约）　23,24,
　　37,38

第一开战准备　485

第一潜水部队　546

滇缅公路　380

滇越铁路　165,181,219

电力统制法（电力法案）　123,125

丁·拉普　523

丁昭　288-290

东部军　480,520,550,567

东海　520

东海军管区　519

东京　1,52,54,56,60,63,115,116,
　　118,136,145,158,177,185,187,
　　190,191,199-203,212,215,216,
　　219,247,262,266-268,277,285,
　　286,288,289,291,292,294,301,
　　314,321,326,328,331,341,344,

345,353,356,365,366,369,370,
373－375,394,398,400,402,413－
415,432,433,435,438,445－448,
451,456,459,460,463,468,474,
476,482,485,488,493－496,498,
501 － 503,517 － 520,523,530,
536－540,554,560,567,570,571,
573,576－578,580,602,604,618

东京车站 263

东京官报("东京新闻") 117

东京陆军叛乱 64

东京陆军刑务所 520

东京省 433,443,444,448

东京湾 255

东京宪兵本部 518

东京中央政府 280

东久迩宫(亲王) 480

东南亚 187,197,202,217,221,223,
230,240 － 242,245,252,437,439,
444,451,463,465,477,581,589

东三省 267,280,291,292,303

东三省临时政府 278

东条内阁 382,384,426,480,481,
493,546,549,562,577,578,598,
599,612,614,615,618

东条英机(东条) 1,89,96,98,106,
109,113,114,135 － 137,139,140,
144,147－150,155,235－237,242,
244,245,247,250,253,313,317,
338,349,377,380－382,395,402,
405 － 410,432,437,447,452,464,
465,467,468,472 － 482,484,485,
491,492,495,496,498,499,502,
508,510,517 － 519,529,530,532,
533,545,548,549,553,554,557,
559,560,564 － 568,573,580,595,
600,610,616－619,623,624

东王家村 514

东乡-莫洛托夫协定 422

东乡茂德(东乡) 1,42,113,116,
142－145,153,156,157,198,216,
220,310,381,382,393,404,423,
480,482 － 488,491 － 495,497,498,
559－562,565,568,569,572－574,
576－579,615,616,623,624

东亚 4,5,55,57,59,65,66,74,82,
86,88,89,97 － 99,101,112,113,
115,117,120,135,140,153,154,
166,168,171,173,202,208,211,
214,218,221 － 224,231,240 － 242,
244－246,248,249,251,263,312,
315,329,330,332,333,338,345,
357,359,367,371,376,380,385,
386,388,394,403,424,432,445,
446,453,455,465,471,472,490,
569,581,583,589,591,593,595,
597,600,617,624

东亚乐土 57

东亚盟主 138

东亚民族 376

东亚新秩序 64,116,164,167,168,
171,185,187,192,197,219,223,

224,240,367,368,370,378,384,
447,459
东亚研究所 257,261,262
东亚政策 244,245
东洋 420
东印度(东印度群岛) 222,223,240,
241,245,447,452
东印度问题 452
董·丹 523
毒品 21,35-37,265,321,389,390
毒品贩运垄断 389
毒品交易 321,388,389
独裁制度 50,232
独立步兵守备队第二大队 268,271
独立国 60,281,292-294,300,301,
326,327,335,447
独立运动 240,248,287,303,434,
448
独立政府 62,327,338
独占权 240,387,507
杜立特航空队员事件 572
杜立特 517
杜立特航空队(杜立特飞行队) 518,
540
杜马古特 538,539
渡边 331
对翠庄旅馆 282
对德关系 144,156,200,213,396
对德谈判 182,193,249
对德同盟 157,193-195
对德协定 414,449

对德战争 231,407,416
对德政策 160
对荷军事行动 450
对华供给线 375
对华和平条件 475
对华经济政策(对华政策) 100,149,
156,169,171,172,177,180,225,
322,383,593
对华军事统治 380
对华战斗 619
对满军事行动 260
对满事务局 60,78,108,136,312,
313,379,598,610
对满政策 392
对美国侵略战争(对美作战) 253,
470,504
对美英正式宣战法案 502
对南部地区初步行动计划 426
对苏备战(对苏安排) 167,181,402
对苏谍报问题 411
对苏军事计划(对苏作战计划,对苏作
战准备,对苏计划,对苏攻势作战计
划,对苏准备,对苏战争计划) 89,
106,136,138,139,141,148,159,
393,401,402,405,408,411,419
对苏侵略政策(对苏贪婪政策,对苏政
策,对苏军事政策) 142,391,397,
399,407,593
对苏战争(对苏作战,对苏冲突) 56,
59,64,68,98,106,107,111,113,
114,116,125,136-141,146,149,

152,157,158,179,180,184,187,193,210,248,338,391,392,394–396,398,401,403,404–408,410,411,413,414,416,417,589,593,609,614,619

对英开战（对英作战） 240,248,376

对英美荷战争 482

对英谈判 195

多党制 227

多尔 523

多田骏（多田） 61,149,328,375

E

俄国（俄） 7,23–25,27,28,66,144,290,299,418

俄国人（俄国臣民） 25,28

俄日北京条约 28

鄂木斯克 404

二·二六事件 62

二宫 264

二十一条要求 27

"二位一体"制 312

二月事件（二月事变） 331,332,394

F

法国沦陷 442

法国人传教士 515

法国维希政府（维希政府） 435,436,443,455,457,464,466,468

法军支队 501

法兰西共和国（法,法国） 1,4,5,23,29,30,32,70,91,119,128,163,165,171,178,179,180,183,184,188,190,191,193,195,197,198,200,203,204,207,214,215,217–221,225,229,240,242–244,247,252,377,398,411,424,425,434–438,442,443,445,446,457,465,466,473,499–502,515,523,584,589,597,620,624

法属印度支那（法属印度支那地区,法属印支） 164,177,178,203,205,219–221,225,226,229,230,240,241,243,244,247,248,375,377,380,404,424,425,427,433–436,438,441–444,448,449,451,452,455–457,464–466,468,469,471–475,483,487–490,495,496,500,502,523,524,538,539,567,584,591,594,602,606

法属印度支那边界线 443

法属印度支那军事设施 444

法属印度支那殖民地当局（法属印度支那当局） 219,434

法属印度支那总督 219,425,443,444,500

法泰国境纷争 457

法庭宪章 4,7,12–14,18,19,587,620

法西斯主义 55

凡·华里克 545

凡尔赛 29

凡尔赛条约（1919年和约） 29,30,
　　36,76
反共　137,156,327,337,345,354,
　　364,398,399,413
反共战争　345
反蒋反战运动　507
反日活动（反日运动）　260,322,324,
　　352
反苏同盟国　196
反苏战争　113
反苏政策　51,111,142
反英法同盟　207
泛美航空公司　496
芳泽谦吉（芳泽）　392,450－452
芳泽建议案　451
防共协定（"反共同盟"）　68,89,111,
　　114,117,138,141－144,156,160,
　　168,169,179,181－185,199,200,
　　345,352,370,396－398,412,413,
　　416,593,613
防共自治政府　356
防空壕　527
防苏工事　113
防卫部队　495
放火班　516
非法鸦片贸易　389
非法战争　5,17－20
非战公约　13,39,305
非洲　240
菲律宾（菲律宾群岛，菲律宾联邦）
　　1,4,5,36,211,226,240,248,377,
　　425－427,433,440,454,456,458,
　　460,466,469,472,474,475,485,
　　496,500,501,503,504,521,523－
　　525,527,529,530,538,539,541,
　　557,570,572,575,577,584,585,
　　606,607,618,620
菲律宾兵（菲律宾游击队）　527,529
菲律宾人　528,530,575
丰台事件　336
丰台镇（丰台）　336,339－341,345
丰田　75,380,400,467－469,475－
　　478
丰田贞次郎（丰田）　75,380,400,
　　467－469,475－478
冯·彼特斯道夫　415
奉天（奉天省）　286,289,337
伏见宫（伏见）　245,447
伏罗希洛夫　406,407
俘虏福利问题（俘虏待遇问题方针）
　　508,607
俘虏管理机关　531
俘虏规则　544
俘虏情报表　565
俘虏情报局（俘虏中央情报局）　44,
　　536,537,558,559,565－567,571
俘虏情报长官　533
俘虏审讯要领　540
俘虏收容所　537,540,541,548,550,
　　551,553,554,557,564,566,568,
　　574,577,578,580,618
俘虏运送船　540

福冈　358,366,519,520,539,557
福建省（福建）　320,390
抚顺（抚顺港，抚顺口）　267－271,274,275,509
釜山　557,558
富集团　553
富永　545

G

改善战地伤病者待遇公约　37
干那里　521
冈敬纯（冈）　1,78,313,347,380,382,384,432,436,437,464,465,467,468,473,474,477,479－482,484,492,508,560,568,607,622,624
冈田内阁（冈田启介内阁）　59－65,73,91,96,102,139,141,331,339,393,394
冈田启介（冈田）　60,62,63,72,75,84,88,259,263,303,323,331,332,395,467,479
高加索　411
高加索形势及其谋略利用　411
高桥　63,68,73,133,320,325,331
《革新的必然性》　262,429
戈林　184,440
哥达巴鲁　440,494,495,498,499
戈特　325
格鲁　72,73,77,92,100,163,164,218,222,223,322,344,358,368,380,387,493－495

根本博（根本）　59,82,96,98,117,120,131,151,154,157,167,171,172,186,191,211,214,232,237,275,279,320,337,355,380,391,393,400,447,474,482,490
公共事业公司　386
公共租界　294,359
公共租界工部局　290,351
攻苏计划（攻苏建议）　139,403,414
宫庭圈　238
共产党　61,360
共产国际　138,168,299,396,397
共产主义　57,89,111,138,142,168,190,327,330,345,378,391,396
"共同防共"原则　172
共同防卫协定　447
共同委员会　546
谷正之　573,577,579
瓜达康纳尔　541
瓜加林群岛　521
瓜拉·彼马特　495
寡头专制　82
关岛　76,426,433,454,496
关东局　312,313,569
关东军　49,50,53,54,56,59－61,63,68,78,85,89,96,97,99,106,107,113,114,130,139,144,192,193,196,256,258－260,263,267－271,273－277,280－282,285,286,288,289,292,293,298－302,304,308,310－312,314,315,317,318,

320,321,323－327,329,333,334,
342,362,391,393,395,401,402,
406,410,417,422,465,509,580,
595,596,603,619

关东军参谋部　52,138,297,299,
301,596

关东军参谋长　56,78,85,89,96,
106,113,132,136,137,139,283,
299－301,315－318,326,333,338,
362,406－408,417,420,509,601,
602,616,619

关东军分遣队（分遣队）　192,304,
339

关东军司令（关东军司令官）　52,54,
56,60,85.86,106,114,196,263,
268,275,299,301,302,309,310,
312,313,315,316,318－320,323,
326,377,395,407,408－411,421,
523,567,569,595,605,619

关东军特务机关（关东军特务部,情报
部）　78,109,136,145,169,229,
267,301,509

关东领地　313

关东州（关东州厅）　28,312,568

关东租借地（关东州租借地）　28

关东租借地长官　301

关玉衡　265,269

广安门　344

广岛　519,568

广岛湾　492

广东省（广东）　164,390,466,516

广田弘毅（广田）　1,59－65,67－70,
73,75－79,84,88,90－92,94－
101,103,108,111－113,115－120,
126,127,129,132,138,141－143,
146,149,156,169,173,310－312,
316,322,324,329－333,338,339,
342,344,349,350－352,354－356,
359,381,391－394,467,480,491,
507,513,593－595,619,621,624

广田内阁（广田政府）　64,67,68,75,
77,80－85,125,126,139,142,150,
151,160,169,170,200,203,332－
334,337,339,363,383,426,593

广田三原则（广田政策,广田外交政
策）　59,61,116,142,157,329,608

广西　375,516

广州　5,153,366－369,481,514,516

"光机关"事务所　541

归国将士（归国士兵）　516,517

规划委员会　371,372,428

贵族院　441,450

贵族院会议　507

桂林　5,382,516

国本社　170,257

"国策大纲"　332,333

国策公司（国策会社）　103,104,115,
122－124,130,152,153,155,177,
385

国策研究会　404,409,410,481

国粹主义　51

食品委员会　425

索　引 | 639

国会预算委员会　207,209,344

国际法体系(现行国际法)　13,23,418

国际公法原则(国际公约)　40,560

国际联盟(国联)　21,29-31,36,56-59,74,76,89,100-102,147,158,162,163,165-167,170,171,179,252,257,279,282,283,290,295,296,301,303,305-309,321,335,340,351-353,367,430,470,503,509,510,583,590,605,613

国际联盟大会(国联大会)　101,295,296,306-308

国际联盟顾问委员会　106,388

国际联盟决议(国联决议)　56,100,163,301

国际联盟理事　304

国际联盟理事会(国联理事会)　30,31,279,283,286,367

国际联盟盟约(国联盟约,盟约,国联契约)　21,22,29-31,36,166,253,286,351

国际联盟调查团　299

国际联盟委员会(国联委员会)　165,290

国家政策调查协会　431

国家主义(国家主义精神)　49,50,55,57,81,132,227,257

国家总动员法(国家总动员计划)　96,125-127,128,132,134,137,150,152,174,176,232,237,362,428,548

国家总动员审议会　136,176,177,226

国境纠纷问题　434

国联第二次鸦片会议(第二次鸦片会议)　35,36

国联会员国　101,307

国联鸦片交易　389

国联鸦片贸易顾问委员会　389

国民党　61,111,112,115,165,171,260,322-324,327,336,350,354,359,360,370

国民党军队　258,259

国民政府(国民党政府)　154,168,325,326,356-358,367,370,377,382,388,596

国体的本义　110

国体社　133

国务院　86,103,212,215,297,458,595

"郭"事件　524

H

哈尔滨　23,27,279,288,289

哈尔滨特务机关长　287

哈尔金河地区　6

哈京　523

哈马赫拉岛　539

哈未罗克路收容所　556

哈桑湖(哈桑湖地区,哈桑湖区)　6,139-141,149,157,179,192,399,

416-420,422,424,592,594,597,614

哈桑湖战事（哈桑湖战役，哈桑湖战斗，哈桑湖战斗） 145,419,422,589

哈特-石泽协议 446

哈欣河 419,421

海滨 24

海参崴 393,402,406,407,416,419

海城 509

海底电线电报局 496

海防 538

海关关税制度 173

海军裁军条约 70

海军基地 76,91,130,167,436,464,466,468,500

海军将校管理收容所 566

海军军备条约 70

海军军令部 71,73,91,165,227,275,437,440,470,485,492,612

海军省 67,70,76-78,108,118,140,220,375,376,437,474,480,482,508,560,607

海拉尔 523,525

海兰泡 406

海伦市（海伦） 282,287-289

海洛因工厂（海洛因制作中心） 389

海南岛 164,165,177,178,181,367,372,378,382,424,438,466,488,515

海南岛劳动营 524

海上交通线 472

海峡殖民地 377,427

海牙 23,24,29,37,38,205,215,444,445

海牙第三公约 5,22,496,497

海牙第四公约 15,22,564

海牙第五公约 22

海牙第一公约（和平解决国际争端公约，第一公约） 23,24,37,38

海牙公约 22,39,40,42,45,497,559

海牙国际鸦片会议 35

韩国 481

汉城 320

汉口 5,133,136,146,148,154,267,358,361-363,366-368,514-516,521,527,538

行地社 257

杭州 296,349,359,361

航空基地 63,76,91,442-444,468,500

航空母舰 33,70,71,73,74,91,474,493,494,496

航空母舰机动部队 485

航空气象网 407

航空线 450

好战政策 404

何应钦 322

何应钦·梅津协定（何梅协定） 322-324,619

和平解决国际争端公约（海牙第一公约） 23,38

和平谈判 140,147,352,354,379,

455,460,463,475,481,493,499

和平条约 436,461

和平政策 303,392,393,462,471,488

河北省(河北) 305,322,324,328,335,338,340,342,343,346,350,389,514

河北省国民党党部 322

河北省主权 322

河北事件 322,323

河本 271

河本大作 259

河边虎四郎(河边) 61,304,346,392,405,406

河内 197,220,370,371,373,425,442,443,501,538,539

荷方油田 502

荷兰(荷) 1,5,29,30,32,34,38,202,203,205,206,211,212,214,215,217,230,240,242,252,310,376,425,426,433,444-448,450-452,457,469,475,481,482,484-486,488,489,492,499-502,521,528,530,542,546,551,557,583,584,591,593,597,600,620,624

荷兰代表团 448,449,452,456,460

荷兰俘虏(荷兰被俘军官) 521,528

荷兰公使 215,216,447

荷兰和葡萄牙的照会 22

荷兰建议案 450

荷兰经济政策 452

荷兰军队 445

荷兰石油公司 450

荷兰外交部长 205,215,445

荷兰政府 32,215,445,447,448,451,464

荷日仲裁条约(荷日仲裁裁判条约) 203,205

荷属帝汶岛 523

荷属东印度 81,90,202,205,206,211,212,215,217,219,222,225,226,230,241,243,245,247,377,404,425,431,433,434,440-442,446-453,460,464,465,468-470,472-475,481,484,485,488,499,501,502,522,523,577,584,591,602

荷属东印度群岛 425-427,444-446

荷属东印度群岛总督 446

荷属东印度原住民 448

荷属新几内亚 450

荷印 205,214-218,226,240,248,434,451,501

荷印总督 216

贺屋兴宣(贺屋) 1,78,84,97,101,103,105,108,109,116,120,122,127,132,143,149,152,313,337,338,342,373,381,382,384,385,404,463,482,484,492,513,554,598,599,623,624

赫尔 59,60,68,100,215,344,379,396,445,446,457-462,467,471,

472，474－477，485－495，498，575

黑龙会　51，257，258，263，266，301

黑龙江省（黑龙江）　4，280，282，287－292，407，419

痕扎达　569

亨利　197，443

横滨　300，544

横滨铸币银行　431

横须贺海军镇守府　474

衡阳　5，382

轰炸越南事件　197

弘报协会　313

红十字会　550，564，565

红十字会公约　559

虹桥机场　295

厚生省　475

湖南　382

互不侵犯条约（互不侵犯友好条约）　185，195，198，199，202，219，226，242，253，392，393，397，399，406，427，433，434，442，454，463，490，613

花谷正　270，272

华北（华北平原）　60－63，65，68，78，84，86，87，89，96－98，102，106，114－116，121，122，128，130，131，146，153－155，158，168，172－174，306，319－322，325－331，334－340，342，343，345－347，349－352，356－359，361，364，368，369，371，378，383－390，395，404，416，453，515，541，583，596，605，609，619

华北非武装区　60

华北独立政府　327，328

华北方面军　580

华北各种铁路的军事处置大纲草案（华北各级铁路军事处理纲要草案）　328，342

华北管理政策（"华北事变处理方针"，"华北指导方策"）　335，337，342，383

华北计划　326，338，385

华北建设　383

华北居民　61，114，327

华北军事行动计划　329

华北开发公司（华北开发株式会社）　115，155，384－386，598，599

华北派遣军　64，351，362，375

华北特定地区　378

华北铁矿　386

华北铁路　61

华北问题　96，337

华北五省"自治政府"（华北五省政府，华北傀儡政府，华北自治政府，华北政权）　60，113，325，326，328，329，335，337，338，357，359

华北五省独立宣言　338

华北新经济政策　84

华北盐业股份公司　386

华北政策　337

华北政权交通部　328

华北政治经济生活　593

华北中国当局　336

华北驻屯军 60-62,322,323,342

华北自治运动(华北五省自治) 325,326,328

华北自治政权 325,328

华南 122,153,154,172,321,357,364,368,369,383,388,390

华南派遣军 436

华人委员会 147

华盛顿 26,31,59,70,72,76,212,279,344,379,400,446,453,455,456,475,482,485,487,488,491,493-496,498,499,501,502

华盛顿海军裁军条约(华盛顿海军限制条约,华盛顿裁减海军军备条约,华盛顿条约) 32,58,63,70-75,102,119,288,430

华盛顿会议(华盛顿谈判) 28,31,32,34,35,71,256,258,492

华中 122,128-131,136,146,153-155,158,174,321,336,349,356,359-361,364,369,382,383,386-390,416,592,604

华中军形势分析书 375

华中矿业公司 386

华中临时政府(华中傀儡政府,华中新政府) 113-115,359

华中煤炭 386

华中派遣军 153,349,353,361,506,510,518

华中水电公司(华中水电公司子公司) 386

华中振兴公司(华中振兴株式会社) 115,155,384,386

怀柔政策 333

荒木贞夫(荒木) 1,54-59,72,89,108,132-138,149-153,158,160,162,165-167,169,170,174,175,177,203,257,275,279,285,286,291,293-295,298,300,301,303,308,310,311,350,367,371,392,395,402,406,420,564,587,588,621,624

皇道(皇道派,王道,"皇道精神") 48-51,53,55,58,67,79,81,82,99,110,158,243,253,262,263,273,278,299,300,309,332,391,392,407

皇道一体(皇道一体主义) 48,262

皇宫 108,286,468,498

皇国国民 152

皇化圈 404

黄浦江 294

恢复国权运动 260

恢复中日关系 377

珲春议定书 417,418

惠阳 516

惠州 438

檀香山 487

火曜会 297,298

货币制度 387

霍华德·凯利 295

霍普费尔 524

J

机动部队 325,454,486,492-494

"机会均等"原则 424

基本国策纲要 120,127

基本条约 428

基隆要塞地区司令部第十一宪兵队 528

及川古志郎(及川) 250,477

吉冈安直(吉冈) 298,311

吉会铁路 289

吉林(吉林省) 4,279,280,288,292

吉林省临时政府 278

吉隆坡 538,539

吉田 219,222,235,236,242,250

吉星文 341

极端国家主义 80,110,262

极端军国主义分子 276

极端民族主义者 266

极权政府 430,431

极权主义(极权主义运动) 227,232,237,297,429,431

集权主义政府 613

集体消灭 528

集中营 6,319,527

计划和准备侵略战争罪 18

技术军事委员会 432

济南 258,351

济南事件 258,261

冀察政权(冀察政务委员会,冀察委员会) 326,335,338,342,351

冀东 325,326,351,352

冀东防共自治政府(冀东政权) 325,326,335,338,358

加达尔·巴士 523

加利福尼亚 575

加拿大 1,33,37,39,42,45,499,560,561

贾第·南戈尔 557

贾玛希 557

间岛城镇(间岛地区) 27,279

间谍活动 441

监察院 297

监视兵 506,529,531,533

柬埔寨 434

建川美次(建川) 52,264,270,272-274

江湾西部 295

江浙无辜民众 513

蒋介石 54,128,135,146-149,162,167,178,198,208,214,216,219,225,226,244,258,259,280,288,300,336,343,346,356,363,364,370,379,380,433,434,460,463,488,506,514

蒋介石政府(蒋介石政权,蒋政权) 197,359,360,363,364,381,473

交战国 12,37,40-45,215,218,222,223,563,565

交战国政府 561

捷克斯洛伐克(捷克) 159,161

捷克斯洛伐克军队 28

金　69，75，84－86，95，104－106，117，121－124，127，129，131，134，152，153，175－177，210，217，236，255，266，280，290，314，317，320，335，386－388，410，427，428，455，516，529，547

金边　501

金兰湾　436，455，468

金融政策　387

津轻海峡　415

锦锦斯墨　421

锦州　278，282，283，285－287，289，304，305

锦州—北票支线　304

进入限制法律　444

近卫文麿　351

近卫第二师团　606

近卫内阁　88，95，98，108，111，119－122，125－127，129，130，133，145，149，153，155－157，160－162，166，168，172，174，175，180，226，227，238，244，251，341，342，359，362，380，384，428，434，435，437，442，447，450，454，467，592，596，609

近卫派　228

近卫三原则（近卫原则）　172，213，370，460，475，478

近卫声明　339，356－358，370，371，374，379

禁烟法（禁烟公约）　320，321

"紧急委员会"　278

京滨　568

京都　294，429

京奉铁路　259

京汉铁路　336

经济财政政策　173

经济代表团　243，426，447

经济共同委员会　61，85

经济规划　449

经济计划委员会（经济委员会）　131，374，432

"经济提携"（"经济提携"原则）　171－173

井上　52

警备中队　541

警察巡官　542

九国公约　21，22，26，34，58，59，64，65，67，90，101－103，166，171，177，178，206－210，212，222，230，282，293，295，303，305，312，322，343，351，352，444，453，510

九国公约会议　111

九门口　308

九一八事变　307

九州　3

旧金山　575

救国和平运动　375

拘留所　540，550，566，567

巨港　538，557，570

军部领导人（军部独裁之道）　50，404，454

军部派　55，158，184，186，187，189，

192,193,195,198,199,202－204,
206,216,218,229,232,234,237,
242,244,588,589,608

军队医院　525,526

军法审判　15,519,533

军国主义（军国主义者）　51,55,63,
64,67,82,110,133,158,266,300,
605,613

军纪报告　528

军令部　51.64,78,84,108,238,245,
353,436,437,440,447,465,468,
470,472,480,482,485,492,507,513

军票　387

军事参议院　507

军事独裁制政治　590

军事和经济同盟　433

军事教育总监　275,591

军事权益　473

军事事务局（军务局）　50,52,55,57,
62,75,78,92,107,120,125,136,
145,170,226,227,232,236,238,
239,250,276,294,300,362,392,
406,432,436,437,467,474,480,
482,507,508,541,560,565－567,
570,571,606－609,614

军事同盟（军事政治同盟）　140,144,
150,157,159,161,172,180,181,
187,191,194,195,232,396－398,
448

军事政变（军部政变）　53,263,583

军事专门委员会　441

军务局俘虏管理部（俘虏管理部）
537,541,547,548,565,567,570,
571,580

军需省大臣　480

军需物资生产五年计划概要　87

君主立宪政体　310

君主政体　310

K

KWID无线电广播局　575

卡巴纳坦　557

卡巴约　524

卡东加　523,526

卡卡那　538

卡克多　538,539

卡拉贡（卡拉冈）　523,569

卡拉拉　521

卡莫加劳动营　524

卡特尔　104

开发北满　407

开发"满洲国"经济和工业的五年计划
（"满洲国"五年计划）　85,87,177

"开放中国声明"　311

开封　361,377

开罗宣言　2,3

开战公约　497

凯洛格-白里安条约（巴黎条约）　5,
22,37,38,261

凯洛格-白里安条约（非战公约）　13,
39,305

堪察加　407

坎布里　551

坎多克　541

坎南该　541

康苏莫尔斯克　407

抗日　59，115，136，178，283，312，335，347，351，364，372，374，377，379，439，500，509

抗日容共政策　374

科达·加乃　524

科班俘虏营　530

科德尔·赫尔（赫尔）　59，60，68，100，215，343，344，379，396，445，446，457－462，467，471，472，474－477，485－495，498，575

科特尔　401

克拉克机场　496

克来希马　415

克莱琪　193，352

克罗　495

堀内　100，349，352，354

库达拉查　523，527

库拉·贝拉特　525

库页岛（库叶岛）　25，32，139，464，470，569

库伊布雪夫斯克　406，407

傀儡国家（傀儡政府）　115，138，192，203，208，212，261，280，286－288，304，319，350，357，363，377，391，428，474，482，510，514，583，596

傀儡中央政府　375，428，434，453，480

坤甸　523，557

昆明　379，381，459

扩充军备计划　107

L

拉保尔　521，524

拉哈　523

拉哈特　551

拉琊（拉琊村）　359，373，524－526，529，531，540，543，557，582

拉鲁达　525

拉琊俘虏营　531

拉琊行军　531

拉尼斯　521

来比恩　525

来栖三郎（来栖）　220，221，229，246，382，398，425，435，484，485，487，488，491，493－495，499

郎孙　523

琅勃拉邦　435

廊坊　344

廊坊事件　344

朗那瓦　523

劳动营（劳动部队）　510，524，532，535，540

劳动与平民服务法　319

劳顿　270，524

劳斯　523

劳务动员计划　475

老挝　434

离间政策　337

离日赴德日期 433

李顿 284,299

李顿调查团(调查团,李顿代表团)
255,269,284,294,299,301,304,305

李顿委员会 56,57,284,509

李家沟 509

李守信 334

里宾特洛甫 63,68,141,143－145,
153,156－159,161,179,180,182,
184,187,188,190,191,198－202,
206,212,213,216,217,229－231,
239,246,250,396－403,412－415,
425,433,440,442,446,456,459,
461,464,466,468,485,522,608

"里斯本丸" 544

里帕 525

立法院 297

立宪政治 82,337

"利根" 546,547

利帕飞机场 524

利益保护国 570,571,576－579,
610,611

笠原幸雄(笠原) 405

联邦政府 374

联合会议 108,310

联合舰队 407,485,486,492,503

联合舰队第一号机密命令 474

联合舰队第一号命令 501

联合舰队司令长官 454,481,485

联合内阁 53,55,285,614

联合王国 5,33,34,437,499,503,
506,574,593,597

联合王国军队 506

联盟大会 305,306

辽东半岛 23,24,27,28

辽宁(辽宁省) 4,267,278,280,282,
285,287,292,322,556

辽宁临时政府 278,285

辽阳 270,271,274

辽阳第二师团 270

列强霸道政策(霸道政策) 65,67,
120,161

林久治郎(林) 62,76,78,83,84,87,
88,91,94,97,129,267－269,272,
274,383,467,480,527,531,533,
536,541

林铣十郎(林) 62,76,78,83,84,87,
88,91,94,97,126,129,267－269,
272,274,383,467,480,527,531,
533,536,541

林铣十郎内阁(林内阁) 78,84－86,
92,95,104,335,337－339,363,446

临时"中国政府" 107

临时政府 278,280,285,357,358,
361,363,366,374－376

铃木内阁 603,615

铃木熏二(铃木) 55,57,78,89,138,
155,169,300,331,373,377,379－
382,392,395,405,406,431,437,
441,453,465,467,468,473,475－
480,482,484,491,492,549,550,
614,615

铃木贞一（铃木） 1，55，57，78，89，138，155，169，300，331，369，373，377，379－382，392，395，405，406，431，437，441，453，465，467，468，473，475－480，482，484，491，492，549，550，614，615，623，624

菱镁土矿 177

菱刈隆 311

领事馆警察权 27

领土扩张主义者 312

琉球群岛 33

柳州 5，382，516

龙王庙 341

龙烟铁矿公司（龙烟铁矿） 386

龙州 375

陇海铁路 328，385

卢沟桥 97，132，139，144，174，204，336，339－341，345，369，395，510，619

卢沟桥事件（卢沟桥事变，卢沟桥战斗） 89，95，96，97，99，102，103，106－110，117，130，135，142，148，151，158，162，165，255，336，339，340，345，376，416，510，596

陆地桥梁 435

陆军部队战斗报告 528

陆军军需审议会 441

陆军前锋部队 512

陆军全国总动员计划 106

陆军省（陆军省大厦） 1，6，52，54，61－63，69，78－80，87，88，92，96，107，108，116，125，136，139，140，145，146，151－153，190，191，201，206，220，236，239，250，259，265，276，291，294，299－301，312，315，318，331，366，371，373，403，406－409，422，440，463，474，475，480－482，507，508，513，515，516，519，530，537，545，552，554，560－562，564－568，570，571，576，594，601，602，606，609

陆军省报道部 580

陆军省整备局 125

陆军五年计划（五年计划） 86，88，90，93－96，102，107，122，124，130，134，174，175，178，318，395

鹿儿岛 464

伦敦 70，73，74，92，102，157，213，245，451，486，499

伦敦海军会议（伦敦会议） 63，64，71，74，91，119

伦敦海军条约（伦敦海军军备限制条约，伦敦条约） 71－74，101，263

伦敦会谈 74

罗拉阿-皮那扬 524

罗马 159，180，182，184，187，191，196，199，200，613

罗马尼亚 161

罗萨利俄 525

罗斯福 380，493

洛阳 382

洛阳丸 574

吕宋岛　496

旅顺　23－25,263,272,274,275,282,287,293

M

麻醉品　320,321,388,389

马场　65,67

马关条约　23

马六甲　525

马卡撒　538,557

马来半岛（马来亚）　240,243,245,247,404,434,435,440,441,460,466,472,474,475,484,495,502,520,522,523,526,532,533,538,539,541,556,574,580,584,589,597

马来亚英国驻军　438

马来亚战役　558

马来亚驻军　438

马里亚纳　118

马里亚纳群岛　75,76,91

马六甲海峡　545

马尼拉（马尼剌）　523,525－527,538,539,542,545,570,578

马尼拉海军防卫队　528

马绍尔群岛（马绍尔）　76,118

马占山（马）　40,64,167,263,264,275,282,287－292,336,361,369,442,482,501,538,551,557,566,577

麦克阿瑟　3,575

满洲（满）　2,4,8,14,23－25,27,28,49－54,56,57,63,66－68,70－72,74,75,78－82,85－87,91,94－96,98－101,102,103,106,111－115,117,120,122,123,126,131,133,135,138,143,144,146,150,158,160,164－166,168－171,173,174,183,185－187,189,190,199,207,212,213,215,216,218,219,236,238,242－244,249,251,255－268,270,272－275,277－295,297－322,326,327－335,337,338,340,352,354,355,364,367,368,370,372,377－380,383－394,397,399,403－408,410,411,413,414,416－423,427,428,437,438,446,447,450,453,461,472,473,475,476,482,489,490,491,494,499,509,510,519,523,525,529,531,541,544－546,548,558,567,569,573,575,578,582,583,588,590,591,593－596,599,602,605,609,613,616

"满洲国"（"满洲帝国"）　54－56,58－63,85－87,90,94－96,102－104,106,113,114,120,121,123,128,130－132,138,140,144,146,155,157,163,168,171－175,177,178,192,203,210,211,218,225,236,242,293,294,297－304,306－319,321,322,326,327,329,330,332－335,337,343,352,355,356,367,370,374,377,379,381,385,

409,416,444,453,515,517,588,595,596

满洲独立(满洲独立运动) 258,307,596

满洲独立宣言 292

满洲工商业 25

"满洲国"改组 312,314

"满洲国"工业计划("满洲国"工业发展五年计划纲要) 123

"满洲国"经济建设方案 315

"满洲国"五年计划 87,177

"满洲国"鸦片垄断管理局 321

"满洲国"战争产业 121

"满洲国"政策 58,60

"满洲国"政府 51,86,103,114,130,131,205,297-299,302,307,313-315,318,319,595

"满洲国"执政("满洲国"主席,"满洲国"皇帝) 302,311

"满洲国"中央银行(满洲银行) 121,314,317

"满洲国"总务厅 85,114,316,409,595

"满洲国"总务委员会 310,428

"满洲国"组织法 311

满洲经济(满洲经济计划) 85,309,313-316,318,393,619

满洲里 27

满洲人 103,292,317,410

满洲事变 275,285,286,290,299,309,430

满洲事务局 569

满洲铁路(满洲铁路公司) 25,313,314,318

满洲问题(满洲政策) 49,51,55,102,260,263,265,266,268,277,280,291,303,383

满洲兴业银行("满洲国"工业银行) 85,121,317

满洲议定书 57

满洲战事 80

"满洲政权" 287

满洲重工业发展公司(满洲重工业株式会社) 130,319

曼谷 532,570,578

曼塔纳尼岛 523

毛淡棉 558,569,574,601

茂物 524,538,539

梅机关 375

梅津·何应钦协定 338,351

梅津美治郎(梅津) 1,60,61,64,78,83,84,88,96,106,109,113-116,120,125,129,136,144,149,196,201,275,291,310,313,316,319,322,328,337,373,384,405,406,408-410,414,463,480,508,513,515,554,567,569,619,620,623,624

湄公河 434,436

美德条约 30

美国(美利坚合众国,美) 1,4,5,26,29-33,34,36,42,56,57,59,60,63,64,66,67,70-77,90-92,97,

99-101,103,112,113,117-120,
128,133,143,145,161-165,171,
172,175,178,180,181,190,200,
203,204,206-210,212,213,215-
218,220-223,225,226,229-231,
240-253,266,279,282,283,286,
288,295,303,310-312,316,322,
330,332,343,344,349,350,352,
354,355,358,359,368,376,379-
382,387,393,398,399,403,425-
427,429,430,433,438,439,441,
443-446,449,451-463,
466-479,481-493,496-504,
506,517-519,521,527,529,546,
548,557-562,564,565,572,573,
575,576,579,583-585,593,597,
600,601,612,615,624

美国兵　529

美国传教士　306

美国船"琴·尼可特"号　547

美国俘房　524,544,545,551,572

美国国民（美国人）　31,163,178,
303,387,457,458,499,527,530,
560,561,572,573,575,577

美国国务卿（国务卿）　59,68,77,
100,215,279,283,287,288,295,
343,379,396,445,454,456,457,
468,469,482,493-495,498,559,
575

美国国务院（美国政府）　26,31,164,
215,288,344,351,443,453-455,

458-460,462,467-472,475,476,
484,486-489,491,493,494,530,
559-561,572-577,579

美国海军　67,75,120

美国建议案　462

美国领事馆　379,459

美国炮舰　118,515

美国权益　459

美国商品　459

美国太平洋舰队（美国舰队）　70,74,
75,91,431,454,455,463,481,485

美国宣言　21

美国政府照会　492,573

美国驻法国维希政府观察员　455

美国驻苏大使　457

美国总领事　295

美国总统（美利坚合众国总统）　2,
454-457,469,471,472,475,484,
485

美国最高法院　15

美那多　521,539

美日和平　454

美日通商航海条约　209,499

美日外交会谈　171

美日协定　5

美日友好关系　461

美英宣战书　499

门户开放政策（门户开放）　21,24,
26,35,58,59,64,103,162-164,
173,212,257,288,293,295,368,424

蒙古（蒙,蒙古国）　6,52,58,72,123,

126,137,138,172,173,180,192,218,226,242,257,262,266,286,304,308,324,333,334,349,369,408,420-423,518,525,605

蒙古国境警备队　421

蒙古建国会议（建国会议）　334

蒙古民族　303

蒙古人民共和国　416,420,423,614

蒙古长官　292

蒙古政策　333,334

蒙政会　334

盟国　2,3,12,156,396,460,492,536,570,571

盟军　475,521,525,528,531,533,534,537,542,551,555,557,558,570,620

米尔纳湾　523

米内　183,184,186,189,190,192,193,203,204,207,208,213,219,222,228,229,231-235,373-376,467,480

米内内阁（米内政府）　202,203,205,206,210,212,213,216,220,221,223-235,244,254,377,426,429,446,447,591,602

米利　525

秘密军事协定（秘密协定）　142,160,184,199,378,396,397,460

秘密委员会　435

密多　538

棉兰　538,570

棉兰老岛　496

缅甸　240,247,248,376,377,403,404,427,433,434,441,473,474,484,523,524,532,536,538,539,551,557,558,567,569,573,574,601

缅甸方面军（缅甸方面军司令官）　569,601

缅甸盟军　534

缅甸日军林师团　540

民答那阿岛　211

民主国家　431

民主政府　79,288

民主主义　55,57,190,462,590

民族斗争　509

明治天皇　48

明治维新　8,48

摩鹿加群岛　523,538,539,551,557,567

莫尔　522,523

莫尔棉　532,544

莫克索克温保护林　569

莫洛托夫　422

莫斯科　56,89,138,139,157,198,220,391,392,395,405,406,413,417,433,442,457,459

莫斯科会议　2,3

莫亚岛　524

墨吉　557

墨金莱堡　570

墨索里尼　159,184,185,207

木村　15,78,317,428,441,465,467,

474,480,491,508,515,518,551,
557,558,560－562,565－567,569,
600－602

木村兵太郎（木村） 1,15,78,317,
428,441,465,467,474,480,491,508,
515,518,551,557,558,560－562,
565－567,569,600－602,622,624

木户日记 19,96

木户幸一（木户） 1,10,15,55,60,
101,103,108,110－113,127,133,
136,145,148－153,160,162,165,
169,175,184－186,192,194,196,
227－229,231－235,237－239,
251,264,266,268,276,277,279,
286,287,289,300,323,353,355,
356,361,367,370,371,377,379,
381,425,429,436,441,453,458,
459,464－467,470,473,475－482,
485,491,492,571,599,600,622,624

慕尼黑 487

慕尼黑会议 424

N

那卢岛 524

纳粹大会 200

纳粹德国（纳粹政权） 139,141,156

纳粹主义 456

南北美洲 229,581

南次郎（南） 1,52－54,60,61,260,
264－266,268－270,273,276,277,
279,282,283,285,289,312,313,
320,323－326,328,334,392,405,
407,605,619,624

南方军 481,485,532,536,558

南非 499

南海 178,309

南海新秩序 432

南进计划（南进军事行动政策） 210,
226,253,454,490

南京暴行（南京日人暴行） 353,510,
513,514,594,607

南京国际安全地区委员会 512

南京国民政府 379

南京居民 509,512

南京市（南京,南京城） 5,112,114,
118,262,342,343,348,353,354,
356－359,361,377,378,389,390,
406,510－515,518,538,539,570,
591,594,600,604,606

南京守备队 514

南京铁路 295

南京新政权 113

南京政府 329

南陵 304

南满 27,265,274

南满铁路（南满铁路公司,南满铁路株
式会社,南满洲铁道,南满洲铁道会
社,南满洲铁道株式会社,南满铁道
会社） 25,27,28,49,51,114,255,
257,259－261,268,269,271,272,
275,287,312,408,431

南美 427,462

南宁 375

南沙群岛 177,178,181,424,438

南太平洋(南太平洋地区,南太平洋海域) 205,211,214,215,218,221,224,230,231,240,242,447,475,488,490

南望 523

南洋(南洋地区) 66,67,76,77,120,166,231,240,241,243,246,248,252,332,333,376,438,439,441,445,454,593,597

南洋部队 503

南洋航线 76,77

南洋群岛(南洋诸岛) 49,75,166,367,582

南洋厅 76,77,568,569

南洋托管岛屿 91,118

南洋殖民地 252

南苑 345

南云 486,493

难民营 512

内阁规划委员会 379

内阁会议 112,133,134,194,195,211,238,276,277,279,298,301,311,315,338,341,342,356,372,380,381,426,472,478,479,510,594,596,605,615

内阁计划 314,318,455

内阁秘书长 549

内阁企划厅 94,120,174,619

内阁调查局 78,94

内阁印刷局 475

内蒙古(内蒙) 61,89,113,137,146,162,168,322,324,326,333,334,338,356,371,389,410,596,605,619

内蒙古自治政府(内蒙自治政权,内蒙地方政府,内蒙"自治政府") 60,61,324,325,334

内蒙自治(内蒙计划) 61,324

内田 269,393

内务省(内务省大臣) 63,80,81,109,146,151,331,371,480,560,568,617

内务省警保局外事课 548

嫩江桥 282

尼古巴群岛 525,538,597

尼基俘虏营 535

尼可尔·斐尔德 539

尼桑公司 319

鲇川 318,319

纽伦堡法庭(纽伦堡,纽伦堡法庭宪章,纽伦堡判决) 13,14,18,19

诺门坎(诺门坎地区战事,诺门坎事件,诺门坎战斗,诺门坎战役,诺门坎战争) 192,193,196,198,216,399,401,416,419,420,422,538,589,592,597,603,606,614,619

O

欧洲(欧) 50,57,92,99,145,158,190,191,199,207,212,215,217,218,221-224,230,231,240,241,

247,251,252,330,333,350,359,
393,396,398,400,409,411,415,
417,420,424,426,427,429,430,
439,447,449,452,457,482,506,
548,557,562,564,584

欧洲独裁制度 50

欧洲人 521

欧洲战争（欧战） 99,179,184,193,
199,200,203－208,211－214,217,
218,221,223－226,230,231,239－
241,244－246,249,252,255,410,
425,430,434,438,439,445,456,
461,462,464,614

P

帕尔 201

帕甘·巴罗 538

帕罗海滩 524,538

帕舍俘虏营 539

帕塔尼 495

帕西瓦尔 553

潘班加 529

培托·普林西萨 525,527

澎湖列岛（澎湖群岛） 2,32,33

皮拉 524

平顶山 509

平汉铁路 514

平民拘留所 547,550,554

平时体制 88,93

平田 271,272

平沼内阁 96,152,168,175－178,
181－185,192－196,198－200,
203,204,213,216,224,231,374－
376,596,602

平沼骐一郎（平沼） 1,64,72,77,84,
143,160,165,169,170,178,182－
191,194,197,203,204,235,257,
263,301,302,355,367,371－374,
377,380,397,422,432,437,464,
465,467,491,507,592,593,599,
621,624

平沼声明 185－188,191

屏东俘虏营 538

婆罗洲（婆罗洲岛） 440,450,474,
520,521,523,524,528,529,531,
538,539,541,542,557,567,580,
589,597,598

破坏和平罪（破坏和平罪行） 3,4,
12,17－19,624

葡属帝汶（葡属帝汶岛） 523,524,
525,538,539

葡萄牙（葡,葡萄牙政府） 5,29,32,
34,39,40,240,242,244

朴茨茅斯条约（朴茨茅斯条约附属议
定书） 24,25,49

浦东电力公司 386

普世原则 48

普通战争犯罪（普通战争阴谋罪）
13,14,16－19

溥仪 267,280－282,287,291－293,
299,302,303,311,315,515

Q

齐齐哈尔　27,282,287,288,290

齐亚诺　159,180,182,250

奇尼巴罗山　531

旗舰"青叶"号　546

企划厅　94－96,103,105,107,174,608

企划院（日本企划院）　120－123,125,131,136,145,154,174－176,204,441,452,453,475,548,549,595,601

企划院总裁　236,238,250,382,437,441,467,477,480,482,549,595,614,615

千岛群岛　33

千金堡　509

潜水艇　70,71,73,74,454,470,546,547

潜水艇战争　545,546

浅水鱼雷　454,464

强奸事件　511

桥本欣五郎（桥本）　1,50－55,57,79,81,82,84,90,99,118,126,189,190,237,261,262,264,266,267,273,276,279,288,300,395,404,411,429,430,453,476,590,591,621

桥本欣五郎宣言（桥本政策）　81,430

侵华战争　111,584

侵略国　253,396,500

侵略计划（侵略亚洲大陆计划）　100,129,139,231,329,398,591,592,594,601,602,619

侵略战争（侵略战争罪,侵略战争政策）　4,5,12,14,17－20,36－38,46,132,137,254,308,309,383,404,411,422,453,489,497,500－504,581,583－589,591,594－597,599,601,603,606,607,609－615,617

侵苏战争（侵苏计划）　399,614

亲德派　198,224－226,228,233,236,239

亲德政策（亲德外交政策）　160,196,202

亲日政权（亲日地方政权）　146,368,374,619

亲轴心政策　231

秦德纯　323,324,340,341

"琴·尼可特"号　547

青岛港　163

青海　334

青木　569

青年军官集团　64

青天白日旗　374

"青叶"　547

轻巡洋舰　528

清国　418

琼班　524

琼蓬角　523

丘吉尔　439,486

秋田收容所　510

裘保安　538,539

驱逐舰　77,91,294,493,528
全国备战总动员　146,168,179
全满大会　293,294
全面军事同盟　148,156,161,179－183,185,187,189,190
犬养（犬养毅）　54,55,72,133,158,285,294,300,590,614
犬养内阁（犬养毅内阁）　54,55,133,150,285,450

R

热河（热河省）　4,56,255,256,292,303－305,308,315,321,322,324,329,338,515,583,588,602
人道待遇　42,44,537,554,563,564,592,598,611
日"满"条约　317
《日本2600年历史》　292
日本"水路部"　440
日本"新秩序"　114,139,153,154,161,167,202,242
日本便衣警察（便衣警察）　281,283
日本参谋本部　63,142,156,396,401,404,406,411,415,536,582
日本船舶　95,450,543,598
日本大本营（日本帝国大本营）　3,440,469,532,534
日本大东亚统治计划　239
日本大陆政策　333
日本大使　59,62,144,191,198,212,215,236,279,311,324,325,336,344,345,349,368,377,396,402,435,446,449,453,462,466,468,488,491,498,512－514,607
日本代表团　276,448,450－452,460
日本帝国（日本帝国政体）　26,48,55,65,102,110,151,266,309,310,350,437,447
日本帝国官员　541
日本第34军　521
日本第七方面军总司令　575
日本东亚计划　432
日本对华侵略（对华侵略,对华侵略战争）　4,144,162,187,209,255,588,600,617
日本对华事务　154
日本对华战争（对华战争,日本对华军事行动）　95－97,99,100,102,103,108,113,127,139,147,151,189,206,208－210,229,241,246,248,255,275,345,362,371,395,456,506,510,583,588,591,594,597,602,609,615,617,619
日本对华政策（对华政策,日本对华政策三原则）　100,115,149,154,156,169,171,172,177,180,189,225,312,322,329,331,375,383,593
日本对美政策问题　470
日本对苏政策　392,397
日本对外扩张主义（日本对外扩张计划）　602,613
日本法庭　19

日本飞机（日本轰炸机） 124，304，348，462，495，496

日本附属地 175

日本港口 415

日本阁员 515

日本归国士兵 516

日本国策（日本国策要纲） 59，97，155，166，197，213，214，333，380，394，404，424

日本国境警备队 416

日本国民经济 427

日本国民性（日本国民） 25，48，57，58，63，67，74，79，82，85，89，90，103，106，110，121，127，128，130－133，135，151，152，174，176，192，204，207，212，232，238，239，258，262，268，362，371，460，496，564，572，576，587，590，617

日本海 47，289，392，551，568，577

日本海军（日本海军部队，日本海军政策，大日本帝国海军） 70－72，74，75，77，102，178，290，294，346－348，441，454，459，464，501，515，544－547，579，607，612

日本海军舰艇（日本海军潜水艇） 415，546

日本和平意图 438

日本湖 289，392

日本华北派遣军 357

日本华南派遣军 219，443

日本皇室 281

日本监视兵 529

日本舰船 378

日本教育制度 151

日本金融结构 428

日本经济 88，103，122，131，132，139，143，146，147，152，175，205，208，318，338，394，499

日本经济重组计划 428

日本警察 265，268

日本军备 89，90，204，385，395，400，596

日本军部 47，100，180，187，189，457，462，508，509，517，588，608，611

日本军队（日军，日本帝国军队，日本部队，皇军） 6，15，20，25，47，49，60，86，97，107，129，136，137，140，149，153，154，172，178，180，181，192，193，197，203，209，243，244，255，258，259，265，269，271，273－279，281－285，287－290，292，295，296，303－305，307－309，314，319，320，323，325，327－329，333，336，340－344，346，348，350，351，353，357－359，361，364，366－369，371，375，377－382，387－389，394，407，409，410，417－422，424，425，434，440，442－444，448，457，463，465，468，475，478，481，483，484，486，491，495，496，501－503，506，507，509－517，521－523，525，526，529－531，537，547，548，550，551，558，

563，564，571，575，576，579，580，
594，601，603，609，616，618，619

日本军国主义（日本军国主义者）
308，395，399

日本军事代表团　424

日本军事当局　85，162，366，435

日本军事基地　405

日本军事极权主义国家（日本极权制
度）　599

日本军事力量　137，328，395

日本军事史　80

日本军事政策　391

日本军需产业　510

日本军医　541

日本空军　189，440

日本联合舰队　485

日本领导人（日本领导者）　166，240，
252，254，255，397，402，453，454，
462，464，472，488，490，500－502，
517

日本领事馆　27，64，164，265，272，
274

日本陆军计划　92

日本陆军囚犯　520

日本陆军逃兵　556

日本民主政治（民主政治）　54，55

日本民主主义分子　590

日本命运　129，394

日本目标　425

日本南进政策（南进政策）　211，243，
245

日本内阁（日本内阁阁员）　16，49，
53，85，98，100，112，114，115，121，
147，155，168，190，276，293，309－
311，315，317，321，348，436，442，
443，449，459，484，498，548

日本年鉴　326

日本派遣军　219，388，567

日本骑兵联队　551

日本侵华战争　170

日本亲德派（亲德派）　198，224－
226，228，233，236，239

日本亲英派　244

日本人（日本人民，日本民族）　3，8，
14，27，35，48，55－57，81，85，102，
103，121，146，147，170，225，258，
262，275，278，284，287，289，290，
292，294－298，302，304，307，311，
314，316－319，321，324，325，328，
335，345，346，358－361，363－366，
373，389，410，431，432，450，506，
512，515，517，518，520，521，527，
528，530，534，539，542，551，552，
557，558，560－562，574－576，612

日本人监视员　579

日本商人（日本企业家）　387，450

日本时报　376，573

日本守备队（守备队）　325

日本枢密院（枢密院）　36，47，53，56，
61，64，68，71，72，74，77，111，142，
160，165，166，170，171，180，250，
253，263，285，301，303，367，378，

397,428,429,431,454,498,499,502

日本特别服务机关　320

日本调停委员会（日本调停纷争）　436,438

日本通货　122,387

日本统治区（日本统治区,日本统治版图）　129,175,333

日本投降　277,285,301,303,311,318,321,387,505,541,550,570,576,579,601,607,608

日本投资设施　444

日本外交政策（日本外交政策纲要,日本外交方针纲领,日本外交）　63,66,99,156,157,160,205,207,213,242,243,307,312,329-331,342,377,414,424,426,439,476,604,613

日本外务省（日本外务机构,日本外务办）　68,178,180,185,217,310,322,329,331,342,358,359,396,401,443,458,491,522,565,571,574,575,610,611,613

日本武装部队　3

日本宪兵　299,537

日本宪法　50,261,285,297

日本新帝国　162

日本新闻机构（日本新闻）　218,348,395,446

日本宣传　500

日本议会（日本议会制度）　55,78,84,108,349

日本银行　105,122,387,440

日本邮船株式会社（日本邮船公司）　76,77

日本远征军　375

日本在华军事行动　204,349,382

日本政党（日本政治家）　83,300,404

日本政府　3,6,14,24-26,29,31,47,59,60,64,68,74,83,92,95-97,100,109,112,114,115,119,121,132,147,148,154,157,159,167,171,191,206,231,239,246,252,260,279,280,288,293-295,300,301,306,312-314,316,320,322,327,329,338,341-345,347,348,351-354,359,362,367-371,373,375,377,379,380,384,385,387,390,392,393,396,397,403,412-414,417,419,423,426,428,439,449,452,453,455-462,466-469,471,472,476,477,481,483,484,486,493,505,510,512-514,517,522,530,534,536,541,543,549,551,553,555,556,559-565,568,571-573,575,576,582,595,602,618

日本政治（日本政策）　53,54,83,123,127,153,164,171,183,203,204,213,222,223,225,229,242,246,285,335,359,426,469,590,615

日本驻柏林大使馆　397

日本驻比利时大使　307

日本驻德国大使（日本驻柏林大使）

397,398,432
日本驻伦敦大使　213
日本驻"满洲国"大使　316
日本驻美国大使(日本驻华盛顿大使)
　　344,379,400
日本驻缅甸方面军司令官　569
日本驻莫斯科大使　216,415
日本驻南京大使馆　342,343
日本驻上海总领事　347
日本驻沈阳总领事　269
日本驻屯军　97
日本驻屯军司令官　344,345
日本驻意大利大使　430
日本驻中国大使(日本驻华大使)
　　335,354
日本租地(日本租借地)　35,283
日本租界　389
日本最高战争指导会议　500,501
日比谷　301
日德防共协定　160
日德关系(日德条约)　63,137,142,
　　160,186,202
日德军事同盟谈判　137
日德同盟(日德军事同盟,日德全面军
　　事同盟)　137,156,185,198,396,
　　416
日德文化合作协定　160,170
日德文化协定(日德文化协会)　160,
　　212
日德协定　403
日德意同盟(日德意军事同盟)　191,

192
日德意无限制军事同盟　597
日俄两国约定　25
日俄战争　23,24,262
日耳曼　431
日法特殊关系　473
日法约定　473
日方俘虏运输船　574
日方通讯　488
日高　342,343,368
日荷关系　206
日荷委员会　449
日华基本条约　473
日警　265
日军禁运监视团　442
日军拘禁者　541
日军缅甸总指挥　480
日军炮兵　344
日军驱逐舰　294
日军首脑者　506
日军卫生机关　574
日军侦察队　420
日军驻华问题　478
日"满"国防　66,332,384,394
日"满"华共同宣言(日"满"华联合声
　　明)　380,428,460
日"满"华集团(日满华经济集团)
　　337,427,433
日"满"华新关系(日满华三国新关系)
　　330
日"满"华综合计划　384

日"满"经济(日满经济集团) 61,97,
　315,316,384
日"满"联合经济委员会(联合经济委
　员会,日满经济共同委员会,日满共
　同经济委员会) 78,85,103,316,
　317,428,441
日"满"条约(日"满"协定) 68,103
日美关系(日美邦交) 213,456,468,
　470,482
日美会谈(日美交涉,日美外交照会)
　26,172,380,382,470
日美托管条约 31
日美协定(日美协议) 173,458,478
日美友好关系 470
日美战争(日美之战) 245,452
日内瓦 23,36,37,41,284,286,294,
　304,509,564,565
日内瓦公约 13,15,41,45,46,525,
　547,556,559,561-563,572
日内瓦红十字会公约(日内瓦红十字
　公约) 22,44,560
日内瓦战俘公约(日内瓦俘房公约,日
　内瓦战俘公约条款) 15,22,41,
　287,517,554,559-561,572,576
日苏邦交 220
日苏中立条约(日苏中立冲突) 399,
　400,402,408,414,423,442
日泰关系(日泰互不侵犯条约,日泰军
　事同盟,日泰协定) 433,435,502
日汪条约(日汪基本条约) 380,381
日意同盟 68

日英关系 437
日元(日元集团) 85,105,106,122,
　131,153,317,321,387,428
荣臻 267,269
"容共"抗日的政策 168
柔佛 526
瑞士公使(瑞士公使馆) 540,541,
　559,576-579
若槻内阁 51,52,264
若槻礼次郎(若槻) 51-53,264,
　276,277,284,285,467,479
若松 141,396,533,536

S

萨达克海岸 495
塞班岛 76,91
三宝垄 538
三等国家 440
三国防共协定 398
三国同盟(三国同盟草案,三国同盟条
　约,三国同盟条约签署国,三国军事
　同盟,三国军事代表团,三国条约)
　2, 158, 159, 186, 188, 189, 190,
　192-194,198,232,245,247,249-
　254,397-401,408,412,414,426,
　428 - 433, 438, 439, 441, 443, 448,
　449, 454 - 457, 460 - 463, 470,
　475-477,483,487
"三位一体" 301
三井公司 388
三菱贸易公司 388

三马林达 520,557

三月事件 50-52,263,264,602

三国轴心同盟(三轴心国军事同盟,三国轴心) 157,158,225,231,400

桑岛 322,323

色勒达 496

森 54,55,272,274,275,531,533,536,541

森岛氏 269,270,272

苏联大使 400,470

杀人罪 18,20,497

山本 358,401,407,481,485,492,522

山本收容所 579

山打根 525,529,531,539,552

山东(山东省) 328,258,342,351,389

山东铁路 328,385

山海关 305,306,308,322,325,329

山海关火车站(山海关车站) 306

山海关事件 305,306,308

山海关长城 286

山路 531.541

山仁 539

山西 328,342,349,350,357

山下案 15

山下奉文(山下) 570,607

山宅 270

山中俘虏营 532

杉山进宫 106

杉山元(杉山) 83,108,111,114,132,517,536

善待战俘公约 37

善通寺收容所 552

商工省产业合理化特别委员会 93

商工省大臣 480

上村 547,548,565,566

上海(沪) 5,107,189,267,281,289,290,294-296,305,312,342,346-349,351,353,354,357-361,365,369,370,373,375,386,389,390,453,485,496,513-515,518,538,539,544,577,604

上海电力公司 387

上海华界地区闸北 290

上海战役(上海之战,上海争端) 296,344,349,515

上田 295

舍马他岛 524

设立新中央政府的方针 374

社会主义 262

神田 257,405,410,411

神武会 55

神武天皇 48,55

神学院 551,557

沈阳 51,52,256,259,266-278,281,282,285-287,291,292,294,299,304-307,509,556,580

沈阳独立守备队 273

沈阳-山海关铁路 305

沈阳事件(沈阳事变,沈阳战斗) 51-53,58,80,85,86,92,96,99,

101,103,105,132,136,170,231,266,268,269,271,273,275,277,278,282,287,290,305,309,320,430,431,506,509,588,590,591,596,605

沈阳特务机关事务所（特务机关事务所，沈阳特务机关总部） 270,272

生产力扩充计划 92,175,176

圣·斯帝文专门学校 525

圣保罗学院 527

圣塔·卡达尼纳 524

圣塔·克鲁斯 523

圣·菲尔南多 529,530

圣托·汤玛斯 525

"十九国委员会"（"十九人委员会"） 296,305

十月事件（十月阴谋） 53,279,280

石本权四郎 304

石渡 184,186,232

石井 303

石青会 429

石油资源（石油储备） 441,452

石原 270

"十九国委员会" 296

史东 15

史塔玛 206,212,213,246,247,249,250

世界大国委员会 282

世界新秩序 99,251,431,457

《世界重建之路》（《世界重构之路》） 261,300,429,430

首谋者 590,591,606,616,617

枢密院 47,53,56,61,64,71,72,77,111,160,165,166,171,180,182,253,263,285,301,303,367,378,397,428,429,431,454,499

枢密院顾问官（枢密顾问官） 74,142,160,169,253,453,592

枢密院会议 143,160,169,170,250,253,301,316,468,502

枢密院审查委员会（枢密院调查委员会） 71,160,301,399,407,452,559

枢密院议长 64,84,143,165,169,192,196,228,234,355,356,467,592

舒顿群岛 450

庶政一新 82

双城子 407

"顺洋丸" 545

司法管辖权 85,620

斯蒂芬·厄尔利（厄尔利） 575

斯堪的纳维亚 393

斯拉夫人 409

斯迈思 513

斯梅塔宁 400,401,414

四川（四川省） 377

四国 3,30,32,352,552

四国条约 22

四日市 539

"四位一体" 301

四相会议 220,235,247,435,436

四项原则（四项基本原则） 66,459,

472,474,475,477,486,488-490
寺内(TERAUCHI) 65,67,82,83,200-202,206,337,359,424
寺平 341
泗水 538,539
松本 379
松村 415
松冈-亨利协定 434
松冈计划 433,465
松冈声明 304,437
松冈洋右(松冈) 1,6,51,99,108,114,235,236,240,242-247,249-253,304,377,379,380,398,400,401,412-414,433-443,447,448,450-452,455-461,464-467,522
松井七夫 260
松井石根(松井) 1,153,348,349,353,361,367,405,411,510,513-515,570,603,604,606,622,624
松井太久郎(松井) 325,340,341
松克雷俘虏营 534
淞沪路(淞沪路车站) 290
淞沪战争 290
宋卡 495,503
宋哲元 325,340,342,344,346
宋子文 269,277
苏班 523,526
苏德互不侵犯条约 375
苏德战争(苏德战场,苏德作战) 401,403
苏夫卡万 407

苏联(苏,苏联政府,苏维埃社会主义共和国联盟) 1,3,5,6,29,30,35,38,41,50,56,57,60,66,67,84,88-90,96-98,106,113,130,131,136-142,144-146,149,150,156-161,167,168,172,178-183,185,187,189,192,195,196,198-202,204,210,214-216,218,220,221,224-226,229,231,240-243,245-250,252,253,257,262,332,333,335,337,349,355,369,380,383,391-408,409-420,422-424,426,427,433,442,453,463-465,469,470,477,489,538,540,555,583,589,596,597,605,610,613,614,616,619
苏联部队(苏联兵力,苏联边防部队,苏军,苏联陆军,苏联援军,苏联国境警备队) 89,128,140,149,159,192,217,394,401,413-415,417-420,422
苏联船舶 415
苏联代表 417
苏联防卫(苏联进攻) 383,401,413
苏联公民 523
苏联军需产业 415
苏联外交人民委员会 138
苏联远东 333,391,392,399,402,405,408,420,473
苏鲁格岛 523
苏满边境 405

苏门答腊(苏门答腊军队) 441,450,480,508,520,523,524,538,539,545,557,567,570,589,597,598,606
苏日互不侵犯条约(苏日战后协定,苏日中立条约,日苏互不侵犯条约,日苏条约) 138,200,216,224,226,414,433,452,459,616
苏日问题(苏日战争) 138,393
苏台德 159
苏伊士运河 457
苏州 515
苏州河 496
绥远省 350,389
绥中 308
所罗门群岛(索罗门) 538
索卡波米 557

T

塔尔 525
塔奎克 523
塔拉尔群岛 521
塔诺安 525
塔琼加兰 538
台山县 516
台湾(台) 2,32,33,54,60-65,80,82-84,113,121,126,133,139,150,178,182,191,192,194-196,202,204,205,213,216,218,222,224-226,228-230,232-235,238,242,247,254,259,263,264,271,320,339,346,357,358,365,373,393,429,466,482,526,528,534,535,538,541,547-549,553,558,568-570,580,591,593,602,603,605,614,618
台湾俘虏收容所 553
台湾人 528,558
台湾银行 121
台湾政府 431
太平洋(太平洋地区) 2,4,5,22,26,31-33,57,75,118,119,197,212,218,221,224,226,229,230,240,243,245,247,308,309,376,380,425,431,435,437,439,445,454-456,458,471,472,474-477,481,486,488,489,506,546,551,565,575,581,624
太平洋岛屿属地(太平洋属地,太平洋岛屿) 76,202,222,223,247,308,583
太平洋方面盟国属地 493
太平洋战争(太平洋大战) 57,90,118,130,167,170,171,181,254,353,382,387,424,426,437,505,508,519,521,530,537,542,543,555,556,559,566,567,570,578,601,608,610,615,619
太平洋诸岛 30,252,449,612
泰国 5,29,39,40,219,240,246,247,377,427,433-438,440-442,451,452,457,464,465,473,484,495,499,502,503,523,532,536,

538,539,541,551,573,574,578,
  580,585
泰国俘虏收容所　537
泰米尔人　526
泰缅铁路(泰缅铁路工程)　524,532,
  544,551,574,601,618
泰缅铁路俘虏所　574
泰日友好条约　5
泰越国境　434
檀田　114
坦·奎　523
汤岗子　281,282,293
汤玉麟　292,303,304
塘沽　281,308
塘沽停战协定　308,309,322,351,
  389
洮南　265
特高警察　81
特鲁克　546
特鲁克环礁　91,118
"特区紧急委员会"　279
特殊权利问题　446
腾冲　382
藤田　266,267
提革彭　524
天皇(裕仁天皇、昭和天皇、日皇)　3,
  8,10,15,47,48,50－55,58,79,83,
  108,139,140,169,170,182,184,
  191－193,196,200,228,229,233－
  235,239,245,250,251,259,260,
  262,266,275－277,285,286,288,

289,294,303,309,353,377,409,
  413,418,429,430,436,437,447,
  458,459,464,465,467,470,472,
  479－481,485,491,493,494,513,
  560,562,564,592,597,600,619
天皇敕令　125
天皇政府　301
天皇之道(天皇精神)　48,55,58,392
天津(天津地区)　60,189,258,267,
  280－283,285,321,340,342,344－
  346,366,385,389
天津日本租界　322
天津英租界问题　214
天津租界　163
天羽声明　58,59,73,171,311,312,
  322
天羽英二　311,312
田中静一　326
田中隆吉　324,417,418
田中内阁　49,52,256－261,582
田中义一(田中)　49,62,256,258－
  260,324,325,334,407,417,582
畑俊六(畑)　1,109,136,196,199,
  202,203,207－210,219,222,224,
  227,232－236,275,313,349,361,
  362,375,376,405,453,480,514,
  515,518,519,567－569,591,592,
  621,624
条约缔约国会议　101
调停欧战　439,463
调整邦交　470,476

索　引 | 669

铁道警备部队（铁道守备队）　256，
　　274
铁路附属地带　25，27
铁路警备队　25，27
"铁血团总部"　281
停战协定（停战协定草案）　290，296，
　　308，341，344，346，347，425，436
通辽　308
通州　325，338，345
同盟国　4，29－31，36，116，161，249，
　　253，398，413，445，460，478，519，
　　543，546，547，560－564，571，574，
　　576，598，610，612，615
同盟国船舶　546
同盟国飞行员　519－521，576
同盟国俘虏　541，544
同盟国军队　542，544
同盟国照会　562
同盟条约　432，433，435，499，503
统治对策委员会　481
图门江　416，418
土耳其　50
土肥原·秦德纯协定（秦土协定）
　　61，324，338，351，389
土肥原贤二（土肥原）　1，52，60，61，
　　136，146，147，203，258－260，267－
　　270，273，277，278，280－283，287－
　　292，310，320，323－326，328，334，
　　345，349，365，366，385，465，480，
　　550，567，568，570，588，589，598，
　　621，624

土默特旗　334
屯垦兵制度　289
托达比尔　521
托管岛屿　76，77，91，118，166
托利托利　521
托莫洪　521
拓务大臣　77，186，203，211，226，
　　381，568，602

W

外白渡桥　496
外贝加尔　392，406
外蒙古（外蒙，外蒙古主权）　139，
　　192，330，333，334，404，408，409，
　　416，419，420，422，423，596，616
外滩　496
外务大臣（外务省大臣）　42，49，51，
　　59，60，63－65，67，73，75－77，84，
　　90，92，94，96－100，103，111，117，
　　119，120，127，129，141－143，145－
　　150，153，154，156－158，160，162－
　　166，168，169，171，172，177，180－
　　186，188，190－194，197，203－205，
　　207，209，211－213，215－217，219，
　　220，223，227，228，230，231，233，
　　235，236，238，240，243，244，246，
　　247，249－251，253，261，263，264，
　　267，268，272，274，280，283，284，
　　301，310－312，329，335，338，344，
　　349，351，352，354，355，363，367，
　　369，373，376，377，380，381，387，

392,393,397,398,400,402,412,
415,418,425,437,442,445,447,
450,467－470,475,477,478,480,
482,493,513,536,540,559,565,
572－574,576－579,593,594,603,
605,608,610－613,615,616

完全军事同盟　608

宛平(宛平城)　97,255,340,341,344

万宝山事件(万宝山,万宝山当局)
　264,265,289

万隆　523,538,539,557

汪精卫(汪兆铭,汪)　203,204,215,
361,365,370,371,373－375,377,
378,428

汪精卫政府(汪精卫中央政府,汪精卫
政权,汪精卫政府,汪政府,汪政权,
汪精卫傀儡政权)　204,207－209,
212－214,375－378,381,591,596

王家坨　514

王冷斋　340

望涯群岛　523

威尔斯　468

威克岛　496,524,544,557,568,579

韦华克　524,530

违反人道罪　4,18,611

违反战争法规及惯例罪　4

维多利亚岬　538,539

维新政府　359,361,363,366,374－
376,388,389

魏斯札克　212,345,413,435,440

魏特　534

文部省(文部省大臣)　79,80,110,
151,371,480

文官阁僚　392

乌兰察布盟　334

乌雷黑　414

无差别原则　487

无任所　441,513

无条件轴心同盟　178,187

吴佩孚　325,365

吴淞(吴淞要塞)　294,295,347

五相会议　65－68,70,75,81,84,
88－90,97,98,109,116,127,129,
140,142,145,154,160,165,178,
184,188－190,194,195,238,333,
362－367,369,370,373,374,418,
424,597

武藤信义　301,311

武藤章(武藤)　1,15,78,226－228,
230,232,236,239,250,275,302,
303,308,313,353,362,375,380,
382,404－406,432,436,437,464,
465,467,468,473,474,479,480,
482,484,492,499,508,510,513,
514,559,560,565－567,569－571,
606,607,622,624

武者小路　68,345,396,397

X

锡包　524

西波尔加　524

西伯利亚　28,49,138,139,257,308,

309,391,392,401-404,406,409,415,582

西伯利亚铁路（西伯利亚大铁道）
23,333,403,420

西春彦　417

西第奥·坎奴开　524

西贡　178,435,436,455,468,469,481,486,495,501,524,538,570,573

西贡监狱　573

西加罗林群岛　118

锡兰　547

西里伯斯岛（西里伯斯）　211,450,521,538,539,557,567

锡林郭勒盟　334

袭击珍珠港（进攻珍珠港，攻击珍珠港）　310,455,464,486,491-494

西南太平洋　473,581,584

西南亚洲　584

西坡　569

熙洽　278,288-292

西苏尼特　324,334

希特勒　113,137,141,159,161,185,198,201,207,214,397,402,412,413,433,441,442,457,458,462,546,608

西太平洋（西太平洋制海权）　66,67,70,75,90,120,454,490,581,583,584

西园寺公望（西园寺）　10,11,234,235,251,276,277,285,323

西园寺-原田回忆录（原田西园寺日记）　10,11

西原一策（西原）　443,444

西藏　308

希姆莱　411

厦门　64,369,378,394

夏威夷（夏威夷群岛）　33,218,226,425,433,454,475

下尼基俘虏营　535

暹罗　524

闲院宫（闲院）　201,232

限制海军军备条约　32,70,101

宪兵队（宪兵队刑务所，宪兵训练所）　299,514,519,528,537,540,569,604

香港　5,33,189,202,229,233,240,243,357,358,379,415,440,466,481,485,496,522,525,541,544,552,556,571,577,580

香港防卫当局　496

香月　344,345

小"共荣圈"　404

小矶国昭（小矶）　1,50,52,55,56,170,186,203,211,217,226,228,230,257,258,264,275-277,294,300,301,308,315,320,406,425,446,508,509,602,603,622,624

小笠原群岛　33

小林　447-449

小松原道太郎（小松原）　421

协和会　299

协约国　28-31,36

辛丑条约　339

新"亲军"党　239

新不列颠　521,523,524

新不列颠岛　503,521

新高打　5

新海军政策（美国新政策）　72,73

新几内亚　181,240,503,521,524

新几内亚事件　524

新加坡　189,241,426,433－436,438－442,447,448,454,456－459,461,463－465,468,469,475,480,481,485,486,495,496,520,523,526,532,533,535,538,539,544,552,557,558,567,570,574,575,578,580,597,598,614

新加坡俘虏营　532

新加坡计划　441

新加汪　524

新江　521

新疆　308,333,349

新喀里多尼亚岛　248

新世界秩序　432

新田丸船　524

新西兰　1,33,37,39,42,45,240,248,376,437,499,560,561

新兴中国建设方案大纲　407

新叶馆旅馆　270

新义州　277

新营　320

新中央政府（新中央政权,新中国政府）　112,146,147,150,204,213,214,356,361,363,365,368,370,374,379

星野直树（星野）　1,78,85,86,94,103,114,130,236,237,250,314－316,318,319,321,377,382,428,429,431,432,437,441,452,453,482,484,492,499,549,560,595,614,621,624

邢台县　514

行刑队　520,540,552

兴亚院（兴亚委员会,兴亚院连络委员会）　108,154,155,168,169,369,373,375,381,382,388,598,614

匈牙利　161

修改国境　434

修改入境法　450

宿雾　521

徐州（徐州之战）　129,133,328,361,362

萱野长知（萱野）　300

巡洋舰"利根"号　546

Y

鸦片贸易（鸦片贸易额度,鸦片贸易政策）　313,388,389

鸦片条约　29

鸭绿江　277,304

"鸭绿丸"　544

芽庄　501

雅典陆战法规与惯例公约　42

亚班　523

亚历山大医院　523,526

亚琉　524

亚洲大陆新帝国　167

《亚洲、欧洲和日本》　257

亚洲新秩序（亚洲新时代，亚太新秩序）　183，428，430

岩畔豪雄　458

"严崎阴谋"　320

奄美大岛　33

仰光　569，570，601

仰光监狱　573

野村吉三郎（野村）　197，203－205，379，382，455－459，461，462，467－471，475－477，482－488，491，493－495

野心计划　454

野战部队　416

一般性军事同盟　142，613

一党制（一国一党制）　148，227，429，599

一木　341

1912年鸦片公约　21，35

1919年和约　29

1931年鸦片公约（第三公约）　21，36，39

1936年条约　119

1938年9月内阁危机　148

伊克昭盟　334

伊朗　388

伊朗鸦片购买协会　388

伊里散地区　525

伊罗伊罗市　538，539

伊曼　406，407

伊士坦布尔　261

伊藤代表团　182

伊通河　265

怡保　522，538，539

宜昌　377

义安　538

义和团事件　24，26

义勇军　509

意大利（意）　5，24，29，32，34，70，91，111，116，117，119，141，142，144，150，157，158，160，169，172，173，179－195，197，207，215，218，220－222，228，231－233，236，239－246，248－250，352，370，375，376，397，402，411，412，427，430－433，445，451，457，460，461，464，476，482，484，506，583，597，608，613

意大利军（意大利陆军）　451，506

阴谋者　229，234，581－585，590，592，599，601－603，605，606，608－610，612－614，616，617，619

阴谋罪　17－19，497

殷汝耕　325

印度（印度政府，印度居民）　1，4，37，39，45，70，190，201，202，240，248，309，404，425，442－444，446，449，454，532，620

印度东部　376

印度各岛　89

印度人俘虏　530

印度洋　4,5,455,546,581,584
印度支那地区　377
印尼　167,181,202
印尼人(印尼工人)　447,545
英法美日条约　5
英法战争(英法作战)　181,190
英国(英伦三岛,英,大英帝国)　1,
　　7－9,29,30,32,33,37,39,42,45,
　　57,67,70,71,73－76,91,92,99,
　　102,112,113,116－120,128,141,
　　143,161－163,165,171,172,178－
　　180,184,186,188－191,193－195,
　　199－202,204,206,207,212－218,
　　221,222.229－231,233,240－242,
　　244－253,257,265,274,284,291,
　　295,296,299,310,312,332,339,
　　349,350,352,354,355,368,369,
　　373,376,380,385,398,401,403,
　　411,424－427,429－431,434,435,
　　437－439,445,446,451－458,
　　460－463,466,469,472－474,476,
　　477,481,482,484－486,488,489,
　　491,492,494,496－503,512,520,
　　529,531－533,535,537,543,544,
　　546,547,551,554,557,558,560－
　　562,569,573－576,583,584,597,
　　600,601,624
英国大使　162,193,212,352,438,
　　445,466,480,486,610
英国海军　81,90
英国舰队(英国炮舰)　118,189

英国商船"贝哈尔"号　546
英国外交部　437,575
英国远东属地　244,245
英国政府　214,245,352,439,445,
　　456,540,541,560,573,577
英舰海燕号　5
英联邦(英联邦自治领)　70,231,
　　246,252,561
英美合作　196,437,439
英美禁运　441
英日同盟(英日同盟条约)　24,439
英日友好关系　439
英属海峡殖民地　433
英属马来亚　377,426,427,495
英属缅甸　433
英属婆罗洲(英国婆罗洲)　247,377,
　　427,525
英属新几内亚　523,524,530
英属殖民地　376
英租界　189
樱会　51－53,261,262,266,273,279
樱内幸雄(樱内)　234
营口　274,275,280,281,509
影佐祯昭(影佐)　349,370,373－375
永久卫戍部队　294
永久性和平条约　436
永田铁山(永田)　62
永野修身(永野)　1,6,63－65,67,
　　70,71,75,77,470,485
攸达尔岛　523
油田设施(油田调查和开发)　450,

470

有田八郎（有田，有田外交，有田演说，有田政策） 64，65，67，139，141，142，160，163－166，168，169，171－175，177，180－195，203－209，211－219，221－224，226，228－232，242，244，307，333，367，373，374，376，393，397，420，425，445，446

于冲汉 287

宇垣（宇垣一成，宇垣组阁） 50，52，82－84，88，145－150，153，154，156－160，162，163，165，227，264，337，339，369，480，619

羽田三好（羽田） 379

预定作战计划 474

御前会议 54，112，149，238，250，286，355，356，370，378，380，382，400，436，437，452，454，465－468，473－477，479，481－485，487，491，492，502

元帅府（元帅府会议） 465，507

元岩村制丝仓库 557

袁金铠 278

原田熊雄（原田） 10，11，55，234，266，276，277，300，323，389

原住民族独立运动（原住民起义号召，原住民代表委员会） 448

远东国际军事法庭 1，2，10，12，21，47，51，69，95，100，116，141，159，181，201，225，247，255，272，291，312，313，332，355，373，391，399，419，424，444，463，487，505，507，532，554，581，587，621－623

远东和平政策（远东和平基础） 393，462

远东局势 352，437

远东军 415

远东省 405

远东危机 438，456

远东新秩序 376

约翰·西门 102

越南（越北） 165，197，370，434

云南省（云南铁路） 375，379，382，424

Z

在华对德经济合作 142

在华军事行动 174，378

在华美国国民 459

在华权益 118，135，162，163，173，179，209，248，256，357，368，499

在华日军 174，325，326，329，362，379，489，518

在华战争 148－150，178，186，395

在华政策 180

在华租界 163

在满日本人（在满日本臣民） 260

在缅日军 532，574

臧士毅 278

泽塞尔顿 538

札普油田 522

闸北 290，294，296

闸北水电公司　387

斋藤　55,60,62,63,72,84,133,331,346,448,450

斋藤内阁(斋藤"海军"内阁)　55－60,64,72,73,76,90,101,133,150,151,158,331,392

占领区　47,107,115,120－122,154,192,203,346,360,361,364,369,387,409,550,554,619

战略防御　407

战略计划　371,433

战时国家总动员　134,153,154,167,173,242

战时体制　88,93,395

战争产业　69,87,93,103,105,106,115,120－123,125,130－132,134,153,154,173－175,177,236

战争法(战争法规)　6,13,19,20,505,506,509,510,525,526,529,534,543,545,552,553,555,558,559,564,566,568,570－572,575,586,598,601,602,607,616,618,624

战争法规罪行　505

战争计划　404－406,474

战争物资　88－90,95,115,122,124,125,153,253,319,394,444,453,469

战争罪　587,592,594,597,599,600,602－604,606,607,609－612,616,617,620

张北(张北县,张北事件)　60,61,323

张鼓峰　417,418

张家口　323,324,349,350,357,369

张景惠　279,287,289,291,292

张群　336,337

张学良　259,260,263,266,267,269,272,280,282,283,287－289,292,303,305

张学良政府(张学良政权)　279,293

张作霖　49,256,258－260

《昭和日本的使命》　420

昭和维新　50

昭南　578

爪哇　441,521－524,526,538,539,541,552,557,570,574,580,589,597,598

爪哇人　536,551

爪哇人劳动营　551

赵欣伯　292,293

珍珠港　5,454,464,465,474,481,485,494,495,498,499

郑州　382

政党联合会　429

政党政治(政党制度)　53,55,126,279,337

政府控制委员会　310

政府支配权　590

政务专员　542

政友会　54,82,83,126,337

政治经济社会研究会　395

执行权　378

执政近卫队　298

植田　85,86,106,313,395

治安警察机关　81

治安维持法　81,110

治外法权　27,103,317

中部军　519

中村事件调查团　269

中村震太郎(中村,中村事件)　265,
    267－269

中东铁路　23

中国共产党(中共)　345

中国兵营　268,271,273

中国第二十七师　344

中国第二十九军　323

中国第七旅(第七旅)　269,272

中国电力公司　386

中国东北四省　285

中国分裂派　49

中国俘虏　516,618

中国国民政府军队(中国国民党军队)
    162,165,260,281,328

中国警备兵　323

中国军队(中国军方)　49,60,97,
    100,107,192,197,198,259,267,
    269,272－277,286,290,295,296,
    304,308,323,327,340,341,344,
    346－350,359,364,377,382,389,
    463,509,510,604

中国军阀　335

中国抗战军队　198,207,219,223

中国联合储备银行(中国联合准备银
    行)　121,122,358,387

中国沦陷区　143,153,157,171,178

中国蒙疆(蒙疆)　349,350,363,366,
    368,378,382,408

中国民族主义　256

中国内政　374

中国农民　265,296,317,319

中国派遣军　204,361,518,591,592,
    597

中国十九路军　294

中国事变(中国事件)　112,113,197,
    255,351,355,361,366,371,380,
    384,385,469,471,473,507

"中国事变对外纲要"　384,385

"中国事变"总动员业务委员会　107

中国事务司　321

中国屯垦军第三团　265

中国问题　171,204,214,295,379,
    382,461

中国宪兵队　326

中国新闻记者　322

中国义勇军部队　509

中国游击队员　514

中国占领地区(中国占领区)　121,
    122,154,157,174,204,208,510,
    577,596

中国战争　99,123,255,355,388,
    430,431,433,444,509,596,599,
    601,608,609

中国正规军(中国政府军队)　89,96,
    98,208,273

中国政府(中国合法政府,中国国民政
    府)　25,27,34,35,60,61,112,

146，147，149，150，168，171，213，214，258，284，304，306，307，320，322－324，326，327，329，335－338，342－344，351，352，354－357，364，368，369，374，442，460，474，483，486，507，514，593，617，619

中国政权　112，168，367

中国志愿者　304

中国主权　112，336，343，371，374

中核圈　404

中华帝国　26

中华民国　1，2，269，423，586

中华民国维新政府（中国"国民政府"，维新政府）　114，358，359，361，363，366，374－376，388，389

中华民国政府（中华民国国民政府，中国中央政府）　2，146，171，205，327，357，358，363－365，388

中立国　22，39，40，215，284，445，451，460，510

中立条约　198，392，399－401，406，412－414，416

中日防共协定　336

中日关系（中日纷争）　98，212－214，218，323，350，353，370，374，379

中日合作　374

中日和平条件　370，382

中日基本条约（中日关系基本条约）　428

中日战争　79

中日经济合作　336，381

中日争端（中日两国争端）　306

中日事变　167，372，377，380，381，472

中日条约　27，317，379，428

中日战争（中日战事）　23，79，95，104，106，107，109－112，123，130－133，135，144－151，153，156，157，165，169，171，172，174，175，180，183，202，204，205，207，208，213，224，226，229，230，237，241，245，248，251，252，255，306，362，381，434，477，478，505，508－510，514，559

中央政府　258，298，327，343，360，363，364，366，369，373，375

中央政治会议　375

中央政治委员会　204

重臣会议（"重臣"集团）　234，479，491，592，593

重要产业管制法（重要工业管理法）　93，318，319

重要产业五年计划（重要产业五年计划要纲，重要产业五年执行计划）　65，86，87，384

重要矿物增产法　124

轴心国　117，144，145，159，161，172，181－183，185－187，190，193，196，198，200，207，216，220－222，228，231，245，247，250，411，414，430，449，453，456，460，462，463，475，483，486

轴心同盟计划　230

驻东京美国大使　163,493

驻东京通讯社　446

驻东京英国大使　162,455

驻"满"日军　144

驻日苏联大使　414

驻日英国大使　456

驻瑞典公使　139

驻夏威夷总领事　475

资政局　297

自由法国　499,523

自由主义　50,51,55,84,110,170,256,261,262

自由主义内阁　52

自由主义者　53,84,170

自由主义政策　49,158

自治运动　61,278,334

自治政府　60－62,287,324－326,331,335,345,350

自治指导部（指导部）　278,287,291－293,297

宗谷海峡　25

总督府　557,568

"总力战计划第一期"　440

"总力战内外状况的判断"　440

总力战研究所　404,409,410,431,440,453,471,601,614

总务厅　86,103,297,298,314,316,321,595

租借地　23,25,163,255,256,312

租借法　456

组织委员会　155

东北最高行政委员会　292

最高军事参议官会议　301

最高战争指导会议　589,603

佐加卡达　557

佐藤尚武　220

佐藤贤了（佐藤）　1,15,92,107,120,125,126,136,140,145,146,147,148,151,152,153,155,161,162,229,230,231,313,362,379,404,425,436,480,508,560,565,566,567,571,608,609,610,623,624

佐藤信渊　257

《佐藤信渊之理想国家》　257

张鼓峰　418

佐佐木　325